Reprint Publishing

Für Menschen, Die Auf Originale Stehen.

www.reprintpublishing.com

Das

Völkerrecht

oder

das internationale Recht.

Systematisch dargestellt

von

Dr. A. von Bulmerincq,

Geheimerath und ordentlichem Professor des Staats- und Völkerrechts und der Politik an der Universität Heidelberg.

Zweite mit einem Nachtrag vermehrte Ausgabe.

Aus Marquardsen's Handbuch des Oeffentlichen Rechts.

Freiburg i. B. 1889.
Akademische Verlagsbuchhandlung von J. C. B. Mohr
(Paul Siebeck).

Druck von C. A. Wagner in Freiburg i. B.

Inhaltsübersicht.

Das Völkerrecht oder das internationale Recht.

Von

Dr. A. von Bulmerincq,

orb. Professor des Staatsrechts, Völkerrechts und der Politik an der Universität Heidelberg.

Allgemeiner Theil.

Besonderer Theil.

Erster Haupttheil: Das materielle Völkerrecht.

Erster Abschnitt: Das Recht der Subjekte.

Zweiter Abschnitt: Das Recht der Objekte.

I. Das Staatseigenthum.

Berichtigungen und Nachträge.

S. 180 Z. 45 ist zu elibiren: „alle".
„ 192 „ 45 lies: „die Staaten" statt „diese".
„ 199 „ 8 „ „Eine" statt „die einzige".
„ 202 „ 5 „ „Das Recht" statt „Die Rechte".
„ 202 „ 9 „ „1. Das Recht auf Existenz und Erhaltung".
„ 202 „ 23 „ „Das Recht auf Existenz und Erhaltung der Staaten",
statt „Die Rechte".
„ 203 „ 44 „ „Es" statt „Dagegen".
„ 209 „ 64 „ „Oleron" statt „Olevon".
„ 210 „ 41 „ „eine" statt „einer".
„ 236 „ 11 und 13 lies: „anderen" statt „fremden".
„ 237 „ 23 lies: „Mobiliarnachlaß".
„ 240 „ 54 ist hinzuzufügen zu „Begünstigungen": „nicht".
„ 250 „ 2 lies: „criminelle".
„ 250 „ 18 „ „aber" statt „über".
„ 250 „ 26 „ „man" statt „war".
„ 252 „ 7 „ „Roszkowski".
„ 255 „ 24 „ „Reciprocität".
„ 255 „ 38 „ „Abschoß="
„ 258 Note 12 lies: „§ 34".
„ 259 Z. 6 ist hinzuzufügen zu „diesen": „dazu".
„ 263 „ 22 lies: „resolvirte".
„ 263 „ 23 „ »traduction«.
„ 263 Note 1 lies: „Journ."
„ 265 Z. 31 ist zu elibiren: „und ohne Konsequenz".
„ 268 „ 23 lies: „unter" denselben Bedingungen.
„ 273 Note 6 lies: »la Poste et le Télégraphe«.
„ 276 Z. 25 lies: „den language" anstatt „die langue".
„ 276 Note 6 lies: „§ 41".
„ 282 Z. 24 lies: „§ 44".
„ 289 Note lies: „§ 47. 3. a. cc)."
„ 309 Z. 15 „ „aus diesem".
„ 318 „ 5 „ „welchen".
„ 320 „ 43 muß das auf „etwas" folgende „zu" fortfallen.
„ 323 „ 22 lies: „in einer und derselben".
„ 325 „ 4 „ „vom" statt „von".
„ 327 „ 3 „ „werden" statt „wird".
„ 328 „ 2 „ „Kreditiv".
„ 335 „ 16 „ „von Engländern" statt „von Konsuln".
„ 336 „ 17 „ „entschieden werden" statt „entschiedenen".

Litterarische Nachträge.

(ad § 4.) Guido Fusinato. Il principio della Scuola Italiana nel diritto internazionale publico. Macerata 1884.

(ad § 16.) M. J. Lorimer. »La doctrine de la reconnaissance fondement du droit international« in der Rev. d. dr. intern. XVI. 333 ff.

(ad § 33.) Guido Fusinato. Questioni di diritto internazionale privato. Torino 1884.

(ad § 33.) Franciszek Kasparek. Die Beschlüsse des Institut de droit international über das internationale Privatrecht. Krakau 1884 (in polnischer Sprache).

(ad § 51.) Engelhardt. Le droit fluvial conventionnel et le traité de Londres de 1883 in der Rev. d. dr. intern. XVI. 360 ff.

(ad § 92.) Jwanowski. Die Genfer Konvention. Kiew 1884 (in russischer Sprache).

Allgemeiner Theil.

§ 1. **Begriff des Völkerrechts oder des internationalen Rechts.** Das Völkerrecht oder internationale Recht ist der Inbegriff der für die Beziehungen der Staaten zu einander sich bildenden Rechtsnormen und Rechtsinstitute.

Die Bezeichnung internationales Recht ist in der Gegenwart die bei der Mehrzahl der Völker und Schriftsteller für das Völkerrecht gebräuchlichere und drückt auch besser das zwischen den Staaten geltende Recht aus. Engländer und Amerikaner nannten das Völkerrecht in neuester Zeit nicht mehr law of nations, sondern meist international law, Italiener diritto internazionale, Franzosen droit international, nicht mehr droit des gens, und die Russen von jeher meschdunarodnoe prawo d. h. Recht zwischen den Völkern. Für „internationales Recht" wurde in Gent 1873 eine Akademie gestiftet und trägt die seit dem Jahre 1869 in Brüssel erscheinende Zeitschrift den Namen „Revue de droit international". Auch Hugo Grotius handelte schon von iura inter civitates. (De iure belli ac pacis. Proleg. 17) und Zouch's Schrift führt den Titel Juris et judicii fecialis sive „juris inter gentes" et quaestionum de eodem explicatio Oxoni 1659.

§ 2. **Die Aufgabe der Völkerrechtswissenschaft.** Die Völkerrechtswissenschaft hat den auf die Verhältnisse der Staaten sich beziehenden Rechtsstoff zu sammeln, die ihn beherrschenden Grundgedanken zu erforschen, die Rechtsnormen und Rechtsinstitute geschichtlich zu entwickeln und dieselben zu einem Rechtsystem zusammenzufügen.

Die von Hälschner (in Eberty's Zeitschrift für volksthümliches Recht 1844, 65) geforderte vollständige Geschichte des Völkerrechts ist ebensowenig bisher geleistet als die durch R. v. Mohl (Gesch. und Litteratur der Staatswissenschaften 1855 I. 468) verlangte Materialkritik und die durch v. Kaltenborn (Kritik des Völkerrechts 1847, 295) begehrte historische Entwickelung der völkerrechtlichen (internationalen) Idee. In der Systematik wurde nicht ein Mal in den Hauptabtheilungen eine Einigung erzielt und in den Darstellungen der Rechtsstandpunkt nicht konsequent eingehalten.

§ 3. **Die Natur und Hingehörigkeit der Völkerrechtswissenschaft.** Der Widerspruch zwischen Recht und Politik ist zwar kein stetiger, indeß ist ein Auseinanderhalten beider in Theorie und Praxis geboten. Das Recht setzt fest und läßt keine Wahl, die Politik gewährt verschiedene Mittel zu einem Zweck und läßt in Bezug auf diese freie Wahl. Die Politik hat nicht darüber zu entscheiden, welche völkerrechtliche Bestimmung im einzelnen Fall anzuwenden sei. Ueber die Politik erhebt sich die Rechtsverpflichtung der zur internationalen Rechtsgemeinschaft verbundenen Staaten. In den Staatenbeziehungen gebührt das Rechtliche dem Völkerrecht, das Politische der äußeren Politik[1]. Ersteres ist eine juristische, letztere eine staatswissenschaftliche Disziplin[2].

Schon Kant sagte: Die wahre Politik kann keinen Schritt thun, ohne vorher dem Recht gehuldigt zu haben. Trendelenburg (Lücken im Völkerrecht 1870, 25) aber bezeichnete das Völkerrecht als eine große sittliche Erscheinung und spricht die Erwartung aus, daß in dem Maß, als im Völkerrecht Moral und Politik zusammenfallen, es hoffen könne, über die Selbstsucht der Völker zu siegen und in allgemeiner Zustimmung sich zu befestigen. Nach Heffter (Völkerrecht

---

1) Bulmerincq, La Politique et le droit dans la vie des états in der Revue de droit intern. IX. 361. Bulmerincq, Praxis, Theorie und Kodifikation des Völkerrechts, Leipzig 1874, 143.

2) Bulmerincq, Praxis 96.

1881, § 4) kann eine sittlich korrekte Politik niemals thun und billigen, was das Völkerrecht verwirft und muß auch andererseits das Völkerrecht gelten lassen, was das Auge der Politik für den Selbst= bestand eines Staates schlechterdings als nothwendig anerkennt. Aehnlich spricht sich Geffcken „Problem des Völkerrechts" in der Zeitschrift für Nord und Süd XI. 32 aus. Die sittliche Politik wird dem Recht nicht widersprechen, die unsittliche aber nicht immer durch das Recht überwunden werden können, wenn auch müssen. Wenn Jellinek (Donaufrage, Wien 1884, 2.) sagt, daß die Beziehungen von Staat zu Staat sich nicht allein durch Rechtsregeln leiten lassen, so stimmen wir ihm bei. Wenn er aber sagt: „Die von dem Macht= und Selbsterhaltungstriebe der Staaten geleitete Politik fordert unerbittlich ihre Anerkennung für ihre freie Thätigkeit", so erkennen wir jenen Trieb nur als Recht an, halten aber die freie Thätigkeit von Staaten einer internationalen Rechtsgemeinschaft für durch das Völkerrecht gebunden.

     § 4. Das Prinzip des Völkerrechts [1]. Zu Prinzipien des Völkerrechts wurden erhoben: 1. das des politischen Gleichgewichts; 2. das Legitimitäts= und 3. das Nationa= litätsprinzip. Es sind dieselben als politische für ein Rechtssystem ungeeignet. Das dem Wesen des Völkerrechts entsprechende internationale Rechtsprinzip entwickelt sich aus den internationalen Rechtsüberzeugungen, welche durch Ausgleichung, Läuterung und Erhebung der nationalen Rechtsanschauungen zu internationalen sich bilden. In der Staatenpraxis ist dieses Prinzip neben und gegenüber den politischen zur Geltung gekommen sowie neben und gegenüber der Sonderpolitik die internationale Rechtsgemein= schaft. Das internationale Rechtsprinzip wirkt in dieser, bewirkt, festigt und erweitert sie stetig in Normen und Instituten. Diese Gemeinschaft gewährt aber nicht bloß Rechte sondern verbindet auch zu Pflichten.

     Hugo Grotius (Lib. II. I. XVII) hält es für „unerträglich, wenn einige behaupten, daß nach Völkerrecht die Waffen mit Recht ergriffen würden, um eine anwachsende Macht zu mindern". Daß nicht wie Phillimore (Commentaries upon international law, London 1871, I. 483) meint, alle Hauptverträge die Bewahrung des Gleichgewichts zur Hauptaufgabe gehabt, wiesen wir an anderer Stelle (Praxis 40 ff.) nach. Ein Gleichgewicht ist noch nie zu Stande gekommen und würde ein Streben nach einem solchen immer neue Korrekturen erfordern. Es ist ein Anzweifeln der Macht des Völkerrechts als Recht, wenn man dasselbe durch ein politisches Mittel zu stützen bestrebt ist. Nach der Pariser Konvention vom 23. April 1814 wollten zwar die Alliirten die Ruhe Europa's begründen. „sur une juste repartition des forces entre les états qui la composent", aber wie viel hat sich denn von den zur Herbeiführung einer solchen unternommenen Schöpfungen des Wiener Kongresses erhalten? Das angeblich damals begründete Gleichgewichtssystem ist durch die seitdem vollzogenen neuen Staatenbildungen und Umbildungen in seinen Grundfesten erschüttert. Nach Niederwerfung Napoleon's I., Wiederherstellung der Selbstherrlichkeit der Staaten und Festigung ihres Territorialbestandes versuchte die Staatsweisheit das zunächst dem Privatrecht entlehnte Familienprinzip der Legitimität, welches sodann staatsrechtlich verwerthet wurde, auch zur Sicherung der Staatenverhältnisse zu verwenden [2]. Indeß hat sich auch dieses Prinzip international unwirksam erwiesen, sowohl in Bezug auf die Staatenbildung, als in Bezug auf die Erhaltung dynastischer Machtverhältnisse. Gegen die Herrschaft der Legitimität erhob sich das Nationalitäts= prinzip, welches die staatlichen Verhältnisse nach der Naturgemeinschaft der Völker zu regeln und umzugestalten trachtete. Der Bethätigung dieses Prinzips verdanken Griechenland, Belgien, Rumänien, Serbien, Montenegro und das halbsouveräne Bulgarien ihre Selbstständigkeit, Italien und Deutsch= land ihre Neugestaltung.

     Während Heffter meint (Völkerrecht 1861, Vorrede), daß das Völkerrecht im Großen und Ganzen vom Nationalitätsprinzip nicht berührt werde, haben italienische Autoren (siehe Bulmerincq, Praxis 66 ff.) jenes auf dieses begründet. Während Laurent (Histoire du droit des gens XVIII. 472 ff.) einer schon staatlich konstituirten Nationalität die Befugniß, das Nationalitätsprinzip zur Ausdehnung ihrer Grenzen anzurufen, abspricht, und auch Rolin=Jaequemyns (Rev. d. dr. intern. VI. 150 ff.) nur dem Nationalbewußtsein eines künstlich zerstückelten Volkes die Berechtigung zuspricht, ein solches Volk zu einem Staat zu einen, Bluntschli (Die nationale Staatenbildung 1870 6 ff.), aber das natürliche Recht der Nation zur nationalen Staatenbildung anerkennt, wenn auch nicht soweit als die nationale Sprache reicht, verlangt v. Mohl (Die Nationalitätsfrage, in Monograph. 1860 II. 333 ff.) ein sehr mächtiges nationales Bedürfniß, um dasselbe auf Kosten der Beständigkeit völkerrechtlicher Verträge und

---

1) Bulmerincq, De natura principiorum iuris inter gentes, Dorpat 1856. In dessel̈ben Systematik des Völkerrechts, Dorpat 1858 247 ff.: „Die Forschungen und Entwürfe zu Gunsten der Systematisirung des positiven Völkerrechts" und in dessen Praxis (40 ff.): „Die Prinzipien des Völkerrechts".

2) Brockhaus, Das Legitimitätsprinzip 1868. Bulmerincq, Praxis 50 ff.

auf die Gefahr weitgreifender und verderblicher Folgen hin zu befrie=
digen[1]). Jedenfalls konnte aber das Nationalitätsprinzip als Grundprinzip des Völker=
rechts nicht anerkannt werden, da ein solches die Existenz und den Bestand der bestehenden Staaten
zu verbürgen, nicht aber deren Auflösung und Umgestaltung zu verwirklichen hat, erstere und letztere
in der Regel sich vielmehr nur aus politischen Motiven vollziehen.

Gegenüber diesen verschiedenen politischen Prinzipien ist der Rechtscharakter
des Völkerrechts und der Gemeinschaft der Völker immer mehr erkannt
worden.

Schon Albericus Gentilis (de iure belli 1585) forderte, daß die Staaten ihre Beziehungen
nach Rechtsnormen, welche durch die europäischen Völker anerkannt seien, regeln und Hugo
Grotius (Proleg. 26) berief sich auf die iura quae gentium consensus constituit, zugleich aber
auch schon auf die mutua gentium inter se societas (Lib. II. Cap. VIII. §§ 1 n. 2).
Auch bei Zouch begegnen wir der „communio quae inter diversos principes
aut populos intercedit". Vattel (droit des gens, Paris 1863 I. §§ 11, 12) erweitert
diese Gemeinschaft zu einer société universelle des Menschengeschlechts, welcher sich kein Volk ent=
ziehen könne und deren Pflichten es zu erfüllen habe. In Einzelforschungen und philosophischen
Systemen ist aber das Rechtsprinzip für das Völkerrecht immer entschiedener gefordert worden.
Zur Begründung desselben sind Hegel, Pütter und Stein vom Wesen des Staates ausgegangen
und haben das Souveränetätsprinzip prämirt, während v. Kaltenborn und v. Mohl
neben diesem subjektiven auch das objektive Prinzip der internationalen Gemein=
schaft forderten[2]). Indeß ist das bloße Souveränetätsprinzip nur für das Staatsrecht das
maßgebende, und ist es unzulässig ein System auf zwei Grundprinzien zu begründen.

Auch der Zivilist v. Savigny (System des heutigen römischen Rechts VIII. 27, 29) aner=
kannte „die völkerrechtliche Gemeinschaft der Nationen oder unabhängigen
Staaten". Ihren Grundgedanken in Einzelwirkungen führte aber zuerst R. v. Mohl[3]) aus („Die Pflege
der internationalen Gemeinschaft als Aufgabe des Völkerrechts", Monograph. 1860 I. 579 ff.),
während Zalesky (Zur Geschichte und Lehre der internationalen Gemeinschaft, Dorpat 1866)
diese Gemeinschaft aus bestehenden Institutionen und Verträgen und im Verhältniß zur National=
ökonomie entwickelte. In neuester Zeit hat Stein („Das internationale Verwaltungsrecht" in
Schmoller's Jahrbuch VI. 5 ff.) auf die Entstehung eines europäischen Gesammtlebens hin=
gewiesen und will F. v. Martens (Völkerrecht, Berlin 1883, 178) dem wissenschaftlichen System
des modernen Völkerrechts die Idee der internationalen Gemeinschaft zu Grunde legen.
Ein Standpunkt, den wir dahin modifiziren, das die internationale Rechtsidee in Theorie
und Praxis zur Geltung kommen müsse, wie sie vielfach schon zur Geltung gekommen ist, um eine
internationale Rechtsgemeinschaft immer weiter zu entwickeln.

§ 5. Die Systematik des Völkerrechts. So wie bei anderen Rechtsdisziplinen
muß auch beim Völkerrecht die Rechtsmaterie in zwei Haupttheile: das materielle oder
zu verwirklichende Recht und das formelle, oder die Art der Verwirklichung des
materiellen, geschieden werden. Die Anordnung des materiellen Rechts geschieht dann
nach den drei Gliedern des Rechtsverhältnisses: den Subjekten, Objekten und Akten,
die des formellen Rechts in die Organe und das Verfahren.

Während schon Hugo Grotius einen ordo certus erstrebt (Proleg. 56) legen Johann
Jakob Moser (Grundsätze des Völkerrechts in Friedenszeiten, 1750, Vorrede 6), Saalfeld
(Grundriß eines Systems des europ. Völkerr. 1809, Vorr. X) und v. Mohl (Gesch. u. Litterat. d.
Staatsw. I. 381) der Systematik geringe Bedeutung bei. Dagegen wandten v. Ompteda (Litterat.
des Völkerrechts 1785, v. Kaltenborn (Kritik des Völkerr.) und Bulmerincq (Systematik
des Völkerrechts von Hugo Grotius bis auf die Gegenwart) ihr alle Aufmerksamkeit zu. Es
ist in den verschiedenen Anordnungen eine willkürliche und bewußte Anordnung zu unterscheiden.
Der ersteren ist die von Hugo Grotius an verbreitetste Eintheilung in Friedens= und Kriegsrecht
zuzurechnen. Nur bei Vattel, G. F. v. Martens (Précis du droit des gens 1789), Oppen=
heim (System des Völkerrechts 2. Auflage 1866), Manning (Commentaries on the law of nations,
1839, bei Phillimore, welcher den Plan seines Werkes I. 10—13 darlegt, und bei Creasy (First
Platform of international law 1876) findet sich dieselbe nicht. Entweder wird in diesen Werken
der Stoff bloß in Büchern behandelt, oder nach den naturrechtlichen Eintheilungen absoluter oder
hypothetischer Rechte, oder wie bei Phillimore, ohne Unterscheidung von Haupttheilen, sofort zur
Eintheilung nach Hauptabschnitten übergegangen. Nur Achenwall (Juris gentium primae lineae,
1775), Heffter (Völkerr. 4. Ausg., 6 n. 3) und Woolsey (Introduction to the study of inter-

---

1) Cogorban's Schrift „La nationalité au point de vue des rapports internationaux,
Paris 1879", gehört größtentheils in das internationale Privatrecht.
2) Bulmerincq, Systematik 348 ff.
3) Geyer, „Ueber die neueste Gestaltung des Völkerrechts 1866" spricht sich S. 23 ff. gegen
die zu weite Ausdehnung der Pflichten der internationalen Gemeinschaft durch v. Mohl aus.

national law, London 1879) § 35 versuchten eine Begründung der traditionellen Eintheilung in Friedens= und Kriegsrecht. Der Hauptfehler dieser, auch von Geffken (in seiner Ausgabe von Heffter's Völkerrecht 1881, 8) gerügten Eintheilung ist, daß der Systematik zwei verschiedene Zustände zu Grunde gelegt werden und die nachtheiligste Folge ist, daß daraus leicht eine Verschiedenheit des Rechts für beide gefolgert werden kann, während Theorie und Praxis immer mehr bemüht sind, diese möglichst zu beschränken. Der Uebergang von der willkürlichen zur bewußten Systematik reicht von Wolff (siehe Bulmerincq, Systematik 38, 76, 78, 91, 296) bis Fallati „Genesis der Völkergesellschaft" (Zeitschr. f. d. ges. Staatsw. I. 60 ff., 260 ff., 558 ff.).

Die erste Vorbedingung einer richtigen Systematik erfüllten aber mit einer Scheidung des Völkerrechts in materielles und formelles, nach dem Vorgange von Kaltenborn's (Krit. 300), Pözl (Grundriß zu Vorlesungen über Völkerrecht 1852), Bulmerincq (Systematik S. 8 u. a. und Praxis 142 ff.), Schulze (Grundr. z. Vorles. über Völkerr. 1880) und Strauch (Grundr. z. denselben).

Innerhalb der Haupttheile des Völkerrechts war aber die Scheidung der einzelnen Materien bald eine privatrechtliche Nachbildung wie bei Hugo Grotius, Zouch, Wolff, Griebner, (Principia iurisprudentiae naturalis, 1710, Buch III), Schmelzing (Systematischer Grundriß des praktischen europäischen Völkerrechts 1818—20), Gros (Naturrecht, 1802), K. S. Zachariä (40 Bücher v. Staat 1820—32, V. Buch) (siehe über dieselben Bulmerincq, Systemat. 24, 31 ff., 38, 29, 160 ff., 91, 98 und 106), Heffter (4. Aufl. V.), Neumann (Grundriß des heutigen Europäischen Völkerrechts, 1877) und Ahrens (Juristische Encyklopädie 1857), bald eine staatsrechtliche wie bei Günther (Europäisches Völkerrecht in Friedenszeiten 1787—92) und K. Th. Pütter (Beiträge zur Völkerrechtsgeschichte und Wissenschaft 1843 und „Die Staatslehre oder Souveränetät als Prinzip des praktischen europäischen Völkerrechts" in Zeitschr. f. d. ges. Staatsw. VI. 299 ff.). Schon Römer (Das Völkerrecht der Deutschen Halle 1789) polemisirte gegen die Vermischung von Völker= und Staatsrecht, welche sowohl hinsichtlich des Objekts als Subjekts himmelweit von einander unterschieden seien. Das Bewußtsein von der Nothwendigkeit einer dem Völkerrecht eigenthümlichen und entsprechenden Systematik geben aber zuerst kund: Römer, indem er von Subjekten und Objekten spricht, und G. F. v. Martens (Einleitung i. b. europ. Völkerr. Vorbericht 1 ff.), der freilich vom Subjekt der Wissenschaft und nicht des Rechts ausgeht und die Objekte als Obligationen auffaßt. Von Kaltenborn (Krit. 289) bestimmt aber Subjekte und Objekte juristischer und setzt durch Formen und Ereignisse Subjekte und Objekte zu einander in Beziehung. Phillimore (I. 10) hält zwar für nöthige Ordnung, daß von Subjekten und Objekten gehandelt werde, verwendet sie aber nicht zur Eintheilung. Sowie v. Kaltenborn gliedern aber auch Pözl und Schulze die Lehre nur im „allgemeinen Theil" nach den Subjekten und Objekten. F. v. Martens (Völkerrecht XIV ff.) endlich nimmt in den allgemeinen Theil hinein die Subjekte, das Staatsgebiet, die internationalen Verkehrswege und Verträge und widmet den besonderen der „internationalen Verwaltung" und dem Kriegsrecht. Vor Allem fehlt bei F. v. Martens die Haupteintheilung in materielles und formelles Recht, und scheint uns der neue Terminus „internationales Verwaltungsrecht" kein der Einheitlichkeit des ganzen förderlicher und als eine staatsrechtliche Nachbildung. Wenn aber Pözl, Schulze und Strauch die Organe im materiellen und das Verfahren im formellen Völkerrecht abhandeln, so scheiden sie zusammen in das formelle Recht gehörendes. Ebensowenig können wir v. Kaltenborn's und v. Mohl's Systematisirung nach der Souveränetät und internationalen Gemeinschaft (Gesch. und Litterat. b. Staatsw. I 381) beistimmen, da dadurch die fehlerhafte Begründung eines Systems auf zwei Prinzipien nur noch mehr hervortritt. Freilich haben alle diese Autoren keine Darstellung des Völkerrechts geliefert, somit auch ihre Systematik nicht bewähren können.

Es fehlt bisher an einer angemessenen Gliederung des materiellen Rechts nach den Subjekten, Objekten und Akten sowie an einer richtigen Einordnung der Einzellehren in das materielle und formelle Recht. Beides soll in der folgenden Darstellung versucht werden.

§ 6. Die Kodifikation des Völkerrechts. Die Voraussetzung der Kodifikation eines Rechts ist nicht nur das Vorhandensein eines reichen positiven sich über das ganze Gebiet erstreckenden Materials sondern auch eine weit vorgeschrittene wissenschaftliche Entwickelung. Der Gesetzgeber kann weder das eine noch die andere ersetzen. Praxis und Doktrin müssen noch große Werke vollbringen, die Staaten müssen durch die internationale Gemeinschaft noch weit enger verknüpft, ihre Rechtsanschauungen noch weit mehr ausgeglichen, ihre einseitige Interessenpolitik durch allseitiges Interesse noch weit mehr überwunden werden, ehe eine eine einheitliche Kodifikation des gesammten Völkerrechts gewagt werden kann. „Eine Kodifikation im ganzen Umfange soweit sie positives Recht und nicht Gelehrtenmeinungen enthalten soll, ist zur Zeit unmöglich"[1]. Ohne Vorarbeit der Wissenschaft ist aber auch die Erlangung einer juridisch konstruirten,

---

1) Bulmerincq, Praxis 171.

historisch begründeten, systematisch äußerlich und innerlich geordneten Gesetzgebung nicht denkbar.

An Kodificationsversuchen sind namhaft zu machen zunächst der von Augusto Parodo (1851): „Saggio di codificazione del diritto internazionale", welcher sich über mannichfach ver=schiedene Materien erstreckt. Für andere Versuche auf unsere Schrift „Praxis u. s. w." S. 180 ff. verweisend, erwähnen wir hier nur des, von Lieber 1863 in einer „Instruktion für die Armeen der Vereinigten Staaten im Felde" kodifizirten Kriegsrechts, welches Bluntschli's „modernem Kriegsrecht der zivilisirten Staaten" (1866) zur Grundlage diente und Felix Dahn's Kriegs=recht (1870), eine kurze volksthümliche Darstellung. Die Brüsseler Deklaration vom 27. August 1874 aber, auf Grund welcher Leutner (1880) das „Recht im Kriege" darstellte, beansprucht als das Ergebniß der Berathungen von Staatenbelegirten eine erhöhte Bedeutung und kann, wenn sie auch nicht von den Staaten, freilich aus anzuzweifelnden Gründen, sanktionirt wurde, doch als ein Quasiausbruch der Regierungsmeinungen gelten, mindestens als eine „attesta=tion solennelle du bon vouloir de tous les gouvernements", oder wenigstens der meisten, da es an dem guten Wollen einiger zu zweifeln verstattet sein wird, während die vom Institut de droit international beschlossenen „Lois de la guerre sur terre" (1880) kein Inbegriff doktrinärer An=schauungen sind, sondern auf positiven Bestimmungen und jenen Regierungsmeinungen ruhen. Das erste, das gesammte Völkerrecht umfassende doktrinäre Rechtsbuch ist Bluntschli's „Moder=nes Völkerrecht der zivilisirten Staaten" (1868), auf reichem positiven Material ruhen aber Dudley Field's, Outlines of an international Code (1872). Dieser Kodifikationsversuch läßt alle anderen weit hinter sich und kann einer zukünftigen Kodifikation als Vorbild dienen, wenn auch der Umfang der Bestimmungen eingeschränkt und manche zu nationale Anschauung wird internationalisirt werden müssen.

§ 7. Die Philosophie und das Völkerrecht. Die Philosophie hat sich dem Völkerrecht zugewandt: 1. zur Aufstellung eines sog. natürlichen oder philosophischen Völkerrechts; 2. zur philosophischen Auffassung des positiven Völkerrechts; 3. zur Aus=füllung der im Lehrsystem des positiven Völkerrechts vorhandenen Lücken; 4. zur philo=sophischen Kritik des positiven Völkerrechts.

Das erste Verhältniß hatte seine Berechtigung als es überhaupt galt, die Noth=wendigkeit des Völkerrechts in dem Ideengange der Menschheit anzuregen, die positive Ausgestaltung des Rechts für einen weiteren Umfang von Staatenverhältnissen aber kaum angebahnt war. Je mehr aber die Völkerrechtssätze in die realen Verhältnisse eindrangen und durch diese modifizirt sie zu beherrschen anfingen, je mehr sie durch das Wollen der Staaten in der Form von Verträgen und Herkommen sanktionirt und damit positives Recht wurden, desto mehr mußte ein bloß philosophisches Völkerrecht an Bedeu=tung verlieren. Heute ist aber die Konstruktion eines philosophischen Völkerrechts zwecklos wie solches auch bezügliche Versuche zur Evidenz beweisen, besonders bei unmotivirter Zuweisung eines Theiles an das positive, eines anderen an das philosophische Völkerrecht [1].

Das zweite Verhältniß ist zur Ermittelung der obersten Prinzipien und zur Entwickelung der Erkenntnißsätze aus dem positiven Stoff, insbesondere als Methode der Dogmatik des Positiven anzuerkennen.

Das dritte Verhältniß ist innerhalb eines Systems des positiven Rechts völlig unzulässig, denn zwei Rechte so verschiedenen Ursprunges und so verschiedener Auffassung wie ein philosophisches und positives können unmöglich einem und demselben System angehören. Es muß unvermischte reine Positivität erstrebt werden. Die Hineintragung bloß philosophisch gültiger Sätze in ein System des positiven Rechts täuscht über das Entwickelungsstadium des letzteren, indem dann eine Stufe und eine Vollständigkeit als erreicht präsumirt werden können, welche erst zu erreichen sind.

Das vierte Verhältniß weist die Rationabilität und die Entfernung des positiven Rechts vom Ziel, der Weltrechtsordnung nach und vollendet das Völkerrecht, indem es dessen Fortbildung vorbereitet. An die Stelle des philosophischen Völkerrechts tritt damit

---

[1] Wie z. B. in v. Mohls Encyklopädie d. Staatswissenschaften 1859, 402 ff. u. 461 ff. 2. Aufl. 1872.

die Philosophie über dasselbe als positives Recht. Eine selbstzufriedene und die Praxis allein als Machtfaktor anerkennende Richtung mag freilich die Forderungen philosophischer Kritik als pia desideria bezeichnen, indeß wehrt sie dadurch auch die Fortentwickelung ab, welche nicht bloß durch Thatsachen, sondern auch durch Ideen gefördert wird.

Hugo Grotius wollte kein Völkerrecht einer bestimmten Zeit[1]), sondern dasselbe rein wissenschaftlich, abgesehen von den Aeußerlichkeiten des Lebens darstellen[2]). Er verknüpft das Positive, obgleich er es vom Naturrecht scheidet[3]), dennoch mit diesem[4]). Vattel wollte philosophisches und positives Völkerrecht einen und selbst Johann Jacob Moser, welcher das übliche europäische Völkerrecht darstellen wollte, bestreitet die Existenz des natürlichen Völkerrechts (Grundlehren des jetzigen europ. Völkerrechts (§§ 3—10) keineswegs, sondern erbaut das europäische auf dem allgemeinen (natürlichen). (Ebendas. § 20). Nicht minder sendet Günther (Europ. Völkerrecht) (§ 2) bei jeder Materie die natürlichen Grundsätze voraus. Erst F. G. v. Martens (Einl. in das positive Europ. Völkerr. (§ 1) grenzt natürliches und positives Völkerrecht richtig von einander ab. Indeß findet wieder bei Schmalz (D. europ. Völkerr. 1817) Rückkehr zum Naturrecht statt, ist Klüber (Droit des gens moderne, 1819) das natürliche Basis und Quelle des positiven, besteht bei Pölitz (Staatswissenschaften 1823 u. 24 V.) innige Verbindung zwischen philosophischem und positivem Recht, wendet K. S. Zachariae (l. c. Buch 27—30) das Naturrecht auf das Verhältniß unter den Völkern an und tritt noch R. v. Mohl (Gesch. des Staatsw. I. 382.) entschieben für ein philosophisches Völkerrecht ein. Verwandte Anschauungen finden wir bei den Franzosen. Bei Isambert, (Tableau des progrès du droit public et du droit des gens, 1829 XIII.) welcher das Völkerrecht für angewandtes Naturrecht hält, bei Pradier=Fodéré (in b. Ausgabe Vattel's 1863, 108) welcher Klüber's Auffassung beistimmt und bei Vergé (in seiner Ausgabe von Martens Préc. I. 56), welcher die Prinzipien des Völkerrechts an erster Stelle aus der Rechtsphilosophie und dem Naturrecht entwickelt. Ebenso entsteht bei dem Italiener Audisio (Juris naturae et gentium privati et publici fundamenta, 1853) das Völkerrecht aus dem von der Natur selbst gesetzten Recht. Selbst ein Neuerer, wie Fiore (Nouveau droit international public 1868, 79 ed. Pradier-Fodéré) hält das primitive (natürliche) Recht für die Basis und alleinige Begründung des internationalen Rechts und ein neuester: Carnazza=Amari (Traité de droit international public, Paris 1880 I. 120, éd. Montanari-Revest) führt als erste direkte Quelle das rationelle, natürliche Recht auf. Aber auch Heffter (Völkerrecht 6. Ausg. 5. I.) erkennt vorzugsweise ein Recht aus innerer Nöthigung, und Oppenheim (Kap. 1. § 1) ordnet das Völkerrecht der Philosophie des positiven Rechts unter und hält es für unstatthaft (§ 4), daß sich die philosophische Auffassung von der positiven trenne. Auch Wheaton (Elements du droit international, 1864 § 11) gründet das gesammte Völkerrecht auf das natürliche, Kent (Commentary on international law, 1866 ed. Abdy 10) verbindet natürliches und positives Recht, Twiß (Law of nations, 1861, I. 110 ff.) begreift unter Völkerrecht sowohl die natürlichen als positiven Regeln für die Staatenbeziehungen und Ofe Manning (Commentaries on the law of nations, 1875 ed. Sheldon-Amos Kap. I. u. II., S. 4 u. 88) begründet, obgleich er für Trennung des Natur= und Völkerrechts ist, dennoch das letztere als vollständiges System auf ersteres. Westlake (A Treatise on private international law, London 1880,) konstatirt aber, daß die Theorien des Naturrechts vollständig mit dem internationalen Recht vermischt seien und Woolsey (§§ 3 u. 4) unterscheidet ein Völkerrecht im abstrakten und eingeschränkteren Sinn, wobei er das erstere auf rechtlichen und moralischen Beziehungen des Staates ruhen läßt. Dagegen spricht Wildman (Institutes of international law, 1849 50) entschieden aus, daß das Naturrecht keinen Theil des internationalen Rechts bilde, anerkennt Hall (International law, 1880, 1 ff.) bloß positives Recht und will Calvo (Droit international, 1880 I. 130) in seinem Werke die Regeln vorzugsweise aus der anerkannten Rechtspraxis ableiten. Die durch englische und amerikanische Schriftsteller vollzogene Identifizirung von Naturrecht mit göttlichem Recht und internationaler Moral beruht aber zum Theil auf der schon von Hobbes (De cive 31) behaupteten Identität des Gesetzes der Natur und Moral und hat die Entwickelung der Selbstständigkeit und Eigenthümlichkeit des Völkerrechts nur behindern können. Es identifizirt Manning (67) Naturrecht und göttliches Recht und gründet Phillimore (I. 14 ff.) das Völkerrecht an erster Stelle auf das göttliche Recht, das wiederum das natürliche Recht als einen Zweig in sich begreifen soll. Nach Creasy (First platform of international law, 1876, 1 u. 11 ff.) muß ein vollständiges System des internationalen Rechts Moral und positive law enthalten, wobei ersteres mit natural law identifizirt wird. Wir bemerken dagegen, daß schon Hugo Grotius (Proleg. 50) Naturrecht und göttliches Recht richtig von einander schied, daß einzelne Institute wie Krieg, Retorsion, Repressalien, besonders aber das Prisenrecht englischer Auffassung wohl schwer auf christlich=göttliches Recht zurückzuführen sein würden und daß so grundverschiedene Disziplinen wie Moral und Naturrecht zu identifiziren völlig unzulässig erscheint.

---

1) De iur. bell. ac pac. Proleg. 58. Bulmerincq, Systematik 14 ff.
2) Hinrichs, Geschichte der Rechts= und Staatsprincipien I. 66.
3) De iure belli ac pacis Proleg. 17 u. 40.
4) Lib. II. cap. 18, 4. „In jure gentium ius naturae includitur.“

Aber auch die deutsche Philosophie hat in ihren drei hervorragendsten Vertretern wenig zur Klärung der Begriffe des Völkerrechts beitragen können, da diese das Wesen desselben meist verkannten. So erblickte Kant (Metaphysische Anfangsgründe der Rechtslehre, 1797) im Völkerrecht auch Verhältnisse einzelner Personen des einen Staates gegen einzelne Personen des anderen[1], nahm Johann Gottlieb Fichte (Grundriß des Völker- und Weltbürgerrechts, 1797) im Völkerrecht dieses Verhältniß zum Ausgangspunkt des Völkerrechts und gründete Hegel (Grundlinien der Philosophie des Rechts, 1817) das Völkerrecht nicht auf geeinten, sondern auf unterschiedenen souveränen Willen und der Sitte der einzelnen Nation, anerkannte aber als Inhalt dieses Willens nicht das allgemeine, sondern das Wohl nur eines besonderen Staates, dieses besondere Wohl selbst als das höchste Gesetz für das gegenseitige Verhalten der Staaten[2].

Dagegen erfaßte der Eklektiker Warnkönig (Umriß des Völkerrechts in s. Rechtsphilosophie, 1839, 434 ff.) das Verhältniß gegenseitig sich anerkennen der Völker richtig als ein juristisches, gelangte Ahrens (Jur. Encyclopäd.) zu objectiv und real begründeten rechtlichen Beziehungen der Völker gegenüber den unfruchtbaren naturrechtlichen Abstraktionen, erkennt zuerst Herbart („Analytische Beleuchtung des Naturrechts und der Moral")[3], daß das Völkerrecht zu seiner Verwirklichung von den Staaten Konzessionen zu fordern habe, und werden endlich durch Hermann Immanuel Fichte (System der Ethik II. Abth. 2, S. 343 ff.) die schon von Herbart angedeuteten Ideen der Billigkeit und des Wohlwollens und das für das Völkerrecht von Ahrens als oberstes Prinzip geforderte Rechtsprinzip mit einander verknüpft und in drei Stufen der Entwickelung des Völkerrechts wiedergefunden. Von weiteren kritischen Forschern sind hier noch zu erwähnen v. Gagern (Kritik des Völkerrechts, 1840), welchem wiederum Völker- und Naturrecht identisch sind; Pütter, welcher in seinen verschiedenen Schriften[4] positives und philosophisches Völkerrecht mit einander verknüpft; Wasserschleben (Richter, Jahrb. 1845 XVII. 193 ff.), welcher dieser Verbindung beistimmt und Müller-Jochmus (in Pölitz-Buelau's Jahrb. 1847, X. II. 41 ff. und „Das allgemeine Völkerrecht" 1848)[5], welcher bald dem positiven, bald dem natürlichen Völkerrecht den Vorrang einräumt. Dagegen erklärt Hälschner (In Eberty's Zeitschr. 1844, 26 ff.) die Philosophie nur für ein Element der wissenschaftlichen Behandlung, erstrebt Fallati (J. Zeitschr. f. d. ges. Staatsw. 1844: 160, 260, 558) für die Wissenschaft des positiven Völkerrechts eine neue, auf historischer Forschung gestützte Methode der Behandlung und hält v. Kaltenborn (Krit. 38 ff.) am entschiedensten die Scheidung des Positiven und Philosophischen für möglich und nothwendig. Nachdem dann darauf Berner (s. v. Völkerrecht in Bluntschli's Staatswörterb.) die allgemeine Menschenvernunft als wahren Quell des Völkerrechts bezeichnet (S. 80) als Quellen aber nur Formen und Urtheile des positiven Rechts und der Rechtspraxis, daneben aber auch die Schriften der Rechtslehrer im Völkerrecht aufführt, huldigt Fricker (Das Problem des Völkerrechts in d. Zeitschr. f. d. ges. Staaten XXVIII. 90 ff., 347 ff., XXXIV. 368 ff.) lediglich realeren Anschauungen und legt für die wirkliche Gestaltung den thatsächlichen Verhältnissen und der historischen Entwickelung die entscheidende Bedeutung bei. Endlich negirt Geffcken (Problem d. Völkerr. Zeitschr. für Nord und Süd XI. 32) die Existenz eines natürlichen Rechts und erklärt die Unterscheidung von natürlichem und positivem Völkerrecht für nicht nur werthlos, sondern auch verwirrend.

So haben sich denn richtigere Anschauungen über das Verhältniß der Philosophie zum Völkerrecht allmälig Bahn gebrochen, wenn auch in in den Gesammtdarstellungen des Völkerrechts nur zum allergeringsten Theile. Zu diesen wenigen gehört auch die neueste von F. v. Martens, welcher verlangt, (Vorw. VIII.), daß die Völkerrechtslehre die Prinzipien nicht anders als mittelst Erkenntniß der wirklichen Verhältnisse des internationalen Lebens der zivilisirten Völker zu begründen unternehme.

§ 8. Die Geschichte und das Völkerrecht.

Das Völkerrecht ist eine rechtshistorische Disziplin und ist daher die Materie desselben geschichtlich nachzuweisen. Eine Geschichte des Völkerrechts muß zur Hauptgrundlage den materiellen Inhalt der internationalen Rechtsakte und des internationalen Staatenherkommens haben. Die Geschichte des modernen Völkerrechts, d. h. des auf der gegenseitigen Anerkennung

---

1) Kant schlossen sich Gros, Pölitz und K. S. Zachariae l. c. an, in neuerer Zeit knüpften aber an seine „Idee vom ewigen Frieden" an Trendelenburg l. c. und Bärenbach, Das Problem des Völkerrechts in der Zeitschr. für die gesammte Staatswissenschaft, 1881, 683 ff.

2) Dem Hegel'schen Souveränetätsprinzip huldigen, wie wir bereits in § 4 dargelegt, K. Th. Pütter und Stein, während der Hegelianer Bitzer in dem „System des natürlichen Rechts" (1845) zum besonderen Willen des Staates noch den allgemeinen der Staaten fügt, und der gleicher Schule angehörende Kahle, „Die spekulative Staatslehre" (1846) welcher zunächst vom Verhältniß der Staaten zu Einzelnen ausgeht, sodann zu dem der Staaten zu einander übergeht und endlich alle Staaten in einen Universalstaat auflöst.

3) S. Bulmerincq, Systematik 117 ff.

4) Ebendaselbst 259.

5) Ebendaselbst 311 ff.

der Staaten als gleichberechtigter Subjekte ruhenden Rechts beginnt mit dem 17. Jahrhundert, die der internationalen Beziehungen reicht in das Alterthum zurück.

Die Völkerrechtsgeschichte ist bisher entweder vom philosophischen Standpunkt, oder in Verbindung mit der Kulturgeschichte oder in Verbindung mit der äußeren Politik oder nur in allgemeinen Zügen der rechtlichen Entwickelung behandelt worden. Eine Geschichte sämmtlicher Völkerrechtsinstitute vom Rechtsstandpunkt wurde bisher nicht geleistet. Die bisher erschienenen Hauptwerke der Geschichte des Völkerrechts sind Folgende:

1. Völkerrecht des Alterthums: Müller Jochmus, Geschichte des Völkerrechts im Alterthum, 1848.

2. Völkerrecht des Mittelalters: Robert Ward, An enquiry into the foundation and history of the law of nations in Europe from the time of the Greeks and Romans to the age of Grotius, 1795, 2 Bände. K. Th. Pütter: Beiträge zur Völkerrechtsgeschichte und Wissenschaft 1843.

3. Völkerrecht der neueren Zeit: Wheaton, Histoire des progrès du droit des gens en Europe et en Amérique depuis la Paix de Westphalie jusqu'à nos jours. 1841, 2 Bände.

4. Geschichte des Völkerrechts vom Alterthum bis in die neuere Zeit: Laurent, Histoire du droit des gens et des relations internationales, 1851. 18 Bände, vom 4. Bande unter dem allgemeinen Titel: „Etudes sur l'histoire de l'humanité[1]) und in Gesammtdarstellungen des Völkerrechts wie bei Heffter (§ 6 u. 10), Oppenheim (Kap. III u. IV), Calvo (I. 1 ff.) und F. v. Martens (I. 24 ff.).

An literargeschichtlichen Werken sind namhaft zu machen:

1. Meister, Bibliotheca iuris naturae et gentium, 1749—1757, die Litteratur des 17. und der ersten Hälfte des 18. Jahrhunderts enthaltend.

2. v. Ompteda, Litteratur des gesammten natürlichen und positiven Völkerrechts (aus alter, mittlerer und neuerer Zeit) 1785, 2 Thle., fortgesetzt durch v. Kampz 1816.

3. Für die Zeit vor Hugo Grotius: v. Kaltenborn, Vorläufer des Hugo Grotius auf dem Gebiet des Jus naturae et gentium, 1848, Nys, Le droit de la guerre et les précurseurs de Grotius, 1882, Rivier, Note sur la littérature du droit des gens avant la publication du Jus belli ac pacis, Bruessel 1883.

4. Für die Zeit von Hugo Grotius bis in die Gegenwart: v. Kaltenborn, Kritik des Völkerrechts, 1847, und Bulmerincq, Die Systematik des Völkerrechts von Hugo Grotius bis auf die Gegenwart, 1858.

5. Für die neuere Zeit: R. v. Mohl, „Die neuere Litteratur des Völkerrechts" in d. Geschichte und Litteratur der Staatswissenschaften, 1855, I. 337 ff.

6. Für die neueste Zeit: Bulmerincq, „Die neueste Litteratur des Völkerrechts aller Nationen" in Schmoller's Jahrbuch für Gesetzgebung, Verwaltung und Volkswirthschaft im Deutschen Reich 1882, 301 ff., 1883, 259 ff., 1884, 633 ff.

7. Neueste Völkerrechtslitteratur einzelner Nationen:

1. Dirk Graf von Hogendorp, Commentatio de iuris gentium studio in patria 'nostra post Hugonem Grotium, Amstelodami, 1856.

2. Pierantoni, Geschichte der italienischen Völkerrechtslitteratur, 1869. Deutsch von Roncali, 1872.

3. Kurze Berichte über die neueste Völkerrechtslitteratur einzelner Nationen im Annuaire de l'Institut und der Revue de droit international a) der deutschen Völkerrechtslitteratur von Bulmerincq, b) der englischen von Holland und Travers Twiß; c) der italienischen von Norsa und Pierantoni, d) der russischen von Martens und Graf Kamarowsky.

Die Werke über die Geschichte der Verträge sind entweder, weil sie wie das Barbeyracsche (1739) Verträge aus der Zeit vor dem modernen Völkerrecht enthalten oder weil sie wie die von Koch, Schöll und Garden[2]) vom politischen System ausgehen, für die Völkerrechtsgeschichte von geringerer Bedeutung. Wie das Vertragsmaterial juristisch verwerthet werden kann, hat Hoffmann in seiner Diss. de gentium pactionibus et foederibus ex historia illustratis (Trajecti ad Rhenum 1824) gelehrt[3]).

Die umfassenderen Vertragssammlungen beginnen im 17. Jahrhundert. Einen beträchtlichen Zeitraum vom Ende des 11. bis zum Ende des 17. Jahrhunderts umfaßt erst der von Leibniz herausgegebene Codex iuris gentium diplomaticus. Die erste allgemeine Sammlung rein völkerrechtlicher Urkunden aus der Zeit von 536—1700 ist der sog. große Holländische Recueil de traités von Bernard (1700), welcher später wiederholt vermehrt wurde.

---

1) Außerdem hat Fallati in der Zeitschr. für die gesammte Staatswissenschaft, 1850, 150 ff. „Die Keime des Völkerrechts" aus den Gewohnheiten der wilden und halbwilden Stämme auf Grund kulturgeschichtlicher Forschungen Anderer, besonders Klemm's, entwickelt.

2) S. über dieselben Bulmerincq, Praxis rc. 100 ff.

3) Werke über einzelne Staatsverträge s. bei v. Mohl, Geschichte der Staatswissenschaft I. 353 ff.

Die umfassendste Sammlung internationaler Aktenstücke begründete G. F. von Martens in seinem zuerst 1790 herausgegebenen „Recueil de traités". Abgesehen von einzelnen Aktenstücken vom Jahre 1494 an beginnt diese bis auf den heutigen Tag fortgesetzte Sammlung mit dem Jahre 1760. Martens hatte seine Sammlung für diejenigen bestimmt, welche völkerrechtliche Vorlesungen hören und „daher einen besonderen Grund haben, sich mit den Verträgen zu beschäftigen". Die Hauptabsicht v. Martens, Verträge herauszugeben, ist in neuester Zeit wieder mehr durchgeführt. Die sechs ersten Bände der zweiten Serie des Nouveau Recueil général des traités" haben unter Hopf's Leitung viele früher bestehende Lücken ausgefüllt und zeugen von großer Umsicht und Ausdauer des jetzt, nach Samwers Tode, allein und schon in den letzten Jahren hauptsächlich thätigen Herausgebers. Dagegen wollte das 1861 von Aegibi und Klaukold herausgegebene und gleichfalls stetig fortgesetzte Staatsarchiv eine Sammlung der offiziellen Aktenstücke zur Geschichte der Gegenwart, besonders der Staatengeschichte sein und ist dieselbe mehr politischen als völkerrechtlichen Inhaltes, wogegen wiederum die gleichfalls von 1861 an in Paris erschienenen Archives diplomatiques[1]), welche nach kurzer Unterbrechung wieder regelmäßig, und zwar seit diesem Jahre unter der Redaktion des literarisch vortheilhaft bekannten Pariser Völkerrechtslehrers Renault erscheinen, bei weitem mehr völkerrechtlichen Inhaltes sind.

Zum Handgebrauch erschienen früher:

1. Charles de Martens und de Cussy Recueil manuel et pratique de traités conventions et autres actes diplomatiques, 1846—57. Auch diese Sammlung beginnt mit 1760, reicht aber nur bis 1856.

2. Ghillany, Diplomatisches Handbuch, Sammlung der wichtigsten europäischen Friedensschlüsse, Kongreßakten und sonstiger Staatsurkunden vom westphälischen Frieden bis 1867. 1855—68. 3 Theile. Die Fortsetzung dieser mit historischen Einleitungen versehenen Sammlung wäre sehr erwünscht.

Sammlungen für einzelne Staaten beginnen schon mit dem Anfange des vorigen Jahrhunderts und haben in diesem sich wesentlich vermehrt[2]).

§ 9. **Die Religion und das Völkerrecht.** Im Alterthum und noch in der Gegenwart in den orientalischen Staaten sind die Gebiete der Religion und des Rechts nicht streng von einander geschieden. Auch das internationale Recht ist vielfach von religiösen Anschauungen und Gebräuchen durchwebt. Die Religion hat zu allen Zeiten Einfluß auf Theorie und Praxis des internationalen Verkehrs gewonnen und ihnen auch Schutz angedeihen lassen. Auf das moderne Völkerrecht, dessen Prinzipien, und besonders auf das Kriegsrecht, übte die christliche Religion unverkennbaren Einfluß und weil es zuerst bei christlichen Völkern entstand, ist es auch vielfach als christliches bezeichnet worden[3]). Die wahre Religion hat die Völker zu gegenseitigem Wohlwollen mit einander zu einen und daher können auch religiös verschiedene Völker zur gegenseitigen Gleichberechtigung in der internationalen Gemeinschaft sich verbinden. Die gewaltthätige Ausbreitung des Völkerrechts unter nichtchristliche Völker ist aber ebenso unstatthaft als die gewaltthätige Ausbreitung der christlichen Religion in nichtchristlichen Ländern. Das Völkerrecht hat keine religiöse Mission, es hat vielmehr seinen rechtlichen Standpunkt einzuhalten und ebensowenig religiöse Dogmen als politische in sich aufzunehmen und zu verwirklichen.

Die Religion nimmt im Alterthum zunächst den einzelnen Fremden in ihren Schutz. Bei den Israeliten schützten die Freistätten des Altars und der sechs Levitenstädte auch den Fremden. Ferner schützte die Religion die Friedensvermittler. Bei den Griechen waren die Herolde (Κηρυκες), öffentliche Staatsbeamte zur Erledigung der Kriegs= und Friedensverhandlungen der Staaten, bei den Römern die Gesandten (legati) durch die Religion geschützt, bei jenen „ἀσυλοι", bei diesen sacrosancti. Die Diener der Religion wirkten beim Frieden und Kriege mit. In Rom waren die

---

1) Ueber die in Deutschland früher erschienenen „Archives diplomatiques" s. Bulmerincq Praxis 2c. 108.

2) Siehe dieselben bei G. F. v. Martens, Nouveaux supplémens au Recueil de traités, 1839 I. Avantpropos v. Mohl, Geschichte der Staatswissenschaft, I. 456 ff. und Bulmerincq, Praxis 114 ff.

3) Leone Levi, The law of nature and nations as affected by Divine law, 1855. Kennedy, The influence of Christianity upon international law, 1856. K. Th. Pütter, Beitr. behandelt „Christliches Kriegsvölkerrecht" 81 ff. und „Christliches Friedensvölkerrecht" 99 ff. Laurent, Hist. d. dr. d. gens. Bd. IV.: „Das Christenthum" führt im IV. Buch desselben aus, daß die Idee des Völkerrechts mit dem Christenthum entstehe.

auswärtigen Angelegenheiten den Fetialen, einem Priesterkollegium untergeordnet. Die seierliche Genugthuungsforderung von dem gegnerischen Staate — die clarigatio ging von den Fetialen aus, sie erklärten einen Krieg für der Religion und Gerechtigkeit gemäß und vermittelten den Abschluß der Friedensbündnisse. Ein von den Römern zu unternehmender Krieg mußte nicht nur ein bellum justum, sondern auch pium sein, das erstere ging nur auf die Form, letzteres aber auf die causa. Die Verweigerung einer Waffenruhe zur Bestattung der Leichen galt als Religions= verbrechen.

In christlicher Zeit schützte die Religion den Frieden, daher Gottesfrieden — treuga Dei — und milderte das Kriegsrecht, werden Verträge im Namen der heiligen Dreieinigkeit geschlossen und durch auf das Evangelium geschworene Eide bekräftigt. In mehreren Verträgen ist von einem durch sie zu begründenden „christlichen Frieden" die Rede. Das Haupt der Christenheit, der Papst, suchte nicht nur Vermittler und Schiedsrichter zwischen streitenden Souveränen zu sein, sondern belehnte auch christliche Souveräne mit den Ländern Ungläubiger zur Verbreitung des Christen= thums in den von ihnen zu unterwerfenden nichtchristlichen Ländern.

Die erste große allgemeinere internationale Urkunde: der Westphälische Friede von 1648 beendete einen Religionskrieg und regelte auch religiöse Verhältnisse. Beinahe sämmtliche christ= liche Monarchen Europa's gaben sich in der von den Monarchen Oesterreichs, Preußens und Ruß= lands am 14./25. September 1815 abgeschlossenen heiligen Allianze[1]) das Wort, sich und ihre Staaten als Glieder einer und derselben christlichen Familie betrachten und in den auswärtigen Beziehungen die Vorschriften der heiligen Religion zur Richtschnur nehmen zu wollen. Von den zum Beitritt eingeladenen Mächten[2]) leistete nur England aus konstitutionellen Gründen[3]) nicht Folge[4])

Die Bezeichnung des Völkerrechts als christliches seinem Geltungsgebiete nach ist nicht mehr zulässig, seitdem durch den Pariser Friedensvertrag vom 30. März 1856 Art. VII. die Pforte Theil hat an den Vortheilen des öffentlichen Rechts[5]) und an der europäischen Gemeinschaft (Concert), welche selbstverständlich nicht nur Rechte, sondern auch Pflichten zur Folge hat. Es ist nicht richtig, wenn Hornung (L'institut de droit international in der Revue internationale de l'enseignement vom 15. Februar 1884) sagt, daß das internationale System sich zur Zeit nur noch auf die christ= lichen Völker beschränke, wohl aber begründet, wenn er diesen vorwirft, daß sie nur ihr Interesse im Auge haben, anstatt auf die weniger vorgeschrittenen Völker eine großmüthige und uninteressirte Fürsorge auszuüben, welche sie nach und nach für das internationale System gewinnen würde.

§ 10. Das allgemeine und das besondere Völkerrecht.

Das moderne Völkerrecht ist seinem Ursprunge nach ein europäisches weil es zunächst in Europa entstand und sich entwickelte. Bei der Verbreitung nach den Vereinigten Staaten von Nordamerika wurde es europäisch=amerikanisches genannt. In der Gegenwart, wo es auch in andere Welttheile vordringt, ist auch die letzere Bezeichnung nicht mehr genügend. Das Völker= recht ist seiner Bezeichnung und Tendenz nach ein allgemeines. Die Annahme eines besonderen Völkerrechts als das nur eines Volkes wie ein solches der Hebräer (Selden) oder der Deutschen (Römer) ist begriffswidrig, da ein einzelnes Volk kein Völkerrecht konstituiren und nur dargestellt werden kann, inwieweit ein Volk das Völkerrecht beobachtet. Ebensowenig gibt es ein Völkerrecht einer Völkergruppe wie ein skandina= visches (Ward) und der Orientalen (Hälschner). Die Doktrin identifizirte entweder allgemeines und natürliches Völkerrecht und besonderes und positives, oder sie faßte das besondere Recht als das Recht eines oder einiger Völker, das allgemeine als das Recht mehrerer, vieler oder aller Völker auf. Das natürliche Völkerrecht ist aber ein philo= sophisches, das positive kein besonderes, sondern ein allgemeines. Das allgemeine kann zunächst nur das mehrerer oder vieler Völker sein, hat aber die Aufgabe das aller zu sein und werden. Das Völkerrecht ist ein Recht der Kulturstaaten, welche es setzen und ausüben und kann sich von diesen aus und durch sie immer weiter auch zu Staaten minderer Kultur erstrecken. Das Völkerrecht ist ein Recht für die verschiedenen Völker oder Staaten und soll die Nationalität zur Internationalität, die Besonderheit zur Allgemeinheit ausgleichen,

---

1) Martens, N. R. II. 656 ff.
2) Der Papst und die Pforte wurden nicht eingeladen.
3) Der Regent von England erklärte, daß er zwar persönlich dieselben Gesinnungen hege, aber ohne Unterzeichnung und Vertretung verantwortlicher Minister keinen Vertrag mit dem Aus= lande eingehen dürfe.
4) Ghillany, I. 383.
5) Unter dem öffentlichen Recht ist hier wohl das Völkerrecht zu verstehen.

damit ein allgemeines, ein Weltrecht die Beziehungen der Völker oder Staaten in über=
einstimmender Weise rechtlich regle. Daß dieses Ziel erstrebt werden müsse, kann
ebensowenig einem Zweifel unterliegen als daß die Entfernung vom Ziele noch eine
große ist.

Schon Samuel Rachel[1] unterscheidet ein allgemeines (commune) Völkerrecht und ein
besonderes (proprium), das erstere als das von vielen, den meisten gesitteten Völkern anerkannte,
welches hauptsächlich ein Gewohnheitsrecht sei, das letztere als das nur von wenigen, auch nur von
zwei Staaten zu ihrem besonderen Nutzen und Gebrauch untereinander aufgerichtete. Vattel hält
nicht nur das Vertragsrecht für ein partikulaires Völkerrecht, sondern auch das Gewohnheitsrecht.
Selbst G. F. v. Martens[2] unterscheidet noch ein positives, besonderes, willkürliches Völker=
recht zweier Völker und ein natürliches, allgemeines und nothwendiges. Ein allgemeines positives
Recht nimmt v. Martens überhaupt nicht an, sondern nur eine Wissenschaft desselben. (§§ 4 u. 5.)
Römer (§ 3) negirt die Existenz eines allgemeinen und des dazu gerechneten positiven europäischen
Völkerrechts, welches von allen europäischen Völkern angenommen und durch Verträge für sie ver=
bindlich geworden sein müßte. Auch v. Holtzendorff[3] negirt ein allgemeines positives Völker=
recht wegen Mangels von allen Staaten unterzeichneter Verträge und ausnahmslos beobachteter
Gewohnheiten. Bergbohm[4] anerkennt denn auch nur ein relativ allgemeines positives Völker=
recht, da es nur die Gesammtheit der zivilisirten Staaten umfasse, daneben aber ein spezielles, durch
Spezialverträge zwischen zweien oder nur wenigen Staaten gesetztes, Recht, das indeß als Quelle
des allgemeinen Völkerrechts zu verwerthen sei. Klüber identifizirt gleich v. Martens natürliches
und allgemeines Völkerrecht (§ 1) und statuirt nur die wissenschaftliche Behandlung des Völkerrechts
eines einzelnen Staates sowie mehrerer. Creasy (§ 27) ersetzt die Bezeichnung des allgemeinen
als natürlichen Völkerrechts durch das moral international law, welches so universell sei als die
civilisirte in politischen Gemeinheiten organisirte Menschheit. Nach Calvo (I. 133) ergibt sich
das allgemeine Völkerrecht aus der Natur der Sache, das partikulaire aus dem generellen Charakter
der internationalen Gesetze. In einem ganz anderen Sinne unterscheidet Ahrens[5] das allgemeine
und besondere, wenn er dem ersteren zuweist das Völker=, Personen=, Sachen=, Obligationenrecht und
das Recht der Rechtsverfolgung und dem letzteren das Völker=, Religions=, Wissenschafts= und Kunst=,
Handels= und Gewerberecht.

Zu zulässigeren Unterscheidungen gelangen Heffter (§ 3) und Hartmann (§ 5), indem
unter dem partikulairen neben dem gemeinsamen Staatenrechte besondere Rechte oder Normen gewisser
Staaten begriffen werden.

Die Unterscheidungen des allgemeinen und besonderen positiven Völkerrechts sind wissen=
schaftlich werthlos und daher zu beseitigen. Ein besonderes Völkerrecht ist eine contradictio in
adjecto, allgemein ist das Völkerrecht seiner Tendenz nach. Im Widerspruche mit dem Thatsäch=
lichen ist es aber, wenn das positive Völkerrecht als ein allgemeines in dem Sinne bezeichnet
wird, daß es in seinen Einzelbestimmungen allgemein, d. h. von allen Staaten anerkannt wird,
und Bergbohm hat daher insoweit Recht, es nur als ein relativ allgemeines zu bezeichnen.

§ 11. Die Quelle des Völkerrechts.
Das Völkerrecht entsteht aus der inter=
nationalen Rechtsüberzeugung der zu Staaten geeinten Völker. Bloße Rechtsanschauungen
der Völker in Bezug auf ihre wechselseitigen Verhältnisse steigern sich, wenn sie voll=
ständig bewußt und fest werden, zu Rechtsüberzeugungen. Diese Ueberzeugungen
bestimmen den Willen der Völker, den zur Allgemeinheit gerichteten aber bezeugen mehrere
übereinstimmende, auf die Verhältnisse der Staaten zu einander sich beziehende Hand=
lungen, welche ein internationales Herkommen als Inbegriff der durch diese Handlungen
bezeugten Normen konstituiren. Die internationalen Rechtsüberzeugungen der Völker
können und werden aber ebensowenig vom gesammten Volk geübt als die nationalen
eines besonderen Volkes. Sie treten vielmehr hervor in den Aktionen der Staatsregierung,
der internationalen Gerichte und Parlamente. Von den letztgenannten erstreben die
Volkskammern einen immer weiteren Antheil an den internationalen Aktionen.

Völkerrechtliche Normen können als allgemeiner anerkannte auch aus verschiedenen,
ihrem Inhalt nach in ihren Rechtssätzen übereinstimmenden, Verträgen einzelner Staaten

---

1) De jure naturae et gentium diss. duae, 1676.
2) Einl. in das europ. Völkerr. § 2 u. 3.
3) Encyklopädie der Rechtswissenschaft 1873, 935.
4) Staatsverträge und Gesetze als Quellen des Völkerrechts, 1876, 84.
5) Bulmerincq, Systematik 121.

mit einander, oder aus den von einer großen Zahl von Staaten gemeinschaftlich abge=
schlossenen oder von anderen auch für sich später, durch Hinzutritt zu den von anderen
Staaten abgeschlossenen Verträgen, als verbindlich anerkannten abgeleitet werden. Ferner
aus, ihrem Inhalte nach in ihren Rechtssätzen, übereinstimmenden Gesetzgebungen ver=
schiedener Staaten, soweit ihre Bestimmungen internationale Rechtsverhältnisse betreffen.
Auch kann das römische Recht im Völkerrecht zur Begründung von Rechtssätzen An=
wendung finden, nicht bloß wegen seiner allgemeinen Verbreitung und weil es in den
meisten zivilisirten Ländern die Grundlage der Theorie des Rechts bildet und in der
Praxis als Hilfsrecht gilt, sondern insbesondere auch deßhalb, weil es nicht bloß aus
der Rechtsanschauung eines Volkes, sondern unter Mitwirkung verschiedener Völker als
ein wahres jus gentium, wenn auch nicht als ein ius inter gentes sich gebildet und
schon seiner Entstehung nach ein allgemeines ist und die von dem Völkerrechte und für
dasselbe zu fordernde Ausgleichung der Rechtsanschauung verschiedener Völker bereits in
seiner Fortentwickelung vollzogen hat. Indeß muß dabei stets beachtet bleiben, daß das
römische Recht wesentlich Privatrecht ist und nicht minder, daß das ius gentium auf
dieses hauptsächlich sich bezieht, daß die Rechtssubjekte im Völkerrecht nicht Einzelne oder
Private, sondern Staaten oder publizistische sind, weßhalb zivilrechtliche Sätze nicht an
sich, sondern nur mobifizirt auf internationale Rechtsverhältnisse Anwendung finden
dürfen, am ehesten aber im sog. internationalen Privatrecht, wenn auch in diesem nur
unter steter Berücksichtigung der modernen und internationalen Rechtsanschauungen.

Das Völkerherkommen oder Staatenherkommen und die internationalen Verträge
sind nur die äußeren Erscheinungsformen der internationalen Rechtsüberzeugung, nicht
aber selbst Quelle. Ebensowenig aber bloß Beweis (evidence) eines bestehenden Rechts
oder für dasselbe. Neben jenen Erscheinungsformen gibt es noch auf die Staatenver=
hältnisse angewandte Regeln, deren Inbegriff als comitas gentium (comity of nations [1]),
droit de convenance) bezeichnet wird, weil die Staaten sie nicht als Rechtsverpflichtungen,
sondern aus Konnivenz gegen einander beobachten. Die Nichtbeachtung der Konnivenz
gestattet nach den Grundsätzen der Reziprozität ein gleiches Benehmen. Die Uebung
des strengen Rechts wird durch comitas, welche der aequitas verwandt ist, gemildert.
Die Comitas kann sich aber in ein Völker= oder Staatenherkommen wandeln durch
ununterbrochene Uebung, Zeitablauf und Meinung einer Verpflichtung einerseits und
beim Bestehen eines Forderungsrechts andererseits. Ein ganzes Rechtsgebiet aber wie
das internationale Privatrecht [2]) auf comitas zu begründen, ist unzulässig und zwar schon
deßhalb, weil dieses Gebiet thatsächlich schon vielfach auf Verträge und zwar in um=
fassender Weise zurückgeführt werden kann.

Die Wissenschaft ist nicht Quelle des Völkerrechts. Sie stellt neben der Theorie
nur das geltende Recht dar, entwickelt es sodann aus den Erscheinungsformen und leitet
aus der Natur der Sache Analogien ab. Durch die Uebereinstimmung von Völkerrechts=
gelehrten entsteht kein positives Recht, sie kann nur als auctoritas prudentium gelten
und als wissenschaftliches Argument verwerthet werden. Im Fall der nur zu häufigen
Verschiedenheit der Meinungen gibt es aber kein Zitirgesetz, welches der Meinung eines
bestimmten Völkerrechtsautors den Vorzug gäbe.

---

1) „The Peoples Dictionary of the English language" von Webster und Wheeler erklärt
comity als courtesy of intercourse, als civility.

2) Wie Phillimore, Commentar. Bd. IV. Besonders ist die Begründung des gesammten
sog. internationalen Strafrechts auf die comitas nicht geboten, da für dieses die Auslieferungs=
verträge zahlreiche Uebereinstimmungen ergeben.

Schon Hugo Grotius berief sich auf die iura quae gentium consensus constituit (Proleg. 26) und führte die Entstehung des Völkerrechts auf die Uebereinstimmung der Staaten (Proleg. 17) zurück, welche ihren Ursprung im freien Willen habe (Proleg. 40); dieses Recht, welches ex voluntate gentium modum accipit, setzt er entgegen (Lib. II. cap. XVIII. 4) dem ex certis rationibus entstehenden ius naturale. Der Konsensus sollte aber nicht ex solis exemplis abgeleitet werden. Und so lehrte auch Heffter (§ 3) in unserer Zeit, daß ein gültiges Recht für unabhängige Staaten wesentlich durch gemeinsamen Willen (consensu) bestehe und so lehren nicht minder fast alle anglo-amerikanischen Autoren.

Der größte Zivilist unseres Jahrhunderts, v. Savigny (System des Röm. Rechts I. 33) anerkennt aber, daß auch unter verschiedenen Völkern eine ähnliche Gemeinschaft des Rechtsbewußt-seins entstehen könne, wie sie in Einem Volke das positive Recht erzeugt. Als Quelle des Völker-rechts ist dann übereinstimmend durch Wasserschleben, Hälschner, Müller-Jochmus, von Mohl und von Kaltenborn das Rechtsbewußtsein der Völker erkannt worden[1]. Die Erkenntniß, daß Gewohnheit und Gesetz nur äußere Erscheinungen der Rechtsüberzeugung eines Volkes seien, verdanken wir Puchta[2], in gleicher Weise sind für das Völkerrecht Herkommen und Verträge der Völker Erscheinungsformen der internationalen Rechtsüberzeugnng. Auch Heffter erklärt (§ 3), daß Verträge und Gewohnheit nur einzelne Arten der formellen Erscheinung des Völkerrechts seien.

Weniger Uebereinstimmung herrscht in Bezug auf Art und Zahl der verschiedenen Erschei-nungsformen der internationalen Rechtsüberzeugung oder der fälschlich noch immer sog. Quellen.

Hugo Grotius bezeichnet schon am Eingange seines Werkes (Proleg. 1) als Entstehungs-gründe des Völkerrechts neben der Natur und dem göttlichen Recht die mores und den stillschwei-schweigenden Vertrag (pactum tacitum). Zwar läßt er auch die mores vim pacti accipere (Lib. II. cap. V. 24) aber nur in Bezug auf die Entstehung der bürgerlichen Gesellschaft, dagegen spricht er wiederholt von einem placuit gentibus (Lib. II. cap. XVIII. iv. 5, Lib. III. cap. vi. III. 1, cap. VII. v. 2) und will das Völkerrecht durch exempla et iudicia historiae, besonders durch consentientia (Proleg. 46) erwiesen haben. Achenwall (§ 10) begründet es nur auf consuetudines plurimis gentibus receptae, Günther (§ 17), G. F. v. Martens, Klüber (§§ 3 u. 4), Heffter (§§ 8 u. 9). Oppenheim (cap. V. § 5) und Bluntschli (1 ff.) auf Verträge und Herkommen. Weit zahlreicher sind die Quellen bei amerikanischen und englischen Schriftstellern. Wheaton (Elements du droit international, 1864 § 12) führt an erster Stelle die Schriften der Publizisten auf, sodann Friedens-, Alliance und Handelsverträge, Prisenverordnungen, Urtheile internationaler Gerichte und Kommissionen, Gutachten der Legisten an ihre Regierung, internationale Geschichte und Transactionen, erst daneben den Gebrauch der Nationen. Dagegen erkennen schon Kent (6 ff.), Twiß (Law of nations I. 110 ff.) und Woolsey (§ 28) als Quelle des Völkerrechts richtig die Uebereinstimmung der Völker und Vertrag und Gewohnheit nur als Formen an. Man-ning (Buch II.) und Wildman (I. 1 u. 14) geben aber dem Gewohnheitsrecht den Vorzug und Creasy (76) legt demselben eine große Bedeutung bei. Phillimore (I. ch. III.) erkennt aber als primaire Quelle das göttliche Recht[3] und als diesem untergeordnete Quellen die Kund-gebungen der Uebereinstimmung der Völker: Verträge und Gewohnheit. Calvo (I. 141), welcher selbst (I. 134 ff.) die Schriften der anerkannten publizistischen Autoritäten für die reichste, die Verträge aber für die hauptsächlichste, wichtigste und unabweisbarste Quelle erklärt, monirt mit Recht gegen die Anschauungen Phillimore's und die gleiche Halleck's, daß man sie eher einem Gelehrten des 17. Jahrhunderts zuschreiben könne. Als weitere Quelle erkennt dann Phillimore noch die Natur der Sache (ch. IV.)[4], das Römische Recht erklärt er aber für die aktuelle Basis auch der internationalen Jurisprudenz. Die Analogie wird aber von Phillimore nur in ihrem Einfluß auf die Entscheidungen internationaler Gerichte gewürdigt, während Günther, Klüber und Creasy die Analogie überhaupt als Quelle anerkennen. Mit Recht macht Calvo (I. § 27) darauf aufmerksam, daß die verschiedene Werthschätzung der Quellen sich zum Theil aus den verchiedenen politischen und administrativen Systemen der verschiedenen Länder erkläre, weß-halb z. B. gerichtliche Entscheidungen in England und den Vereinigten Staaten, weil sie dort als evidenter Beweis richtiger Anwendung des Gesetzes und als Declaration des gemeinen Rechts gelten, auch als Quelle des Völkerrechts ein weit größeres Ansehen genießen als die gerichtlichen Ent-scheidungen in den Ländern des europäischen Kontinents. Außerdem gewinnt aber das Völkerrecht selbst in jenen Ländern dadurch eine ganz andere Bedeutung, daß es als Theil des Landesrechts angesehen wird. Schon Blackstone sagte: „The international law is adopted in its full extent by the law of England and whenever any question arises which is properly subject to its juris-diction it is hold to be a part of the law of land". Der hochangesehene nordamerikanische Kanzler

---

1) Bulmerincq, Systematik I. 227 ff. 349 ff.

2) Puchta, Gewohnheitsrecht, 1828—37.

3) Phillimore unterscheidet (67) als Zweige des göttlichen Rechts the principles of Eternal Justice implanted by God in all moral and social creatures and the revealed Will of God enfor-cing and extending these principles of natural justice.

4) Schon Bynkershoek (De dominio maris und de foro legatorum 1737) verwies auf die Natur der Sache, indeß bedeutete bei ihm das dafür gebrauchte Wort „ratio" sowohl diese als die Vernunft.

Kent behandelt denn auch das Völkerrecht als ersten Theil seiner Kommentare über das ameri=
kanische Recht, nennt es einen essential part of american jurisprudence, und konstatirt, daß Theile
desselben durch die Verfassung und Statuten der Vereinigten Staaten ausdrückliche Sanktion erhalten
hätten.   Der hervorragende nordamerikanische Völkerrechtsautor Woolsey (§ 29) aber erklärt die
von einem Volke übernommenen Verbindlichkeiten des internationalen Rechts für einen Theil seines
Landesrechts, welchen es durch statutarisches Recht und Strafgesetze zu wahren und behaupten habe.
Auch Geffcken (Problem des Völkerrechts 233 ff.) erklärt das Völkerrecht für einen Theil des
geltenden Rechts jedes Staates und stellt jenes über dieses, wenn letzteres hinter den Verpflichtungen
des ersteren zurückbleibt.   Trendelenburg (63) hat aber mit Recht gefordert, daß die Völker zur
Bildung des Völkerrechts mitwirken müßten.   Aus Bergbohm's Betrachtungen heben wir aber
hier nur die eingehende Würdigung der Gesetze der Staaten hervor, welche er als Quellen des
Völkerrechts für die Gebiete derjenigen Staaten bezeichnet, welche einen und denselben auf den Verkehr
der Nationen mit einander bezüglichen Rechtssatz in der Absicht anerkennen, ihn als verbindliches
Recht gelten zu lassen. (S. 42.)

Trotz der Mannigfaltigkeit der Anschauungen über die Quellen des Völkerrechts sind doch
Verträge und Herkommen als Hauptformen der internationalen Rechtsüberzeugung und diese oder
der Konsensus der Völker immer übereinstimmender als Quelle anerkannt worden.

§ 12. Die Positivität des Völkerrechts.

Die Positivität des Völkerrechts wurde
geleugnet wegen eines mangelnden Gesetzgebers, wegen eines mangelnden Zwanges und
wegen eines mangelnden Gerichtes und Verfahrens zur Geltendmachung der Völkerrechts=
bestimmungen.   Das Völkerrecht hat aber den Grund seiner Giltigkeit in der Ueberein=
stimmung der Staaten über die in Bezug auf ihre auswärtigen Verhältnisse zu beob=
achtenden rechtlichen Grundsätze. Die Positivität des materiellen Völkerrechts insbesondere
bekunden Deklarationen, Konventionen und Verträge der Staaten, zur Anwendung
gelangt es aber vermittelst der Organe und des Verfahrens des formellen Völkerrechts.
Anerkannt und fortgebildet wurde das Völkerrecht auf den Kongressen und Konferenzen
der Fürsten und Bevollmächtigten souveräner Staaten der internationalen Rechtsgemein=
schaft. Auch haben die Schiedssprüche in Staatsstreitigkeiten stetig zugenommen und wird
ihre Anwendung in Verträgen und für bestimmte internationale Institutionen vorgesehen.
Kongresse, Konferenzen und Schiedssprüche sind aus der freien Initiative der Staaten
hervorgegangen, für Verhandlungen und Entscheidungen von Streitigkeiten unter sou=
veränen Staaten ist auch ein anderer Ursprung nicht denkbar. Eine auch nur mittel=
bare Betheiligung der Volksvertretungen an den internationalen Entscheidungen ist ver=
fassungsmäßig beschränkt auf bestimmte Fälle. Indeß ist sowohl die allgemeine Ein=
führung internationaler Schiedsgerichte oder ihre häufigere Anwendung, als auch die
Reform des Seekriegsrechts wiederholt Gegenstand von Kammerverhandlungen und
Beschlüssen geworden, wenn auch ohne nachhaltige Rückwirkungen auf die Handlungen
und Beschlüsse der Staatsregierungen.

Das Völkerrecht wurde aus verschiedenen, sowohl materiellen als formellen Gründen geleugnet.
Von Pufendorf wegen Mangels allgemeiner Verträge, von Thomasius, Austin (Jurisprud.
208) und Rayneval (Institut. du droit de la nature et gens, L. I. p. 8 n. 10) wegen eines
mangelnden Oberherrn, von Puchta (Gewohnheitsrecht I. 142) wegen mangelnder Form rechtlicher
Geltendmachung und von Wippermann (Beiträge zum Staatsrecht 1844 I. 168 ff.) wegen
mangelnden Forums.   Dagegen wird von Hegel das Völkerrecht auf die Basis des Sollens gestellt,
von Heffter die Giltigkeit des nicht durch bestimmte Willensakte gesetzten Rechts aus innerer
Nöthigung abgeleitet, von Manning (78) die Beobachtung aus göttlichem Befehl, von Bluntschli
(Völkerr. I.) die Begründung aus der Menschennatur, von Vattel (§ 27) und Schmelzing (§ 5)
aus dem Willen der Völker, von Wildman (I. 14), Twiß (I. 111.) und Woolsey (§ 6) aus
deren Uebereinstimmung, von Rachel die Gültigkeit und von Kent (7) dessen Beobachtung aus
dem langen Gebrauch, von Phillimore die Beobachtung (I. 75) aus der gegenseitigen Anerkennung
der Staaten in ihrer Existenz und Unabhängigkeit und von Seebohm (On international reform
1871 5 ff.) aus einer sog. interdependence der Nationen in Bezug auf ihre materiellen Interessen.
Die Realisirung des Völkerrecht wird durch von Kaltenborn (Krit. 310 ff.) in der freien That
der Völker gefunden. Im Kriege erblickten das Zwangsmittel Wolff, Pölitz, J. H. Fichte,
Hälschner (siehe Bulmerincq, Systematik Seite 247 ff.) und Creasy (70 ff.). Pradier-
Fodéré (in der Ausgabe von Fiore Introduktion XIII.) nimmt daneben noch eine moralische
Sanktion an.

Carnazza = Amari (I. 124 ff.) erklärt die Leugnung des Völkerrechts aus einer Ver-wechselung des Rechts und der Sanktion, denn das Recht bestehe vor seiner Exekution objektiv, auch abgesehen von den Exekutionsmitteln und gründe sich nicht auf die Gewalt, sondern auf das Wohl der Menschheit. Auch Phillimore setzt eine Begriffsverwechselung voraus und zwar der das Gesetz sanktionirenden physischen Gewalt und der dem Gesetz schon durch das Fundamentalprinzip des Rechts eigenen moralischen Sanktion. Schon v. Kaltenborn bemerkte gegen Stahl, welcher dem Völkerrecht zwar den Rechtscharakter nicht absprach, es aber nicht für erzwingbar erklärte, daß die Erzwingbarkeit hier nur als äußere Realisirbarkeit aufzufassen sei. Solche Erzwingbarkeit wird man aber dem Völkerrecht kaum absprechen können. Es kommt aber noch hinzu, daß die Staaten das Völkerrecht ausdrücklich anerkannt haben, daß in internationalen Verträgen und Staatsschriften wiederholt Berufung auf dasselbe stattfindet und daß immer mehr internationale Ver-hältnisse vom Völkerrecht ergriffen und geordnet wurden, so daß ein Nachweis der Positivität des Völkerrechts kaum noch als eine zu lösende Aufgabe erscheint.

Die hauptsächlichste Beweisurkunde für die Anerkennung des Völkerrechts durch die Staaten ist die von den in Aachen 1818 zum Kongreß versammelten europäischen Großmächten: Frankreich, Großbritannien, Oesterreich, Preußen und Rußland, übernommene Verpflichtung „nie abzuweichen in ihren Beziehungen zu einander, noch zu andern Staaten von der strengsten Beobachtung der Prinzipien des Völkerrechts, Prinzipien, welche in ihrer Anwendung auf einen immerwährenden Friedensstand, allein wirksam die Unabhängigkeit einer jeden Regierung und die Beständigkeit der allgemeinen Association garantiren können. Sowohl bei den Versammlungen der Souveräne als denen ihrer Minister, sei es nun, daß sie ihre eigenen Interessen oder daß sie Fragen betreffen, für welche andere Regierungen formell ihre Intervention reklamirt haben, sollen jene Prinzipien auf-recht erhalten werden[1]. Von einer überwiegenden Zahl von Staaten wurde sodann verlautbart oder angenommen die Pariser Seerechtsdeklaration vom 16. April 1856[2]) und die St. Petersburger Deklaration vom 11. Dezember 1868[3]), enthaltend das Verbot der Verwendung explodirender Geschosse unter 400 Gramm im Kriege.

Von allgemeinen Konventionen ist als die allgemeinste zu nennen die Genfer vom 22. August 1864 nebst Additionalartikeln vom 20. Oktober 1868[4]), betreffend die Behandlung auf dem Schlachtfelde verwundeter Militärpersonen und in den Ambulanzen.

Die für das internationale Recht wichtigsten Kongresse sind I. der Westphälische Kongreß von 1648, II. der Wiener Kongreß von 1814, III. der Aachener Kongreß von 1818. In Aachen werden Versammlungen der Fürsten und ihrer Minister vorgesehen, bei speziell mit den Interessen anderer Staaten Europa's verknüpften Sachen sollten aber die Versamm-lungen erst Statt haben nach einer formellen Einladung dieser Staaten und unter dem ausdrück-lichen Vorbehalt ihres Rechts, daran selbst oder durch ihre Bevollmächtigten Theil zu nehmen. Zugleich erklärten die Kongreßstaaten, daß der Gegenstand ihrer Union nur die Aufrechterhaltung des allgemeinen Friedens sei, begründet auf der gewissenhaften Achtung der in den Verträgen ent-haltenen Verpflichtungen hinsichtlich der Gesammtheit der daraus sich ergebenden Rechte[5]. Demgemäß werden folgende Kongresse abgehalten: 1. der Kongreß zu Troppau 1820, auf welchem die Monarchen Oesterreichs, Preußens und Rußlands über das Prinzip bewaffneter Intervention zu Gunsten der Verträge von 1815 sich einigten, wogegen England mittelst Zirkulardepesche des Lord Castlereagh vom 19. Januar 1821 Protest einlegte[6]); 2. der Kongreß zu Verona 1822, welcher Frankreich mit der Unterdrückung der Revolution in Spanien[7]) beauftragte, wogegen England[8]) diese Intervention nicht bloß für nutzlos und gefährlich, sondern auch das Prinzip für verwerflich erklärte. Dessenunerachtet betheiligte sich England, ganz abgesehen von neueren und neuesten Interventionen wie z. B. zur Zeit in Egypten, bei folgenden. Bei der auf der Londoner Konferenz mittelst Protokolls vom 3. Februar 1830 von England mit Frankreich und Rußland zu Gunsten der Unabhängigkeit Griechenlands beschlossenen und bei der zu Gunsten Belgiens gegen die Nieder-lande geübten, trotz des Vertrages Englands, Oesterreich, Preußens und Rußlands vom 31. Mai 1815[9]) mit den Niederlanden, wonach die alten vereinigten niederländischen und belgischen Provinzen das Königreich der Niederlande bilden sollten (Art. 1) und demnach eine Trennung rechtlich

---

1) Aachener Deklaration v. 15. Nov. 1815. Martens, N. R. IV. 560 u. ff.

2) Martens, N. R. G. XV. 791.

3) Martens, N. R. G. XVIII. 474.

4) Martens, N. R. G. XVIII. 607 ff. Protokollverhandlungen XX. 375 ff.

5) Aachener Protokoll v. 15. Nov. 1818. Martens, N. R. 554.

6) Nach dem Sturze Karls X. erklärte sich 1830 auch Frankreich gegen das Prinzip der Intervention.

7) Das spanische Ministerium hatte gegen die Intervention protestirt. Ghillany, II. 443.

8) In einer Depesche des Ministers Canning an den Herzog von Wellington als Vertreter Englands auf dem Kongreß zu Verona. In einem Memorandum an den französischen Minister Villéle sprach sich Canning überhaupt gegen das Prinzip der Einmischung in die inneren Angelegen-heiten anderer Staaten aus.

9) Martens, N. R. II. 327.

unmöglich war. IV. Der Pariser Kongreß von 1856[1]) und V. der Berliner Kongreß von 1878[2]).

Die zur Durchführung des Völkerrechts vorgeschlagenen Organisationen sind hier nur anzudeuten. Vom König Heinrich IV. von Frankreich und seinem Minister dem Herzog v. Sully wurde ein europäischer Staatenbund projektirt, hundert Jahre später erschien dieser Plan als Projekt des französischen Abbé St. Pierre für den ewigen Frieden. Einen ständigen europäischen Kongreß von Souveränen und Gesandten planten Leibnitz, Rousseau und Kant. Es proponirten ferner Lorimer[3]), Organisationen für die gesetzgebende, richterliche und vollziehende Gewalt; Edward Hanson[4]) ein einer europäischen Konföderation an die Seite gestelltes permanentes internationales Tribunal; Leopoldo Farnese[5]) einen permanenten oder periodischen Kongreß von Repräsentanten aller Nationen als Wächter des Völkerrechts und einziges legitimes Schiedsgericht über Frieden und Krieg[6]); Emile de Laveleye einen permanenten Schiedsgerichtshof aus diplomatischen Repräsentanten; Bluntschli[7]) einen Staatenbund mit der Kompetenz der Festsetzung und Aussprache völkerrechtlicher Normen, der Bewahrung des Völkerfriedens und Ausübung der großen völkerrechtlichen Politik, der Besorgung der internationalen Verwaltungssachen und der internationalen Rechtspflege; endlich Graf Kamarowski[8]) ein internationales Gericht, welches nach der Natur der Streitsachen abgetheilt wird in das diplomatische, das Kriegs- und See-Departement, das für internationales Privatrecht und das des gesellschaftlichen Völkerrechts, z. B. in Bezug auf Weltpost und Telegraphen, internationale Kommunikationsmittel, Verbreitung von Epidemien, Autor-, Patentsachen u. s. w.

Das stete Wideranstreben solcher Projekte gibt nicht nur das Bedürfniß nach internationalen Organisationen zur Durchführung und Sicherung des Völkerrechts kund, damit es ein legislatives und judiziaires permanent wirkendes Organ erhalte und alle Zweifel an seiner Existenz und Wirkung ein Ende haben, sondern es enthalten dieselben auch manche Keime, welche in anderer Weise, im Anschluß an bestehende Institutionen fruchtbringend werden können. Jedenfalls können sie nicht wie vielfach geschehen, den Utopien zugerechnet werden und haben mehr Aussicht auf praktischen Erfolg als die mehr das Gemüth als den Verstand ansprechenden Bestrebungen der Friedensgesellschaften. Sowie die Kodifikation nur in einzelnen Entwürfen vorschreiten kann, so können auch zunächst nur einzelne internationale Institutionen geschaffen werden nach Art der internationalen Post- und Telegraphen- und Maaß- und Gewichtsunionen mit permanenten Büreaus. Auf diesem Wege wird der Sinn für größere und weitere Einrichtungen allmälig geweckt und zu den bestehenden manch neue internationale Institution hinzugefügt werden.

§ 13. **Die Konstruktion des völkerrechtlichen Rechtsverhältnisses.** Die Ordnung des materiellen Völkerrechts ruht auf dessen Rechtsverhältniß, welches aus drei Gliedern besteht: dem Subjekt, Objekt und Akt. Von dem Subjekt geht das Recht aus, auf das Objekt ist es gerichtet, der Akt bringt die Subjekte zu einander in Beziehung und vermittelt die Unterwerfung des Objekts unter das Recht des Subjekts. In dem völkerrechtlichen Rechtsverhältniß sind die Subjekte: die Staaten oder das zu einem Staat geeinte Volk. Der von den Subjekten zur Begründung eines völkerrechtlichen Rechtsverhältnisses ausgehende Akt nimmt dadurch den Charakter eines internationalen an, daß er zwischen Staaten vollzogen wird und daß die Absicht dieser darauf gerichtet ist, ein völkerrechtliches Rechtsverhältniß zu begründen. Daß nur Staaten Subjekte des Völkerrechts sind, schließt nicht aus, daß sowohl die Rechtsverhältnisse der Souveräne als der Einzelnen unter den Schutz des Völkerrechts gestellt und daß dieser Schutz durch diese festgesetzt und geübt werde. Objekt des Völkerrechts kann nur das Staatsvermögen sein, weil über dieses allein einem Staat eine unbeschränkte Disposition zusteht.

---

1) Martens, N. R. G. XV. 700 ff.

2) Martens, N. R. G. II. Ser. III. 276 ff.

3) Lorimer, „Le problème final du droit international" in der Rev. d. dr. intern. IX. 200 ff.

4) Hanson, The prevention of war: A. Plan and a Plea, London 1871, 19.

5) Farnese, Proposta di un codice di dir. internaz. 1873, 176 ff.

6) S. darüber Rolin-Jaequemyns in Rev. de dr. intern. VI. 149.

7) Bluntschli, Kleine Schriften 1881, II. 299 ff.

8) Kamarowski, Ueber ein internationales Gericht, Moskau 1881. (In russischer Sprache.) S. Bulmerincq, „Zweiter Jahresbericht über die neueste Völkerrechtslitteratur aller Nationen" in Schmoller's Jahrb. VII. 648 ff.

Ueber Art und Zahl der Subjekte des Völkerrechts ist heute fast allgemein Uebereinstimmung vorhanden. Die Annahme Heffters, daß außer den Staaten noch der Mensch an sich, die Souveräne und ihre Familien und die einzelnen Staatsangehörigen, insbesondere diplomatische Agenten, Subjekte seien, haben wir früher widerlegt[1]), indem Subjekt des Völkerrechts nur diejenige Persönlichkeit sein kann, welche das Recht setzt, vertritt und an welcher es haftet.

§ 14. Die Subjekte des Völkerrechts. Subjekte des Völkerrechts sind nicht nur die einzelnen Staaten, sondern auch die Staatenbünde und Bundesstaaten. Die sog. halbsouveränen Staaten aber, welchen in der Regel die äußere Souveränetät fehlt, werden durch denjenigen Staat von welchem sie abhängen, dem suzeränen und dem sie in der Regel auch einen Tribut zahlen, nach Außen vertreten. Die bloße Tributzahlung hat indeß keineswegs eine Minderung der Souveränetät der zahlenden Staaten zur Folge, ebensowenig ist ein Abhängigkeitsverhältniß eines Staates von einem anderen durch eine Tributzahlung bedingt. Fast sämmtliche europäische Seemächte leisteten den Barbareskenstaaten, insbesondere Marokko Tribut, ohne dadurch in ihrer Souveränetät beschränkt zu werden. Noch heute leistet bei jedem Regierungswechsel Tunis der Türkei einen Tribut, ohne deßhalb ein halbsouveräner Staat zu sein[2]).

Abgesehen von kleineren europäischen und anderen außereuropäischen halbsouverainen Staaten[3]) ist als solcher zu bezeichnen Bulgarien, welches zu einem autonomen und tributpflichtigen Fürstenthume unter der Oberherrlichkeit (suzeraineté) des Sultans erhoben wurde[4]), wobei die Handels- und Schifffahrtsverträge der Türkei sowie alle gültigen Konventionen und Vereinbarungen derselben mit den fremden Mächten auch für Bulgarien gelten sollen[5]). In dem Vertrage zwischen Großbritannien und Transvaal vom 3. August 1883 (Arch. dipl. XX. und XXIII. IV. 20) (Introitus) wird Transvaal für einen autonomen Staat (complete self-government) erklärt unter der Suzeraineté Großbritanniens, welches unter Anderem die auswärtigen Angelegenheiten kontrollirt, mit Inbegriff der Verträge und der Führung der diplomatischen Verhandlungen mit den fremden Mächten durch die diplomatischen und Konsular-Agenten Großbritanniens (Art. 2). Dagegen ist die Provinz Ostrumelien kein halbsouverainer Staat, da ihr nur unter der unmittelbaren politischen und militärischen Autorität des Sultans administrative Autonomie mit einem christlichen Generalgouverneur zugestanden worden[6]). Schon früher[7]) war die Verwaltung Egyptens Mehemet Ali für sich und seine Nachkommen in direkter Linie gegen Zahlung eines jährlichen Tributs an den Sultan zugestanden. Durch Firman des Sultans vom Juni 1873[8]) wird die Nachfolge in die Verwaltung Egyptens dem ältesten Sohn des jeweiligen Khedive übertragen. Diese Verwaltung ist eine zivile und finanzielle. Indeß ist der Khedive auch ermächtigt, auf die inneren Angelegenheiten bezügliche Gesetze und Reglements zu erlassen, auf Zölle und den Handel bezügliche Konventionen mit den Agenten der fremden Mächte zu schließen und erneuern, ohne indeß die politischen Verträge der Pforte zu affiziren, und zu Transaktionen mit Fremden, betreffend die inneren und anderen Angelegenheiten des Landes, und zwar sowohl um Handel und Industrie zu förbern, als auch um die Polizei und alle Beziehungen der Fremden zur Regierung und Bevölkerung zu regeln. Der Khedive hat die vollständige und ungetheilte Verfügung über die Finanzangelegenheiten des Landes und Vollmacht, ohne besondere Ermächtigung, im Namen der egyptischen Regierung jede Anleihe im Auslande zu negoziiren. Er hat ferner volle Ermächtigung zu beschaffen, einzurichten und zu organisiren alle Mittel der Vertheidigung und des Schutzes und die Truppen zu vermehren oder zu vermindern. Auch bewahrt der Khedive das Recht im Militär bis zum Oberst und im Zivil bis zum rutbé — sanié Grade zu verleihen. Dagegen sind die in Egypten geschlagenen Münzen auf den Namen des Großherrn geschlagen, sind die Fahnen der Land- und Seetruppen dieselben wie die türkischen,

---

1) Bulmerincq, Systematik 209 ff.

2) Engelharb, Situation de la Tunisie au point de vue international. In der Rev. d. dr. intern. XIII. 331.

3) S. dieselben bei F. v. Martens, I. 258 ff. — Der König von Landoumas stellte sich und sein Land durch Vertrag v. 21. Jan. 1866 unter die Suzeränetät Frankreichs (Martens, N. R. G. XX. 234) Art. 1, Gleiches that der König von Rio Pungo am 15. Febr. 1866 (ibid. 236).

4) Berliner Vertrag v. 13. Juli 1878. (Martens, N. R. G. II. Ser. III. 449 Art. 1.)

5) L. c. Art. 8.

6) L. c. Art. 13. F. v. Martens erklärt zwar Ostrumelien für halbsouverän de facto, indeß kann es sich im Völkerrecht nur um eine Halbsouveränetät de iure handeln, es fehlen Ostrumelien die Eigenschaft eines Staates, es ist nur eine Provinz eines anderen, und ein Souverän.

7) Acte séparé de la convention conclue à Londres le 15. Juillet 1840. (Martens, N. R. G. I. 160 Art. 1, 3.

8) Martens, N. R. G. XVIII.. 629.

und ist zum Bau von Panzerschiffen die Erlaubniß des Sultans erforderlich. Der dem Sultan durch den Khedive zu leistende Tribut ist auf jährlich 150 000 Beutel festgesetzt[1]). — Nach diesen Bestimmungen ist wohl Egypten den halbsouverainen Staaten hinzuzurechnen, denn wenn der Khedive auch in einigen Beziehungen der inneren Souveränetät beschränkt ist, so sind diese doch keine wesentlichen. Es erfreut sich der Khedive aber rechtlich und thatsächlich einer ziemlich unbeschränkten Souveränetät, ohne daß es freilich dem gegenwärtigen gelungen wäre, dieselbe der egyptischen Bevölkerung gegenüber zu behaupten, hierzu mußte und muß derselbe eine dritte Macht, England, gewähren lassen, nachdem der nach Egypten gesandte Kommissär des Suzeräns nichts ausgerichtet hatte und die Pforte sich darauf beschränkte, die intervenirende fremde Macht eifersüchtig zu überwachen.

§ 15. **Die verschiedenen Staatenvereinigungen.** I. Staatenbund und Bundesstaat. Bei dem Staatenbunde ist der Wille der einzelnen Staaten, welche denselben bilden, für das innere wie äußere Staatsleben prinzipiell frei. Indeß haben sie ihre Willensäußerungen selbst eingeschränkt durch den von ihnen abgeschlossenen Bundesvertrag, welcher, wenn auch völkerrechtlich unrichtig, Bundesverfassung genannt wird[2]). Bei dem Bundesstaat haben dessen einzelne Glieder in Gemäßheit ihrer Bundesverfassung nur die Ausübung der inneren Souveränetätsrechte, während nur die Gesammtheit derselben als solche: der Bund als Träger der Staatssouveränetät erscheint und insbesondere[3]) die äußere Souveränetät ausübt. Bei dem Staatenbunde ist jedes einzelne Glied und ist das Bundesorgan Subjekt des Völkerrechts, bei dem Bundesstaat ist es nur das Bundesorgan.

Ein Staatenbund war 1. der deutsche Bund (Bundesakte vom 8. Juni 1815 und Wiener Schlußakte vom 15. Mai 1820), 2. der norddeutsche Bund (Verfassung vom 1. Juli 1867) und ist 3. das neue Deutsche Reich (Verfassung vom 16. April 1871).

Zur Zeit repräsentiren den Bundesstaat die Vereinigten Staaten von Nordamerika (Verfassung vom 17. September 1787), während die schweizerische Eidgenossenschaft nach ihrer letzten Verfassung vom 29. Mai 1874 auch Merkmale eines Staatenbundes enthält. Denn es sind 1. die einzelnen Kantone souverän (Art. 3) und können 2. Vorkommnisse unter einander abschließen, wenn sie dieselben auch der Bundesbehörde zur Einsicht vorzulegen haben (Art. 7), sowie 3. Verträge über Gegenstände der Staatswirthschaft, des nachbarlichen Verkehrs und der Polizei mit dem Auslande (Art. 9) und dazu in Verkehr treten mit den untergeordneten Behörden und Beamten eines auswärtigen Staates.

II. Personal= und Realunion. Eine Personalunion ist vorhanden, wenn zwei an sich selbstständige Staaten vorübergehend, in Folge der Berufung einer und derselben Person zur Succession in die Regierung beider Staaten, von einer und derselben Persönlichkeit beherrscht werden. Eine Realunion ist vorhanden, wenn zwei unterscheidbare Staaten durch ein Staatsgesetz dauernd mit einander verbunden sind. In Rücksicht auf die Verbindung der sie bildenden Staaten qualifizirt sich die Personalunion als eine völkerrechtliche, die Realunion als eine staatsrechtliche. In Bezug auf die internationale Stellung hat die Personalunion verschiedene, die Realunion nur ein Subjekt.

---

1) Ein Beutel in der Regel gleich 500 Piaster oder 1781 Fr. 28 C.

2) „Wenn Staaten ein dauerndes politisches Bündniß, dessen Zweck mindestens in gemeinsamer Vertheidigung besteht, mit ständigen Bundesorganen errichten, so entsteht ein Staatenbund." Die Merkmale eines Staatenbundes sind hiermit von Jellinek, Die Lehre von den Staatenverbindungen, Wien 1882 S. 172 richtig angegeben, wenn auch der Zusatz „politisches" nicht nur überflüssig erscheint, sondern auch zu dem Mißverständniß Anlaß geben kann, als sei das Bündniß kein rechtliches, während doch seine Fundamentalakte ein Bundesvertrag sein muß.

3) Jellinek definirt (S. 278), „Ein Bundesstaat ist ein Staat, in welchem die souveräne Staatsgewalt die Gesammtheit der · in ihrem Herrschaftsbereich auszuübenden Funktionen verfassungsmäßig derart vertheilt, daß sie nur ein bestimmtes Quantum derselben sich zur eigenen Ausübung vorbehält, den Rest jedoch ohne Kontrolle über die Festsetzung der regelnden Normen, sowie über die Art und Weise der Ausübung selbst, insofern nur die verfassungsmäßigen Schranken eingehalten werden, den durch diese verfassungsmäßige Zuweisung von selbstständiger staatlicher Macht geschaffenen nichtsouveränen Gliedstaaten überläßt." Wir erblicken den Hauptvorzug dieser Definition in der Hervorhebung der „verfassungsmäßigen Zuweisung" und „der Nichtsouveränetät der Gliedstaaten".

Beispiele einer Personalunion sind aus früherer Zeit 1. Spanien-Deutschland von 1519—1556, 2. Sachsen-Polen von 1697—1763, 3. Neuenburg-Preußen von 1707—1848; im letzteren Jahre wurde die Königliche Regierung aus Neuenburg vertrieben, aber erst am 26. Mai 1857 verzichtete Preußen in dem mit Oesterreich, Frankreich, Großbritannien, Rußland und der Schweiz an diesem Tage abgeschlossenen Vertrage (Mart. N. R. G. XX. 103 ff.) Art. 1 auf das Fürstenthum zu Gunsten der Schweiz; 4. England-Hannover von 1714—1837, aus der Gegenwart 5. Holland-Luxemburg von 1839 an.

Ein Beispiel einer Realunion aus früherer Zeit ist Rußland-Polen von 1815—1832. Wenn auch schon der § 1 der polnischen Verfassung besagte: „Polen ist dem russischen Kaiserreich einverleibt, so hob doch erst durch das sogenannte organische Statut vom 26. Februar 1832 der russische Kaiser Polens Verfassung auf und nahm demselben dadurch die hauptsächlichste Bürgschaft seiner Selbständigkeit; Beispiele aus der Gegenwart sind 1. Mecklenburg-Schwerin und -Strelitz von 1532 an, 2. Schweden und Norwegen von 1814 an, 3. Sachsen-Coburg Gotha von 1852 an[1].

Auch Oesterreich-Ungarn ist der Realunion zugerechnet worden als geeinigt durch die Successionsordnung der über beide Länder herrschenden Familie durch die sogenannte pragmatische Sanktion vom 19. April 1713. Indeß kehrt nach dem Aussterben der Nachkommen Leopold des I. das Recht der Königswahl wieder an Ungarn zurück (siehe II. Gesetzartikel des Reichstages von 1865/7 § 4), und wenn auch neben anderen auch die auswärtigen Angelegenheiten zur Zeit gemeinsame sind, so kann doch deßhalb das Verhältniß von Oesterreich und Ungarn nicht als ein beständiges, daher nicht als Realunion bezeichnet werden, ebensowenig aber als bloße Personalunion, da die Verbindung weit über die Regierung einer Persönlichkeit hinausreicht. Der Schulbegriff muß sich daher daran genügen lassen, da die Erscheinung mit keinem der beiden Begriffe sich deckt, entweder zu einem derselben, unseres Erachtens: der Realunion, ein quasi beizufügen oder eine Varietät zu konstatiren. Juraschek hält für die österreich-ungarische Realunion als eine Abart-bezeichnung für möglich „eine auf den Bestand der Dynastie eingeschränkte Realunion", oder „eine Realunion gegenüber dem Auslande und in der Wehrkraft der Staaten", indeß wird dadurch der Mangel des Ausdrucks für diese Abart nicht gehoben. Im Uebrigen wollen wir auch hier anerkennen, wie Juraschek durch seine Schrift der gesammten Lehre wesentliche Dienste geleistet hat. Jellinek gelangt (S. 251 ff.) zwar zu dem Ergebniß, daß nach den gegenwärtig geltenden Normen Oesterreich-Ungarn sich als eine Realunion darstelle, anerkennt aber, daß der Einheits-Staat Oesterreich im Jahre 1867 gespalten, der Gesammt-Staat in einen Bund zweier Staaten aufgelöst und die Fortexistenz der souveränen Zentralgewalt der Gesammtmacht unmöglich gemacht sei, durch das ungarische Ausgleichsgesetz, welches die pragmatische Sanktion interpretire als einen Akt, der die Souveränetät Ungarns in keiner Weise angetastet habe und demgemäß auch keine über Ungarn stehende Zentralgewalt habe schaffen können.

Der von Ludolph Hugo (1664) in die Wissenschaft eingeführte[2] und heute wieder-erweckte Begriff „Staatenstaat" als ein aus Staaten zusammengesetzter Staat besitzt nach Juraschek (100) noch weniger als die Personal- oder Realunion eine bestimmte Form und eine feste Definition. Auch H. Schulze[3] will den Begriff nur für das alte Deutsche Reich seit 1648 und vor 1806 verwendet wissen, während Jellinek (316) den Staatenstaat für keine dem organischen Wesen des modernen Staatslebens entsprechende Form erklärt. Wir glauben den Terminus Staatenstaat, weil er das Wesen eines solchen Staates nicht erkennen läßt und das Verhältniß der einzelnen Staaten derselben zu einander nicht charakterisirt, für die Gegenwart jedenfalls entbehren zu können.

§ 16. Die völkerrechtliche Stellung eines Staates.

Ein Staat, welcher als Glied der internationalen Rechtsgemeinschaft angesehen werden soll, muß die Bedingungen eines selbstständigen, unabhängigen, souveränen Staates erfüllen, muß den Willen haben jener Gemeinschaft anzugehören und das Recht derselben: das Völkerrecht zu beobachten sowie durch seine Handlungen jenem Willen Ausdruck geben. Der völkerrechtlichen Anerkennung eines Staates als Glied der internationalen Rechtsgemeinschaft muß die Erfüllung jener Bedingungen vorausgehen. Ein einzelnes Glied der Völkerrechtsgemeinschaft kann einen bisher derselben nicht angehörenden Staat nur dann in dieselbe aufnehmen, wenn es von den anderen Gliedern dazu beauftragt worden[4]. Nur eine von der Rechtsgemeinschaft vollzogene Aufnahme kann die Natur eines juristischen Vertrages beanspruchen wie als

---

1) Franz v. Juraschek, Personal- und Realunion, Berlin 1878.
2) Brie, Bundesstaat 1874, 17.
3) Schulze, Einl. in das deutsche Staatsrecht 210.
4) Vgl. Brie, „Zur Lehre von den Staatenverbindungen" in Grünhut's Zeitschr. XI. Hft. 1. Separatabdruck 29 n. 61.

solcher, d. h. als ein Inbegriff gegenseitiger Rechte und Pflichten überhaupt die internationale Rechtsgemeinschaft[1]) erscheint. Die bloße Anerkennung von Staaten
durch Staaten folgt entweder aus mit ihnen abgeschlossenen völkerrechtlichen Akten, insbesondere Verträgen, oder aus der Anknüpfung internationaler Beziehungen oder aus
der Eröffnung eines diplomatischen Verkehrs mit ihnen. Steigert sich ein solcher Verkehr eines nicht zur internationalen Rechtsgemeinschaft gehörenden Staates mit den meisten
Gliedern der internationalen Rechtsgemeinschaft und werden für denselben beiderseitig
stehende Gesandtschaften errichtet, so wird jener Staat, falls er sämmtliche für den Eintritt in die Gemeinschaft oben aufgestellten Bedingungen erfüllt hat, wohl auch ohne
ausdrücklichen Aufnahmeakt als Glied der Gemeinschaft angesehen werden.

Bei wesentlichen Veränderungen des Staatsgebietes ergeben sich für die völkerrechtliche
Stellung des Staates folgende Grundsätze: 1. Vergrößert sich ein Staat durch Einverleibung
bisher souveräner Staaten, welche letztere dann als selbstständige völkerrechtliche Subjekte
zu existiren aufhören, so gehen die aus Staatsverträgen für den einverleibenden Staat
begründeten Rechte und Pflichten auch auf die neuen Gebietstheile und die neuhinzu-
tretenden Staatsangehörigen über; von den Verträgen des einverleibten Staates verlieren
aber diejenigen ihre Wirkung, welche dessen andauernde Unabhängigkeit voraussetzen,
dagegen dauern transitorische Verträge und die auf dem einverleibten Staatsgebiet
ruhenden und mit ihm verknüpften öffentlichrechtlichen Verpflichtungen fort, sowie die
privatrechtlichen in dem von dem inkorporirten Staat übernommenen Maaß erfüllt werden
müssen. 2. Vermindert sich ein Staat durch Lostrennungen, so dauern Rechte und
Verpflichtungen für das verbleibende Staatsgebiet insoweit fort als nicht die einen oder
anderen dem das losgetrennte Gebiet erwerbenden Staat vertragsmäßig zugesprochen oder
auferlegt wurden. 3. Entsteht durch Lostrennung eines Gebietstheiles von einem
bestehenden Staat ein neuer, so fallen diesem die mit jenem Gebietstheile verknüpften
Rechte zu, indeß hat er auch die mit demselben verknüpften Verpflichtungen zu übernehmen[2]).

Auch die Anerkennung des Herrscher- oder Dynastienwechsels und eines Verfassungs-
wechsels kann ausdrücklich oder stillschweigend erfolgen. Indeß ist sie völkerrechtlich nicht
geboten, da das Selbstbestimmungsrecht der Staaten im Innern sie sowohl zu dem einen
als anderen berechtigt. Durch Wechsel der Verfassungsform und der Herrscher oder
Dynastie wird aber kein Staat von seinen Verpflichtungen gegen andere Staaten oder
Private befreit, denn nicht an der Staatsform und an dem Herrscher, sondern an dem
Staat haftet eine internationale Verpflichtung[3]). Dagegen haben definitiv rechtmäßig
konstituirte Gewalten eines Staates die Verbindlichkeiten einer ihnen vorhergehenden
usurpatorischen Regierung nicht anzuerkennen[4]), wenn auch faktisch solche Anerkennung
wiederholt stattgefunden hat.

Daß die inneren Zustände eines Staates faktisch seine völkerrechtliche Stellung bedingen,
haben wir an einem anderen Ort dargelegt[5]), nicht minder bedingen sie und besonders die Kultur-
stufe eines Staates dessen völkerrechtliche Anerkennung und sind maßgebend für den internationalen

---

1) Wenn auch die internationale Rechtsgemeinschaft selbst nie ausdrücklich vertragsmäßig
begründet wurde, so kann doch ein sie begründender Vertrag aus einer großen Reihe internationaler
Actionen als Ausdruck der gewollten Gemeinschaft gefolgert werden.

2) Holtzendorff, Encyklopädie der Rechtswissenschaft, 1873. Das europ. Völkerrecht. Hartmann, Institut. des Völkerrechts §§ 12 u. 13.

3) Wheaton, Elem. d. dr. intern. I. ch. II. § 11.

4) Wheaton, l. c. S. 41 spricht für die Anerkennung gewisser Akte einer de facto Regierung,
welche von der Nation anerkannt wurde, durch den wieder zur Gewalt gelangten legitimen Souverän,
wenngleich er die Akte für die eines Usurpators hält. Die anerkannte Regierung ist aber nicht
mehr eine Regierung de facto, wenn sie es auch ursprünglich war.

5) Bulmerincq, Praxis, 36.

Verkehr mit ihm überhaupt. Die Anknüpfung diplomatischer Beziehungen mit einem Staat ist aber keineswegs dadurch bedingt, daß dieser das Völkerrecht in seinem ganzen Umfange für seine internationalen Beziehungen als verbindlich anerkennt, wenn er auch, um den Verkehr mit ihm zu ermöglichen, sich den auf diesen bezüglichen Bestimmungen gemäß verhalten muß. Ebensowenig werden aber alle außereuropäischen Staaten, welche mit den europäischen solchen Verkehr und selbst durch ständige Gesandtschaften unterhalten, dadurch zu Gliedern der internationalen Rechtsgemeinschaft. Gehörte doch selbst die Türkei bis zum Pariser Kongreß von 1856 derselben nicht an und wurde erst im Artikel 7 des Pariser Vertrages zur Antheilnahme an den Vortheilen des öffentlichen Rechts und des europäischen Konzerts für zugelassen erklärt.

Die Voraussetzung jeder, auch der bloß faktischen Anerkennung eines Staates ist aber dessen Unabhängigkeit, welche sowohl staatsrechtlich als völkerrechtlich konstatirt werden kann, im ersteren Fall durch den betreffenden Staat allein, im letzteren durch die von anderen Staaten vollzogene Unabhängigkeitserklärung oder durch Anerkennung der von dem betreffenden Staat selbst vollzogenen. Ein Beispiel der ersteren Art ist die Unabhängigkeitserklärung der Vereinigten Staaten von Nord-Amerika, gegeben im Kongreß vom 4. Juli 1776[1]. Erst 1778[2] folgte derselben die Anerkennung Frankreichs und erst im Art. 1 des Friedensvertrages zwischen Großbritannien und den Vereinigten Staaten zu Paris vom 3. September 1783 die Anerkennung durch das Mutterland[3]. Auch Griechenland erklärte sich schon durch das organische Gesetz von Epidauros vom 13. Januar 1822 für einen unabhängigen Staat, erst am 3. Februar 1830 beschlossen aber mittelst von Griechenland und der Pforte angenommenen Protokolls Großbritannien, Frankreich und Rußland die Unabhängigkeit Griechenlands. Nach Artikel 4 des Vertrages derselben Großstaaten vom 7. Mai 1832 mit Bayern[4] soll Griechenland unter Garantie der drei Höfe einen unabhängigen monarchischen Staat bilden unter der Herrschaft des Prinzen Otto von Bayern. Nach Artikel 7 wollen aber die drei Höfe sich dahin verwenden, daß der Prinz Otto als König von Griechenland von allen Souveränen und Staaten, mit welchen sie in Verbindung stehen, anerkannt werde. Hierdurch wird nicht nur der Nothwendigkeit der Anerkennung, freilich nur des Herrschers, Ausdruck gegeben, sondern zugleich einer durch die sämmtlichen mit einander verbundenen Staaten zu gewährenden. Dieselben Großmächte schlossen auch einen Garantievertrag mit Dänemark in Bezug auf die Thronbesteigung des Königs Georg I. am 13. Juli 1863[5]. Artikel 8 des Vertrages von 1832 regelt auch die, gewöhnlich staatsrechtlich zu regelnde, Successionsordnung für Griechenland, welche freilich in Bezug auf die alte dänische Monarchie noch durch den Londoner Vertrag vom 8. Mai 1852 der fünf Großmächte und Schweden-Norwegens mit Dänemark[6] geregelt wurde (Art. 1 u. 2), auch sollten die übrigen Staaten aufgefordert werden, diesem Vertrage beizutreten (Art. 4.), was wiederum als ein Zeichen der anerkannten internationalen Rechtsgemeinschaft gelten muß. Auch für Belgien erfolgte zuerst durch Dekret der provisorischen Regierung vom 4. Oktober 1830 die Unabhängigkeitserklärung, welche auf dem Nationalkongreß im November desselben Jahres durch fast einstimmigen Beschluß wiederholt wurde, bald darauf im Dezember 1830 wurde auf der Londoner Konferenz der fünf Großmächte die Trennung Belgiens von den Niederlanden ausgesprochen und am 28. Januar 1831 durch dieselbe Konferenz Belgien als unabhängiger, für sich bestehender Staat anerkannt. Erst der Vertrag zwischen den Niederlanden und den Großmächten vom 19. April 1839 (Artikel 3)[7] sicherte aber allseitig und rechtlich die Unabhängigkeit und Selbstständigkeit Belgiens, indem die auf Grund des Wiener Vertrages vom 31. Mai 1815 bestandene Union zwischen Holland und Belgien durch den König der Niederlande als aufgelöst anerkannt wurde. Andere selbstständig gewordene Staaten, wie Rumänien, Serbien, Montenegro wurden im Berliner Vertrage vom 13. Juli 1878 in ihrer Unabhängigkeit anerkannt[8].

Durch bestehende Staaten vollzogene neue Erwerbungen wurden in der Regel ausdrücklich nur durch deren frühere Herrscher, von anderen Staaten aber stillschweigend anerkannt. Indeß verlautbarten auch die früheren Herrscher Proteste, wenn sie durch eine neue Staatsbildung ihr Herrschaftsgebiet völlig einbüßten wie bei dem Entstehen des Königreichs Italien und des neuen Deutschen Reichs. Der Protest sollte konstatiren, daß keine Zustimmung des Berechtigten stattgefunden und war er auch faktisch wirkungslos, so ist er doch rechtlich begründet. Andere Staaten erkannten solche Neubildungen entweder ausdrücklich an. Oesterreich verspricht im Prager Frieden vom 23. August 1866 (Mart. N. R. G. XVIII. 344 ff.) Artikel 6 die „durch Preußen in Norddeutschland herzustellenden neuen Einrichtungen anzuerkennen". Oder sie gewähren im diplomatischen Verkehr

---

1) S. dieselbe bei Schubert, Verfassungs-Urkunden, Königsberg 1848, I. 268 und Martens, Rec. 2. Aufl. II. 481.
2) Eventueller Allianz- und Defensivvertrag Frankreichs mit den Verein. Staaten Amerikas v. 6. Febr. 1778 (Martens, Rec. II. 605) Art. 2. „Le but essentiell et direct de la présente Alliance défensive est de maintenir efficacement la Liberté, la Souveraineté et l'Independance absolue et illimitée des dits Etats-Unis tant en matière de Gouvernement que de commerce."
3) Martens, Rec. III. 553. 4) Martens, N. R. X. 551.
5) Martens, N. R. G. XVII. 2e. P. 79. 6) Martens, ibid. 313.
7) Martens, N. R. XVI. 2, 770.
8) Martens, N. R. G. II. Sér. III. 449 ff. Art. 43, 34 u. 26.

mit neugebildeten Staaten die diese Neubildung ausdrückende Bezeichnung und beglaubigen Gesandte derselben und ertheilen Konsuln derselben das Exequatur in ihren Staaten. In gleicher Weise wurde auch ein Verfassungs=, oder Herrscher= oder Dynastien=Wechsel anerkannt oder deren Aner= kennung versagt.

Bei der Erwerbung von Gebieten anderer Staaten wurde den erwerbenden Staaten in der Regel die Verpflichtung zur Uebernahme eines Theiles der Staatsschuld des in seinem Gebiet geminderten Staates und der Erfüllung der für jene Gebiete übernommenen Verpflichtungen auf= erlegt. Im Artikel 1 des Vertrages von Frankreich und Sardinien vom 23. August 1860 (Mart. N. R. G. XVII Pe. 2. 22 ff.) wurde der aus der Vereinigung Savoyens und des Arrondissements Nizza mit Frankreich sich ergebende und von Frankreich an Sardinien zu zahlende Antheil an der sardinischen Staatsschuld festgesetzt. Nach Art. 5 succedirt Frankreich auch in die Rechte und Ver= bindlichkeiten, welche sich aus den durch Sardinien in Bezug auf die Gegenstände öffentlichen Interesses ordnungsmäßig stipulirten Kontrakten ergeben. Nach Art. 7 des Friedens von Zürich vom 10. November 1859 (Mart. N. R. G. XVI Pe. 2. 531 ff.) übernimmt Sardinien drei Fünftel der Monte=Lombardo=Venetianischen und einen Theil der Nationalschuld von 1854; im Art. 2 des Prager Friedens vom 23. August 1866 (ibid. XVIII. 344 ff.) gibt Oesterreich seine Zustimmung zur Vereinigung des Lombardo=Venetianischen Königreichs mit Italien nur unter der Bedingung der Liquidation der auf den abgetretenen Landestheilen haftenden Schulden, und im Art. 2 des Ver= trages zwischen Oesterreich und Frankreich vom 24. August 1866 (ibid. 414 ff.) werden die dem Lombardisch=Venetianischen Königreich anhaftenden Schulden als mit dem Besitz des cedirten Gebietes verbunden erklärt. Nach Art. 8 des Wiener Friedens=Vertrages von Oesterreich und Preußen einer= und Dänemark andererseits vom 30. Oktober 1864 (Mart. N. R. G. XVII. Pe. 2. 474 ff.) wird den Herzogthümern Schleswig=Holstein ein Theil der dänischen Staatsschuld auferlegt. Nach dem Berliner Vertrage vom 13. Juli 1878 (Mart. N. R. G. II. Ser. III. 449) müssen Serbien (Art. 42) und Montenegro (Art. 33) für die neuerworbenen Gebiete und Bulgarien (Art. 9) im Verhältniß zu seinem Gebiet einen Theil der türkischen Staatsschuld übernehmen.

§ 17. **Protektion, Garantie und Neutralisation von Staaten.** Neben und außer der völkerrechtlichen Anerkennung wird die Stellung kleinerer und mittlerer Staaten sichergestellt vor Angriffen oder Beeinträchtigungen anderer Staaten durch Protektion, Garantie und Neutralisation. Schutzstaaten, d. h. unter Protektion eines größeren Staates stehende kleinere souveräne Staaten erwerben dadurch für sich das Anrecht auf den besonderen Schutz durch jenen Staat, übernehmen aber auch dagegen bisweilen gegen den schützenden Staat besondere Leistungen. Aus staatlichen Schutzverhältnissen sind Einverleibungen in den schützenden Staat entstanden. Das Schutzverhältniß kann auf= hören auf einseitige Kündigung des Schützenden oder des geschützten Staates oder auf beiderseitige Entschließung[1]). Ein Schutzverhältniß kann auch übergehen in ein Garantie= verhältniß. Bei einer Garantie können ein oder mehrere Staaten den Bestand oder die Unabhängigkeit oder die Rechte eines dritten Staates garantiren. Die Garantie kann auch von vornherein als solche entstehen[2]). Statt einer Protektion oder Garantie sind Staaten durch eine größere Zahl von Staaten neutralisirt worden. Zweck der Neutralisation ist Schutz gegen Angriffe und Beeinträchtigungen durch andere Staaten. Auch dürfen fremde Truppen das neu= tralisirte Gebiet weder betreten noch dort stationiren und in gleicher Weise ist fremden Kriegs= schiffen der Eingang und Aufenthalt in den Gewässern des neutralisirten Staates unter= sagt, selbst wenn dieser unberechtigter Weise solche Konzessionen, welche ihm als neutra= lisirten nicht zustehen, gewähren sollte. Andererseits ist der neutralisirte Staat verpflichtet sich anderen Staaten gegenüber friedlich zu verhalten und sich an keinem Streit anderer Staaten zu betheiligen. Wird er aber von anderen Staaten angegriffen, so darf er sich vertheidigen und sind die ihn neutralisirenden Staaten verpflichtet, ihm dabei Hilfe zu leisten und gegen jede Verletzung des neutralisirten Gebietes, besonders durch Eindringen einer fremden bewaffneten Macht und Durchzug ihrer Truppen zu protestiren und diesen Protest erforderlichen Falles mit ihrer Waffenmacht zu unterstützen zur Vertreibung der fremden Macht aus dem verletzten Gebiet. Neutralisirende Staaten, welche sich diesen

---

1) Heffter, § 22 sagt einfach: Ein freiwillig übertragener oder übernommener Schutz ist an sich zu jeder Zeit widerruflich.

2) Das Nähere über die Garantie s. § 73.

Verpflichtungen entziehen wollten, würden ihrerseits nur eine Neutralisation auf dem Papier ausgesprochen haben, ähnlich einer papierenen und deshalb unwirksamen Blokade. Die Neutralisation wird von den neutralisirenden Staaten auch in einem besonderen Vertrage garantirt und zwar sowohl bei der Vereinbarung derselben als auch wiederholt. Gänzlich verschieden von der Neutralisation ist die Neutralitätsdeklaration nicht neutralisirter Staaten, welche Neutralität nur in Veranlassung und während eines Krieges wirksam wird und als Nichtbetheiligung an einem von anderen Staaten geführten Kriege zu definiren ist. Die einzige gleiche Wirkung der Neutralisation und Neutralität ist, daß Kriegführende das Gebiet sowohl der neutralisirten als ueutralen Staaten zu achten haben und überhaupt keine Angriffe gegen dieselben richten dürfen, soweit die Neutralisirten oder Neutralen nicht dem anderen Kriegführenden Unterstütznng gewähren oder ihr Gebiet zu dessen Kriegsoperationen hergeben. Der Unterschied ist aber wieder, daß der neu= tralisirte von anderen Staaten gegen kriegerische Unternehmungen und Beeinträchtigungen mit zu schützen ist, der neutrale sich aber allein zu schützen hat, insoweit er nicht ein Schutzstaat ist oder nicht mit anderen neutralen Staaten sich zur gemeinsamen Verthei= digung ihrer Neutralität verbunden hat. Wegen dieser Verschiedenheit der Begriffe Neutralisation und Neutralität wäre es erwünscht, daß die eine Neutralisation vertrags= mäßig vereinbarenden Staaten dieses Verhältniß als solche und nicht als Neutralität bezeichnen, indem außerdem auch nur zu dem Begriff Neutralisation das in der Regel hinzugesetzte Eigenschaftswort „perpetuelle" paßt, da eine Neutralität, im eigentlichen Wortverstande nie perpetuell ist, indem sie den Krieg, in dessen Anlaß sie erklärt wurde, nicht überdauert[1]).

Ein Beispiel aus früherer Zeit, daß ein unter dem Schutz eines größeren Staates stehender kleiner Staat später mit diesem vereinigt wurde, gewährt das vorher unter dem Schutz Frankreichs stehende Herzogthum Bouillon, welches 1793 mit Frankreich vereinigt wurde. In neuerer Zeit haben besonders England und auch Frankreich Staaten in anderen Welttheilen unter ihre Protektion genommen, letzteres beispielsweise Annam[2]) und früher das Königreich Cambodga[3]) oder wie bei Tunis[4]) die Protektion angebahnt, solche Protektion gewährt aber in der Regel gegen einen übermächtigen und erwerbslustigen Protektor den schlechtesten Schutz, indem sie nur der erste mildere Schritt zur Einverleibung ist, besonders wenn das Gebiet ein abgelegenes und von den Besitzungen anderer europäischer Staaten entferntes ist. Frankreich hat sich freilich in Art. 3 verpflichtet, Cambodga nicht zu inkorporiren. Die Gegenleistung der protegirten außereuropäischen Gebiete beschränkt sich häufig nur auf Handelsvortheile aus den, unter Ausschließung anderer Staaten, vom Protektor mit ihnen angeknüpften Handelsverbindungen. Diese beliebig geübten und beliebig aufgehobenen Schutzverhältnisse reichen mehr in das Gebiet der Kolonialpolitik als in das des internationalen Rechts. Von wirklich völkerrechtlicher Bedeutung war nur der gegenüber europäischen Gebieten durch mehrere europäische Staaten oder nur einen geübte Schutz. Der Freistaat Krakau (Mart. N. R. II. 379) stand nach Art. 6 der Wiener Kongreßakte vom 9. Juni 1815 unter preußisch-russisch-österreichischem Schutz, ward am 11. November 1846 durch Besitzergreifungs= patent des Kaisers von Oesterreich mit diesem Staat vereinigt, in Gemäßheit der in Wien am 6. November gefaßten Konferenzentscheidung der drei nordischen Mächte, weil Krakau der von demselben im Art. 9 übernommenen Verpflichtung, Flüchtlingen eines der drei Staaten kein Asyl zu gewähren und sie auf Requisition der kompetenten Behörde auszuliefern, nicht nachgekommen war (Mart. N. R. G. IX. 381 ff.). Die Jonischen Inseln sollten in Gemäßheit der zwischen Rußland, Preußen,

---

1) Bulmerincq, s. v. Neutralitätsgesetze in v. Holtzendorff's Rechtslexikon.

2) Vertrag Frankreichs und Annams v. 15. März 1874 Art. 3.

3) Vertrag Frankreichs mit Siam v. 15. Juli 1867 (Mart. N. R. G. XX. 238) Art. 1.

4) Der Vertrag Frankreichs mit Tunis v. 12. Mai 1881 (Arch. dipl. XXIV. I. 144) bahnt zwar nur eine Protektion an, indeß bezeichnete der in Tunis residirende französische Minister bei Gelegenheit der Errichtung der französischen Jurisdiction in Tunis (1883) diese als den ersten Schritt zur definitiven Organisation des französischen Protektorats, und durch den Vertrag vom 8. Juni 1883 (ibid. III. 12 Art. 1) verpflichtet sich der Bey von Tunis, „um der franz. Regierung die Durchführung (l'accomplissement) ihres Protektorates zu erleichtern", zu administrativen, judiciären und finanziellen Reformen, wogegen die französische Regierung die Garantie eines Anlehens verspricht, der Bey aber (Art. 2) kein Anlehen in Zukunft ohne Autorisation der französischen Regierung kontrahiren will.

Oesterreich und England am 5. November 1815 abgeschlossenen Konvention (Mart. N. R. II. 663) einen freien und unabhängigen Staat bilden unter dem unmittelbaren und ausschließlichen Protektorat der englischen Krone. Nach Art. 3 sollte der Inselstaat seine inneren Angelegenheiten zwar selbst ordnen, dennoch aber der König von England der Gesetzgebung und Administration eine besondere Fürsorge widmen und zur Handhabung der Regierung dort einen Lord=Oberkommissair einsetzen. Nachdem indeß England auf das Protektorat verzichtet[1]), stimmten England, Rußland, Preußen, Oesterreich und Frankreich durch den Londoner Vertrag vom 14. November 1863 (Mart. N. R. G. XVIII. 55) der Vereinigung der Jonischen Inseln mit Griechenland zu. Es ist demnach in diesem Fall ein geschütztes Gebiet dem Staatsgebiet des Protektors nicht einverleibt worden, sondern dem eines nationalverwandten Staates, eine nicht anzuzweifelnde Wirkung des Nationalitätsprinzips. Eine andere Vereinbarung ist gegen die ausschließende Protektion durch einen Staat gerichtet. Nach Art. 22 des Pariser Vertrags vom 30. März 1856 sollte über die Fürstenthümer Moldau und Wallachey keine ausschließende Protektion durch eine der garantirenden Mächte geübt werden, sondern sollten dieselben unter die Suzeränetät der Pforte und die Garantie der Vertragskontrahenten gestellt werden. Hier trat die Garantie aller Vertragskontrahenten an die Stelle der Protektion zweier. Denn im Frieden von Adrianopel vom 14. September 1829 (Mart. N. R. VIII. 143) zwischen Rußland und der Pforte trat Rußland als Garant hinzu (Artikel 5)[2]). Dieses Verhältniß wird in der am 8. Juli 1833 abgeschlossenen Defensivalliance von Unkiar=Skelessi (Mart. N. R. XI. 655) Art. 2 bekräftigt, während nach der Konvention von Balta=Liman vom 1. Mai 1849 (Mart. N. R. G. XIV. 378) die beiden Mächte außerordentliche und wirksame Maßregeln zum Schutz der Immunitäten und Privilegien der Fürstenthümer im gemeinsamen Einverständniß feststellen sollten.

Ein ferneres Beispiel der Kollektiv=Garantie ist folgendes. Nachdem unter Mitwirkung Frankreichs, Großbritanniens und Rußlands, Griechenland ein unabhängiger Staat geworden, übernahmen diese Staaten die Garantie seiner Unabhängigkeit[3]), wie im vorhergehenden Paragraphen ausgeführt wurde.

Neutralisirt wurden: 1. die Schweiz, nachdem die Unabhängigkeit der Eidsgenossenschaft vom Deutschen Reich als ein schon bisher bestandenes Verhältniß durch den westphälischen Frieden (1648) anerkannt worden war, durch die Deklaration Oesterreichs, Frankreichs, Großbritanniens, Portugals, Preußens und Rußlands vom 20. November 1815 (Mart. N. R. II. 740, IV. 186) mit Chablais und Faucigny und dem Territorium Savoyens im Norden von Ugine durch die Wiener Kongreßakte vom 9. Juni 1815 (Mart. N. R. II. 421) Art. 92. Die Mächte gewährten der Schweiz eine förmliche rechtskräftige Anerkennung der immerwährenden Neutralität. Sie anerkannten, daß die Neutralität und Unverletzbarkeit der Schweiz, ihre Unabhängigkeit von jedem fremden Einfluß, dem wahren Interesse aller europäischen Staaten entspräche. In Bezug auf die an der Neutralisirung der Schweiz Antheil habenden Landstriche ist festgesetzt, daß wenn die der Schweiz benachbarten Mächte sich in offenem Kriegszustande befinden, die in jenen Provinzen etwa befindlichen Truppen des Königs von Sarbinien sich zurückzuziehen haben und wenn es nöthig wird, durch Wallis durchziehen können. Keine bewaffneten Truppen irgend einer anderen Macht sollen aber durchziehen oder stationiren können in den Provinzen und genannten Territorien, mit Ausnahme derjenigen, welche die schweizerische Eidgenossenschaft für angezeigt halten würde, dort aufzustellen. Im Turiner Vertrage Frankreichs und Sardiniens zur Vereinigung Savoyens und Nizza's mit Frankreich vom 24. März 1860 (Mart. N. R. G. XVI. Pe. 539 ff.) Artikel 2 ist dann ausdrücklich vereinbart, daß der König von Sardinien die neutralisirten Theile Savoyens nur unter den Bedingungen, unter welchen er sie besessen, Frankreich übertragen könne. Es folgt daraus für Frankreich die Verpflichtung zur genauen Beobachtung der für seine neu erworbenen Gebiete geltenden Neutralisationsbestimmungen aber auch zugleich, falls es denselben nicht nachkommen sollte, die Pflicht der Wiener Kongreßmächte, Frankreich als Rechtsnachfolger Savoyens in Bezug auf jene Gebiete zur Erfüllung anzuhalten; 2. Krakau durch Art. 6 der Wiener Kongreßakte; 3. Belgien durch Art. 7 des Londoner Vertrages vom 15. November 1831 (Mart. N. R. XI. 390), wonach es einen unabhängigen und „perpetuell=neutralen" Staat bilden soll und verpflichtet wird, dieselbe Neutralität gegenüber allen anderen Staaten zu beobachten. Diese Neutralisation wurde noch im französisch=deutschen Kriege 1870/71 durch besondere Verträge Großbritanniens mit Preußen vom 9. August 1870 (Mart. N. R. G. XIX. 591) und mit Frankreich vom 11. August 1870 (Mart. ibid. 593) garantirt; 4. die Jonischen Inseln durch Art. 2 des Vertrages, Oesterreichs, Frankreichs, Großbritanniens, Preußens und Rußlands vom 14. November 1863 (Mart. N. R. G. XVIII. 55 ff.) dergestalt, daß keine bewaffnete Macht versammelt oder stationirt werden dürfe auf dem Territorium oder in den Gewässern der Inseln über die zur Aufrechterhaltung der öffentlichen Ordnung und zur Sicherung der Eintreibung der Staatsabgaben erforderliche Zahl hinaus. Die kon-

---

1) Depesche des englischen Ministers des Auswärtigen an die englischen Gesandten an den Höfen der genannten Staaten v. 10. Juni 1863 (Mart. N. R. G. XVIII. 48.)

2) In einem besonderen auf die Fürstenthümer sich beziehenden Vertrage wird der § 5 weiter ausgeführt, ibid. 152 ff.

3) Vertrag v. 7. Mai 1832. Introitus und Art. 4 (Mart. N. R. X. 550) und Protokoll v. 3. Febr. 1830.

trahirenden Staaten verpflichten sich das Prinzip der stipulirten „perpetuellen Neutralität" zu respektiren; 5. **Luxemburg** durch Art. 2 des Londoner Vertrages Oesterreichs, Belgiens, Frankreichs, Großbritanniens, Italiens, der Niederlande für Luxemburg, Preußens und Rußlands vom 11. Mai 1867 (Mart. ibid. 445) wonach es für einen „perpetuell neutralen" Staat erklärt wird unter Garantie Oesterreichs, Großbritanniens, Preußens und Rußlands und verpflichtet wird dieselbe Neutralität gegenüber allen anderen Staaten zu beobachten, die kontrahirenden Theile sich aber verpflichten, daß durch diesen Artikel stipulirte Prinzip der Neutralität anzuerkennen, dieses Prinzip aber gestellt ist und bleibt unter die **Kollektivgarantie** der unterzeichnenden Mächte, mit Ausnahme des selbst einen neutralen Staat bildenden Belgiens.

§ 18. **Die Objekte des Völkerrechts.** Objekte eines völkerrechtlichen Rechtsverhältnisses können nur sein die den Subjekten desselben, den Staaten angehörenden Gegenstände, soweit dieselben nicht nach den Bestimmungen schon des Privatrechts oder Staatsrechts dem Verkehr oder dem Eigenthum oder der Disposition eines einzelnen Staates entzogen sind. In Bezug auf das im Eigenthum keines Staates befindliche Meer und das im Eigenthum eines bestimmten Staates befindliche Küstenmeer können allgemeine Bestimmungen aller Staaten getroffen werden, in Bezug auf das letztere aber auch besondere durch den betreffenden Eigenthümerstaat. Ebenso ist der Erwerb und das Eigenthum an in dem Eigenthum Niemandes befindlichen Gegenständen (res nullius) und an solchen, an welchen der frühere Eigenthümer sein Recht aufgegeben (res derelictae) international zu regeln.

§ 19. **Die völkerrechtlichen Akte.** Ein völkerrechtliches Rechtsverhältniß wird in der Regel begründet durch einen rechtlichen Akt als Ausdruck des Willens entweder **eines** Staates, welchem die übrigen Staaten ausdrücklich oder stillschweigend zustimmen, soweit es einer solchen Zustimmung bedarf oder des Willens mehrerer Staaten. Nur beim Erwerbe durch unvordenkliche Zeit und bei den natürlichen Erwerbsarten begründet ein bloßes Faktum auch ein völkerrechtliches Rechtsverhältniß. Der auf die Begründung eines völkerrechtlichen Rechtsverhältnisses gerichtete Wille der Staaten drückt sich zunächst aus in erlaubten Thathandlungen, welche Ergreifungshandlungen sind. Zum Erwerb der res nullius genügt der Willensakt des Ergreifenden, bei der res derelicta dagegen muß der Verzicht auf die Sache durch den früheren Eigenthümer zweifellos sein, seitens der übrigen Staaten findet aber eine stillschweigende Einwilligung statt, indem sie eine Einsprache gegen die Neuerwerbung unterlassen. In die letztere Kategorie gehört die Besitzergreifung eines verlassenen Ländergebietes. Die direkte Betheiligung des Willens verschiedener Staaten findet statt bei den von Anfang an zweiseitigen Akten, durch welche ein völkerrechtliches Rechtsverhältniß begründet wird. Von den Erwerbshandlungen gehören hierher die entgeltlichen, wie der Tausch, der Kauf und die Abtretung eines Staatsgebietes oder von Ländereien gegen Entschädigung; als unentgeltliche der Erwerb durch freiwillige Unterwerfung eines Staates unter einen anderen und die unentgeltliche Abtretung eines Ländergebietes durch einen Staat an einen anderen. Dagegen können Verträge und Herkommen als **materiell** rechtsbegründende Akte nicht anerkannt werden, sondern nur als **formelle.**

§ 20. **Die Verjährung.** Allgemein kann im Völkerrecht die Verjährung, wegen Mangels durch das Völkerrecht festgesetzter Termine, nicht statthaben, wohl aber in Verträgen einzelner Staaten mit einander der in ihrer Gesetzgebung festgestellte Verjährungstermin auf besondere völkerrechtliche Beziehungen erstreckt werden. Indeß ist in diesem Fall die Verjährung aus dem Vertrage abzuleiten, beschränkt sie sich auf die vertragsmäßig geregelte Beziehung und wird der Verjährungstermin nur nach dem Gesetz des Einzelstaates bemessen.

Auslieferungsverträge schließen die Auslieferung aus, wenn seit der begangenen strafbaren Handlung oder seit der Einleitung der strafgerichtlichen Verfolgung oder seit der erfolgten Verurtheilung nach der Gesetzgebung des requirirten Staates Verjährung der strafgerichtlichen Verfolgung oder der erkannten Strafe eigetreten ist.

Besonderer Theil.

Erster Haupttheil.

Das materielle Völkerrecht.

Erster Abschnitt.

Die Rechte der Subjekte.

§ 21. **I. Die Rechte der Staaten.** Die Staaten einer internationalen Rechts=
gemeinschaft haben, damit sie als deren Glieder bestehen und in ihr wirken können,
folgende sog. Grundrechte einander zu gewähren:

1. das Recht auf Existenz und Erhaltung derselben;
2. das Recht auf Unabhängigkeit oder Souveränetät;
3. das Recht auf Gleichheit;
4. das Recht auf gegenseitige Achtung;
5. das Recht auf internationalen Verkehr.

Es sind zunächst diese Rechte im Einzelnen darzustellen und ist sodann zu den Konzessionen
überzugehen, welche sich die Staaten rücksichtlich der Ausübung ihrer Souveränetätsrechte, zur Er=
möglichung und zu Gunsten der internationalen Rechtsgemeinschaft, gewähren müssen. Gegen
souveräne Staaten ist ein Zwang zur Uebernahme von Pflichten undenkbar, die Pflichtübung kann
nur als Konzession gefordert werden, sowie jede Vereinbarung, welche allgemein einen souveränen
Willen international bindet, als eine Konzession der Souveränetät an die internationale Gemeinschaft
aufzufassen ist. Dagegen ist ein Zwang zur Erfüllung der übernommenen Verpflichtungen nicht
nur denkbar, sondern nothwendig und unentbehrlich, weil sonst die internationale Rechtsgemeinschaft
nur ein ideelles Postulat wäre.

§ 22. **1. Das Recht auf Existenz und Erhaltung derselben.** Das Recht auf Existenz
ist für jeden Staat ein selbstverständliches und bedarf daher ebenso wie das Recht auf
Erhaltung derselben keines Beweises. Sie sind als Voraussetzungen aller Rechte als
erste aufgeführt worden[1]. Staaten einer internationalen Rechtsgemeinschaft müssen aber
besonders als verpflichtet gelten, die Existenz ihrer Mitglieder nicht zu beeinträchtigen,
weder in Bezug auf deren natürliche, noch in Bezug auf deren rechtliche Verhältnisse,
weder in Bezug auf deren Gebiet, noch in Bezug auf deren Bevölkerung, noch in Bezug
auf deren Regierungsform. Die auf Grund des Stamm= oder Nationalitätsprinzips
von einem Staate in einem anderen unternommenen Agitationen, um die stammverwandte
Bevölkerung zum Abfall zu bewegen, ist daher als Verletzung eines wesentlichen völker=
rechtlichen Grundsatzes zu betrachten. Eine Beihilfe anderer Staaten zur Erhaltung
eines in seiner Existenz bedrohten Staates wird freiwillig oder vertragsmäßig,
besonders im Falle übernommener Garantie geleistet werden können oder müssen, aber

---

1) Heffter, § 29, Phillimore, I. 252, Twiß, I. § 92.

als rechtliche Verpflichtung nicht beansprucht werden können. Daß Staaten zu existiren aufhören, ist an sich nur eine Thatsache, eine rechtliche aber im Fall freiwilliger Unterwerfung oder Eroberung.

Das Recht auf Existenz bedingt die Pflicht der Selbsterhaltung, aus der letzteren folgt aber nicht wegen einer drohenden Gefahr das Recht der Nothwehr[1]: Wenn daher ein Staat mit Einbruch seiner im Nachbarstaat angesammelten rebellischen Staatsangehörigen bedroht ist, so darf er nicht die Grenzen seines Nachbarstaates überschreiten und gegen die Rebellen gewaltthätig vorgehen, wie Phillimore (I. 254) meint, sondern er hat, nach fruchtloser Aufforderung zur Entwaffnung und Internirung, lediglich das Recht dem Nachbarstaat den Krieg zu erklären, um mit diesem internationalen Rechtsmittel seine Forderungen zur Geltung zu bringen.

Inwieweit den Staaten in ihren gegenseitigen Verhältnissen ein Nothstandsrecht zukömmt, ist durch das Erforderniß ihrer Erhaltung bedingt. Außerdem muß aber ein Fall äußerster Noth vorliegen und muß die Noth nicht durch den Staat, welcher sich auf sie beruft, verschuldet sein[2]. Wenn aber ein Staat durch gewaltsame Erwerbung eines Theiles eines fremden Staatsgebietes sich eine günstigere Existenz verschaffen will, oder wenn er neutrales Gebiet besetzt und in das des ihm benachbarten Staates gewaltsam eindringt, um seinen Feind, der dasselbe okkupirt, von dort zu vertreiben oder um überhaupt dort wirksamer gegen ihn zu reagiren[3]), so kann er dafür das Nothstandsrecht nicht geltend machen[4].

Jeder Staat hat das Recht und die Pflicht zur Selbsterhaltung seine Wehrkraft im angemessenen Bestande zu erhalten, indeß können Rüstungen über dieses Maaß hinaus seine Nachbarstaaten mit Gefahren bedrohen. Es ist daher eine Forderung von Erklärungen durch den bedrohten Staat im Interesse seiner Selbsterhaltung von dem Bedrohenden völlig gerechtfertigt (Phillimore I. 253) und besonders dann üblich, wenn größere Heeresmassen in dem unmittelbar angrenzenden Gebiet versammelt werden oder selbst dann, wenn größere militärische Manöver oder Exerzitien in demselben ausgeführt werden. Auch wird mit Recht dann als Gegendrohung in dem bedrohten Gebiet gleichfalls eine größere Heeresmasse aufgestellt, was dann in der Regel später eine beiderseitige Zurückziehung derselben von der Grenze zur Folge hat.

§ 23. 2. **Das Recht der Staaten auf Unabhängigkeit oder Souveränetät.** Die Staaten müssen schon vor ihrem Eintritte in die internationale Rechtsgemeinschaft unabhängig sein, es muß aber nach ihrem Eintritt in dieselbe ihre Unabhängigkeit gewahrt bleiben und von den anderen Gliedern anerkannt und geachtet werden. Wirkungen der Unabhängigkeit eines Staates sind, daß jeder Staat sich seine Verfassung gibt und sich selbst verwaltet und daß kein Staat in die inneren Angelegenheiten eines anderen unabhängigen Staates, soweit er nicht von diesem dazu aufgefordert ist oder vertragsmäßig ein Recht darauf hat, sich einmischen darf.

Die Unabhängigkeit schließt auch die Verhängung oder Ausführung einer Strafe durch einen Staat gegen den anderen aus. Es kann daher auch keine sog. Strafkriege unter unabhängigen Staaten geben. Dagegen sind in Staatenbünden und Bundesstaaten schon im Bundesvertrage Exekutionen wider einen dem Bundeszweck oder den Bundesschlüssen widerstrebenden Staat vereinbart. Nach Artikel 19 der Verfassung des Deutschen Reichs ist die Exekution vom Bundesrath zu beschließen und vom Kaiser zu vollstrecken, wenn Bundesglieder ihre verfassungsmäßigen Bundespflichten nicht erfüllen. Dagegen haben einzelne Bundesglieder

---

1) Heffter (§ 30) statuirt zwar ein Recht der Nothwehr, handelt indeß nur von einer schon sonst dem Staate gestatteten Abwehr und Gegenwehr.

2) Vgl. Heffter l. c.

3) Twiß § 99.

4) Anderer Ansicht ist Twiß (§ 102), indem er den zu großen Mißbräuchen verleitenden Satz aufstellt, daß das Recht der Selbsterhaltung ein früheres und höheres Recht sei, als das Recht der Unverletzlichkeit des Territoriums. Die für die Verletzungen von ihm in Aussicht gestellten Entschädigungen werden schwer zu beschaffen sein.

nicht das Recht ihren Willen gegen den Bundesverband gewaltsam durchzusetzen, weßhalb sowohl der schweizerische Sonderbundskrieg als der nordamerikanische Sezessionskrieg nicht bloß staatsrechtlich, sondern auch völkerrechtlich unstatthaft war, da Kriege nur von selbstständigen und nicht von durch einen Bundesvertrag in der Ausübung des Kriegsrechts beschränkte, Staaten geführt werden können. Die Anerkennung der Sezessions= staaten als Kriegführende wäre daher völkerrechtswidrig gewesen.

Die eine selbstständige Stellung erstrebenden Völker haben nicht nur (vgl. § 16) ihre Unab= hängigkeit selbst erklärt, sondern es ist dieselbe auch in Verträgen und Akten anderer Staaten anerkannt worden. Es ist aber auch eine Einmischung in die inneren Angelegenheiten anderer Staaten nicht bloß von dem Kongreß zu Aachen im Prinzip und als bewaffnete Intervention auf dem Kongreß zu Troppau beschlossen worden, sondern es beauftragte auch der Kongreß zu Laybach Oesterreich zur Durchführung der Intervention in Neapel und Sardinien und der Kongreß zu Verona Frankreich zu gleicher Durchführung in Spanien. (Vgl. § 12). Daß diese Beschlüsse und Interventionen gegen das Recht der Unabhängigkeit der Staaten überhaupt verfehlten, bedarf keines Beweises und waren die Proteste Englands und später auch Frankreichs dagegen nur zu begründet. — Selbstbeschränkungen in der einem unabhängigen Staate zustehenden Verwaltung seines Gebietes legte sich noch in allerneuester Zeit die Türkei auf, indem sie einerseits im Art. 25 des Berliner Vertrages vom 13. Juli 1878 mit vereinbarte, daß ihre Provinzen Bosnien und Herzegowina von Oesterreich okkupirt und verwaltet würden und andererseits in ihrer Defensivalliance mit England vom 4. Juni 1878 (Mart. N. R. G. 2. Ser. III. 273) diesem eine gleiche Okkupation und Verwaltung ihrer Insel Cypern einräumte. Einen anderen Beleg bietet die Verwaltung des Fürstenthums Waldeck durch Preußen. — Beschränkungen in Bezug auf die Vertheidigungsmittel werden wiederholt vertragsmäßig ausbedungen (Beispiele siehe bei Twiß I. 145 ff.). Ein neueres Beispiel ist die durch Konvention Rußlands und der Türkei vom 30. März 1856 (Mart. N. R. G. XV. 786 ff.), wonach die beiden Mächte nur eine bestimmte Zahl von Kriegsschiffen im Schwarzen Meer zu unterhalten sich gegenseitig verpflichteten (s'engagent mutuellement) welche Konvention durch Konvention vom 13. März 1871 (Mart. N. R. G. XVIII. 307) aufgehoben wurde. Im Art. 13 des Pariser Gesammtvertrages vom 30. März 1856 (Mart. N. R. G. XV. 770) hatten sich dieselben beide Mächte verpflichtet, keine militärischen Seearsenale an den Küsten des Schwarzen Meeres zu errichten. Auch dieser Verpflichtung wurden sie entbunden im Londoner Vertrage vom 13. März 1871 Art. I. durch Aufhebung jenes Artikels. Es kann nicht in Abrede genommen werden, daß diese Beschränkungen gegen ein wesentliches Recht eines unabhängigen Staates: seine Vertheidigungsmittel bloß nach seinem Ermessen zu bestimmen, gerichtet waren.

§ 24. 3. **Das Recht der Staaten auf Gleichheit.** Die Staaten der internationalen Rechtsgemeinschaft sind, trotz der Verschiedenheit ihrer Größe und Macht, einander gleich vor dem Recht. Sie haben daher auch bei Kongressen und gemeinsamen Vereinbarungen ein gleichwerthiges Stimm= und Bestimmungsrecht, wenn auch durch einen Bundesvertrag einzelnen Gliedern eine größere Zahl von Stimmen in Mitberücksichtigung der Größe und Macht des von ihnen vertretenen Staates eingeräumt werden kann. Nach der deutschen Bundesakte vom 8. Juni 1815 (Art. 4) hatte jedes Glied in der Bundes= versammlung, aber „unbeschadet seines Ranges", nur eine Stimme, nach Artikel 6 aber bei Abfassung und Abänderung von Grundgesetzen des Bundes, Beschlüssen, welche die Bundesakte selbst betreffen, organischen Bundeseinrichtungen und gemeinnützigen Anord= nungen sonstiger Art fand „mit Rücksicht auf die Verschiedenheit der Größe der einzelnen Bundesstaaten" eine andere Berechnung und Vertheilung der Stimmen statt, so daß 14 Staaten mehr als eine Stimme hatten. Nach der norddeutschen Bundesverfassung vom 26. Juli 1867 (Art. 61) hatten im Bundesrath nur vier Staaten mehr als eine Stimme, nach der deutschen Reichsverfassung vom 16. April 1871 (Art. 6) aber acht Staaten. Wäre auf die Machtverhältnisse allein Rücksicht genommen worden, so hätte Oesterreich und Preußen in der Bundesversammlung eine größere Zahl von Stimmen für die Gegenstände des Artikel 6 und Preußen in der norddeutschen Bundes= und Reichsverfassung eine größere Zahl von Stimmen im Bundesrath erhalten müssen.

Zur Durchführung der Gleichheit im diplomatischen Verkehr der Staaten und zur Vermeidung der in früheren Jahrhunderten so häufigen Rangstreitigkeiten wurde und wird das Alternat angewandt, d. h. es wechseln die Staatshäupter oder deren Vertreter bei Kongreſſen und Konferenzen ab in dem Einnehmen bevorzugter Plätze oder die Bevollmächtigten der Staaten bei Unterzeichnungen internationaler Akte, insbeſondere von Verträgen [1]).

Das Wort „Großmacht" bezeichnet einen Staat mit ausgedehntem Territorium und großen Machtmitteln. Die äußere Politik anerkennt den Unterſchied einer Großmacht von mittleren und kleineren ſouveränen Staaten, das Völkerrecht hat ſie alle für gleich zu erachten und zwar um ſo mehr, als die Großmächte in der (§ 12) angeführten Aachener Deklaration das Völkerrecht für die Staatenbeziehungen als verbindlich erachten wollen und ſich immerfort für dieſe gleich den anderen Staaten auf daſſelbe berufen, weßhalb ſie ein Grundrecht deſſelben wie die Gleichheit nicht mißachten dürfen.

Das obenerwähnte Alternat als Ausdruck anerkannter Staatengleichheit wurde durch Vereinbarung für Frankreich und Großbritannien giltig ſchon 1546, alſo ein volles Jahrhundert vor dem weſtphäliſchen Frieden, auf den deutſchen Reichstagen für die fünf alternirenden Häuſer, noch der Reichsdeputationshauptſchluß vom 25. Februar 1803 (§ 32) hält die beſtehenden Alternate aufrecht und ſtellt neue in Ausſicht. Es wurde beobachtet auf den Kongreſſen zu Utrecht 1713, London 1718 und Aachen 1748 in Bezug auf die Ausfertigung der Inſtrumente. Nach den Feſtſetzungen des Wiener Kongreſſes ſollte aber bei der Ausfertigung mehrerer Exemplare das Loos über die Reihenfolge der Unterſchriften entſcheiden, mit Bewahrung des erſten Platzes für den ausfertigenden Staat, bei der Ausfertigung nur eines Exemplars über die Reihenfolge ſämmtlicher Unterſchriften. Auch ſoll bei der Ausfertigung von Akten, an welchen ſich mehrere Staaten betheiligen, ein jeder Staat in dem ihm ausgefertigten Exemplar die erſte Stelle angewieſen erhalten und hierdurch der gleichen Stellung der Staaten im diplomatiſchen Verkehr Rechnung getragen werden.

§ 25. 4. **Das Recht der Staaten auf gegenseitige Achtung.** Die Staaten haben ſich gegenſeitig rechtlich zu achten in Bezug auf ihr Gebiet, ihre Bevölkerung und ihre Obrigkeit. Die Titel des höchſten Vertreters der Staatsſouveränität drücken entweder ein beſtehendes Herrſchaftsverhältniß aus oder einen Anſpruch auf ein ſolches. Nur der Titel erſterer Art iſt völkerrechtlich zu achten. Gegen dieſe Achtung iſt es aber, wenn der Souverän eines Staates ſich den Titel des Souveräns eines anderen Staates beilegt. Ebenſo ſind die äußeren Abzeichen eines Staates, wie Wappen, Fahnen und Flaggen als Zeichen ſtaatlicher Würde zu reſpektiren. Durch Vertrag oder Herkommen konnte ein Rangverhältniß unter beſtimmten Staaten feſtgeſetzt werden, indeß hat daſſelbe keine völkerrechtliche Bedeutung wie denn überhaupt die ganze Materie des Staatenzeremoniells, welche nur aus Zweckmäßigkeitsgründen in Völkerrechtsdarſtellungen hinein genommen werden konnte [2]), nicht in das Völkerrecht, ſondern in die Staatenpraxis hineingehört. Die den Staaten oder ihren Vertretern eingeräumten Ehrenrechte, insbeſondere die ſog. Königl. Ehren bilden einen Theil des Zeremoniells, welches materiell auf Konnivenz und nicht auf Rechtsverpflichtung beruht, wohl aber formell durch Verträge oder Herkommen begründet ſein kann. Königl. Ehren, d. h. Königl. Krone, Prädikat und Wappen ſtehen, außer Kaiſern, Königen und Großherzögen, auch Staatenbünden wie dem Deutſchen Reich und größeren Republiken zu, demnach auch einem Staat und werden auch Attributen einer mit Königl. Ehren bedachten Macht wie den Flaggen erwieſen, indem dieſe in Gemäßheit des Seezeremoniells ſalutirt werden.

Das Recht auf Achtung der Staaten bedingt auch die Achtung der Vertreter des Staates. Eine Beleidigung eines Staatshauptes oder Geſandten iſt daher als dem bezüglichen Staat zugefügt zu erachten und in gleicher Weiſe eine den Abzeichen eines Staates zugefügte. Ging ſolche Beleidigung von einer Staatsgewalt oder deren Vertreter aus, ſo iſt ſie als Verletzung des Völkerrechts zu betrachten und betrachtet worden [3]), wogegen die von den Angehörigen eines fremden Staates zugefügte nicht als ſolche

---

1) Bulmerincq, Das Alternat in v. Holtzendorff's Rechtslexikon.
2) So z. B. von Heffter § 193 ff. und Phillimore, II. 55 ff. Das Seezeremoniell ſ. bei Phillimore, II. 48 ff.
3) S. Fälle bei Phillimore, II. 46 ff. und F. v. Martens, I. § 78.

gelten kann[1]). Deffenunerachtet wird es als Pflicht von Staaten einer internationalen Rechtsgemeinschaft anerkannt werden müffen, Beleidigungen gegen fremde Staatsober=häupter gerichtlich zu verfolgen und namentlich auch solche, welcher sich die Preßorgane schuldig machten, indem sie durch diese die weiteste Verbreitung finden.

    Wenn F. G. v. Martens (Précis du dr. d. g. I. 337) sagt: „Une nation quelque puis-sante qu'elle puisse être, n'est pas en droit d'exiger de l'autre des démonstrations positives d'honneur, moins encore des préférences, quoique toutes soient autorisées à considérer comme lésion des démonstrations positives de mépris et des actes contraires à leur honneur", so stimmen wir dem ersten Theil bei, ersetzen aber im zweiten, die ausdrückliche Mißachtung und ehrverletzende Akte durch den juristischen Ausdruck: Injurien, indem gegen diese unzweifelhaft eine völkerrechtliche Reaktion statthaft ist. Kann ferner dem Ausspruch in Junius Briefen nur zugestimmt werden: „The king's honour is that of his people. Their real honour and real interest are the same", ein Ausspruch, welcher noch in unserer Zeit seine Bestätigung gefunden hat, als der Gesandte Frankreichs: Benedetti König Wilhelm zu beleidigen wagte, so geht doch Mackintosh zu weit, wenn er in der Beleidigung eines jeden brittischen Unterthanes eine Schmach für die brittische Nation erblickt. Andererseits kann es als eine Beleidigung einer fremden Staatsgewalt nicht auf=gefaßt werden, wie Phillimore und Battel es thun, wenn Staaten oder ihre Souveräne sich die Titel anderer Staaten oder deren Souveräne anmaßen oder wenn Staaten oder deren An=gehörige die Münzen anderer Staaten nachmachen. Es kann das vielmehr nur als Mißbrauch der Rechte einer anderen Staatsgewalt gelten, gegen welchen völkerrechtlich zu reagiren ist. Verbrechen und Vergehen seiner Angehörigen oder Fremden gegen die Rechte fremder Staaten, wie Münz= und Papiergeldnachmachung in seinem Gebiet, selbst den Schmuggelhandel in sein Gebiet hinein sollte kein Staat dulden oder gar begünstigen, vielmehr auch ohne Aufforderung des beeinträchtigten Staates dagegen einschreiten und strafen, da ein Verbrechen oder Vergehen nicht dadurch den straf=würdigen Charakter einbüßt, daß es gegen eine fremde Staatsgewalt begangen wird, da ja die eine der anderen Achtung schuldet. Ein nach dem Auslande hin abgeschlossener Schmuggelvertrag ist nicht deßhalb wie ein deutscher Gerichtshof motivirt (Heffter § 32) für ungültig zu erklären, weil er den guten Sitten zuwiderläuft, sondern weil er eine Verletzung der Gesetzgebung und Rechtsordnung des bezüglichen Staates involvirt und außerdem eine Vereinbarung zum Zweck der Begehung eines Vergehens ist.

    § 26. 5. Das Recht der Staaten auf Verkehr. Die Anknüpfung eines Verkehrs durch einen außerhalb der internationalen Rechtsgemeinschaft stehenden Staat mit einem oder mehreren Staaten derselben ergibt sich nicht aus einem Recht des anknüpfenden Staates, denn kein Staat hat, ohne Glied der internationalen Rechtsgemeinschaft zu sein, ein Forderungsrecht auf Verkehr mit anderen Staaten. Es ist daher nicht ausgeschlossen, daß der von einem außerhalb der internationalen Rechtsgemeinschaft stehenden Staat begehrte Verkehr nicht acceptirt wird. Ein internationaler Verkehr ist durch gewisse Voraussetzungen, besonders durch eine höhere Kulturstufe, die Fähigkeit zum und die Zuverlässigkeit im internationalen Verkehr bedingt. Der gewährte Verkehr hat aber nicht den Eintritt in die internationale Rechtsgemeinschaft zur Folge, d. h. den Genuß sämmtlicher Berechtigungen und die Uebernahme der Verpflichtungen der Gemeinschaft. Ist aber ein Staat in diese förmlich aufgenommen oder faktisch als aufgenommen anzusehen[2]), so hat er ein Recht auf den Verkehr mit den Staaten derselben und dürfen diese ihm den Verkehr weder in materieller noch geistiger Beziehung erschweren oder gar unmöglich machen. Dagegen ist kein Staat berechtigt von einem anderen einen Verkehr zu fordern, welcher nur ihm selbst zum Vortheil, dem anderen zum Nachtheil ist. Auch ist kein Staat verpflichtet, Individuen jeglicher Art, z. B. erwerbslose und verbrecherische und Sachen schädlicher Art in sein Gebiet aufzunehmen. Auch hat der den Einlaß gewährende Staat das Recht eine Legitimation von der sein Gebiet betretenden Person zu verlangen und die Zulassung von Sachen in sein Gebiet von Abgaben oder Zöllen abhängig zu machen. Es können sogar Staaten aufgenommene erwerbslose und paßlose fremde Personen zurücksenden. Dagegen ist aber jeder Staat der internationalen

1) Phillimore, II. 43.
2) S. § 16.

Rechtsgemeinschaft verpflichtet gute Verkehrswege= und Mittel für den Personen= und Waarenverkehr herzustellen und erhalten.

Sowie Staaten, welche nicht zur internationalen Rechtsgemeinschaft gehören, kein Recht auf den Verkehr haben, so haben auch die dieser Gemeinschaft angehörenden kein Recht, die dieser nicht angehörenden Staaten zum Verkehr zu zwingen oder ihnen die Art und den Ort des Verkehrs vorzuschreiben, vielmehr können auch die Nichtgemein= schaftsstaaten den Gemeinschaftsstaaten den Verkehr ganz versagen oder ihn auf bestimmte Plätze beschränken.

Die in neuerer Zeit angenommene Gewohnheit europäischer Staaten, den Vereinigten Staaten Verbrecher zuzusenden, ist mit Recht gerügt worden. (Rolin=Jaequemyns, De l'habitude de certains gouvernements Européens d'envoyer les criminels aux Etats-Unis. Rev. d. dr. intern. II. 147). Jeder Staat hat unzweifelhaft das Recht, solche und überhaupt auch die seiner öffentlichen Ordnung gefährliche Individuen von sich abzuwehren und nicht minder Vagabunden fortzuweisen. Andererseits hat jeder Staat die Pflicht seine ihm zurückgesandten Angehörigen aufzunehmen und dieser Verpflichtung haben sich auch die Staaten nicht entzogen. Siehe z. B. die zwischen Preußen und Rußland ausgewechselte ministerielle Note vom 31. August 1872 über Repatriirung preußischer und russischer Unterthanen wegen Mangels von Existenzmitteln oder eines Passes (Mart. N. R. G. II. Ser. I. 601). Die im fremden Staat Niedergelassenen, welche durch richter= lichen Ausspruch oder auf Grund von Gesetzen oder Verordnungen der Sitten= oder Armenpolizei weggesandt wurden, müssen mit ihrer Familie auf Antrag des fremden Staates wieder in ihrem Heimaths= staat aufgenommen werden. (Siehe die Niederlassungsverträge der Schweiz mit Frankreich vom 30. Juni 1864 Art. 5, mit Italien vom 22. Juli 1868 und mit Rußland vom 26. Dezember 1872 Art. 2, mit Oesterreich vom 7. Dezember 1875 Art. 4, mit dem Deutschen Reich vom 27. April 1876 Art. 7, mit Dänemark vom 10. Februar 1875 Art. 4). Ausdrücklich haben die Staaten sich das Recht gewährt Personen, welchen die Subsistenzmittel fehlen oder solche, welche der öffentlichen Armenpflege zur Last fallen, in ihren Heimathsstaat fortzusenden. Andererseits haben die Staaten sich verpflichtet auf Grund sogenannter Repatriirungsverträge ihre Angehörigen, wenn sie auch Vagabunden, Paßlose oder Verbrecher, entgegenzunehmen. (Siehe die Vertr. bei Bulmerincq in v. Holtzendorff's Rechtslexikon s. v. Asylrecht 3. Aufl. Dazu Vertrag Schwedens und Dänemarks vom 7. März 1823 (Mart. N. R. G. VII. I. 14) Deklarationen des Deutschen Reichs und vom 11. Dezember 1873 (4) (M. N. R. G. II. Ser. I. 263) und Italiens vom 8. August 1873 Art. 5 (ibid I. 258), Oesterreichs und Italiens vom 2/6. August 1874 (Ibid. I. 258) Protokoll der Schweiz und Niederlande vom 24. April 1877). Das Deutsche Reich und Italien vereinbarten auch solche Personen zu übernehmen, welche ihre Angehörigkeit zu einem der kontra= hirenden Staaten verloren und die neue noch nicht erworben hatten. Namentlich soll die Repa= triirungsforderung nicht abgelehnt werden unter dem Vorwande, daß der zu repatriirende Arme seine Nationalität verloren habe, es sei denn, daß er eine andere erworben habe (Belgisch=Deutsch= Deklaration vom 7. Juli 1877 (Mart. ibid II. 145) Belg. Italien. vom 24. Januar 1880 (Mart. ibid VI. 631).

§ 27. **II. Die Konzessionen der Staaten zu Gunsten der internationalen Rechts= gemeinschaft.** Die äußere Souveränetät der Staaten der internationalen Rechtsgemein= schaft hat für ihre drei Hauptfunktionen: den Vertragsabschluß, das Gesandtschafts= und Kriegsrecht ihr Grundgesetz im Völkerrecht. Die innere Souveränetät dieser Staaten hat zwar für ihre drei Hauptfunktionen: die Gesetzgebung, Justiz und Polizei ihr Grund= gesetz im Staatsrecht, muß aber in Ausübung derselben Rücksicht nehmen auf die Gemein= schaft und zur Verwirklichung derselben ihr Konzessionen gewähren, deren Art und Maaß das Völkerrecht oder internationale Recht zu regeln hat. So ist denn nicht bloß die äußere, sondern auch innere Souveränetät der Staaten der internationalen Rechtsgemein= schaft gebunden an die Satzungen des Völkerrechts und wird der Staatenfrieden wesentlich dadurch verbürgt, daß die Staaten diese Satzungen durch das objektive internationale Rechtsprinzip und nicht durch das subjektive Souveränetätsprinzip bestimmen lassen und sich jenen Satzungen gemäß verhalten.

Die geforderten Konzessionen müssen allen Gliedern der Gemeinschaft in gleicher Weise und in gleichem Maaß gewährt werden, jedoch unter Voraussetzung der Gegenseitigkeit oder Reziprozität. Die Konzessionen sind nicht als Gunsterweisungen aufzufassen, sondern ergeben sich aus den Verpflichtungen der Glieder der internationalen Rechtsgemeinschaft und besteht daher für diese gegenseitig ein rechtlicher Anspruch auf sie.   Da aber das Recht der Gemeinschaft nicht nur Berechtigungen gewährt, sondern auch Verpflichtungen auferlegt, so entspringt auch nur aus der gleichen Uebung der Pflicht ein Anspruch auf gleiches Recht.   Soll aber die Verpflichtung nicht bloß aus der Natur der internationalen Rechtsgemeinschaft abgeleitet, sondern ihre Leistung auch praktisch gesichert werden, so sind die zu gewährenden Konzessionen, wie solches schon im weiten Umfange nachweisbar geschehen ist, unter den Staaten zu vereinbaren.   Art und Maaß der Konzessionen festzustellen, wird indeß auch Aufgabe der Theorie bleiben als Mahnung an die Praxis, weitere Vertragsabschlüsse zu bewirken.

Daß die Staaten der internationalen Rechtsgemeinschaft einander Konzessionen zu gewähren haben, haben auch Verträge durch den Gebrauch desselben Ausdrucks anerkannt.   So ist z. B. im Art. 7 des Vertrages Rußlands mit der Schweiz vom 26. Dezember 1872 (Mart. N. R. G. II. Sér. I. 603) von der Konzession des einen Staates an den anderen die Rede.   Auch in der Theorie kömmt der Ausdruck vor.   So spricht z. B. Asser (droit international et droit uniforme in der Rev. d. dr. intern. XII. 12) von den gegenseitigen Konzessionen, welche sich die nationalen Gesetzgeber machen müssen und bezeichnet schon v. Savigny (Syst. VIII. 28) die Zulassung ursprünglich fremder Gesetze unter die Quellen, aus welchen die einheimischen Gerichte die Beurtheilung mancher Rechtsverhältnisse zu schöpfen haben als „freundliche Zulassung unter souveränen Staaten und zugleich als Wirkung einer fortschreitenden Rechtsentwickelung".   In der Philosophie wies aber zuerst Herbart (Analytische Beleuchtung des Naturrechts und der Moral) darauf hin, daß das Völkerrecht zu seiner Verwirklichung von den Staaten Konzessionen zu fordern habe.

§ 28. 1. **Die Konzessionen der Staaten in Bezug auf die Gesetzgebung.**   Zur Herbeiführung möglichster prinzipieller Uebereinstimmung der Gesetzgebungen der Staaten der internationalen Rechtsgemeinschaft und zur Vermeidung von Kollisionen ihrer Gesetzgebungen in der Anwendung ist erforderlich:

1. daß die Gesetzgebungen dieser Staaten keine den Satzungen des Völkerrechts widersprechenden, sondern ihnen entsprechende Bestimmungen enthalten;

2. daß von diesen Staaten übereinstimmende oder wenigstens sich möglichst annähernde Gesetze angenommen werden;

3. daß diese Staaten gemeinschaftlich für einzelne Rechtsgebiete Gesetzgebungen vereinbaren;

4. daß diese Staaten Grundsätze zur Verhütung oder zur Beseitigung der aus der Verschiedenheit ihrer Gesetzgebungen in der Anwendung entstehenden Kollisionen vereinbaren.

Zur Fortentwickelung einer bereits bestehenden, verschiedenen Staaten gemeinschaftlichen Gesetzgebung muß eine je nach Bedürfniß von den betreffenden Staaten gebildete Gesetzgebungskommission periodisch zusammentreten und zur übereinstimmenden Anwendung der bezüglichen Gesetze ein gemeinsamer oberster Gerichtshof funktioniren.

Die Gesetzgebungen aller Zeiten und verschiedener Staaten enthalten Bestimmungen über das Verhalten gegen andere Staaten oder mindestens über die rechtliche Stellung und Behandlung Fremder.   Der Inbegriff dieser letzteren war und ist das Fremdenrecht (Pütter, Das praktische europäische Fremdenrecht 1845), welches vielfach den Anfang internationaler Rechtsbeziehungen bildet.   Heute bildet das Fremdenrecht entweder den Inhalt einzelner Gesetze, wie z. B. die englische Fremdenbill oder den Gegenstand eines ganzen Rechtsgebietes, wie des sog. internationalen Privat- und Strafrechts.   Außerdem haben die Staaten über die rechtliche Stellung und Behandlung ihrer resp. Angehörigen im anderen Staat sich in früherer und jetziger Zeit in Handelsverträgen, in letzterer immer häufiger in Niederlassungs-, Naturalisations- und Auslieferungsverträgen oder besonderen Deklarationen, und zum Schutz des privaten Handelsverkehrs und der industriellen und geistigen Erzeugnisse Verträge oder Deklarationen vereinbart und zu Gunsten der Handels- und Fabrikzeichen sowie geistiger Erzeugnisse in den beiden ersteren Beziehungen Deklarationen ausgewechselt und in letzterer sog. Litterarkonventionen abgeschlossen.   Diese Vereinbarungen haben einerseits ihren Inhalt Gesetzgebungen entnommen und andererseits wieder auf die Gesetzgebungen zurückgewirkt, so daß die Wechselwirkung der gesetzgeberischen und völkerrechtlichen Rechtsbestimmungen ganz unleugbar ist. Die Rückwirkung neuer Gesetze auf den Inhalt früher von den gesetzgebenden Staaten abgeschlossener Verträge wird auch vertragsmäßig gesichert (siehe z. B. Art. 31 der Litterarkonvention zwischen dem Norddeutschen Bunde und der Schweiz vom 13. Mai 1869 (Martens N. R. G. XIX. 576), indem eine Revision der Konvention für den Fall neuer Gesetze über deren Gegenstände in dem einen oder anderen Staat vorgesehen wird.

Es besteht aber auch bei verschiedenen Staaten der internationalen Rechtsgemeinschaft für verschiedene Rechtsgebiete gleiches Recht oder ein Recht auf gleicher Grundlage. Diese Uebereinstimmung ist entstanden durch Annahme 1. eines und desselben Rechts anderer Herkunft, 2. einzelner gleicher Rechtsbestimmungen und 3. gleicher Reformen. In erster Beziehung sind auf dem Gebiet des Zivilrechts und =Prozesses, weniger des Strafrechts und =Prozesses wirksam gewesen das römische und kanonische Recht; in zweiter Beziehung auf dem Gebiete des Staatsrechts die Verbreitung der aus England stammenden und in Frankreich mobifizirten konstitutionellen Monarchie, wodurch übereinstimmende staatsrechtliche Einrichtungen und publizistische Anschauungen gefördert wurden, welche wesentlich auch die Staaten international für gleiche Rechtsanschauung und Rechtsanwendung empfänglicher machten; in dritter Beziehung auf dem Gebiet des Kriminalrechts die Reform der Strafen, auf dem Gebiet des Kriminalprozesses die Einführung der Oeffentlichkeit des Verfahrens an Stelle der Heimlichkeit, des Anklageverfahrens an Stelle des Untersuchungsprozesses, und die Einführung der Geschwornengerichte; auf dem Gebiete des Zivilprozesses die Bevorzugung des mündlichen vor dem schriftlichen Verfahren. Durch diese Rechtsgleichheit und gleichen Rechtsinstitutionen auf dem Gebiet des Zivil= und Kriminalrechts, mit Einschluß der entsprechenden Prozesse sind aber wesentlich einem international gleichen Privat= und Strafrecht die Wege gebahnt worden. (Georg Cohn, Ueber international gleiches Recht, Wien 1879 S. 4. Asser, Droit international privé et droit uniforme in der Rev. d. dr. intern. XII. 5 ff.)

Sodann aber ist auch hier der Gesetzgebungen zu gedenken, welche für die wichtigsten Zweige des privaten Verkehrsrechts: das Handels=, Wechsel= und Seerecht bisher einzelnen Staatsgruppen mobifizirt oder unmobifizirt gemeinsam wurden. Für das Handelsrecht in früherer Zeit, der Rezesse der Hansa, in späterer Zeit des Code de commerce vom 15. September 1807, welcher hauptsächlich, aber nicht nur zu romanischen Völkern sich verbreitete. Dem Code de commerce schlossen sich an: 1. Belgien unter Hinzutritt einiger neuer Gesetze; 2. die Niederlande in ihrem Handelsgesetzbuch vom April 1838; 3. Italien mit dem seinigen vom 25 Juni 1865; 4. Russisch=Polen 1809; 5. die westlichen Kantone der Schweiz; 6. die Türkei und Egypten in ihrem Handelsgesetzbuch von 1850; 7. Griechenland in dem seinigen von 1835; 8. Spanien in dem seinigen vom 30. Mai 1829; 9. Portugal in dem seinigen vom 8. Juni 1833; 10. Brasilien; 11. Mexiko; 12. die meisten süd= und mittelamerikanischen Staaten; 13. Haïti und Domingo; 14. von den englischen Kolonien: Unterkanada, Malta und Mauritius (Endemann in v. Holtzendorff's Encykl. 2. Aufl. 520). Für die Staaten des Deutschen Reichs und Oesterreich (für letzteres mit Ausschluß des Seerechts) gilt das allgemeine deutsche Handelsgesetzbuch von 1861; für das Wechselrecht in denselben Staaten und Oesterreich, mit Ausnahme von Ungarn, die allgemeine deutsche Wechselordnung vom 26. November 1848. An diese schließen sich ihrem Inhalt nach an: 1. die schwedische Wechselordnung vom 23. August 1851, während auf ihrer Grundlage ruht 2. die skandinavische (nordische) für Schweden, Norwegen und Dänemark von 1881; 3. die finnländische vom 20. März 1858; 4. theilweise auch die serbische vom 25. Januar 1860 und 5. die mehrerer schweizerischer Kantone. Für andere Staaten bildet das im Code de commerce enthaltene französische Wechselrecht den Ausgangspunkt. Die Verschiedenheit aller dieser Wechselrechte ist keineswegs so erheblich, um den bereits mehrfach angeregten Plan der Kodifikation eines internationalen Wechselrechts für unausführbar zu halten. (Endemann l. c.) Als Vorarbeit zu einer solchen könnte der für Rußland ausgearbeitete Entwurf einer Wechselordnung dienen. St. Petersburg 1882, auch in deutscher Sprache und in dieser auch als revidirter Entwurf 1883. Baden=Baden; siehe auch die eingehenden und kompetenten Kritiken von Renaud, 1882, in Busch's Archiv XLIII., p. 1—55, und von Georg Cohn, 1883, in der Zeitschr. f. vgl. Rechtsw. IV.) Dieser Entwurf verwerthete außer der bis dahin geltenden russischen Wechselordnung die allgemeine deutsche, die Nürnberger Novellen, die ungarische und skandinavische Wechselordnung, das schweizerische Obligationenrecht und den Entwurf eines italienischen Handelsgesetzbuchs. Schon der zweite Kongreß der Association for the promotion of social science in Gent (1863) beschäftigte sich mit der Einheit des Wechselrechts (Annales 1863, 203—16), Borchardt und Jaques arbeiteten die vom Verein für Reform und Kodifikation des Völkerrechts angenommenen Wechselrechtsthesen aus, zu welchen G. Cohn einen gründlichen Kommentar in seinen „Beiträgen zur Lehre vom einheitlichen Wechselrecht" (1880) lieferte. Derselbe sprach die wohlbegründete Ansicht aus, daß wenn Frankreich seine antiquitirte Kontraktstheorie aufgebe, die wesentlichste Schwierigkeit gehoben sei, denn die zwei Gruppen des Wechselrechts: die germanische und romanische seien nicht national sondern nur zeitlich verschieden.

Für das Seerecht haben allgemeinere Geltung zunächst Bestimmungen der lex Rhodia de jactu. Im Mittelalter haben aufgezeichnete gewohnheitsrechtliche Uebungen fast allgemeine Verbreitung: für die westlichen Küsten Europas das Seerecht von Oleron, für die nördlichen das von Wisby, für die Mittelmeerländer das consolato del mare und der Guidon de la mer, für Norddeutschland die hanseatischen Rezesse. In unserem Jahrhundert haben nach dem Vorgange des Code de commerce fast alle Handelsgesetzbücher das Seerecht aufgenommen, so auch das deutsche.

Die Feststellung von Prinzipien zur Beseitigung der Kollisionen der Gesetze verschiedener Staaten, mußte um so mehr Aufgabe bleiben als es an Bestimmungen darüber sowohl im römischen wie kanonischen Recht fehlt (v. Bar, Das internationale Privat= und Strafrecht, 1862, § 2 und S. 24), wogegen zwar neueren Gesetzgebungen, wie dem allgemeinen preußischen Landrecht, dem Code Napoléon, dem Zivilgesetzbuch Italiens (1865) und dem niederländischen Gesetz über allgemeine Gesetzgebungsregeln zwar allgemeine indeß nicht ausreichende und wiederum verschiedene Prinzipien zu entnehmen sind. (Asser, Internationales Privatrecht, bearb. von Max Cohn, Berlin 1880, 14.) Das Institut de droit international unterzog sich jener Aufgabe in zwei dazu gebildeten Kommis= missionen, der einen für die Kollision der Gesetze aus dem Gebiet des Zivilrechts (siehe b. Beschl. im Annuaire d. l'inst. I. 123 ff., II. 150 ff., V. 56 ff.), =Prozesses (Beschl. betr. die Exekution fremder Urtheile Ann. III. et IV. I. 96) und des Strafrechts (Beschl. betr. die Auslieferung Ann. V. 127 ff.) und der anderen für gleiche Kollisionen der Handelsrechtsgesetze (Beschl. Ann. VI. 92 ff.) verschiedener Staaten. In der Lehre von den örtlichen Grenzen der Herrschaft der Rechtsregeln über die Rechtsverhältnisse stehen sich aber, wie schon v. Savigny (Syst. d. heut. röm. R. VIII. Vorrede IV.) bemerkt, „Deutsche, Franzosen, Engländer und Amerikaner oft sehr schroff gegenüber (heute außerdem die Italiener, Holländer und Belgier). Alle aber vereinigen sich in dem Bestreben nach Annäherung, Ausgleichung, Verständigung. Anziehend und anregend erscheint die großartige Aussicht auf eine in das Allgemeine gehende praktische Gemeinschaft des Rechtsbewußtseins und des Rechtslebens." Sind auch zu den Forschungen Story's (Commentaries on the conflict of laws foreign and domestic, Boston 1841[1]), welche v. Savigny im hohen Grade anerkennt, v. Wächter's („Ueber die Kollision der Privatrechtsgesetze verschiedener Staaten" im Arch. f. civil. Prax. 1841 XXIV. 230 ff. und 1842 XXV. 361 ff.) und Fölix's (Traité du droit international privé ou du conflit des lois de différentes nations en matière de droit privé, Paris 1843, sowie v. Savigny's, umfassende Werke über denselben Gegenstand von Westlake (A Treatise on private international law or the conflict of laws, London 1858, 2. Ausg. 1880), v. Bar (das zit. Werk und „Internationales Privatrecht" 1882 in v. Holtzendorff's Encyclop. der Rechtsw.), Alphonse Barb, Précis de droit international, droit pénal et privé, Paris 1883), Fiore (Diritto internazionale privato, 2. Ausg. 1874, Franz. v. Pradier=Fodéré, Paris 1875), Haus (droit des gens privé, Gent 1874), Charles Brocher (Nouveau traité de droit inter= national privé, Paris 1876), Foot (Foreign and domestic law, London 1878), Asser, Laurent (Droit civil international 1880—82, 8 Bde.) und Wharton, (A treatise on the conflict of laws or private international law, Philadelphia 1881), somit der verschiedensten Nationen: Engländer, Deutsche, Franzosen, Italiener, Belgier, Holländer, Schweizer und Amerikaner hinzugekommen, so ist eine Einigung doch längst nicht erreicht und immer erneute Arbeit und Prüfung geboten. Eben= sowenig haben die Kommissionen des Institut de droit international ihre Aufgabe bisher durch= zuführen vermocht, wenn auch Bruchstücke in Resolutionen erworben sind.

Schon v. Savigny wies darauf hin, unter Abweisung der Geltendmachung der Natio= nalität[2]) in einer Lehre, die ihrer Natur nach darauf ausgehen müsse, die nationalen Gegen= sätze in einer anerkannten Gemeinschaft der verschiedenen Nationen aufzulösen (l. c. VI.), daß durch Vertragsabschluß die Behandlung der Kollision örtlicher Rechte eine besondere Förderung erhalten könnte (VIII. 30). Geschlossen wurden auch solche Verträge von Preußen mit verschiedenen Staaten von 1824—1842 (s. dieselben bei v. Savigny VIII. 31), in neuerer Zeit aber von Frankreich mit der Schweiz vom 15. Juni 1869 (Convention sur la compétence judiciaire et sur l'exécution des jugements en matière civile (Archives diplomatiques, Paris X. Jahrg. I. Thl., 259) und mit Spanien vom 14. Mai 1870 (Convention pour régler la jouissance des droits civils et l'exécution réciproque des jugements. (Arch. dipl. XIV. I. 43).

1867 erstrebte Italien vergeblich eine internationale Konferenz zur Vorbereitung einer allgemeinen Konvention, welche die Entscheidung der hauptsächlichsten Rechtskonflikte enthalten sollte, auch das 1873 von den Niederlanden wieder aufgenommene Projekt fand insbesondere beim Deutschen Reich und Frankreich Widerspruch. Die Wahrscheinlichkeit der Vereinbarung eines bezüglichen Gesetzes bestreitet schon v. Savigny (VIII. 114) und hält eher eine wissenschaftliche für räthlich, während Westlake (330) diese für nicht hoffnungsvoller als in irgend einer früheren Periode hält und durch Gesetz bekräftigte Verträge fordert.

---

1) Noch früher erschien Burge, Commentaries on Colonial and Foreign laws. London 1838. 4 Vol. Eine kurze Charakteristik der früheren Litteratur s. bei Phillimore IV. Vorw. VII. und Schäffner, Entwickelung des internationalen Privatrechts. Frankfurt 1841. § 6 ff. In diesem Jahre erschienen durch von Holtzendorff (Berlin) eine Uebersetzung in's Deutsche des Westlake'schen Werkes, durch Rivier (Paris) eine solche in's Französische des Asser'schen wesentlich vervollständigt und mit reichhaltigen Noten, 1883 durch Gillespie (Edinburg) eine solche in's Englische von Bar's internationalem Privat= und Strafrecht.

2) S. hierüber insbesondere Strisower. Die italienische Schule des internationalen Privat= rechts. Wien 1881.

47

§ 30.   Das auf die intern. privatr. Verhältnisse und Formen anwendbare Recht.   211

§ 29.   **2. Die Konzessionen der Staaten in Bezug auf die Justiz.** Da das Gesetz eines Staates in seiner Anwendung wiederholt in das Gebiet eines anderen Staates hinein wirken muß oder auf das Verhältniß Einzelner in verschiedenen Staaten, so ist eine solche internationale Wirkung nur möglich in Folge von Konzessionen der Staaten in Bezug auf die die Gesetzesanwendung vermittelnde Justiz. Bei Kollisionen verschiedener Gesetze sind solche Konzessionen unbedingt erforderlich, wenn nicht die Gesetzgebung Vorschriften für diesen Fall enthält. Bei der geringen Ausbildung des sog. internationalen Privatrechts[1]) und namentlich bei der noch in geringem Maaß erfolgten Feststellung allgemein gültiger und übereinstimmender Grundsätze ist es meist Aufgabe der Justiz die Kollisionen selbst zu entscheiden und damit diese die Entscheidung im internationalen Sinne trifft, sind Konzessionen zur Anerkennung auch des fremden Rechts durch den Richter zu fordern und in Folge der bestehenden internationalen Rechtsgemeinschaft zu gewähren. In Bezug auf das internationale Privatrecht hat ein Staat bald Konzessionen zu gewähren, bald solche zu beanspruchen[2]). Auch hier herrscht das Gesetz der Reciprozität.

Die bestehenden Gesetze der Hauptstaaten enthalten schon Konzessionen, indem sie dem Fremden überhaupt Recht gewähren und ihren Richtern die Anwendung auch des fremden Rechts gestatten, die in der Fremde begründeten Rechtsverhältnisse und unter Herrschaft des fremden Rechts erworbene Rechte anerkennen. Selbst die englische Jurisprudenz ist von der Idee durchdrungen, daß die zivilisirte Welt ein geeintes Ganzes sei und daß wo oder unter der Herrschaft welchen Gesetzessystemes Rechte erworben seien, sie durch die englischen Gerichte, wenn sie vor ihnen zur Verhandlung kämen, aufrecht erhalten werden würden.

§ 30.   **A. Das auf die internationalen privatrechtlichen Verhältnisse und Formen der Rechtsgeschäfte anwendbare Recht**[3]). a) Das Personenrecht. Ueber den persönlichen Stand oder die persönliche Fähigkeit (status and capacity, état et capacité) entscheidet nach einigen Gesetzgebungen das sog. nationale Gesetz (Gesetz der Staatsangehörigkeit) nach anderen das des Domizils. Das erstere gilt in Frankreich[4]), Belgien, Holland[5]), Italien[6]), in Deutschland im Geltungsgebiet des Code Napoléon und in der Schweiz[7]). Das Gesetz des Domizils gilt im übrigen Deutschland, besonders nach dem Preußischen allgemeinen Landrecht[8]) und in Oesterreich für die Fremden[9]), während für sämmtliche österreichische Staatsbürger, ohne Rücksicht auf ihr Domizil das österreichische Recht zur Anwendung kommt, auch in Handlungen und Geschäften, welche sie außerhalb des Staatsgebiets vornehmen[10]). Nach der allgemeinen deutschen Wechselordnung wird aber die Fähigkeit eines Ausländers, Wechselverbindlichkeiten einzugehen, nach den Gesetzen des Staates, welchem er angehört, beurtheilt. In England[11]) und den Vereinigten Staaten von Nordamerika[12]) gilt das Domizil.

---

1) Sowohl die Bezeichnung: internationales Privatrecht, als die „internationales Strafrecht" enthalten eine contradictio in adjecto, denn ein Privatrecht kann nicht ein internationales sein, da es ein Recht Einzelner ist, und ein Strafrecht kann nicht international sein, da es eine internationale Strafgewalt und ein internationales Strafgesetz nicht gibt, auch das Strafrecht von Nationen gegen Nationen nicht geübt werden kann. In neuester Zeit hat auch Barb (l. c. V.) richtig hervorgehoben: „Quoique l'expression soit consacrée par l'usage, il n'y a pas de droit international privé ni pénal".

2) Westlake (330) drückt sich vollständig so aus, wenn er sagt — „private international law on which England ought to concede, or to require concessions to be made to her.

3) Wir verstehen hierunter das sog. internationale Privatrecht, mit Ausschluß des Zivilprozesses.

4) Cod. Nap. art. 3.   5) Art. 6 des Gesetzes Wet houdende Allgemeene Bepalingen.

6) Zivilgesetzbuch von 1865. Prelim. Art. 6.

7) Bundesgesetz vom 22. Juni 1881. Art. 10.   8) Einl. § 23.

9) Allg. bürgerl. Gesetzbuch v. 1811. I. § 34.

10) L. c. § 4. 11. 84.   11) Westlake 43.

12) Wharton 24 „To ascertain what is the civil status of a citizen of the United States we have to inquire in what state he is domiciled".

Aus der vorstehenden Uebersicht ergibt sich, daß das sog. nationale Gesetz vorherrscht und zum Theil auch in das deutsche und österreichische Recht eingebrungen ist, so daß seine allgemeine Herrschaft für den persönlichen Stand und die persönliche Fähigkeit angebahnt erscheint.

b) Das Sachenrecht. Die beweglichen Sachen folgen nach österreichischem[1]) und nach englischem Recht[2]) den Gesetzen der Person des Eigenthümers, nach preußischem[3]) den Gesetzen seiner ordentlichen Gerichtsbarkeit ohne Rücksicht seines gegenwärtigen Aufenthaltes, nach italienischem[4]) dem Gesetz der Nation des Eigenthümers.

Die Immobilien unterliegen nach preußischem[5]), österreichischem[6]), französischem[7]), italienischem[8]) Recht und englischer Jurisprudenz[9]) und in all jurisdictions und in ununterbrochener Autorität in den Vereinigten Staaten von Nordamerika[10]) den Gesetzen der Gerichtsbarkeit, unter welcher sich dieselben befinden oder den Gesetzen des Ortes der gelegenen Sache.

Soll nach der englischen Jurisprudenz die Regel: personal property has no locality gelten oder daß das bewegliche Eigenthum (personal property) dem Gesetz unterworfen sei, welches die Person des Eigenthümers beherrscht (Westlake 155), so steht sie auf dem Standpunkt des österreichischen Rechts, während dieses wiederum dem italienischen sich nähert, wenn nicht mit ihm identisch ist, da nach österreichischem Recht die Person des Eigenthümers, wenn diese Oesterreicher ist, dem österreichischen Gesetz unterworfen ist. Es wäre dann auch in Bezug auf bewegliche Sachen das Nationalitätsgesetz vorherrschend. Das französische Recht schweigt über den Gerichtsstand für Mobilien. Wharton tritt zwar zunächst (395) entschieden für die lex rei sitae auch für die beweglichen Sachen auf in dem Satz: „to movables as well as to immovables applies the position that if the lex rei sitae be not accepted, there is no available decisive law", sodann aber sagt er (398): „Movables, when not massed for the purposes of succession or marriage transfer, and when not in transit, or following the owner's person, are governed by the lex situs", beschränkt somit die Anwendung der lex rei sitae, und endlich räumt er auch die Geltung des Gesetzes des Domizils ein, wenn alle Parteien ein gemeinschaftliches Domizil haben. In Bezug auf Immobilien gilt aber allgemein die lex rei sitae und unterliegen nach französischem Recht (C. N. art. 39) auch die Immobilien der Fremden ausdrücklich dem französischen Gesetz.

c) Das Obligationenrecht. Nach preußischem Recht ist der Gerichtsstand der Obligation zunächst der Ort der verabredeten Erfüllung und wo ein solcher fehlt, der Ort des geschlossenen Vertrages[11]). Nach demselben Recht wird ein Fremder, der in Preußen Verträge über daselbst befindliche Sachen schließt, in Ansehung seiner Fähigkeit zu handeln, nach denjenigen Gesetzen beurtheilt, nach welchen die Handlung am Besten bestehen kann[12]). Nach deutschem Reichsrecht gilt bei Forderungen der Ort, wo das Vermögen sich befindet, der Wohnsitz des Schuldners, und, wenn für die Forderung eine Sache zur Sicherheit haftet, auch der Ort, wo die Sache sich befindet[13]). Nach österreichischem Recht wird ein von einem Ausländer in Oesterreich mit einem Oesterreicher abgeschlossenes Geschäft nach österreichischem Recht beurtheilt[14]), von Ausländern mit Ausländern oder mit Oesterreichern im Auslande vorgenommene Rechtsgeschäfte aber nach den Gesetzen des Ortes des Geschäftsabschlusses[15]). Nach niederländischem Recht ist das Domizil des Schuldners maßgebend[16]). Nach französischem Recht muß hauptsächlich bei einem Vertrage die ausdrückliche oder präsumirte Absicht der Parteien zum Maßstab genommen werden. Hatten die Kontrahenten dasselbe Vaterland oder Domizil, so gilt die Annahme, daß sie sich auf das Gesetz des Domizils bezogen, im entgegengesetzten Fall aber die lex loci contractus. Wenn aber in Gemäßheit der Natur des Aktes oder des Gesetzes des Ortes des Kontraktes oder nach Bestimmung der Parteien der Akt an einem anderen Ort als wo er perfekt geworden, erfüllt werden

---

1) Allg. bürgerl. Gesetzbuch.   2) Westlake 155.   3) A. L. Einl. § 28.
4) Ital. Zivilgesetzb. Prelim. Art. 7.   5) A. L. § 32.   6) A. B. G. § 300.
7) Cod. Nap. Art. 3.   8) Zivilgesetzb. Prelim. Art. 7.   9) Westlake 178.
10) Wharton 374.   11) Allg. Ger.-Ordn. I. 2. § 148—152.   12) A. L. Einl. § 34.
13) R. Z. P. O. § 24.   14) A. B. G. § 36.   15) L. c. § 37.
16) Handelsgesetzb. Art. 498.

soll, so richtet sich die Erfüllung der durch den Kontrakt übernommenen Verbindlich=keiten und seine Exekution nach dem Gesetz dieses Ortes[1].

Nach italienischem Recht[2] werden Substanz und Wirkungen der Obligation beherrscht durch das Gesetz des Ortes ihres Abschlusses oder wenn die Parteien Fremde derselben Nation durch deren nationales Recht, es sei denn, daß eine andere Absicht nachgewiesen werde. In England und den Vereinigten Staaten von Nordamerika gilt für alle Obligationen und Kontrakte bei Kollisionen von Gesetzen in Bezug auf Form die Regel locus regit actum[3]. Dieselbe gilt auch in Bezug auf die Validität, Natur Interpretation[4], wenn kein Erfüllungsort verabredet worden oder wenn der Vertrag seiner Natur nach irgend wo erfüllt werden kann[5], für die unmittelbaren Wirkungen[6], für die Verbindlichkeit der Theilhaber und Mitrheder[7] und für Verträge, welche Eigen=thum an Immobilien übertragen sollen, während für Verträge, durch welche es über=tragen wird, wie überhaupt bei Verträgen in Bezug auf das unbewegliche Eigenthum die lex rei sitae gilt[8]. Sonst gilt in einzelnen Beziehungen bald das Gesetz des Domizils[9], bald das des Erfüllungsortes[10], bald aber auch das des Kontraktsabschlusses[11]. Neben diesen allgemeinen auf England und die Vereinigten Staaten sich beziehenden sind noch folgende Einzelbestimmungen des englischen Rechts bemerkenswerth. Beim Fehlen einer ausdrücklichen Erklärung der Parteien oder einer striften Gegenpräsumtion gilt für die Natur und Giltigkeit des Vertrages die gesetzliche Präsumtion, daß die Parteien die Absicht hatten, das Gesetz des Ortes des Vertragsabschlusses zu beobachten[12]. Die von Fremden in Gemäßheit ihres Landesgesetzes in ihrer Heimath kontrahirten Obligationen sind auch in England giltig, außer wenn jenes dem Recht der englischen Unterthanen widerstreitet, in welchem Fall das letztere den Vorzug hat[13]. Ist eine Obligation assignirbar nach ihrem eigenen Gesetz: der lex loci contractus oder solutionis, so kann der Assignirte sie in England gerichtlich verfolgen. Dagegen kann eine durch Einschränkungen des englischen Rechts gehemmte Obligation in England nicht geltend gemacht werden, obgleich sie nach ihrem eigenen Gesetz nicht gehemmt wurde[14].

Im Obligationenrecht herrscht allgemeiner nur die lex loci contractus, indeß bei großer Verschiedenheit in Einzelbestimmungen.

d) Das Erbrecht. Nach preußischem Recht liegt dem Erbrecht das Domizil des Verstorbenen allgemein zu Grunde, nach dem in Deutschland überhaupt geltenden Recht bei bestehender Universalsuccession das Recht am letzten Domizil, welches ins=besondere nach preußischem Recht über den Gerichtsstand der Erbschaft entscheidet[15]. Bei gewissen Kategorien unbeweglicher Güter in Deutschland, welche von der Universal=succession ausgeschlossen sind, kömmt besonders in Betreff der Successionsordnung noch

---

1) Fölix 128 ff.   2) Civilgesetzb. Prelim. Art. 9.
3) Phillimore IV. 465.   4) L. c. 489, 491.   5) L. c. 500.   6) L. c. 501.
7) L. c. 505.   8) L. c. 513.   9) L c. 529.   10) L. c. 532, 528.
11) Wharton (§ 401) resümirt als die Meinung einer Anzahl von englischen und ameri=kanischen Gerichten: A contract, so far as concerns its formal making is to be determined by the place where it is solemnized, unless the lex situs of property disposed of otherwise requires; so far as concerns its interpretation, by the law of the place where its terms are settled, unless the parties had the usages of another place in view; so far as concerns the remedy, by the law of the place of suit; and so far as concerns its performance, by the law of the place of performance.
12) Phillimore IV. 489.
13) Phillimore IV. 487 ff.
14) Westlake 252 ff. Besondere Bestimmungen gelten nach der sog. lex mercatoria (siehe Phillimore IV. 480) und insbesondere für den Banquerot (siehe Westlake 256 ff.)
15) v. Savigny VIII. 317; Stobbe, Deutsch. Privatrecht, 1882, I. 250. Preuß. allg. G. O. I. 2, § 121.

heute die lex rei sitae in Betracht[1]). Nach französischem Recht gilt als Gerichtsstand der Erbschaft der Ort, wo die Erbschaft eröffnet ist[2]). Nach italienischem Recht ist das nationale Gesetz für das Erbrecht allgemein anerkannt, für Intestat= und testamentarische Erbfolge, für die Successionsordnung und für den materiellen Inhalt der Successionsrechte und Dispositionen[3]). Daß die beweglichen Güter nach dem Gesetz des Domizils des Erblassers, die unbeweglichen nach dem der gelegenen Sache vererbt werden, erkennen das französische[4]), englische[5]) und nordamerikanische[6]) und russische[7]) Recht an und ist für das niederländische hinsichtlich der in den Niederlanden gelegenen unbeweglichen Sachen anzunehmen[8]). Der Nachlaß eines im Auslande gestorbenen Oesterreichers und zwar der bewegliche im Auslande und der unbewegliche im Inlande unterliegt dem Gericht seines letzten inländischen Domizils, der im Auslande gelegene unbewegliche Nachlaß dem ausländischen Gericht. Hinsichtlich eines im In= oder Auslande verstorbenen Ausländers unterliegt das bewegliche Vermögen für den Fall der Reziprozität der ausländischen Behörde des Erblassers, das unbewegliche dem Gericht der gelegenen Sache[9]). Die Einheit des Nachlasses anerkennt das italienische Recht, indem das nationale Gesetz der Person, um deren Erbschaft es sich handelt, den gesammten Nachlaß beherrscht, welcher Art auch die Güter seien und in welchem Lande sie sich auch befinden[10]). Auch ein französisches Gericht hat das Einheitsprinzip anerkannt[11]). Die englischen Gerichte anerkennen in Bezug auf die Giltigkeit eines Testamentes ein Erkenntniß des Landes des letzten Domizils des Testators. Verändert dieser nachher sein Domizil, so kann deßhalb kein Testament dadurch ungiltig werden[12]).

Im Erbrecht herrscht in dem bestehenden Recht entschieden noch das Gesetz des Domizils vor und daneben für Immobilien das Gesetz der gelegenen Sache, ist das nationale Gesetz aber nur durch die italienische Gesetzgebung vertreten.

e) Das Familienrecht. aa) Das Eherecht. In Deutschland[13]) wird das Recht der Ehe von der lex domicilii des Mannes beherrscht, von der Staatsangehörigkeit (Nationalität) jedoch im Königreich Sachsen und Baden, bestehen aber am Domizil der beiden Personen verschiedene Rechte, so entscheidet in Betreff jedes Gatten dessen besonders Recht. Verändern die Ehegatten ihr Domizil, so bleibt die auswärts giltig entstandene Ehe auch an dem neuen Domizil, welches andere Gesetze hat, bestehen, soweit nicht diese letzteren ein solches eheliches Verhältniß als unsittlich verwerfen[14]). Nach preußischem Recht insbesondere verändert der Wechsel des ersten Domizils resp. Gerichtsstandes in der Regel nichts an den Rechten resp. dem Gerichtsstande, welchem sich die

1) Stobbe, I. 251.
2) Code de procédure art. 59.
3) Zivilgesetzb. Pr. Art. 8 und 9.
4) Fölix 59 ff. u. 77. Nach franz. Präjudikaten kompetirt die unter Fremden stattfindende Theilung von Immobilien aus dem Nachlasse eines Fremden, welche in Frankreich belegen sind, ausschließlich den franz. Gerichten. (Bard 289). Dasselbe gilt von jeder, petitorischen oder possessorischen Real= oder gemischten Klage.
5) Phillimore IV. 634, 630.
6) Wharton § 576, 579.
7) F. v. Martens II. 312.
8) Asser 72.
9) Vesque v. Püttlingen. Handbuch des in Oesterreich=Ungarn geltenden internationalen Privatrechts 1878, 275 ff.
10) Zivilgesetzb. Prel. Art. 8;
11) Bard 239.
12) Westlake 97 ff.
13) Wir folgen in Bezug auf die „in Deutschland geltenden Sätze" Stobbe's Darstellung. Siehe über die Bedeutung dieses Terminus Stobbe 201.
14) Stobbe 238 ff.

Eheleute vorher, reſp. zur Zeit der geſchloſſenen Ehe unterworfen haben[1]). In Deutſch=
land richtet ſich das Recht der Gatten, eine Ehe einzugehen, nach der lex domicilii des
Mannes[2]) und werden die Vermögensverhältniſſe der Ehegatten nach den am Domizil
des Mannes zur Zeit der Eheſchließung geltenden Normen beurtheilt[3]). Die Ehe von
Ausländern iſt ſelbſt dann giltig, wenn dieſe ohne die ihnen vorgeſchriebene Erlaubniß
und ohne die vor der Eheſchließung geforderte Nachweiſung, Auseinanderſetzung oder
Sicherſtellung des Vermögens dieſelbe abgeſchloſſen haben[4]). Die Rechtsſtreitigkeiten,
welche die Trennung, Ungiltigkeit oder Nichtigkeit einer Ehe oder die Herſtellung des
ehelichen Lebens zum Gegenſtande haben, unterliegen nach deutſchem Reichsrecht dem
Gericht des allgemeinen Gerichtsſtandes des Ehemannes. Nach demſelben Recht kann
gegen den Ehemann, welcher ſeine Frau verlaſſen und ſeinen Wohnſitz nur im Aus=
lande hat, von der Ehefrau die Klage bei dem Gericht ſeines letzten Domizils im
Deutſchen Reich erhoben werden, ſofern der Beklagte zur Zeit als er die Klägerin ver=
ließ ein Deutſcher war[5]). Die nach getrennter Ehe geforderte gerichtliche Auseinander=
ſetzung des Vermögens der Eheleute gehört nach preußiſchem Recht vor den ordentlichen
perſönlichen Gerichtsſtand des Mannes[6]). Das Erbrecht der Ehegatten, richtet ſich
in Deutſchland, ſoweit es die Folge des während der Ehe beſtehenden Güterrechts iſt,
nach den Geſetzen des erſten Domizils, während ſoweit es reines Inteſtaterbrecht iſt,
die Geſetze des letzten Domizils des verſtorbenen Gatten entſcheiden. Die lex rei ſitae
kommt für diejenigen Grundſtücke in Betracht, in Betreff deren ſie das Erbrecht abſolut
gebietend regelt[7]). Nach preußiſchem Recht richtet ſich die Inteſtaterbfolge unter Ehe=
leuten, mit Einſchluß des auch unter einer anderen Gerichtsbarkeit belegenen unbeweg
lichen Vermögens der Eheleute nach den Geſetzen des letzten perſönlichen Gerichtsſtandes
des Verſtorbenen[8]). Beim Wechſel des Domizils während der Ehe, hat der überlebende=
Ehegatte die Wahl: ob er nach den eben bezeichneten Geſetzen oder nach denen des
Ortes des erſten Wohnſitzes der Eheleute nach vollzogener Ehe erben wolle[9]).

In Oeſterreich iſt die perſönliche Fähigkeit zur Schließung einer Ehe nach den
Geſetzen des Landes, dem der Eheſchließende als Unterthan angehört, zu beurtheilen[10]).
Das eheliche Güterrecht richtet ſich nach dem Heimathsgeſetz des Mannes auch hinſichtlich
der in einem anderen Lande gelegenen Immobilien, bei der Veränderung der Unter=
thanſchaft des Mannes, verändert ſich auch das eheliche Güterrecht. Das Erbrecht des
überlebenden Ehegatten iſt nach den allgemeinen erbrechtlichen Grundſätzen zu beurtheilen, die
Trennung der Ehe nach den Beſtimmungen über die perſönliche Fähigkeit[11]), während
die bezüglichen Verhandlungen vor das Gericht erſter Inſtanz des letzten gemeinſchaft=
lichen Wohnſitzes der Ehegatten gehören[12]).

In Frankreich beherrſcht das nationale Geſetz die Giltigkeit und Wirkungen der
Ehe, in Bezug auf die Perſonen und das Vermögen der Ehegatten und die Urſachen
der Eheſcheidung[13]), die lex rei ſitae aber das Recht in Bezug auf Immobilien, die

---

1) A. L. II. 1. § 351, 353 b. Savigny 334.
2) Stobbe 238 ff.
3) Stobbe 240.
4) Deutſch. Reichsgeſetz über die Beurkundung des Perſonenſtandes und der Eheſchließung
v. 6. Febr. 1875 § 38.
5) Reichszivilprozeßordnung § 568.
6) A. L. II. 1. 743 u. 44.
7) Stobbe 246.
8) A. L. II. 1. § 495 Anh. § 78.
9) A. L. II. 1. § 496.
10) Vesque v. Püttlingen 208.
11) Ebend. 238.   12) Ebend. 242.   13) Fölix 53.

Verbote unter Eheleuten über das Eigenthum an Immobilien zu verfügen und alles was sich auf das Dotalsystem (régime dotal) bezieht[1]. Ueberhaupt aber wird, nach Art. 1387 des Code civil français, die eheliche Verbindung in Bezug auf das Ver= mögen nur geregelt in Ermangelung von Ehepakten, welche Eheleute ganz nach ihrem Ermessen abschließen können. In Bezug auf Immobilien, kann aber selbst bei Ehe= pakten nur die lex rei sitae gelten, besteht aber eine Kollision zwischen dem Gesetz des Ehekontrakts und dem der gelegenen Sache, so wird das fremde Gesetz nach französischen Präjudicaten aus demselben Rechtsgrunde angewandt, wie bei einer von Fremden im fremden Lande über in Frankreich belegene Güter geschlossenen Konvention (Bard 232).

In Italien werden die Familienbeziehungen beherrscht durch die Gesetze der Nation, welcher die Eheleute angehören[2] und ist nur die Separation zugelassen[3].

In England anerkennen die Gerichte beim Vorhandensein 'eines Ehekontrakts in Bezug auf dessen Substanz (construction) das Gesetz des ehelichen Domizils, indessen dürfen englische Unterthanen vereinbaren, daß der Vertrag nach ausländischem Recht zu beurtheilen sei. Ein Domizilwechsel affizirt nicht die Substanz eines Ehekontrakts[4]. Abgesehen von den Formen, wird zur Giltigkeit einer Ehe gefordert, daß das Gesetz jeder Partei in Bezug auf ihre Fähigkeit zum Abschluß einer Ehe beobachtet sei, wobei eine aus einem Strafgesetz für eine Person abgeleitete Unfähigkeit nicht in Betracht kömmt. Auch bleibt eine in England abgeschlossene Ehe auch dann giltig, wenn die= selbe im Lande des Domizils, weil die Parteien ihr Landesgesetz zu umgehen trachteten, für ungiltig erklärt worden ist. Wenn aber eine Person nach ihrem Gesetz eine Ehe nur mit einem bestimmten Konsens eingehen darf, so wird die Ehe wegen Mangels eines solchen ungiltig, obgleich der Abschluß der lex loci actus Genüge leistete[5]. Beim Mangel eines Ehekontrakts beherrscht die lex domicilii die Rechte der Ehegatten in Bezug auf bewegliches Eigenthum, welches ihnen entweder zur Zeit der Eingehung der Ehe gehörte oder von einem von beiden während der Ehe erworben wurde. Das außerkontraktliche Landeigenthum ist aber dem englischen Recht, ohne Rücksicht auf das Domizil der Parteien oder auf den Ort der Eingehung der Ehe unterworfen[7]. Im Uebrigen werden die aus einer als giltig anerkannten Ehe sich ergebenden Rechte nach der lex fori beurtheilt[8]. Die Ehefrau kann aber während der Ehe sich nicht durch einen Vertrag verbindlich machen, da sie und ihr Ehemann gesetzlich nur eine Person bilden[9]. Die Beerbung eines Ehegatten durch den anderen wird aber beurtheilt nach dem Gesetz des letzten Domizils des Verstorbenen ohne Rücksicht auf die Wirkung der abgeschlossenen Ehe auf das Eigenthum[10]. Die Gewährung einer Ehescheidung durch ein englisches Gericht ist unabhängig vom Ort des Eheabschlusses[11], zulässig ist sie aber in Bezug auf einen in England domizilirenden oder sich aufhaltenden Ehemann[12], wenn dieser weder Bittsteller noch Beklagter war, wo auch der Ehebruch begangen wurde, oder wenn der Ehemann der Beklagte ist, wo auch der Ehebruch oder die Grausamkeit oder die Desertion verübt waren. Wenn aber der Ehemann in dem ersteren Fall in England weder domizilirte noch sich aufhielt, so berechtigt nicht der

1) Fölix 61.
2) Fiore, Droit international privé (Pradier-Fodéré) Paris 1875.
3) Fiore 217.
4) Phillimore, IV. 306, 307, 311.
5) Westlake, 54, 56.
6) Westlake, 64; Phillimore, IV. 311, 312.
7) Westlake, 62.   8) Westlake, 61.   9) Phillimore, IV. 321.
10) Westlake, 69.   11) Westlake, 74.
12) D. h. wenn der Ehemann nicht bloß zum Besuch oder als Reisender sich in England auf= hielt oder sein Aufenthalt nur bezweckte, die Ehescheidung zu erhalten oder erleichtern.

dortige Aufenthalt der Frau ein englisches Gericht zur Gewährung der Scheidung. Das Aussprechen einer gerichtlichen Separation ist durch dieselben Umstände bedingt wie die Gewährung einer Ehescheidung. Eine durch einen ausländischen Gerichtshof ausgesprochene Ehescheidung gilt in England nur dann, wenn die Parteien zur Zeit, wo sie bei jenem ihr Recht suchten, innerhalb dessen Jurisdiktionsbezirk domizilirten. Eine Ehescheidung kann aber nur für einen nach der lex fori giltigen Grund ausgesprochen werden und darf, wenn dem Genüge geleistet ist, nicht verweigert werden[1]). Die im Auslande ausgesprochene Ehescheidung daselbst domizilirender englischer Unterthanen wird nur anerkannt, wenn sie aus den im englischen Recht anerkannten Ehescheidungs= gründen erfolgte[2]).

Nach dem Recht der Vereinigten Staaten werden daselbst von Ausländern ab= geschlossene Ehen, die ohne elterlichen Konsens abgeschlossen waren, für giltig gehalten, wenn sie auch nach dem Rechte ihres Domizils ungiltig wären, und werden Ehen amerikanischer Bürger im Auslande, obgleich am Ort des Eheabschlusses der dort geforderte Konsens nicht ertheilt wurde, dennoch für giltig gehalten[3]). Fähig zur Ein= gehung einer Ehe sind alle Personen, welche die Pubertät erreichten und welchen keine Behinderung aus früheren Verbindungen entgegensteht[4]). Zur Validität einer Ehe genügt der Konsens der sie abschließenden Personen, wenn sie auch weder staatlich noch kirchlich abgeschlossen war. Auch werden solche im Auslande abgeschlossenen Konsensual= ehen für giltig erachtet, wenn die im Staate des Eheabschlusses vorgeschriebenen Formen nicht beobachtet waren unter den Voraussetzungen, 1) daß es unmöglich war sich dieser Formen zu bedienen, oder 2) daß sie der religiösen Ueberzeugung der Parteien zuwider waren, oder 3) daß sie nicht auch von den Fremden durch den Staat gefordert waren[5]). Für das bewegliche Vermögen der Eheleute gilt das Gesetz des Domizils des Ehemannes zur Zeit des Eheabschlusses[6]), diesem unterliegt aber nicht auswärtiges Grundeigenthum[7]). Für das Intestaterbrecht gilt aber das letzte Domizil des Verstorbenen[8]). Bei einer Veränderung des ehelichen Domizils werden die nach derselben stattgehabten Erwerbungen durch das Gesetz des neuen Domizils beherrscht, früher erworbene Rechte aber dadurch nicht berührt[9]).

Im Allgemeinen ist im Erbrecht das Gesetz des Domizils des Mannes vorherrschend und erstreckt sich dasselbe nach dem Recht einiger Staaten auch auf unbewegliche Güter. Das nationale Recht gilt nach italienischem und zum Theil nach französischem Recht, aber auch sonst in Bezug auf die Fähigkeit zur Eheschließung.

bb) Das Verhältniß der Eltern und Kinder und die väterliche Gewalt. In Deutschland wird das Verhältniß der Eltern und Kinder vom Recht am Domizil der ersteren geregelt. Insbesondere aber richten sich die Legitimation, Adoption und die Wirkungen der väterlichen Gewalt nach dem Recht des Domizils des Vaters und zwar für die beiden ersteren Akte nach dem zur Zeit ihrer Vornahme an jenem Domizil geltenden Recht. In Bezug auf die Rechte des Vaters am Vermögen der Kinder tritt aber mit der Aenderung des Domizils auch eine Aenderung des sie betreffenden Rechts ein[10]). Nach preußischem Recht bleiben eheliche Kinder auch nach dem Tode ihres Vaters seiner Gerichtsbarkeit unterworfen bis zur gesetzmäßigen Aenderung ihres Gerichtsstandes[11]). In Deutschland werden die Rechtsverhältnisse zwischen den

---

1) Westlake, 74—83.   2) Phillimore, IV. 346.   3) Wharton, § 150.
4) Wharton, § 165.   5) Wharton, § 170.   6) § 191.
7) Wharton, § 191.   8) Wharton, § 193.
9) Wharton, § 197.   10) Stobbe, 246 ff.
11) A. L. 2 § 60.

unehelichen Kindern und der Mutter sowie deren Familie vom Recht am Domizil der Mutter beherrscht[1]).

In Oesterreich ist die Entstehung der väterlichen Gewalt nach den heimathlichen Gesetzen des Vaters zu beurtheilen, die Vermögensverhältnisse zwischen Eltern und Kindern nach dem heimathlichen Recht der ersteren, wenn beide Theile Ausländer sind, die Rechte unehelicher Kinder gegenüber ihren Eltern und umgekehrt nach demselben Recht, welches über die Giltigkeit und die rechtlichen Folgen einer zur Legitimation unehelicher Kinder von deren Eltern eingegangenen Ehe entscheidet, während die Giltig= keit einer Adoption nach dem heimathlichen Recht des Adoptivvaters oder Adoptivkindes beurtheilt wird[2]).

In Frankreich bestimmt das nationale Gesetz die Wirkungen der väterlichen Gewalt auf die Kinder, die Legitimität des Kindes und die Zulässigkeit der für dieselbe beigebrachten Beweise, die Zulassung oder das Verbot der Adoption und der Nach= forschung nach der Vaterschaft und die Zulässigkeit der Legitimation der natürlichen Kinder durch nachfolgende Ehe oder per rescriptum principis[3]).

In Italien gilt auch in diesen Beziehungen das nationale Gesetz[4]), besonders das des Vaters auch für die illegitimen Kinder[5]) und rücksichtlich der Legitimation[6]) sowie der aus dieser sich ergebenden Rechte des Vaters gegen den Sohn und der Rechte des Sohnes am Vermögen des Vaters[7]). Die aktive und passive Adoptionsfähigkeit wird nach dem Gesetze des Landes des Adoptirenden und des Adoptirten geregelt[8]).

In England ist die väterliche Autorität eines Fremden über sein Kind dieselbe wie die eines Engländers[9]). Für Immobilien der Kinder gilt die lex rei sitae[10]) (Phil= limore IV. 354), für Mobilien das Recht des Domizils des Vaters. Für die Legiti= mation per subsequens matrimonium ist aber weder der Ort der Geburt des Kindes noch der des Eheabschlusses von Bedeutung und findet dieselbe überhaupt nur statt, wenn sie nach dem persönlichen Gesetz des Vaters zur Zeit der Heirath und der Geburt des Kindes gestattet war[11]). Das Recht ein englisches Grundstück zu erben kömmt aber nicht den legitimirten, sondern nur den in der Ehe geborenen Kindern zu[12]). Die Adoption ist dem englischen Recht unbekannt[13]), in den Vereinigten Staaten dagegen anerkannt und gilt für sie das Recht des Domizils der Parteien[14]).

cc) Die Vormundschaft. In Deutschland wird die Vormundschaft nach den= jenigen Gesetzen geregelt, welchen das Mündel im Allgemeinen unterworfen ist, meist das Recht des letzten Domizils des Vaters. Die Verpflichtung einer Person zur Vor=

---

1) Stobbe, 247. Ueber die Rechte der legitimirten und unehelichen Kinder siehe A. L. II. 598, 597, 639, 656, 659, 660, über das durch die Adoption entstehende Rechtsverhältniß ebendas. § 681, 691, 694.

2) Vesque v. P. 244, 247, 251, 253, 255.

3) Fölix, 52 ff. meint: „Da nach dem Cod. civ. Art. 340 die Nachforschung nach der Vaterschaft untersagt ist, so kann sie im fremden Lande nicht gegen einen Franzosen angenommen werden, im Interesse des Kindes einer Französin oder Ausländerin, wohl aber kann sie statthaben gegen einen Fremden vor den Gerichten seines Landes im Interesse des Kindes einer Französin, wenn die Gesetze dieses Landes die Nachforschung der Vaterschaft gewähren“. Diese Auffassung läßt das Messen mit gleichem Maaß vermissen, namentlich ist nicht abzusehen, weßhalb ein Franzose nicht im Auslande im Interesse einer Ausländerin der Nachforschung unterliegen soll und weßhalb der Französin gegenüber einem Ausländer das Recht der Nachforschung zustehen soll. Indeß ist auch Bard (220) der Ansicht, daß eine gegen einen Franzosen im fremden Lande nach fremdem Gesetze gerichtete Nachforschung wirkungslos sei.

4) Fiore, 234.   5) Fiore, 237.   6) Fiore, 257.
7) Fiore, 259.   8) Fiore, 263.   9) Westlake, 47. Phillimore IV. 352.
10) Phillimore, IV. 354.   11) Westlake, 85.
12) Phillimore, IV. 254; Westlake, 87.
13) Phillimore, IV. 356.   14) Wharton, § 251.

55

§ 30.   Das auf die intern. privatr. Verhältnisse und Formen anwendbare Recht.   219

mundschaftsübernahme hängt von ihrer lex domicilii ab, die Verwaltung, mit Einschluß auch der auswärts belegenen Güter, von der lex domicilii des Mündels[1]). Nach preußischem Recht ist für zu bevormundende nicht volljährige Kinder derjenige Richter zu sorgen verpflichtet, unter welchem der Vater seinen persönlichen Gerichtsstand entweder zur Zeit seines Ablebens gehabt oder zur Zeit des eintretenden Falles wirklich hat. Bei Bestellung eines Kurators zur Verwaltung eines Grundstückes gebührt dieselbe dem Gericht der gelegenen Sache. Bei minderjährigen Kindern, welche der Eigenschaft von Kindern aus einer Ehe zur rechten Hand nicht theilhaft geworden, bestimmt der persön= liche Gerichtsstand der Mutter das Recht und die Pflicht zur Bevormundung. Zur Bestellung eines Vormundes oder Kurators für andere als Minderjährige ist der Richter des persönlichen Gerichtsstandes derselben verpflichtet. Auch Fremde unterliegen in Bezug auf die Vormundschaft den preußischen Gerichten. Zur Verwaltung von Gütern und Grundstücken von Pflegebefohlenen im fremden Lande wird der auswärtige Richter der belegenen Sache ersucht, sowie der inländische Richter um die Verwaltung der in preußischen Landen belegenen Güter und Grundstücke ausländischer Pflegebefohlenen ersucht wird. Auswärtigen Pflegebefohlenen, welche in preußischen Landen einen Prozeß oder einzelnes Geschäft haben, kann ein Kurator dazu von dem Richter, bei welchem der Prozeß oder das Geschäft zu betreiben ist, bestellt werden[2]). In Oesterreich richtet sich die Bestellung der Vormundschaft nach dem Heimathsgesetz des Mündels, welches in der Regel jenes des verstorbenen Vaters ist. Einem fremden Minderjährigen kann in der Regel eine österreichische Gerichtsbehörde einen Vormund bestellen, indeß wird, wenn ein Ausländer im österreichischen Staat ein minderjähriges Kind hinterläßt, diesem ein Vormund nur bis zu der durch die kompetente ausländische Behörde getrof= fenen Verfügung bestellt. Die Aufstellung eines Kurators für einen Ausländer wird der Personalinstanz des Kuranden anheimgestellt. Besitzt ein ausländisches Mündel, dessen Vormundschaft im Auslande besteht, in Oesterreich oder Ungarn ein Immobil, so wird über dasselbe von der kompetenten österreichischen oder ungarischen Behörde ein Kurator bestellt, während die vormundschaftlichen Amtshandlungen der ausländischen Vormundschaftsbehörde verbleiben. Staatsbürgern fremder Staaten soll in der Regel keine Vormundschaft oder Kuratel in Oesterreich aufgetragen werden[3]).

In Frankreich beherrscht das nationale Gesetz die Bestellung eines Vormundes, die Art der dazu zu berufenden Personen, die Machtbefugnisse des Vormundes, die Gründe der Kuratel und die Bestellung und Machtbefugnisse des Kurators. Der in seinem Lande unter Kuratel gestellte, bleibt es auch im Auslande[4]). Für fremde Minderjährige in Frankreich, für welche durch ihren Staat nicht Fürsorge getroffen ist, kann nach französischer Praxis von den französischen Autoritäten und in Gemäßheit französischer Gesetze für ihre Person und Güter Fürsorge getroffen werden. Nach französischen Präjudikaten ist der Fremde in Frankreich zur Uebernahme der ihm nach dem Gesetz zustehenden Vormundschaft berechtigt[5]).

In Italien werden Tutel und Kuratel, mit Einschluß der denselben unterworfenen im Auslande gelegenen Immobilien nach dem nationalen Gesetz beurtheilt, welches auch die Dauer, Arten, Uebertragung und Befugnisse beherrscht. Die Tutel dient zum Schutz der nicht der väterlichen Gewalt unterworfenen, die Kuratel zur Assistenz bestimmter Personen hinsichtlich der Akte, welche über die einfache Administration hinausgehen[6]).

---

1) Stobbe, 249 ff.
2) A. L. II. 18, §§ 56, 60, 61, 63, 68, 83, 84, 955.
3) Vesque v. Püttlingen, 257 ff.
4) Fölix, 53, 54, 118.   5) Barb, 248, 251.   6) Fiore, 295, 298, 299.

In England wird das bewegliche Vermögen eines Minderjährigen durch das Gesetz des forum gestae administrationis [1]), das unbewegliche durch die lex rei sitae beherrscht [2]). Das englische Gericht kann in England für einen im Auslande befindenden minderjährigen Engländer und für einen ausländischen in England einen Vormund (guardian) bestellen für Person und Vermögen, unerachtet derselbe schon einen fremden Vormund hat [3]), bei Anerkennung der Autorität des letzteren [4]). Ist Vermögen eines solchen Minderjährigen unter gerichtlichem Gewahrsam, so ist es in das Ermessen des englischen Gerichtes gestellt, ob es dasselbe oder nur dessen Einkünfte dem fremden Vormunde aushändigen will [5]).

In den Vereinigten Staaten wird der Vormund ernannt nach dem Gesetz des Domizils des Mündels und empfängt auch von diesem die Direktive. Ein fremder Vormund muß aber von den Lokalbehörden anerkannt sein, inwieweit er der Aufsicht und Inhibirung unterliegt, bestimmt das örtliche Gesetz. Zu seinen Handlungen muß er ermächtigt sein durch das forum gestae administrationis und bedarf wiederum einer neuen Ermächtigung, wenn er Handlungen in Bezug auf das bewegliche Vermögen seines Mündels vornehmen will, welches in einem anderen Lande als demjenigen für welches er bestellt ist, sich befindet. Für Immobilien gilt aber auch hier die lex rei sitae [6]).

In Rußland muß der für unbewegliches Eigenthum eingesetzte fremde Vormund in seiner Funktion durch die örtliche Autorität förmlich anerkannt sein und erfreut sich dann in dieser Beziehung der durch die Territorialgesetzgebung gewährten Rechte [7]).

f) Die Formen der Rechtsgeschäfte. In Deutschland ist nach einem allgemeinen Gewohnheitsrecht ein Rechtsgeschäft in Rücksicht auf seine Form giltig, wenn die Gesetze des Ortes beobachtet sind, an welchem es aufgerichtet ist. Das gilt auch für die Eheschließung und Testamentserrichtung, wenn es auch freisteht, auch die Formen der lex domicilii anzuwenden, welche bei der Eheschließung die am Domizil des Ehegatten ist. Wird aber die Giltigkeit eines Rechtsgeschäftes durch die Aufnahme des Rechtsaktes vor einer obrigkeitlichen Behörde bedingt oder das Rechtsgeschäft auswärts vorgenommen, so müssen die Formen des locus actus beobachtet werden [8]). Nach preußischem Recht ist die Form eines Vertrages zu beurtheilen nach den Gesetzen des Ortes des Abschlusses, bei Errichtung unter Abwesenden nach den Gesetzen des Ortes, von welchem die Vertragsurkunde datirt ist, beim brieflichen Abschluß im Falle verschiedener gesetzlicher Formen am resp. Domizil der Kontrahenten und wenn der Vertrag von mehreren Orten bei gleicher Verschiedenheit datirt ist, nach den Gesetzen desjenigen Ortes, nach welchen das Geschäft am Besten bestehen kann. Wenn aber unbewegliche Sachen, deren Eigenthum, Besitz oder Nutzung den Gegenstand eines Vertrages bilden, so gilt die lex rei sitae [9]). Der deutsche Reichskanzler kann einem diplomatischen Vertreter und einem Konsul des Deutschen Reichs die allgemeine Ermächtigung zur Vornahme bürgerlich giltiger Eheschließungen von Reichsangehörigen, wenn auch nur einer der Verlobten ein solcher ist, und Schutzgenossen ertheilen [10]). In

1) Phillimore, IV. 381.
2) Ebendas. 383.
3) Westlake, 47.
4) Phillimore, IV. 381; Westlake, 48, bei Besque v. Püttlingen Note des Foreign Office, 261.
5) Westlake, 50.
6) Wharton, § 259 ff.
7) F. v. Martens, Völkerr. II. 309. (Russ. Ausgabe).
8) Stobbe, 220 ff. 239.
9) A. L. I 5, §§ 111—115.
10) § 85 des deutsch. Reichsges. v. 6. Febr. 1875 § 1 N. 10 des norbb. Bundesges. v. 4. Mai 1870.

Oesterreich gilt bezüglich der Form der Rechtsgeschäfte die Regel: locus regit actum[1]), dieselbe auch in Frankreich, besonders für die Zivilstandsakte[2]), für die im Auslande von Franzosen, unter Beobachtung der vorgeschriebenen vorgängigen Publikation und Erfüllung der Vorbedingungen zur Eingehung einer Ehe[3]), abgeschlossenen Ehen[4]) und für die durch acte authentique errichteten Testamente[5]). Auch ein französischer diplomatischer Agent oder Konsul hat die Befugniß zur Vornahme von Eheschließungen, indeß nur, wenn beide Verlobte französische Staatsangehörige sind, dieselben im Auslande ehelich zu verbinden. Gleiche Befugniß haben die belgischen diplomatischen Agenten und Konsuln; zur Vornahme einer Eheschließung zwischen Belgiern und Fremden bedürfen sie aber einer besonderen Ermächtigung durch den Minister des Auswärtigen[6]).

Die Gerichte Englands sowie dessen und der Vereinigten Staaten Legisten anerkennen als in formeller Beziehung überall giltig eine nach der lex loci contractus oder actus giltig abgeschlossene Ehe[7]). Außerdem wird nach Georg IV. c. 91 eine in einer englischen Gesandtschaftskapelle oder in einem englischen Gesandtschaftshotel durch einen Geistlichen der anglikanischen Kirche (Minister of the Church of England) getraute Ehe für so valid, als wäre sie in England geschlossen, erklärt. Ferner wird von den Gerichten Englands und der Vereinigten Staaten die Regel locus regit actum für alle Obligationen und Verträge anerkannt und ist ein ausländischer Akt, wenn er nur nach den durch den resp. ausländischen Staat geforderten Formen vollzogen wurde, in England giltig[8]). Dagegen fordern England und die Vereinigten Staaten vom Testator die durch die lex domicilii vorgeschriebene Form[9]), mit Ausnahme des englischen unbeweglichen Eigenthums, für welches die englische Form gefordert wird[10]). Auch in Rußland werden im Auslande geschlossene Verträge und Akte nach den Gesetzen des Staates beurtheilt, innerhalb dessen Grenzen sie abgeschlossen wurden, indeß muß ihr Inhalt der gesellschaftlichen Ordnung gemäß und nicht durch russische Gesetze verboten sein[11]). Im Auslande dürfen russische Unterthanen Testamente sowohl nach örtlichem als heimischem Recht errichten[12]). Auch nach italienischem Recht werden die äußeren Formen sowohl von Akten unter Lebenden als letztwillige durch das Gesetz des Ortes ihrer Vornahme bestimmt. Die Dispositionen oder Kontrakte vollziehenden Personen können aber die Formen ihres nationalen Gesetzes befolgen, falls dieses das beider Parteien ist[13]). Auch die niederländische Gesetzgebung anerkennt die Regel locus regit actum, enthält aber Ausnahmen in Bezug auf von Niederländern im Auslande geschlossene Heirathen[14]).

§ 31. **Regeln der internationalen Vereinbarungen über das sog. internationale Privatrecht.** In den Staatenverträgen ist für Streitsachen entweder allgemein dasjenige Gericht für kompetent erklärt worden, in dessen Bezirk der Beklagte sein Domizil oder

---

1) Vesque v. Püttlingen, 66.
2) Cod. civ. Art. 47.
3) Cod. civ. Art. 63. 144, 164.
4) Cod. civ. 170, die französischen Gerichte erachten eine von zwei Personen französischer Nationalität als Schwäger und Schwägerin oder ohne die noch erforderliche Einwilligung der Eltern abgeschlossene Ehe für null und nichtig. Wenn aber zwei Personen französischer Nationalität im Ehebruch in einem Lande, wo dieses ein Ehehinderniß ist, gelebt und sich trotzdem dort geehelicht nach den dort üblichen Formen, so wird die Ehe als rechtsbeständig angesehen. (Barb 202).
5) Cod. civ. Art. 999, vgl. Fölix 87 ff.
6) Ges. v. 20. Mai 1882.
7) Phillimore, IV. 261; Westlake, 54 § 16.
8) Phillimore, IV. 465, 466.   9) Phillimore, IV. 628.
10) Westlake, 34.   11) F. v. Martens, II. 328.   12) F. v. Martens, II. 313.
13) Ital. Ziv.-Ges.-B. Prelim Art. 9.   14) Asser, 37 ff.

seinen Aufenthalt hat [1]), oder nur für Mobiliar= und Personalstreitsachen [2]). Dagegen ist übereinstimmend für Immobilien die Kompetenz des Gerichts der gelegenen Sache anerkannt [3]), ohne oder mit Hinzufügung der das Eigenthum oder die Nutznießung betreffenden Personalklage [4]). Die Vormundschaft der Minderjährigen und Entmündigten wird entweder durch das nationale oder das Heimathsgesetz geregelt, Streitigkeiten über Errichtung einer Vormundschaft und Verwaltung des Vermögens Bevormundeter sind dem nationalen Gesetz resp. dem der Heimath zugewiesen, ohne Präjudiz für die Gesetze, welche die Immobilien und die von dem örtlichen Richter des Aufenthaltsortes nach ihrem Ermessen anzuordnenden Erhaltungsmaßregeln beherrschen [5]). In Erbschaftssachen wird entweder für die Erbschaft allgemein das Gericht des Ortes der Erbschaftseröffnung für kompetent erklärt [6]), oder es werden nur die Streitigkeiten der Erben über einen Nachlaß [7]), oder nur die Klagen aus der Erbschaftseröffnung dem Gericht des letzten Domizils des Verstorbenen überwiesen [8]), oder es wird jede Klage auf Liquidation und Theilung einer testamentarischen oder Intestaterbschaft und auf Abrechnung zwischen den Erben und Legataren vor das Gericht der Erbschaftseröffnung, das des letzten Domizils oder der Heimath des Verstorbenen gebracht [9]), wobei jedoch rücksichtlich der Theilung, der Versteigerung oder des Verkaufs von Immobilien die Gesetze der gelegenen Sache in Anwendung zu bringen sind [10]). Oder es unterliegt allgemein außer der Erbfolge der Immobilien jede den Immobiliarnachlaß betreffende Klage oder Streitsache dem Gericht der gelegenen Sache, während alle auf den Mobiliarnachlaß und auf das Erb= recht an Mobilien sich beziehende Reklamationen den Gerichten und Gesetzen des Staates, welchem der Verstorbene angehörte zuzuweisen sind [11]). Wenn aber ein Angehöriger des Staates, in welchem die Erbschaft eröffnet ist, auf die Erbschaft im vorgeschriebenen Termin Rechte geltend macht, so gehört dieser Anspruch vor die Gerichte oder die kompetente Autorität des Landes der Erbschaftseröffnung, welche in Gemäßheit der Gesetzgebung dieses Staates über die Validität der Prätensionen des Reklamanten und eventuell über die ihm zuzu= billigende Quote erkennen [12]). Ferner ist das forum originis eines im Auslande ver= storbenen Erblassers für sämmtliche Streitigkeiten zwischen den Erben in Bezug auf seinen Nachlaß, mit Inbegriff der im Auslande gelegenen Immobilien, anerkannt [13]). Auch ist das Heimathsgesetz des Verstorbenen für die Successionsordnung und die

---

1) Art. 2, 1⁰ des Vertrages Frankreichs mit Baden v. 16. Apl. 1846 (Mart. N. R. G. IX. 126 ff.).

2) Art. 1 des Vertrages Frankreichs mit der Schweiz v. 15. Juni 1869 (Arch. dipl. X. I. 259) und Art. 3 des Vertrages Frankreichs mit Spanien v. 14. Mai 1870 (Arch. dipl. XIV. I. 43). In beiden Artikeln sind trotz verschiedener Fassung persönliche und Mobiliarklagen unter contestations en matière mobilière et personelle" und „en matière personelle et en matière mobilière" zu ver= stehen. Siehe dagegen Curti, Der Staatsvertrag zw. Frankreich und der Schweiz v. 15. Juni 1869. Zürich, 1879.

3) Art. 2, 2⁰ des bab.=franz. Vertrages (en matière réelle) Art. 4 des franz.=schweizer. (en matière réelle ou immobilière) und Art. 4 des franz.=span. Vertr. (en matière immobilière).

4) Diese Hinzufügung findet sich nur im franz.=schweizer. Vertrage.

5) Art. 10 des franz.=schweizer. Vertrage.

6) Art. 2, 3⁰ des franz.=bab. Vertrages.

7) Art. 17 b. schweizer.=italien. Niederlassungsvertr. v. 22. Juli 1868 (Arch. dipl. IX. III. 1208).

8) Art. 5 des franz.=span. Vertrages.

9) Art. 5 des franz.=schweizer. Vertrages. Stirbt ein Franzose in der Schweiz, so gelangen die oben erwähnten Klagen vor das Gericht seines letzten Domizils in Frankreich; stirbt ein Schweizer in Frankreich, so ist für dieselben Klagen das Forum originis kompetent.

10) Art. 5 des franz.=schweizer. Vertrages.

11) Art. 2 des Vertrages Frankreichs mit Oesterreich v. 11. Dezember 1866 (Arch. dipl. VII. I. 81). Art. 10 des Vertr. Frankreichs mit Rußland v. 1. April 1874 (Arch. dipl. XV. IV. 336).

12) Art. 10 des Vertrages Frankreichs mit Rußland.

13) Art. 4 des zwischen der Schweiz und Italien am 1. Mai 1869, in Abänderung des Art. 17 des Vertrages v. 22. Juli 1868, vereinbarten Protokolls (Arch. dipl. X. I. 193).

Erbtheilung, jedoch mit Ausnahme der Immobilien, für welche die lex rei sitae gilt, vereinbart worden. Erbt aber dabei eine Person in ihrem Staat in Konkurrenz mit Fremden, so hat sie das Recht zu verlangen, daß ihr Erbtheil vorzugsweise nach ihrem vaterländischen Gesetz geregelt werde[1]. Endlich werden auch die Streitigkeiten der auf eine Erbschaft Anspruch erhebenden dem Gericht und den Gesetzen der gelegenen Sache unterworfen. Befindet sich aber der Nachlaß in verschiedenen Staaten, so sind die Behörden desjenigen Staates kompetent, dem der Erblasser staatsbürgerlich angehört oder in welchem er zur Zeit seines Todes wohnte[2].

Die vorstehend mitgetheilten Vertragsbestimmungen betreffen mehr das Forum der Klagen als das für die einzelnen Rechtsverhältnisse geltende Gesetz, indeß bedingt jenes auch meist dieses, da jedes Gericht wesentlich sein Recht anwendet, sowie anderseits das Forum der Klage auch mit bestimmt wird durch das Rechtsverhältniß, welches die Klage zum Gegenstande hat, was am einleuchtendsten hervortritt bei den Mobiliar= und Immobiliar=Klagen. Einige Verträge haben dann auch Gericht und Gesetz gleich qualifizirt. Anderseits sind auch in den Verträgen Domizil und Nationalität maßgebende Faktoren, neben ihnen kömmt dann noch das Forum originis oder das Gericht, aber auch das Recht des Heimathsortes, namentlich in der Schweiz, zur Geltung, welches letzteres durchaus von dem nationalen Gesetz zu unterscheiden ist. Wie Curti (75) richtig bemerkt, ist es bei dem Heimathsprinzip die Zugehörigkeit zu einer Bürgergemeinde, bei dem Nationalitäts= prinzip die Staatsangehörigkeit, welche die Unterwerfung unter ein bestimmtes örtliches Recht zur Folge hat. Werden über den bezüglichen Inhalt anderer Verträge gleich tüchtige Analysen wie von Curti über den französisch=schweizerischen und zum Theil auch über verwandte veröffentlicht, so wird das praktische internationale Privatrecht wesentlich davon vortheilen. Dabei haben wir, um klar hervortreten zu lassen: 1. Was nach der Gesetzgebung oder dem besonderen Recht eines Staates, 2. was bereits zwischen einzelnen Staaten vertragsmäßig gilt, 3. was endlich die Doktrin fordert, — die Bestimmungen und Sätze dieser drei Gebiete von einander geschieden. Eine Ent= wickelung in dieser schwierigen Materie ist aber nur möglich, wenn alle drei Faktoren: Gesetzgebung, Vertragsrecht und Doktrin verbunden mit einander zu gemeinsamem Resultat hinstreben. Freilich hat bisher die Staatspraxis zu wenig die Doktrin und die Doktrin zu wenig die vertragsmäßigen, vorwiegend nur die gesetzlichen Bestimmungen berücksichtigt, während doch die vertragsmäßigen, die geschehene Vereinigung und die gesetzmäßigen die bestehenden Unterschiede dokumentiren, durch letztere aber die Kollisionen erzeugt werden, durch erstere dieselben zu beseitigen sind, zu welcher Besei= tigung freilich noch besondere Grundsätze erforderlich sind, welche wir als Richterregeln zur Entscheidung internationaler Rechtsstreite der Privaten zusammenzufassen versucht haben.

§ 32.   Richterregeln zur Entscheidung internationaler Rechtsstreite der Privaten. Bei einer Kollision zwischen einheimischem und fremdem Recht müssen die dem Richter darüber von der Gesetzgebung seines Staates gegebenen Vorschriften beachtet werden. Bei der Unvollständigkeit solcher Vorschriften aber oder dem Nichtvorhandensein derselben überhaupt, würde die Anwendung des einheimischen Rechts zwar der einfachste Ausweg sein, internationalem Bedürfniß jedoch nicht genügen. Die im Prinzip anerkannte und in der Praxis immer mehr durchgeführte gleiche Behandlung Einheimischer und Fremder[3], welche auch das Institut de droit international in dem Ausspruch anerkannte, daß der Fremde, welcher Nationalität oder Religion derselbe sei, dieselben bürgerlichen Rechte genieße wie der Einheimische, mit den durch die bestehenden Gesetzgebungen aufgestellten Unterschieden[4], muß dahin führen, daß auch die Rechtsverhältnisse, in Fällen einer Kollision der Gesetze dieselbe Beurtheilung zu erwarten haben, ohne Unterschied: ob in diesem oder jenem Staat das Urtheil gesprochen wird[5]. Es erfordert die Billigkeit im internationalen Verkehr (die comitas gentium) und die Achtung, welche ein Staat dem anderen und den in ihm wohnenden Personen schuldet, daß die konkreten Rechtsverhältnisse mit einer

---

1) Art. 23 des Konsularkonv. zwischen der Schweiz und Brasilien v. 21. Oktober 1878 (M. N. R. G. II. Ser. IV. 695.)

2) Art. 6 des Vertrages der Schweiz und der Ver. Staaten v. 25. Nov. 1850 (M. N. R. G. XVI. 1e. P. 25), Art. 6. des Freizügigkeitsvertr. der Schweiz mit Baden v. 6. Dezember 1856.

3) „Mit der Rechtsgleichheit der Personen ist aber die Frage wegen der Kollision zwischen dem einheimischen und fremden Recht noch nicht entschieden". v. Savigny VIII. 25.

4) Oxforder Resolutionen I. (annuaire de l'inst. d. dr. intern. V. 56).

5) v. Savigny, VIII. 26 ff.

gewissen Gleichmäßigkeit überall behandelt werden[1]). Freilich darf diese Comitas kein bloßes internationales Wohlwollen und keine bloße Großmuth sein und insbesondere die Anwendung des ausländischen Rechts nicht in des Richters Willkür gestellt sein[2]). Jedenfalls muß aber von einer internationalen Rechtsgemeinschaft gleiche Rechtsprechung in gleichen Fällen erstrebt werden. Der Hauptgrundsatz zur Erreichung dieses Zieles ist: daß bei jedem Rechtsverhältniß dasjenige Rechtsgebiet aufgesucht werde, welchem dieses Rechtsverhältniß seiner eigenthümlichen Natur nach angehört oder unterworfen ist[3]), und daß der Richter dasjenige örtliche Recht anzuwenden habe, dem das streitige Rechtsverhältniß angehört, ohne Unterschied: ob dieses örtliche Recht das einheimische Recht dieses Richters oder das Recht eines fremden Staates ist[4]). Hiernach hat der Richter vielfach auch fremdes Recht, sei es Gesetzes= oder Gewohnheitsrecht zur Beurtheilung der ihm vorliegenden Rechtssachen heranzuziehen und ist damit das strenge Territorialprinzip, welches nur einheimisches Recht zuläßt, durchbrochen. Indeß wird der Richter bei Gesetzen von streng positiver zwingender Natur, außer bei bloßen Vorfragen der Entscheidung und bei Rechtsinstituten eines fremden Staates, deren Dasein in dem unsrigen überhaupt nicht anerkannt ist, das einheimische Recht ausschließender anzuwenden haben[5]). Niemals aber darf der Richter ein, insbesondere nach seinen eigenen Landesgesetzen, verwerfliches Verhältniß durch seine Entscheidung verwirklichen[6]) und ebenso ist den Gesetzen eines Staates in einem anderen die Anerkennung und Wirkung zu versagen, wenn sie im Widerspruch sind mit dem öffentlichen Recht oder der öffentlichen Ordnung des letzteren[7]). Bei Rechtsverhältnissen, welche zum Auslande in keiner Beziehung stehen, ist selbstverständlich die Anwendung fremden Rechts ausgeschlossen. Der Staat dagegen, welcher seine Gerichte anweisen wollte, niemals auf Rechtsverhältnisse der Fremden deren heimathliches Recht anzuwenden, würde damit die Fremden in vielen und wichtigen Verhältnissen ihres Rechts berauben[8]). Wenn aber über die Anwendung ausländischen Rechts durch den Richter sowohl die Gesetze als die Gerichtspraxis seines Staates keine Bestimmung festgestellt haben, auch von diesem Staat mit dem Staat dessen Angehörigen Rechtssache entschieden werden soll, eine bezügliche Bestimmung vertragsmäßig nicht vereinbart ist, so hat der Richter sich nach den Grundsätzen der Doktrin des internationalen Privatrechts zu richten[9]). Uebrigens hat der Richter das ausländische Recht von Amtswegen, auch ohne daß die Parteien sich darauf berufen anzuwenden, und haben die sich darauf berufenden Parteien den Inhalt desselben nicht zu beweisen[10]). Im Fall der Verletzung oder unrichtigen Anwendung ausländischen Rechts kann Kassation des Urtheiles eintreten. Die Anwendung der durch einen Vertrag festgestellten Regeln des internationalen Privatrechts durch die Gerichte der kontrahirenden Staaten in einem bezüglichen Fall ist durch die betreffenden Regierungen zu überwachen[11]).

---

1) Stobbe, 200.
2) Asser, 16, v. Savigny, VIII. 28.
3) v. Savigny l. c.
4) v. Savigny, VIII. 32.
5) v. Savigny, VIII. 23 ff.; v. Bar „Internationales Privatrecht" in v. Holtzendorff's Encykl. 4. Aufl. 1882, 683.
6) v. Bar l. c.
7) Oxforder Resolutionen, VIII.
8) v. Bar, 674.   9) Asser, 14.
10) Asser, 18 ff.
11) Daß wie das Institut de droit international im Haag beschlossen, (annuaire I. 126) die Regierungen nicht auf administrativen Wege über die Beobachtung zu wachen verpflichtet seien, entspricht nicht der Verwirklichung der Verpflichtungen, welche ein Staat vertragsmäßig übernommen, indem er in diesem Fall erst durch seine Gerichte sie realisiren lassen, demnach nicht ihrem Ermessen die Anwendung unkontrollirt überlassen kann.

§ 33. **Die Doktrin des internationalen Privatrechts und die auf dieses sich beziehenden Resolutionen des Institut de droit international.** Welchem der beiden Gesetze für den persönlichen Stand und die persönliche Fähigkeit der Vorzug zu geben sei, dem nationalen oder dem des Domizils, ist nicht leicht zu entscheiden, wenn auch die Einwendungen gegen die Anwendbarkeit des nationalen von geringerem Gewicht scheinen[1]. Der Zustand der Person an sich wird bestimmt durch die Bedingungen, unter welchen sie Träger von Rechtsverhältnissen sein kann (Rechtsfähigkeit) und durch diejenigen Bedingungen, unter welchen sie durch eigene Freiheit Träger von Rechtsverhältnissen werden kann (Handlungsfähigkeit)[2]. Darnach könnte die Rechtsfähigkeit nicht, die Handlungsfähigkeit wohl nach dem nationalen (heimathlichen) Gesetz beurtheilt werden[3]. Indeß proponirt das Institut de droit international, daß der Status und die Fähigkeit einer Person allgemein durch die Gesetze des Staates bestimmt werde, welchem sie durch ihre Nationalität angehört, bei nicht festgestellter Nationalität aber durch die Gesetze des Domizils, hinsichtlich des Fremden aber, beim Bestehen verschiedener bürgerlicher Gesetze in demselben Staat, durch das Recht seiner Staatsangehörigkeit[4]. In neuester Zeit spricht sich im Anschluß an diese Bestimmungen B a r d (189) für das Nationalitätsgesetz aus, weil dieses leichter zu bestimmen sei als das des Domizils.

In Bezug auf das S a c h e n r e c h t sind nach v. S a v i g n y (172 ff.), v. B a r (692), A s s e r (54) und W e s t l a k e (158) nicht bloß die Immobilien, sondern auch die Mobilien, wenn auch mit Ausnahmen, der lex rei sitae zu unterwerfen. Dagegen hat das Institut de droit international das Domizil und subsidiär den Aufenthaltsort des Beklagten für Mobiliarklagen anerkannt und nicht die Lage der Sachen wie bei den Immobiliarklagen[5]. Da nun die Verschiedenheit der oben[6] dargestellten, auf die beweglichen Sachen anzuwendenden Gesetze der Staaten eine geringe ist, auch von den genannten Autoren verschiedene, zum Theil nicht unwesentliche, Ausnahmen statuirt sind, so scheinen geringere Kollisionen in Aussicht, wenn der bisherige Zustand beibehalten und demnach keine Anwendung der lex rei sitae auf Mobilien herbeigeführt wird.

In Bezug auf die O b l i g a t i o n e n will v. S a v i g n y (207) deren Gerichtsstand nicht nach dem Entstehungsgrunde, sondern nach der Erfüllung bestimmen, dabei soll aber dem Kläger das Recht der Belangung des Schuldners an dessen Domizil freistehen (241 ff.); spricht sich v o n B a r (694) für das faktische Domizil aus und legt der Regel: locus regit actum nur fakultative Bedeutung bei; statuirt A s s e r (42 ff.) ein verschiedenes Forum je nach den verschiedenen Hauptarten und dem Ort der Eingehung der Obligation; will B a r d (265) in erster Reihe die Absicht der Parteien ermitteln und nur wenn diese nicht zu erforschen ist, das Gesetz des Ortes des Kontraktabschlusses zulassen; erkennt S t o b b e (§ 33) weder dem Ort des entscheidenden Gerichtes, noch dem der Entstehung, noch dem der Erfüllung der Obligation, noch dem Domizil der betreffenden Personen ausschließliche Geltung zu und erklärt es für unmöglich, in Betreff der Obligationen ein allgemeines Prinzip oder für alle denkbaren Fälle feste Regeln aufzustellen, und dieser Ansicht sind auch wir.

In Bezug auf das E r b r e c h t statuirt zwar v. S a v i g n y, daß im Allgemeinen dasselbe nach dem letzten Domizil des Verstorbenen sich richte, indeß will er die persönliche, physische Fähigkeit des Testators dem zur Zeit der Testamentserrichtung am Wohnsitz des Testators geltenden Recht unterwerfen, während die persönliche Fähigkeit der zur Erbschaft berufenen nach dem Recht ihres Wohnsitzes zur Zeit des Todes des

---

[1] Vgl. A s s e r, 28.   [2] S a v i g n y, VIII. 118.   [3] v. B a r, 689.
[4] Oxforder Resol. VI.   [5] Haag, Resol. a.   [6] § 30, II. Sachenrecht.

Erblassers, die Intestaterbfolge aber nach dem am letzten Domizil des Testators zur Zeit des Erbanfalls bestehenden Recht zu beurtheilen sei (295, 312 ff.). Die Varietäten können wir nicht für geeignet halten, Kollisionen zu beseitigen, wohl aber dazu sie herbeizuführen. Dasselbe gilt von der Forderung Stobbe's (253), daß ein Testament nicht bloß den am Domizil zur Zeit des Todes des Verstorbenen geltenden Bestimmungen entsprechen, sondern auch, falls es an einem früheren Domizil errichtet war, auch dessen Bestimmungen genügen müsse. Dagegen hält v. Bar (707) dafür, daß bei bestehender Universalsuccession kaum etwas anderes übrig bleibe als die Anwendung des heimath= lichen Gesetzes des Erblassers und daß (708) die testamentarische Erbfolge nothwendig von demselben Gesetz abhängen müsse, welches über die Intestaterbfolge entscheidet, und beantwortet Phillimore (IV. 626 ff.), in Uebereinstimmung hiermit, die allgemeine Frage des Erbrechts in gleicher Weise für testamentarische und Intestaterbfolge. Die Befähigung zur Testamentserrichtung unterwirft aber Phillimore dem Gesetz des Domizils zur Zeit der Errichtung, die Fähigkeit aus einer Erbschaft zu erwerben aber von Bar dem in Ansehung der Erbschaft überhaupt entscheidenden Gesetz. Endlich will Fölix (131, 154) rücksichtlich des inneren Gehaltes eines Testaments oder seiner Aus= legung das Recht des Vaterlandes des Testators oder seines Domizils gelten lassen, während Bard (238) das Intestaterbrecht unter Verwandten durch das die Verwandt= schaft beherrschende Gesetz geregelt wissen will. Können wir nun in v. Bar's Ansichten gegenüber denen v. Savigny's eine Vereinfachung der maßgebenden erbrechtlichen Gesetze erblicken, so wird nicht minder, wie Asser (72) es mit Recht empfiehlt, auch ein System erstrebt werden müssen, wonach ein Nachlaß als eine Einheit in allen Beziehungen durch ein Gesetz zu regeln ist[1]. Als solches vermögen wir aber nicht das des Domizils, sondern nur das nationale zu erkennen, da dieses doch in der Regel nicht bloß den ausgesprochenen Willen des Erblassers bestimmte und bei dem Intestaterbrecht dem zu präsumirenden des früheren Eigenthümers der Nachlaßmasse entsprechen wird, sondern auch am ehesten von ihm gekannt und im Auge behalten sein wird. Nur gar zu leicht können zufällige Umstände, wie z. B. das letzte Domizil oder selbst auch dasjenige bei der Testamentserrichtung relativ weniger zur Bestimmung des Rechts für die Erb= schaft maßgebend sein. Es hat denn auch das Institut de droit international, als Kollektivausdruck der Ansichten der Theoretiker des internationalen Rechts, das Nationali= tätsgesetz oder das der Staatsangehörigkeit als Regel anerkannt, wenn es sich dafür aussprach, daß die Universalsuccession in ein Vermögen, sowohl hinsichtlich der Bestimmung und des Rechts der Erbfähigkeit als des Maßes der disponiblen oder zu reservirenden Quote sowie der äußeren Giltigkeit letztwilliger Dispositionen durch die Gesetze des Staates, welchem der Verstorbene angehörte, zu bestimmen sei, oder, falls des Verstorbenen Nationalität nicht feststand, durch die Gesetze seines Domizils, welcher Art auch die Vermögensgegenstände und der Ort seien, wo sie belegen sind. Englische Instituts= mit= glieder haben freilich, in Gemäßheit ihrer im common law Immobilien beherrschenden nationalen Rechtsanschauung, gegen die Anwendung dieser Sätze auf Immobilien sich ausgesprochen, weil diese auch im Erbrecht der lex rei sitae unterworfen bleiben müßten[2].

In Bezug auf das Erbrecht haben sich nach v. Savigny (325—338) die

---

1) Bard hält zwar die Einheit des Nachlasses für ein juristisches Ideal (239) aber für ein unausführbares, da fast alle Gesetzgebungen, indem sie für das Erbrecht an Immobilien die lex rei sitae verlangen, behindern, daß dieses durch das Recht der Person geregelt werde (241), wenn auch das Erbrecht an Mobilien dem letzteren unzweifelhaft unterliegt (l. c.).

2) Oxforder Resol. VII. u. S. 58 des annuaire V. 58.

Bedingungen der Möglichkeit einer Ehe, und das eheliche Güterrecht, mit Einschluß der
auswärtigen Grundstücke, nach dem Domizil des Ehemannes, die Intestaterbfolge unter
Ehegatten aber nach dem letzten Wohnsitz des Erblassers zu richten und die Ehescheidung
nach der lex fori. Nach v. B a r (701—704) ist die Fähigkeit zur Eingehung einer
Ehe nach dem heimathlichen Recht des Mannes, die Ehescheidung nach dem der Ehegatten,
mit Zulassung der lex fori, und sind die Vermögensverhältnisse, mit Einschluß der Immobilien, nach den Gesetzen des ersten ehelichen Domizils (bezw. der Staatsangehörigkeit)
zu beurtheilen.

Nach A s s e r (61—70) hat für die Fähigkeit, eine Ehe einzugehen, das Recht
des persönlichen Standes zu gelten, für das Vermögensrecht das nationale Gesetz des
Ehemannes, für die Ehescheidung die lex fori. B a r d (201) tritt entschieden dafür
ein, daß für die Ehe Status und Fähigkeit der Personen von dem Gesetz ihrer Staatsangehörigkeit beherrscht werde. Bei dem Erbrecht ab intestato unter Eheleuten soll
aber das die Ehe beherrschende Gesetz in Betracht kommen (Bard 238). — Im Wesentlichen kömmt auch für das Eherecht, sowohl im geltenden Recht als in der Doktrin in
Frage, ob das Gesetz des Domizils oder das nationale entscheiden soll, und zwar über
die Fähigkeit zur Eheeingehung, über das Güterrecht, mehrfach mit Fortfall des Unter-
schiedes der beweglichen und unbeweglichen Güter, und hinsichtlich des Intestaterbrechts
der Ehegatten, wogegen für Ehescheidungen die lex fori ziemlich allgemein angenommen
wird. Entscheidet man sich in den erst bezeichneten Fragen für das nationale Gesetz,
so fällt selbstverständlich die Kontroverse: ob das veränderte Domizil das frühere Recht
abändere, fort, wenn auch jetzt schon meist die Aufrechterhaltung des Rechts des ersten
Domizils befürwortet wird, und ebenso die Frage: welches Domizil beim Intestaterbrecht
unter Ehegatten gilt. Aber die vereinfachenden Folgen der Annahme des nationalen
Gesetzes werden kaum genügen, das noch ziemlich verbreitete Domizilgesetz zu verdrängen.
Dagegen findet der vom Institut de droit international [1] ausgesprochene Satz, daß die
Frau durch ihre Verheirathung die Nationalität des Mannes erwerbe fast allgemeine
Anwendung und kann, wenn er durchweg angenommen wird, der Annahme des Natio-
nalitätsgesetzes für das Eherecht überhaupt Bahn brechen, wobei aber nur der rücksichtlich
der Eingehung der Ehe in Frage kommende Satz unbeantwortet bleibt: welches nationale
Gesetz, ob das des zukünftigen Ehemannes allein oder ob auch das der zukünftigen Ehefrau,
zu entscheiden habe. Wird letzteres angenommen, so ensteht dann freilich, wenn die zukünftigen Ehegatten verschiedenen Staaten angehören und sie in dieser Hinsicht unterschiedenes
Gesetz haben, nur zu leicht wieder eine Kollision, deren Entstehen freilich durch Annahme
des nationalen Gesetzes des zukünftigen Ehemannes auch für die zukünftige Ehefrau
behindert werden kann. B a r d (230) meint, daß, wenn die Eheleute verschiedener
Nationalität, zu präsumiren sei, daß sie sich dem Gesetz des ehelichen Domizils unterwerfen, d. h. desjenigen Ortes, wo die Ehe errichtet wurde. Sind aber die Eheleute
nicht verschiedener Nationalität, so spreche die Präsumtion dafür, daß sie in Ermangelung
eines Kontraktes ihre Ehe durch das nationale Gesetz haben bestimmt sehen wollen,
wenn auch diese Präsumtion hinfällig würde bei einer definitiven Niederlassung im
fremden Lande. Wir glauben, daß in diesem Falle unbedenklich das nationale Gesetz
zu entscheiden habe.

Die Entstehung der v ä t e r l i c h e n G e w a l t sowie deren Anfechtung sind nach
v. S a v i g n y (338—340) zu beurtheilen nach dem Gesetz des Wohnsitzes des Vaters
zur Zeit der Geburt des Kindes, die Vermögensverhältnisse zwischen dem Vater und

---

1) Oxforder Resol. V.

den Kindern nach dem Gesetz des jedesmaligen Wohnsitzes des Vaters, die Legitimation durch nachfolgende Ehe nach dem Wohnsitz des Vaters zur Zeit der geschlossenen Ehe. Nach von Bar (704) hängt zwar die Frage der ehelichen oder unehelichen Geburt und die Legitimation eines unehelichen Kindes von dem heimathlichen Gesetz des angeb= lichen Vaters ab, für den Fall aber, daß das Kind einem anderen Staat als der Vater angehört, soll die Legitimation auch in Uebereinstimmung mit den Gesetzen jenes erfolgen, während die Rechte des Vaters am Vermögen der seiner Gewalt unterworfenen Kinder nach den heimathlichen Gesetzen zur Zeit der Erwerbung beurtheilt werden. Nach Bard (234) soll bei Verschiedenheit der Nationalität des Vaters und Kindes vor Allem in Bezug auf die väterliche Gewalt das nationale Gesetz des Kindes in Betracht gezogen werden, bei der Ausübung der aus der väterlichen Gewalt sich ergebenden Rechte aber noch das Gesetz des Ortes, wo sie auszuüben ist, in Betracht kommen. Nach Asser (70) soll das Gesetz, welches zur Zeit der Geburt oder Zeugung eines Kindes das eheliche Verhältniß regelt, auch als Maaßstab für die Beurtheilung der Ehelichkeit des Kindes und des Rechts dieselbe zu bestreiten, gelten, während die väterliche Gewalt, sowohl hinsichtlich der persönlichen als der Vermögensrechte, das nationale Gesetz des Vaters beherrschen soll. Nach Bard soll sich die Kindschaft (Filiation) (218) und die Adoption (221) nach dem persönlichen Recht beider Theile richten oder sollen mindestens die Vaterschaft und die aus dieser sich ergebende Kindschaft nur in soweit alle Wirkungen haben als das beiderseitige Recht beachtet ist. Das Institut de droit international hat sich dafür ausgesprochen, daß das eheliche und uneheliche Kind, falls die Vaterschaft legal konstatirt ist, der Nationalität seines Vaters zu folgen habe, sonst aber das uneheliche, falls die Herkunft von der Mutter ebenfalls legal konstatirt ist, der Natio= nalität der Mutter, während das Kind unbekannter Herkunft, oder falls die Nationalität seiner Eltern unbekannt ist, Bürger des Staates wird, auf dessen Territorium es geboren wurde oder falls sein Geburtsort unbekannt, desjenigen Staates, auf dessen Territorium das Kind gefunden wurde. — Auch hier ist in Bezug auf eheliche Kinder die Frage, ob das Gesetz des Domizils oder das nationale entscheiden soll und scheint uns, da die väterliche Gewalt aus der Ehe entsteht, das für diese geltende Gesetz maßgebend sein zu müssen. Dieses ist aber nach unseren obigen Ausführungen am zweckmäßigsten das nationale, hier das des Vaters, dort in der Ehe das des Ehegatten. Auf uneheliche Kinder scheinen die Sätze des Instituts anwendbar und zwar auch für diejenigen Rechtsgebiete, in welchen der Grundsatz des französischen Rechts gilt: „La recherche de la paternité est interdite", da in diesem Fall die Bestimmungen Anwendungen finden würden, die eintreten, wenn die Vaterschaft nicht legal konstatirt ist, da sie ja bei jenem Verbot überhaupt nicht konstatirt werden kann.

Für die Errichtung der Vormundschaft konstatirt von Savigny (341 ff.), daß mit Einschluß des anderwärts belegenen Vermögens des Mündels das örtliche Recht seines Wohnsitzes gelte, daß die Verwaltung dem Recht des forum rei gestae unterliege, über die Verpflichtung zur Uebernahme und die dagegen zulässigen Exkusationen aber das am Wohnsitz des Vormundes geltende Recht entscheide. v. Bar folgert daraus, daß die Vormundschaft nach dem heimathlichen Gesetz beurtheilt werde, daß ein so bestellter Vormund auch im Auslande in Gemäßheit der Gesetze seines Staates Rechtshandlungen vornehmen könne und selbst Phillimore (377) fordert, auf Grund der Komitas, daß ein legal bestellter Vormund in allen anderen Staaten anerkannt werde. Uebrigens vindizirt von Savigny (340) nur einzelne Fragen des Vormundschaftsrechts dem Gebiet des Privatrechts, indem es sonst seinem Wesen nach öffentliches Recht sei, während von Bar die Verpflichtung zur Uebernahme einer

Vormundschaft dem jus publicum zurechnet. B a r b (246) will die Organisation der Vormundschaft und die Befugnisse der Vormünder dem nationalen Gesetz der Unmündigen unterworfen wissen. — Was wir rücksichtlich des Gesetzes für die väterliche Gewalt bemerkt, ist auch hier, soweit das Vormundschaftsrecht dem Privatrecht angehört, anwendbar, wobei als selbstverständlich gelten muß, daß für die Uebernahme der Vormundschaft nur das Recht der fraglichen Person und hinsichtlich der Führung der Vormundschaft nur das Recht des forum gestae administrationis in Betracht kommen kann.

In Bezug auf die F o r m v o n R e c h t s g e s c h ä f t e n schließt v. S a v i g n y (348 ff.) die Anwendung der Regel logus regit actum auf den Zustand der Person an sich aus, mißt ihr keine bedeutende Anwendung bei in Bezug auf die das Sachenrecht betreffenden Rechtsgeschäfte, wo die lex rei sitae vorherrsche, und findet die Anwendung bedenklich in Bezug auf den Abschluß einer Ehe, während ihr in Bezug auf Obligationen, vorzüglich auf obligatorische Verträge, nichts im Wege stehe. Die wichtigste Anwendung sei aber die auf die Abfassung eines Testaments, wenn der Testator zufällig außerhalb seines Domizils sei. Die Regel fände übrigens auch dann Anwendung, wenn ein Geschäft im Auslande zur Umgehung der einheimischen Gesetze (in fraudem legis) vorgenommen werde. Ueberhaupt aber sei die Anwendung der Regel: locus regit actum eine bloß fakultative. Auch v. B a r anerkennt den fakultativen Charakter, hält es aber nicht für ein in fraudem legis Handeln, wenn die Parteien wegen der im Inlande herrschenden Formen ein Geschäft im Auslande vornehmen, wohl aber könne das Gesetz die Vornahme gewisser Rechtsgeschäfte auf das Inland beschränken und für das Ausland nur bestimmte Beamte dazu berechtigen. Auch A s s e r (34 ff.) nimmt im vorher bezeichneten Fall kein in fraudem legis Handeln an, verlangt aber die Beobachtung des für den Uebergang unbeweglichen Eigenthums und die Begründung anderer Sachenrechte an demselben durch die lex rei sitae vorgeschriebenen Formen. Die Regel: locus regit actum erklärt er aber, sobald sie angenommen worden, für absolut verbindlich, da sie dazu bestimmt sei, die Sicherheit der Rechtsgeschäfte zu befördern. — Es unterliegt wohl keinem Zweifel, daß der Regel eine möglichst weite und freie Anwendung zu sichern und diese nur durch sie geradezu verbietende Gesetze zu beschränken sei. Die immer steigende Anwendung derselben ist aber deßhalb zu erwarten, weil bei der Zunahme der internationalen Rechtsgeschäfte eine und dieselbe Regel ein unabweisbares Bedürfniß des internationalen Rechts- und Geschäftsverkehrs unter den Privaten ist. Unterstützt wird diese Erwartung dadurch, daß sie schon jetzt zu den verbreitetsten und von verschiedenen Staaten am Meisten und Vielseitigsten angewandten Regeln gehört.

§ 34. **B. Das auf den Zivilprozeß bei internationalen Rechtsstreiten Privater anwendbare Recht.** a) I n t e r n a t i o n a l e Z i v i l p r o z e ß r e g e l n. Die Zivilgerichte der Staaten der internationalen Rechtsgemeinschaft müssen in gleicher Weise für Einheimische wie Fremde, auch wenn beide Parteien Ausländer sind, zuständig sein[1]. Nur die französische Praxis und Doktrin weigern im letzteren Fall die Rechtsverfolgung

---

1) v. B a r, 710; A s s e r, 78; M e n g e r, System des österr. Zivilprozeßrechts I. 128 ff.; B a r b, 287 sagt: „Si la loi autorise les tribunaux à déclarer d'office leur incompétence, par cela seul que les parties sout étrangères, une déclaration de ce genre sera, il est vrai à l'abri de toute censure et de toute cassation; mais cette jurisprudence qui est celle du droit français, ne serait pas inconciliable avec une pratique libérale". Wir können in diesem Ausspruch nur eine Verurtheilung des franz. Rechts erblicken. Und um so mehr als selbst internationale Verträge den Staatsangehörigen der kontrahirenden Staaten das Recht zusichern, Recht zu nehmen vor den Gerichten des anderen Kontrahenten wie seine eigenen Staatsangehörigen. Siehe Art. 6 u. 7 des italien.-schweizer. Vertr. v. 22. Juli 1868 (Arch. dipl. IX. 1208); Art. 3 d. russ.-schweiz. Vertr. v. 26. Dez. 1872 (M. N. R. G. II. Ser. I. 603).

vor dem Gericht ihres Aufenthaltsstaates[1]). England dagegen gestattet einem Fremden einen anderen Fremden wegen einer im Auslande kontrahirten Verbindlichkeit gerichtlich zu belangen[2]). Ausländer müssen auch in der That am Aufenthaltsort ebenso Recht nehmen als belangt werden können, da Staaten einer internationalen Rechtsgemeinschaft Justiz zu gewähren haben und nicht verweigern dürfen. Der Artikel 3 des italienischen Zivilgesetzbuches erkennt Das allgemein, das belgische Gesetz vom 25. März 1876 (Art. 52) in bestimmten Fällen an, die niederländische Jurisprudenz als Regel, wenn nicht ausdrücklich Dem derogirt ist (Bard 293). Nach österreichischem Recht müssen Ausländer vor dem allgemeinen Gerichtsstande des Wohnsitzes, ferner vor allen für die Inländer geltenden Gerichtsständen Recht nehmen. Auch können sie 'in allen Fällen vor den inländischen Gerichten belangt werden, in welchen auch ihr Staat Klage gegen Oesterreicher zuläßt, wenn auch das Gericht selbst nach österreichischen Kompetenz= gesetzen bestimmt wird[3]). Die deutsche Reichszivilprozeßordnung statuirt zwar (§ 13), daß der allgemeine Gerichtsstand einer Person durch den Wohnsitz bestimmt wird, sofern nicht für eine Klage ein ausschließlicher Gerichtsstand begründet ist (§ 12), und daß für diejenigen Personen, welche keinen Wohnsitz haben, der Gerichts= stand durch den Aufenthaltsort im Deutschen Reich bestimmt wird, wenn aber ein solcher nicht bekannt ist, durch den letzten Wohnsitz (§ 18), und finden diese Festsetzungen wohl auch auf Fremde im Deutschen Reich Anwendung, indeß hat, wie freilich auch in anderen Ländern, eine völlige Gleichstellung der Ausländer mit den Inländern doch insofern nicht Statt, als auch die deutsche Zivilprozeßordnung (§ 102) verlangt, daß Ausländer, welche als Kläger auftreten dem Beklagten, auf dessen Verlangen, wegen der Prozeßkosten Sicherheit zu leisten haben[4]). Nach Verträgen und Konventionen verschie= dener Staaten sollen indeß diese Kautionsleistungen und Depôts von Klägern fortfallen, entweder unbedingt[5]) oder bedingt, insoweit nicht auch die eigenen Staatsangehörigen dieser Sicherheitsleistung bei den Gerichten des eigenen Staates unterworfen sind[6]), oder nur für diejenigen Personen, welche zum Armenrecht verstattet worden[7]). Durch Ertheilung des Armenrechts an Angehörige eines anderen Staates ist diesen die Rechts= verfolgung bei den Gerichten des fremden Staates wesentlich erleichtert. Verschiedene Staaten haben ihren resp. Angehörigen durch Konventionen über die „assistance judi= ciaire" ein solches Armenrecht gesichert[8]).

Sind für einen und denselben Prozeß die Gerichte verschiedener Länder kompetent,

---

1) Bard hebt zwei Fälle hervor, in welchen die franz. Gesetzgebung dem Fremden die einem Franzosen zustehenden Rechte vorenthält. 1. Der Fremde genießt nicht die Wohlthat der Regel: actor sequitur forum rei. nach Art. 14 des Code civil, 2. müssen die Fremden als Kläger eine Cautio judicatum solvi stellen, Art. 16 des Code civil. Indeß genießt nach Art. 13 der Fremde, welcher durch Autorisation der Regierung zugelassen ist zum Domizil, in Frankreich so lange er daselbst residirt alle bürgerlichen Rechte.
2) Phillimore, IV. 648. 3) Menger, 147.
4) Die Sicherleistung fällt indeß fort, wenn nach den Gesetzen des Staates, welchem der Kläger angehört, ein Deutscher im gleichen Fall zur Sicherheitsleistung nicht verpflichtet ist und in vier anderen, im § 102 verzeichneten Fällen.
5) Art. 2 des Vertrages zwischen Frankreich und Spanien v. 14. Mai 1870.
6) Art. 3 des Vertrages Frankreichs m. d. Schweiz v. 15. Juni 1869.
7) Uebereinkunft zwischen dem Deutschen Reich m. Belgien v. 18. Oktob. 1878, mit Luxem= burg v. 12. Juni 1879, (R. G. B.) und mit Italien v. 28. Juli 1879 (M. N. R. G. II. Ser. VIII. 591), belgisch=spanische Convention relative à l'assistance judiciaire v. 31. Mai 1872 Art. 3 (M. N. R. G. II. Ser. I. 177, französ.=bayr. Konvention v. 11. März 1870, Art. 3 (Arch. dipl. X. II. 403), =italien. v. 19. Febr. 1870 (ibid. 402), =belg. v. 22. März 1870 (Arch. dipl. XIV. I. 13. österr.=belg. v. 19. Juni 1880 (M. N. R. G. II. Sér. VIII. 301), ital.=spanische v. 8. Juli 1882 (ibid. 637).
8) Siehe bie in der vorhergehenden Note angeführten Konventionen. Die deutsche Zivil= prozeßordnung (§ 106) gewährt den Ausländern das Armenrecht im Fall der Reziprozität.

67

§ 34.   Das auf den Zivilprozeß bei internat. Rechtsstreiten Privater anwendbare Recht.   231

so können dieselben Regeln angewandt werden wie bei verschiedenen kompetenten Gerichten in einem und demselben Staat[1]). Vorzugsweise wird aber dasjenige Gericht für kompetent zu erachten sein, dessen Gesetze das im Streit befangene Rechtsverhältniß beherrschen oder welches auch materiell über den fraglichen Rechtsanspruch zu entscheiden hat[2]). Die Gerichts= und Prozeßfähigkeit der streitenden Parteien unterliegt im All= gemeinen den für ihre Rechts= und Handlungsfähigkeit geltenden Gesetzen[3]), also ent= weder dem Domizil= oder nationalen Gesetz. Die deutsche Zivilprozeßordnung (§ 53) erklärt aber einen Ausländer, trotzdem ihm nach dem Gesetz seines Landes die Prozeß= fähigkeit mangelt, für prozeßfähig, wenn ihm nur nach dem Recht des Prozeßgerichts die Prozeßfähigkeit zusteht, sodaß in diesem Fall die lex fori entscheidet. Im Uebrigen wird von derselben Prozeßordnung (§ 51) die Prozeßfähigkeit einer Person insoweit angenommen als sie sich durch Verträge verpflichten kann. — In Bezug auf den Prozeßgang ist zunächst die Vorladung an den Beklagten durch direkte Insinuation einer Kopie der Vorladung erforderlich. Das französisch=niederländische System, welches auf diplomatischem Wege diese Vorladung vermittelt und sie als an den Beklagten geschehen betrachtet, wenn der bezügliche Beamte die Vorladungskopie erhalten hat, ist um so mehr zu verwerfen, als an diese fingirte Thatsache prozessuale Folgen geknüpft werden[4]). Nach der deutschen Zivilprozeßordnung (§ 459) ist bei der Zustellung im Auslande vom Gericht bei Festsetzung des Termins die Einlassungsfrist zu bestimmen. Erfolgt die Zustellung mit einer Einlassungsfrist diplomatisch, so entsteht für den Beklagten der wesentliche Rechtsnachtheil, daß die Frist früher zu laufen anfängt als die Vorladung dem Beklagten zugestellt ist.

Die Beweislast wird bald nach dem Prozeßrecht beurtheilt[5]), bald, abgesehen von den ganz allgemeinen prozessualen Grundlagen, als Frage des materiellen Rechts auf= gefaßt[6]) und soll dann die Frage: auf welcher Partei die Beweislast ruhe, nach dem Recht, welches das materielle Rechtsverhältniß unter den Parteien beherrscht, entschieden werden[7]). Auch die Frage der für einzelne Rechtsverhältnisse aufgestellten Präsumtionen wird bald als eine des Prozeßrechts[8]), bald als eine des materiellen Rechts aufgefaßt[9]). Ebenso wird die Frage: welche Beweismittel zulässig seien, bald der lex fori überlassen[10]), bald als eine Frage des materiellen Rechts angesehen[11]). — Uns erscheinen die Fragen der Beweislast und der Präsumtionen als solche des materiellen Rechts und daher auch nach dem Recht für das materielle Rechtsverhältniß zu beurtheilende, während die Frage der Zulässigkeit der Beweismittel sowie die der Beweisaufnahme als prozessuale lediglich nach der lex fori zu beurtheilen sind, da ein Gericht in solchen Fragen sich nur nach seinem Recht und nicht nach einem auswärtigen richten muß. Ebenso haben die eigentlichen zur Herbeiführung einer Entscheidung vorgeschriebenen Prozeßformen (formes ordinatoires) sich nach der lex fori zu richten. Auch das Institut do droit international entschied in diesem Sinn[12]). Dagegen will dasselbe mit Unrecht die Zulässigkeit der Beweismittel nach dem Gesetz des Ortes beurtheilt wissen, wo sich das Faktum oder der Akt, welche zu beweisen sind, zugetragen haben[13]). Richtig ist es aber dieses Gesetz für die Beweis=

---

1) Asser, 80.   2) v. Bar, 712.   3) v. Bar, l. c.; Menger, 139 ff.

4) Asser, 84 ff. Auch in dem Vertrage Frankreichs m. d. Schweiz, Art. 20 ist der diplo= matische Weg beibehalten, wenn auch die Vermittlung stattfinden soll durch den diplomatischen oder Konsularagenten, welcher der mit der Uebergabe an den zitirten betrauten Autorität am nächsten domizilirt.

5) Menger, 154.   6) v. Bar, 713.   7) Asser, 89.   8) Menger l. c.   9) v. Bar l. c. 10) v. Bar l. c.; Menger l. c.   11) Asser l. c.

12) „Les formes ordinatoires de l'instruction et de la procédure seron régies par la loi du lieu où le procès est instruit". Zürcher Resol. 2 (annuaire de l'Instit. d. dr. intern. II. 150.

13) Zürcher Resol. 3.

kraft der Beweismittel gelten zu laffen, wie denn auch das Institut de droit international dahin resolvirte [1]). Die deutsche Zivilprozeßordnung (§ 403) überläßt freilich dem Ermeffen des Prozeßgerichtes, nach den Umständen des Falles, ob eine von einer aus= ländischen Behörde oder von einer mit öffentlichem Glauben versehenen Person des Auslandes errichtete Urkunde, ohne näheren Nachweis als echt anzusehen sei und an= erkennt als Beweis der Echtheit die Legalisation durch einen Konsul oder Gesandten des Reiches.

b) Rechtshilfe der Staaten in Bezug auf den Zivilprozeß. Die Staaten haben sich gegenseitig in Bezug auf die vor ihren Zivilgerichten geführten Prozeffe Rechtshilfe zu leiften falls sie oder direkt [2]) ihre Gerichte dazu in Anspruch genommen werden (commission rogatoire) und diese letzteren nicht nur zu solcher Rechts= hilfe kompetent find, sondern auch durch Gewährung derselben Rechte Dritter nicht beeinträchtigt werden [3]). Das Erfuchen um Rechtshilfe kann sich zunächst erstrecken auf Vorladung des Beklagten, der Zeugen und Sachverständigen oder auf Vernehmung der beiden letzteren [4]) und auf Vornahme des Augenscheines. Das erfuchte Gericht hat die von seinem Gesetz ihm vorgeschriebenen Formen zu beobachten, die Formen des requiriren= den Gerichtes aber dann, wenn diefes ausdrücklich darum gebeten und die Parteien bawider nichts einwenden [5]). Die deutsche Zivilprozeßordnung beftimmt sogar (§ 334), daß wenn die von einer ausländischen Behörde vorgenommene Beweisaufnahme den für das Prozeßgericht geltenden Gesetzen entspricht, daraus, daß sie nach den ausländischen Gesetzen mangelhaft ist, kein Einwand entnommen werden könne [6]). Den österreichischen Gerichten ist es aber freigestellt, bei Zeugenverhören, welche sie auf Erfuchen aus= ländischer Behörden vornehmen, die in den Gesetzen des Landes, wo die Rechtssache anhängig ist, vorgeschriebenen Förmlichkeiten auf ausdrückliches Anfinnen des fremden Gerichtes zu beobachten. — Wenn nun auch das Erfuchen um Rechtshilfe von einem Gericht ausgeht, so ist es doch nicht geboten, daß es in jedem Fall selbst über die Ausführung vigilirt, vielmehr kann, wenn und weil es sich um eine zivile Prozeß= sache handelt, das den Parteien oder ihren Vertretern überlaffen werden. Nach der deutschen Reichs=Zivilprozeßordnung kann sogar, nach einem an eine ausländische Behörde durch das Prozeßgericht ergangenen Erfuchen zur Beweisaufnahme, diefes Gericht dem Beweisführer überlaffen, das Erfuchungsschreiben zu beforgen und die Erledigung des Gesuches zu betreiben, und zwar so, daß diefer nur eine den Gesetzen des fremden

---

1) Zürcher Refol. 3.
2) Solche direkte Korrespondenz der Gerichtsbehörden für alle Commissions rogatoires, welche wefentlich nur von Frankreich nicht zugestanden wird, wurde sowohl für Zivil=, Handels= als auch Strafrechtsfachen vereinbart im Vertrage Oesterreichs mit Italien v. $\frac{\text{30. Mai}}{\text{22. Juli}}$ 1872 (M. N. R. G. II. Ser. I. 345). Ferner wurde durch Deklaration des Deutschen Reichs und der Schweiz v. 1./13. Dezemb. 1878 (ibid. IV. 688) den schweizer und deutschen Gerichtsbehörden zur Erleichterung der Verwaltung der Rechtspflege der unmittelbare Geschäftsverkehr gestattet, endlich gestattete auch der Vertrag des Deutschen Reichs und Rußland v. 4. Febr. 1879 (ibid. IV. 441) gleichen Verkehr der Gerichte Warschaus und der preußischen Grenzprovinzen. Siehe auch § 328 der Reichszivilprozeßordnung u. norddb. Rechtshilfsgesetze v. 21. Juni 1869. Auch hat das Institut d. dr. intern. in Zürich (annuaire II. 151) sich für direkte Erfuchen um Rechtshilfe von Gericht zu Gericht ausgesprochen.
3) v. Bar, 712.
4) Deklaration Rußlands und Italiens v. 3. Juli 1874 (Mart. ibid. I. 394).
5) v. Bar, 713; Affer, 96. Zürcher Refol. b. Instit. d. dr. intern. 9.
6) Vgl. auch § 331 der deutsch. Reichs=Zivilprozeßordnung, wonach für den Fall, daß bei der Beweisaufnahme vor einem erfuchten (ausländischen) Richter sich ein Streit erhebt, von deffen Erledigung die Fortsetzung der Beweisaufnahme abhängig ist und zu deffen Entscheidung der Richter nicht berechtigt ist, die Erledigung durch das Prozeßgericht (das inländische) erfolgt.

69

§ 34. Das auf den Zivilprozeß bei internat. Rechtsstreiten Privater anwendbare Recht. 233

Staates entsprechende öffentliche Urkunde über die Beweisaufnahme beizubringen hat. Die Beweisaufnahme im Auslande kann auch durch einen deutschen Reichskonsul erfolgen, welcher darum von dem Vorsitzenden des Prozeßgerichts ersucht wird [1].

Das um Rechtshilfe ersuchte Gericht hat selbst zu entscheiden über seine Kompetenz, die Gesetzmäßigkeit des Ersuchens und dessen Zulässigkeit, falls die erbetene Handlung gesetzlich ebenso gut vor dem Prozeßgericht vorgenommen werden kann [2]. Einem gehörig gestellten Ersuchen hat das ersuchte Gericht, nach einer dem Ersuchen günstigen Erledigung der bezeichneten Vorfragen zu entsprechen, nachdem es sich Allem zuvor versichert hat der Authentizität des an ihn ergangenen Ersuchens [3]. Im Falle materieller Inkompetenz hat das ersuchte Gericht das Ersuchungsschreiben dem kompetenten Gericht zu übersenden und das ersuchende Gericht davon zu benachrichtigen [4]. Sollte aber ein ausländisches Gericht das in gesetzmäßiger Weise an dasselbe ergangene Ersuchen nicht erfüllen oder die Erfüllung verzögern, so würde dann auf diplomatischem Wege um die Erfüllung ersucht werden [5].

Aus der internationalen Rechtsgemeinschaft kann auch abgeleitet werden, daß die Staaten derselben gegenseitig ihre Zivilurtheile anzuerkennen und dazu von einander aufgefordert, wenn auch erst nach durch das kompetente Gericht des ersuchten Staates vorgenommener Vollstreckungserklärung, zu vollstrecken haben [6]. Falls die Vollstreckung der Zivilurtheile im Auslande nicht durch einen Vertrag mit dem fremden Staat gesichert ist, kann sie international nur im Fall der Reziprozität gefordert werden. Die Gewährung der Forderung wird aber, außer von der vorhergehenden Prüfung, auch von der Beschaffenheit der Zivilgesetzgebung und Zivilrechtspflege des ersuchenden Staates abhängen, insbesondere davon: ob Recht und Gericht desselben materiell und formell ein rechtmäßiges und gerechtes Urtheil verbürgen. — Die der Vollstreckungserklärung vorhergehende Prüfung des fremden Urtheils ist durch die Gesetzgebung der Staaten der internationalen Rechtsgemeinschaft verschieden normirt, und ist entweder eine materielle und formelle zugleich, oder nur die letztere. In Frankreich muß das für die Vollstreckung kompetente französische Gericht den materiellen Inhalt (le fond) der Entscheidung revidiren [7]. In Belgien erstreckt sich im Fall eines von ihm mit dem Urtheilsstaat abgeschlossenen Vertrages die Prüfung darauf: ob das Urtheil nichts gegen die öffentliche Ordnung, insbesondere Belgien's enthält, ob es nach dem Gesetz des Urtheilsstaates Rechtskraft erlangt habe und authentisch sei, ob die Rechte der Vertheidigung beachtet worden und ob das fremde Gericht nicht bloß auf Grund der Nationalität des Klägers kompetent sei [8]. Auch in Rußland [9] und Italien [10] muß festgestellt werden, daß das Urtheil nichts gegen die gesellschaftliche resp. öffentliche Ordnung und die Landesgesetze oder das bestehende Recht enthalte. In Rußland werden außerdem fremde Urtheile weder anerkannt noch vollstreckt, durch welche Klagen über Eigenthumsrechte an in Rußland belegenen Immobilien entschieden werden, überhaupt aber werden

---

1) Reichszivilprozeßordnung § 328.
2) Zürcher Resol. 5. 3) Zürcher Resol. 7. 4) Zürcher Resol. 8. 5) Zürcher Resol. 6.
6) Sehr richtig sagt Curti (153) „Ohne Wissen und Willen, ohne Auftrag der zuständigen inländischen Behörden kann niemals die inländische Zwangsgewalt in Bewegung gesetzt werden".
7) Cod. civ. Art. 2123 und 2128 Cod. d. procéd. civ. Art. 546.; Bard, 313 ff. Im Vertrage m. d. Schweiz Art. 17 hat indeß Frankreich die Diskussion du fond de l'affaire für unstatthaft erklärt, Bard macht jedoch bei Vertretung der Revision folgendes Zugeständniß: „Si nous refusons aux décisions étrangères l'autorité de la chose jugée, nous ne voyons aucune raison pour ne pas admettre qu'elles font foi, jusqu'à preuve contraire, des faits qui y sont constatées. Elles n'ont pas même besoin d'être déclarées exécutoires pour être invoquées à ce titre.
8) Code de procédure civ. (1876) Tit. I. L. Prélim. art. 10.
9) F. v. Martens, II. 342.
10) Italien. Zivilprozeßgesetz Art. 941 und 42.

in diesem Lande Urtheile von Gerichten auswärtiger Staaten nur vollstreckt, wenn es mit dem betreffenden Staat dazu vertragsmäßig sich verpflichtet hat[1]). In Portugal werden fremde Urtheile nicht bloß dahin geprüft: ob das Urtheil den Prozeßregeln entspricht, sondern ob es auch materiell ein gerechtes sei[2]). Im Deutschen Reich ist das Vollstreckungsurtheil ohne Prüfung der Gesetzmäßigkeit der Entscheidung zu erlassen, außer 1) wenn das Urtheil des ausländischen Gerichtes nach dem für dieses Gericht geltenden Recht die Rechtskraft noch nicht erlangt hat, 2) wenn durch die Vollstreckung eine Handlung erzwungen werden würde, welche nach dem Recht des über die Zulässig= keit der Zwangsvollstreckung urtheilenden deutschen Richters nicht erzwungen werden darf, 3) wenn nach dem Recht desselben Richters die Gerichte desjenigen Staates nicht zuständig waren, welchen das ausländische Gericht angehört, 4) wenn der verurtheilte Schuldner ein Deutscher ist und sich auf den Prozeß nicht eingelassen hat, sofern die den Prozeß einleitende Ladung oder Verfügung weder in dem Staate des Prozeßgerichtes in Person noch durch Gewährung der Rechtshilfe im Deutschen Reich zugestellt ist; 5) wenn die Gegenseitigkeit nicht verbürgt ist[3]). Für Oesterreich ist erste Voraussetzung der Zwangsvollstreckung fremder Urtheile die Gegenseitigkeit, daher sind dessen Gerichte zunächst verpflichtet, die Vorschriften des fremden Rechts über die Vollstreckbarkeit öster= reichischer Urtheile zu untersuchen und festzustellen; zweite Voraussetzung die Kompetenz des Urtheilsgerichts; dritte die Rechtskraft des Erkenntnisses. Die Vollstreckung selbst erfolgt nach österreichischem Recht[4]). Auch in Schweden, Norwegen und Spanien ist Gegenseitigkeit Vorbedingung der Vollstreckung fremder Urtheile. In Spanien wer= den, falls es unmöglich ist, festzustellen: welches Verfahren im Urtheilsstaat gegenüber spanischen Urtheilen beobachtet wird, nur diejenigen fremden Urtheile anerkannt, welche auf eine Personalklage und nicht als Kontumazurtheile ergingen, auch muß das Urtheil sowohl nach fremdem als spanischem Recht authentisch sein[5]). In Italien wird die Kompetenz nach dem Gesetz des Urtheilsstaates bemessen[6]).

Am weitesten blieben in der Erfüllung fremder Urtheile zurück die Niederlande und Dänemark. In dem ersteren Lande findet eine Vollstreckung nur statt, in beson= deren, von dem Gesetz (Art. 431 des Zivilprozeßkoder) angegebenen Fällen, auch können die Prozesse aufs Neue vor die niederländischen Gerichte gebracht und debattirt werden. In den durch das Gesetz bestimmten, übrigens sehr seltenen Ausnahmsfällen, werden die auswärtigen Urtheile für ausführbar erklärt, auf eine an das Vollstreckungsgericht adressirte Requête hin. Dieses Gericht bewilligt oder verweigert das pareatis, ohne Revision des materiellen Bestandes (fond de l'affaire)[7]). In Dänemark muß von dem Urtheilsexekutionsimpetranten eine Klage gegen den Kondemnirten bei einem dänischen Gericht erhoben und dieser im ordentlichen Prozeßgange förmlich verurtheilt werden[8]).

England und die Vereinigten Staaten sollen angeblich am weitesten vor= geschritten sein, indem sie, selbst ohne Gegenseitigkeit, die Autorität des Urtheils eines

---

1) Art. 1273 der russischen Zivilprozeßordnung v. 20. Novbr. 1864. Enthält der betreffende Vertrag keine Regeln für die Vollstreckung, so sind sie der Zivilprozeßordnung (Art. 1274—81) zu entnehmen. Siehe Engelmann. Die Zwangsvollstreckung auswärtiger richterlicher Urtheile in Rußland, Leipzig 1884. S. 1 und 46.
2) Portugies. Zivilgesetzb. Art. 31.
3) Deutsche Zivilprozeßordnung §§ 660, 661. 4) Menger, 172 ff.
5) Revidirte spanische Zivilprozeßordnung (1855) v. 15. Febr. 1881.
6) Art. 10 d. Prelim. d. italien. Zivilgesetzb.
7) Asser, De l'effet ou de l'exécution des jugements rendus à l'étranger en matière civile. In d. Rev. d. dr. intern. I. 89 ff.
8) Charles Constant, De l'Exécution des jugements étrangers dans les divers pays. Paris 1883, 24.

kompetenten fremden Gerichts anerkennen [1]), in England sogar ohne vorhergehende Prüfung und zwar sowohl der Urtheile in rem als personam.   Indeß erstrecken nach englischer Jurisprudenz die letzteren ihre Kraft nur gegen die gehörig vorgeladenen Personen, während die Gerichte der Vereinigten Staaten fremden Urtheilen in personam nur eine Präsumtion prima facie zu Gunsten der gewinnenden Partei zuerkennen [2]).   Wird nun außerdem in England gefordert, daß das fremde Urtheil über die substantiellen Fakta so klare Aussprüche enthalte, daß aus ihnen mit Nothwendigkeit eine Rechtsverpflichtung des Beklagten folge [3]) und ist außerdem eine Reihe von Bedingungen zu erfüllen, damit ein Urtheil unter den Parteien konklusiv und unanfechtbar sei [4]), so wird wohl kaum gesagt werden können, daß fremde Urtheile in England ohne vorhergehende Prüfung anerkannt werden [5]). — Die Vereinigten Staaten fordern, daß das fremde Urtheil ordnungsmäßig ergangen sei und daß es rechtskräftig sei und nicht angegriffen werden könne wegen Betruges, außerdem muß es von einem Gericht des Staates, wo es exekutirt werden soll, sanktionirt sein [6]). — Die Prüfung eines fremden Urtheiles wird in der Regel von dem zur Urtheilsvollstreckung kompetenten Gericht erster Instanz vorgenommen, in Italien und Portugal vom Appellgericht.   Die formelle Prüfung erstreckt sich allgemein auf die Kompetenz des Richters [7]) und auf die Authentizität und Rechtskraft des Urtheiles, nach italienischem Recht aber auch darauf: ob die Parteien regelrecht vorgeladen wurden und ob sie gesetzlich vertreten waren [8]) und nach belgischem und russischem Recht auch darauf: ob die Rechte der Vertheidigung beobachtet wurden.   Das Gesuch um Vollziehung eines fremden Urtheils ergeht entweder von dem Urtheilsgericht oder von der dabei interessirten Partei.   Der Exekutionsimpetrant hat [9]) dem kompe=tenten Gericht vorzulegen 1) ein gehörig beglaubigtes Urtheil, 2) das Original des Dokuments über die Urtheilseröffnung, 3) ein gerichtliches Zeugniß, daß wider das Urtheil kein Rechtsmittel ergriffen worden.   Sind nun diese Urkunden in Ordnung und ergibt die Prüfung, daß kein gesetzlich oder vertragsmäßig festgestellter Grund [10]) vorliegt, die Exekution zu weigern, so ergeht das auf Zwangsvollstreckung gerichtete Erkenntniß. Form und Art der Exekution richten sich nach dem Recht des exekutirenden Staates oder Gerichtes.

Eine judiziäre Union zur Exekution fremder Zivilurtheile ist mit Recht als ein schöner Traum bezeichnet worden, dagegen erscheint der Wunsch, daß alle Gesetzgebungen eine Klage auf Exekution fremder Urtheile enthalten als ein wohlberechtigter (Constant l. c. 36).   Ein weiterer Abschluß von Staatsverträgen zur Exekution fremder Urtheile wird auch in dieser Materie eine Vorbedingung und Grundlage größerer internationaler Uebereinstimmung und Feststellung werden. Frankreich schloß schon am 6. April 1846 einen solchen Vertrag mit Baden (M. N. R. G. IX. 126),

---

1) Phillimore, IV. 675.

2) Alexander, „De l'exécution des jugements étrangers en angleterre" im Journ d. dr intern. privé. V. 29.

3) Alexander l. c. VI. 136.   4) Phillimore, IV. 679.

5) Sehr richtig sagt daher Barb (328) „Aujourd'hui la condamnation prononcée par un tribunal étranger est, en Angleterre, une dette pure et simple dont le créancier poursuit le recouvrement suivant la loi britannique.   Il faut que la condamnation soit définitive, et que la dette soit liquide et exigible.   En ce qui concerne la décision qui a donné naissance à la dette, le juge anglais examine si le procès relevait des juridictions de l'État où il a été jugé, si la sentence a été obtenue sans fraude, et si elle n'a rien de contraire à l'ordre public et aux bonnes mœurs anglaises".

6) Coudert frères. „De l'exécution des jugements étrangers aux Etats unis" im Journal du droit international privé 1879, S. 22 und 25 ff.

7) Nach dem Rechtshilfsgesetz des Norbb. Bundes § 2 wurde die Rechtshilfe selbst bei nicht begründeter Zuständigkeit des Gerichts zugemuthet.

8) Auch nach Art. 17 des franz.=schweizer. Vertrages v. 1869.

9) Nach Art. 16 des franz.=schweizer. Vertrages.

10) Nach Art. 17 des franz.=schweizer. Vertrages sollen auch die Regeln des öffentlichen Rechts und die Interessen der öffentlichen Ordnung des Exekutionsstaates nicht der Erfüllung entgegenstehen.

am 15. Juni 1869 mit der Schweiz (Arch. dipl. X. 1. 259) und am 14. Mai 1870 mit Spanien ab (Arch. dipl. XIV. 1. 43). In denselben Verträgen oder auch in untereinander ausgewechselten Deklarationen, wie z. B. der zwischen Italien und Rußland vom $\frac{30.\ \text{Juni,}}{3.\ \text{Juli}}$ 1874 (M. N. R. G. II. Ser. I. 394) und zwischen Italien und Baden vom 23. Januar 1868 (Arch. dipl. IX. 1. 149) versprechen sich die kontrahirenden Staaten die gegenseitige Uebermittelung gerichtlicher Kundmachungen (Significations) oder Zitationen und die Ausführung der an sie vom Mitkontrahenten oder dessen Behörden gelangenden Gesuche um Rechtshilfe (commissions rogataires). Somit ist auch von Staaten der Verpflichtung zur Rechtshilfe in Zivilsachen bestimmter Ausdruck geliehen.

§ 35. **C. Beistand der Staaten in Bezug auf die nichtstreitige Gerichtsbarkeit.** Die Akte der nichtstreitigen oder sog. freiwilligen Gerichtsbarkeit dienen wiederholt zur Begründung von Rechtsverhältnissen in einem fremden Staat, besonders auch von solchen zwischen den Angehörigen verschiedener Staaten in Bezug auf das Personen- und Familienrecht und zur Regelung des Nachlasses eines in einem fremden Staat Verstorbenen. Außerdem haben die Staaten wiederholt einander um Mittheilung von Zivilstandsakten in Bezug auf die in ihren resp. Gebieten geborenen, getrauten und verstorbenen Personen zu ersuchen. Die Staaten der internationalen Rechtsgemeinschaft haben daher thatsächliche Veranlassung über die geforderte rechtliche Beschaffenheit der im fremden Staatsgebiet zur Wirkung gelangenden Aktenstücke und deren gegenseitige Mittheilung mit einander Vereinbarung zu treffen und genügen dadurch nur ihrer internationalen Pflicht, den Rechtsverkehr auch für Private zu unterstützen und zu fördern. Dieser Pflicht sind sie denn auch in Konventionen und Deklarationen nachgekommen.

In Bezug auf die Beglaubigung der in den internationalen Verkehr gelangenden Urkunden sind zu erwähnen die zwischen Oesterreich-Ungarn und Italien am $\frac{1.\ \text{Februar}}{21.\ \text{März}}$ 1874 (M. N. R. G. II. Ser. I. 350) ausgetauschten Deklarationen und die zwischen dem Deutschen Reich und Oesterreich-Ungarn am 25. Februar 1880 abgeschlossene Konvention (ibid. VI. 374). Nach der erstbezeichneten Deklaration bedürfen von Gerichten oder Notaren ausgefertigte oder beglaubigte und mit der Beglaubigung in italienischer Sprache durch Oberlandesgerichte resp. Appellhöfe versehene Urkunden, welche im Jurisdiktionsbezirke solcher hohen Gerichte im anderen Staate produzirt werden sollen, keiner weiteren Beglaubigung. Dagegen sind diplomatisch oder konsularisch zu beglaubigen diejenigen Urkunden, welche in Italien der Eintragung in die Zivilstandsregister und in Oesterreich der in die Geburts-, Heiraths- oder Sterbematrikel dienen oder, welche entweder die Staatsangehörigkeit in Oesterreich nachweisen oder die Erlangung derselben herbeiführen sollen. Nach der deutsch-österreichisch-ungarischen Konvention bedürfen aber keiner Beglaubigung die mit dem Amtssiegel versehenen, vom Zivil- oder Militärgericht in streitigen oder nichtstreitigen bürgerlichen Angelegenheiten und in Strafsachen, die von den obersten Verwaltungsbehörden und einer sonstigen staatlichen oder kirchlichen Verwaltungsinstanz und von namentlich aufgeführten Behörden sowie die von den Finanzbehörden, einschließlich der Forstämter in den Grenzbezirken, ausgestellten Urkunden. Auch sind von der Beglaubigung ausgenommen die von Notaren, Gerichtsvollziehern oder Gerichtsschreibern vollzogenen resp. ausgestellten und mit dem Amtssiegel versehenen Wechselproteste. Dagegen bedürfen einer gerichtlichen Beglaubigung die von den Notaren, Gerichtsvollziehern und anderen gerichtlichen Hilfsbeamten, im Deutschen Reich oder auch die von Standesbeamten und Hypothekenbewahrern ausgefertigten Urkunden und die Auszüge aus Kirchenbüchern, letztere außerdem mit einer gerichtlichen Bescheinigung, daß der Aussteller zur Ertheilung der Auszüge befugt sei. In Oesterreich sind aber die entsprechenden Matriken durch die beaufsichtigende Verwaltungsinstanz zu beglaubigen. Die so beglaubigten Auszüge und die einer Privaturkunde durch eine kompetente Behörde beigefügte Beglaubigung bedürfen keiner weiteren Beglaubigung.

Auf die Erleichterung der Heirathen der Angehörigen eines Staates, welche im Gebiet eines anderen ihr Domizil haben, beziehen sich die vom Deutschen Reich mit Italien am 3. Dez. 1874 (ibid. I. 262) und mit Belgien am 8. Oktober 1875 (ibid. I. 217) und zwischen Belgien und Frankreich am 18. Oktober 1879 (ibid. IV. 707) abgeschlossenen Konventionen. Nach den beiden ersteren Konventionen sollen die männlichen Staatsangehörigen des einen Theiles, welche mit den weiblichen des anderen eine Ehe schließen wollen, nicht verpflichtet sein, nachdem sie ihre Staatsangehörigkeit erwiesen haben, noch durch von der kompetenten Obrigkeit ihres Staates ausgestellte Zeugnisse nachzuweisen, daß sie durch ihre Eheschließung ihrer künftigen Ehegattin und den aus dieser Ehe hervorgehenden Kindern ihre Nationalität mittheilen und daß sie daher, nach erfolgter Eheschließung von ihrem Lande mit ihrer Familie auf deßfallsiges Gesuch werden aufgenommen werden. Dagegen haben sie, wenn ihr Staatsgesetz oder das des Landes der Eheschließung ein Zeugniß der kompetenten

Obrigkeit darüber fordert, daß nach den bürgerlichen Gesetzen ihres Landes kein Ehehinderniß ent=
gegenstehe, ein solches Zeugniß beizubringen. Die belgisch=französische Konvention erklärt es für
genügend, daß die zum Heirathsabschluß beim Zivilstandsbeamten zu produzirenden Urkunden ent=
weder durch einen Gerichtspräsidenten oder durch einen Friedensrichter resp. seinen Vertreter beglaubigt
werden, außer wenn die Authentizität der produzirten Urkunden anzuzweifeln wäre.

In Bezug auf die Nachlaßregelung ihrer im Lande des anderen kontrahirenden Staates
verstorbenen Staatsangehörigen haben Konventionen abgeschlossen: Frankreich mit Oesterreich
am 11. Dezember 1866 (Arch. dipl. VII. i. 81), mit Rußland am 1. April 1874 (M. N. R. G.
II. Ser. I. 624), Rußland mit dem Deutschen Reich am $\frac{31. \text{ Oktober}}{12. \text{ November}}$ 1874 (ibid. I. 229), mit
Italien am 28. April 1875 (ibid. I. 401) und mit Spanien am 26. Juni 1874 (ibid.
II. 561). Oesterreich mit Serbien am 6. Mai 1881 (Arch. dipl. II. Ser. XXII. und XXIII. iii.
343). Nach diesen ihrem Inhalte nach ziemlich übereinstimmenden Konventionen haben, wenn ein
Staatsangehöriger des einen Kontrahenten im Staat des anderen stirbt, gleichviel ob er dauernd
oder vorübergehend sich dort aufhielt, die kompetenten Autoritäten des Sterbeortes hinsichtlich der
Mobilien und Immobilien dieselben Maßregeln zu ergreifen, welche nach der Gesetzgebung ihres
Staates hinsichtlich der Nachlassenschaft ihrer Staatsangehörigen zu ergreifen wären. Ist am
Sterbeort ein Konsul des Staates des Verstorbenen, so muß die Lokalautorität ihn sogleich von
dem Todesfall benachrichtigen, damit die Nachlassenschaft von beiden gemeinschaftlich versiegelt
werden kann. In gleicher Mitwirkung wird auch der Nachlaß inventarisirt und werden die Siegel
desselben wieder gelöst. Die kompetente Lokalautorität erläßt die nach der Gesetzgebung des Landes
auf die Erbschaftseröffnung und die Berufung der Erben und Gläubiger bezüglichen Publikationen
ohne dadurch denjenigen der Konsulatsautorität zu präjudiziren. Nach Aufnahme des Inventars
übergibt die kompetente Autorität dem Konsul den Mobiliennachlaß, die vorhandenen Urkunden,
Werthsachen, Forderungen und Papiere und ein etwa vorhandenes Testament. Auch hat der
Konsul das Recht sich alle dem Verstorbenen gehörenden Werthgegenstände von öffentlichen Kassen
wie Privatpersonen ausliefern zu lassen und darf den Betrag für die Kosten und für sonstige
konventionsmäßige Ausgaben dem Nachlaß entnehmen. Der Konsul hat auch den Nachlaß zu
liquidiren und den Berechtigten auszuantworten ohne irgend eine andere Rechnungslegung als die
an seine Regierung. Wo ein Konsul installirt ist, ergreift die Lokalbehörde die ersten Maßregeln,
sendet aber beglaubigte Abschriften der Verhandlungen und den Erlös aus dem Nachlaß dem
nächsten Konsul des Landes des Verstorbenen. Alle diese Bestimmungen finden auch Anwendung
auf den Nachlaß eines Angehörigen eines der beiden kontrahirenden Staaten, welcher zwar außer=
halb des Gebietes des anderen Staates verstorben, indeß dort bewegliches und unbewegliches
Vermögen hinterließ[1]).

Der Nachlaß von Seeleuten ist in den genannten Nachlaßverträgen nur in der Bestimmung
berücksichtigt, daß das Gehalt und die Effekten, welche Matrosen und Passagieren eines der beiden
Staaten gehören, die im anderen Staat entweder am Bord eines Schiffes oder auf dem Festland
verstarben, dem Konsul ihrer Nation übergeben werden sollen. Ausführlichere Bestimmungen über
den Nachlaß der Seeleute enthalten die von Großbritannien mit Dänemark am 11. April 1877
(M. N. R. G. II. Ser. II. 471), mit Italien am 17. April 1877 (ibid. IV. 296) und mit Rußland
am 9. August 1880 (ibid. VI. 418) speziell über diesen Gegenstand abgeschlossenen Konventionen.
Der Nachlaß der der Nation des einen Kontrahenten angehörenden, aber auf dem Schiff des anderen
dienenden und am Bord oder in dessen Gebiet gestorbenen Seeleute wird dem Schutz der lokalen
Regierung empfohlen und, wenn er die Summe von 50 Pfd. St. nicht übersteigt, ohne Beobachtung der
für Erbschaftsübergaben erforderlichen Formalitäten, den resp. Konsulaten übergeben, übersteigt er
die angegebene Summe und meldet sich innerhalb sechs Monaten keine zur Nachlaß=Verwaltung
berechtigte Person, so hat der resp. Konsul des Jurisdiktionsbezirkes, in welchem der Tod erfolgte,
vom Nachlaß Besitz zu nehmen und ihn zu verwalten. Stirbt aber ein auf dem Schiff einer
anderen Nation dienender Seemann der einen Nation auf dem Territorium einer dritten, so wird
der Nachlaß, nach Abzug der Unkosten, dem Konsul der anderen Nation übergeben.

Die von einzelnen Staaten einander zugestandenen Mittheilungen ihrer resp. Akten
beziehen sich entweder nur auf solche über Todesfälle oder auf Zivilstandsakten der Angehörigen
des anderen Staates überhaupt. In erster Beziehung sind zu erwähnen die durch Belgien mit
Oesterreich am 30. April 1871 (ibid. I. 158), mit Spanien am 27. Januar 1872 (ibid. 175) und
Rumänien am $\frac{7. \text{ Mai}}{25. \text{ April}}$ 1874 (ibid. 216) und die von Oesterreich mit Italien am
$\frac{25. \text{ April}}{17. \text{ Mai}}$ 1873 (ibid. ·349) ausgetauschten Deklarationen, welche die resp. Staaten ver=
pflichten, ihre Zivilstands= und kirchlichen Beamten dazu anzuhalten, daß sie der in ihrem Staat
residirenden Gesandtschaft des anderen Deklaranten die Akten über den Tod derjenigen Personen zu=
stellen, welche im beschickten Staat gestorben und im sendenden geboren waren oder ihr Domizil

---

1) Böhm's Handb. der internationalen Nachlaßbehandlung, Augsburg 1881, füllt eine
Lücke in der internationalen Litteratur in sehr dankenswerther Weise aus.

hatten. Diese Zusendungen haben ohne Requisition, ohne Verzug und kostenfrei in der landes=
üblichen Form und mit Translaten zu geschehen. Die Zusendung von Zivilstandsakten überhaupt
in Bezug auf die in ihrem Staatsgebiet geborenen, verheiratheten und gestorbenen Staats=
angehörigen des anderen Staates, und zwar alle sechs Monate für das vorhergehende Halbjahr,
sagten sich zu Frankreich einerseits und Italien am 13. Januar 1875 (Mart. ibid. I. 371),
Luxemburg am 14. Juni 1875 (ibid. 640) und Belgien am 25. August 1876 (ibid. II. 149)
andererseits, Belgien einerseits und Italien am 17. Juli 1876 (ibid. 147), Luxemburg am
21. März 1879 (ibid. IV. 704) und die Schweiz am 2. Februar 1882 Arch. dipl. II. Ser. XXII.
und XXIII. III. 163) andererseits.

§ 36. **D. Beistand der Staaten in Bezug auf die Präventivjustiz.** Die Staaten
der internationalen Rechtsgemeinschaft haben sich auch Beistand in Bezug auf die
Präventivjustiz zu leisten, wenn dieser auch am schwierigsten, nicht häufig und wenn
überhaupt, so in beschränktem Maaß gewährt wird. Um so mehr ist Anlaß geboten.
diesen Beistand zu regeln, da er um so eher zugestanden werden wird, wenn der
ersuchende und ersuchte Staat Art und Maaß der Gewährung einander genau präzisiren
können. Die zu dem Zweck für die erbetenen Vorbeugungsmaßregeln in Vorschlag
gebrachten Grundsätze [1]) sind: daß die Vorbeugungsmaßregeln 1) verhältnißmäßig seien,
2) nur in Nothfällen ergriffen werden, 3) nur in bestimmte geringere Rechte Dritter
eingreifen und womöglich gegen Entschädigung und 4) mit Wahrscheinlichkeit einen
Erfolg vorhersehen lassen.

Die Vorbeugungsmaßregeln werden in der Regel durch einen Staat von einem
anderen erbeten zur Abwehr der dem ersteren in Friedenszeiten [2]) von dem Gebiet des
letzteren her drohenden Umtriebe und Angriffe von einzelnen oder einer größeren Zahl
von Individuen, welche im Nachbarstaat ihren Aufenthalt genommen haben. Das Er=
suchen des bedrohten Staates ist entweder auf Auslieferung oder bloß auf polizeiliche
Ausweisung oder Internirung der bedrohenden Individuen, d. h. Anweisung eines
bestimmten Aufenthaltsorts für dieselben im Inneren des Landes oder mindestens auf
deren Entfernung von der Grenze des Nachbarstaates gerichtet. In der That ist denn
auch wiederholt den letztbezeichneten Ersuchen Folge geleistet worden, z. B. rücksichtlich
der badischen Flüchtlinge zur Zeit der badischen Revolution (1849) durch die Schweiz
und rücksichtlich der hannöverschen Legion (1866) durch Frankreich. Auch hinsichtlich
politischer Flüchtlinge, welche nur ein Asyl im Zufluchtsstaat erstrebten, wird die Inter=
nirung unbedenklich zugestanden werden können, da ihnen dabei der Aufenthalt im
fremden Lande gewährt bleibt. Gegenüber solchen Individuen aber, welche einen Angriff
auf den Nachbarstaat oder ein Eindringen in denselben zu verbrecherischen Zwecken vor=
bereiten, darf aber kein Rechtsstaat dulden, daß Fremde die ihnen gewährte Gleichstellung
mit den Einheimischen zu Vorbereitungen zu gewaltthätigen Unternehmungen gegen
einen anderen Staat der internationalen Rechtsgemeinschaft ausnützen. Es haben die
Staaten in ihren Gesetzgebungen Maßregeln gegen Fremde, welche ihren eigenen Frieden
bedrohen oder den der Nachbarstaaten, angeordnet und im ersteren Fall die Ausweisung [3]),
im letzteren mindestens die Internirung ausgesprochen.

Die bezügliche Gesetzgebung der einzelnen Staaten ist folgende:
1. Englands Fremdenbill von 1848 (Mart. N. R. G. XI. 444) gestattet die Austreibung
von Fremden, welche nicht durch siebenjährigen Aufenthalt ein Domizil erworben und bedroht die
dem Ausweisungsbefehl nicht Nachkommenden mit Gefängniß von 1—12 Monaten [4]).
2. Belgiens Gesetze vom 7. Juli 1865, 17. Juli 1871, 15. März und 2. Juni 1874 und

---

1) v. Mohl, „Die Pflege der internationalen Gemeinschaft" in dessen Monograph. I. 605 ff.
2) Die Ausweisung in Kriegszeiten gehört nicht hierher.
3) S. hierüber v. Holtzendorff in s. Rechtslex. s. v. Ausweisung der Fremden und
Bernard, Traité d'extradition, Paris 1883 II. 614 ff.
4) S. die frühere englische Gesetzgebung von dem ersten alien Act von 1793 an bei Phil=
limore, I. 260.

8. Juli 1880 geftatten, mit einigen gefeßlich feftgeftellten Ausnahmen, den Fremden, welcher durch fein Benehmen die öffentliche Sicherheit kompromittirt, a) von einer beftimmten Oertlichkeit zu entfernen, b) ihm einen beftimmten Ort als Wohnfiß anzuweifen, c) ihn zu verpflichten, das Königrich zu verlaffen[1]).

3. Nach Frankreichs Gefeßen vom 21. April 1832, 1. Mai 1834, 24. Juli 1839 und 13. Dezember 1848[2]), vom 23. Dezember 1849 Art. 7[3]) und dem Art. 272 des code pénal kann der Minifter des Innern, in den Grenzprovinzen fchon der Präfekt als polizeiliche Maßregel jeden Fremden veranlaffen, fofort das französifche Territorium zu verlaffen und ihn zur Grenze hinführen laffen. Auch ift die Internirung von Flüchtlingen in beftimmten Städten geftattet und im Fall der Auflehnung dagegen oder einer Gefahr für die öffentliche Sicherheit die Ausweifung unter Androhung von Gefängniß bis zu fechs Monaten. Nach fünfjährigem Aufenthalt oder nach französifchem Militärdienft gleicher Zeitdauer hat aber die Internirung aufzuhören[4]).

4. Italien hat kein befonderes Gefeß über die Auftreibung der Fremden. Es finden fich aber die gefeßlichen Beftimmungen in verfchiedenen Gefeßen, im Strafgefeßbuch und im Gefeß für die öffentliche Sicherheit und in den Inftruktionen des Minifters des Innern. Die durch italienifche Gerichte für Vagabunden erklärten Fremden werden ausgewiefen, in gleicher Weife auch für ver-fchiedene Verbrechen gegen das Eigenthum verurtheilte Fremde. Ein Dekret motivirt diefe Aus-weifung. Es kann indeß ein Fremder aus Gründen öffentlicher Ordnung auch auf dem Verwal-tungswege ausgewiefen werden[5]).

5. Nach der Bundesverfaffung der fchweizerifchen Eidgenoffenfchaft vom 29. Mai 1874 Art. 70, fteht dem Bunde das Recht zu, Fremde, welche die innere oder äußere Sicherheit der Eidgenoffenfchaft gefährden, aus dem fchweizerifchen Gebiet wegzuweifen. Eine Reihe durch die Schweiz mit fremden Staaten abgefchloffener Niederlaffungs- und Freundfchaftsverträge haben die Freiheit der Schweiz in der Ausweifung eines den kontrahirenden Staaten angehörenden Indi-viduums modifizirt[6]).

6. In den Niederlanden ift die Ausweifung geregelt durch das Gefeß vom 13. Auguft 1847; ein zugelaffener Fremder kann nur durch richterlichen Befchluß oder Königl. Verordnung ausgewiefen werden, ein nicht zugelaffener durch die Polizei. Der für den öffentlichen Frieden gefährliche kann durch Königl. Verordnung ausgewiefen oder ihm ein beftimmter Aufenthaltsort angewiefen werden[7]).

7. In Spanien ift die Ausweifung eines Fremden geregelt durch Gefeß von 1852 und Königl. Ordonanz von 1858. Ein Paßlofer und Gruppen Emigrirter können durch Regierungsakt ausgewiefen werden. Einem politifch emigrirten wird in einer beftimmten Entfernung von der Grenze Frankreichs oder Portugals ein Aufenthalt angewiefen[8]).

8. In Dänemark gilt für die Fremdenausweifung das Gefeß vom 15. Mai 1875. Fremde, welche das Niederlaffungsrecht nicht erhalten und folche, welche keine Subfiftenzmittel haben, werden ausgewiefen. Fremde ohne Niederlaffungsrecht oder Indigenat können wegen ihres Benehmens durch eine minifterielle Verordnung ausgewiefen werden[9]).

9. Durch Königl. fchwedifche Verordnung vom 21. September 1860 kann eine fich nicht gehörig in Bezug auf Namen und Domizil ausweifende Perfon über die Grenze eskortirt werden[10]).

10. Im Deutfchen Reich ift die höhere Landespolizeibehörde ermächtigt, den Ausländer aus dem Bundesgebiet zu verweifen und wird der ohne Erlaubniß zurückkehrende Verwiefene mit Haft beftraft[11]).

11. In Oefterreich wird jeder Ausländer, der fich in feiner Moralität, politifchen Denkart oder Erwerbsunfähigkeit als landesgefährlich zeigt, entfernt. Die Beurtheilung der Nothwendigkeit der Abfchaffung eines Ausländers fteht polizeilichen Behörden zu. Bei eigenmächtiger Rückkehr erfolgt Beftrafung[12]).

12. In Rußland gehört die Verweifung über die Landesgrenze zu den polizeilichen Maßregeln[13]).

Ausweifung und Internirung find aber auch international geregelt. Den Modus der Aus-treibung eines Angehörigen betrifft die zwifchen Frankreich und Bayern ausgewechfelte Deklaration vom 30. Mai 1868[14]) und die zwifchen Oefterreich und Italien vom 23./30. April 1879[15]), das Recht der Ausweifung und Internirung von Individuen, welche die Ruhe und öffentliche Ordnung

---

1) Vgl. Goddyn et Mahiels, Le droit criminal belge au point de vue international. Bruxelles 1880.
2) M. N. R. G. XII. 177.   3) Ibid XIV. 679.
4) Fiore (Antoine), Traité de droit pénal international. 1880. S. 106.
5) Fiore 102 ff.   6) Ch. Brocher bei Fiore 109.   7) Fiore 114.
8) Rafaele di Labia bei Fiore 113.   9) Cogordan bei Fiore 110.
10) Naumann, Du droit d'asile des étrangers en Suède. Rev. d. dr. intern. II. 179 ff.
11) Deutfches Reichs-Strafgefeßbuch §§ 39. 362.
12) Vesque v. Püttlingen. Behandlung der Ausländer in Oefterreich. 1842. 352 ff.
13) Witte. Die Rechtsverhältniffe der Ausländer in Rußland. Dorpat 1847, 67.
14) Arch. dipl. IX. I. 172. 15) M. N. R. G. II. Ser. VIII. 554.

oder die innere oder äußere Sicherheit des Staates kompromittiren würden, wahren sich die Schweiz und die Niederlande im Additionalprotokoll vom 24. April 1877 zu ihrem Vertrage vom 19. August 1875[1]).

Daß die aufgeführten gesetzlichen Bestimmungen mehr dem Interesse des gesetzgebenden Staates ihren Ursprung verdanken, als einer durch sie anerkannten Rechtspflicht gegen andere Staaten, unterliegt keinem Zweifel. Namentlich gilt das von der Ausweisung, während die Internirung, außer bei Kriegsgefangenen, wohl kaum in einem anderen Interesse, als dem eines Nachbarstaates stattfinden wird. Ist im letzteren Fall dem internirten Individuum die Ausführung eines Vorhabens gegen den Nachbarstaat dadurch unmöglich gemacht, so wird wohl dieser auch an der Internirung sich genügen lassen. Es wäre daher schon ein Fortschritt, wenn die Staaten in ihren Gesetzgebungen allgemein solche Internirung festsetzen und sie erforderlichen Falles vollziehen würden. Schwieriger ist es dagegen in Bezug auf die Ausweisung Fremder auf Verlangen anderer Staaten die Bedingungen gesetzlich zu fixiren. Verurtheilte Verbrecher würde ein Staat schon in seinem eigenen Interesse ausweisen, wenn es auch andererseits keinem anderen Staat zugemuthet werden darf die Ausgewiesenen, wenn es nicht seine eigenen Staatsangehörigen sind, aufzunehmen. Auch fremde Vagabunden wird ein Staat in seinem eigenen Interesse ausweisen. Sind aber die Staaten so bereit, sich von fremden, ihnen lästigen Individuen zu befreien, so müssen sie auch als Glieder der internationalen Rechtsgemeinschaft bereit sein, Individuen auszuweisen, welche auf ihrem Gebiet Vorbereitungen zu gewaltsamen Unternehmungen gegen andere Staaten, wenn es auch nicht Nachbarstaaten sind, treffen. Oder sollten etwa die Staaten die Pflicht haben, solchen auf Umsturz der bestehenden Ordnung von Staaten oder die Ausführung von Verbrechen vorbereitenden oder die Ausübung solcher zum Schaden anderer Staaten, wie Münz- und Notenfälschungen, betreibenden Individuen ein sog. Asyl zu gewähren und sollten es die Würde und Ansehen eines Kulturstaates haben, sein Gebiet zum Herd verbrecherischer Konspirationen und zur ungestörten Vorbereitung und Ausübung gegen andere Staaten, ihre Ordnung und ihren Wohlstand erschütternder böswilliger Handlungen zu erniedrigen, welche, wenn sie gegen den Aufenthaltsstaat gerichtet wären, zu Repressionen und harten Strafen berechtigen würden? Solch eine Asylpflicht besteht vor dem Recht nicht, wohl aber eine Prätension der ein solches Asyl gewährenden Staaten und der dasselbe beanspruchenden fremden Individuen. Da der Asylanspruch ohne die rechtliche Begründung eines unbeschränkten Rechts zur Asylgewährung hinfällig wird, so genügt es, dieses zu prüfen. Das Asylrecht hat einen in das Alterthum zurückreichenden Ursprung und eine durch das Mittelalter hindurch bis in die neue Zeit sich entwickelnde Fortsetzung. Der Grundcharakter des staatlichen, weltlichen und kirchlichen Asylrechts ist, abgesehen von der Wehr gegen den Bluträcher und von der Tendenz der christlichen Kirche, durch Herbeiziehung von Flüchtlingen ihre Jurisdiktion zu erweitern und sich als Schutzmacht zu geriren, — Schutz des Flüchtlings gegen die strenge oder unbedingte Rechtsverfolgung[2]). Das völkerrechtliche Asyl unterscheidet sich aber dadurch von dem staatlichen, daß der Flüchtling außerhalb seines Staates Schutz gegen dessen Rechtsverfolgung in einem anderen Staat sucht und daß der Staat, welcher ihm das Asyl gewährt, ihm nicht bloß an besonderen Zufluchtsstätten, es sei denn daß er ihn internirt, sondern in seinem ganzen Staatsgebiet ein Asyl gewährt. Nur Spuren eines Asylrechts der Fremden finden sich bei den alten Juden, welche einem Fremden (Beisassen oder Gentilen) dann einen Zutritt zu ihren Freistätten gewährten, wenn er einen anderen als einen Hebräer getödtet[3]). Die von einem Staat gegenüber einem anderen behauptete Asylberechtigung wurzelt in der von den Staaten in ihrem Verhältniß zu anderen Staaten behaupteten unbeschränkten Gebietshoheit, als Einzelrecht der Souveränität. Staaten einer internationalen Rechtsgemeinschaft wie die gegenwärtigen Kulturstaaten haben aber nicht bloß Rechte für sich, sondern auch Pflichten gegen andere. Es äußert sich die Uebung der Pflicht aber auch als Beistand in der Präventivjustiz zu Gunsten anderer Glieder der internationalen Rechtsgemeinschaft, damit diese in ihrem Rechtsfrieden durch Vorbereitungen und Unternehmungen von und auf dem Gebiete anderer Staaten nicht gestört und beeinträchtigt werden. Ein Asylrecht, welches jene Bedrohungen ruhig gewähren lassen würde, würde sich der Begünstigung derselben schuldig machen und zu begründeten Rekriminationen Seitens desjenigen Staates, gegen welchen sie gerichtet sind, Anlaß geben. Werden Private wegen Begünstigungen solcher Handlungen bestraft, so ist nicht abzusehen, weßhalb der höher als der Einzelne stehende sittliche Staat wegen solcher Begünstigungen zur Verantwortung gezogen werden sollte. Individuen, welche wegen inhumaner Behandlung oder Verurtheilung durch ihren Staat oder nach Begehung nicht gemeiner Verbrechen oder Vergehen in einen anderen Staat flüchten, werden dagegen von diesem immer geschützt werden dürfen, eben weil er Mitglied einer internationalen Rechtsgemeinschaft ist, diese aber gegen solche Verfolgungen zu schützen nicht bloß ein Recht, sondern auch die Pflicht hat, als Kultur- und Rechtsstaat. Ein unbeschränktes Asylrecht ist daher rechtswidrig, ein beschränktes rechtmäßig. Ebenso ist eine unbeschränkte Ausweisung rechtswidrig, eine beschränkte rechtmäßig und vom internationalen Recht im

---

1) M. N. R. G. II. Ser. IV. 691.

2) S. über die Geschichte des Asylrechts Bulmerincq, Das Asylrecht und die Auslieferung flüchtiger Verbrecher. Dorpat 1853. S. 11—135.

3) Müller-Jochmus, Geschichte des Völkerrechts im Alterthum. § 24.

Staatenverkehr gefordert und wohlbegründet. Auch ohne Aufforderung Seitens des beeinträchtigten Staates wird daher ein Staat, auf dessen Gebiet sich eine Vorbereitung zur Störung des Rechtsfriedens eines anderen Staates oder zu verbrecherischen Handlungen gegen einen solchen vollzieht oder Verbrechen gegen ihn dauernd verübt werden, solchen Vorbereitungen, Handlungen und Verbrechen wehren müssen. Nur so erfüllen die Staaten ihre Pflicht als Glieder der internationalen Rechtsgemeinschaft und können auch auf Gegenleistung Anspruch erheben. Wenn aber ein Staat nur gegen ihn selbst gerichtete Angriffe abwehrt, andere aber gewähren läßt, so ist eine Konsequenz seiner eigenen Handlungsweise, wenn auch andere Staaten den gegen ihn gerichteten Unternehmungen nicht wehren, sondern seine Theorie des laisser faire auch gegen ihn anwenden. Besonders hat England, das sich solch unbeschränkter Asylgewährung rühmte, in neuester Zeit die Rückwirkung solcher auf ihn in empfindlichster Weise erfahren müssen.

Für die Nothwendigkeit der Beschränkung des Asylrechts erklärte sich schon 1849 der schweizerische Bundesrath in seinem Entscheid vom 16. Juli (Mart. N. R. G. XIV. 560). Umfassende Aktenstücke über das Asylrecht fremder Flüchtlinge in der Schweiz aus dem Jahre 1834 siehe bei M. N. R. S. III. 799 ff. und 855 ff., die über die Ausweisung Louis Napoléon's (1838) bei M. N. R. XV. 688. Siehe auch über das Asylrecht der Schweiz Roguin im Jour. d. dr. intern. privé VIII. 285 ff. Ueber polnische Flüchtlinge verhandelten Rußland und die Türkei 1849 (Mt. N. R. G. XIV. 693). England's Praxis legt mit Berücksichtigung des Attentates Bernard's gegen Napoléon III. dar Phillimore I. 447 ff.

§ 37. **E. Beistand der Staaten in Bezug auf die Kriminaljustiz**[1]). a) Die Bestrafung der im Auslande begangenen Verbrechen und Vergehen[2]). Ein jeder Staat ist auf Grund seiner Gebietshoheit berechtigt jedes auf seinem Gebiet begangene Verbrechen und Vergehen, sei der Thäter ein In- oder Ausländer und der Verletzte ein fremder Staat oder dessen Angehöriger, zu bestrafen. Indeß wird ein Staatsangehöriger von seinem Staat auch wegen eines im Auslande begangenen Verbrechens, außer von den Vereinigten Staaten, bestraft. England straft in diesem Fall schon für eine Reihe von schwereren gemeinen Verbrechen und für Vergehen einer Schiffsmannschaft. Frankreich straft seine Staatsangehörigen für die von ihnen im Auslande begangenen Verbrechen (crimes), welche durch das französische Gesetz mit Strafe bedroht sind, für die als Delikt durch das französische Gesetz qualifizirte Handlung aber nur dann, wenn die Handlung im Begehungsstaat mit Strafe bedroht ist und nur auf Klage der verletzten Partei auf offizielle Denunziation der auswärtigen Autorität[3]). Vor der Rückkehr eines Franzosen nach Frankreich findet aber in der Regel keine gerichtliche Verfolgung gegen ihn statt, außer bei einem Attentat gegen die Sicherheit des Staates und Münzfälschung[4]). Belgien und die Niederlande strafen gegen Fremde begangene Verbrechen nur in schwereren Fällen. Das Deutsche Reich[5]) straft aber nicht nur diejenigen Deutschen, welche im Auslande eine hoch- oder landesverrätherische Handlung gegen das Deutsche Reich oder einen Bundesstaat, eine Beleidigung gegen einen Bundesfürsten oder ein Münzverbrechen begangen haben, sondern auch diejenigen, welche im Auslande eine Handlung verübten, welche nach den Gesetzen des Deutschen Reichs als Verbrechen oder Vergehen anzusehen und durch die Gesetze des Ortes, an welchem sie begangen wurde, mit Strafe bedroht ist. Ja die Verfolgung ist sogar zulässig, wenn der Thäter bei Begehung der Handlung noch nicht Deutscher war, indeß nur auf Antrag der kompetenten Behörde des Begehungsstaates, welchen Falles das etwa mildere ausländische Strafgesetz angewandt wird. Rußland[6]) straft

---

1) v. Mohl, Die völkerrechtliche Lehre vom Asyl in s. Monogr. I. 643 ff.

2) v. Bar, „Ueber die internationale Anwendung des Strafgesetzes". Separatabdruck aus „Gerichtssaal", XVIII. Band. Fiore, Aperçu historique des diverses législations modernes en matière de délits commis à l'étranger in der Rev. d. dr. intern. XI. 303. Louis Renault, Repression des Délits commis hors du territoire. Paris 1880.

3) Gesetz vom 27. Juni 1866.

4) Art. 5 und 7 des Code d'instruction criminelle.

5) Strafgesetzbuch für das Deutsche Reich § 4.

6) Russisches Strafgesetzbuch. Ausgabe von 1866, Art. 173 und 174. Den neuen Entwurf, da er noch nicht Gesetz ist, lassen wir unberücksichtigt.

Unterthanen für Verbrechen gegen den Staat und ihre Landsleute, welche sie im Auslande begingen, für Verbrechen gegen die fremde Staatsgewalt aber nur die ihm zum
gerichtlichen Verfahren zugesandten oder die freiwillig zurückkehrenden, falls gegen diese
Letzteren Beschwerden oder Anklagen erhoben wurden, nur wird in diesem Fall die mildere
Strafe des Auslandes verhängt, sonst aber in beiden Fällen das russische Strafgesetz
angewandt. Oesterreicher werden wegen Verbrechen, Vergehen und Uebertretungen,
welche sie im Auslande begingen, bestraft¹). Aber auch die von einem Ausländer im
Auslande gegen den eigenen Staat oder seine Angehörigen begangenen Verbrechen werden bestraft, außer von England und den Vereinigten Staaten von Nordamerika. In
diesem Fall strafen indeß Frankreich und Belgien nur gegen den Staat begangene
Verbrechen, Frankreich namentlich ein Attentat gegen die Sicherheit des Staates, Nachbildung des Staatssiegels, im Umlauf befindlicher Münzen, nationaler Staatspapiere,
durch das Gesetz autorisirter Bankbillette²), das Deutsche Reich³) nur hochver-
rätherische Handlungen gegen dasselbe oder einen Bundesstaat und Münzverbrechen.
Wogegen Rußland⁴) nicht nur gegen die Rechte seiner souveränen Gewalt, sondern
auch gegen die Rechte seiner Unterthanen gerichtete Verbrechen straft. Oesterreich
bestraft nach seinem Gesetz nicht nur von Fremden im Auslande gegen Oesterreich
begangenen Hochverrath, die Errichtung geheimer Gesellschaften in Oesterreich vom Auslande her sowie die Werbung von Mitgliedern für eine solche und die Fälschungen
österreichischer öffentlicher Kreditpapiere oder Münzen, sondern es nimmt auch den
Fremden, welcher ein anderes Verbrechen im Auslande beging, bei seiner Betretung in
Oesterreich, in Haft und setzt sich in Bezug auf denselben mit dem Begehungsstaat über
dessen Auslieferung in's Vernehmen. Wird die Uebernahme verweigert, so straft Oesterreich selbst nach eigenem Gesetz, setzte aber das Strafgesetz des Begehungsstaates für die
begangene That eine gelindere Strafe fest, so wird diese verhängt⁵). Für Vergehen
und Uebertretungen im Auslande werden aber Ausländer nicht bestraft⁶).

    Wenn auch anerkannt werden muß, daß die Mehrzahl der Staaten im Allgemeinen immer
mehr im Auslande von ihren Staatsangehörigen begangene Verbrechen bestraft, so straft dieselbe
doch in der Regel die von einem Ausländer im Auslande begangenen Verbrechen nur insoweit als
sie gegen ihren Staat gerichtet sind, während sie die von einem Ausländer im Auslande gegen die
eigenen Staatsangehörigen begangenen unbestraft läßt. Im Auslande von Ausländern gegen
Ausländer begangene Verbrechen werden aber nur ganz ausnahmsweise so z. B. von Oesterreich
bestraft. Indeß ist die Strafverfolgung auch nur für solche Verbrecher zu fordern, welche nach
den Gesetzgebungen der Mehrzahl der zivilisiren Staaten als solche gelten. Den selbstsüchtigen Standpunkt der Staaten entspricht es, „daß Inländer wegen der im Auslande von ihnen begangenen
Verbrechen nach der herrschenden Ansicht der Doktrin und Gesetzgebung nach inländischem Gesetz zu
bestrafen sind". Nach einem weiteren Gesichtspunkte müßten Privatverbrechen nach dem Gesetz des
Ortes der That bestraft werden, da der Thäter nur erwarten konnte, aber auch erwarten mußte
für die im Auslande begangene That der für diese dort geltenden Strafe unterworfen zu werden,
nur im Fall daß das inländische Gesetz eine mildere Strafe verhängt, würde einem fast allgemeinen
Grundsatz folgend, auch diese anzuwenden sein. Gerechtfertigt ist dagegen die Anwendung des
inländischen Strafgesetzes hinsichtlich der Staats- und Religionsverbrechen, nicht bloß wegen der
in diesen Beziehungen nicht selten grundverschiedenen Anschauungen der Gesetzgebungen verschiedener
Staaten, sondern weil auch ein fremdes Staatsgesetz unmöglich bestimmen kann: in welchem Fall
ein Verbrechen gegen einen anderen Staat vorliegt und weil nach einigen Gesetzgebungen Handlungen
als Religionsverbrechen gelten, welche nach anderen als solche nicht angesehen werden, wie z. B.
die Proselytenmacherei. Sollte aber eine in einem fremden Staat begangene und dort strafbare
Handlung in unserem Staat überhaupt nicht bestraft werden, so würden unsere Gerichte sie auch für
straflos halten müssen, sowie die unserem Recht unbekannte Strafart des Auslandes durch die für
die gleiche strafbare Handlung in unserem Gesetzbuch festgesetzte Strafe zu ersetzen wäre.

---

1) Strafgesetz für Oesterreich von 1852 §§ 36 u. 235. Auch hier lassen wir den Entwurf
eines neuen Strafgesetzes aus gleichen Gründen unberücksichtigt.
2) Code d'instr. crim. Art. 7.
3) R. Strafgesetzb. § 4.   4) Russ. Strafgesetzb. Art. 172.
5) Oesterr. Strafg. §§ 38—40. § 295.   6) L. c. § 234.

b) Die Auslieferung wegen strafbarer Handlungen. Die Staaten der internationalen Rechtsgemeinschaft haben sich unter gewissen Voraussetzungen Flücht=linge, welche nach von ihnen in einem anderen Staat begangenen, gerichtlich verfolgten, oder bereits abgeurtheilten, strafbaren Handlungen in ihr Gebiet flüchteten, auszuliefern, wenn eine solche Auslieferung auch in der Regel nur auf Grund von den betreffenden Staaten abgeschlossener Verträge geschieht. Die Voraussetzungen sind wesentlich, daß die Handlung auch nach der Gesetzgebung des um die Auslieferung ersuchten Staates eine strafbare ist, daß sie kein politisches Verbrechen oder Vergehen ist, daß die Iden=tität und Schuld des Auszuliefernden konstatirt ist und als konstatirt von dem ersuchten Staat anerkannt wird. Indeß sind Auslieferungsverträge immer zahlreicher auch mit außereuropäischen Staaten abgeschlossen worden [1]. Die in den Verträgen übernommene Auslieferungsverpflichtung bezieht sich allgemein auf gemeine Verbrechen oder überhaupt nur auf Verbrechen [2], oder auch schon auf Vergehen, wenn auch in beiden Beziehungen bald auf eine größere bald auf eine geringere Zahl [3]. Sie wird in der Regel nicht übernommen in Bezug auf politische Delikte und mit ihnen konnexe. Ferner haben die Staaten einander eine Auslieferung nur für solche Verbrechen oder Vergehen zugestanden, welche nach der Gesetzgebung beider kontrahirender Staaten mit Strafen bedroht sind, einige Staaten nur, wenn diese Strafen afflictive oder infamirende [4] waren und andere nur, wenn die strafbare Handlung mit einem Jahr Gefängniß oder einer diese Strafe überschreitenden schwereren Strafe bedroht war [5]. Auch muß zur Gewährung der Aus=lieferung die That auf dem Gebiet des requirirenden, nicht aber auf dem des requirirten Staates begangen sein. War sie aber auf dem Gebiet eines dritten Staates begangen, so erfolgt die Auslieferung entweder nur, wenn nach der Gesetzgebung des ersuchten Staates die außerhalb seines Gebietes begangenen strafbaren Handlungen verfolgt wer=den [6] oder es wird dem Begehungsstaat die Auslieferungsforderung mitgetheilt und selbst, wenn dieser die Auslieferung beansprucht, entweder ihm oder dem anderen ersuchenden Staat ausgeliefert [7] oder nur dem ersuchenden Begehungsstaat [8]. Es erfolgt aber die Auslieferung nicht bloß wegen einer vollendeten strafbaren Handlung, sondern auch schon wegen des Versuchs einer solchen. Auch wird nicht bloß der Thäter, sondern werden auch die Theilnehmer ausgeliefert. In beiden Fällen unter der selbstverständ=lichen aber auch vertragsmäßig begründeten Voraussetzung, daß Versuch und Theilnahme nach den Gesetzgebungen des ersuchenden und ersuchten Staates strafbar sind. Die Aus=lieferung findet aber nicht Statt, wenn seit der begangenen strafbaren Handlung oder seit der Einleitung des strafgerichtlichen Verfahrens oder seit der erfolgten Verurtheilung

---

1) „Die Auslieferungsverträge bis zum 1. Jan. 1883" siehe bei Kirchner, London 1883.

2) Im österr.=großbrit. Vertr. v. 3. Dez. 1873 (Mart. N. R. G. II. Ser. I. 527) wird die Auslieferung nur für Verbrechen zugestanden.

3) Vgl. die größere Zahl der strafbaren Handlungen des belgisch=deutsch. Vertr. v. 24. Dez. 1874 (ibid. I. 146) Art. 1 mit der geringeren Zahl des belg.=nordamerik. Vertr. v. 13. Juni 1882 (ibid. VIII. 489) und des engl.=deutsch. Vertr. v. 14. Mai 1872 (ibid. XIX. 72). Siehe über Art und Zahl der Auslieferungsverbrechen und Vergehen in den Verträgen überhaupt Bulmerincq in von Holtzendorff's Rechtslex. s. v. Auslieferungs=Verträge und v. Holtzendorff, Die Auslieferung der Verbrecher und das Asylrecht (Berlin, 1881) S. 41 ff.

4) Diese Bedingung ist in den neueren Verträgen immer mehr geschwunden, ausnahmsweise begegnen wir derselben beispielsweise im Vertrage Rußlands m. Italien v. 13. Mai 1871 (Mart. N. R. G. II. Ser. I. 388) Art. 2.

5) Vertr. Oesterreichs m. Belgien v. 12. Jan. 1881 (ibid. VI. 684) Art. 1. m. Rußland v. 15. Oktob. 1874 (ibid. I. 512) Art. 2, m. d. Niederlanden v. 24. Nov. 1880 (ibid. VIII. 139) Art. 1, Rußlands m. Spanien v. 21. März 1877 (ibid. II. 565) Art. 2.

6) Belg.=deutsch. Vertr. Art. 1, =österr. Art. 1, =ital. v. 15. Jan. 1875 (ibid. I. 169) Art. 1·

7) Deutsch=ital. Vertr. v. 31. Oktb. 1871 (Mart. N. R. G. XIX. 64) Art. 2.

8) Oesterr.=Belg. Vertr. Art. 11.

16*

nach den Gesetzen des erjuchten Staates Verjährung der strafgerichtlichen Verfolgung oder der erkannten Strafe eingetreten ist¹), und wenn der Auszuliefernde im erjuchten Staat wegen derselben strafbaren Handlung, rückjichtlich welcher die Auslieferung beantragt wird, in Unterjuchung gewesen und außer Verfolgung gejetzt worden oder jich noch in Unterjuchung befindet oder bereits bestraft worden ist²). Ist aber der Auszuliefernde im erjuchten Staat wegen einer anderen strafbaren Handlung in Unterjuchung, jo joll jeine Auslieferung bis zur Beendigung diejer Unterjuchung und bis zur vollständigen Vollstreckung der etwa gegen ihn erkannten Strafe aufgejchoben werden³). Die Auslieferung erfolgt aber dagegen auch dann, wenn der Auszuliefernde dadurch behindert wird, übernommene Verbindlichkeiten gegen Privatpersonen zu erfüllen, und wird diejen anheimgegeben ihre Anjprüche vor der kompetenten Behörde geltend zu machen⁴). Nur in einigen Verträgen wird die Auslieferung bis zur Entlajjung aus der Schuldhaft verjchoben⁵).

Eigene Unterthanen werden in der Regel nicht ausgeliefert. Auch die Vereinigten Staaten haben jich in ihren neueren Verträgen nicht mehr dazu verpflichtet⁶), während nach den Verträgen anderer Staaten diejelben ausdrücklich nicht ausgeliefert werden jollen. Das Deutjche Reich verweigert jchon auf Grund jeines Gejetzes⁷) die Auslieferung eigener Unterthanen, die englijche und nordamerikanijche Gejetzgebung verbieten jie aber nicht⁸). Nach einigen Verträgen werden aber in die Benennung: Unterthanen auch diejenigen Ausländer einbegriffen, welche nach den Gejetzen des erjuchten Staates den Unterthanen gleichgeachtet jind jowie auch Ausländer, welche jich im fremden Lande niedergelajjen und mit einer Eingeborenen von der jie ein oder mehrere in dem Lande geborene Kinder haben, verheirathet jind oder waren⁹). Auch werden Ausländer einbegriffen, welche jich im Lande niedergelajjen oder ihren Wohnort haben¹⁰). Die Naturalijation wird aber als giltiger Grund zur Verweigerung der Auslieferung, entweder allgemein, wenn naturalijirte eigenen Unterthanen gleichgejtellt werden¹¹) oder nur dann angejehen, wenn jeit der Konzejjion zur Naturalijation fünf Jahre verflojjen und der Uebelthäter jeit jener Zeit in dem erjuchten Staat domizilirt ijt¹²). Gegen den nicht ausgelieferten eigenen Unterthan eröffnet aber der Heimathsstaat ein Verfahren wenn nach dejjen Gejetzen wegen der in Frage jtehenden Handlung Verfolgung einzutreten hat. In

---

1) Art. 5 d. deutjch-engl., -ital., Art. 7 d. deutjch-belg., Art. 5 d. ital.-ruß., Art. 10 d. ital.-franz., 12. Mai 1870 (M. N. R. G. II. Ser. I. 361), Art. 6 d. ital.-engl. v. 5. Febr. 1873 (ibid. 380), Art. 4 d. ital.-öjterr. v. 27. Febr. 1869 (ibid. 334), Art. 5 d. öjterr.-engl. Vertr.

2) Art. 4 d. deutjch-belg. u. -engl., Art. 3 d. deutjch-ital., Art. 5 d. ruß.-ital., Art. 4 des engl.-öjterr. Vertr.

3) Art. 4 des deutjch-engl. u. belg. u. Art. 3 d. deutjch-ital., Art. 8 d. ital.-franz., -ruß. u. -engl. u. Art. 7 d. ital.-öjterr. u. Art. 4 d. öjterr.-engl. Vertr.

4) Art. 6 d. deutjch-ital. u. Art. 5 d. deutjch-belg., Art. 8 d. ital.-engl., franz.-öjterr. u. -ruß., Art. 4 d. öjterr.-engl. Vertr.

5) Art. 5 d. Vertr. Rußlands m. Bayern v. 14/26. Febr. 1869 (B. Rbl.) und m. Hejjen v. 3/15. Novbr. 1869 (H. Rbl.).

6) Verträge d. Ver. Staaten m. Belgien Art. 5, m. Spanien v. 5. Jan. 1877 (Mart. N. R. G. II. Ser. IV. 542) Art. 8, m. Preußen v. 16. Juni 1852 Art. 3, ausgedehnt auf die Staaten des nordb. Bundes am 22. Febr. 1868 Art. 3, m. Türkei v. 11. Aug. 1874 (ibid. I. 66).

7) § 9 der einleit. Bejtimmungen des D. R. Strafgejetzbuchs.

8) Phillimore, I. 443 führt nur deutjche Gejetzgebungen als die Auslieferung eigener Unterthanen verbietend an. Renault (Rapport im annuaire d. dr. intern. V. 77 nennt außerdem Oejterreich, Belgien, Ungarn, Italien und die Niederlande.

9) Art. 2 d. Vertr. Rußlands m. d. G. Hejjen u. m. Bayern.

10) Vertr. Rußlands m. Dänemark v. 2/14. Oktb. 1866 (ruß. vollstänb. Gejetzesjammlung) u. Englands m. d. Niederlanden v. 19. Juni 1874 (Mart. N. R. G. II. Ser. I. 584) Art. 3.

11) Vertr. England's m. Belgien Art. 1, m. d. Niederlanden Art. 3, m. Frankreich v. 14. Aug. 1876 (ibid. II. 456).

12) Art. 4 d. engl.-ital. Vertr.

folchem Fall hat der andere Staat dem Heimathsftaat die Erhebungen und Schriftftücke, die zur Feftftellung des Thatbeftandes dienenden Gegenftände und jede andere für das Strafverfahren erforderliche Urkunde oder Aufklärung mitzutheilen [1]).

Gehört ein Auszuliefernder weder dem einen noch anderen der kontrahirenden Staaten an, fo hat der erfuchte Staat den Staat des Auszuliefernden von dem Aus= lieferungsantrage in Kenntniß zu fetzen und darf dann die Auslieferung nicht früher erfolgen als bis der letztbezeichnete Staat in Stand gefetzt worden, die Gründe anzugeben, die ihn veranlaffen könnten, fich der Auslieferung zu widerfetzen [2]). Auch kann dann dem erfuchenden oder dem Heimathsftaat ausgeliefert werden [3]), nach vielen Verträgen felbft dann, wenn der Heimathsftaat die Auslieferung beanfpruchte [4]) oder auch nur mit Bewilligung des Heimathsftaates [5]). Wird ein und diefelbe Perfon von zweien oder mehreren Staaten wegen verfchiedener ftrafbarer Handlungen reklamirt, fo entfcheidet bald die Priorität der Forderung [6]), bald die Schwere des Verbrechens und bei gleicher Schwere die Priorität [7]), bald zugleich mit der Schwere die größere Leichtigkeit zur Uebergabe der reklamirten Perfon behufs des wider fie nach einander in dem einen und anderen Staat einzuleitenden Verfahrens [8]) oder es wird an letzter Stelle, nach Berückfichtigung der Schwere und Priorität an den Heimathsftaat ausgeliefert [9]), oder zunächft nach Priorität und bei der Auslieferung eines Unterthanes, dem ftrengen Begriff nach, d. h. nicht eines domizilirten Ausländers, an den Heimathsftaat [10]).

Eine Auslieferung erfolgt unter Staaten, welche einen Auslieferungsvertrag mit einander abgefchloffen haben nur für die in diefem bezeichneten Verbrechen und Vergehen. Sie erfolgt aber im einzelnen Fall auch für diefe nur, nachdem der erfuchte Staat durch ein von ihm eingeleitetes Verfahren die Ueberzeugung von der Identität und Schuld des Auszuliefernden gewonnen hat, fei es nun, daß diefer zunächft nur in Unterfuchung wegen einer vertragsmäßig ftrafbaren Handlung gezogen wurde oder bereits für eine folche bereits verurtheilt worden war. Ift aber die Auslieferung erfolgt, fo darf die ausgelieferte Perfon in dem Staat, an welchen die Auslieferung erfolgte, keinenfalls wegen einer anderen ftrafbaren Handlung oder auf Grund anderer Thatfachen als der= jenigen, rückfichtlich welcher die Auslieferung erfolgte, in Haft gehalten oder in Unter= fuchung gezogen werden, es fei denn, daß die andere ftrafbare Handlung nach erfolgter Auslieferung verübt fei [11]), (oder daß der Inkulpat zur Verhaftung und Unterfuchung aus anderem Grunde feine ausdrückliche Zuftimmung gegeben und diefe der ihn über=

---

1) Art. 2 d. deutfch=ital. u. =fchweiz., Art. 3 d. belg.=ruff., Art. 5 d. belg.=ital., Art. 3 d. ital.=dän. Vertr. v. 19. Juli 1873 (ibid. I. 303) Art. 5 d. ital.=öfterr. u. fchweizer., Art 3 d. ital.=ruff. Vertr.

2) Art. 7 d. Vertr. Frankreichs m. Mecklenburg=Schwerin v. 26. Jan. 1847 (Mart. N. R. G X. 434, m. Mecklenburg=Strelitz v. 10. Febr. 1847 (ibid. 478) u. m. Oldenburg v. 6. März 1847 (ibid. 486).

3) Art. 2 d. ital.=deutfch. Vertr.

4) Art. 3 d. deutfch=belg. Vertr. Schwedens m. Portugal v. 17. Dez. 1863 (Svensk Författnings-Samling 1864 Nr. 44) Art. 8, m. Frankreich v. 4. Juni 1869 (S. F. S. 1869 Nr. 72. Art. 6, m. Italien v. 20. Sept. 1866 (S. F. S. 1866 Nr. 73) Art. 7, m. Oefterreich v. 2. Juni 1868 (S. F. S. 1868 Nr. 54) Art. 6; Art. 7 d. Vertr. Frankreichs m. d. Königr. Sachfen v. 28) April 1850 (Mart. N. R. G. XV. 260) Art. 6 des öfterr.=ital. Vertr.

5) Art. 9 des Vertr. Schwedens m. Belgien v. 26. April 1870 (S. F. S. 1870 Nr. 37).

6) Art. 15 d. engl.=ital. Vertr.

7) Art. 7 d. fchweb.=ital. u. Art. 6 d. =öfterr. Vertr., Art 2 des ital.=deutfch. u. Art. 6 d. =öfterr. Vertr., Art. 7 d. öfterr.=engl. Vertr.

8) Art 8 d. ruff.=belg. Vertr. v. $\frac{23.\ \text{Aug.}}{4.\ \text{Sept.}}$ 1872 (Mart. N. R. G. II. Ser. I. 184) u. d. franz.= ital. Vertr.

9) Art. 7 d. ruff.=ital.   10) Art. 5 d. ruff.=bayer. u. =heff. Vertr.

11) Art. 7 d. engl.=deutfch. u. =ital. u. Art. 8 d. engl.=öfterr. Vertr.

liefernden Regierung mitgetheilt wurde oder falls jene Zustimmung nicht erfolgte, daß die fragliche strafbare Handlung in die Auslieferung einbegriffen ist und daß vorher die Zustimmung zur Auslieferung Seitens des ausliefernden Staates erfolgt ist [1]). Die Zustimmung des ausliefernden Staates ist auch erforderlich, wenn der Inkulpirte einem dritten Staat ausgeliefert werden soll, dagegen nicht erforderlich, wenn der Inkulpat selbst forderte, abgeurtheilt oder bestraft zu werden oder wenn er innerhalb des vertrags= mäßig festgesetzten Termines das Gebiet des Staates, welchem er ausgeliefert wurde, nicht verlassen hatte [2]). Auch kann eine ausgelieferte Person wegen einer im bezüglichen Auslieferungsvertrage nicht vorgesehenen strafbaren Handlung dann in Untersuchung gezogen und bestraft werden, wenn sie, nachdem sie wegen des die Auslieferung veran= lassenden Verbrechens bestraft oder freigesprochen worden, versäumt hatte, vor Ablauf einer vertragsmäßig festgesetzten Frist (von bald einem, bald drei Monaten) das Land zu verlassen oder sich auf's Neue dorthin begeben hatte [3]).

In Bezug auf politische Delikte haben die Staaten der internationalen Rechtsgemeinschaft, mit Ausnahme der Staatenbünde und Bundesstaaten unter einander, seit etwa fünf Dezennien die Auslieferung versagt mit dem fast in allen ihren Aus= lieferungsverträgen wiederkehrenden Satz: „daß die Bestimmungen des Vertrages auf politische Verbrechen oder Vergehen keine Anwendung finden" und zugleich vereinbart, „daß eine wegen gemeiner Verbrechen oder Vergehen ausgelieferte Person in demjenigen Staat, an welchen die Auslieferung erfolgt ist, in keinem Fall wegen eines von ihr v o r der Auslieferung verübten politischen Verbrechens oder Vergehens, noch wegen einer mit einem solchen konnexen Handlung zur Untersuchung gezogen und bestraft werden dürfe". In von England abschlossenen Verträgen ist dann noch hinzugefügt, daß die Auslieferung nicht stattfinden solle, wenn das Auslieferungsdelikt einen p o l i t i s c h e n C h a r a k t e r [4]) hat oder wenn der ersuchte Staat dasselbe für ein politisches hält oder für ein diesem konnexes, oder wenn die auszuliefernde Personen vor dem Beamten, welchem sie zur Vernehmung in dem der Auslieferung vorhergehenden Verfahren über= geben wurde, nachweist, daß die Auslieferungsforderung gestellt wurde, um sie zu ver= folgen oder zu bestrafen, für ein Delikt politischen Charakters [5]). Indeß soll nach einer Reihe, durch andere Staaten, namentlich durch Belgien abgeschlossener Verträge ein gegen einen Souverän oder die Person des Oberhauptes (chef) eines fremden Staates oder gegen seine Familienglieder gerichtetes Attentat weder als politisches Delikt noch als ein solchem konnexes angesehen werden, wenn es den Thatbestand des meurtre, assassinat oder empoisonnement konstituirt [6]). Die Niederlande haben aber eine andere Reihe von Verträgen geschlossen, in welchen an die Spitze der Auslieferungs= verbrechen gestellt wird: das Attentat gegen das Leben des Souveräns oder der Mit=

---

1) Art. 9 b. franz.=ital. Vertr.
2) Art. 4 b. ital.=deutsch. u. =russ., Art. 3 b. =österr. u. =belg. Vertr.
3) Vertr. Belgiens m. d. Ver. Staaten v. N. A. Art. 3.
4) Diesen Ausdruck braucht auch der Report der engl. Kommissioners über Auslieferung S. 7, indem darnach von der Auslieferung auszunehmen sind „offences of a political or local character".
5) Engl.=belg. Art. 7, =deutsch Art. 6, =niederl. Art. 6, =ital. Art. 5, =franz. Art. 5, =österr. Art. 6, =schweizer. v. 31. März 1874 (Mart. N. R. G. II. Ser. I. 574) Art. 7, span. Vertr. vom 4. Juni 1878 (ibid. IV. 489) Art. 4.
6) Verträge Belgiens m. Frankreich: Additionalconvention zum Vertr. v. 22. Mai 1834, v. 22. Sept. 1856, Vertr. dersel. v. 29. Aug. 1869 (Arch. dipl. X. I. 175) Art. 3 u. d. 15. Aug. 1874 (Mart. N. R. G. II. Ser. I. 140) Art. 3; Belgiens m. Rußland Art. 11, m. Luxemburg v. 23. Oktb. 1872 (ibid. 189) Art. 7, m. d. Deutschen Reich Art. 6, m. Portugal v. 8. März 1875 (ibid. II. 166) Art. 5, m. Dänemark v. 25. März 1876 (ibid. 171) Art. 4, m. Oesterreich Art 3, m. Brasilien v. 21. Juni 1873 (ibid. I. 193) Art. 9, m. d. Ver. Staaten Art. 4, Rußlands

glieder seiner Familie[1]). Im Deutschen Reich hat eine Auslieferung wegen politischer Verbrechen und Vergehen seit dem deutschen Gerichtsverfassungsgesetz vom 27. Januar 1877 (Tit. 13 § 157), wonach die Gerichte des Deutschen Reichs sich in Zivil= und Straffachen Rechtshilfe zu leisten haben, ebenso aufgehört wie für jedes andere Verbrechen oder Vergehen. Untersucht und bestraft werden dieselben von demjenigen deutschen Gericht, welches in Gemäßheit der deutschen Strafprozeßordnung (§ 7 ff.) kompetent ist. Der Art. 55 der eidgenössischen schweizerischen Bundesverfassung von 1848 und Art. 67 der Verfassung von 1874 versagen die Auslieferung für politische Vergehen von Kanton zu Kanton. Der Art. IV. Sekt. 2 der Verf. der Ver. Staaten von 1787 bedingt Auslieferung wegen Verrath, Felonie oder eines anderen Verbrechens (treason, felony or other crime).

Das Auslieferungsbegehren wird auf diplomatischem Wege gestellt, unter Beifügung entweder eines Strafurtheils[2]) oder eines Anklagebeschlusses oder eines Haft= befehls oder eines diesem letzteren gleichwerthigen gerichtlichen Aktes, in welchem sowohl die Beschaffenheit und Schwere der zur Last gelegten strafbaren Handlung als auch die ihr bestimmte Strafe angegeben sein muß. Diese Aktenstücke sind entweder im Original oder in beglaubigter Abschrift von seiten des Gerichtshofes oder einer anderen hierzu kompetenten Behörde des die Auslieferung begehrenden Staates auszufertigen. Dabei ist womöglich auch die Personalbeschreibung des Auszuliefernden festzustellen und an= zufügen[3]). Der Auszuliefernde kann entweder erst nach Eintreffen des Haftbefehles[4]) oder in dringenden Fällen auch früher, insbesondere bei begründetem Fluchtverdacht, auch in Anlaß eines auf telegraphischem Wege gestellten Verhaftungs= begehrens, unter Verpflichtung zur Nachlieferung der die Verhaftung begründenden Urkunde, verhaftet werden[5]). Die provisorische Verhaftung hört auf, wenn innerhalb der vertragsmäßigen Frist (bald 14, bald 20 Tage, bald 1 Monat) die ersuchte Regie= rung nicht formell und diplomatisch um Ueberlieferung des Verhafteten gebeten wurde[6]), oder wenn dem Verhafteten nicht innerhalb eines bestimmten Termines eine der zur Verhaftung erforderlichen Urkunden mitgetheilt wurde[7]). Auch wird nur verlangt, daß eine solche Urkunde innerhalb einer bestimmten Frist beigebracht werde[8]).

---

m. Oesterreich Art 4 u. m. Spanien v. 21. März 1877 (ibid. II. 565) Art. 4. Abweichende Fassungen haben der belg.=portug. Vertr. und die Vertr. Rußlands m. Bayern und G. Hessen Art. 6, indem nach diesen beiden letzteren für politische Verbrechen u. Vergehen nicht gehalten werden sollen ungesetzliche Angriffe, durch welche ein Souverän oder Mitglieder seiner Familie das Leben verloren oder eine schwere Verletzung an Körper oder Gesundheit erhalten haben.

1) Verträge der Niederlande m. Belgien v. 16. Jan. 1877 (Mart. ibid. II. 6) Art. 1, m. Spanien v. 6. März 1879 (ibid. VIII. 167), m. Schweden=Norwegen v. 11. März 1879 (ibid. 162), m. Rußland v. 13. Aug. 1880 (ibid. 145) u. m. Oesterreich v. 24. Nov. 1880 (ibid. 140).

2) Das Strafurtheil darf nach dem engl.=deutsch. Vertr. Art 8, =ital. Art. 9, =österr. Art. 9 u. =niederl. Art. 8 nicht in contumaciam erlassen sein.

3) Engl.=deutsch. Vertr. Art. 8, =ital. Art. 9, =österr. Art 9, ital.=deutsch. Art 7, =österr. Art. 9, =ruff. Art. 9 u. =franz. Art. 7; belg.=deutsch. Art. 8. Die engl. Vertr. verlangen solche Beweise zur Unterstützung der Verhaftung, daß sie an dem Orte, wo der Flüchtling gefunden wird, seine Verhaftung rechtfertigen würden, wenn das Verbrechen dort begangen wäre.

4) Engl.=deutsch. Vertr. Art. 9, ital. Art. 10, =österr. Art. 10, =ital.=ruff. Art. 9.

5) Deutsch=ital. Vertr. Art. 8 u. =belg. Art. 9; ital.=österr. Art. 10, =franz. Art. 5, =ruff. Art. 10. Es wurden auch Deklarationen über die Art der Verhaftung von auszuliefernden Verbrechern ausgetauscht, z. B. von Frankreich m. Bayern am 28. Febr. 1868 (Arch. dipl. VIII. III. 1167 u. m. Baden am 4. März 1868 (ibid. 1168).

6) Der engl.=österr. Vertr. Art. 11 setzt voraus, daß in kürzester Frist und längstens in 14 Tagen, bei sonstiger Entlassung des Verhafteten, durch den diplomatischen Vertreter des ersuchenden Staates das Auslieferungsbegehren gestellt wird. Siehe auch Art. 5 d. ital.=franz. u. Art. 10 des ital.=ruff. Vertr.

7) Art. 9 d. deutsch=belg. u. Art. 10 d. ruff.=schweiz. Vertr.

8) Art. 8 d. deutsch=ital. Vertr.

Der von der kompetenten Behörde des ersuchten Staates ergriffene Flüchtling wird vor den gesetzlich dazu berufenen Beamten (Magistrate) gebracht, welcher ihn zu verhören und den Straffall vorläufig zu untersuchen hat, als wenn die Ergreifung wegen einer im Inlande begangenen strafbaren Handlung erfolgt wäre [1]. Die judiziaire oder administrative Autorität hat ohne Verzug zu Interrogatorien und Erforschungen zu schreiten, um die Identität festzustellen oder die Beweise der angeschuldigten That zu erbringen [2]. Die Behörden des ersuchten Staates haben bei der Prüfung, welche ihnen obliegt, den in dem anderen Staat verprotokollirten beeidigten Zeugenaussagen, sowie den Abschriften solcher Originalzeugenaussagen und den Haftbefehlen und Strafurtheilen volle Beweiskraft beizulegen, vorausgesetzt, daß diese Schriftstücke durch einen Richter, eine obrigkeitliche Person oder einen anderen Beamten dieses Staates unterzeichnet oder bescheinigt und durch einen beeidigten Zeugen oder durch Beidrückung des Amtssiegels des Justiz- oder eines anderen Staatsministers beglaubigt sind [3].

Die Auslieferung erfolgt, nach Verträgen, nach Ablauf einer bestimmten Zeit (z. B. 15 Tagen) seit der Ergreifung und nur dann, wenn die Beweise für genügend befunden wurden, um nach den Gesetzen des ersuchten Staates entweder die Verweisung des Ergriffenen zur Hauptuntersuchung zu rechtfertigen, falls die strafbare Handlung im Gebiet dieses Staates begangen wäre, oder darzuthun, daß der Ergriffene mit der von den Gerichten des ersuchenden Staates verurtheilten identisch sei [4]. Werden die zur Auslieferung genügenden Beweise nicht binnen zwei Monaten von dem Tage der Ergreifung des Flüchtlings beigebracht, so ist der Ergriffene auf freien Fuß zu setzen [5]. Alle in Beschlag genommenen Gegenstände, welche sich zur Zeit der Festnahme des Auszuliefernden im Besitz desselben befinden, besonders auch die von ihm entwandten und überhaupt alle Gegenstände, welche zum Beweise der strafbaren Handlung dienen können, sind dem ersuchenden Staat zu übersenden [6]. Liefert eine dritte Regierung eine Person aus, so gestatten die kontrahirenden Staaten auf diplomatisch vermitteltes und durch bezügliche Urkunden unterstütztes Gesuch und für den Fall, daß es sich um ein in ihrem Auslieferungsvertrage vorgesehenes Verbrechen handelt, die Durchführung des Auszuliefernden durch ihr Gebiet oder dessen Einschiffung auf ihren Fahrzeugen und Dienstschiffen [7]. Die aus der Festnahme, dem Unterhalt und Transport des Auszuliefernden erwachsenden Kosten werden entweder nicht ersetzt [8], oder von jedem Staat soweit sie innerhalb seines Gebietes bis an seine Grenze geursacht sind, getragen [9] oder von demjenigen Staat auf dessen Gebiet der Auszuliefernde ergriffen wurde [10]. Die aus dem Transport durch ein drittes Staatsgebiet erwachsenden Kosten trägt auch der um die Auslieferung ersuchende Staat [11].

---

1) Engl.=deutsch. Vertr. Art. 9, =ital. Art. 10, =österr. Art. 10. Die engl. Vertr. führen ausführlichst aus: wie mit einer angeschuldigten und wie mit einer verurtheilten Person zu verfahren sei. Siehe z. B. d. engl.=belg. Vertr. Art. 2 u. 3 u. d. engl.=franz. Art. 7.

2) Franz.=ital. Vertr. Art. 5.   3) Art. 11 b. engl.=deutsch. u. =ital. Art. 13, b. =österr. Vertr.

4) Art. 10 b. engl.=deutsch., Art. 13 b. =ital. u. Art. 12 b. =österr. Vertr.

5) Art. 12 b. engl.=deutsch., Art. 14 b. =ital. u. =österr. Vertr.

6) Art. 13 b. engl.=deutsch., Art. 16 b. =ital., Art. 15 b. =österr., Art. 10 b. deutsch=belg. u. Art. 9 b. =ital., Art. 11 b. ital.=österr. u. russ. Vertr.

7) Art. 11 b. deutsch=belg. u. =ital., Art. 15. b. franz.=ital. u. Art. 12 b. belg.=schweizer. u. =franz. Vertr.

8) Art. 14 b. engl.=deutsch., Art. 17 b. =ital., Art. 11 b. ital.=deutsch., Art. 12 b. =österr. u. =russ. u. d. deutsch=belg., Art. 16 b. belg.=russ. u. Art. 13 b. =engl. Vertr.

9) Art. 16 b. österr.=engl., =belg., Art. 12 b. ital.=schweizer. u. =belg. Vertr.

10) Art 12 b. belg.=franz. Vertr.

11) Art. 7 b. österr.=belg. Vertr. Siehe auch die Deklaration des Deutschen Reichs, Italiens u. d. Schweiz, zur Regelung des Transports derjenigen Individuen durch die Schweiz, deren Auslieferung durch den deutsch=ital. Vertr. bewilligt worden (Mart. N. R. G. II. Ser. I. 258.

Zur Regelung der Auslieferung bestehen in einigen Staaten Gesetze. In Belgien die Gesetze vom 1. Oktober 1833, 5. April 1868, 1. Juni 1870, 15. März 1874 und 7. Juli 1875; in den Niederlanden die Gesetze von 1849 und vom 6. April 1875; in England vom 9. August 1870 (33 u. 34 Vikt. c. 52) und von 1873 (36 u. 37 Vikt. c. 60)[1] in den Vereinigten Staaten ein wiederholt vervollständigtes Gesetz vom 12. August 1848. Die betreffenden Staaten sind beim Abschluß von Auslieferungsverträgen an die Beobachtung dieser Gesetze gebunden, nicht aber etwa verpflichtet, für alle in diesen Gesetzen bezeichneten Verbrechen oder Vergehen jedem Staat auszuliefern. Dennoch ist dadurch eine größere Uebereinstimmung der Verträge eines und desselben Staates angebahnt. Die international bedeutsamste auch auf andere Staaten sich erstreckende Wirkung übte das belgische Gesetz vom 1. Oktober 1833, welches im Artikel 6 als Prinzip für Auslieferungsverträge aufstellte, daß kein Fremder bestraft oder verfolgt werden solle für ein der Auslieferung vorhergehendes politisches Delikt noch für eine demselben konnexe Handlung. Hinzugefügt zu diesem Artikel 6 wurde durch das Gesetz vom 22. Mai 1856 die oben erwähnte, in zahlreiche belgische Verträge übergegangene Bestimmung zum Schutz der Person eines Staatsoberhaupte und seiner Familienglieder gegen bestimmte Attentate, der Versuch derselben und die Theilnahme an denselben[2].

Außer Auslieferungsverträgen sind unter den Staaten in früheren Jahren sog. Kartellverträge abgeschlossen worden, welche sich aber meist auf die Auslieferung von Deserteuren und Militairpflichtigen, Vagabunden, selten auf die von Verbrechern beziehen. Außerdem ist in Handels-, Schifffahrtsverträgen und Konsularkonventionen die Mitwirkung zur Wiedererlangung desertirter Schiffsleute vereinbart und deren Auslieferung, ohne oder mit Unterscheidung der Seemannschaft der Handels- und Kriegsmarine. Die Verpflichtung zur Auslieferung auch der letzteren ist aber in einer größeren Zahl von Verträgen des Deutschen Reichs stipulirt. Das Ersuchen um Auslieferung ist von dem Konsul der Nation, deren Flagge das betreffende Schiff führt an die kompetente Behörde zu richten und der Nachweis der Zugehörigkeit des Reklamirten zur Schiffsbesatzung urkundlich zu führen. Der Ergriffene ist dem Konsul zur Verfügung zu stellen und auf Kosten des Konsulats bis zur Ueberführung an Bord oder Heimsendung in Gewahrsam zu halten. Nicht ausgeliefert werden auch hierbei eigene Staatsangehörige[3].

Daß die Staaten der internationalen Rechtsgemeinschaft auch ohne Verträge gemeine Verbrecher auszuliefern verpflichtet seien, selbstverständlich unter den von uns oben angegebenen Bedingungen, wird von einigen Autoren behauptet, von anderen in Abrede genommen[4]. Daß aber die Auslieferung auch ohne Verträge[5] stattfinden dürfe, hat in neuester Zeit eine größere Zahl von Autoren[6] zugegeben. Früher aber war die Praxis, besonders die Englands und der Ver. Staaten

---

1) Phillimore, I. Append. IX. 596. Ueber die Wirkung der engl. Auslieferungsgesetze und die Auslieferungsverträge erschien ein Bericht unter dem Titel: „Royal commission on extradition". Report of the commissioners. London 1878.

2) Der in dem Gesetz v. 1856 gebrauchte Ausdruck fait de meurtre etc. bezeichnet nach Hans, Principes généraux du droit pénal belge (Gand 1874, 2 éd. I. Nr. 327) zugleich auch den Versuch und die Theilnahme an diesen Verbrechen.

3) Perels, Auslieferung desertirter Schiffsmannschaften. Berlin, 1883. Siehe die Vertr. ebend.

4) Siehe dieselben bei Bulmerincq in v. Holtzend. Rechtsl. 3. Aufl. s. voce Asyl I. 166.

5) v. Holtzendorff schlägt in der Rivista penale in seiner Abhandlung „della estradizione" eine Untersuchung darüber anzustellen vor: welche Verbrechen der Gemeinschaft der Kulturstaaten als so schwer erscheinen, daß sie in jedem Fall berechtigen, die diplomatische Auslieferung zu beanspruchen.

6) Siehe dieselben bei Renault, Rapport sur l'extradition im annuaire de l'Inst. d. dr. intern. V. 74. Brusa (Le délit politique i. b. Rev. d. dr. intern. XIV. 403) verlangt aber, daß eine einfache Verletzung des gemeinen Rechts, aber eine schwere und dem Angeschuldigten zurechenbare vorliege.

überhaupt gegen die Auslieferungsverträge und erklärte sich für die Regelung der Auslieferung nur durch das Herkommen selbst eine so gewichtige Autorität wie Hélie (De l'Instruction criminille II. No. 714). Frankreichs, Belgiens und in der neuesten Zeit Italiens Verdienst ist es, den Abschluß einer großen Zahl von Auslieferungsverträgen herbeigeführt zu haben. Ihnen sind dann auch immer mehr die anderen Staaten, selbst England und die Ver. Staaten und außereuropäische gefolgt. Auch das Institut de droit international anerkannte, daß die Auslieferung auch ohne Verträge erfolgen könne, wenn sie auch sicher und regelmäßig nur vertragsmäßig gehandhabt werden könne (Oxforder Resol. II. u. III.). Auch sei das Prinzip der Reziprozität nicht durch die Justiz, sondern durch die Politik geboten (Oxforder Resol. V.[1]). Ferner erklärte sich das Institut für die Bevorzugung des forum delicti commissi und daher auch für die Auslieferung eigener Staats=angehörigen, wenn auch unter Voraussetzung analoger Grundlage der Kriminalgesetzgebungen und gegenseitigen Vertrauens zu den Institutionen der Rechtspflege der bezüglichen Staaten (Oxforder Resol. 6)[2]).

Zur Verallgemeinerung der Auslieferung auf gleicher Grundlage ist durch v. Liszt (Sind gleiche Grundsätze des internationalen Strafrechts für die europäischen Staaten anzustreben? 1882) S. 28 P. 2. der Abschluß eines Weltrechtshilfvertrages, durch Bernard (Traité de l'extradition Paris 1883, II. 659) eine übereinstimmende, an die Stelle der Verträge tretende Auslieferungs=gesetzgebung gefordert worden, vom XVI. deutschen Juristentage[3]) über die Gründung eines Staaten=vereines, welcher sich die Regelung der Grundsätze über Auslieferung von Verbrechern zur Aufgabe stellt. Wenn in einer Versammlung von Staatendelegirten diese Grundsätze auf Grund der Auslieferungsgesetze und Verträge festgestellt und diese Grundsätze dann zum Inhalt einer von den Staaten abzuschließenden Konvention erhoben werden, wird wohl den angeführten Vor=schlägen im Wesentlichen entsprochen sein. Eine Uebereinstimmung jener Grundsätze wird aber um so eher erhofft werden können als wesentliche Differenzen in den einzelnen Verträgen der verschiedenen Staaten eigentlich nur in Bezug auf die Bestimmungen zum Schutz der Staatsoberhäupter und ihrer Familien hervortreten. Berücksichtigt war aber die große Zahl von Verträgen, welche in dieser Beziehung einerseits durch Belgien und andererseits durch die Niederlande zu einer befriedigenderen Lösung dieser Frage abgeschlossen worden, so würde doch eine Ausgleichung dieser gleiches Ziel in verschiedener Fassung erstrebenden Bestimmungen und durch Konzessionen derjenigen Staaten, welche sich zu der nur scheinbaren Ausnahme von der Regel, daß wegen politischer Delikte nicht auszu=liefern sei, bisher nicht verstanden haben, indem es sich thatsächlich doch nur um gemeine Ver=brechen handelt, welche dadurch, daß sie gegen Staatsoberhäupter und ihre Familienglieder gerichtet sind, noch nicht zu politischen werden, die Erreichung einer Uebereinstimmung der Staaten der internationalen Rechtsgemeinschaft nicht als eine so sehr schwierige oder gar für alle Zeit unmögliche erscheinen. Es gilt auch hier die Ueberwindung der selbstsüchtigen Auffassung der Staaten durch die Weltrechtsordnung, zu deren Herstellung die Staaten der internationalen Rechts=gemeinschaft, eben weil sie eine Gemeinschaft des Rechts bilden sollen[4]), berufen sind. Allem zuvor wird es aber erforderlich sein, daß die Auslieferungsgesetze und =Verträge der einzelnen Staaten in der Weise wie das für England von Edward Clarke (A Treatise upon the law of extradition, London 1874) und L. Renault (Etude sur l'extradition en Angleterre. Paris 1879), für Belgien von Godbyn und Mahiels (l. c.) und von Albéric, Rolin („Infractions politiques" in der Rev. de droit international XV. 417 ff.) und für Deutschland zunächst von Knitschky („Die Aus=lieferungsverträge des Deutschen Reichs" in v. Holtzendorff's Jahrbuch 1877 I. 651—670 und neuestens von Hetzer (Deutsche Auslieferungsverträge, Berlin 1883) geschehen ist, einer eingehenden Analyse unterzogen werden und daß die übrigen Staaten dem Beispiel Belgiens, der Niederlande, Englands und der Ver. Staaten durch Erlaß von Auslieferungsgesetzen folgen. Nur auf positiver Grundlage kann eine Ausgleichungsarbeit der verschiedenen Verträge und Gesetze mit dem Erfolge einer Uebereinstimmung unternommen werden, die Ausgleichung bloß doktrinärer Anschauungen kann dieselbe nicht herbeiführen.

Fast völlige Uebereinstimmung herrscht in der Gegenwart in Theorie und Praxis, daß wegen bloß politischer Verbrechen und Vergehen nicht auszuliefern sei. In der Theorie hat sich nur Dollmann (s. v. Auslieferung in Bluntschli's Staatswörterbuch I. 517) für die Auslieferung auch in dieser Rücksicht ausgesprochen und ist es außerdem nur mit Rücksicht auf Bundesstaaten und Staatenbünde geschehen durch v. Bar (Das internationale Privat= und Strafrecht 594 ff.)

---

1) Im Vertrage Englands mit Spanien von 1878 (Art. 1) übernimmt ersteres die Aus=lieferung aller Personen, während Spanien seine eigenen Unterthanen ausnimmt. Somit findet hier keine Reziprozität Statt.

2) Die Oxford. Resolutionen 8—12 sind schon vertragsmäßig.

3) Siehe v. Bar „Zur Lehre von der Auslieferung" im „Gerichtssaal" Band 34. Er nimmt nicht nur die Oxford. Resol. gegen v. Liszt in Schutz, sondern erhebt auch wesentliche Einwendungen gegen die Beschlüsse des deutschen Juristentages, welcher sich ausnahmsweise mit einer internationalen Rechtsmaterie beschäftigt hatte.

4) Dieser durch R. v. Mohl und Bulmerincq schon vor über dreißig Jahren (1853) in ihren Schriften über Asylrecht vertretenen Ansicht hat in neuester Zeit auch Roszkowski „Ueber die Asyle und die Auslieferung" Warschau 1882 § 2 zugestimmt.

Bluntschli (in seinem Staatswörterbuch I. 523 s. v. Auslieferung von politischen Verbrechern), Berner (Wirkungskreis des Strafgesetzes, 1853, 191) und Teichmann („Les délits politiques" in d. Rev. de droi international, XI. 482). In der Praxis war sie früher (siehe b. bezügl. Vertr. bei Teichmann l. c. 476) vereinbart in Verträgen der Schweiz mit Baden (1808 und 1820), Oesterreich mit Frankreich (1828) und in der Konvention Preußens, Oesterreichs und Rußlands (1834) für deren polnischen Landestheile. Erst nach der Julirevolution[1]) wird die Nichtauslieferung politischer Verbrecher zu einem Rechtsgrundsatz erhoben, im Vertrage zwischen Frankreich und Belgien von 1834 formulirt und von da ab in die Auslieferungsverträge fast durchweg aufgenommen. In dem Rechtsgebiet des alten deutschen Bundes hatte dagegen nach dem Bundesbeschluß vom 5. Juli 1832 die Auslieferung aller aus einem Bundesstaat in den anderen geflüchteten politischen Verbrecher, sofern sie nicht eigene Unterthanen waren, auf Requisition Statt zu finden, während der Schweizer Tagessatzungsbeschluß vom 25. Juli 1848 die Nichtauslieferung wegen politischer Verbrechen proklamirte (Teichmann l. c. 481).

Die Nichtauslieferung wegen politischer Verbrechen durfte aber nicht zur Folge haben, daß die Auslieferung für diejenigen gemeinen versagt wurde, welche nur irrthümlich für politische gehalten wurden oder für mit ihnen in Verbindung stehende. Es erklärten daher Verträge, daß bestimmte Vergehen (délits) (welche eigentliche Verbrechen und nicht bloß Vergehen waren)[2]) nicht für politische noch für mit diesen konnexe gehalten werden sollten. Der Theorie erwuchs aber daraus die schwierige Aufgabe, den Begriff der politischen Delikte festzustellen, politische und gemeine Verbrechen begriffsmäßig zu scheiden und die noch weit schwierigere, den Begriff der Konnexität festzustellen, wozu noch durch die französische Jurisprudenz, welcher sich die belgische anschloß, die Unterscheidung der délits connexes und complexes à des délits politiques kam[3]). Auch sprach man von einem fait rélatif à un crime ou délit politique, von einer Einmischung gemeiner Verbrechen in die politischen[4]) und unterschied einerseits politische und ihnen konnexe Vergehen und andererseits Vergehen des gemeinen Rechts, welche sich gemischt finden (mélés) mit politischen Vergehen[5]). So wie in der Terminologie wurde auch im Begriff und Unterschiede politischer und gemeiner Verbrechen keine Uebereinstimmung erzielt. Die Einen wollten diesen Unterschied wesentlich im Objekt der That finden, die Anderen in deren Motiv, Andere im Zweck, noch Andere in allen drei Momenten. Nach Kasparek[6]) ist ein bloß politisches Delikt nur dann anzunehmen, wenn ein rechtswidriger Angriff ausschließlich gegen die politische Ordnung des Staates aus politischen Motiven und zu dem Zweck unternommen wird, die Staatsordnung im Ganzen oder wesentlichen Theilen zu ändern[7]). Das politische Moment, sagt er, müsse die strafbare Handlung nach Gegenstand, Motiv und Zweck[8]) durchdringen und wo diese Momente nicht zuträfen, sei das Delikt entweder ein gemeines, z. B. der Mord einer politisch bedeutenden Persönlichkeit oder ein gemischtes. Teichmann kömmt, nach der unzweifelhaft besten Darlegung der verschiedenen Ansichten, zu dem Resultat (S. 510), daß das sujet passiv des Verbrechens, ein so zu sagen sujet impersonnel, das wesentliche Unterscheidungszeichen sei, wogegen wiederum v. Liszt (21) remonstrirt, daß Teichmann hierbei Objekt des Verbrechens im Sinne von Rechtsgut und Objekt des Verbrechens im Sinne von Träger des Rechtsguts verwechsle. Das Rechtsgut sei allen Verbrechen gegenüber etwas unpersönliches, sein Träger allen Verbrechen gegenüber ein persönliches Subjekt. v. Liszt selbst hält (S. 28) als maßgebend für die Einreihung unter die politischen Verbrechen die politische Natur des durch die Handlung angegriffenen Rechtsguts, nicht aber das Motiv des Thäters. Auch will v. Liszt, daß die politischen Verbrechen in Gesetz oder Vertrag namentlich und unter Hinweis auf die betreffenden gesetzlichen Bestimmungen aufgezählt werden. Zu demselben Vorschlag gelangt Lammasch (Das Recht der Auslieferung wegen politischer Verbrechen, Wien 1884 S. 100)

---

1) Hofeus („Der Grundsatz der Nichtauslieferung politischer Verbrecher" in Schmoller's Jahrbuch V. 4, 1047) datirt den Grundsatz von der Julirevolution, bemerkt indeß dabei mit Beziehung auf Art. 69 der Charte von 1830 und einer Vorschrift v. 8. Oktober 1830, betreffend die Anwendung der Jury auf die délits politiques, daß Frankreich mit der Schweiz am 30. Sept. 1833 übereinkam, aus dem Vertrage von 1828 die Worte „Crimes contre la sureté de l'état" wegzulassen und nennt das die erste vertragsmäßige Anerkennung des neuen Prinzips in negativer Form. Freilich wurde schon am folgenden Tag der Grundsatz positiv ausgesprochen in dem von uns oben erwähnten Gesetz Belgiens vom 1. Oktober 1833. Art. 6.

2) Der Sprachgebrauch, politische Verbrechen als Vergehen zu bezeichnen, ist nur ein Ausdruck dafür, daß man sie nicht für Verbrechen hielt oder halten wollte.

3) S. über diese beiden Begriffe Gobbyn und Mahiels (129), welche die Schwierigkeit der Anwendung der Unterschiede in der Praxis hervorheben.

4) Berner 191,

5) Renault, Des crimes politiques en matière d'extradition. Paris 1880.

6) Kasparek, „Ueber die Auslieferung von Verbrechern". Lemberg 1882. (In polnischer Sprache.) S. 42—51 sind einer eingehenden Untersuchung über das Wesen der politischen Delikte gewidmet.

7) Aehnlich Ortolan, Haus, Rossel, Filangieri, Billot.

8) Teichmann (491) wendet gegen den politischen Zweck ein, daß er bestehen könne und doch Niemand an ein politisches Delikt glauben würde.

und bezeichnet als Auslieferungsdelikte: Meuchelmord, Versuch desselben und Mitschuld an ihm. v. Holtzendorff (Die Auslieferung 58 ff.) ist aber der Ansicht, daß bei der Schwierigkeit einer sicheren Abgrenzung politischer und gemeiner Verbrechen und dem Vorhandensein einer Gruppe von Fällen, in denen politische Gesichtspunkte sich mit gemeinen Verbrechen vermischen, in der Auslieferungspraxis nichts andres übrig bleibe als die Prüfung jedes einzelnen, gerade vorliegenden Thatbestandes in das gewissenhafte Ermessen der um Auslieferung ersuchten Regierung zu stellen. Aehnlich schlägt Rosznowski (§ 32) vor, den Behörden des ersuchten Staates die Beurtheilung jedes einzelnen Falles zu überlassen, damit im Falle eines politischen Verbrechens dem Thäter die ihm zukommende besondere Behandlung zu Theil werde, diejenigen aber, die unter der Maske politischer Zwecke Verbrechen begingen, die verdiente Strafe treffe. — Nach langen begrifflichen Forschungen ist also die Enumerationsmethode und die Entscheidung von Fall zu Fall als der allein mögliche Ausweg erkannt worden, den ersteren Weg hat auch schon früher die belgische und niederländische Staatspraxis in den von ihnen abgeschlossenen Verträgen betreten. Es bedeuten aber diese Lösungen, daß die Theorie dieselbe der Praxis nach der einen oder anderen Methode überlassen, hinsichtlich der Enumerationsmethode ist aber noch zu bemerken, daß diese wieder zu neuem Streit darüber führen muß: welche Verbrechen als politische zu bezeichnen sind, wobei wir bemerken wollen, daß die von Lammasch aufgeführten mit denen des belgischen Gesetzes und der belgischen und niederländischen Verträge nicht übereinstimmen und daß bei der Entscheidung von Fall zu Fall nicht bloß auf eine allgemeine Regel, sondern auch auf eine übereinstimmende Praxis der Staaten völlig verzichtet wird. Einen Mittelweg schlug dann das Institut de droit international (Oxforder Resolut. 14) ein, indem es einerseits zwar dem um Auslieferung ersuchenden Staat die eigene Prüfung nach den Umständen anheimgab, namentlich: ob der Thatbestand, rücksichtlich dessen die Auslieferung begehrt wurde, einen oder keinen politischen Charakter habe, andererseits aber für die Prüfung leitende Grundsätze aufstellte. Namentlich sollen die Thatbestände, welche alle Merkzeichen der Verbrechen gemeinen Rechts (assassinat, incendie, vol) in sich vereinigen, von der Auslieferung nicht bloß wegen der politischen Intentionen ihrer Urheber ausgenommen werden dürfen, und soll zur Würdigung der im Laufe einer politischen Insurrektion oder eines Bürgerkrieges begangenen Thaten, die Beantwortung der Frage entscheidend sein: ob sie durch die Gebräuche des Krieges entschuldigt wären oder nicht. Diese Sätze haben zwar manche Anfechtung erfahren, insbesondere durch v. Liszt (26) und Lammasch (82 ff.), welcher letztere dabei frühere ähnliche Versuche bespricht, während v. Holtzendorff nur den letzteren Satz anerkennt, indeß kann doch die Resolution des Instituts als ein vorläufiger Entscheidungsversuch gelten, welcher freilich sich noch praktisch zu bewähren haben wird. Außerdem möchten wir aber der Erwägung Sachverständiger folgende durch v. Bar (Zur Lehre von der Auslieferung S. 19 ff.) aufgestellte Sätze empfehlen, nach welchen keine Auslieferung Statt finden soll: 1. wegen solcher Delikte, die nur als politische in Betracht kommen und nach keiner Seite hin eine Rechtsverletzung enthalten; 2. wenn das politische Delikt zugleich eine anderweite Rechtsverletzung enthält; 3. wenn zwar das positive Recht die inkriminirte Handlung nicht als politisches Delikt auffaßt, wohl aber der Schuldige diese als Vorstufe oder Vorbedingung für sein politisches Unternehmen betrachtet und vernünftiger Weise auch betrachten kann. — Der dritte Satz enthält eine Einräumung an die Beurtheilung durch den Thäter selbst, welche uns nicht zulässig erscheint, wenn sie auch abgeschwächt ist durch das letzte Alinea. Dagegen würden wir kein Bedenken finden, den beiden ersteren Sätzen beizustimmen, welche jedenfalls vor den Oxforder Resolutionen den Vorzug haben, daß sie nicht zu Analogien aus einem wesentlich anderen Recht: dem Kriegsrecht ihre Zuflucht nehmen und dieses auf einen thatsächlichen Zustand anwenden: den sog. Bürgerkrieg, welcher nur mit Unrecht als ein Krieg bezeichnet worden ist und dessen Bezeichnung als solcher nur zu sehr bedenklichen anderen Analogien führen muß wie der nordamerikanische sog. Secessionskrieg, welcher nichts anderes als eine rechtswidrige Auflehnung gegen die Bundesverfassung war, zur Genüge durch den Anspruch der revoltirenden Staaten als kriegführende Macht betrachtet zu werden, das erweist.

Die Litteratur über die Auslieferung von Verbrechern ist bis 1860 verzeichnet bei v. Mohl, „Die völkerrechtliche Lehre vom Asyl" (in Monograph. I. 639 ff.), von da ab bei Teichmann, „Les délits politiques" in der Rev. d. dr. inter. XL. 475 ff. und bei Bulmerincq in dessen 1. und 2. Jahresbericht über die neueste Völkerrechtslitteratur aller Nationen in Schmollers' (Jahrb. VI. 307 ff. und VII. 267 ff.) und in dem 3. Jahresbericht (Jahrb. VII. 919 ff.).

c) Der Beistand bei Kriminaluntersuchungen. Beistand bei Kriminaluntersuchungen haben sich die Staaten einer internationalen Rechtsgemeinschaft zu gewähren und gewähren sich denselben meist auf Grund der Auslieferungsverträge. Namentlich ersuchen sich die Staaten um Vernehmung oder Sistirung von Zeugen zur Vernehmung, welche sich im Gebiet des ersuchten Staates aufhalten, sowie um Uebersendung von Straferkenntnissen, vollständig oder im Auszuge, welche von den Gerichten des ersuchten Staates gegen die Angehörigen des ersuchenden Staates oder gegen im ersuchenden Staate in Untersuchung befindliche Personen früher ergangen sind. Diese und andere Hilfe und Mittheilung werden in der Regel diplomatisch erbeten und kostenfrei gewährt, sofern es sich nicht um Gutachten handelt, welche eine besondere fachmännische Sachkenntniß erfordern oder zu deren Herbeiführung mehrere Termine angesetzt werden müssen. Die Zeugenvernehmungen und Untersuchungshandlungen des ersuchten Staates richten sich nach seiner Gesetzgebung. Einem Ersuchen wird aber vertragsmäßig dann nicht willfahrt, wenn die erbetene Untersuchung eine Handlung zum Gegenstande hat, welche nach den Gesetzen des ersuchten Staates nicht strafbar ist, oder wenn es sich um rein fiskalische Vergehen handelt[1]). Den Zeugen werden die Reise=, Aufenthalts= und Versäumnißkosten von dem ersuchenden Staat erstattet nach den in diesem geltenden Regeln. Der im anderen Staat auf Aufforderung des ersuchten sich gutwillig stellende Zeuge darf nicht wegen von ihm früher begangener strafbarer Handlungen oder erlittener Verurtheilungen oder unter dem Vorwande der Mitschuld an den Handlungen, welche den Gegenstand der Untersuchung bilden, zur Untersuchung gezogen oder in Haft genommen werden[2]).

Außer den Zeugenfistirungen können auch zur Konfrontation des Angeschuldigten im anderen Staat verhaftete Personen requirirt werden, welche, wenn keine außergewöhn=lichen Bedenken dagegen obwalten, in den anderen Staat zu dem Zweck gesandt werden, indeß sobald als möglich zurückzusenden sind[3]).

Besondere Garantien für ihre resp. Staatsangehörigen im Kriminalverfahren gewährten sich Spanien und die Vereinigten Staaten von Nordamerika, indem sie feststellten: in welcher Weise und auf Grund welcher Gesetze gegen dieselben wegen bestimmter Verbrechen im Lande des anderen Kontrahenten verfahren werden würde[4]).

§ 38. **3. Die Konzessionen der Staaten in Bezug auf die Polizei. a) Inter-nationale Bevölkerungspolizei.** Die Staaten der internationalen Rechtsgemeinschaft haben den Angehörigen der sie bildenden Staaten, nicht bloß in Bezug auf die Justiz, sondern auch in Bezug auf die Polizei (Wohlfahrt) Gleichstellung mit den eigenen Staatsangehörigen zu währen und gewähren dieselbe in Verträgen, früher in Handels=, in neuester Zeit in Niederlassungsverträgen oder in besonderen Konventionen und ausgewechselten Deklarationen. Aus den Fremden scheiden in den meisten oder allen Beziehungen aus die Naturalisirten.

Ueber die Naturalisation wurden Verträge, besonders von den Vereinigten Staaten von Nordamerika, deren Territorium wesentlich von fremden und den verschiedensten Staaten angehörigen Individuen bevölkert wurde, geschlossen, damit die Nationalität der Naturalisirten für den Auf=enthalt im naturalisirenden Staat und für den Fall der Rückkehr festgestellt sei. Als Naturali=sationsverträge der Vereinigten Staaten sind namhaft zu machen: der mit dem Norddeutschen Bunde vom 22. Februar 1868 (Mart. N. R. G. XIX. 78), mit Bayern vom 26. Mai 1868 (Archives diplomatiques XIII. II. 433), mit Baden vom 19. Juli 1868 (ibid. 454), mit Württembrrg vom 27. Juli 1868 (ibid. 462), mit Hessen vom 1. August 1868 (ibid. 466), mit Belgien vom 16. No=vember 1868 (ibid. 508), mit Schweden=Norwegen vom 26. Mai 1869 (ibid. 716), mit Großbritannien vom 13. Mai 1870 (Mart. N. R. G. XX. 524), mit Oesterreich vom 20. September 1870 (ibid. 347) und mit Dänemark vom 20. Juli 1872 (Mart. N. R. G. II. Ser. I. 64).

---

1) Deutsch=ital. Vertr. Art. 12.

2) Belgisch=deutsch. Vertr. Art. 13—16, =österreich. Art. 13—15, =franz. Art. 13—15, =russisch. Art. 13, 14, 15, 17; italienisch=deutsch. Art. 11, 13, 15, =franz. Art. 12, 14, =österreich. Art. 13, 14, 16, =russisch. Art. 13, 14, 16; österreichisch=russisch. Art. 13, 14, 16, =niederländ. Art. 11, 12, französisch=portugies. v. 13. Juli 1854 (Mart. N. R. G. II. Ser. I. 458) Art. 10, 11, =span. v. 14. Dez. 1877 (ibid. IV. 358) Art. 15; niederländisch=russisch. und =span. Art. 12, 13, =schwed.=norweg. Art. 12, 13; deutsch=schweizer. Art. 12, 13, 15. Additionaldeklaration zum franz. =ital. Auslieferungsvertr. v. 16. Juli 1872 zur Erleichterung der Vernehmung der von einem Staat in den anderen berufenen Zeugen v. 16. Juli 1873 (ibid. I. 367).

3) Italienisch=deutsch. Vertr. Art. 14, =franz. Art. 14, österreich. Art. 15, portug. Art. 12, =ruß. Art. 15; niederländisch=österreich. Art. 13 und =ruß. Art. 14, =schwed.=norweg. Art. 14, =span. Art. 14, österreich.=ruß. Art. 15, deutsch=schweiz. Art. 14.

4) Madrider Konferenz=Protokoll vom 12. Jan. 1877. (Mart. N. R. G. II. Ser. IV. 547.)

Angehörige des einen kontrahirenden Staates, welche in dem anderen auf Grundlage der Gesetze naturalisirt sind, werden als Bürger des anderen Staates angesehen und behandelt. Dazu wird nach den Verträgen der Vereinigten Staaten mit deutschen Staaten, Oesterreich und Schweden=Norwegen ein ununterbrochen fünf Jahre dauernder Aufenthalt gefordert. Die bloße Erklärung der Absicht, Staatsangehöriger werden zu wollen, hat nicht die Wirkung der Naturalisation. Läßt ein in einem anderen Staat naturalisirter sich wieder in seinem früheren Staat nieder, ohne die Absicht in den ersteren zurückzukehren, so wird er als auf seine Naturalisation Verzicht leistend betrachtet. Der Verzicht auf die Rückkehr wird angenommen, wenn der Naturalisirte des einen Staates sich länger als zwei Jahre in dem Gebiet des anderen Staates aufhält[1]). Nach einigen Verträgen wird aber die Verzichtleistung auch unter den beiden angegebenen Voraussetzungen nicht gefolgert und nur wenn der Rückkehrende die frühere Nationalität wieder fordert und auf die durch die Naturalisation erlangte verzichtet, die Verzichtleistung gestattet, dabei aber keine bestimmte Aufenthaltszeit zur Wiedererlangung der früheren Nationalität bedungen[2]). Der Rückkehrende wird von seinem früheren Staat entweder nach Gutdünken aufgenommen[3]) oder seiner früheren Nationalität, wenn er diese nach dem für sie bestehenden Gesetz wiedererlangte, zugerechnet[4]). Zum Militair= dienst im früheren Staat kann nach dem nordamerikanisch=belgischen Vertrage (Art. 3) der Naturalisirte, welcher sich fünf Jahre in dem Staat der Naturalisirung aufgehalten, mit Ausnahme der Desertion vom See= oder Militairdienst, nicht angehalten werden, nach den Niederlassungsvertrage Italiens mit der Schweiz[5]) ist aber ein Naturalisirter zum Militärdienst verpflichtet, wenn er nicht ein Jahr nach erlangter Mündigkeit für seinen früheren Staat optirt hat.

Die Stellung der in ein fremdes Land eingewanderten nicht naturalisirten wird geregelt in Niederlassungsverträgen, mit einander verbundenen Handels= und Nieder= lassungsverträgen und Deklarationen.

Die Schweiz schloß mit folgenden Hauptstaaten Niederlassungsverträge: mit Frankreich am 30. Juni 1864 (Arch. dipl. IV. III. 215)[6]), mit Italien am 22. Juli 1868 (ibid. IX. 1208), mit Rußland am 26. Dezember 1872 (Mart. N. R. G. II. Ser. I. 603), mit Dänemark am 10. Februar 1875 (Handels= und Niederlassungsvertrag) (ibid. I. 308), mit den Niederlanden am 19. August 1875 (H. u. N. V. ibid. IV. 689), mit Oesterreich am 7. Dezember 1875 (ibid. II. 69), mit dem Deutschen Reich am 27. April 1876 (ibid. II. 54). Deklarationen wurden ausgewechselt zwischen Frankreich und Italien am 21. Februar 1868 (Arch. dipl. VIII. III. 1035) und eine Konvention wurde geschlossen zwischen dem Deutschen Reich und Italien am 8. August 1873 (Arch. dipl. XV. IV. 104). Uebrigens enthalten die neuesten Handelsverträge dieselben und ähnliche Rechte wie die vor= stehend aufgeführten internationalen Urkunden.

Wenn die Angehörigen des einen kontrahirenden Staates im Gebiete des anderen vorübergehend oder dauernd sich aufhalten, so stehen sie in Bezug auf Person und Eigenthum auf gleichem Fuß mit den Eingeborenen unter Verpflichtung zur Beobachtung der Gesetze und Polizeiverordnungen[7]). Pässe werden von ihnen überhaupt gefordert[8]), oder nur in Zeiten des Krieges oder innerer Unruhen[9]), zur Domizilirung oder

---

1) Verträge der Ver. Staaten m. d. Norbb. Bunde, Bayern, Württemberg und Hessen Art. 1, 4, m. Baden, Schweden=Norwegen und Oesterreich Art. 1, m. Dänemark Art. 3.
2) Vertr. d. Ver. Staaten m. Baden und Oesterreich Art. 4.
3) Vertr. d. Ver. Staaten m. Schweden=Norwegen u. Großbritannien Art. 3, m. Dänemark Art. 2.
4) Vertr. d. Ver. Staaten m. Belgien Art. 4.
5) Vom 22. Juli 1868 (Arch. dipl. IX. 1208).
6) Nur der neuere fast gleich lautende schweiz.=franz. Vertr. v. 23. Februar 1882 (Arch. dipl. XXII. u. XXIII. I. 178) ist im Text und Noten benutzt.
7) Vertr. d. Schweiz m. d. Deutschen Reiche, Frankreich, Rußland, den Niederlanden, Oesterreich, Italien und Dänemark Art. 1.
8) Vertr. d. Schweiz m. Italien Art. 1, m. d. Niederlanden Addition=Protokoll.
9) Deutsch=ital. Deklarat.

Niederlassung aber Heimathsscheine oder Nationalitätsurkunden, Sitten oder Leumundszeugnisse und auch Bescheinigungen über den Vollgenuß bürgerlicher Ehrenrechte[1]. Jede Art des Handels und der Industrie wird den sich im Staatsgebiet des anderen Vertragskontrahenten niederlassenden gestattet, unter gleichen Bedingungen, Lasten und Abgaben wie den eigenen Staatsangehörigen[2]. Jeder von einem der Vertragskontrahenten einem dritten Staat in Bezug auf Niederlassung und Gewerbeausübung gewährte oder noch zu gewährende Vortheil ist auch dem anderen Kontrahenten einzuräumen[3]. In Friedens- und Kriegszeiten sollen von den im Gebiet des anderen Vertragskontrahenten belegenen Gütern der Staatsangehörigen des Mitkontrahenten keine anderen Auflagen und Kontributionen als von denen der eigenen oder von denen der meist begünstigsten Nation erhoben werden[4], auch wird Freiheit von jeder Zwangsanleihe verbürgt[5]. Die in dem Staate des anderen Vertragskontrahenten wohnenden bleiben den Militairgesetzen und Verpflichtungen ihres Landes unterworfen und frei von allen Ersatzleistungen in Geld und von Militairkontributionen[6], mit Ausnahme der Einquartierungen und Garnisonsfouragierungen und der Reallasten der Grundbesitzer oder Pächter[7]. Kauf, Verkauf, Vererbung und Erwerb aus einer Erbschaft, Eigenthums jeglicher Art im Gebiete des anderen Vertragskontrahenten ist den Angehörigen des Mitkontrahenten in gleicher Weise gewährt wie eigenen Staatsangehörigen des ersteren[8].

Besondere Deklarationen beziehen sich auch auf die Exemtion der resp. Staatsangehörigen vom Militärdienst und den Militärauflagen auf dem Gebiet des anderen Deklaranten: die Deklaration Dänemarks und Italiens vom 29. Oktober 1868 (Arch. dipl. IX. IV. 1413), Dänemarks und Großbritanniens vom 14. Juni 1869 (Mart. N. R. G. XX. 523) und des Deutschen Reichs und der Schweiz vom 11./28. Oktober 1875 (Mart. N. R. G. II. Ser. II. 59). Die beiden ersteren erstrecken sich auch auf die Exemtion von Zwangsanleihen, die letzte beruht auf Reziproziät. Den Besitz, die Verschenkung und Vererbung von Immobilien in der Türkei haben fremden Staatsangehörigen gewährt, unter Gleichstellung des Immobilienbesitzes der fremden dem der eigenen Unterthanen und gewissen daraus sich ergebenden Bedingungen das türkische Gesetz vom 18. Juni 1867 (Mart. N. R. G. XVIII. 234 ff.) und die auf Grund desselben von der Türkei mit anderen Staaten vereinbarten Protokolle, in welchen die resp. Staaten die Bedingungen zugestanden haben, mit Frankreich vom 9. Juni 1868 (ibid. 236 ff.), mit dem Norddeutschen Bunde vom 7. Juni 1869 (ibid. XX. 83), mit Italien vom 23. März 1873 (Mart. N. R. G. II. Ser. IV. 334) und den Niederlanden vom 6. August 1873 (ibid. II. 32), mit den Vereinigten Staaten vom 11. August 1874 (ibid. IV. 539). Auch durch Tunis wurde der Immobilienbesitz fremden Staatsangehörigen gewährt auf Grund des Art. 11 der organischen Gesetze, sofern ihre Staaten mit Tunis über die Bedingungen der Ausübung dieses Rechts sich verständigt haben. Solche Verständigung erfolgte z. B. in der Konvention mit Belgien vom 20. Dezember 1880 (ibid, VI. 680). Die früher geltenden Vermögensabgaben und Dispositionsbeschränkungen der Fremden wie das Heimfallsrecht (Fremdlingsrecht, droit d'aubaine), Abschosse (gabella hereditoria), Abzugsgelder oder Abfahrtsrechte (jus detractionis, detractus) oder =Gelder (gabella emigrationis) u. A. haben aufgehört auf Grund von Verträgen (siehe eine Tabelle der auf die Abschaffung des Heimfallsrechts sich beziehenden Verträge bei Polewoi, Das Heimfallsrecht vom völkerrechtlichen Standpunkt, Dorpat 1855). Selbst neuere Verträge nehmen aber noch auf die Abschaffung des droit d'aubaine Bezug, wie der Niederlassungsvertrag Italiens mit der Schweiz von 1868 Art. 3 oder sprechen dessen und ähnlicher Rechte Abschaffung aus (droit d'aubaine, de détraction et autres semblables) wie der Vertrag Portugals mit Schweden-Norwegen vom 17. Dezember 1863 Art. 1 (Arch. dipl. X. II. 706) und die Deklaration Italiens und Schweden-Norwegens vom 7. Juni 1877 (Mart. N. R. G. II. Ser. VIII. 593).

---

1) Vertr. b. Schweiz m. Frankreich Art. 2, m. d. Deutschen Reich Art. 2, 3, m. Dänemark Art. 3.

2) Vertr. b. Schweiz m. Frankreich, Rußland, Italien, Oesterreich u. b. Deutschen Reich Art. 1, m. Dänemark Art. add.

3) Vertr. b. Schweiz m. d. Deutschen Reich Art. 6, m. Italien Art. 10, m. Frankreich, Art. 6, m. Oesterreich Art. 3, m. Rußland, Art. 7.

4) Vertr. b. Schweiz m. Rußland u. Oesterreich Art. 6, m. Italien Art. 5, franz.=ital. Defl.

5) Franz.=ital. Deklarat.

6) Vertr. b. Schweiz m. d. Deutschen Reich Art. 4, m. Dänemark Art. 8, franz.=ital. Defl.

7) Vertr. b. Schweiz m. Italien Art. 4, m. Dänemark Art. 8, m. Oesterreich u. Rußland Art. 5.

8) Vertr. b. Schweiz m. Italien Art. 3, m. Oesterreich Art. 2, m. Rußland Art. 4, m. Dänemark Art. 1.

Wenn nun auch durch diese internationalen Akte Fürsorge für die eigene Bevölkerung im fremden Staate getroffen ist, so haben doch gegenüber Kulturstaaten niederer Stufe außerhalb Europas noch europäische Staaten eine besondere Protektion ihrer Staatsangehörigen in jenen Staaten übernommen und ist ihnen dieselbe auch von diesen vertragsmäßig zugestanden. Eine bezügliche Kollektivkonvention ist die vom Deutschen Reich, Oesterreich-Ungarn, Belgien, Spanien, den Vereinigten Staaten, Frankreich, Großbritannien, Italien, den Niederlanden, Portugal und Schweden-Norwegen mit dem Sultan von Marokko vom 3. Juli 1880 (ibid. VI. 624), indeß ist die Protektion nur über bestimmte vom resp. Konsulat vorher namentlich bezeichnete Personen aus-zuüben gestattet (Art. 8).

Die internationale Fürsorge hat sich nicht bloß auf die Eingewanderten sondern auch auf die Auswanderer zu erstrecken. In Bezug auf die Auswanderung sind inter-national zu gestatten der Durchzug Auswanderer, die Errichtung von Agenturen im Niederlassungsstaat, Erkundigungen in demselben nach dessen volkswirthschaftlichen Zu-ständen und die Errichtung von Anstalten zur Ermöglichung vortheilhafter erster Unter-nehmungen [1].

Indeß haben die Staaten auch durch ihre Gesetzgebungen die Auswanderungsfrage, namentlich die sich auf sie beziehende Schifffahrt geregelt. Durch Verordnungen: Hamburg am 3. Juni 1850 und am 26. Februar 1855, Bremen am 14. Juli 1854, Frankreich am 15. Januar 1855 und England durch Gesetz vom 30. Juni 1852. Deputationen für das Auswandererwesen und ein Nachweisungsbüreau wurden errichtet in Bremen und Hamburg. Im Deutschen Reich unterliegen die Bestimmungen über die Auswanderung der Aufsicht und Gesetzgebung der Reichsverfassung (Art. 4 Nr. 1). Mit der Ueberwachung der Ein-schiffungshäfen an Elbe und Weser ist ein höherer Offizier der deutschen Marine in Hamburg beauftragt [2]. Gegen die geschäftsmäßige Verleitung von Deutschen zur Aus-wanderung unter Vorspiegelung falscher Thatsachen oder wissentlich mit unbegründeten Angaben oder durch andere auf Täuschung berechnete Mittel, enthält das Reichsstraf-gesetzbuch (§ 144) eine Gefängnißstrafe von einem Monat bis zu zwei Jahren [3].

Im Interesse der Auswanderung sind geboten: „Möglichste Bekämpfung der Un-wissenheit in den Fragen derselben, harte Bestrafung jedes seelenverkäuferischen Treibens, strenge Ueberwachung der Auswandererschifffahrt, wirksame Verpflichtung der Konsuln den Auswanderern mit Rath und That beizustehen [4]“. Zur Verwirklichung alles dessen wird aber internationale Beihilfe vielfach unentbehrlich sein und von den Staaten, die dabei betheiligt sind, geübt werden müssen. Auch der Ausgewanderten hat sich bereits eine internationale Kommission angenommen [5] und sind Verträge in Bezug auf die Ein- und Auswanderung gewidmet worden der indigenen Bevölkerung europäischer Kolonien in anderen Welttheilen [6].

§ 39. b) Internationale Medizinalpolizei. In Bezug auf die Medizinalpolizei haben die Staaten gemeinsame Maaßregeln zur Abwehr ansteckender Krankheiten und zur Verhinderung der Verbreitung derselben ergriffen und die medizinische Hilfeleistung

---

1) Zalesky, Zur Geschichte und Lehre der internat. Gemeinschaft, Dorpat 1866, S. 70 ff.

2) Lammers (Auswanderung ꝛc. in v. Holtzend. Jahrb. III. 293, II. 128 ff.) wünscht einen zum Auswanderungsschutz durch das Deutsche Reich mit den Ver. Staaten abzuschließenden Vertrag. Dergleichen Verträge wären überhaupt erwünscht. Der in Berlin gestiftete Zentralverein für Handelsgeographie und Förderung deutscher Interessen im Auslande hat ein ständiges Auskunfts-bureau und eine ziemliche Anzahl von Zweigvereinen errichtet; namentlich beschäftigt er sich aber auch mit der Auswanderungsfrage, welcher sich auch der in Frankfurt 1882 gestiftete Kolonial-verein zuwendet. Eine bemerkenswerthe Abhandlung über Auswanderung und Kolonisation erschien in Schmoller's Jahrb. V. 234 ff.

3) Siehe auch das Gesetz vom 26. Febr. 1875, welches den oben mitgetheilten Paragraph des b. R.-Strafges. in der durch jenes Gesetz abgeänderten Fassung enthält.

4) Roscher, Kolonien, Kolonialpolitik und Auswanderung, 1856, 362.

5) Mart. N. R. G. II. Ser. V. 3.

6) Vertr. der Niederlande und Großbritanniens vom 8. Sept. 1870 betreffend die Ein-wanderung aus Britisch-Indien nach Surinam.

in ihren Grenzgemeinden auch den diese Hilfe in den benachbarten Gemeinden des angrenzenden Staates ausübenden Personen gestattet. In ersterer Beziehung haben internationale Konferenzen stattgefunden und wurden internationale Konventionen abgeschlossen. Auch die letztere Beziehung wurde zwischen den resp. Staaten konventionsmäßig geregelt.

An der Pariser Sanitätskonvention vom 3. Februar 1852 betheiligten sich außer den Mittelmeerstaaten noch Großbritannien, Portugal und Rußland. Das Sanitätsreglement derselben bestimmte Maaßregeln gegen die Pest, das gelbe Fieber und die Cholera. Der auf Grund dieser Konvention in Paris im April 1859 abgehaltene Kongreß hatte nur bezügliche Gesetze einzelner Staaten zur Folge. Die internationale Konferenz von 1866 in Konstantinopel zur Berathung von Maaßregeln gegen die Cholera und die Arbeiten der im Jahre 1873 von Oesterreich veranlaßten Wiener Konferenz führten ebensowenig zu einem Vertrage. Dagegen wurden in Konstantinopel und Alexandrien noch fortbestehende internationale Sanitätsbehörden errichtet und begab sich 1879 eine internationale Sachverständigen-Kommission in die von der Pest bedrohten Gebiete Rußlands[1]. Einzelne Staaten wie das Deutsche Reich, Rußland und Griechenland erließen Quarantänevorschriften[2]. Zu erwähnen ist hier auch der Vorschlag Ullmann's (in der Rev. d. dr. intern. XI. 527) zum Abschluß einer internationalen Konvention behufs Errichtung einer internationalen Kommission für den Fall eines Krieges, welche die Aufgabe hätte, auf die Desinfektion der Schlachtfelder zu wachen und Präventivmaaßregeln gegen Epidemien zu ergreifen. — Abgeschlossen wurden Konventionen mit Rücksicht auf Viehseuchen. Nachdem im Jahre 1872 eine internationale Konferenz bezüglich des Transportes der Thiere und zur Vorbeugung der Verbreitung ansteckender Viehkrankheiten stattgefunden hatte, tauschten am 31. Dezember 1876 und 26. Januar 1877 Großbritannien und Italien zur Ausführung der 1. Resolution der Konferenz Noten (Mart. N. R. G. II. Ser. VIII. 587) aus, wodurch sie sich auch zur gegenseitigen telegraphischen Mittheilung einer in ihren resp. Gebieten ausgebrochenen Rinderpest (typhus de l'espèce bovine, cattle pleague) und zur Verbreitung der Nachrichten und fortlaufenden Mittheilungen über den Stand der Krankheit bis zu ihrem Erlöschen verpflichten. Als in Bezug auf die Viehseuchen abgeschlossenen Konventionen können wir anführen die Oesterreichs mit Italien vom 27. Dezember 1878 (ibid. IV. 419), mit Serbien vom 6. Mai 1881 (ibid. VIII. 352) und mit der Schweiz vom 31. März 1883. (Arch. dipl. XXIV. 147). Ferner wurden Konferenzen abgehalten in Bern vom 9—17. September 1878 (Mart. N. R. G. II. Ser. VI. 224) und vom 3. Oktober bis 3. November 1881 (Mart. ibid. VIII. 376) und Konventionen geschlossen zur Ergreifung von Maaßregeln gegen die Reblaus vom Deutschen Reich, Oesterreich-Ungarn, Spanien, Frankreich, Italien, Portugal und der Schweiz am 17. September 1878 (ibid. VI. 261) und eine revidirte am 3. November 1881 (ibid. VIII. 435) von denselben Staaten, mit Ausnahme von Spanien und Italien, unter späterem Hinzutritt von Belgien und Luxemburg. Besonders beschlossen die Staaten in ihrer revidirten Konvention ihre bezügliche Gesetzgebung zu vervollständigen und offenbart sich demnach auch hier die Wechselwirkung zwischen internationaler Aktion und staatlicher Gesetzgebung.

Konventionen Belgiens mit den Niederlanden vom 7. Dezember 1868 (Arch. dipl. IX. 1422), mit dem Deutschen Reiche vom 7. Februar 1873 (Mart. N. R. G. XIX. 80), mit Luxemburg vom $\frac{31.\ Mai}{3.\ Juni}$ 1879 (Mart. N. R. G. II. Ser. IV. 705) und mit Frankreich vom 12. Januar 1881 (ibid. VI. 485), des Deutschen Reichs mit den Niederlanden vom 11. Dezember 1873 (ibid. I. 227) und Frankreichs mit Luxemburg vom 30. September 1879 (ibid. VI. 488) vereinbarten, daß Aerzte, Chirurgen, Akkoucheure, Hebammen und Veterinaire in den resp. Grenzgemeinden, welche dort mit obrigkeitlicher Genehmigung ihren Beruf ausüben, auch dazu berechtigt sein sollen, in den Grenzgemeinden des ihrem Staate benachbarten Konventionsstaates nach den daselbst für diese Praxis geltenden Gesetzen auszuüben. Ein Verzeichniß der in den benachbarten Grenzgemeinden zu solcher Berufsübung berechtigten Personen ist alljährlich der Regierung des Nachbarstaates zu übersenden. Einige dieser Konventionen gestatten dabei dem Arzte des Nachbarstaates die Verabfolgung von Medikamenten, wenn an dem Ort kein Pharmazeut sich befindet[3], oder wenn drohende Todesgefahr es gebietet[4], die anderen Verträge verbieten solche Verabreichung dem fremden Arzt unbedingt. Nach den zwischen dem Deutschen Reich und der Schweiz am 20. und 29. November 1872 ausgewechselten Deklarationen (Mart. ibid. I 242) soll den Aerzten und Thierärzten in Elsaß-Lothringen resp. den Kantonen Bern, Solothurn, Basel-Stadt und -Land gestattet werden, sofern sie bei den Kantonsregierungen, resp. bei der elsaß-lothring. Landrathsverwaltung darum ansuchen, die Praxis auf das Gebiet der Kantone resp. Elsaß-Lothringens auszudehnen.

---

1) Zalesky, 72 ff. König, s. v. „Quarantäneanstalten" in v. Holtzendorff's Rechtslexikon 3. Aufl.
2) Perels, Das internat. öffentl. Seerecht, Berlin 1882, § 32.
3) Art. 3 des belg.-franz. u. -niederl. Vertr.
4) Art. 2 des deutsch-niederl. u. -belg. Vertr.

§ 40. c) Internationale Armenpolizei. Nach staatlichen Vereinbarungen werden die Armen eines Kontrahenten, welche sich in dem Staate des anderen befinden, gleich den Armen dieses letzteren durch die publike Wohlthätigkeitspflege unterstützt und werden dem in seine Heimath zurückzusendenden Armen die dazu bis zur Grenze erforderlichen Mittel gewährt. Es wird die Rücksendung verschoben, wenn es der Gesundheitszustand des Armen fordert und findet überhaupt nicht Statt im Fall nur momentaner Arbeitsunfähigkeit. Bei einer erfolgenden Rücksendung sollen aber Mann und Frau, Eltern und Kinder nicht von einander getrennt werden. Gewährte Vorschüsse oder entrichtete Unkostenbeträge können von den betreffenden Personen oder den zu ihrer Unterstützung verpflichteten gerichtlich zurückgefordert werden.

Nach den vom Deutschen Reich, mit Italien am 8. August 1873 Art. 1, 2 [1]) und mit Dänemark am 11. Dezember 1873 Art. 1—3 [2]) und von Italien mit der Schweiz am 6./15. Oktober 1875 [3]) ausgewechselten Deklarationen und nach der Konvention Frankreichs mit der Schweiz vom 27. September 1882 [4]) verpflichtet sich ein jeder Theil. innerhalb der Grenzen seines Gebietes bedürftigen Angehörigen des anderen Theiles, welche wegen körperlicher oder geistiger Krankheit Verpflegung und ärztlicher Behandlung bedürfen, solche Hilfe nach denselben Grundsätzen, nach welchen sie den eigenen Staatsangehörigen zu Theil wird, zu gewähren und zwar so lange bis sie nach ihrer Heimath zurückgesandt werden können, auch den Hergestellten die Reisemittel bis zur Grenze zu gewähren. Dabei sind weder Armenunterstützung, noch Krankenpflege, Beerdigungs= und andere Kosten zu erstatten, außer wenn der Hilfsbedürftige oder privatrechtlich dazu verpflichtete dazu im Stande sind.

Besondere Fürsorge vereinbarten Großbritannien und Frankreich am 5. November 1879 [5]), das Deutsche Reich und Frankreich am 16. Mai 1880 [6]), Großbritannien und Italien am 8. Juni 1880 [7]), Großbritannien und Oesterreich am 26. November 1880 [8]), Italien und Schweden=Norwegen am 12. Juni 1881 [9]), Großbritannien und Schweden=Norwegen am 12. Juli 1881 [10]), Frankreich und Italien am 1. Januar 1882 [11]) für schiffbrüchige oder sonst hilflose Seeleute, indem sie die Regierung desjenigen vertragsschließenden Staates, dessen Flagge das Schiff trug, auf welchem ein hilfsbedürftiger Seemann sich befand, verpflichtet, solchen Seemann, falls er nicht wegen Verbrechen oder Vergehen vom Schiff vertrieben oder wegen Dienstunfähigkeit entlassen war, zu unterstützen bis er wieder zur See geht, einen anderen Dienst findet oder in der Heimath anlangt oder stirbt.

Außerdem ist den Angehörigen des einen kontrahirenden Staates durch Vereinbarungen, mit Rücksicht auf die von ihnen im anderen Staate zu führenden Prozesse das Armenrecht gewährt worden [12]).

§ 41. d) Internationale Kulturpolizei. aa) Die geistige Kultur. α) Die Kirche. Die internationale Anerkennung der Religionsfreiheit. Staaten einer internationalen Rechtsgemeinschaft können nur dem Grundsatz der Religionsfreiheit huldigen. International muß jede Religionsübung anerkannt werden, welche in Dogma oder Kultus nicht dem Sittengesetz widerspricht. Die freie Religionsübung kann nicht bloß durch ein Gesetz, sondern auch durch einen Vertrag gesichert

---

1) Mart. N. R. G. II. Ser. I. 258.   2) Ibid. 263.
3) Ibid. 379. Siehe auch d. österr.=schweizer. Niederlassungsvertr. Art 7 und den deutsch=schweizer. Art. 10.
4) Arch. dipl. XXIV. I. 151.
5) Mart. N. R. G II. IV. 721.   6) Ibid. VI. 383.   7) Ibid. 417.
8) Ibid. VIII. 667.   9) Ibid. 595.   10) Ibid. 695.   11) Ibid. 547.
12) Siehe die bezüglichen Vereinbarungen § 35.

werden. Ist dieser Vertrag ein Garantievertrag, so können die garantirenden Staaten im Fall der Verletzung der freien Religionsübung interveniren. Alle Staaten haben den wegen ihrer Religion verfolgten ein Asyl zu gewähren.

Schon die erste umfassende internationale Urkunde aus der Zeit des modernen Völkerrechts: der westphälische Friede behandelte kirchliche Angelegenheiten, garantirte aber nicht Religionsfreiheit, denn sie gewährte Rechte nur Katholiken und Protestanten und mußte auch bei diesen der Unterthan dem Bekenntniß des Landesherrn folgen. Christen in nichtchristlichen Staaten sind wiederholt Gegenstand eines besonderen Schutzes geworden oder es haben die nichtchristlichen Staaten, deren Staatsangehörige sie waren, ihnen besondere Privilegien verliehen, da das Staatsgesetz oder die Staatsreligion eine Gleichstellung der christlichen mit nichtchristlichen Unterthanen nicht zuließ. Die Pforte bestätigte zunächst ihren griechischen Unterthanen durch Firman vom 5. Juni 1853 (Mart. N. R. G. XV. 501), sodann aber den protestantischen durch Firman desselben Monats und Jahres (ibid. 500) ihre Religions-Privilegien und regelte dann das Verhältniß ihrer christlichen Unterthanen überhaupt durch Firman vom 18. Februar 1856 (ibid. 503), auf welchen sich der Art. 9 des Pariser Vertrages vom 30. März 1856 bezieht. Auf dem Berliner Kongreß von 1878 konnten aber die Vertragsmächte Akt nehmen von der spontanen Erklärung der Pforte, das Prinzip der religiösen Freiheit in weitester Ausdehnung aufrecht zu erhalten. (Siehe Art. 62 des Berliner Vertrages vom 13. Juli 1878. Mart. N. R. G. II. Ser. III. 464 ff.) Auch wird ebendaselbst das Recht der diplomatischen und Konsularagenten der Mächte in der Türkei zur offiziellen Protektion sowohl der Geistlichen, Pilger und Mönche aller Nationalitäten, welche in der europäischen oder asiatischen Türkei reisen, anerkannt als auch der religiösen Wohlthätigkeitsanstalten und anderer Anstalten an den heiligen oder anderen Orten. Die durch Frankreich erworbenen Rechte werden ausdrücklich vorbehalten[1]) und sollen auch die heiligen Orte in statu quo belassen werden. Insbesondere werden aber die Mönche des Berges Athos, welches auch ihr Heimathsland sei, belassen bei ihren Besitzungen und früheren Vorzügen und sollen ausnahmslos einer vollständigen Gleichheit der Rechte und Privilegien genießen. Ueberhaupt aber waren die heiligen christlichen Orte in der Türkei wiederholt Gegenstand von Verhandlungen und Feststellungen, z. B. im Firman vom Mai 1853 zur Entscheidung von Differenzen zwischen Griechen und Lateinern (Mart. N. R. G. XV. 497), in der russischen Note vom 19. April 1853 an die Pforte zur Garantie der Privilegien des griechischen Kultus rücksichtlich jener Orte, welche zur Kriegserklärung der Pforte an Rußland am 4. Oktober 1853 führte (ibid. 547).

Die internationale kirchliche Aemterbesetzung. Jedem Staat muß prinzipiell entweder die Ernennung oder mindestens die Bestätigung der Beamten der Kirche zustehen. Indeß haben einige Staaten für die katholische Konfession zu Gunsten des Papstes durch Vereinbarungen mit diesem darauf verzichtet, oder überhaupt und schon in ihrer Verfassung[2]) auf die Ernennung oder Einsetzung der Diener irgend einer Gottesverehrung. Andere Staaten haben sich das Bestätigungsrecht gewahrt und werden ihnen zur Ausübung desselben durch die kirchlichen Autoritäten ein oder verschiedene Kandidaten präsentirt. Auf die Papstwahl bezieht sich als letzte die Bulle Pius VII.: Quae etquanta cura im Jahre 1804, welche übrigens nur die Bullen seines Vorgängers Pius VI. bestätigte, wonach der Kardinaldekan allein berechtigt sein sollte, den Ort des Konklave zu bestimmen und schon einige Kardinäle zur Vornahme der Wahl befugt sein sollten[3]).

Das von der italienischen Regierung am 13. Mai 1871 über die Beziehungen zwischen dem Papst und ihr erlassene Gesetz (Mart. N. R. G. XVIII. 41) gewährt zwar dem Papst souveräne Ehren (Art. 3), freie Ausübung seiner Funktionen (Art. 9), den bei demselben akkreditirten Gesandten[4]) völkerrechtliche Prärogative und Immunitäten (Art. 11), freien Verkehr mit dem Episkopat und der gesammten katholischen Welt (Art. 12), hebt auch das Exequatur und Königliche Placet und jede andere Form der Regierungszustimmung zur Publikation und Exekution der Akte der kirchlichen Autoritäten auf, mit einigen im Art 16 verzeichneten Ausnahmen, versagt auch in spirituellen und disziplinärer Beziehung jede Reklamation oder Appellation gegen die Akte der

---

1) Schon durch türkische Kapitulation von 1673 (Art. 40—42) wurde Frankreich das Recht eingeräumt, der vornehmste Beschützer der heiligen Ortschaften in Jerusalem zu sein, sowie auch aller geistlichen Personen und Wallfahrer, welche jene besuchten. Martens, Konsularwesen, 206.

2) Belgische Verf. Art. 16.

3) Zorn in v. Holtzend. Rechtslex. s. v. Papstwahl.

4) Vertreten sind beim Papst: Bayern, Frankreich, Oesterreich-Ungarn, Preußen, Portugal, Spanien, Monako, Bolivia, Brasilien, Chili, Costarika, Dominikanische Republik, Ekuador, Nikaragua und Peru (Gothaischer Genealogischer Hofkalender 1884, 862).

kirchlichen Autoritäten, gewährt ihnen aber auch keine Zwangsexekution, — wobei die Ziviljuris=
diktion über die juridischen Wirkungen dieser Akte zu erkennen hat, sie aber wirkungslos bleiben,
wenn sie den Staatsgesetzen oder der öffentlichen Ordnung zuwider sind und auch den Strafgesetzen
unterliegen, wenn sie ein Delikt konstituiren, (Art. 17), — ist aber dennoch nur ein staatsrechtlicher
einseitiger Akt, welcher als Staatsgesetz zu beobachten allen denjenigen, welche es angeht, auferlegt
wurde (Art. 19). Die Stellung der katholischen Kirche ist aber nur noch in wenigen Staaten durch
Konkordate und zwar nur durch modifizirte wie in Frankreich (Konkordat v. 23 Fruct. IX. (10. Sept.
1801) und Bayern (Konkordat vom 24. Oktober 1817) geregelt, in anderen Staaten durch
Staatsgesetze und in noch anderen durch sog. Zirkumskriptionsbullen, d. h. durch päpstliche Erlasse,
welche die äußeren kirchlichen Einrichtungen und nur in wenigen Punkten die inneren Verhältnisse
der Kirche betreffen. Diese Bullen sind vom Papst als Kirchengesetze erlassen, indeß haben die
einzelnen Regierungen sie auch ihrerseits publizirt. Ihnen voraus gingen aber Vereinbarungen,
und soweit das der Fall ist, wird wohl auch das einseitige Abgehen von denselben, sowie von den
Konkordaten rechtlich unstatthaft sein, es müsse denn der betreffende Staat überhaupt die Stellung
der katholischen Kirche in ihm nur durch sein Gesetz zu regeln gewillt sein, wozu ihm unzweifelhaft
das Recht zusteht. (Hinschius, s. v. Konkordate in v. Holzend.'s Rechtslex.)

Vereinbarungen mehrerer Staaten über kirchliche Angelegenheiten.
Es können entweder mehrere Staaten die Angelegenheiten einer oder derselben Religion
oder Konfession oder Sekte in ihrem resp. Gebiete oder auch außerhalb desselben
international zu regeln unternehmen oder nur in Bezug auf bestimmte heilige Orte,
zu welchen Gläubige wallfahren, in ihren Schutz oder unter ihre Fürsorge nehmen, um
dort gemeinsam Kirchen, Klöster und Hospitäler oder Wallfahrtsstationen zu errichten.
In beiden Beziehungen ist bisher geringes Zusammenwirken erreicht worden und doch
wäre in ersterer Beziehung Anlaß genug geboten ein gemeinsames Verhalten gegenüber
den Herrschaftsgelüsten der Kirche zu vereinbaren und deren Rechte im Staat in über=
einstimmender Weise zu regeln, wenn nicht in einem solchen schon der Grundsatz der
freien Kirche im freien Staat durchgeführt ist.

Wir führen hier als Beispiel internationaler Vereinbarung an die der Türkei, Frank=
reichs und Rußlands vom 5. September 1862 über den Wiederaufbau der Kuppel des heiligen
Grabes in Jerusalem (Mart. N. R. G. XVIII. 226) und als ein Beispiel internationaler Ent=
scheidung die der Konferenz Oesterreichs, Frankreichs, Großbritanniens, Italiens, Preußens, Ruß=
lands und der Türkei in Konstantinopel über die von der Regieruug der Donaufürstenthümer
getroffenen Maaßregeln hinsichtlich der Klostergüter, welche Streitigkeiten zwischen ihr und den
griechischen Gemeinden veranlaßt hatten. (Mart. N. R. G. XVIII. 159.)

β) Die Wissenschaft und Kunst. Es ist Pflicht der Staaten der internationalen
Rechtsgemeinschaft die Urheber litterarischer und artistischer Werke in ihrem Eigenthum gegen
Nachdruck, unbefugte Uebersetzung und Nachbildung zu schützen, welches auch die Nationalität
der Urheber und der Ort der Erzeugung ihrer Werke sei. Schon haben die meisten Kultur=
staaten für ihre resp. Angehörigen entweder in ihren Handelsverträgen oder in sog. Litterar=
konventionen litterarischen und artistischen Schutz vereinbart. Dieselben Konventionen
erstreckten sich vielfach auch auf das industrielle Gebiet, welches erst in neuester Zeit
besonderen Vereinbarungen vorbehalten wurde. In Bezug auf litterarisches und artisti=
sches Eigenthum sind nachstehende in den Konventionen der Staaten wesentlich mit einan=
der übereinstimmende Bestimmungen vereinbart worden.

Die Urheber von Büchern, Broschüren oder anderen Schriften, musikalischer Kompositionen
und Arrangements, von Werken der Zeichenkunst, Malerei, Bildhauerei, des Kupferstiches, der
Lithographie und aller anderen ähnlichen Erzeugnisse aus dem Gebiet der Litteratur und Kunst[1]
sollen in jedem der eine Konvention abschließenden Staaten gegenseitig sich der Vortheile
zu erfreuen haben, welche daselbst dem Eigenthum an Werken der Litteratur oder Kunst gesetzlich
eingeräumt sind oder künftig eingeräumt werden. Sie sollen denselben Schutz und dieselbe Rechts=
hilfe gegen jede Beeinträchtigung der Rechte genießen als wenn diese Beeinträchtigung gegen die

---

1) Die deutsch=franz. Konvention vom 19. April 1883 (Arch. dipl. 22 u. 23. Jahrg.)
IV. 5 fügt Art. 1 hinzu: „gleichviel ob diese Werke veröffentlicht sind oder nicht". Andere Kon=
ventionen: die franz.=schweiz. v. 23. Febr. 1882 (Arch. dipl. XXII. u. XXIII. IV. 271), deutsch=
schweiz. vom 13. Mai 1869 Art. 1 (Mart. N. R. G. XIX. 569) setzen hinzu: „welche zum ersten
Mal in dem Lande des einen Kontrahenten veröffentlicht sind".

Urheber solcher Werke begangen wäre, welche zum ersten Mal in dem Lande selbst veröffentlicht worden sind. Diese Vortheile sollen ihnen aber gegenseitig nur so lange zustehen als ihre Rechte in dem Lande, in welchem die erste Veröffentlichung erfolgt ist, in Kraft sind und sollen sie in dem anderen Lande nicht über die Frist hinaus dauern, welche für den Schutz der einheimischen Autoren gesetzlich festgestellt ist[1]). Es ist indeß auch von kontrahirenden Staaten eine Frist für die Dauer der Rechte des Urhebers festgesetzt worden und zwar auf die ganze Lebenszeit und nach dem Tode auf 50 Jahre[2]).

In neuesten Verträgen wie in dem französisch=belgischen und =schweizerischen wird der Schutz auch erstreckt auf Illustrationen und dramatische Werke, der letztere Vertrag erstreckt ihn auch auf Photographien. Der deutsch=französische Vertrag führt außer den Illustrationen und dramatischen Werken noch an dramatisch=musikalische, geographische, topographische, architektonische, naturwissenschaftliche Pläne, Skizzen und Darstellungen plastischer Art. Hinsichtlich der Photographien soll noch eine besondere Vereinbarung getroffen werden. Derselbe deutsch=französische Vertrag enthält (Art. 2) die sehr wichtige Bestimmung, daß der Schutz auch auf die Verleger solcher Werke sich erstrecke, welche in einem der beiden Länder veröffentlicht sind und deren Urheber einer dritten Nation angehört.

Ziemlich allgemein gestatten die Konventionen in jedem der beiden Länder Auszüge aus Werken oder ganze Stücke von Werken, welche zum ersten Mal im Lande des anderen Kontrahenten erschienen sind, zu veröffentlichen, vorausgesetzt, daß diese Veröffentlichung ausdrücklich für den Schulgebrauch oder Unterricht bestimmt und eingerichtet ist[3]).

Auch dürfen Artikel, welche den in einem der kontrahirenden Länder erschienenen Zeitungen oder periodischen Zeitschriften entnommen sind, in dem anderen im Original oder Uebersetzung gedruckt werden, wenn nur die Quelle, aus welcher die Artikel herrühren, angegeben wurde. Indeß bezieht sich diese Befugniß nicht auf größere Artikel, wenn die Urheber in der Zeitung oder Zeitschrift, in welchen dieselben erschienen, erklärten, daß sie deren Nachdruck untersagen, Artikel politischen Inhalts dabei stets ausgenommen[4]).

Der den Urhebern von Werken der Litteratur und Kunst gewährte Schutz soll auch Darstellungen oder Aufführungen dramatischer oder musikalischer Werke gewährt werden, welche zum ersten Mal in einem der beiden Länder veröffentlicht, aufgeführt oder dargestellt werden[5]). Den Originalwerken werden die in einem der kontrahirenden Staaten gefertigten Uebersetzungen inländischer oder fremder Werke gleichgestellt und wird ihnen gegen die unbefugte Vervielfältigung im anderen Lande derselbe Schutz gewährt wie den Originalwerken. Dadurch soll aber der Uebersetzer nur in Bezug auf seine Uebersetzung geschützt, keineswegs ihm aber das ausschließliche Uebersetzungsrecht übertragen werden[6]). Indeß werden Termine, innerhalb welcher die Uebersetzung zu bewerkstelligen ist, festgesetzt, bald ein Jahr[7]) von der Publikation des Originals, oder nur für

---

1) Art. 1 d. Konvent. Frankreichs u. Italiens v. 29. Juni 1862 (Arch. dipl. III. I. 70), Frankreichs u. Oesterreichs v. 11. Dez. 1866 (Arch. dipl. VII. I. 70), Italiens u. d. Schweiz v. 22. Juli 1868 (Arch. dipl. IX. IV. 1346), prolong. durch Deklaration v. 28. Jan. 1879 (Arch. dipl. XVIII. u. XIX. III. 74), des Norbb. Bundes m. Italien v. 12. Mai 1869 (Mart. N. R. G. XIX. 569) u. m. d. Schweiz v. 13. Mai 1869 (dazu Uebereinkunft v. 23. Mai 1881) Mart. N. R. G. II. Ser. VI. 741, Frankreichs m. Großbritannien v. 3. Nov. 1851 (Arch. dipl. XVI. III. 122) abgeändert am 11. Aug. 1875 im Art. 4 § 3 (ibid. 121), mit Belgien v. 31. Oktb. 1881 (Arch. dipl. XX. u. XXI. III. 233), m. d. Schweiz v. 23. Febr. 1882, m. d. Deutschen Reich v. 19. April 1883, Belgien's m. d. Schweiz v. 25. April 1867 (bei von Orelli das schweizer. Bundesgef. betreffend das Urheberecht, Zürich 1884, 124 ff.)

2) Franz.=span. Konvention v. 16. Juni 1880 (Mart. N. R. G. II. Ser. VI. 479.

3) Deutsch=ital. Konv. Art. 2, ital.=schweiz. Art. 2; deutsch=schweiz. Art. 2 mit dem Hinzuzügen, daß die Veröffentlichungen zum Zwecke der Kritik oder Litteraturgeschichte bestimmt sind. Belg.=franz. Art. 2, franz.=schweiz. Art. 2; die belg.=franz. Konv. Art. 2 gestattet gleiches für Chrestomathien, die deutsch=franz. Art. 4 schließt diese auch ein, verlangt aber, daß jedes Mal der Name des Urhebers oder die Quelle angegeben werde. Art. 2 des belg.=schweiz. Vertr. u. andere Vertr. setzen hinzu: „und mit erläuternden Anmerkungen oder Interlinear= oder Randübersetzungen versehen sind".

4) Franz.=ital. Konv., =österreich., =belg. Art. 8, franz.=deutsche Art. 5, =schweiz. Art. 9, =großbrit. Art. 5; deutsch=ital. Art. 9, =schweiz. Art. 8; ital.=schweiz. Art. 9; belg.=schweiz. Art. 9. Die deutsch=franz. Konv. verlangt nicht Angabe der Quelle, gestattet aber den Herausgebern einer Zeitung oder Zeitschrift den Nachdruck zu untersagen, verbietet aber den Abdruck im Original oder Uebersetzung von Feuilleton=Romanen und Artikeln über Wissenschaft und Kunst.

5) Deutsch=ital. u. =schweiz. Konv. Art. 4; franz.=ital. Art. 6, =österreich. Art. 3, =belg. u. =schweiz. Art. 4, nach der letzten Konvention gilt gleiches auch für eine Uebersetzung; großbrit.=franz. Art. 4, deutsch=franz. Art. 8 und Protokoll z. demf. Pct. 2, belg.=schweiz. Vertr. Art. 4.

6) Franz.=ital. Konv., belg. u. schweiz. Art. 5; deutsch=ital. u. schweiz. Art. 5; ital.=schweiz. Art. 5; franz.=österr. Art. 4, =großbrit. Art. 2, =deutsche Art. 9; belg.=schweiz. Art. 5.

7) Franz.=ital. Konv. Art. 3.

einen Theil und für Erscheinen des Ganzen drei Jahre[1]). Auch muß der Autor die Absicht sich das Uebersetzungsrecht vorzubehalten, an der Spitze seines Werkes anzeigen[2]). Die mit Erlaubniß des Autors veranstaltete Uebersetzung wird aber gegen jede andere ohne solche Ermächtigung in dem Lande des anderen Vertragskontrahenten veranstaltete Uebersetzung bald fünf[3]), bald zehn Jahre[4]), bald für die Lebenszeit und 50 Jahre nach dem Tode des Urhebers geschützt[5]). Nach einigen Konventionen soll der Autor zur Erlangung des Schutzes der Uebersetzung eines dramatischen Werkes diese drei Monate nach Einregistrirung oder Depot des Originalwerkes erscheinen lassen[6]), nach einer anderen sechs Monate nach Publikation oder Aufführung des Originals[7]), nach anderen muß der Autor seine Uebersetzung erscheinen oder aufführen lassen innerhalb dreier Jahre[8]). Die deutsch=französische Konvention (Art. 10) sichert den Urhebern dramatischer oder musikalischer Werke, für die Dauer ihres ausschließlichen Uebersetzungsrechts Schutz zu gegen die nicht genehmigte öffentliche Darstellung der Uebersetzung ihrer Werke.

    Während einige Konventionen den Genuß der den litterarischen und artistischen Erzeugnissen zugesicherten Rechte von der Erfüllung der im Ursprungslande zum Schutz des Eigenthums an jenen vorgeschriebenen Förmlichkeiten abhängig machen und außerdem die Ausübung des Eigenthumsrechts im anderen Lande dadurch bedingen, daß entweder eine Deponirung des Originalwerkes an einer publiken Stelle oder eine förmliche Eintragung oder Registrirung des zu schützenden Werkes bei einer dazu im Vertrage speziell bestimmten Autorität stattgefunden[9]), erachten es andere Konventionen für genügend, daß die Autoren oder Herausgeber durch ein Zertifikat der kompetenten öffentlichen Autorität bescheinigen, daß das fragliche Werk ein Originalwerk sei, welches in dem Lande, in dem es publizirt worden, des gesetzlichen Schutzes gegen Nachdruck oder unerlaubte Vervielfältigung genießt[10]), oder daß die Autoren oder Herausgeber ihr Eigenthumsrecht überhaupt begründen[11]), oder den Nachweis liefern, daß der den Schutz beanspruchende selbst Urheber des Erzeugnisses sei oder seine Rechte von dem Urheber herleitet[12]), oder auch nur, daß der Name des Urhebers auf dem Titel des Werkes, unter der Zueignung oder Vorrede oder am Schluß des Werkes angegeben ist[13]). Bei anonymen oder pseudonymen Werken ist der Verleger, dessen Name auf dem Werk steht, zur Wahrnehmung der dem Urheber zustehenden Rechte befugt. Derselbe gilt ohne weiteren Beweis als Rechtsnachfolger des anonymen oder pseudonymen Urhebers[14]).

    Auch die gesetzlichen Vertreter oder Rechtsnachfolger der Urheber, Uebersetzer, Komponisten, Zeichner, Maler, Bildhauer, Kupferstecher, Architekten, Lithographen sollen in allen Beziehungen dieselben Rechte genießen, welche diesen selbst bewilligt werden[15]). Einige Konventionen gewähren den Genuß dieser Rechte auch den Photographen[16]), eine auch den Verlegern[17]).

    Wenn der Urheber eines musikalischen oder dramatisch=musikalischen Werkes sein Vervielfältigungsrecht an einen Verleger für eins der beiden kontrahirenden Länder, mit Ausschluß des anderen Landes abgetreten, so dürfen die demgemäß hergestellten Exemplare oder Ausgaben dieses Werkes in dem letzteren Lande nicht verkauft werden, vielmehr soll die Einfuhr dieser Exemplare oder Ausgabe daselbst als Verbreitung von Nachdruck angesehen und behandelt werden und müssen die betreffenden Werke auf ihrem Titel oder Umschlag den Vermerk tragen, daß sie eine für das bezügliche Land verbotene Ausgabe sind. Der Transit nach einem dritten Lande ist aber gestattet[18]). — Die Einfuhr, Ausfuhr, Verbreitung, der Verkauf und das Feilbieten von Nachdruck oder unbefugten Nachbildungen ist in jedem der beiden kontrahirenden Länder verboten, mag dieser Nachdruck oder mögen diese Nachbildungen auch aus irgend einem dritten Lande herrühren.

    Die Gesetzgebungen wie das preußische Gesetz vom 11. Juni 1837 (Art. 38), der Art. 18 des französischen Gesetzentwurfes von 1839, das englische Gesetz von 1838, dänische Verordnungen,

---

    1) Deutsch=ital. u. schweiz. Art. 6, ital.=schweiz. Art. 6, belg.=schweiz. Art. 6. In den franz.=belg. u. =schweiz. Art. 6, =deutsch. Art. 10, =großbrit. Art. 3 wird nur gefordert, daß das Ganze in drei Jahren erscheine.

    2) Franz.=ital. Konv. Art. 4, =österr. Art. 5; deutsch=ital. Art. 6, =schweiz. Art. 6; franz.=belg. Art. 6, =schweiz. Art. 6, =großbrit. Art. 9, ital.=schweiz. Art. 6, belg.=schweiz. Art. 6.

    3) Deutsch=ital. und =schweiz. Konv. Art. 6; franz.=großbrit. Art. 3; belg.=schweiz. Art. 6.

    4) Franz.=belg. u. =schweiz. Art. 6, =deutsche Konv. Art. 10.

    5) Franz.=span. Konv. Art. 4.

    6) Franz.=großbrit. Konv. Art. 4, deutsch=ital. u. schweiz. Art. 6.

    7) Art. 6 d. franz.=ital. Konv.   8) Franz.=belg. u. =schweiz. Art. 6. Belg.=schweiz. Art. 6.

    9) Franz.=großbrit. Konv. Art. 8, =österr. Art. 2, =schweiz. Art. 3; ital.=deutsche u.= schweiz. Art. 3; belg.=schweiz. Art. 3.

    10) Franz.=ital. Konv. Art. 2 u. belg. Art. 3.

    11) Franz.=span. Konv. Art. 1.

    12) Deutsch=schweiz. Konv. Art. 3.   13) Deutsch=franz. Konv. Art. 7.   14) Ibid.

    15) Franz.=ital. Konv., =österr., =belg. Art. 7, =schweiz. u. =großbrit. Art. 8; deutsch=ital. Art. 8, =schweiz. Art. 7, =franz. Art. 3; ital.=schweiz. Art. 8; belg.=schweiz. Art. 8.

    16) Franz.=ital. Konv. u. belg. Art. 7, =schweiz. Art. 8.

    17) Deutsch=franz. Art. 3.

    18) Deutsch=ital. Konv. Art. 7, =franz. Art. 11, franz.=belg. Art. 13, ital.=schweiz. Art. 7, belg.=schweiz. Art. 7.

das schwedische Gesetz von 1844 und vom 3. Mai 1867, das norwegische vom 8. Juni 1876 und der Art. 433 des griechischen Strafkodex von 1833 schützten das litterarische Eigenthum im Fall der Reziprozität[1]). Das französische Dekret vom 28. März 1852 qualifizirt aber schon als Delikte den Nachdruck in der Fremde veröffentlichter Werke auf französischem Boden und den Debit, die Ausfuhr und Beförderung derselben. Den französischen Gesetzen vom 8. April 1854 und 14. Juli 1866 zum Schutz des Autorrechts folgten dann die Spezialgesetze des Norddeutschen Bundes resp. des Deutschen Reichs: das Gesetz vom 11. Juni 1870, betr. das Urheberrecht an Schriftwerken, Abbildungen, musikalischen Kompositionen und dramatischen Werken (B. G. Bl. 339); das Gesetz vom 9. Januar 1876, betr. das Urheberrecht an Werken der bildenden Künste (R. G. Bl. 4); das Gesetz vom 10. Januar 1876, betr. den Schutz der Photographien gegen unbefugte Nachbildung (R. G. Bl. 8), und das Gesetz vom 11. Januar 1876, betr. das Urheberrecht an Mustern und Modellen (B. G. Bl. 11), endlich das schweizerische Bundesgesetz betr. das Urheberrecht an Werken der Litteratur und Kunst vom 23. April 1883. — Schriftsteller und Künstler hielten Kongresse zur Berathung über den Schutz ihrer Rechte in Brüssel 1858, in Paris 1878. Der erstere auch von Staaten beschickte Kongreß verlangte, daß das Prinzip der internationalen Anerkennung des Autorrechts schon in den Gesetzgebungen ausgesprochen werde, daß dasselbe von Staat zu Staat, auch ohne Reziprozität, gelte, daß die ausländischen Autoren, zur Beanspruchung des Schutzes, von Förmlichkeiten, außer im Publikationslande, befreit werden und daß alle Länder in Bezug auf das Eigenthum an litterarischen und artistischen Werken eine auf gleicher Grundlage beruhende Gesetzgebung annehmen. Der letzte Wunsch ist das zu erstrebende Ziel, da namentlich die verschiedene Dauer des Eigenthumsrechts und Schutzes zu immerwährenden Kollisionen und Zweifeln Anlaß gibt. Der Pariser artistische Kongreß vom 29. September 1878 revolvirte (Resol. 18): „La législation intérieure et les traités internationaux doivent réserver à l'auteur le droit exclusif d'autoriser la tradinction, l'adaptation, l'imitation ou l'arrangement de son oeuvre" und ging somit über die vertragmäßigen Bestimmungen zu Gunsten des Autors hinaus. Derselbe Kongreß spricht den Wunsch aus nach der Errichtung einer allgemeinen, auch die überseeischen Staaten umfassenden Union, welche in Bezug auf künstlerisches Eigenthum eine übereinstimmende Gesetzgebung annehme, von besonderer Bedeutung ist aber die im Jahre 1876 gegründete Association littéraire internationale, welche in verschiedenen europäischen Haupstaaten alljährlich abgehalten worden ist. Auf ihre Initiative hat sich im September 1883 in Bern eine Delegirtenkonferenz versammelt, um über die Grundlagen einer allgemeinen Union zum Schutz der Autorrechte zu berathen und eine den Staaten zu unterlegende bezügliche Konvention (Arch. dipl. 1883. IV. 121) ausgearbeitet. Die Delegirtenkonferenz hat dann den schweizerischen Bundesrath gebeten, den Konventionsentwurf den Staaten mit dem Vorschlage zu übermitteln, eine diplomatische Konferenz mit der Prüfung beauftragen zu wollen. Der schweizerische Bundesrath gab diesem Ansuchen mittelst Zirkulars vom 3. Dez. 1883 Folge (Arch. dipl. 1884. I. 155).

Um aber zu einer Einigung in Bezug auf die Gesetzgebungen zu gelangen, ist zunächst erforderlich, den Widerstand des Hauptproduktionslandes des Nachdrucks, den der Vereinigten Staaten zu überwinden, in welchen nach Art. 103 des Gesetzes vom 8. Juli 1870 über copyright der fremde Autor nicht den geringsten Schutz in Bezug auf sein litterarisches und künstlerisches Eigenthum genießt. Zur Zeit verhandelt das am Meisten dadurch geschädigte Großbritannien über eine internationale Vereinbarung mit ihnen, welche den entbehrten Schutz gewähren soll. Wie früher Frankreich hat in neuester Zeit das Deutsche Reich wesentliche Fortschritte in internationalen Vereinbarungen herbeigeführt und ist es zu wünschen, daß es dem Deutschen Reich sowie mit Frankreich und unlängst mit Belgien auch mit anderen Staaten gelinge gleichwerthige Verträge abzuschließen.

Ueber die Bedeutung des französisch=deutschen Vertrages siehe die demselben gewidmete Schrift Dambach's (Berlin 1883). Von demselben erschien 1871: „Die Gesetzgebung des Norddeutschen Bundes, betr. das Urheberrecht" und schon 1863 im Verein mit Heydemann: „Die preußische Nachdrucksgesetzgebung, erläutert durch die Praxis des Königl. litterar. Sachverständigen-Vereins. Siehe ferner Ch. Fliniaux: Législation et jurisprudence concernant la propriété littéraire et artistique. Paris 1878. Von demselben: La propriété industrielle et la propriété littéerairc et artistique en France et à l'étranger. Paris 1829. Sodann v. Orelli, Das schweizerische Bundesgesetz betr. das Urheberrecht an Werken der Litteratur und Kunst unter Berücksichtigung der bezüglichen Staatsverträge. Zürich 1884. Aus früherer Zeit: Eisenlohr, Sammlung der Gesetze und internationalen Verträge zum Schutz des litterarisch=artistischen Eigenthums in Deutschland, Frankreich und England. Heidelberg 1856. Sonstige Litteratur siehe bei Lewis s. v. Urheberrecht in v. Holtzendorff's Rechtslex. 3. Aufl.

bb) Die materielle Kultur. Die materielle Kultur steht unter dem Einfluß nationaler, von jedem Staat für sein Gebiet erlassener Gesetze. Für den internationalen wirthschaftlichen Verkehr und Schutz der Erzeugnisse der materiellen Arbeit in ihren beiden Hauptzweigen: dem Handel und den Gewerben bedarf es aber internationaler Vereinbarungen. Es ist

---

1) Louis Renault, De la propriété littéraire et artistique. Paris 1878 (Jour. d. dr. intern. privé).

Aufgabe der internationalen Rechtsgemeinschaft, das Rechtsgesetz für die Völkerwirthschaft darzubieten, sowie jene durch diese vielfach bedingt ist. Es besteht ein unverkennbarer Zusammenhang und eine Wechselwirkung zwischen beiden[1]), wenn auch nicht das Recht bloß das „Wie“ und die Nationalökonomie das „tiefere Warum“ ist[2]). Das Völkerrecht und die Völkerwirthschaft haben gleiche Tendenz, jenes die ein Weltrecht, diese die eine Weltwirthschaft zu werden. Gleiches Ziel erstrebend wirken sie vielfach auf gleichem Gebiet oder berühren sich ihre Aktionen. Das Völkerrecht empfängt von der Weltwirthschaft neuen Inhalt, und gewährt ihr seinen Schutz. Während aber zum Völkerrecht sich die Staaten verbinden, treten in der Völkerwirthschaft die Privatwirthschaften der verschiedenen Völker mit einander in Verkehr, wenn auch die Staaten einen Einfluß auf den Gang und den Betrieb der Völkerwirthschaft ausüben müssen[3]). Die Gewährung und das Maaß wirthschaftlicher Freiheit hängt von den wirthschaftlichen Zuständen eines jeden gewährenden Staates ab. Eine völlige Freiheit des wirthschaftlichen Verkehrs kann sich nur allmählig heranbilden.

Der Versuch, die Handelsfreiheit als Prinzip für den Handelsverkehr zur Geltung zu bringen und die zur Verwirklichung desselben abgeschlossenen Handelsverträge haben eine entschiedene Reaktion hervorrufen müssen, da die wirthschaftlichen Zustände der Staaten dazu nicht weit und nicht gleichmäßig genug entwickelt waren. In dem ungleichen Kampf hätten die vorgeschrittenen Staaten siegen, die zurückgebliebenen unterliegen müssen. Durch den großbrit.-franz. Handelsvertrag vom 23. Januar 1860 bekennt sich Großbritannien zum Freihandelssystem, verließ Frankreich das Prohibitivsystem und behielt nur noch einen mäßigen Schutzzoll bei[4]). Das Schreiben Napoleons III. vom 5. Januar 1860[5]) hatte ein vollständiges Programm wirthschaftlicher Reformen entwickelt und erklärt der Handelsminister Rouher schon am 16. April 1862, daß das Prinzip der Handelsfreiheit die Grundlage der Handelspolitik des französischen Kaiserreichs bleiben werde[6]). Während des Kaiserreichs hatte Frankreich die Bahn des Freihandels betreten, als Republik hat es unter dem Einfluß Thiers die Bahn verlassen und ist zur gesteigerten und gesicherten Herrschaft des Schutzzollsystems zurückgekehrt. Die Vereinigten Staaten hatten aber den Kampf der beiden Systeme zu Gunsten des Schutzzollsystems, bald nach Abschluß des engl.-franz. Vertrages, mit dem Morilla-Tarif vom Mai 1861 ausgekämpft, der schon in seiner Revision vom 1. Juli 1864 eine solche Höhe erreichte, daß er in vielen Fällen der Prohibition gleichkam[7]). Es sind daher auch andere Staaten wie das Deutsche Reich genöthigt gewesen, ihre Handelspolitik nach diesen Wandlungen zu bemessen.

Auch auf diesem Gebiet kann der selbstsüchtige Standpunkt der Staaten allein nicht das Gesetz verkünden, auch für dieses Gebiet ist Ausgleichung und Vereinbarung eines gemeinsamen Rechts geboten und in zahlreichen Handelsverträgen erfolgt. „Die zivilisirte Völkerwirthschaft bewegt sich unter den Bestimmungen und dem Schutz von Verträgen über Handel und Schifffahrt. Weil ein großer Theil von Verkehrsbeschränkungen aus wirthschaftlichen und politischen Vorurtheilen hervorgegangen ist und noch hervorgeht, nehmen mit fortschreitender wirthschaftlicher und politischer Bildung diese Verträge eine immer liberalere Gestalt an“[8]). Auch auf diesem Gebiet haben die Staaten einander Konzessionen zu gewähren. Der internationale Wirthschaftsverkehr wird wesentlich durch den Handel vermittelt. Produktion und Konsumtion bleiben immer nur Vorgänge getrennter Volkswirthschaften und nur der Handel kann diese auf dem

---

1) Die Beziehung zwischen der Nationalökonomie und der internationalen Rechtsgemeinschaft legte Zalesky dar in seiner Schrift: Zur Geschichte und Lehre der internationalen Gemeinschaft, Dorpat 1866.

2) „In zahllosen Fällen gibt uns die Rechtswissenschaft nur das äußerliche „Wie“, erst die Nationalökonomie fügt das tiefere „Warum“ hinzu“. Roscher, Syst. d. Volkswirthsch. 1854 I. 23.

3) Julius Fröbel, Die Wirthschaft des Menschengeschlechts auf dem Standpunkte der Einheit idealer und realer Interessen. Thl. III. Die Staatswirthschaft, die Völker- und Weltwirthschaft und die Wirthschaftspolitik. Leipzig 1876, 151 ff.

4) Zalesky, 46.   5) Annuaire des Deux Mondes, 1860, 5 ff.
6) Chevalier, Weltausstellung von 1862, 70 ff.
7) Zalesky, 54 ff.
8) Fröbel, 154.

gemeinsamen Boden der Völkerwirthschaft in Verbindung setzen[1]). Als einem interna=
tionalen Faktor gebührt dem Handel ein internationales Gesetz, welches nur das Ergebniß
internationaler Konzessionen sein kann. Der Ausdruck dieser, oft schwer, und bei der
Komplikation der Handels=Industrie und Landwirthschaftsinteressen, immer schwieriger
und oft gegen Tauschobjekte aus anderen Gebieten errungenen Konzessionen, sind die
Handelsverträge, welche bei der Bedeutung des Handels für den Verkehr der Gewerbe=
erzeugnisse sich auch wiederholt auf die Gewerbe beziehen, aber auch auf Boden=
erzeugnisse.

Die den neuesten Handelsverträgen gemeinsamen allgemeinen Bestimmungen veranschaulichen
den Standpunkt des für den Handel der Kulturstaaten in der Gegenwart geltenden Rechts, wenn auch
selbstverständlich die einzelnen Staaten positiv nur durch ihre Handelsverträge gebunden bleiben.
Zu Abänderungen der Handelsverträge oder Kündigung der alten und Abschluß neuer gaben viel=
fach in neuester Zeit Veranlassung die Veränderungen in der Zollgesetzgebung. So sah Frankreich
nach Publikation seines neuen allgemeinen Zolltarifs sich veranlaßt, seine Handelsverträge mit den
europäischen Staaten zu kündigen. Beim Mißlingen des Abschlusses eines neuen den beiderseitigen
Interessen der verhandelnden Staaten entsprechenden Vertrages, sind daher wiederholt in letzter
Zeit bestehende Handelsverträge auf kürzere Zeit verlängert oder nur provisorische Vereinbarungen
allgemeineren, geringeren und weniger bedeutsamen Inhalts erreicht worden[2]).

α) Der Handel. Nach den Handelsverträgen soll zwischen den Staaten volle und
gänzliche Freiheit des Handels und der Schifffahrt bestehen. Auch sollen die Angehörigen des
einen Vertragsstaates im Gebiet des anderen in Bezug auf Handel, Schifffahrt und Gewerbe=
betrieb dieselben Rechte, Privilegien und Begünstigungen genießen, welche den Inländern oder
den Angehörigen der meistbegünstigten Nationen zustehen oder zustehen werden, und
auch keinen anderen Auflagen, Abgaben, Beschränkungen oder Verpflichtungen als jene
oder diese unterworfen sein[3]). Die stipulirte Handelsfreiheit ist aber beschränkt durch
die den Verträgen in der Regel in neuerer Zeit beigehenden Tarife, welche bestimmte
Zölle für die Gegenstände des Handelsverkehres festsetzen. Dabei verpflichten sich aber
einerseits die vertragschließenden Theile gegenseitig bei der Einfuhr und Ausfuhr von
Boden= oder Industrieerzeugnissen in ihrem Handelsverkehr keine höheren
Abgaben zu erheben als im Verkehr mit einem dritten Staat[4]) oder einander Theil
nehmen zu lassen unmittelbar und ohne Konsequenz an jeder Begünstigung, jedem
Vorrecht oder jeder Herabsetzung in Bezug auf die Eingangs= und Ausgangsabgaben,
welche einer von ihnen einem dritten meistbegünstigten Staat eingeräumt hat oder ein=
räumen wird[5]). Andererseits soll der gegenseitige Verkehr durch keinerlei Ein=, Aus=
oder Durchfuhrverbote gehemmt werden, welche nicht entweder gleichzeitig auf alle oder

---

1) Fröbel, 166.
2) Ueber die lange ausgesponnenen Verhandlungen zwischen Großbritannien und Frankreich
zum Abschluß eines neuen Handelsvertrages und die ungenügenden Ergebnisse siehe die Archives
diplomatiques 2 Ser., 20. u. 21. Jahrg. T. I.-III. u. 22. u. 23. Jahrg. I. 105 ff.
3) Vertr. d. Deutschen Reichs m. Italien v. 4. Mai 1883 (Arch. dipl. II. Ser. 22. u. 23.
Jahrg. T. IV. 263 (Handels= und Schifffahrtsvertr.) Art. 1, m. Spanien v. 12. Juli 1883
deutsch. R.=Bl. 307 H. u. S. W.) Art. 1: Frankreichs m. Spanien v. 5. Febr. 1882 (Arch. dipl.
22. u. 23. Jahrg. I. 124 H. u. S. W.) Art. 1', m. Schweden=Norwegen v. 30. Dez. 1881 (Arch.
dipl. 20. u. 21. Jahrg. III. 274 H. V.) Art. 1, m. Portugal v. 19. Dez. 1881 (ibid. 260 H.
u. S.) Art. 1; Vertr. Italiens m. Belgien v. 11. Dez. 1882 (Arch. dipl. 22 u. 23 III. 154) Art. 1.
4) Großbrit.=ital. Vertr. v. 15. Juni 1883 (Arch. dipl. 22 23, IV. 257 H. u. S.) Art. 2
u. 3. Ital.=belg. Vertr. Art. 13.
5) Vertr. d. Deutschen Reichs m. Italien Art. 7, m. Spanien Art. 9, m. d. Schweiz v. 23. Mai
1881 (Mart. N. R. G. II. Ser. VI. 728) Art 1. Verträge Frankreichs m. Schweden Art. 11,
m. Portugal Art. 6, m. Belgien v. 31. Oktb. 1881 (Arch. dipl. 20 u. 21 III. 194 H. W.) Art. 2,
5, m. Italien v. 3. Novb. 1881 (ibid. 239 H. W.) Art. 17, m. Oesterreich=Ungarn v. 7. Novb. 1881
(ibid. III. 259 H. K.) Art. 1; Oesterreich=Ungarns m. Spanien v. 3. Juni 1880 (Mart. N. R. G.
II. Ser. VIII. 291 H. u. S.) Art. 8, belg.=ital. Art. 13.

doch unter gleichen Voraussetzungen auch auf andere Nationen Anwendung finden[1]). Indeß werden Verbote zugelassen aus Gesundheitsrücksichten, namentlich zur Verhütung der Verbreitung ansteckender Krankheiten und in Bezug auf Kriegsbedürfnisse[2]). Auch sollen von Waaren, welche nur durch das Gebiet der Kontrahenten durchgehen, Durchgangsabgaben nicht erhoben werden[3]), und die vom Vertragskontrahenten eingeführten Waaren denselben Verbrauchs= und Accisesteuern unterliegen wie die gleichartigen einheimischen[4]). Endlich haben einige Vertragskontrahenten auch in allgemeiner Weise sich hinsichtlich des Betrages der Sicherstellung und Erhebung der Ein= und Ausfuhrzölle sowie in Bezug auf die Durchfuhr, das Zollwesen, Verbrauchsabgaben und Accisegebühren verpflichtet, einander an jeder Begünstigung, jedem Vorrecht und jeder Herabsetzung im Tarif Theil nehmen zu lassen, welche einer von ihnen einem dritten Staat gegenüber gewährt haben sollte[5]). Von dem Importeur kann aber gefordert werden, daß er der Zollbehörde des Einfuhrstaates ein offizielles Ursprungszertifikat vorweist[6]).

Zur Milderung der Einfuhrzölle sind in verschiedenen Staaten Entrepôts oder Freilagerstätten eingerichtet zur einstweiligen zollfreien Niederlage von land= oder seewärts eingehenden Waaren in obrigkeitlich verschlossenen Räumen bis sie in den Verkehr treten, wo sie dann erst verzollt werden. Indeß können die Waaren auch direkt aus der Niederlage wieder zollfrei zurückgehen, jedenfalls sind dieselben aber frei von Eingangs= und Ausgangsabgaben[7]).

Eine besondere Begünstigung des internationalen Handels und der Gewerbe ist in letzter Zeit durch die von mehreren Staaten unter einander vollzogene gegenseitige Anerkennung in ihren resp. Gebieten errichteter und genehmigter anonymer Gesellschaften sowie Handels=, Industrie= und Finanz=Assoziationen gewährt worden[8]), so daß dieselben, wenn auch im Gebiet des einen Theiles errichtet, auch im Gebiet des anderen Theiles ihr Geschäft betreiben und daselbst auch ihr Recht vor Gericht verfolgen und vertreten können in Gemäßheit jedoch der Gesetzgebung dieses Staates. Diese gegenseitige Anerkennung hat auch in Handelsverträgen Statt gefunden (z. B. im belg.=ital. Vertr. Art. 4).

Eine große Reihe von Staaten haben in Betreff der Bezeichnung oder Etikettirung der Waaren oder deren Verpackung der Muster und der Fabrik= oder Handelszeichen den Angehörigen des mit ihnen kontrahirenden Staates gleichen Schutz wie ihren eigenen Angehörigen zugesichert. Die Angehörigen des einen Landes haben aber, um in dem anderen ihren Marken den Schutz zu sichern, nach Maaßgabe der in diesem Lande durch die Gesetze oder Verordnungen vorgeschriebenen Bedingungen und Förmlichkeiten, die Hinterlegung ihrer Marken selbst zu bewirken[9]). Auch in

---

1) Vertr. d. Deutschen Reichs m. Italien u. Spanien Art. 6, m. Oesterreich v. 23. Mai 1881 (Mart. N. R. G. II. Ser. VI. 701) Art. 1; Frankreichs m. Spanien Art. 14, m. Portugal Art. 6, m. Belgien Art. 25, m. Großbritannien v. 28. Febr. 1882 (Arch. dipl. 22 u. 23 I. 105) Art. 3, m. Schweden=Norwegen Art. 11, m. Italien Art. 17; Oesterreich's m. Spanien Art. 10, Italien's m. Belgien Art. 13.

2) Vertr. Frankreichs m. Belgien Art. 26, m. Großbritannien Art. 2, m. Italien Art. 14, Oesterreichs m. b. Deutschen Reiche Art. 1, m. Spanien Art. 10.

3) Deutsch=österr. Vertr. Art. 4 u. =schweiz. Art. 3. Vertr. Frankreichs m. Spanien u. Italien Art. 13, m. Belgien Art. 21, m. Großbritannien Art. 3; österr.=span. Vertr. Art. 8, ital.=belg. Art. 14.

4) Deutsch=span. Vertr. Art. 15. Verträge Frankreichs m. Spanien Art. 17, 18, m. Italien Art 6, 7, m. Schweden=Norwegen Art. 7, m. Belgien Art. 6, m. Großbrittanien Art. 4; Oesterreich=Spanien Art. 11.

5) Verträge d. Deutschen Reichs m. Italien Art. 8, m. Spanien Art. 14, m. Oesterreich Art. 2.

6) Verträge Frankreichs m. Spanien Art. 20, m. Italien Art. 11, m. Belgien Art. 13; deutsch=span. Vertr. Art. 12.

7) Siehe z. B. d. deutsch=span. Vertr.

8) Es wurden Deklarationen hierüber ausgetauscht vom Deutschen Reich m. Großbritannien v. 27. März 1874 (Mart. N. R. G. II. Ser. I. 239), m. Italien v. 8. August 1873 (ibid. 260), m. Belgien v. 26. Nov. 1873 (ibid. 146), Italiens m. Oesterreich v. 24. Febr. 1877 (ibid. II. 360), m. Griechenland v. $\frac{25./13. \text{ Februar}}{13. \text{ März}}$ 1871 (ibid. I. 417), Belgiens m. Griechenland vom 10. April 1881 (ibid. VIII. 479).

9) Deklarationen über den Schutz der Handels= und Fabrikzeichen im anderen Staat wurden ausgetauscht: von den Vereinigten Staaten m. Oesterreich am 25. Novbr. 1871 (ibid. I. 50); von Rußland m. b. Deutschen Reich am 23. Juli 1873 (ibid. 602), m. Oesterreich am 5. Februar

Handelsverträgen, z. B. in denen des Deutschen Reichs mit Oesterreich=Ungarn (Art. 20), mit Italien (Art. 5) und Spanien (Art. 7) wurde derselbe Schutz zugesichert unter gleichzeitiger Hineinnahme der Erfindungspatente.

β. Die Schifffahrt und Fischerei auf dem Meer. Schifffahrtsverträge berechtigen die Angehörigen des einen Kontrahenten frei mit ihren Schiffen und Ladungen in alle Plätze, Häfen und Flüsse des anderen Kontrahenten, soweit es den Angehörigen des letzteren gestattet ist, einzulaufen, auch sollen sie dieselben Rechte, Privilegien, Freiheiten, Begünstigungen, Immunitäten und Exemtionen wie die Einheimischen genießen, ohne höhere Taxen und Auflagen als diese, indeß mit Unterwerfung unter die bestehendeu Gesetze und Reglements[1]). Freihäfen gewähren aber den Schiffen aller Nationen Befreiung von gewissen oder allen Abgaben[2]). — Die Nationalität der Schiffe wird bestimmt durch die heimathliche Gesetzgebung[3]). In Bezug auf den Waaren=Import=, Export, =Durchfuhr und =Niederlage sind die Schiffe der Vertragskontrahenten einander gleichgestellt, gleichviel von welchem Ort die Waaren kommen oder zu welchem sie gehen und ohne irgend einen Unterschied in Abgaben und Lasten[4]) und mit einem Anrecht auf dieselben Privilegien, Ermäßigungen, Vergünstigungen und Rückerstattungen, welche den von nationalen Schiffen ein=, aus= und durchgeführten oder auf Niederlage gebrachten Waaren eingeräumt werden[5]). Namentlich sollen aber keine Tonnen=, Hafen=, Aus= und Einlade=, Lootsen=, Leuchtthurm= oder Quarantaineabgabe in den Häfen des einen Kontrahenten von den Schiffen des anderen erhoben werden, ohne daß sie in gleicher Weise in denselben Fällen und unter denselben Bedingungen auch auf die einheimischen Schiffe erstreckt werden[6]). Auch in Bezug auf die Aufstellung, Beladung oder Abladung der Schiffe in den Häfen, Bassins und Docks in den Ländern der Vertragskontrahenten soll kein Privilegium den inländischen Schiffen gewährt werden, welches nicht in gleicher Weise auch denen des Vertragskontrahenten eingeräumt wird[7]). Jedes Kauffahrteischiff[8]) des einen der kontrahirenden Staaten, welches durch Unwetter oder Unfall sich gezwungen sieht in den Hafen des anderen zu flüchten, ist berechtigt Ausbesserungen vorzunehmen, die nöthigen Vorräthe anzuschaffen und die See wieder zu gewinnen ohne andere Abgaben zu entrichten als ein nationales Schiff in gleichem Fall

---

1874 (ibid. 505), m. b. Vereinigten Staaten v. 28. März 1874 (ibid. 43); vom Deutschen Reich m. Großbritannien v. 14. April 1875 (ibid. 241), m. Belgien v. 13. Sept. 1875 (ibid. 216)); von Spanien m. Großbritannien v. 14. Dez. 1875 (ibid. II. 469), m. Frankreich v. 30. Juni 1876 (ibid. 189); von Großbritannien m. b. Vereinigten Staaten v. 24. Oktober 1877 (ibid. 527); von Dänemark m. Belgien v. 15. u. 17. Novbr. 1879 (ibid. VI. 677), m. Großbritannien v. 28. Novbr. 1879 (ibid. 421); von Großbritannien m. Portugal v. 6. Jan. 1880 (ibid. 450), von Oesterreich m. Belgien v. 12. Jan. 1880 (ibid. 683), von Frankreich m. Luxemburg vom 27. März 1880 (ibid. 490), m. Dänemark v. 7. April 1880 (ibid. 491); von den Niederlanden m. Belgien v. 22. Oktober 1880 (ibid, 674), m. b. Deutschen Reich v. $\frac{28.\ Dezbr.}{23.\ Jan.}$ 1881 (ibid. VIII. 131), m. Rußland v. 7. April 1881 (ibid. 150), m. Dänemark v. 14. Jan. 1881 (ibid. 167), m. b. Schweiz v. 27. Mai 1881 (ibid. 172); von Belgien m. b. Schweiz v. 11. Febr. 1881 (ibid. 449), m. Rußland v. 29. Jan. 1881 (ibid. 454); von Frankreich m. b. Schweiz v. 23. Febr. 1882 (Arch. dipl. 22 u. 23. I. 180).

1) Großbrit.=ital. Vertr. Art. 1, =franz. Art. 7, deutsch=österr.=ungar. Art. 11, =span. Art. 17.

2) v. Kaltenborn, s. v. Freihafen in Bl. Staatsw.

3) Deutsch=ital. Vertr. Art. 9, =österr. Art. 11, =span. Art. 16, spanisch=österr. Art. 16, =franz. Art. 25, großbrit.=ital. Art. 10, franz.=portug. Art. 16.

4) Großbrit.=ital. Vertr. Art. 5, =franz. Art. 7, österr.=span. Art. 18, franz.=portug. Art. 16, belg.=ital. Art. 9.

5) Deutsch=ital. Vertr. Art. 10.

6) Großbrit.=ital. Vertr. Art. 6, =franz. Art. 8, deutsch=ital. Art. 11 u. =span. Art. 17; österr.=span. Art. 13.

7) Großbrit.=ital. Vertr. Art. 7 u. =franz. Art. 8; deutsch=ital. Art. 11 u. =span. Art. 17, spanisch=österr. Art. 17 u. =franz. Art. 26, franz.=portug. Art. 15 u. ital.=belg. Art. 8.

8) Gleiche Bestimmung gilt auch für das Kriegsschiff des anderen Kontrahenten.

zu zahlen haben würde, jedoch nur unter der Voraussetzung, daß das Schiff im Zu-
fluchtshafen kein Handelsgeschäft treibt oder seinen Aufenthalt nicht ausdehnt über die
durch die Umstände, welche ihn in den Hafen zu flüchten zwangen, gebotene Zeit[1].
Bei einer Strandung muß, nach Abzug des Bergelohnes[2], Alles den reklamirenden Eigen-
thümern zurückerstattet werden; die nicht für den Konsum deklarirten Gegenstände sind aber
zollfrei[3]. Schiffe des einen vertragschließenden Theiles, welche in einen Hafen des anderen
einlaufen, um daselbst ihre Ladung zu vervollständigen oder einen Theil derselben zu
löschen, können den nach einem anderen Hafen desselben oder eines anderen Landes
bestimmten Theil ihrer Ladung an Bord behalten und ihn wieder ausführen, ohne für
diesen letzteren Theil eine Abgabe zahlen zu müssen, mit Ausnahme der Aufsichtsaus-
gaben[4]. Von Tonnengeldern und Expeditionsgebühren sollen in den Häfen eines jeden
der kontrahirenden Theile befreit sein: 1. die Schiffe, welche von irgend einem Ort mit
Ballast ein- und damit wieder auslaufen; 2. die Schiffe, welche aus einem Hafen oder
mehreren Häfen desselben Landes kommen und jene Abgaben schon gezahlt haben; 3. die
Schiffe, welche freiwillig oder nothgedrungen mit Ladung nach einem Hafen kommen
und denselben wieder verlassen, ohne irgend welches Handelsgeschäft vorgenommen zu haben[5].

In Bezug auf die **Küstenschifffahrt** gilt entweder die Reziprozität, wonach
jeder der kontrahirenden Theile alle Rechte und Begünstigungen, welche der andere
Theil in dieser Hinsicht irgend einer dritten Nation eingeräumt hat oder einräumen
wird, insoweit für seine Schiffe in Anspruch nehmen kann, als er den Schiffen des
anderen Theiles für sein Gebiet dieselben Rechte und Begünstigungen zugesteht[6], und
die Seehandelsschiffe des anderen Theiles und deren Ladungen bei der Küstenschifffahrt
und denselben Bedingungen und gegen dieselben Abgaben zugelassen werden wie die
eigenen[7]. Oder es wird die Küstenschifffahrt für lediglich den in den resp. Ländern geltenden
Gesetze unterworfen erklärt[8], besonders, wenn sie nur den nationalen Schiffen zusteht[9].

Die Küstenschifffahrt behielten ihren Staatsangehörigen vor: Rußland durch Ukas vom
19. Juni 1845[10], Oesterreich durch Kaiserliche Verordnung vom 28. Januar 1845, Frankreich
durch Verordnung vom 16. Dezember 1843, Spanien nach Art. 158 des ordenanzes generales
de la renta de aduonas vom 15. Juli 1870, Griechenland durch Königliche Verordnung vom
15. November 1836 Art. III., Portugal und die Mehrzahl der außereuropäischen Länder. Denselben
Vorbehalt anerkennen als Prinzip das Deutsche Reich durch Gesetz vom 22. Mai 1881, Schweden
und Italien nach Gesetz vom 9. April 1855, sie gehen aber im Falle der Reziprozität davon ab.
Mittelst Gesetz vom 29. Dezember 1881 gewährte das Deutsche Reich die Kabotage den Schiffen
Belgiens, Brasiliens, Dänemarks, Großbritanniens, Italiens und Schweden-Norwegens. In Dänemark war schon durch Verordnung vom 1. September 1819 fremden Schiffen von mehr als
15 Kommerzlasten Küstenschifffahrt gestattet, im Falle der Reziprozität fällt aber nach Gesetz vom
14. April 1865 auch diese Beschränkung fort. Nach norwegischem Gesetz vom 17. Juni 1869 § 4
kann der König die Küstenfrachtfahrt untersagen, sonst ist sie gestattet. Von den Niederlanden

---

1) Großbrit.=ital. Vertr. Art. 9, österr.=deutsch. Art. 12 u. =span. Art. 15.
2) In einer großen Reihe von deutschen Verträgen wird den Schiffbrüchigen der kontrahirenden Theile gegenseitig Beistand, Schutz und in der Regel auch Gleichstellung mit den Staatsangehörigen bezüglich des Bergelohnes zugesagt (Perels, 143). Siehe auch die Deklaration Frankreichs und Großbritanniens v. 16. Juni 1879, zur Regelung der Bergung der an den Küsten beider Länder gestrandeten Schiffe (Mart. N. R. G. II. Ser. IV. 353).
3) Oesterr.=span. Vertr. Art. 15, großbrit.=ital. Art. 9.
4) Deutsch=ital. Vertr. Art. 12, =span. Art. 18, franz.=span. Art. 22, =portug. Art. 20,
belg.=ital. Art. 11, österr.=span. Art. 14.
5) Span.=deutsch. Vertr. Art. 19, =franz. Art. 23, franz.=portug. Art. 20, ital.=belg. Art. 7.
6) Deutsch=ital. Vertr. Art. 12, =span. Art. 18, mexik. (R. G. Bl. 247) Art. 4.
7) Deusch=österr. Vertr. Art. 11. Siehe auch Bekanntmachung des Deutschen Reichs,
betreffend die durch das Gesetz v. 22. Mai 1881 über die Küstenfrachtfahrt nicht berührten vertragsmäßigen Bestimmungen (R. G. Bl. 1881, 276).
8) Belg.=ital. Vertr. Art. 12, franz.=span. Art. 29, =portug. Art. 22, großbrit.=ital.
Art. 8 und =franz. Art. 9.
9) Oesterr.=span. Vertr. Art. 15.   10) Nach F. v. Martens, Völkerr. II. 217 noch heute giltig.

ift die Küftenſchifffahrt freigegeben worden unter Bedingung der Löſung eines Patentes. In Belgien und Großbritannien ift die Kabotage frei, indeß hat letzteres ſich vorbehalten, durch Order in council die Schiffe derjenigen Länder davon auszuſchließen, welche britiſchen Schiffen die Reziprozität verſagen[1]).

Zur gegenſeitigen Anerkennung ihrer Schiffsmeßbriefe auf Grund des Moorſomſchen, ſog. engliſchen Syſtems, welches zuerſt durch den Merchant-Schipping Act von 1854 in Großbritannien und Irland eingeführt wurde, erklärten ſich in Deklarationen bereit Italien mit Dänemark am 1. September 1873[2]), mit Oeſterreich am 5. Dezember 1873[3]), mit dem Deutſchen Reich am 15. Juli 1874[4]), mit Schweden am 1. März 1875[5]), mit Spanien am 18. November 1875[6]), mit Norwegen am 31. März 1876[7]), Rußland mit Frankreich vom $\frac{29.\ April}{11.\ Mai}$1883[8]), Dänemark vom 16./28. Auguſt 1883[9]), Italien am 14. Mai 1881[10]) und Großbritannien vom 9. Juni 1882[11]). Das Moorſomſche Syſtem legte auch die internationale Kommiſſion, beſtehend aus Delegirten des Deutſchen Reichs, Oeſterreich-Ungarns, Belgiens, Spaniens, Frankreichs, Großbritanniens, Griechenlands, Italiens, der Niederlande, Rußlands, Schweden-Norwegens und der Türkei, ihren Verhandlungen und ihrer Transaktion über die Ladungsfähigkeit der Schiffe und die Frage der Erhebung der Taxen für die Suez-Kanalpaſſage zu Grunde[12]).

Nach demſelben Syſtem ordneten in den letzten Jahren die meiſten Staaten ihre Schiffsver-meſſung. Die Schiffsvermeſſungsordnung des Deutſchen Reichs datirt vom 5. Juli 1872 (R. G. Bl. 270 ff.). Außer mit Italien hat das Deutſche Reich gegenſeitige Anerkennung der amtlich aus-geſtellten Schiffsvermeſſungsurkunden vereinbart mit Großbritannien, Frankreich, Dänemark, Oeſter-reich-Ungarn, Norwegen, den Niederlanden, Spanien und Vereinigten Staaten (Laband, Staatsr. b. Deutſchen Reichs II. 455).

Alle für das Befahren der Meere erhobenen Seezölle ſind völkerrechtlich unſtatthaft, da das Meer frei, im Eigenthum Niemandes und in der Nutznießung Aller iſt. Der von Dänemark von Alters her erhobene Sundzoll wurde von den See-ſtaaten laut Vertrag mit Dänemark vom 14. März 1857[13]), nicht in Anerkennung ſeines Rechts ſondern aus freiem Antriebe abgelöſt, wogegen Dänemark nicht nur ſich verpflichtete keine Abgaben wegen Durchfahrt durch den Sund und die Belte zu erheben ſondern auch die Seefeuer und andere im Intereſſe der Schifffahrt im Kattegat, Sund und den Belten getroffenen Maßregeln fortbeſtehen zu laſſen. Da die Staaten der inter-nationalen Rechtsgemeinſchaft ſich gegenſeitig den Verkehr gewährt haben, müßten ſie auch die Anſtalten für ihre Häfen und Seewege aus eigenen Mitteln erhalten, dennoch werden dafür durch die Staaten von den in Fahrt befindlichen Kauffahrern Abgaben erhoben, indeß im Fall von Verträgen mit gleicher Behandlung einheimiſcher und auswärtiger Schiffe und Gewährung der der meiſtbegünſtigten Nation zugeſtandenen Sätze, und nach dem Prinzip der Reziprozität[14]). Nur ausnahmsweiſe hat ein Staat zur Errichtung und Erhaltung von Anſtalten für die Schifffahrt ſich international verpflichtet[15]) und

---

1) Siehe Perels, Seerecht 42 ff. In einem Theil der deutſchen Küſtenſtaaten iſt die Kabotage für fremde Schiffe, mangels entgegenſtehender geſetzlicher Beſtimmungen, unbehindert.
2) Mart. N. R. G. II. Ser. I. 307.   3) Ibid. 351.   4) Ibid. 261.
5) Ibid. 417.   6) Ibid. IV. 304.   7) Ibid. 319.
8) Arch. dipl. 22. und 23. Jahrgang III. 19.   9) Ibid. IV. 269.
10) Mart. N. R. G. II. Ser. VIII. 592.   11) Ibid. 669.   12) Ibid. III. 564.
13) Mart. N. R. G. XVI. 2e P. 345.
14) Die hier in Betracht kommenden Schiffsabgaben ſind Tonnengelder (droits de tonnage), Boiengelder, Leuchtthurmgelder, Werften- und Hafengelder. Siehe über dieſelben v. Kaltenborn, Seerecht, Berlin, 1851, I. § 46. Oeſterreich erhebt nach Geſetz v. 25. Febr. 1865 in ſeinen Seehäfen Tonnen-, See-, Sanitäts- und Kontumazgebühren. Attlmayr, Internationales See-recht, Wien 1872 I. § 50 ff.
15) So z. B. die Türkei mittelſt Protokolls der Pariſer Vertragsmächte vom 6. Jan. 1857 (Mart. N. R. G. XV. 794) zur Unterhaltung eines Leuchtthurms auf der Schlangeninſel, einer Dependenz des Donaubeltas.

haben mehrere Staaten gemeinschaftlich sich dazu verstanden, eine jährliche Beisteuer zu einer von einem anderen Staat errichteten Schifffahrtsanstalt behufs Bestreitung der zur Unterhaltung und Verwaltung derselben erforderlichen Kosten zu leisten[1]).

Im Interesse der Seeschifffahrt sind besonders genaue Seekarten, welche zu veröffentlichen sind, gute Häfen, gepeiltes (regulirtes) Fahrwasser und Vertiefungsarbeiten und ein geregeltes Lootsenwesen zu fordern als Pflichtleistung eines jeden der internationalen Rechtsgemeinschaft angehörenden Seestaates.

Das Lootsenwesen weist verschiedene internationale Vereinbarungen auf: Die Deklaration Dänemarks und Schwedens vom 14. August 1873 über das Lootsenwesen im Sunde (Mart. N. R. G. II. Ser. I. 295), die Deklaration Rußlands und Schwedens vom 17. August 1872 (ibid. 599) über die Befreiung von der Verpflichtung zur Annahme von Lootsen, die Konvention der Niederlande und Belgiens vom 17. Juli 1876 (Mart. N. R. G. II. Ser. II. 4) und das von ihnen vereinbarte Lootsenreglement vom 20. Mai 1843 (Mart. N. R. G. V. 307). Nach dem Vorgange der britischen Merchant Shipping Act von 1873 (Art. 18, 19) sind auch von anderen Staaten Regulative für das Noth= und Lootsensignalwesen erlassen und nach dem Muster der englischen Regulative vom 29. Juli 1862 Verordnungen zur Verhütung des Zusammenstoßens von Schiffen auf See, indeß wurden die ursprünglichen englischen Vorschriften später wesentlich modifizirt und ergänzt (Perels 12 und 132). Für das Deutsche Reich erschien die Noth= und Lootsensignalordnung für Schiffe auf See und auf den Küstengewässern vom 14. August 1876 (R. G. Bl. 187) und die Kaiserliche Verordnung zur Verhütung des Zusammenstoßens der Schiffe auf See vom 7. Januar 1880 (Deutsch. R. G. Bl. 1—8). Nach den Angaben und unter Leitung einer dazu von dem Board of trade berufenen Kommission von Sachverständigen wurde bearbeitet und erschien 1857 ein englischer „Commercial code of signals for the use of all nations", welcher in Folge internationaler Vereinbarung vom Board of trade abgeändert wurde. 1864 führte die französische Regierung auf Grund von Verhandlungen mit der großbritannischen für ihre Kriegs= und Handelsmarine einen „Code commercial de signaux à l'usage des bâtiments de tontes nations" ein. Beide Regierungen proponirten dann den übrigen Seestaaten die Annahme des Signalkodex und dessen Uebersetzung in ihre resp. Landessprachen. Beides erfolgte und so gelangten die Seestaaten zu einem internationalen Signalkodex. Die erste deutsche Ausgabe erschien 1870, herausgegeben vom Bundeskanzleramt, die zweite 1884 durch das Reichsamt des Innern, unter dem Titel „Internationales Signalbuch" (Berlin, Reimer).

Bis zum Erscheinen einer neuen amtlichen Ausgabe werden Zusätze durch die „Amtliche Liste der Schiffe der deutschen Kriegs= und Handelsmarine mit ihren Unterscheidungssignalen und deren Nachträge" veröffentlicht werden. Der internationale Signalkodex wurde außerdem angenommen von den Vereinigten Staaten von Nordamerika, Belgien, Brasilien, Dänemark, Griechenland, Italien, den Niederlanden, Norwegen, Oesterreich=Ungarn, Portugal, Rußland, Schweden und Spanien und in verschiedene Sprache übersetzt. Alle diese Ausgaben stimmen aber ihrem Inhalt nach unter sich und mit der englischen und französischen Ausgabe überein.

In die Küstenschifffahrt ist die Küstenfischerei nicht einbegriffen, ja in mehreren Handels= und Schifffahrtsverträgen ausdrücklich ausgeschlossen und den eigenen Staatsangehörigen vorbehalten[3]). Dagegen ist aber auch gemeinsame Küstenfischerei vereinbart so z. B. im Vertrage Großbritanniens mit den Vereinigten Staaten vom 5. Juni 1854 (Mart. N. R. G. XVI. 1. 498) für die Angehörigen beider Staaten an bestimmten Küsten der großbritannisch=nordamerikanischen Kolonien (Art. 1 und 2). Von neueren internationalen auf die Fischerei bezüglichen Vereinbarungen und Verhandlungen führen wir an die Konvention Großbritanniens und Frankreichs vom 11. November 1867 betreffend die Fischerei in den zwischen beiden gelegenen Meeren (Mart. N. R. G. XX. 465), Protokoll Oesterreichs und Italiens vom 24. November 1875 (Mart. ibid. VIII. 548) zur Abgrenzung der den Fischern der Gemeinde von Grado reservirten Seezone und Protokolle und Entscheidung vom 15. Juni bis 23. November 1877 der Vereinigten Staaten von Nordamerika und Großbritannien, betreffend die amerikanischen Staatsbürgern gewährten Fischereiprivilegien (Mart. N. R. G. II. Ser. IV. 508). Von größter Bedeutung ist aber die am 15. März d. J. ratifizirte Konvention des Deutschen Reichs, Belgiens, Dänemarks, Frankreichs, Großbritanniens und der Niederlande zur polizeilichen Regelung der Fischerei in der Nordsee außerhalb

---

1) Mittelst Konvention v. 31. Mai 1865 mit Marokko (Mart. N. R. G. XX. 350), welcher das Deutsche Reich durch Deklaration v. 4. März 1878 (Mart. II. Ser. III. 560) beitrat, übernahmen Belgien, Frankreich, Großbritannien, Italien, Oesterreich, Portugal, Schweden, Spanien und die Vereinigten Staaten eine Beisteuer zu dem auf Kosten Marokko's am Kap Spartel erbauten Leuchtthurm, zugleich aber auch die oberste Leitung und Verwaltung. Auch wurde der Leuchtthurm neutralisirt.

2) Laut Protokoll v. 6. März 1873 vereinigten sich Oesterreich und Italien zur gemeinschaftlichen Herausgabe einer Karte des adriatischen Meeres (Mart. II. Ser. IV. 280).

3) Perels, Seerecht 44.

der Küstengewässer vom 6. Mai 1882 (Deutsch. R. G. Bl. 1884 Nr. 11 S. 25 ff.). Durch dieselbe (Art. 2) wird den Fischern jeder Nation das ausschließliche Recht zum Betriebe der Fischerei in dem Gebiet bis zu drei Seemeilen Entfernung von der Niebrigwassergrenze, in der ganzen Längenausdehnung der Küsten ihres Landes und der davor liegenden Insel und Bänke zugestanden. Die Ueberwachung der Fischerei wird durch die Fahrzeuge der Kriegsmarine der kontrahirenden Theile ausgeübt (Art. 26). In ihm hinreichend schwer erscheinenden Fällen hat der Befehlshaber eines Kreuzers das Recht das kontravenirende Boot in einen Hafen der Nation des Fischers zu bringen (Art. 30). Daß aber die Fischerei im offenen Meere allen freisteht wie das Meer selbst, kann keinem Zweifel unterliegen. Ueber die Behinderung englischer Fischer in der Nordsee durch Dänemark beschwerte sich schon die Königin Elisabeth (Phillimore I. 216).

Die Staaten haben meist besondere Fischereireglements erlassen. Auf Grund besonderer Verträge durfte die Fischerei auch unter Kriegführenden fortbauern und sind Fahrzeuge und Geräthe der Fischer auch während des Krieges nach Prisenreglements und =Instruktionen ausgenommen von der Beschlagnahme[1]).

γ) Die Gewerbe. Die Gewerbeerzeugnisse sind durch internationale Vereinbarungen überallhin zu schützen, insbesondere neue Erfindungen auf diesen Gebieten durch international wirksame Patente. Damit Jeder unter gleichen Bedingungen in allen Staaten ein Er=findungspatent erlangen könne, müssen die Staaten der internationalen Rechtsgemeinschaft sich über gleiche Grundsätze der Patentgesetzgebung vereinigen und allen Erfindern, In=ländern wie Ausländern, gleichen Schutz zusichern[2]). Ein internationales Patentrecht ist zunächst in dem Handelsvertrage des Deutschen Reichs mit Oesterreich=Ungarn vom 16. Dezember 1878 (Art. 20) angebahnt. Zum Schutz des industriellen Eigen=thums schlossen am 20. März 1883 Belgien, Brasilien, Spanien, Frankreich, Guate=mala, Italien, die Niederlande, Portugal, Salvator, Serbien und die Schweiz eine internationale Konvention[3]), nach welcher in Bern ein internationales Bureau zu diesem Schutz unter der Autorität der schweizerischen Eidgenossenschaft errichtet werden soll. Auch der Art. 92 der dem englischen Parlament vorgelegten bill „to amend and conso-lidate the law relating to Patents for Inventions, Trade marks and registration of Designs" enthält „Internationalarrangements" Die skandinavischen Staaten unter=handelten 1883 über eine der in Paris abgeschlossenen ähnliche Konvention. Der Deputirtenkammer des österreichischen Reichsraths wurde in demselben Jahr ein Gesetz=entwurf vorgelegt zur Regelung der internationalen Verhältnisse in Ansehung des gei=stigen Eigenthums an industriellen Erfindungen und Mustern". Daß Handels= und Fabrikzeichen in Handelsverträgen und Staatendeklarationen Schutz gewährt wird, wurde früher (§ 46) dargelegt.

Bei der bisher geringen Berücksichtigung des Patentschutzes in internationalen Vereinbarungen ist es von um so größerer Bedeutung, daß die bezüglichen Patentschutzgesetze in Betracht gezogen werden, um durch Vergleichung und Ausgleichung der Unterschiede derselben zu einem übereinstimmen=ben zu gelangen, welches In= und Ausländern gleichen Schutz gewährt.

Die gemeinsame Grundlage der heute in England und den Vereinigten Staaten von Nord=amerika geltenden Patentgesetze ist das unter Jakob I. 1623 erlassene „Statute of Monopolies". Diesem folgten in England in diesem Jahrhundert die Gesetze vom 10. September 1835 und vom 1. Juli 1852, während in den Vereinigten Staaten auf das Patentgesetz von 1790 die Gesetze vom 4. März 1836, 29. August 1842, 2. März 1861 und vom 8. Juli 1870 folgten, letzteres, eine Kodifikation des gesammten amerikanischen Patentrechts, ist enthalten in den sections 4883—4936 der Revised Statutes (Königs, Das Patentsystem der Vereinigten Staaten von Nordamerika. Berlin 1876). Der englischen wurde die französische Patentgesetzgebung nachgebildet, welche auf dem Kontinent die Grundlage der meisten Patentgesetzgebungen wurde und das ihr

---

1) v. Kaltenborn, Seerecht II. 346, 429, 480.
2) Klostermann, Das geistige Eigenthum an Schriften, Kunstwerken und Erfindungen. Berlin 1869, II.
3) Lyon Caen, La conférence internationale pour la protection de la propriété industrielle tenue à Paris en 1880. Rev. d. dr. intern. XIV. 191. Derselbe. Le traité d'union pour la protection de la propriété industrielle conclu à Paris le 20 mars 1863. Rev. d. dr. intern. XV. 272. Einl. XVI.

eigene Anmeldungsverfahren, wonach das Patent dem Ansuchenden ohne weiteres auf formell-gesetzlich erfolgte Anmeldung von der kompetenten Autorität ertheilt wird. Nur in den Ver-einigten Staaten (Gesetz von 1836), Rußland (Patentgesetz vom 22. November 1833 mit Abänderung und erläuternden Bestimmungen der Ukase vom 23. Oktober 1840 und 12. August 1852) und im Deutschen Reich (Reichsgesetz vom 25. Mai 1877, R. G. Bl. 501) wird die angemeldete Erfindung zuvor geprüft und nur einer neuen das Patent ertheilt. Nach deutschem Reichsgesetz (§ 1) nur einer solchen, welche eine gewerbliche Verwerthung gestattet. Auch kann der nicht im Inlande wohnende Anspruch auf die Ertheilung eines Patents durch einen Vertreter im Inlande geltend machen (§ 12). Ein Entwurf eines Patentgesetzes für die Schweiz lehnte sich im Wesentlichen an das deutsche Reichspatentgesetz an (Rosenthal, Das deutsche Patentgesetz. Erlangen 1881). In England besteht schon seit 1852 das Aufgebotsverfahren, indem der Patent-ertheilung ein öffentlicher Aufruf zur Anbringung etwaiger Einreden vorausgeht (Klostermann 76 ff.). Aber auch das deutsche Reichspatentgesetz führte das Aufgebotsverfahren ein. Die Patent-gesetze der anderen Länder sind: für die Niederlande das Gesetz vom 25. Januar 1817, für Spanien das vom 27. März 1826 und Verordnungen vom 23. Dezember 1829 und 11. Januar 1849, für Portugal das Gesetz vom 16. Januar 1837, für Norwegen Bestimmungen der Gewerbeordnung vom 15. Juli 1839, für Oesterreich das Gesetz vom 15. August 1852, für Belgien das Gesetz vom 24. Mai 1854 und für Italien das Gesetz vom 30. Oktober 1859, welches durch Gesetz vom 31. Januar 1864 für das ganze Königreich eingeführt wurde. Der 1873 bei Gelegenheit der Wiener Ausstellung abgehaltene Patentkongreß resolvirte: 1) Der Schutz der Erfindungen ist in den Gesetzgebungen aller zivilisirten Nationen zu gewährleisten; 2) es ist dringend zu empfehlen, daß die Regierungen sobald wie möglich eine internationale Verständigung über den Patentschutz herbeiführen. — Bald darauf trat der deutsche Patentschutzverein in's Leben, dessen Entwurf eines Patentgesetzes für das Deutsche Reich (Berlin 1876) wesentlich für das Reichspatent-gesetz wurde.

Der Musterschutz begreift das ausschließliche Recht des Urhebers eines neuen Waaren-musters, dasselbe während einer bestimmten Schutzfrist zu reproduziren. Derselbe wurde schon 1787 gleichzeitig in England und Frankreich eingeführt. Die Dauer des Musterschutzes ist in Frankreich unbegrenzt, in den übrigen Staaten, entweder nach der Wahl des Erfinders (Nordamerika, Ruß-land, Oesterreich) oder nach verschiedenen Klassen von Waaren (England) bemessen. (Ueber den Unterschied von Gegenständen des Musterschutzes und der Erfindungen und Kunstwerke siehe Kloster-mann 354). An Gesetzen für Musterschutz wurden publizirt: in Oesterreich das vom 7. Dezember 1858, in Rußland das vom 1. Juli 1864, in Frankreich Dekrete vom 18. März 1806, 17. Dezember 1811 und Ordonanz vom 17. August 1825, in Großbritannien Gesetz vom 10. August 1842, vom 22. August 1843 und 14. August 1850 (Design's Akt), in den Ver-einigten Staaten Gesetze vom 29. August 1842 und vom 2. März 1861, im Deutschen Reich das Gesetz betreffend das Urheberrecht an Mustern und Modellen vom 11. Januar 1876 (R. G. Bl. 11). Nach dem letzteren werden als Muster und Modelle nur neue und eigenthümliche Erzeugnisse an-gesehen (§ 1) und können auch Urheber, welche weder eine Niederlassung noch einen Wohnsitz im Inlande haben, Anmeldungen und Niederlegungen im Inlande bewirken (§ 9). (Das Musterschutz-gesetz vom 11. Januar 1876. Erläutert von Dambach, Berlin 1876.)

Die Gesetzgebungen über Waarenbezeichnungen theilen sich in zwei Gruppen, von welchen die eine nur die vollständige Waarenbezeichnung schützt, die andere auch die figürlichen Waaren-bezeichnungen (Klostermann 390).

Ueber das deutsche Patentgesetz veröffentlichten, außer den angegebenen, Schriften: Gareis (Berlin 1877), Grothe (Berlin 1877), Klostermann (Berlin 1877), Landgraf (Stuttgart, 1877), Kohler unter dem Titel: „Deutsches Patentrecht" (Mannheim und Straßburg 1878). Ferner sind zu nennen: Gareis, Die patentamtlichen und gerichtlichen Entscheidungen in Patentsachen, systematisch zusammengestellt (Berlin 1881), Patentblatt, herausgegeben vom Kaiserlichen Patentamt (Berlin). — Hinsichtlich des industriellen Eigenthums ist an Sammlungen früherer Zeit anzuführen: Pataille und Huguet, Code international de la propriété industrielle, Paris 1855, aus neuester die Schrift von Fliniaux, La propriété industrielle en France et à l'etranger, Paris 1879; in Bezug auf Handelszeichen in internationaler Beziehung Clunet, De l'état actuel des relations internationales avec les Etats - Unis en matière de marques de commerce, Paris 1880.

δ) Die Arbeiter. Der Schutz der Gewerbe kömmt wesentlich der Arbeit, weniger den Arbeitern zu Gut. Die Staaten der internationalen Rechtsgemeinschaft haben aber auch die Arbeiter zu schützen die Pflicht. Dieser Schutz ist diesen zunächst zu Theil geworden durch Bestrebungen für die persönliche Freiheit. Die gegen den Handel mit afrikanischen Negern gerichteten Erklärungen des Wiener Kongresses vom 8. Februar 1815 [1]) und die Resolutionen des Kongresses zu Verona vom 28. November 1822 [2]) und die ihnen

---

1) Martens, N. R. II. 432.
2) Martens, N. R. VI. 1e. P. 139.

folgenden zahlreichen Verträge zur Unterdrückung dieses Handels[1] waren wesentlich gegen den dadurch hervorgerufenen Mißbrauch der Sklavenarbeit gerichtet, da der Handel ja nur die Ausbeutung dieser bezweckte. Dazu trat dann nach wesentlicher Unterdrückung des westafrikanischen Sklavenhandels die sog. Anwerbung chinesischer Handarbeiter (Kulis), welche die chinesische Regierung durch ein Regulativ d. d. Peking 5. März 1866 zu schützen suchte, das aber wegen zu geringer Anwerbefrist (fünfjähriger) England und und Frankreich nicht billigten, wohl aber zunächst Preußen, sodann das Deutsche Reich[2]. Ein Vertrag neuesten Datums zwischen den Vereinigten Staaten und Madagaskar enthält eine Regelung von Arbeiterverhältnissen, auch solcher von Sklaven[3]. Trotz der relativ früh hervortretenden Humanitätsbestrebungen zu Gunsten außereuropäischer Arbeiter beginnen dieselben zu Gunsten der Verwendung der europäischen Arbeiter erst in den beiden letzten Jahrzehnten, wenn auch selbstverständlich sie gegen sklavenartige Ausbeutung nicht mehr gerichtet sein konnten. In den Staaten Europas wurde der Schutz der Fabrik- und landwirthschaftlichen Arbeiter durch Fabrik- und Agrargesetzgebung staatlich geregelt. Großbritannien weist in ersterer Beziehung die sog. Faktory und Workshop Act von 1878 auf, Frankreich das Gesetz vom 19. Mai 1874 zum Schutz der in der Industrie verwendeten Kinder und minderjährigen Mädchen, die Schweiz ein Fabrikgesetz vom 23. März 1877[4]. Für das Deutsche Reich behandelt die Gewerbeordnung für den Norddeutschen Bund vom 21. Juni 1869 (R.G.Bl. 245) von §§ 127—139 die Verhältnisse der Fabrikarbeiter und enthält das Gesetz vom 17. Juli 1878, betreffend die Abänderung der Gewerbeordnung (R.G.Bl. 199), die abgeänderten §§ 134—139. Die schweizerische Eidgenossenschaft hat die Staaten zu einer gemeinschaftlichen Fabrikgesetzgebung aufgefordert, aber vergeblich[5].

Die Frage der gemeinschaftlichen Fabrikgesetzgebung wurde im Anschluß an ein Referat G. Cohn's (Zürich) auf der am 9. und 10. Oktober 1882 in Frankfurt a. M. abgehaltenen Generalversammlung des Vereins für Sozialpolitik behandelt (s. d. Vereinsverhandlungen, Leipzig 1882, S. 57 ff.). Darüber ob diese Materie schon jetzt zur internationalen Regelung sich eigne, waren die Meinungen getheilt und lassen wir dahin gestellt. Daß sie solcher sehr bedürftig sei, unterliegt aber keinem Zweifel. Ueberhaupt kann es der Lösung der Arbeiterfrage nicht heilsam sein, daß bisher nicht eine einzige internationale Regelnng ihr gewidmet ist, während sie doch in fast allen Staaten zur Hauptfrage geworden. Nur viribus unitis kann aber die Lösung einer längst internationalen Frage gelingen.

§ 42. **e) Internationale Verkehrspolizei. aa) Die Post**[6]. Nicht bloß der direkte Postverkehr, auch der Transitverkehr ist international zu regeln und geregelt worden. Postvereinbarungen einzelner Staaten bestehen schon im siebenzehnten Jahrhundert, erst in diesem wurden aber Konventionen geschlossen zur Regelung der Beziehungen der Postverwaltungen verschiedener Staaten. Ein Postverein entstand zuerst als deutsch-österreichischer am 6. April 1850, von den sechsziger Jahren ab werden zahlreiche Postverträge geschlossen. Fünfzehn Staaten hielten zur Postreform in Paris eine Postkonferenz ab vom 11. Mai bis 18. Juni 1863. Von Deutschland ging 1869 die Anregung zu einem Weltpostvertrage aus. Auf Aufforderung der Schweiz trat in Bern eine Konferenz zusammen und wurde von Delegirten der europäischen,

---

1) Die Verträge geben wir bei der Durchführung der bezüglichen Maaßregeln im formellen Völkerrecht.
2) Gareis, Das heutige Völkerrecht und der Menschenhandel. Berlin 1879, 30 ff.
3) Siehe den Vertrag dieser Staaten vom 13. Mai 1881 (ratif. am 12. März 1883) Art. 3. (Arch. dipl. XXIV. II. 129.
4) Ernst Meier, s. v. „Fabrikgesetzgebung" in v. Holtzendorff's Rechtslex.
5) G. Cohn (Zürich), Internationale Fabrikgesetzgebung im Jahrb. f. Nationalökonom. und Statistik, 1881, 37. Jahrg.
6) L. Renault, Études sur les rapports internationaux. La Post et le Telegraph. Paris 1877 (Nouv. Rev. histor. de droit francais et étranger.

Vereinigten Staaten und Egyptens am 9. Oktober 1874 ein allgemeiner Postverein als Union générale des postes mit einem Ausführungsreglement vereinbart [1]). Darnach bilden die Vereinsstaaten ein Postgebiet zum gegenseitigen Austausch der Korrespondenzen zwischen ihren Postbüreaus für Briefe, Korrespondenzkarten, Bücher, Journale und andere Drucksachen, Waarenproben und Geschäftspapiere aus einem Lande der Union mit der Bestimmung für ein anderes Land, mit allgemeinen Taxen für diese Gegenstände, ohne Supplementarporto für Rücksendungen innerhalb der Union, mit Portofreiheit für offizielle Postkorrespondenz und Transitfreiheit im ganzen Gebiet. Ein „Bureau international de l'Union générale des postes" funktionirt unter Aufsicht einer durch den nachbezeichneten Kongreß bestimmten Postadministration. Alle drei Jahre versammelt sich ein Kongreß der Bevollmächtigten der Vereinsstaaten, um das System zu vervollkommnen, die für nöthig erachteten Verbesserungen einzuführen und die gemeinschaftlichen Angelegenheiten zu diskutiren. Alle im Widerspruch mit diesem Vertrage stehenden Bestimmungen von Separatverträgen wurden für aufgehoben erklärt. Die erste Revision des Vertrages fand durch Konvention vom 1. Juni 1878 statt [2]). An demselben Tage wurde von 14 Staaten der Austausch von Briefen mit deklarirtem Werth vereinbart [3]), von denselben Staaten und den Niederlanden der Austausch von Postanweisungen [4]), und von denselben Staaten und Spanien, Großbritannien, Montenegro, Persien und der Türkei am 3. November 1880 ein Austausch von Postkollis bis zu drei Kilogramm, nach gleichen Taxen und ohne Werthdeklaration [5]). Zahlreiche außereuropäische Staaten traten der Postunion bei und noch immerfort erfolgen Beitritte auch kleinerer derselben [6]).

Der internationale Personen=, Waaren= und Briefverkehr ist aber auch durch regelmäßige Dampfschiffverbindungen zwischen verschiedenen Ländern desselben Welttheils und anderer Welttheile zu fördern. Fast alle Seestaaten besitzen Postdampferlinien, deren Benutzung durch Postverträge gesichert ist. (Stephan, Weltpost und Luftschifffahrt. Berlin 1874, 14 ff.). Im Interesse der Sicherheit des Verkehrs, namentlich des Personenverkehrs wären internationale Vereinbarungen erwünscht, besonders zur Verhütung der Verwendung dienstuntauglicher Schiffe oder einer Ueberlastung derselben. Die gegen Seeunfälle gerichteten § 47 erwähnten Reglements wären international zu verallgemeinern.

Auch die Luftschifffahrt ist nicht unerwähnt zu lassen, wenn sie auch als Beförderungsmittel bisher wesentlich nur in Kriegszeiten und durch Kriegführende, namentlich durch die Franzosen, zuletzt im französisch=deutschen Kriege in Anwendung kam (siehe Stephan l. c. S. 39 ff.), freilich auch im Interesse des Brief= und Personenverkehrs; denn befördert wurden durch die Pariser Ballonpost während der Belagerung 2 500 000 Briefe und 91 Passagiere (Stephan, 50).

bb) Telegraphie [7]) Einer der ersten Telegraphenverträge war der deutsch=österreichische vom 25. Juli 1850 [8]). Von 1851 an schloß Frankreich verschiedene Verträge und

---

1) Mart. N. R. G. II. Ser. I. 651.　2) Mart. ibid. III. 699.
3) Mart. ibid. 709. Die vierzehn Staaten waren das Deutsche Reich, Oesterreich=Ungarn, Belgien, Dänemark, Egypten, Frankreich, Italien, Luxemburg, Portugal, Rumänien, Rußland, Serbien, Schweden=Norwegen und die Schweiz.
4) Mart. ibid. 713.　5) Mart. ibid. VIII. 120.
6) v. Kirchenheim: „Les congrès internationaux de la poste et du télégraphe, in der Rev. d. dr. intern. XII. 465. Derselbe, La conférence postale de Paris 1880 ibid. XIII. 85.
7) Renault l. c. Fischer, Die Telegraphie und das Völkerrecht, Leipzig 1876. v. Kirchenheim, „Telegraphenverträge" in v. Holtzend. Reichslex. u. a. a. O.
8) Abgeschlossen von Deutschlands Seite durch Preußen, Bayern und Sachsen. Siehe v. Rohrscheidt, Preußens Staatsverträge, Berlin 1852 S. 245 ff.

traf mit Belgien, Sardinien, Spanien und der Schweiz durch Vertrag vom 29. Dezember 1855 gemeinsame Abreden über die Ausübung der internationalen Telegraphie[1]). Die Bildung eines gemeinsamen Telegraphenvereins war Frankreich zu danken; indem auf seine Anregung im Jahre 1865 die Vertreter der europäischen Telegraphenverwaltungen, mit Ausnahme Englands und des Kirchenstaates, zu einer Konferenz zu dem Zweck zusammentraten[2]). Durch eine große Zahl von Staaten wurde zu Paris ein internationaler Telegraphenvertrag am 17. Mai 1865[3]) geschlossen und ein Reglement für den internationalen Dienst vereinbart. Gleichförmigkeit der Taxen, Revisionen und nur mit Bewilligung der bezüglichen Staatsterritorien zu errichtende Telegraphenlinien wurden verabredet. In Bern wurde in Gemäßheit des Reglements vom 1. Januar 1869 ein internationales Büreau errichtet (bureau international des administrations Télégraphiques, organisirt durch die „administration supérieure" der schweizerischen Eidgenossenschaft). Weiter entwickelt wurde der Telegraphenverein durch die Verträge zu Wien vom 21. Juli 1868[4]), zu Rom vom 14. Januar 1872[5]), zu St. Petersburg vom 10./22. Juli 1875[6]) und das Londoner Reglement vom 28. Juli 1879 (Règlement de service international)[7]). Auch der Petersburger Konvention war ein Règlement de service international angefügt, welches durch das Londoner ergänzt wurde. Neben den allgemeinen Telegraphenverträgen[8]) gehen noch besondere, hauptsächlich für Tarifbestimmungen fort und zwar in Gemäßheit der allgemeinen St. Petersburger Konvention (Art. 17) über Punkte des Dienstes, welche nicht die Interessen der Allgemeinheit der Staaten berühren.

Die erste submarine Telegraphenkonvention wurde am 16. Mai 1864 geschlossen von Frankreich, Brasilien, Haiti und Portugal in Bezug auf eine internationale Linie zwischen dem europäischen Kontinent und Amerika. Die Konzession wurde aber 1872 zurückgezogen und die Konvention kam nie zur Ausführung. Sie bezog sich indeß nicht auf den im offenen Meer befindlichen Theil des Kabels. Am 16. Oktober 1882 versammelte sich in Paris eine Konferenz von 32 europäischen und außereuropäischen Staaten und kam ein Vertragsentwurf zu Stande. Die am 16. Oktober 1883 in Paris wiederholt versammelte Konferenz beschloß den festgestellten Vertragsentwurf nebst angefügten Wünschen ihren Regierungen zur Annahme zu empfehlen[9]).

Zur Einführung von Telegraphenanlagen in ein anderes Staatsgebiet ist die Genehmigung dieses Staates erforderlich, besonders zum Landen unterseeischer Telegraphenlinien die Genehmigung der Regierung des Uferstaats unerläßlich. Indeß kann auch ein Staat einem anderen die Errichtung von Telegraphenanlagen auf seinem Gebiet vertragsmäßig gestatten[10]) oder ihm auch überhaupt das Recht zur Ausübung der Telegraphie in seinem Gebiet oder, falls es ihm auch in einem dritten Staat zusteht, mit der Genehmigung dieses, in demselben Umfange gestatten wie es ihm zustand[11]).

1) Fischer, 4.   2) Fischer, 5.
3) Eidgenössische Gesetzessammlung VIII. 549.
4) Ibid. IX. 762.   5) Ibid. X. 811.
6) Mart. N. R. G. II. Ser. III. 614.
7) Mart. ibib. VIII. 51.
8) In London waren vertreten das Deutsche Reich, Oesterreich-Ungarn, Belgien, Dänemark, Spanien, Frankreich, Großbritannien, Griechenland, Italien, Japan, die Niederlande, Portugal, Rumänien, Rußland, Serbien, Schweden-Norwegen, die Schweiz und Türkei.
9) Siehe L. Renault über die submarinen Kabel in der Rev. d. dr. intern. 1880, 251 bis 275; 1883, 17 ff. u. 619 ff.
10) Fischer, S. 8 ff.
11) Art. 17 des Vertrages Preußens mit dem Königr. Sachsen v. 21. Oktbr. 1866. Staats-Archiv Bd. XI. Nr. 2434.

Durch die internationalen Telegraphenverträge und das Petersburger und Londoner Reglement sind verschiedene allgemeine Grundsätze für den internationalen Telegraphendienst festgestellt, indeß können die Bestimmungen des Reglements zu jeder Zeit durch gemeinschaftliches Uebereinkommen der Vertragsstaaten abgeändert werden. Insbesondere können der Tarif und das Reglement Revisionen durch administrative Konferenzen unterzogen werden, wobei alle Staaten, welche an ihrer Feststellung Theil genommen, sich repräsentiren lassen können. Diese Konferenzen werden gebildet durch Delegirte, welche die Abministrationen der kontrahirenden Staaten repräsentiren[1]). Die Privattelegraphien, welche innerhalb der Grenzen eines oder mehrerer der Vertragsstaaten mit Betheiligung am internationalen Dienst funktioniren, werden rücksichtlich dieses Dienstes so angesehen als ob sie einen integrirenden Bestandtheil des Telegraphennetzes dieser resp. Staaten bilden[2]). Diejenigen Privatunternehmungen, deren Anlagen außerhalb des Gebietes der Vertragsstaaten liegen, wie namentlich die der submarinen Telegraphen, werden zu allen Vortheilen des Vertrages zugelassen, wenn sie sich den Verpflichtungen desselben unterziehen. Die Mehrzahl der großen Gesellschaften, in deren Händen sich die unterseeischen Telegraphenleitungen im Kanal, in der Nordsee und im Mittelmeer, im Atlantischen und im Indischen Ocean sowie an der Ostküste Asiens befinden, sind dem Vertrage beigetreten[3]).

Durch die allgemeinen Telegraphenkonventionen ist jeder Person das Recht, vermittelst der internationalen Telegraphen zu korrespondiren, eingeräumt[4]). Das Londoner Reglement (Art. 6) gestattet die Redaktion der Telegramme en langage clair, convenu ou chiffré. Die ersteren müssen in einer der in den Territorien der kontrahirenden Staaten üblichen Sprachen oder in lateinischer Sprache verständlichen Sinn haben. Jede Verwaltung bestimmt unter den in ihrem Staat üblichen Sprachen diejenige, welche sie zur telegraphischen Korrespondenz in verständlicher Ausdrucksweise für geeignet hält. Die Diensttelegramme werden, wenn unter der resp. Verwaltung kein Uebereinkommen hinsichtlich des Gebrauches einer anderen Sprache stattgefunden hat, in französischer Sprache redigirt. (Art. 7). In Bezug auf die langue convenu gibt das Londoner Reglement folgende Erklärung: „On entend par langage convenu l'emploi des mots qui, en présentant chacun un sens intrinsèque, ne forment point des phrases compréhensibles pour les offices en correspondance". Diejenigen Staaten, welche für Privattelegramme die Geheimsprache nicht zulassen, müssen sie im Transit zulassen[5]). Außerdem werden semaphorische Telegramme mit Schiffen auf See durch auf der Küste eines der kontrahirenden Staaten errichtete Semaphore (Zeichenträger) entweder in der Sprache des bezüglichen Landes oder in Signalen des code commercial universel ausgewechselt[6]). Zur Ermöglichung eines wirksamen Depeschenaustausches zwischen Schiffen auf See und Signalstationen an der Küste werden an geeigneten Punkten der letzteren semaphorische Stationen errichtet, in telegraphische Verbindung gesetzt und mit dem erforderlichen Signalapparat ausgerüstet. Die Schiffe müssen sich aber zum Verständniß der Signale im Besitz des Signalkodex befinden und des dazu gehörigen Flaggenapparates. Die italienische Regierung hat daher vorgeschlagen, daß allen Kauffahrteischiffen, soweit sie nicht ausschließlich für kurze Fahrten bestimmt sind, im Wege der Landesgesetzgebung verpflichtet werden, sich mit jener Ausrüstung zu versehen[7]). In Bezug auf die Schriftzeichen verordnet der Art. 3 des St. Petersburger Reglements, daß bis zu einer neuen Uebereinkunft über die Einführung anderer Apparate die neben einander für den Dienst der internationalen Telegraphenlinien angenommenen von Morse und Hughes in Gebrauch bleiben.

Die Vertragsstaaten haben eine Verantwortung in Bezug auf den Dienst der internationalen Telegraphie abgelehnt[8]), indeß können bei Verwaltungen, welche rekommandirte Telegramme annehmen, die Telegramme rekommandirt werden, und wird dann im Falle einer Unregelmäßigkeit in der Beförderung, mit Ausnahme der vis major, außer der Zurückerstattung der Taxe noch eine Summe von fünfzig Francs von der Verwaltung[9]) ausgezahlt. Wohl aber verpflichten sich die Vertragsstaaten, alle nöthigen Verfügungen zu treffen, um das Geheimniß und die gute Expedition der Korrespondenzen zu sichern[10]). Dagegen haben sich dieselben das Recht gewahrt ein Telegramm nicht zu befördern, welches die Sicherheit des resp. Staates bedrohen oder welches entgegen sein würde den Gesetzen des resp. Landes, der öffentlichen Ordnung oder den guten Sitten[11]). Außerdem behält sich jede Regierung das Recht vor, den Telegraphendienst für eine unbestimmte Zeit zu suspendiren, indeß unter der Verpflichtung, die übrigen Vertragskontrahenten sofort davon zu benachrichtigen[12]).

cc) Die Eisenbahnen. In Bezug auf den Eisenbahnverkehr haben sich die Staaten der internationalen Rechtsgemeinschaft zur Verwirklichung ihres Rechts auf Verkehr den Anschluß

---

1) Art. 13, 15, 16 der St. Petersburger Konvention.
2) Art. 81 des Londoner Reglements.　3) Fischer, S. 18.
4) Art. 1 der Petersburger Konvention.
5) Art. 6 der Petersburger Konvention.
6) Londoner Reglement Art 58. Siehe über den Signalkodex § 47.
7) Fischer, 22 ff.　8) Art. 3 der St. Petersburger Konvention.
9) Art. 51 des St. Petersburger Reglements.
10) Art. 2 der Petersburger Konvention.
11) Art. 7 der Petersburger Konvention.
12) Art. 8 der Petersburger Konvention.

von Eisenbahnzügen und die Regelung des internationalen Eisenbahnverkehrs zu gewähren. Zur Herstellung eines internationalen Frachtreglements für den Waarentransport auf Eisenbahnen verschiedener Staaten wurde im Jahre 1878 eine internationale Eisenbahn= konferenz beschickt vom Deutschen Reich, Oesterreich, Frankreich, Rußland, Italien, Belgien, Luxemburg, den Niederlanden und der Schweiz. Es kamen zu Stande ein Entwurf von 56 Artikeln, Ausführungsbestimmungen in zehn Artikeln und ein Projekt einer Konvention zur Errichtung einer ständigen internationalen Kommission, welche über die Zweckmäßigkeit der vereinbarten Normen wachen und eventuell bei Streitigkeiten der Administrationen als Schiedsgericht fungiren soll. Im Jahre 1881 stellten Delegirte der genannten Staaten in Bern ein Projekt einer Konvention über das internationale Recht des Waarentransportes auf Eisenbahnen in sechszig Artikeln fest. Wenn sich auch die Inangriffnahme zunächst nur eines Gebietes des internationalen Eisenbahnrechts empfiehlt, so wäre doch eine Inangriffnahme des gesammten Gebietes durchaus er= forderlich.

Die Eisenbahnkonventionen einzelner Staaten mit einander beziehen sich entweder auf alle in Frage kommenden Verhältnisse entweder einer oder mehrerer Eisenbahnen angrenzender Staaten wie z. B. die Konvention Oesterreich=Ungarns mit Italien vom 2. Oktober 1879 (Mart. N. R. G. II. Ser. VI. 356) einerseits und die Konvention Belgiens mit den Niederlanden vom 9. November 1867 (Arch. dipl. VIII. II. 746) andererseits. Die genannten Konventionen beziehen sich auf den Eisen= bahnanschluß, die internationalen Eisenbahnstationen, auf die Justiz, Polizei, das Zollwesen auf denselben, und wenn sie gemeinschaftliche sind, auch auf den Post= und Telegraphendienst, auf die Exploitation der bezüglichen Grenzstrecken, auf die Qualifikationen der für diesen Dienst erforder= lichen Beamten, auf die Tarife für den Grenztransport und korrespondirende Züge. Justiz und Polizei auf der Grenzstation werden von der Regierung, deren Staat das Territorium der Station gehört, ausgeübt. Im Uebrigen finden Vereinbarungen Statt. Andere Koventionen beziehen sich entweder auf den Bau von Eisenbahnen, wie die zwischen dem Deutschen Reich, Italien und der Schweiz zum Bau und zur Subvention der Gotthardbahn vom 28. Oktober 1871 (Mart. N. R. G. XIX. 103) und die zwischen Italien und der Schweiz vom 16. Juni 1879 zum Bau einer Eisen= bahn durch den Monte Cenere (Mart. N. R. G. II. Ser. IV. 680), oder nur auf den Bau einer internationalen Verbindungsbahn wie die Konvention Belgiens mit Frankreich vom 15. Januar 1866 (Arch. dipl. VI. IV. 147) und die Rußlands mit Oesterreich vom 18. Mai 1869 (Arch. dipl. XIII. II. 711), oder nur auf eine gemeinschaftliche internationale Eisenbahnstation wie die Kon= vention Frankreichs mit Italien vom 20. Januar 1879 (Mart. N. R. G. II. Ser. VI. 470), oder auf die staatliche Uebernahme der Verwaltung einer Eisenbahn in einem fremden Staatsgebiet wie in der Uebereinkunft zwischen der deutschen Reichsregierung und der großherzoglich luxemburgischen Regierung vom 11. Juni 1872, oder auf den Betrieb einer in verschiedenen Staaten belegenen Eisenbahn wie in der Uebereinkunft zwischen dem Deutschen Reich und Belgien vom 11. Juli 1872 (D. R. G. Bl. 1873, 339).

In Bezug auf den Eisenbahnfrachttransport gibt es im Wesentlichen nur zwei unterschiedene Gesetzgebungen: die deutsche und französische, durch deren Ausgleichung eine internationale zu schaffen wäre. Die Länder des code de commerce français bilden die erste Gruppe, die zweite wird gebildet von den Ländern, in welchen das deutsche Handelsgesetzbuch und das Betriebsreglement für die Eisenbahnen Deutschlands vom 11. Mai 1874 gilt. In Frankreich existirt für die Bahnen ein besonderes Recht nicht, sie sind dem droit commun unterworfen des code civil (Art. 1382 ff.) und code de commerce (Art. 96 ff.). Italien steht auf dem Standpunkt Frankreichs unter Mit= wirkung reglementarischer Bestimmungen, auch Belgien und die Niederlande haben das französische Verkehrsrecht rezipirt. Die Schweiz hat ein Bundesgesetz, betreffend den Eisenbahntransport, vom 20. März 1855. Oesterreich hat zu dem deutschen Handelsgesetzbuch auch das deutsche Betriebs= reglement rezipirt. Dasselbe ist zugleich vom 1. Juni 1876 ab als Vereinsreglement für alle Bahnen des Deutschen Reichs, Oesterreich=Ungarns, Belgiens und der Niederlande auch für den= jenigen Verkehr eingeführt, welcher die Grenzen des Deutschen Reichs oder der österreichisch=ungarischen Monarchie überschreitet und seinen Prinzipien nach bei der Mehrzahl der russischen Bahnen (Eger 50). Das deutsche Handelsgesetzbuch, auf dessen Bestimmungen das deutsche Betriebsreglement ruht, das schweizerische und ungarische Handelsrecht beruhen aber wieder im Wesentlichen auf französischem Recht, somit scheint eine Ausgleichung der Unterschiede nicht schwierig.

Litteratur. G. de Seigneux und H. Christ, Die Einführung eines einheitlichen Rechts, für den internationalen Eisenbahnfrachtverkehr, Basel 1875. G. de Seigneux, Du projet de convention internationale sur le transport des marchandises par chemin de fer, élaboré par la conférence internationale de Berne. Paris 1878. Eger, Die Einführung eines internationalen Eisenbahnfrachtrechts. Breslau. 1877. Bulmerincq, Transports internationaux par chemin de fer in der Rev. d. dr. intern. X. 83 ff.

dd) Das Münzwesen. In Bezug auf den Werthmesser ist im Völkerverkehr eine Ausgleichung oder Einheitlichkeit der Währung anzubahnen. Eine internationale Münzkonferenz fand statt vom 17. Juni bis 6. Juli 1867 in Paris [1]. Die Schaffung eines neuen Systems wurde verworfen, die Goldwährung mit transitorischer Silberwährung acceptirt und die fünfundzwanzig Franksstücke fakultativ als annähernd internationale Münze bezeichnet. Eine Münzunion zur Festsetzung übereinstimmenden Gewichtes, Feingehaltes und Münzfußes und des Umlaufes ihrer Gold- und Silbermünzen schlossen Belgien, Frankreich, Italien und die Schweiz mittelst Konvention vom 23. Dezember 1865 [2]. Griechenland trat derselben mittelst Deklaration vom 8. Oktober 1868 bei [3]. Neben dieser Union wurde zwischen Schweden, Norwegen und Dänemark eine skandinavische zur Einführung eines gemeinsamen Münzsystems auf Grund der Goldwährung, am 27. Mai 1873 abgeschlossen [4]

Nach der ersteren, der sog. lateinischen Münzkonvention sollen Silbermünzen von zwei Franks und geringerem Betrage von den Unionsstaaten nur im Betrage von sechs Franks per Kopf der Bevölkerung ausgegeben werden. Durch Additionalkonvention vom 31. Januar 1874 [5] wurde auch die Ausprägung der Fünffranksstücke limitirt und durch Deklaration vom 3. Februar 1876 [6] auf die Totalsumme von 120 Mill. für alle Unionsstaaten festgesetzt. Durch Deklaration vom 5. November 1878 [7] (Art. 1, 2) war aber Italien ausnahmsweise für 1879 zur Ausprägung im Betrage von 25 Mill. Franks in Silber berechtigt, nachdem durch Konvention von gleichem Datum (Art. 9) [8] die Ausprägung der Fünffrankstücke überhaupt bis zu einem entgegenstehenden einstimmigen Uebereinkommen suspendirt war. Laut Abditionalakte vom 20. Juni 1879 [9] werden Italien die in den anderen Vereinsstaaten eingezogenen italienischen Silbermünzen gegen anderweitige Münze, Tratten oder Schatzbons übergeben. Mittelst Arrangements vom 5. November 1878 [10] (Art. 7) verpflichtet sich Italien sein Papiergeld in Stücken unter fünf Franks einzuziehen und zu vernichten und kein neues auszugeben. Die Additionalakte vom 20. Juni 1879 (Introitus) stellt aber Italien anheim, es zu der ihm passend dünkenden Zeit zu thun. In der Deklaration vom 5. November 1878 (Art. 3) verpflichten sich aber sämmtliche Unionsstaaten im Jahre 1879 keine Münzbons zu emittiren. Die Konvention vom 5. November 1878 (Art. 3) bleibt, nach Art. 15 derselben, giltig bis zum 1. Januar 1886 und weiter, wenn sie nicht vorher gekündigt wurde [11].

Während die sog. lateinische Münzkonvention die Zirkulation des Silbers zu vermindern oder mindestens zu limitiren suchte, ging die skandinavische von der Goldwährung aus. Wie weit die Kulturstaaten noch von einer einheitlichen Währung entfernt sind, wird die nachfolgende Uebersicht lehren. Die Goldwährung haben Großbritannien seit dem 22. Juni 1816, das Deutsche Reich durch Gesetz vom 4. Dezember 1871 (R. G. Bl. 404) und vom 9. Juli 1873 (R. G. Bl. 233), die skandinavischen Staaten seit ihrer Münzkonvention; die Silberwährung führte Rußland ein durch Münzgesetz von 1810, Oesterreich durch Kaiserliches Patent vom 27. Januar 1858. Die Doppelwährung oder Gold- und Silberwährung besteht in den Ländern der lateinischen Münzkonvention, Spanien und Rumänien. In den Niederlanden ist die Silberwährung seit 1875 sistirt, die Durchführung der Goldwährung aber vertagt. In den Vereinigten Staaten von Nordamerika ist seit der sog. Blandbill vom 28. Februar 1878 Doppelwährung, thatsächlich aber Goldwährung [12].

ee) Das Maaß und Gewicht. Zur Herstellung eines einheitlichen Maaßes ist Längen- und Gewichtseinheit erforderlich. Das von Frankreich 1790 ausgegangene Meter-

---

1) Arch. dipl. VII. III. 1117. Vertreten waren Oesterreich, Baden, Bayern, Belgien, Dänemark, Spanien, die Ver. Staaten, Frankreich, Großbritannien, Griechenland, Italien, die Niederlande, Portugal, Preußen, Rußland, Schweden-Norwegen, die Schweiz, Türkei und Württemberg.

2) Mart. N. R. G. XX. 688.   3) Ibid 694.

4) Mart. N. R. G. II. Ser. I. 290.   S. F. S. 1873 Nr. 36.

5) Mart. N. R. G. XX. 695.   6) Mart. N. R. G. II. Ser. I. 674.

7) Ibid. III. 717.   8) Ibid. IV. 728.   9) Ibid. IV. 736.   10) Ibid. 733.

11) Van der Rest, L'union monétaire latine, ses origines et ses phases diverses in der Rev. d. dr. intern. XIII. 5 ff., 268 ff.

12) R. Koch, „Münzwesen" in v. Holtzendorff's Rechtslexikon.

system wurde in Belgien, Holland, Sardinien, Spanien, Griechenland und Deutschland und bei wissenschaftlichen Untersuchungen allgemein, außer von den Engländern, angewandt. Engländer und Amerikaner behielten yards als Maaßsystem bei. Indeß wurde 1864 in England ein Gesetz erlassen zur fakultativen Einführung der metrischen Maaße und Gewichte; die dem Unterhause im März 1873 vorgelegte Bill zur Einführung des Meter= systems für Gewicht und Maaße in einem bestimmten Zeitpunkte aber nicht angenommen. Im Jahre 1872 tagte in Paris eine internationale Meterkommission, gebildet aus Staatendelegirten und am 20. Mai 1875 wurde vom Deutschen Reich, Oesterreich=Ungarn, Belgien, Brasilien, der argentinischen Konföderation, Dänemark, Spanien, den Vereinigten Staaten von Nordamerika, Frankreich, Italien, Peru, Portugal, Rußland, Schweden= Norwegen, der Schweiz, Türkei und Venezuela eine Konvention zur Gründung und Erhaltung eines wissenschaftlichen und permanenten internationalen Gewichts= und Maaß= büreaus in Paris abgeschlossen[1]), welches in Paris funktioniren sollte unter der Direktion und ausschließlichen Aufsicht eines internationalen Gewichts= und Maaßkomités, das wiederum einer aus Delegirten aller Vertragsstaaten gebildeten Generalkonferenz für Gewichte und Maaße unterstellt ist. Das Büreau hat die neuen Prototype des Meter und Kilogramm zu vergleichen und verifiziren und die internationalen Prototype zu bewahren[2]). Für Deutschland ist durch Bundesgesetz vom 17. August 1868[3]) die Maaß= und Gewichtsordnung vollständig reformirt und ist dieselbe durch die Reichsverfassung (Art. 4, 3) Sache des Deutschen Reichs.

Die Grundlage des deutschen Maaßes und Gewichtes ist das Meter oder der Stab, mit dezimaler Theilung und Vervielfachung. Als Urmaaß gilt derjenige Platinstab, welcher im Besitz der Königl. preußischen Regierung sich befindet und 1863 durch eine von dieser und der französischen Regierung bestellte Kommission mit dem im Pariser Regierungsarchiv aufbewahrten verglichen ist. Als Urgewicht gilt das im Besitz der preußischen Regierung befindliche Platinkilogramm, welches in gleicher Weise mit dem Pariser Kilogrammprototyp verglichen wurde. Die Einheit der Längen= maaße bildet das Meter oder der Stab, die der Flächenmaaße das Quadratmeter oder der Qua= dratstab, die Grundlage der Körpermaaße das Kubikmeter oder der Kubikstab, die Einheit der tausendste Theil des Kubikmeters[4]).

Zweiter Abschnitt.

Das Recht der Objekte.

I. Das Staatseigenthum.

§ 43. **Begriff und Hauptbestandtheile des Staatseigenthums.** Unter internatio= nalem Staatseigenthum ist diejenige Herrschaft zu verstehen, welche eine Staatsgewalt über ihr Gebiet und bestimmte Gegenstände in demselben, mit Ausschließung jeder auswärtigen Gewalt, ausübt und vermöge welcher sie über jenes Gebiet und dem Staat gehörende Gegenstände unabhängig verfügen kann[5]), soweit sie sich nicht selbst in der Verfügung zu Gunsten anderer Staaten beschränkt hat.

Das Vermögen eines Staates als Inbegriff der in seinem Eigenthum befindlichen Gegenstände und vermögensrechtlichen Ansprüche besteht aus seinem Territorium, seinem

---

1) Mart. N. R. G. II. Ser. I. 663.

2) S. die anderen Aufgaben des Bureaus im Art. 6 der Konvention.

3) Maaß= und Gewichtsordnung für den Deutschen Bund (Nordd. B. G. Bl. 473), nach Art. 21 des Gesetzes erst vom 1. Januar 1872 an in Kraft tretend und hinsichtlich des Entfernungsmaaßes abgeändert durch Gesetz v. 7. Dezember 1873.

4) Die Litteratur s. bei Ernst Meier s. v. Maaß= und Gewichtsordnung in v. Holtzen= dorff's Rechtslexikon.

5) Heffter, Völkerrecht § 64. Hartmann, Inst. d. Völkerr. unterscheidet § 58 Staats= eigenthum im völkerrechtlichen Sinn als imperium, Eigenthum im privatrechtlichen Sinn als dominium.

unbeweglichen und beweglichen Eigenthum, seinen Einkünften und seinen Ansprüchen auf Steuern und Abgaben, welche ihm von seinen Staatsangehörigen oder Fremden zu leisten sind. Das Privatvermögen des Souveräns und das Vermögen der Staatsangehörigen gehören nicht zum Staatsvermögen, das der Staatsangehörigen zum sog. Nationalvermögen, welches letztere als solches nur eine wirthschaftliche Bedeutung hat.

Es können zwei Staaten an einem und demselben Territorium ein gemeinschaftliches Eigenthumsrecht haben, indeß ist dasselbe wegen der mit einem solchen Verhältniß verknüpften Nachtheile und der aus demselben leicht entstehenden Differenzen, in der Regel nach kurzer Dauer wieder aufgelöst worden.

Ein condominium hatten nach dem Wiener Frieden vom 30. Oktober 1864 Oesterreich und Preußen an den Herzogthümern Schleswig-Holstein und Lauenburg (Mart N. R. G. XVII. 2e. P. 474—485). Es verzichtete (Art. 3) der König von Dänemark auf alle seine Rechte an den Herzogthümern Schleswig-Holstein und Lauenburg zu Gunsten des Königs von Preußen und Kaisers von Oesterreich, wobei er sich zugleich verpflichtete, diejenigen Dispositionen anzuerkennen, welche sie in Bezug auf diese Herzogthümer treffen würden. Nach der Gasteiner Konvention vom 14. August 1865 (Mart. N. R. G. XVIII. Seite 2) soll in Anbetracht der aus dem condominium leicht entstehendem Unzukömmlichkeiten, welche gleichzeitig das gute Einvernehmen zwischen ihren Regierungen und die Interessen der Herzogthümer gefährden (Introitus) die „Ausübung" der von den vertragsschließenden Theilen durch den Wiener Vertrag gemeinsam erworbenen Rechte, unbeschadet der Fortdauer dieser Rechte beider Mächte an der Gesammtheit beider Herzogthümer, in Bezug auf das Herzogthum Schleswig auf den König von Preußen, in Bezug auf das Herzogthum Holstein auf den Kaiser von Oesterreich übergehen (Art. 1). Auch überläßt (Art. 9) der Kaiser von Oesterreich die im Wiener Friedensvertrage erworbenen Rechte auf das Herzogthum Lauenburg dem König von Preußen, wogegen die Preußische Regierung sich verpflichtet, der österreichischen die Summe von 2 500 000 dänischen Thalern zu zahlen. Die Ausführung der verabredeten Theilung des condominiums wird (Art. 10) festgestellt. Mittelst einer Proklamation vom 13. September 1865 (l. c. 6) nahm dann der König von Preußen von Lauenburg Besitz. Endlich übertrug der Kaiser von Oesterreich alle seine im Wiener Traktat auf die Herzogthümer Holstein und Schleswig erworbenen Rechte auf den König von Preußen (Art. 3 der Friedenspräliminarien zu Nikolsburg vom 26. Juli 1866 Mart. N. R. G. XVIII. 316). Demnach hat das condominium nicht volle zwei Jahre gedauert. — Ferner beschlossen der König von Preußen und der Herzog von Braunschweig „diejenigen Nachtheile, welche die gemeinschaftliche Verwaltung ihrer Hoheitsrechte über das Kommuniongebiet am Unterharz verursacht, abzustellen" und das unter dem Namen des Kommunionunterharzes ihnen gemeinschaftlich zustehende Gebiet unter sich zu theilen (Art. 1). Endlich schlossen der Kaiser von Rußland und Japan um den „zahlreichen Inkonvenienzen, welche aus dem gemeinschaftlichen Besitz der Insel Sachalin resultiren, ein Ende zu machen" am 10/22. August 1875 (Mart N. R. G. II. Ser. II. 582) einen sog. Zessionsvertrag wonach die Kurilen durch Rußland an Japan und die Rechte Japans an der Insel Sachalin an Rußland abgetreten werden (Art. 1 und 2).

§ 44. **Das Staatsgebiet.** Das Staatsgebiet bildet der ganze von der Staatsgrenze eingeschlossene Land- und Wasserbezirk sowie das einem Staat sonst gehörige Gebiet, welches, wenn es von einem fremden Staatsgebiet eingeschlossen ist, Enklave genannt wird[1]. Zum Wasserbezirk eines Staates gehören alle innerhalb der Grenzen eines Staates belegenen Gewässer und die Grenzflüsse ganz oder zum Theil. Eine mitten durch den Grenzfluß gezogene Linie[2] scheidet denselben, sodaß je nach den Ufern die eine Hälfte zu dem einen, die andere zu dem anderen anliegenden Staatsgebiet gehört. Die in Grenzflüssen belegenen Inseln werden je nach dem Thalweg des Flusses geschieden[3]. Aendert ein Fluß, welcher verschiedenen Staaten gehört, seinen Lauf, so haben diese dasselbe Recht am verlassenen Bett, welches sie am Fluß hatten[4]. Ein von

---

1) Z. B. das vom französischen Staatsgebiet eingeschlossene spanische Enklave: Llivia (Art. 16 des Grenzvertrages zwischen Frankreich und Spanien v. 26. Mai 1866. Arch. dipl. IX. II. 749).

2) Die Mitte wird bestimmt durch Halbirung der die Höhenpunkte beider Ufer verbindenden, rechtwinklig an geeigneten Punkten auf letzteren errichteten geraden Linien. Hartmann, Völkerr. S. 159.

3) Art. 5 des Friedensvertr. zwischen Schweden u. Rußland v. 17./5. Septb. 1809 (Mart. N. R. G. I. 19).

4) Günther, Völkerr. II. 19.

mehreren Staaten eingeschlossener See, welcher bei größerer Ausdehnung auch Binnen=
meer genannt wird, gehört demselben je nach den Ufern. Flußmündungen und Haffs
werden Binnenmeeren gleich geachtet. Die in und vor solchen Mündungen belegenen
Inseln gehören zum Staatsterritorium[1].

Das offene Meer ist im Eigenthum keines Staates[2] und zum Gebrauch Aller.
Es gehören einem einzelnen Staat seine Meeresausbrüche, Rheden, Häfen[3] und das
ganze Küstenmeer. Die in offener See dem Festlande näher belegenen Inseln sind, je
nachdem sie dem Festlande des einen oder anderen Staates näher belegen sind, diesem
oder jenem zugetheilt worden.

Die Ausdehnung des Küstenmeeres ist bisher entweder durch Kanonenschußweite vom Ufer
aus oder durch die Entfernung von drei Seemeilen von der Küste oder vom Strande ab bestimmt.
Dagegen ist von Perels (25) vorgeschlagen worden, „die Seegrenze des Küstenmeeres durch die=
jenige Linie zu bilden, bis zu welcher das Meer vom Strande aus geschützt werden kann". Diese
Linie wird aber nach der Tragweite der Geschütze eine sehr verschiedene sein. Die Englische
Territorial Waters Bill hat daher auch mit Unrecht die Entfernung auf Kanonenschußweite und
auf drei Seemeilen einander identificirt. Der Bestimmung nach Meilen ist aber jedenfalls der
Vorzug zu geben. Wird sie in gleicher Zahl von den Seestaaten vereinbart, so ist damit ein ein=
heitlicher, nicht stets wechselnder Maaßstab für die Entfernung angenommen und scheint uns
dadurch allein der Anlaß zu Streitigkeiten über die Ausdehnung des Küstenmeeres gehoben werden
zu können.

„Ein durch eine oder mehrere Meerengen vom Weltmeer aus zugängliches Meer
oder ein solcher Meerbusen kann nur dann als Eigenthumsmeer anerkannt werden, wenn
alle Ufer desselben demjenigen Staat gehören, welcher auch Herr der Ufer des Einganges
ist, und wenn dieser Eingang so eng ist, daß er von den Ufern aus durch Kanonen
beherrscht werden kann[4]"".

Wenn der vorstehend verzeichnete Satz den Grundsätzen des Völkerrechts entspricht, so befindet
sich das schwarze Meer im Eigenthum keines Staates, da die Ufer nicht bloß der Türkei, sondern
auch Rußland gehören und wäre demnach auch dessen Neutralisirung nie nothwendig gewesen, da
kein Staat ein besonderes Anrecht auf dasselbe hatte. Aber auch von einem Eigenthum der beiden
Staaten am schwarzen Meere je nach ihren Ufern konnte keine Rede sein, da dieses vom Weltmeer
aus zugänglich ist, wenn freilich in beschränkter Weise und unter Einwirkung des Uferstaates der
Meerengen: der Türkei. Der Londoner Vertrag vom 13. März 1871 hat daher auch die im
Art. 11 des Pariser Vertrages vom 30. März 1856 ausgesprochene Neutralisation des schwarzen
Meeres und das in demselben Artikel enthaltene Verbot der Befahrung desselben mit Kriegsschiffen
irgend welcher Macht aufheben können. Wenn der Vertrag (Art 3) dabei die Bestimmung aufrecht
erhielt, daß das schwarze Meer wie seither den Kauffahrteischiffen aller Nationen geöffnet bleibe,
so erkannten die vertragschließenden Theile damit nur eine selbstverständliche Folge dessen an,
daß das schwarze Meer im Eigenthum keines Staates sich befinde. Anerkannt blieb aber auch im
Londoner Vertrage (Art. 2) das von der Türkei von jeher, und wie es uns scheint als von einem
Uferstaat und im Interesse seiner Sicherheit mit Recht gegenüber fremden Kriegsschiffen, beanspruchte
Prinzip der Schließung der Meerengen der Dardanellen und des Bosporus[5] wie es in der Separat=
konvention der Pariser Vertragsstaaten vom 30. März 1856 (Mart. N. R. G. XV. 728) aus=
gesprochen wurde, indeß mit der Modifikation, daß der Sultan sich vorbehielt, die Meerenge in
Friedenszeiten den Kriegsschiffen befreundeter und alliirter Mächte zu öffnen in dem Fall, daß
die Pforte es zur Sicherung der Ausführung der Stipulationen des Pariser Friedens für noth=
wendig halten werde. In der Separatkonvention hatte der Sultan sich nur vorbehalten, leichten
Fahrzeugen unter Kriegsflagge im Dienste der Gesandtschaften befreundeter Mächte (Art. 2) und
bis zu je zwei leichten Fahrzeugen unter Kriegsflagge, welche jede Macht an den Mündungen der
Donau zu stationiren ermächtigt ist, zur Sicherung der auf die freie Flußschifffahrt bezüglichen
Bestimmungen, Durchfahrtsfermans zu gewähren (Art. 3). Diese auch im Art. 19 des allgemeinen

---

1) Perels, Internat. Seerecht 31, 38.
2) Ueber die trotzdem von einzelnen Staaten erhobenen Prätensionen eines Eigenthums an
bestimmten Meeren oder Theilen desselben siehe Perels l. c. 14 ff.
3) Perels, 37.   4) Perels, 31.
5) Den Kauffahrteischiffen aller mit der Türkei im Frieden befindlichen Nationen war die
Passage durch diese Meerengen wiederholt vertragsmäßig von der Türkei zugestanden, so z. B. im
Friedensvertrage mit Rußland zu Abrianopel v. 14. Septb. 1829 (Mart. N. R. VIII. 143)
Art. 7 und früher einzelnen Staaten auch durch einseitigen Akt, z. B. Großbritannien am 30. Oktbr.
1799 (Mart. Rec. 2 VI. 740).

Pariser Vertrages enthaltene Befugniß wurde durch den Londoner Vertrag nicht aufgehoben. Jeden=
falls enthält aber der Art. 2 des Londoner Vertrages ein Novum. Denn durch Vertrag v. 13. Juli 1841
mit Oesterreich, Frankreich, Großbritannien, Preußen und Rußland (Mart. N. R. G. II. 128) Art. 1
hatte der Sultan seinen festen Entschluß bekundet, in Zukunft das als alte Regel seines Reichs unab=
änderlich festgestellte Prinzip aufrecht zu erhalten, wonach zu allen Zeiten den Kriegs=
schiffen fremder Mächte immer verboten gewesen, in die Meerengen der
Dardanellen und des Bosporus einzulaufen und daß so lange die Pforte
im Frieden sich befindet, dasselbe kein fremdes Kriegsschiff in die ge=
nannte Meerenge zulassen werde und hatten die anderen Mächte sich ver=
pflichtet, diese Entschließung des Sultans zu respektiren und sich dem
ausgesprochenen Prinzip gemäß zu verhalten. Der im Londoner Vertrage aus=
gesprochene Vorbehalt des Sultans widersprach daher vollständig dem alten Recht und da die
anderen Mächte sich nur verpflichtet hatten, dieses zu respektiren, war es auch ihrerseits ein Novum
daß sie diesen neuen Vorbehalt in den Londoner Vertrag zuließen. Daß aber die Türkei in der
That noch wenige Jahre vor dem Londoner Vertrage nur ihr altes Recht zu behaupten bestrebt
war, darüber gibt unzweideutigen Aufschluß ein Zirkular des türkischen Ministers des Auswärtigen
an das diplomatische Korps in Konstantinopel vom 28. September 1868 (Mart. N. R. G. XVIII.
268) welches konstatirt, daß von der Regel des Verbots der Durchfahrt der Meerengen der Dar=
danellen und des Bosporus, abgesehen von den Bestimmungen des Pariser Vertrages, nur aus=
genommen werden sollen diejenigen Kriegsschiffe, auf welchen sich ein Souverän oder ein Haupt
eines unabhängigen Staates befindet.

§ 45. **Das außerhalb des geschlossenen Staatsterritoriums belegene Staatsgebiet.**
Ein Staat kann die Veräußerung des von seinem Gebiet eingeschlossenen, einer anderen
Hoheit unterworfenen Gebietes (§ 56) fordern, wenn er in der Ausübung seiner Sou=
veränetätsrechte durch die Gebietshoheit des Enklave wesentlich behindert wird. Einem
so eingeschlossenen Staatsgebiet ist auch Exterritorialität zugestanden worden. Es kömmt
indeß ein solches Gebiet heute meist nur in den anderen Welttheilen vor, nachdem die
europäischen Staaten ihr in diesem Welttheile belegenes Staatsgebiet durch Austausch
oder Ankauf der eingeschlossenen Gebiete abgerundet haben. Von weit größerer Bedeu=
tung sind als Nebenland die Kolonien, deren Begründung in verschiedener Weise
vor sich gehen kann.

1. Können von einem Staat Kolonien mit seinen Machtmitteln in einem bisher
seiner Herrschaft nicht unterworfenen Gebiete gegründet werden. Er erwirbt dann ipso
facto Eigenthum an den Ländereien, falls diese unbewohnt waren, waren sie jedoch
bewohnt, nur in Gemäßheit einer Vereinbarung mit den bisherigen Gewalthabern. Die
gewaltthätige Festsetzung, selbst eines Kulturstaates in Ländern unzivilisirter Völker
wider den Willen dieser ist unstatthaft.

2. Kann ein Staat als solcher in bisher keiner Oberherrschaft unterworfene
Ländereien Kolonisten aussenden. Behaupten sich diese daselbst mit Hilfe ihres Mutter=
landes, so werden diese Ländereien als Nebenland Bestandtheile des Staatsgebietes
desselben. Auch kann ein Staat von Privaten anderer Staaten gestiftete Kolonien
erwerben.

3. Können von den Angehörigen eines Staates ohne Auftrag oder Ermächtigung
desselben Kolonien auf einem bisher keiner Oberherrschaft unterworfenen Lande gestiftet
werden. Es wird dadurch eine freie Niederlassung, oder wenn diese die Bedingungen
eines Staates erfüllen kann, ein neuer freier Staat begründet. Auf Antrag der Kolo=
nisten kann aber das von ihnen in Besitz genommene Gebiet von ihrem Mutterstaat
inkorporirt oder der Kolonie eine Inkorporationsakte ertheilt werden.

In allen drei Fällen ist erforderlich, daß thatsächlich eine Besitzergreifung statt=
gefunden und der Besitz für die Dauer durch Machtmittel behauptet wird. Eine bloße
Entdeckung oder eine bloße Besitzergreifung ohne nachfolgende Besitzsicherung begründen
kein Prioritätsrecht gegenüber anderen Erwerbern und kein definitives Besitz= oder
Eigenthumsrecht gegenüber Dritten. Auch kann ein bloß symbolischer Souveränetätsakt

wie z. B. die Aufrichtung eines Kreuzes, einer Säule, eines Grenzpfostens mit einer die Besitzergreifung ausdrückenden Zuschrift, als Besitzergreifung nicht gelten und dritte Staaten oder Private von der Besitzergreifung ausschließen. Auch gilt nur so viel von einem Gebiet als erworben, als ergriffen, besetzt ist und behauptet wird, wobei übereinkunftsgemäß bestimmte Distrikte durch Neutralisation von der Besitzergreifung ausgeschlossen werden können, wenn auch diese Uebereinkunft nur die sie kontrahirenden und diejenigen Staaten, welche sie anerkannt haben, bindet. Es genügt hierbei nicht die Regel: ibi finitur imperium ubi finitur armorum vis, sondern es gilt ein Land rechtlich nur insoweit als erworben als es bona fide erworben werden konnte und als es faktisch durch Machtmittel behauptet wird.

Schon F. G. v. Martens (Précis d. dr. d. g. Buch II. Kap. § 36) führte aus: „La loi naturelle n'autorise pas les peuples chrétiens à s'attribuer des districts déja effectivement occupés par des sauvages contre le gré de ceux-ci, quoique la pratique n'offre que trop d'exemples de semblables occupations". Auch Heffter (§ 70) erkennt vorhandenen Staaten keine Befugniß zu, ihre Herrschaft anderen, wenn auch staatenlosen und rohen Völkern oder selbst nur einzelnen festen Bewohnern bestimmter Erbstriche aufzubringen. Nur bei freiwilliger Abtretung könnten sie Grund und Boden zur Kolonisation sich erwerben. Demnach verurtheilen beide hochangesehenen Völkerrechtsautoren die Kolonisationsgewaltakte europäischer Mächte, wie sie noch immer vorkommen, nicht bloß gegenüber unzivilisirten, sondern auch minder zivilisirten oder nur nichtchristlichen Völkern in den anderen Welttheilen. Freilich haben die europäischen Staaten manche Kolonisation wieder aufgeben müssen oder sie nur durch dauernde Gewaltakte sich erhalten können, oder nur ein Protektionsverhältniß erreicht oder an erlangten Handelsvortheilen sich genügen lassen müssen.

In Bezug auf die Besitzergreifung lehrt aber schon Hugo Grotins (Lib. II. Kap. II. 5). „Simul discimus quomodo res in proprietatem iverint, neque enim scire alii poterant quid alii suum esse vellent, ut eo abstinerent; et idem velle plures poterant: sed pacto quodam aut expresso ut per divisionem, aut tacito ut per occupationem", und Lib. II. Kap. VIII. 3.) „Requiritur autem corporalis quaedam possessio ad dominium adipiscendum". Auch Bynkershoef (De dom. mar. c. 1.) welcher früher den animus possidendi für genügend erachtet, fordert später: „Praeter animum possessionem desidero, sed qualemcunque, quae probet, me nec corpore desiisse possidere". Hiermit hat Bynkershoek zugleich ein Erforderniß der dauernden Behauptung aufgestellt, von welchem Klueber (Völkerrecht § 126) absieht, wenn er meint, daß als Zeichen der Fortdauer des eigenthümlichen Besitzes alle äußeren Merkmale dienen, wodurch einem anderen die schon geschehene Zueignung der Sache und deren Fortdauer bekannt werden kann; Klueber behauptet sogar (Anm. c.): „Körperlicher Besitz (Innehabung) wird nach dem Völkerrecht zu der Fortdauer des Staatseigenthums nicht (!) gefordert." Wogegen Phillimore (I. 272 ff.) „use and settlement" als wesentliche Requisite einer eigentlichen Okkupation anerkennt und auch für wesentlich bei entdeckten Ländereien, indem nach dem Herkommen die Entdeckung dem Entdecker nur einen „inchoate title to possession" gewähre. Ebenso forderte Vattel (I. XVIII. § 208) zur Anerkennung des Eigenthums und der Souveränetät über reell und thatsächlich okkupirte unbewohnte Länder: „Niederlassung und wirklichen Gebrauch". Die Aufrichtung bloßer Zeichen zur Begründung eines Besitzrechtes an Entdeckungen erklärt aber auch Phillimore (I. 272 und 289) für ungenügend. Wenn er aber ferner von dem Entdecker verlangt, daß er entweder gleich anfangs durch die staatliche Autorität und durch ein Kommissum eines Staates gestützt sein oder daß seine Entdeckung nachher durch diesen Staat adoptirt werden müsse, widrigenfalls der Entdecker nur in beschränktem Maaße den Schutz des Völkerrechts genießen könne, so erkennt er doch gleichzeitig demselben ein natürliches Recht zu, im Besitz des von ihm okkupirten Gebietes ungestört zu bleiben gegenüber jeder dritten Macht, und das scheint denn auch rücksichtlich der Eigenthumsfrage völlig genügend, da ja ein anderweitiger Schutz des erworbenen Eigenthums erst in zweiter Reihe in Betracht kömmt, insofern nur das Eigenthum durch den Erwerber behauptet werden kann, was das wesentliche ist. Selbst wenn eine Regierung, wie angeblich die des Deutschen Reichs, grundsätzlich allen Kolonienbegründungen entgegen ist, ihre Staatsangehörigen aber und ihre Kolonisationsgesellschaften oder =Vereine die Begründung von Kolonien als durch das Interesse der Staatsbevölkerung für geboten erachten, kann diesen die Verwirklichung ihrer Kolonisationsbestrebungen nicht verwehrt werden, wenn sie auch auf den Schutz der von ihnen gegründeten Kolonien durch ihren Staat keinen Anspruch zu erheben berechtigt sind. Weßhalb aber Private den Schutz des Völkerrechts entbehren sollten, wenn sie in rechtmäßiger Weise Kolonien begründet und erworben haben, ist nicht abzusehen, da ja auch Private zu solcher Erwerbung berechtigt sind und in ihrem rechtmäßig erworbenen Eigenthum international geschützt werden müssen. Auch in neuester Zeit haben Kolonien der Initiative privater Gesellschaften, ja sogar Einzelner ihr Entstehen zu danken. Im Jahr 1878 cedirten die Sultane von Brunei und Sala auf der Insel Borneo einem Oesterreicher dem Baron Overbeck und einem Engländer

M. Dent gegen eine immerwährende Rente alle Rechte an einem beträchtlichen Territorium der südlichen Hälfte der Insel. Die Erwerber zedirten wiederum ihren Rechtstitel einer englischen Gesellschaft und diese erhielt im Jahre 1881 von der englischen Regierung eine Inkorporations=akte. In gleicher Weise cedirte 1882 Makoko die spätere Niederlassung von Brazzaville an den Privatmann Brazza, der sodann von der französischen Regierung zur dauernden Besitzbehauptung autorisirt wurde und darin von ihr unterstützt wird. Die afrikanische internationale Assoziation hat aber in gleicher Weise in neuester Zeit Territorien am Kongo erworben und kann ihr die Souveränetät oder Oberherrschaft über dieselben schwerlich abgesprochen werden. Wiederholt sind in früherer Zeit Kolonien in anderen Welttheilen zunächst Privatbesitzungen oder Besitzungen von Handelsgesellschaften und erst später Nebenländer eines europäischen Staates geworden. Beispiele hierfür und dafür, daß solche Privatassoziationen Souveränetätsrechte ausübten hat in neuester Zeit Travers Twiß („La libre navigation du Congo" Rev. d. dr. intern. XV. 550 ff.) in großer Zahl angeführt. Selbst vier Staaten der ursprünglichen nordamerikanischen Konföberation waren ursprünglich nur Privatassoziationen, deren territoriale Souveränetät feststand bevor sie irgend eine Inkorporationsakte von der englischen Krone erhalten hatten. Eine Handels=kompagnie erwarb durch Verträge mit den Eingeborenen, die Souveränetät über Englisch=Indien und eine gleiche holländische die über Java und die Molukken.

Keine Nation hat aber das Recht eine andere von der Okkupation benachbarter und von ihr selbst nicht kultivirten Ländereien und Inseln auszuschließen (F. G. v. Martens l. c. § 38) und sich dabei auf die Theorie der sog. Kontiguität zu berufen, nach welcher benachbartes unkultivirtes Gebiet auch als miterworben gilt, denn die Ausdehnung dieses benachbarten Gebietes ist zu keiner Zeit allgemein giltig festgestellt worden. Es hat daher auch die Anwendung dieser Theorie, gegen welche Phillimore (I. 274) eine allgemeine, durch die besonderen Umstände eines einzelnen Falles modifizirte Regel aufzustellen für genügend erachtet, nur zu Streitigkeiten führen können. Die bemerkenswertheste ist die, welche durch die Interpretation des Utrechter Vertrages bezüglich der Zessionen Frankreichs an Großbritannien entstand. (Phillimore IV. 275). Nicht unerwähnt sollen hier aber, mit Rücksicht auf erhobene Kolonialansprüche und zum Nachweis dessen: auf wie verschiedene Gründe sie gestützt werden, die Differenzen der Vereinigten Staaten und Groß=britanniens in Bezug auf das Oregongebiet bleiben. Die Vereinigten Staaten begründeten ihre Ansprüche nicht bloß auf die Priorität der Entdeckung, sondern auch auf den Satz, daß wenn eine ein Land entdeckende Nation in die Mündung eines Flusses von der Seeseite her hineinkömmt, sie dann berechtigt sein soll, das Binnenland in der durch den Lauf dieses Flusses und seiner Neben=flüsse beschriebenen Ausdehnung zu beanspruchen. Allendlich beigelegt wurde der Oregonstreit durch den Washingtoner Vertrag beider Staaten vom 15. Juni 1846 (Mart. N. R. G. IX. 27).

§ 46. **Die Staatsgrenzen.** Ein Staatsgebiet muß bestimmt bezeichnete Grenzen haben, da jede Unbestimmtheit in dieser Beziehung zu Streitigkeiten Anlaß geben kann. Die Grenzen sind theils natürliche wie z. B. die nicht von einem Staatsgebiet ein=geschlossenen Meere, Seen und Flüsse, hohen Berge oder Gebirge, Felsen, Wälder, Thäler, Schluchten, Steppen und unzugänglichen Sandwüsten, theils künstliche wie Mauern, Säulen, Grenzsteine, Kreuze, gezeichnete Brunnen oder Felsen, befestigte schwimmende Tonnen, Pfähle, Brücken, Wehren, Erdhaufen, gezogene Gräben, aufgeworfene und geschlagene Dämme, oder intellektuelle d. h. nur gedachte Grenzlinien. Die natür=lichen Grenzen genügen nicht, es müssen die Grenzen als solche bezeichnet werden. Künst=liche Grenzen sind nur insoweit rechtlich bedeutsam, als sie der formelle Ausdruck für eine materiell, namentlich durch eine vereinbarte Grenzkarte, rechtlich festgestellte Grenze sind. Werden die sog. intellektuellen Grenzen unterstützt durch Zeichen, so sind sie eben keine blos intellektuellen. Die bestehenden Grenzen beruhen entweder auf Verträgen (traités de limites oder de barrière) oder unvordenklichem Besitzstande. Der Inhalt der Grenz=verträge bezieht sich nicht immer bloß auf die Abgrenzung der Gebiete, sondern auch auf die Errichtung von Gebäuden, auf gemeinsame Weiden und auf die Wege auf der Grenze, auf freien Durchzug von Heerden, auf die Nutzung von Grenzflüssen und =Kanälen, auf gemeinsame Fischerei, auf Abgaben und Jurisdiktion [1]), auf Eintheilung der Grenz=gewässer in Zonen, welche theilweise unter der Jurisdiktion des einen oder anderen des

---

1) Siehe b. Vertrag Preußens und der Niederlande v. 25. Septber. 1867 (Mart. N. R. G. XX. 533) und die Annexe II.—V. zur Grenzschlußakte zwischen Frankreich und Spanien vom 11. Juli 1868 (Arch. diplom. IX. II. 764 ff.)

kontrahirenden Staates, theilweise unter der gemeinsamen beider stehen[1]). Bei Brücken, Grenzflüssen und Landseen, welche nicht bloß im Eigenthum eines Staates sind, bildet im Zweifel die Grenzlinie die Mitte derselben, mit Einschluß der von der Mitte der beiden letzteren durchschnittenen Inseln, bei Grenzflüssen auch der Thalweg[2]), d. h. die wandelbare Fahrbahn der thal= oder abwärtsfahrenden Schiffe. Die Grenzen werden sowohl bei bereits bestehenden als für neu entstehende Staaten festgestellt. Streitige Grenzen müssen geregelt werden, denn aneinander grenzende Staaten müssen zur Sicher=heit darüber gelangen: welchem derselben die Souveränetät über ein Gebiet zusteht. Daß das Eigenthum an den Grenzen im Zweifel jedem Staat zur Hälfte zukomme[3]) ist kein genügendes Auskunftsmittel, da auch die Hälfte festzustellen ist. Bis zur allendlichen Regelung können streitige Grenzen neutralisirt werden. Indeß sind auch dauernd Grenzstreifen für neutral erklärt werden, z. B. zwischen Rußland und Preußen. Zur Grenzregulirung werden aus Beamten der betreffenden Staaten Grenzkommissionen gebildet und werden schon diese internationale genannt[4]). In neuester Zeit sind aber wiederholt, namentlich zur Feststellung der Grenzen der aus der Türkei herausgebildeten selbstständigen Staaten[5]), aber auch zur Feststellung der Grenzen zwischen bereits bestehenden Staaten Grenzkommissionen auch aus den Vertretern dritter Staaten neben denen der betheiligten Staaten gebildet worden[6]). Eine Abänderung festgestellter Grenzen auch durch natürliche Vorgänge wie Aenderung des Flußlaufes veranlaßt, wird von Zeit zu Zeit durch sog. Grenzrevisionen von Grenzkommissären vorgenommen[7]). Auch sind unter dem Titel von Grenzrektifikationen Gebietsveränderungen vorgenommen worden[8]), ähnlich wie unter dem Titel Annexionen Einverleibungen von Gebieten Statt hatten. Diese Bezeichnungen sind von keiner rechtlichen Bedeutung und lediglich diplomatische Kunst=ausdrücke.

§ 47. **Die Erwerbsarten des Staatseigenthums. 1. Die natürlichen Erwerbs=arten.** Die natürlichen Erwerbsarten des Völkerrechts sind im Allgemeinen dieselben wie im Privatrecht. Auch ein Staat kann durch Entstehung eines Landes innerhalb seines Wasserbezirkes und durch Ansetzung eines von einem fremden Staatsgebiet abge=

---

1) Siehe Spaniens und Frankreichs Deklaration vom 30. März 1879 (Mart. N. R. G. II. Ser. IV. 364) betreffend die „délimitation des territoires respectifs dans les eaux du Figuier".

2) Art. 4 und 95 der Wiener Kongreßakte. Art. 41 des Frankfurter Generalterritorial=Rezesses vom 20. Juli 1819 (Mart. N. R. IV. 604), Art. 45 des Berliner Vertr. v. 13. Juli 1878, wonach der Thalweg des Pruth= und des Kiliaarmes die Grenze zwischen Rußland und Rumänien bildet. Andere, auch auf die Brücken bezügliche Vertragsbestimmungen, siehe bei Klüber, Völkerr. § 133. Anm. d.

3) Günther, Völkerr. II. 181.

4) Der Art. 1 der deutsch=französischen Versailler Präliminarien vom 26. Februar 1871 (Mart. N. R. G. XIX. 653) nennt die in Aussicht genommene Grenzkommission von Repräsen=tanten beider Staaten eine internationale.

5) Zur Ausführung des Berliner Vertrags wurden die Grenzen der neugebildeten Staaten durch eine sog. europäische Grenzkommission festgestellt; für Bulgarien siehe Art. 2 dieses Vertrages, für Rumänien Art. 46.

6) Nach dem Pariser Vertrage von 1856 Art. 30 sollte die Grenze Rußlands und der Türkei verifizirt und erforderlichen Falls rektifizirt werden durch eine aus je zwei russischen und türkischen und je einem französischen und englischen Kommissär gebildete gemischte Kommission. Siehe auch die Schlußakte des Deutschen Reichs, Oesterreich=Ungarns, Frankreichs, Großbritanniens, Griechenlands, Italiens, Rußlands, und der Türkei vom 27./15. November 1881 zur Feststellung der türkisch=griechischen Grenze (Mart. N. R. G. II. Ser. VIII. 44).

7) Nach Art. 11 des span.=franz. Vertr. v. 2. Dezember 1856 (Arch. dipl. IX. II. 664 soll die Grenze alljährlich rücksichtlich der Grenzsteine revidirt werden.

8) Art. 20 des Pariser Vertrages von 1856 stimmt Rußland der Rektifikation seiner Grenze in Bessarabien zu, welche durch die Delegirten der kontrahirenden Mächte festgestellt wer=den soll.

schwemmten Landes an sein Gebiet Eigenthum erwerben. Es bedarf zum Erwerb dieses Eigenthums weder einer Besitzergreifung noch einer Okkupation[1]).

Die in offener See oder in einem im Eigenthum keines Staates befindlichen Gewässer entstandene Insel gehört dem ersten Besitznehmer. Von einer in der Mitte eines verschiedenen Staaten gehörenden Gewässers entstandenen Insel gehört jedem Staat so viel als eine durch die Mitte des Gewässers gezogene Linie ihm zugetheilt. Ist das betreffende Gewässer verschiedenen Staaten gemeinschaftlich, so wird auch die Insel ein gemeinschaftliches Eigenthum[2]).

Ueber Abschwemmungen und Anschwemmungen größerer oder kleinerer Erdtheile enthält der Vertrag Oesterreichs und Preußens vom 9. Februar 1869 (Mart. N. R. G. XX. 301) im Art. 4 die Bestimmung, daß die angeschwemmten Erdtheile dem Staat gehören, an dessen Ufer sie angeschwemmt werden und derselbe Vertrag in Bezug auf eine durch Abspülen, durch gewaltsame Avulsion, durch theilweise Austrocknung oder durch Aenderung eines Laufes in einem Grenzwasser entstehende Insel die Bestimmung (Art. 5), daß dieselbe beiden Staaten insoweit zugehört als sie an die festgestellte Landesgrenze reicht, während die ganz innerhalb der Grenze eines der beiden Staaten entstandene Insel ganz dahin gehört. Ein Beispiel gemeinschaftlichen Eigenthums zweier Staaten an einer Insel bietet die Fasanen- oder sog. Konferenz-Insel, welche „pro indiviso" Frankreich und Spanien gehört. (Siehe den Art. 27 des Vertrages dieser Staaten vom 2. Dezbr. 1856. Arch. dipl. IX. II. 664).

2. Die thatsächlichen Erwerbsarten. a) Die unvordenkliche Zeit[3]). Der seit unvordenklicher Zeit dauernde und durch sie begründete Besitzstand der Staaten ist ein solcher, welcher seit Menschengedenken unverändert und unangestritten fortbesteht und gegen den, daß es je anders gewesen, ein Beweis nicht erbracht werden kann. Ebensowenig darf hinsichtlich eines solchen nachgewiesen werden können, daß er durch einen bestimmten rechtlichen Akt begründet worden. Bestehende Verhältnisse älterer Staaten sind vielfach nur auf Begründung durch unvordenkliche Zeit zurückzuführen. Der durch unvordenkliche Zeit begründete Besitzstand ist keine bloße Präsumtion.

Schon Hugo Grotius (Lib. II. Cap. IV. 9) sagte: „Ac forte non improbabiliter dici potest non esse hanc rem in sola praesumtione positam, sed jure gentium voluntario inductam hanc legem, ut possessio memoriam excedens, non interrupta, nec provocatione ad arbitrum interpellata, omnino dominium transferret. Credibile est in id consensisse gentes cum ad pacem communem id vel maxime interesset". v. Savigny findet das Urbild der unvordenklichen Zeit im öffentlichen Recht (Syst. d. röm. Rechts IV. S. 483). Demnach findet bei der Anwendung der unvordenklichen Zeit im Völkerrecht keine privatrechtliche Nachbildung Statt. Ueberhaupt kömmt die unvordenkliche Zeit in rein privatrechtlichen Verhältnissen nie zur Anwendung und beschränkt sich auf den Privatbesitz solcher Rechte, die einen publizistischen Charakter an sich tragen. Die Sätze von Savigny's IV. 513 ff.) „Die unvordenkliche Zeit beruht auf dem Bewußtsein von zwei Menschenaltern; die Jetzlebenden sollen wissen, daß der gegenwärtige Zustand, so lange ihre Erinnerung reicht, unverändert bestanden hat: es solle ihnen ferner von ihren unmittelbaren Vorfahren nicht die Wahrnehmung eines entgegengesetzten Zustandes mitgetheilt worden sein", und daß dadurch die Thatsache der unvordenklichen Zeit zwei Theile enthalte: einen positiven und einen negativen und auf beide Theile der Beweis gerichtet werden müsse, für jeden Theil aber die Entkräftung durch Gegenbeweis zulässig sei, passen auch auf die staatliche Erwerbung durch unvordenkliche Zeit.

b) Die Okkupation. Von einem seit Menschengedenken herrenlosen Gebiet kann jeder Staat Besitz ergreifen, aber ebenso auch von einem verlassenen Ländergebiet, wenn dieses dadurch herrenlos geworden. Eigenthum erwirbt ein Staat an einem herrenlosen Gebiet aber nicht allein schon dadurch, daß das Gebiet selbst eines ausschließlichen Besitzes fähig ist, Niemandem gehört und daß er die Absicht hat, Eigenthum an demselben zu erwerben, und die Besitzergreifung vollzieht, sondern er muß dasselbe auch mit seinen Machtmitteln behaupten[4]). Die Einwilligung aller

1) Heffter, Völkerr. § 69. Hartmann, Institut. § 61.
2) Günther, Völkerr. II. 60 ff.
3) Siehe v. Savigny, Syst. d. röm. Rechts IV. § 195.
4) Klüber, § 125. Heffter, § 70. Dem Satz Heffters, daß die bloß einstweilige und als vorübergehend erkennbare Unterbrechung der Herrschaft das schon erlangte Eigenthum nicht wieder aufhebe, können wir nicht beistimmen, denn wie lange dessen Unterbrechung dauern dürfe, bleibt unbestimmt, und jeden Falls hat die Behauptung des Eigenthums aufgehört. Auch Hartmann (§ 61) meint: „Ist die Besitzergreifung gehörig erfolgt, so wird das einmal erworbene

anderen Staaten dem erwerbenden Staat gegenüber kann, da das Gebiet ein herrenloses ist nicht in Frage kommen[1]). In Bezug auf ein verlassenes Ländergebiet berechtigt aber nicht die bloße Vermuthung, daß es verlassen sei, zur Besitzergreifung, sondern es muß die Behauptung desselben durch Machtmittel aufgehört haben. Innerhalb eines Staates befindliche herrenlose Sachen sind nur in Ansehung des Staates und seiner Bürger als nicht okkupirt anzusehen, in Hinsicht auf alle Auswärtigen aber als okkupirt.

3. Die rechtlichen Erwerbsarten. a) Die entgeltlichen. aa) Der Tausch ist die am frühesten unter Staaten vorkommende rechtliche Erwerbsart. Es wird dabei ein Stück Landes eines Staates gegen ein solches eines anderen, sei es kultivirt oder unkultivirt, ausgewechselt. Es geschah in der Regel zur Arrondirung des Staats= gebietes, falls die Lage des auszutauschenden Gebietes der Lage des sonstigen Staats= gebietes mehr entsprach und kommen daher solche Austauschungen am häufigsten bei angrenzenden Staaten vor. Sanktionirt werden dieselben entweder in Friedens=, Grenz= verträgen, oder auch besonderen Tauschverträgen, welche in der Regel in neuerer Zeit Zessionsverträge genannt werden, indeß wird dieser Ausdruck auch für andere, Staats= eigenthum unter Staaten begründende, Akte gebraucht.

In einem uneigentlichen Sinn wird von einem Tausche im Art. 20 des Pariser Vertrages von 1856 gesprochen, indem gegen die Rußland zurückgegebenen, durch die' alliirten Truppen besetzten, zu Rußland gehörigen Städte, Häfen, Territorien, Rußland eine sog. Rektifikation seiner Grenze in Bessarabien zugibt, indem es nach Art. 21 ein dem Fürstenthum Moldau zu annek= tirendes Gebiet zedirt. Dieser Gebietstheil wird denn auch durch Art. 45 des Berliner Vertrages vom 13. Juli 1878 Rußland retrozedirt. Als Austausch ist aber anzusehen die in der Konvention des Deutschen Reichs und Frankreichs vom 28./31. August 1872 (Art. 1 u. 2) bestimmte Aus= wechselung von Immobilien des Deutschen Reichs an Frankreich gegen Land=Parzellen Frankreichs an das Deutsche Reich (Mart. N. R. G. XX. 884). Nicht in Veranlassung eines vorhergehenden Krieges wurden von Rußland mittelst Austauschvertrages vom 7. Mai 1875 (Mart. N. R. G. II. Ser. II. 582) durch Japan erworben die Insel Sachalin gegen die Kurileninselgruppe. Auch die laut Deklaration vom $\frac{23.\ \text{Mai}}{4.\ \text{Juni}}$ 1874 (Mart. N. R. G. II. Ser. I. 600) vollzogene Retro= zession (ne donnant lieu à aucune estimation et indemnisation mutuelle) des von Rußland in Stockholm besessenen Terrains mit Magazinen an Schweden und die durch Schweden vollzogene Zession des von demselben in Moskau besessenen Terrains, ist ein Beispiel eines Tausches, da diese sog. Zession ohne Schätzung und Entschädigung erfolgte.

bb) Der Kauf ist eine später als der Tausch und noch heute unter Staaten vor= kommende Erwerbsart. Es werden dabei Ländereien oder andere Gegenstände eines Staates an einen anderen Staat gegen eine Geldsumme oder nach einem in Waaren festgestellten Kaufpreise verkauft; auch dieser Akt wird heutzutage international Zession genannt.

Das russische Amerika wurde an die Vereinigten Staaten von Nordamerika laut Vertrags von Washington vom 30. März 1869 (Art. 6) gegen 7 200 000 Dollars in Gold verkauft (Mart. N. R. G. II. Ser. I. 39). An das Deutsche Reich wurde der Hafen von Makaba mittelst Kon= vention vom 19. Dezember 1878 und der von Mioko mittelst Konvention vom 20. Dezember 1878, ersterer für 261 Dollars in Waaren und letzterer für 70 Dollars in Waaren verkauft durch die Häuplinge der diese Plätze vorher besitzenden Stämme. In beiden Verträgen wird der Uebertragungs= akt Kauf genannt und ist von einem Kaufpreise die Rede.

cc) Abtretung des gesammten Gebietes eines Staates oder von Ländereien eines Staates gegen Entschädigung des abtretenden Staates in Geldsummen oder gegen Ent= schädigung des bisherigen Herrschers des abgetretenen Gebietes.

Ein Beispiel der Zession des gesammten Gebietes eines Staates an einen anderen Staat gewährt die „Abtretung aller Souveränetäts= und Regierungsrechte über das Fürstenthum Hechingen und Sigmaringen" durch die resp. regierenden Fürsten „zu Gunsten der Krone Preußen" durch den

---

Recht durch eine vorübergehende faktische Entziehung der Herrschaft nicht vernichtet", führt aber darauf die in dieser Beziehung entstandenen Streitigkeiten zwischen Staaten an. Daß ferner die Besitznahme einen wirklichen Nutzen für den Erwerber habe, wie Hartmann verlangt, ist jeden= falls nicht erforderlich, denn ein unnützes Eigenthum ist deßhalb kein widerrechtliches.

[1]) Die Grundsätze der Okkupation unbewohnter Gebiete sind weiter ausgeführt im § 57.

Vertrag zwischen dem König von Preußen und den Fürsten von Hohenzollern-Hechingen und -Sigmaringen vom 7. Dezember 1849 (Mart. N. R. G. XV. 59) Art. 1—4. Dem regierenden Fürsten von Hohenzollern und Hechingen wird als „Entschädigung für die Abtretung" an die Krone Preußen bis zu seinem Ableben eine fixirte Jahresrente von zehntausend Thalern aus der preußischen Staatskasse gewährt und dem Fürsten von Hohenzollern-Sigmaringen als Entschädigung für die Abtretung eine fixirte Jahresrente von fünfundzwanzigtausend Thalern. Die letztere Jahresrente vererbt sich auf den jedesmaligen Chef des Fürstlich hohenzollern-sigmaringischen Hauses, während bei successionsfähiger Deszendenz des Fürsten von Hohenzollern-Hechingen auf dessen fürstlichen Erben nur fünftausend Thaler jährlicher Entschädigungsrente übergehen. Außerdem verbleiben sämmtliche in dem einen und anderen Fürstenthum belegene Fürstlich hohenzollernsche Güter und Liegenschaften und das den Fürsten in den Fürstenthümern zustehende Allodial-Vermögen und sonstiges Privateigenthum im Besitze der Fürsten. (Art. 6—8). — Die Abtretung der Gesellschafts-inseln an Frankreich fand durch Deklaration des Königs Pomaré V. vom 28. Juni 1880 (Arch. dipl. XXIV. I. 277 ff.) Statt, die Acceptation Frankreichs am gleichen Tage und folgte dann die Erklärung Frankreichs, durch welche es sich verbindlich machte zu Pensionszahlungen an den König, seine Familienglieder und Würdenträger im Gesammtbetrage von 91 200 Francs.

Beispiele von Abtretungen von Landesgebieten eines Staates an einen anderen gegen Ent-schädigungen sind: 1. die Zession der Insel St. Barthelemy durch Schweden an Frankreich mittelst Vertrages vom 10. August 1877 (Mart. N. R. G. II. Ser. IV. 366). Laut angefügtem Protokoll wurde Schweden entschädigt für die dort besessenen Domanialgüter mit 80 000 Fr. und demselben außerdem 320 000 Fr. gewährt zur Repatriirung und Pensionirung derjenigen schwedischen Funktionäre, welche nicht in Frankreichs Dienst treten wollten. 2. Die Zession der niederländischen Besitzungen auf der Küste von Guinea an Großbritannien mittelst Konvention vom 25. Februar 1871 (Mart. N. R. G. XX. 553). Diese Besitzungen befanden sich früher in gemeinsamer Herrschaft (mixed dominion) oder Besitz (mixed possession) der beiden Staaten. Außer der Gleichstellung niederländischer und großbritannischer Unterthanen und der Schiffe und Güter wurden dem König der Niederlande für Magazine (stores) und Mobilien bis zu 24 000 Pfd. St. gezahlt.

b) Die Unentgeltlichen. aa) Die freiwillige Unterwerfung eines Staates unter einen anderen, bei welcher der sich unterwerfende Staat ein Theil des Gebietes des die Unterwerfung annehmenden Staates wird. Der sich unterwerfende Staat muß ausdrücklich die Absicht der Unterwerfung kundgeben und der Staat, unter welchen die Unterwerfung erfolgte, dieselben annehmen.

Bei der Unterwerfung des Herzogthums Kurland an Rußland am 17./28. März 1795 (Mart. R. 2 VI. 24) erfolgte unter diesem Datum ein Manifest der Ritter und Landschaft der Herzogthümer über die Entsagung der seitherigen oberherrschaftlichen und Lehensverbindung mit Polen, eine Unterwerfungsakte derselben an Rußland, und eine Entsagung des Herzogs und hierauf eine Annahmeakte der Kaiserin von Rußland vom 15. April und ein Ukas derselben vom 6./17. Mai wegen Vereinigung der Herzogthümer Kurland und Semgallen mit dem russischen Reich.

bb) Die unentgeltliche Abtretung eines Ländergebietes durch einen Staat an einen anderen kann eine freiwillige oder durch Eroberung erzwungene sein. Im ersteren Fall wird sie erst durch die ausdrücklich erklärte Abtretung seitens des abtretenden und durch die ausdrücklich erklärte Annahme seitens desjenigen Staates, an welchen die Abtretung erfolgte, perfekt. Die durch Eroberung erzwungene Abtretung ist nach Kriegsrecht zu beurtheilen.

§ 48. **Die Disposition über das Staatseigenthum.** Jeder Staat kann nur über sein Eigenthum nicht über das seiner Staatsangehörigen, unter Beobachtung der durch seine Verfassung vorgeschriebenen Bestimmungen verfügen und in Bezug auf dasselbe mit anderen Staaten Vereinbarungen eingehen. Indeß ist jeder Staat in seiner Verfügung durch das Bedürfniß seiner Existenz und Erhaltung derselben beschränkt. Die Entäußerung oder Verpfändung eines zu großen Theiles seines Staatsgebietes oder seiner Einkünfte würde die Fortexistenz eines Staates unmöglich machen oder seine gedeihliche Fortexistenz beeinträchtigen.

Die Disposition über das Staatsvermögen kann sich verwirklichen[1]):

1. in einer Entäußerung einzelner Theile desselben an einen anderen Staat oder Private;

---

1) Heffter, Völkerr. § 71.

2. in der Verpfändung einer Staatsdomäne zur Sicherung der Forderung eines anderen Staates oder Privater;

3. in der Konstituirung einer bleibenden Rente oder in der Verpfändung eines Theiles der Einkünfte zu Gunsten eines anderen Staates oder einer weltlichen oder geistlichen öffentlichen Persönlichkeit oder eines Privaten.

Die erste Art ist bei den rechtlichen Erwerbsarten des Staatseigenthumes behandelt worden. Die zweite kömmt namentlich bei den Staaten der internationalen Rechtsgemeinschaft immer seltener vor und entzieht sich in der Regel allgemeiner Kenntnißnahme. Ein Beispiel der dritten Art aus der neueren Zeit ist die depossedirten Fürsten als Entschädiguug[1]) oder die dem Papst, freilich durch italienisches Gesetz vom 13. Mai 1871 (Art. 4) nicht durch einen internationalen Akt, gewährte Rente.

§ 49. **Die Beschränkung in der Disposition über das Staatseigenthum durch Staatsdienstbarkeiten.** Es können die sog. Staatsdienstbarkeiten, d. h. Eigenthums= beschränkungen eines Staates zu Gunsten eines anderen entweder aus natürlichen Ver= hältnissen angrenzender Staaten entstehen oder es haben sich dieselben durch unvordenklich vollkommen gleichförmige Ausübung oder durch Uebereinkunft der betreffenden Staaten in Bezug auf ein einem Staat zustehendes Recht ausgebildet. Entweder so, daß ein Staat zuläßt, daß ein ihm zustehendes Recht durch einen anderen Staat ausgeübt werde, oder daß ein Staat die Ausübung eines ihm zustehenden Rechts zu Gunsten eines anderen Staates unterläßt. Die Art der Ausübung der Dienstbarkeit innerhalb des Gebietes eines fremden Staates muß den Bestimmungen der Verfassung dieses Staates nicht widersprechen und das Fortbestehen oder das gedeihliche Fortbestehen des verpflichteten Staates nicht hindern.

Eine Staatsdienstbarkeit erlischt entweder durch Aufgeben einer bisher zuständigen Dienstbarkeit seitens des Berechtigten durch vertragsmäßigen Verzicht oder durch beider= seitige Aufhebung des die Dienstbarkeit begründenden Vertrages, oder dadurch, daß der zur Dienstbarkeit berechtigte Rechtsnachfolger des zur Dienstbarkeit verpflichteten oder der zur Dienstbarkeit verpflichtete Rechtsnachfolger des zur Dienstbarkeit berechtigten wird.

Zu den Staatsdienstbarkeiten werden gerechnet einerseits das Durchzugsrecht von Truppen eines Staats durch das Gebiet eines anderen Staats und die Besetzung eines festen Platzes eines Staats durch einen anderen Staat, andrerseits die Unterlassung der Befestigung eines Platzes Seitens des Staats, welchem dieser angehört, zu Gunsten eines anderen Staats und die Unterlassung oder beschränkte Ausübung der einem Staat für sein Gebiet zustehenden anderen militärischen Gerecht= same wie die Unterlassung der Anlage von Kriegsarsenalen an der eigenen Seeküste und die Beschränkung der Anzahl der von einem Staat für ein bestimmtes Wassergebiet zu haltenden oder die völlige Unterlassung des Haltens von Kriegsschiffen auf diesem zu Gunsten eines oder mehrerer Staaten. Das Truppendurchzugsrecht gewährten sich früher einzelne deutsche Staaten. Seitdem aber das Deutsche Reich ein militärisch einheitlich organisirtes Gebiet ausmacht, sind solche Ge= währungen gegenstandslos geworden. Während eines Krieges können nicht neutralisirte Gebiete, falls sie nicht ihre Neutralität in Bezug auf diesen Krieg erklärt haben, solchen Durchzug anderer Staaten gewähren, wie Rumänien ihn Rußland zum Kriegszuge seiner Truppen nach der Türkei durch Konvention vom 16. April 1877 (Mart. N. R. G. II. Ser. III. 182) zugestand. Dieser für einen bestimmten Zweck bewilligte Durchzug kann aber nicht als ein Verhältniß dauernder Staatsdienstbarkeit aufgefaßt werden, wenn auch die Momente einer solchen sonst zutreffen. Die im Pariser Vertrage vom 30. März 1856 (Art. 11, 13, 14) den Uferstaaten auferlegte Beschränkung der Zahl der auf dem schwarzen Meer zu haltenden Kriegsschiffe ist durch den Londoner Vertrag vom 13. März 1871 wieder aufgehoben worden, während die gleichfalls im Pariser Vertrage (Art. 33) erwähnte, zwischen Rußland, Großbritannien und Frankreich an demselben Tage abge= schlossene Konvention wegen Nichtbefestigung der Alandsinseln und Nichterrichtung eines Seekriegs= arsenals (Mart. N. R. G. XV. 788), eine von Rußland gegenüber den beiden anderen Kontrahenten übernommene Staatsdienstbarkeit, noch zu Recht besteht. Zu den Staatsdienstbarkeiten ist auch zu rechnen das im Vertrage Rußlands und Persiens vom 12. Oktober 1813 (Mart. N. R. IV. 89 ff.) Art. 5 Rußland eingeräumte und im Art. 8 des Friedensvertrages vom 22. Februar 1828 (Mart. N. R. VII. 564) bekräftigte Recht, das Kaspische Meer, „ausschließlich wie bisher", mit seinen Kriegsschiffen zu befahren.

---

1) Siehe § 59 Rechtliche Erwerbsarten 1. Entgeltliche c.

Die Lehre, wonach als Staatsdienstbarkeiten gar hohe Regalien des verpflichteten Staates (Heffter, Völkerrecht § 43) oder einzelne wesentliche Hoheitsrechte, wenn auch nie ganz zur Verfügung des herrschenden Staates gestellt werden können, oder Einschränkungen in Bezug auf die Ausübung oder Nichtausübung derselben zugestanden werden, scheint bei der heutigen Ausbildung, Einheitlichkeit und Untheilbarkeit der Staatssouveränität kaum mehr haltbar zu sein. Die Verpflichtung zu einer solchen Staatsdienstbarkeit widerspricht der Souveränetätswürde eines Staats und deßhalb hat auch Rußland von den in Bezug auf das schwarze Meer hinsichtlich der Haltung von Kriegsschiffen und der Anlage von Seearsenalen auferlegten sich zu befreien bemüht sein müssen und haben die anderen kontrahirenden Staaten dazu, daß es geschehen konnte, ihre Zustimmung gegeben. Bei minder mächtigen Staaten kann aber eine Staatsdienstbarkeit, durch welche ein solcher Staat eine Ausübung seiner Hoheitsrechte in seinem Gebiet durch einen anderen Staat zuläßt, leicht eine unstatthafte Intervention verhüllen[1]). Der von Frankreich mit Tunis am 12. Mai 1881 abgeschlossene sog. Allianzevertrag (Arch. dipl. XXIV. I. 144), in welchem der Bey von Tunis einwilligt, daß die französische Militärgewalt diejenigen Punkte besetzt, welche sie für nöthig halten wird zur Wiederherstellung der Ordnung und Sicherheit, die diplomatischen und Konsularagenten Frankreichs in fremden Ländern den Schutz der tunesischen Interessen und Nationalen übernehmen, jeder vom Bey abzuschließende internationale Akt der französischen Regierung zur Kenntnißnahme und zur Erlangung des Einverständnisses unterlegt werden, ja selbst die finanzielle Organisation zur Bezahluug der Staatsschuld gemeinschaftlich (?) festgestellt werden muß, enthält eine solche Reihe von Gewährungen eines Staats an den andern in Bezug auf verschiedene Hoheitsrechte, daß hier faktisch mindestens eine Intervention, wenn nicht eine dauernde Protektion (vgl. § 17) als begründet angesehen werden muß. In gleicher Weise wird auch die in den letzten Jahren vollzogene Besetzung Egyptens durch englische Truppen nur als eine Intervention betrachtet werden können, aus welcher sich nur zu leicht ein dauerndes Protektionsverhältniß entwickeln könnte.

Die modernen Verkehrsmittel: Eisenbahnen und Telegraphen haben neue Staatsdienstbarkeiten hervorgerufen, die ersteren Fortführung der Eisenbahnlinien durch fremdes Staatsgebiet, die letzteren Durchzug und Fortsetzung der Telegraphenlinien in fremdes Staatsgebiet hinein und Leitung der Verwaltungen beider im fremden Staatsgebiet durch andere Staaten. Diesen Servituten des Friedens sind immer mehr die des Krieges gewichen.

Ueberhaupt wäre aber die Lehre von den Staatsdienstbarkeiten, soweit es sich um das Recht eines Staates handelt, in Bezug auf welches einem anderen Staat eine Dienstbarkeit eingeräumt wird, einfach auf die Konzessionen zu begründen, welche sich die Staaten in Bezug auf die Ausübung ihrer Hoheitsrechte zu Gunsten der internationalien Rechtsgemeinschaft zu gewähren haben. Damit würde ein für die sog. Staatsdienstbarkeiten wenig geeigneter sachlicher und privatrechtlicher Standpunkt verlassen und ein persönlich-obligatorischer und publizistischer begründet werden, wie er dem Wesen eines öffentlichen Rechts weit mehr entspricht.

§ 50. **Der Verlust des Staatseigenthumes[3]).** Der Verlust des Staatseigenthumes findet statt:

1. In Ansehung des Staatsgebietes oder einzelner Theile desselben.

a) durch Verlassen oder Aufgeben;

b) durch freiwillige oder unfreiwillige, im Kriege gewaltsam abgenöthigte Abtretung an einen anderen Staat;

c) durch jede natürliche Verlustart des Eigenthums und durch unterlassene Vindikation einer noch wiederzuerlangenden Abschwemmung.

2. In Ansehung von Sachen, welche sich bloß vorübergehend in einem Staatsgebiet befinden, wenn sie während dieser Zeit nicht okkupirt oder ihrer natürlichen Freiheit wieder überlassen werden, sobald sie wieder aus diesem Staatsgebiet heraus gelangen.

So lange das Staatseigenthumsrecht nicht verlustig gegangen, kann es gegen jeden, selbst gegen den im guten Glauben befindlichen Besitzer verfolgt werden.

---

1) Es ist wohl nicht bloßer Zufall, daß Heffter auf die Staatsdienstbarkeiten die Intervention folgen läßt.

2) Heffter (Völkerrecht § 48) hat die Staatsdienstbarkeiten nicht wie es bis dahin üblich war „im Recht der Sachen" behandelt, sondern bei den Subjekten des Völkerrechts und ihren internationalen Rechtsverhältnissen als eine Art von „Modalitäten der allgemeinen Rechte der Einzelstaaten im gegenseitigen Verhältniß untereinander". Es ist somit auch durch Heffter die übliche Systematik nicht mehr eingehalten.

3) Heffter § 72.

127

§ 51. **Die internationalen Flüsse.** Gehört ein Fluß zweien Staaten an, so ist in der Regel die Schifffahrt auf demselben als gemeinschaftlich für die Angehörigen dieser Staaten anerkannt worden. Gehört ein Fluß mehr als zweien Staaten an, so ist die Schifffahrt auf demselben für frei[1]), d. h. den Flaggen aller Nationen zugänglich erklärt worden. In beiden Fällen haben die Staaten je nach ihren Ufern alle natür=lichen und künstlichen, durch Wasserbauten geursachten Hindernisse zu beseitigen. Die Staaten haben das Fahrwasser und die Leinpfade in gutem Zustande zu erhalten, für Lootsen und Beleuchtung der Flüsse, für gute Ein= und Ausladeplätze und =Anstalten und für ausreichende Niederlagen für den Handelsverkehr Sorge zu tragen. Abgaben von den Schiffen dürfen nicht bloß auf die Thatsache der Beschiffung eines Flusses durch diese begründet, sondern nur zur Deckung der Unkosten der Flußarbeiten und für Lootsen und Anstalten zu Gunsten des Handelsverkehrs und in den beiden letzteren Fällen nur dann erhoben werden, wenn sie von den betreffenden Schiffen benutzt werden. Diesen Erfordernissen ist durch Verträge, Konventionen und Reglements der Uferstaaten genügt worden, während für die Donau auch Nichtuferstaaten als bestimmende Faktoren ein=getreten sind. Einer internationalen Flußpolizei ist die Ueberwachung der Ausführung und Beobachtung der konventionsmäßigen Bestimmungen übertragen.

Die mit dem Ende des vorigen Jahrhunderts beginnenden Bestrebungen zu Gunsten der Flußschifffahrt sind wesentlich darauf gerichtet, alle Hindernisse derselben zu beseitigen. Ein Dekret der französischen Republik vom 16. November 1792 öffnete die Schifffahrt auf der Schelde und Maaß auf Grund folgenden Prinzips: „qu'une nation ne saurait, sans injustice, prétendre au droit d'occuper exclusivement le canal d'une rivière et d'empêcher que les peuples voisins qui bordent les rivages supérieurs ne jouissent du même avautage". (Carathéodory. Du droit inter-national concernant les grands cours d'eau 1861, 100). Als erste konventionelle Erklärung für die Freiheit der Flußschifffahrt, wenn auch für ein beschränktes Gebiet, ist die des Vertrages zwischen Frankreich und Oesterreich vom 17. Oktober 1797 (Mart. Rec. VI. 420) Art. 11 zu verzeichnen, woselbst der Theil der Flüsse und Kanäle, welcher die Besitzungen Oesterreichs und der Zisalpinischen Republik abgrenzt, für frei erklärt wird, so daß dort weder eine Zollstätte errichtet werden, noch ein Kriegsschiff fahren darf. In dem Friedensvertrage dieser Staaten vom 9. Februar 1801 wird diese Erklärung besonders auf die Etsch bezogen. Schon der Reichsdeputationshauptschluß des alten Deutschen Reichs vom 25. Februar 1803 (Mart. R. VII. 443) hob (§ 39) die Rheinzölle auf, mit Ausnahme der Eingangszölle und eines Schifffahrtsoktrois, welcher letztere zwar den Betrag der aufgehobenen Zölle nicht übersteigen, indeß im höheren Betrage von der Schifffahrt der Fremden als von der französischen und deutschen und von den auf = als von den abwärts fahrenden Schiffen erhoben werden darf. Am 15. August 1804 wurde zwischen dem Deutschen Reich und Frankreich eine Konvention über einen Rheinschifffahrtsoktroi abgeschlossen. (Mart. Rec. VIII. 261). In dieser Koveption wird (Art. 2) der Rhein in Bezug auf Schifffahrt und Handel für einen beiden Staaten gemeinschaftlichen Fluß erklärt und soll auch die Schifffahrt gemeinsamen Reglements unterworfen werden, indeß mit Beibehaltung der alten Einrichtungen zum Stilliegen und des Umschlages in Mainz und Köln (Art. 3 ff.)[2]). Dagegen sollen aufgehoben werden die alten Rheinzölle und Transitabgaben (Art. 39). Ferner wurde durch Vertrag zwischen Frankreich und Rußland vom 7. Juli 1807 (Mart. Rec. VIII. 637) Art. 8 die zoll= und abgabenfreie Schiff=fahrt auf der Weichsel festgesetzt und im Vertrage Frankreichs mit Preußen vom 9. Juli 1807 (Mart. ibid. 661) Art. 20 bestätigt und Art. 17 des letzteren Vertrages die Abgabenfreiheit für die Netze und den Bromberger Kanal von Driesen bis zur Weichsel und umgekehrt bedungen. Durch Art. 19 der Elbinger Konvention derselben Staaten vom 13. Oktober 1807 (Mart. ibid. 682) wird den sächsischen Unterthanen und denen des Großherzogthums Warschau die freie Schiff=fahrt auf der Netze von Driesen bis zur Warte, auf der Warte bis zur Einmündung in die Oder und auf der Oder von Crossen bis zur Mündung zugestanden und auf dem Friedrich=Wilhelms=Kanal von der Oder bis zur Spree in die Havel bis zur Einmündung in die Elbe. Es ist sehr bemerkenswerth, daß alle diese Deutschlands Flußschifffahrt betreffenden Bestimmungen wesentlich

---

1) Auch die gemeinschaftliche Schifffahrt ist wiederholt in Verträgen als freie, aber nur irrthümlich so bezeichnet worden, die Bezeichnung frei bezog sich da nur auf die Berechtigung der Uferbewohner zur Schifffahrt und auf die Freiheit von Zöllen oder Abgaben, welche früher auf Grund der bloßen Thatsache der Beschiffung erhoben wurden.

2) Schon damals wird aber in dem Kurfürstlichen Kollegialgutachten vom 18. März 1805 die Hoffnung ausgesprochen, daß dieser Umschlag durch künftige Verträge aufgehoben werden werde (Mart. Rec. VIII. 295).

Frankreichs Einfluß oder Mitwirkung zu danken sind. Frankreich verwirklichte so die Grundsätze des Dekrets von 1792 und bereitete den Bestimmungen der Wiener Kongreßakte den Weg. Vor denselben war noch im Grenzvertrage zwischen Rußland und Schweden zu Tornea vom 8./20. November 1810 (Mart. Manuel II. 384) Art. 4 gemeinschaftliche Schifffahrt auf den Grenz= flüssen und =Seeen festgesetzt und daß keine Abgabe lediglich für die Beschiffung derselben erhoben werden dürfe. Der zwischen Frankreich mit Oesterreich nebst Alliirten geschlossene Friede von Paris vom 30. Mai 1814 Art. 5 Mart. N. R. II. 1.) vereinbarte für den Rhein den später auch auf andere Flüsse angewandten Grundsatz, daß die Schifffahrt auf demselben von der Stelle, wo er schiffbar wird bis zum Meer und vice versa dergestalt frei sein sollte, daß sie Niemanden untersagt werden könne und daß man auf dem bevorstehenden Kongreß die Prinzipien feststellen wolle, nach welchen die durch die Uferstaaten zu erhebenden Abgaben in gleichmäßigster und dem Handel aller Nationen günstigsten Weise geregelt werden könnten. Auch sollte auf dem zukünftigen Kongreß geprüft und entschieden werden: in welcher Weise zur Erleichterung des Ver= kehrs zwischen den Nationen und zur Annäherung derselben an einander, der obige Grundsatz in gleicher Weise auf alle anderen Flüsse ausgedehnt werden könne, welche in ihrem schiffbaren Lauf verschiedene Staaten scheiden oder durchströmen. In Ausführung dieser leitenden Grundsätze setzte dann der Wiener Kongreß am 24. März 1815 allgemeine Bestimmungen fest für die Schifffahrt auf schiffbaren Flüssen, welche verschiedene Staaten scheiden oder durchströmen, und besondere für die Schifffahrt auf dem Rhein, Neckar und Main, sowie auf der Mosel, Maas und Schelde (Beil. XVI. zur Wienerkongreßakte vom 9. Juni 1815, Mart. N. R. II. 434). Nach den allgemeinen Bestimmungen soll die Schifffahrt auf solchen Flüssen in ihrer ganzen Ausdehnung von der Stelle wo sie schiffbar werden bis zu ihrer Mündung für Jeden frei sein und kann in Bezug auf den Handel Niemandem untersagt werden, unter steter Nachachtung jedoch der für die Polizei in gleicher Weise für Alle und so günstig als möglich für den Handel aller Nationen festzusetzenden Reglements. Das sowohl zur Erhebung der Abgaben als zur Aufrechterhaltung der Polizei einzuführende System soll soweit möglich dasselbe sein für den ganzen Lauf des Flusses und wird, soweit nicht besondere Umstände dem entgegenstehen, auch auf diejenigen seiner Verzweigungen und Zuflüsse ausgedehnt, welche in ihrem schiffbaren Lauf verschiedene Staaten trennen oder durchströmen. Die Schifffahrtsabgaben sollen in gleicher, unveränderlicher und in einer von der verschiedenen Beschaffenheit der Waaren ziemlich unabhängigen Art festgestellt werden. Der ein Mal festgestellte Tarif soll nur auf Grund einer gemeinsamen Uebereinkunft der Ufer= staaten erhöht werden. Auch darf die Schifffahrt nicht mit anderen als in dem Reglement fest= gestellten Abgaben belastet werden. Jeder Uferstaat verpflichtet sich zur Unterhaltung der Leinpfade seines Territoriums und in gleicher Ausdehnung zu den für das Flußbett erforderlichen Arbeiten. Nirgends sollen Stapel=, Umschlagsrechte (droits d'échelle) oder erzwungene Liegetage (droits de relâche forcée) eingerichtet, die bestehenden aber nur bedingt beibehalten werden. Ein auf Grund dieser Bestimmungen abzufassendes gemeinsames Reglement darf nur mit Zustimmung aller Uferstaaten abgeändert werden, welche auch für die Ausführung desselben in geeigneter, den Umständen und Lokalitäten angepaßter Weise zu sorgen haben. Diese Grundzüge wurden in besonderen Artikeln auf den Rhein angewandt (Mart. ibd. 436) und zugleich für diesen (Art. 10) zur genauen Kontrolle der Beobachtung des gemeinsamen Reglements, und um eine Autorität zu kon= stituiren, welche dem Verkehr zwischen den Uferstaaten dienen könnte, eine Zentralkommission in Aussicht genommen, zu welcher jeder Uferstaat einen Kommissär ernennen sollte, und deren Präsident ohne irgend eine andere Prerogative, mit der allgemeinen Leitung der Kom= mission betraut und durch das Loos bestimmt werden sollte. Als permamente Autoritäten wurden aber zur Ueberwachung der Reglements und damit Handeltreibende und Schiffer jederzeit sich an dieselbe wenden könnten, ein Oberinspektor und drei Unterinspektoren ernannt. Der Zentralkommission wurde auch die Aufgabe zugewiesen, ein Reglement für die Rheinschifffahrt mit Berücksichtigung der dieselbe betreffenden Bestimmungen des Wiener Kongresses und der Konvention vom 15. August 1804 zu entwerfen (Art. 32). In anderen, besonderen Bestimmungen des Wiener Kongresses (Mart. ibid. 447) wurde die Freiheit der Schifffahrt, wie sie für den Rhein festgesetzt worden, auf den Neckar, Main, die Mosel, Maaß und Schelde erstreckt und auch die allgemeinen Bestimmungen über die Flußschifffahrt auf sie ausgedehnt. Die am 31. März 1831 zwischen Baden, Bayern, Frankreich, Gr. Hessen, Nassau, den Niederlanden und Preußen abgeschlossene Konvention (Mart. N. R. IX. 252) sollte „eine Vereinbarung über die für die Rheinschifffahrt erforderlichen Maaßregeln und reglementarischen Bestimmungen treffen und bezweckte überhaupt die Abfassung einer definitiven Rheinschifffahrtsordnung. Die Konvention bezog sich auch auf den Leck und den Stromarm Waal als Verlängerungen des Rheins und setzte unter Anderem fest, daß Unterthanen der Uferstaaten angehörende Schiffe auf der Fahrt auf dem Rhein durch die Niederlande in die offene See und umgekehrt, zu keiner Umladung oder Loschung angehalten werden dürfen (Art. 3) und daß auf dieser Wasserstraße bei der Durchfahrt durch das niederländische Gebiet keine Transitabgaben, Zölle oder andere dergleichen Gebühren erhoben werden dürfen, wohl aber an Stelle derselben eine festbestimmte Abgabe bei der Berg= und Thalfahrt (Art. 4). Gestattet wird auf dem ganzen Rheinstrom freier Transit aller Waaren (Art. 37) mit bloßer Erhebung der in der Rheinschifffahrtsordnung sonst gestatteten Abgaben. Von den Niederlanden wird aber den den Rheinhandel betreibenden Schiffen der Uferstaaten, wenn dieselben zugleich für die Seefahrt bestimmt sind, Gleichstellung der Flagge mit der niederländischen in Bezug auf Tonnengelder, Lootsen-, Leuchtthurm- und andere dergleichen Gebühren gewährt (Art. 12). Auch erbieten' sich die preußische, hessische, nassauische, badische, bayerische und französische Regierung eine oder mehrere ihrer Rhein-Uferstädte zu Freihäfen für den Rheinhandel zu erklären, wonach dorthin auf niederländischen oder auf allen anderen den Unterthanen der Rheinuferstaaten gehörenden Schiffen gebrachte und gelagerte Waaren frei von Eingangs-, Ausgangs- und Durchgangsgebühren weiter befördert werden können (Art. 10). Endlich sind von den Uferstaaten den Schiffern angemessene Plätze zur Niederlage der Waaren anzuweisen und ist an jedem Ein- oder Ausladeplatz eine Beaufsichtigungskommission zur Verwaltung der Hafenpolizei herzustellen (Art. 69). Die Rheinschifffahrtsordnung gilt als ein Vertrag, welcher nur mit allseitiger Zustimmung eine Abänderung erleiden kann (Art. 109). Die, mit Ausschluß des inzwischen zur preußischen Provinz gewordenen Nassau, von denselben Staaten am 17. Oktober 1868 abgeschlossene Konvention (Mart. N. R. G. XX. 355), welche in Bezug auf die in derselben behandelten Materien die Konvention von 1831, die Supplementar- und Additionalartikel zu derselben und alle anderen Resolutionen zu ersetzen hat (Art 48), konstatirt die Freiheit der Schifffahrt auf dem Rhein von Basel bis zum Meer hinauf und herab für die Schiffe aller Nationen (Art. 1), versagt jede Abgabe von Schiff oder Ladung auf Grund der That-sache der bloßen Beschiffung und in gleicher Weise auch von den Flößen auf dem Rhein und seinen Nebenflüssen (Art. 3), erklärt alle Umladungs-, Liege- und Umlageabgaben auch fernerhin für auf-gehoben (Art. 5), den Transit von Basel bis zum Meer, außer aus Gesundheitsrücksichten, für frei (Art. 7), die Waaren für gleich hohen Eingangs- und Ausgangszöllen wie an der trockenen Grenze unterworfen (Art. 6) und die Freihäfen für den Rheinhandel für fortbestehend. Das Lootsenwesen wird den Uferstaaten anheimgegeben und findet ein Zwang zur Annahme von Lootsen nicht Statt und zahlen Schiffe nur für geleistete Dienste. Auch sind die Leinpfade und der Thalweg von den Uferstaaten in gutem Zustande zu erhalten (Art. 28). — An demselben Tage wurde von denselben Staaten eine Schifffahrtspolizei- und Floßordnung vereinbart (Mart. N. R. G. II. Ser. IV. 599) nebst Supplement der Zentralkommission vom 4. September 1877 (Mart. N. R. G. II. Ser. IV. 618). Durch Konvention Oesterreichs mit der Schweiz vom 19. September 1871 (Mart. N. R. G. XX. 171) war aber eine gemeinschaftliche Korrektion des Rheinstromes durch Rheindurch-stiche bis zur Ausmündung in den Bodensee' vereinbart worden.

In Bezug auf die Weser war schon mittelst § 27 des Reichsdeputationshauptschlusses vom 25. Februar 1803 (Mart. R VII. 443) im Interesse des Handels Bremens und der Schiff-fahrt auf der untern Weser der Zoll von Elsfleth aufgehoben. Trotzdem dauerte der Streit über diese Zollerhebung bis in das Jahr 1819 fort und wurde am 25. August desselben zwischen Olden-burg und Bremen eine Konvention zum Aufhören derselben abgeschlossen (Mart. N. R. IV. 645). Am 10. September 1823 wurde aber eine Schifffahrtsakte von Preußen, Hannover, K. Hessen, Braunschweig, Oldenburg, Lippe und Bremen vereinbart (Mart. N. R. VI. I. 301), welche die allgemeinen Grundsätze des Wiener Kongresses auf diesen Fluß anwandte, die Schifffahrt für völlig frei erklärte, die von einem Uferstaat zum anderen aber den Unterthanen vorbehielt (§ 1), Stapel- und Zwangsumschlagsrechte aufhob (§ 3) und an die Stelle der Zollabgaben eine allgemeine Schiff-fahrtsabgabe setzte (§ 14).

In gleicher Weise wie für die Weser war schon früher, am 23. Juni 1821 (Mart. N. R. V. 714) die Schifffahrt auf der Elbe durch die von den betreffenden deutschen Staaten und Dänemark für Holstein und Lauenburg vereinbarte Elbschifffahrtsakte geordnet werden. Nach zu diesem Ver-trage von mehreren deutschen Staaten, Oesterreich und Dänemark vereinbarter Additionalakte vom 13. April 1844 (Mart. N. R. G. VI. 386) ist der Transport von Personen oder Gütern von der Nordsee nach jedem Elbuferplatz und umgekehrt den Schiffen aller Nationen gestattet und werden zum Schifffahrtsverkehr zwischen Elbuferplätzen verschiedener Staaten die Fahrzeuge sämmtlicher Uferstaaten für berechtigt erklärt (§ 2). Die Schifffahrt aber von einem Elbuferplatz zu einem anderen desselben Staates kann jeder Staat seinen Unterthanen vorbehalten. Der Staber Elbzoll wurde durch Vertrag vom 22. Juni 1861 (Mart. N. R. G. XVII. 1e P. 419), die übrigen Elb-zölle durch norddeutsches Bundesgesetz vom 11. Juni 1870 (Norbb. Bgbl. 416) und den Vertrag des Norddeutschen Bundes mit Oesterreich vom 22. Juni 1870 (Mart. N. R. G. XX. 345) auf-gehoben und sollten Abgaben nur für die Benutzung besonderer Anstalten zur Erleichterung des Verkehrs erhoben werden.

Der Scheldezoll wurde abgelöst durch Vertrag Belgiens und der Niederlande vom 12. Mai 1863 (Mart. N. R. G. XVII. 2e. P. 230), indem der König der Niederlande auf den Zoll gegen Zahlung von 17 141 640 Gulden an ihn verzichtete. Nachdem dann der König der Niederlande erklärt hatte, daß die Aufhebung des Scheldezolles sich auf alle Flaggen erstrecke und daß derselbe in keiner Weise wieder hergestellt werden dürfe, verpflichteten sich die übrigen Seestaaten Europas (mit Ausnahme Griechenlands), sowie Brasilien, Chili und Peru (ibid. 223—243) ein jeder von ihnen, einen bestimmten Theil dieser Summe abzuzahlen (Art. 4.)

Auf die Donau wurden die Prinzipien des Wiener Kongreßes erst in Gemäßheit des Art. 15 des Pariser Friedensvertrages vom 30. März 1856 angewandt und wurde gleichzeitig er-klärt, daß diese Bestimmungen einen Theil des öffentlichen Rechts Europas bilden sollen und daß die Pariser Vertragsmächte sie unter ihre Garantie nehmen. Auch auf der Donau soll kein Zoll erhoben werden, der sich lediglich auf die Thatsache der Beschiffung gründet, noch irgend eine Abgabe von den Waaren am Bord der Schiffe und sollte außer den durch die Polizei und Quarantänereglements geforderten Maaßregeln die Schifffahrt nicht behindert werden. Zur Realisirung dieser Bestimmungen wurde (Art. 16) eine sog. europäische Kommission, bestehend aus den Vertretern der Vertragskontrahenten und (Art. 17) eine Uferkommission aus Delegirten von Uferstaaten: Oesterreichs, Bayerns, der Pforte und Württembergs eingesetzt, unter Hinzuziehung von Kommissarien der drei Donaufürstenthümer. Die europäische Kommission sollte Arbeiten von Isaktscha an zur Schiffbarmachung der Donaumündungen und angrenzenden Meeresstrecken ausführen lassen, die Uferkommission die Arbeiten für den ganzen Lauf des Flusses, die Hindernisse, welche noch der Anwendung der Bestimmungen der Wienerkongreßakte auf die Donau entgegenstehen, beseitigen und die Schifffahrts- und Flußpolizeireglements ausarbeiten. Endlich sollte die Uferkommission als permanente die europäische, nach Aufhebung dieser ersetzen und dann ihrerseits über die Aufrechterhaltung der Schiffbarkeit der Donaumündungen und der angrenzenden Meeresstrecken wachen. Innerhalb zweier Jahre sollte die europäische Kommission ihre Aufgabe gelöst und die Uferkommission die Reglements ausgearbeitet haben, worauf dann die Mächte die Auflösung der europäischen Kommission auszusprechen hätten. Die Schifffahrtsakte der Uferstaaten wurde aber erst am 7. November 1875 unterzeichnet (Mart. N.R.G. XVI. 2 e. P. 75). Im Art. 1 derselben wird die Donau von der Stelle wo sie schiffbar wird bis zum Schwarzen Meer und umgekehrt für völlig frei in Bezug auf den Handel erklärt, die Ausübung der Schifffahrt vom offenen Meer bis zu jedem Donauhafen und umgekehrt den Fahrzeugen aller Nationen gestattet (Art. 5), die Ausübung derselben zwischen den einzelnen Donauhäfen, ohne das Meer zu erreichen, aber den Fahrzeugen der Uferstaaten vorbehalten. (Art. 8.) Mit Ausschluß eines Flußzolles (Art. 19) bestehen Ein- und Ausfuhrzölle fort und fallen Transitzölle nur fort, wenn die Waaren in ganzer Ausdehnung des resp. Gebietes nur auf dem Fluß transportirt werden. Konsumtionssteuern, Abgaben für Benutzung öffentlicher Schifffahrtsanstalten oder für bestimmte Dienste und zur Deckung der Kosten der durch beide Kommissionen auszuführenden Arbeiten dürfen aber erhoben werden. In Bezug auf Ein- und Ausladungsplätze, Niederlagen, Lootsendienst, Leinpfade u. A. sind dem Rheinschifffahrtsreglement entsprechende Bestimmungen aufgenommen. Früher als die Schifffahrtsakte der Uferstaaten war von den Pariser Vertragsmächten am 2. November 1865 eine auf die Donaumündungen bezügliche Akte in Galatz unterzeichnet worden (Mart. N.R.G. XVIII. 144.), in Gemäßheit welcher (Art. 2) nicht nur alle ausgeführten Arbeiten unter der Verwaltung der europäischen Kommission bleiben, sondern derselben auch noch Arbeiten zur provisorischen Amelioration des Armes in der Sulinamündung und zur Amelioration der Mündung und Arme von St. Georges übertragen werden, während die Ueberwachung der Schifffahrt auf der unteren Donau zweien von der Pforte zu ernennenden Beamten: einem Generalinspektor der unteren Donau und dem Portkapitäne von Sulina anheimgegeben werden (Art. 8). Alle durch die europäische Kommission geschaffenen Arbeiten und Einrichtungen werden neutralisirt und sind im Kriegsfall zu respektiren. Durch diese Neutralisation sollte aber nach Art. 7 des Londoner Vertrages der Pariser Vertragsmächte vom 13. März 1871 das Recht des Sultans als Territorialmacht wie zu allen Zeiten seine Kriegsschiffe in die Donau einlaufen zu lassen, nicht affizirt werden. Eine durch die europäische Kommission zur Deckung der Kosten der Arbeiten zu kontrahirende Anleihe wurde von denselben Mächten durch Konvention vom 30. April 1868 (Mart. N.R.G. XVIII. 153) garantirt. Nachdem sodann auch durch den genannten Londoner Vertrag vom 13. März 1871 (Art. 4) die Dauer der europäischen Kommission bis zum 24. April 1883 erstreckt worden, wurde sie durch den Londoner Vertrag derselben Mächte vom 10. März 1883 (Arch. dipl. XXIV. I. 1.) bis auf 21 Jahre verlängert und sollte nach Ablauf dieser von drei zu drei Jahren weiter verlängert werden können. Aber auch die Machtvollkommenheiten der Kommission wurden immer weiter ausgedehnt. Nach Art. 53 des Berliner Vertrages vom 13. Juli 1878 sollte sie ihre Funktionen bis Galatz in vollständiger Unabhängigkeit von der territorialen Gewalt ausüben und nach dem genannten Vertrage vom 10. März 1883 bis nach Braila (Art. 1). Auch sollen nach dem Berliner Vertrage (Art. 55) die Reglements für die Schifffahrt, Flußpolizei und Ueberwachung vom eisernen Thor bis nach Galatz durch die europäische Kommission, unter Zulassung der Assistenz der Delegirten der Uferstaaten ausgearbeitet werden, die Ausführung der Arbeiten zur Beseitigung der Hindernisse, welche das eiserne Thor und die Katarakte der Schifffahrt bereiten, wurde aber Oesterreich anvertraut. — Eine neue Akte für die Schifffahrt der Donaumündungen vereinbarten am 28. Mai 1881 die Pariser Vertragsmächte unter Mitwirkung Rumäniens (Mart. N.R.G. II. Ser. VIII. 207), welchem durch Art. 53 des Berliner Vertrages eine Repräsentation in der europäischen Kommission zugesprochen war. In Gemäßheit dieser Akte sollen die Beziehungen der europäischen Kommission zu den neuen Uferstaaten auf Grund der früheren Verträge, Akte und Entscheidungen geregelt werden. Nach dem Vertrage von 1883 (Art. 3) sind aber der effektiven Kontrolle der europäischen Kommission entzogen die Theile des Kiliaarmes deren beide Ufer einem der Uferstaaten dieses Armes gehören. Das weiter von der europäischen Kommission unter Assistenz der Delegirten Serbiens und Bulgariens ausgearbeitete und nach Art. 7 des Vertrages vom 10. März 1883 angenommene und demselben angefügte Schifffahrts-, Flußpolizei- und Ueberwachungsreglement vom 2. Juni 1882 (Arch. dipl. XXIV. I. 8) soll aber auf den zwischen dem eisernen Thor und Braila gelegenen Theil angewandt werden und seine Ausführung einer sog. gemischten Donaukommission unterstellt werden, in welcher Oesterreich-Ungarn, Bulgarien,

Rumänien und Serbien durch je einen Delegirten vertreten sind und der Oesterreichs den Vorsitz führen soll. An den Arbeiten dieser Kommission soll außerdem Theil nehmen ein für sechs Monate, nach alphabetischer Reihenfolge der Staaten, designirtes Mitglied der europäischen Kommission, soweit der betreffende Staat nicht schon in der gemischten Kommission vertreten ist. Von den Beamten werden der Inspektor, Sekretäre und die Subalternen von der Kommission, die Unter-inspektoren und Portkapitäne von den resp. Uferstaaten gewählt. Gegen die Zusammensetzung der gemischten Kommission und namentlich gegen die Präponderanz Oesterreichs in derselben und gegen die Einräumung bloß eines votum consultativum an Rumänien und Serbien auf der die Donaufrage behandelnden Londoner Konferenz, (1883) erhob Rumänien Protest, nahm nicht Theil an der Konferenz und erklärte sich durch die Resolutionen derselben für nicht gebunden. Während nun der Vertreter des Deutschen Reichs beantragt hatte, Rumänien auf die Londoner Konferenz, weil dieselbe nur als eine Fortsetzung des Berliner Kongresses anzusehen sei, nur ein votum consultationum zuzugestehen, traten hervorragende deutsche Völkerrechtsgelehrte wie v. Holtzen-dorff (Rumäniens Uferrechte an der Donau, Leipzig 1883), Geffcken (La question du Danube, Berlin 1883) und Dahn (Eine Lanze für Rumänien, Leipzig 1883) für Rumäniens Ansprüche ein[1]), während Jellinek (Oesterreich-Ungarn und Rumänien in der Donaufrage, Wien 1884) gegen dieselben argumentirte, Strisower (Die Donaufrage, Wien 1884) aber eine selbstständige Untersuchung vom juristischen Standpunkt unternahm und Oesterreich ein eigenes Recht der Theilnahme an der gemischten Donaukommission vindizirt, nicht erst ein durch „Europa" ihm zuzu-erkennendes. Wenn Großbritannien, Frankreich und Italien als Nichtuferstaaten in der europäi-schen Donaukommission vertreten sind, so erscheint es durchaus nicht als unbillig, daß Rumänien und Serbien als Uferstaaten mit vollem Recht in derselben vertreten sind. Nicht minder ist es eine Anomalie, daß Oesterreich in einer Kommission für einen Theil der Donau, in Bezug auf welchen es nicht Uferstaat ist, das Präsidium führen soll. Ueberhaupt aber ist die europäische Kommission nach den Pariser Vertragsbestimmungen nur als eine provisorische zu betrachten, indem diese die Uferkommission als die permanente bezeichneten. Vom Standpunkt des Rechts gebührt aber den Uferstaaten allein die Festsetzung der auf einen Fluß bezüglichen Bestimmungen[2]), die Hinzuziehung von Vertretern der Nichtuferstaaten in die europäische Kommission wie diese selbst ist lediglich eine Folge des durch den Ausgang des orientalischen Krieges gewonnenen Einflusses kriegführender Staaten auf die Regelung der Donauschifffahrt und erscheint als eine unmotivirte Einmischung in eine den Uferstaaten zustehende Angelegenheit. Auch sind in Kommissionen für einen bestimmten Fluß in der Regel nur Uferstaaten vertreten[3]). Eine einheitliche Regelung der Donauschifffahrt ist trotz oder wegen der europäischen Kommission nicht erreicht worden und kann nur erreicht wer-den, wenn nur einer Kommission und zwar einer der Delegirten sämmtlicher Uferstaaten die Schifffahrt der gesammten Donau kompetirt, mit Ausschluß jedes Nichtuferstaates. Die euro-päische Kommission verdankt nur der Politik, nicht dem Recht, ihre Entstehung und die Fristung ihrer Existenz. Daß die Interessen der Donauschifffahrt auch ohne Mitwirkung Englands und Frankreichs gesichert werden können, unterliegt keinem Zweifel.

Die Bestimmungen der Wiener Kongreßakte wurden aber noch auf andere Flüsse erstreckt. Schon nach dem Art. 96 dieser Akte selbst sollen sie auf die Schifffahrt des Po angewendet werden (Mart. N. R. II. 422). Durch Vertrag Oesterreichs mit Parma und Modena vom 3. Juli 1849 (Mart. N. R. G. XIV. 525), welchem der heilige Stuhl am 12. Februar 1850 beitrat (Mart. ibid. 532) wurde die Schifffahrt auf dem Po und seinen Nebenflüssen für frei erklärt, frei für jeden, ohne Vorbehalt für die Uferbewohner, und mit Beseitigung jedes Zolles und Umladerechts. Durch den Zürcher Friedensvertrag zwischen Oesterreich, Frankreich und Sardinien vom 10. No-vember 1859 (Mart. N. R. G. XVI. 2e. P. 531) Art. 18 wurde diese Freiheit aufrechterhalten und außerdem die Schifffahrt auf dem Garda für frei erklärt. — Im Vertrage Rußlands und Oester-reichs vom 3. Mai 1815 (Mart. N. R. II. 231) Art. 24 wurde die Schifffahrt auf allen Flüssen und Kanälen aller Theile des alten Polens bis zu ihnen herab und hinauf

---

1) Schon früher hatte Ursiano Valerian (Jassy 1882) eine Schrift unter dem Titel: „L'autriche, Hongrie et la Roumanie dans la question du Danube" veröffentlicht, in welcher er die Ansprüche Rumäniens auch vom Standpunkte der kommerziellen Interessen geschickt vertheidigte.

2) Diese Lösung proponirt auch Geffcken (60) während Engelhardt, „La question du Danube après la conférence de Londres" (in der Rev. d. dr. intern. XV. 340), welche übrigens ebenfalls für die Gleichstellung Rumäniens mit den anderen Staaten eintritt, die europäische Kommission an die Stelle der Uferkommission zu setzen durch Ausdehnung ihrer Vollmachten bis zu den eisernen Thoren. Ueber Rumäniens Standpunkt in der Frage ist sein in französischer Sprache in Bukarest 1883 publizirtes Grünbuch: „Cestiunea Dunarei" Acte si documente zu vergleichen.

3) Auch in der Pruthkommission sind nur Uferstaaten vertreten, denn wenngleich wie Jel-linek (26) ausführt, der Pruth auf seiner ganzen österreichischen Strecke nicht schiffbar ist, so lautet doch der Introitus des Vertrages Oesterreichs, Rußlands und der Donaufürstenthümer über die Pruthschifffahrt vom 15. Dezember 1866 „in ihrem (der Regierungen) Wunsch die Schifffahrt des Pruth in gemeinschaftlicher Uebereinkunft in ihrer Eigenschaft als Mituferstaaten (coriverains) zu regeln" zc. zc.

ben Bewohnern der polnischen Provinzen dieser Staaten und im Vertrage Rußlands mit Preußen von demselben Tage (ibid. 242) Art. 22 den Bewohern der polnischen Provinzen dieser Staaten eingeräumt. Nach Art. 14 der Wiener Kongreßakte sollen die Prinzipien über die freie Schifffahrt der Flüsse und Kanäle in der ganzen Ausdehnung des alten Polens aufrecht erhalten bleiben. Im Vertrage Oesterreichs und Rußlands vom 17./5. August 1818 (Mart. N. R. IV. 540) Art. 1 wurde diese Freiheit bezogen auf alle Flüsse und Flüßchen, welche auf dem Territorium des alten Polens entspringen, sowie auf diejenigen, welche dasselbe durchströmen oder es berühren und welche sich in das Meer durch Kanäle ergießen oder nachdem sie sich anderen Flüssen angeschlossen. Immer aber ist die Schifffahrt nur frei (richtiger: gemeinschaftlich) für die Unterthanen der Kontrahenten. Auch nach dem Vertrage Rußlands und Preußens vom 7./19. Dezember 1818 (Mart. ibid. 582) Art. 2 soll die Schifffahrt auf den Haffs, Kanälen und Flüssen und der Besuch der Häfen des Territoriums des alten Polens, zwischen der Düna, dem Dniepr, Dniestr, der Oder und dem Meer, mit Einschluß von Ostpreußen gestattet sein den Angehörigen der kontrahirenden Staaten. In Bezug auf Auflagen und Lasten soll aber Gleichstellung mit der inländischen Schifffahrt, unter Hineinnahme der Schifffahrt auf der Oder stattfinden. Die Schifffahrt auf der Weichsel wird für frei von jeder Auflage erklärt mit Ausnahme der in Preußen erhobenen Schiffsgefäßgelder.

Auch Spanien und Portugal erklärten mittelst Konvention vom 31. August 1835 (Mart. N. R. XIV. 97) Art. 1 die Schifffahrt auf dem Douro für frei für die Angehörigen beider Länder. Der Vertrag vom 23. Mai 1840 (Mart. N. R. G. I. 98) anerkannte gleichfalls diesen Grundsatz, reservirte aber die Kabotage derjenigen Nation, welche sich im Besitz beider Ufer befindet.

Die Schifffahrt auf dem Pruth war zunächst und nur in Bezug auf einen Theil desselben durch Friedensvertrag zwischen Rußland und der Türkei vom 28. Mai 1812 (Mart. N. R. III. 399) Art. 4 für beide Theile gemeinschaftlich erklärt, sodann aber wurde sie durch die Konvention Oesterreichs, Rußlands und der vereinten Donaufürstenthümer vom 15. Dezember 1866 (Mart. N. R. G. XX. 296) Art. 1 auf dem ganzen Lauf des Pruth, soweit dieser die Staaten der Kontrahenten durchschneidet oder scheidet, für vollständig frei erklärt, so daß der Handel auf demselben keiner Flagge untersagt werden darf (Art. 1). Auf dem Pruth transportirte Produkte und Waaren sollen von aller Passage- oder Transitabgabe frei sein (Art. 3). Zur Herbeiführung der Schiffbarkeit des Flusses durch die dazu erforderlichen Arbeiten wurde eine permanente gemischte Kommission aus den Delegirten Oesterreichs, Rußlands und der geeinten Donaufürstenthümer gebildet. Diese Kommission sollte auch eine Schifffahrtsakte ausarbeiten, welche die Reglements der Flußpolizei und den Tarif der Flußabgabe enthält, und den die Ausführung der Arbeiten, die Beitreibung der Abgaben und Tarife und die genaue Anwendung des Flußreglements überwachenden Flußinspektor ernennen (Art. 7 u. 8). Das in Aussicht genommene Pruthreglement wurde am 27./28. Januar, 8./9. Februar 1871 von Oesterreich-Ungarn, Rußland und Rumänien unterzeichnet (Mart. N. R. G. II. Ser. I. 485). Es bekräftigte dasselbe (Art. 1) die oben ausgesprochene Freiheit der Schifffahrt für jede Flagge.

Auch in anderen Welttheilen ist die Flußschifffahrt mehrfach nur für gemeinschaftlich erklärt worden. So wurde den Angehörigen der Kontrahenten eröffnet der Missisippi nach dem Vertrage Großbritanniens und der Vereinigten Staaten von Nordamerika vom 3. September 1783 (Mart. R. 2. III. 553) Art. 8 von seinem Ursprung bis zum Ozean. Diese Bestimmung ist indeß im Vertrage zu Gent vom 24. Dezember 1814 (Mart. N. R. II. 76) nicht erneuert worden und sind die Vereinigten Staaten, nachdem sie Lousianna und Florida erworben, allein im Besitz des ganzen Stromes (Carathéodory 138). In gleicher Weise wurde in Verträgen derselben Staaten die Schifffahrt auf dem Fluß St. John im Vertrage vom 9. August 1842 (Mart. N. R. G. III. 456) Art. 3, auf dem St. Laurence und auf den die großen Seen und den Atlantischen Ocean verbindenden Kanälen Kanadas und auf dem Michigan-See im Vertrage vom 5. Juni 1854 (Mart. N. R. G. XVI. 1e. P. 498), auf dem St. Laurence, den Flüssen Yukon, Porcupine und Stikine und auf dem Michigan-See im Vertrage vom 8. Mai 1871 (Mart. N. R. G. XX. 698) Art. 26 und 28 den Angehörigen beider Staaten zugesichert. — Für den Amazonenstrom wurde im Vertrage Brasiliens und Perus vom 23. Oktober 1851 (Ch. de Martens, Rec. manuel VI. 640) festgesetzt, daß derselbe von seiner Mündung bis zum Litoral Perus ausschließlich den Uferstaaten angehören soll. Dagegen wurde nach Verträgen der Argentinischen Konföderation mit Frankreich, Großbritannien und den Vereinigten Staaten vom 10. Juli 1853 (Art. 1) die Schifffahrt auf der Parana und dem Uruguay den Kauffahrern aller Flaggen eröffnet (siehe die Verträge Frankreichs und Großbritanniens mit der Argentin. Konföderation bei Ch. de Martens, Rec. manuel VII. 259 und 260). Im Art. 4 des Vertrages Großbritanniens und der Argentinischen Konföderation vom 24. November 1849 (Mart. N. R. G. XV. 47) war die Paranaschifffahrt noch als Binnenschifffahrt der Argentinischen Konföderation anerkannt und die Uruguayschifffahrt „in common with the Oriental State".

In neuester Zeit ist der Kongo viel umworben. Livingstone entdeckte seinen Lauf, Frankreich bemächtigte sich Punta-Négras, die Häuptlinge der Eingeborenen traten ihm ein Territorium ab, und will die französische Republik daselbst (Bericht derselben an die Deputirtenkammer vom 20. November 1882) nur gründen: „stations scientifiques, hospitalières" und „commerciales". Portugal reklamirte auf Grund vermeintlichen alten Rechts die Souveränetät über die ganze an beiden Ufern des Kongo sich ausdehnende Region zwischen den Graden 5° 12 und 8 südlicher Breite und gegen das Innere weit über den Stanley-Pool hinaus. In den Niederlanden, dem Deutschen Reich, England und Rußland wurden hauptsächlich mit Rücksicht auf den Kongo afrikanische Gesellschaften gegründet. Die unter dem Patronat des Königs von Belgien stehende internationale Assoziation hat aber daselbst Territorien von den Häuptlingen der Eingeborenen vertragsmäßig erworben, Stationen eingerichtet und Dampferverbindungen hergestellt. Gegenüber dieser Konkurrenz schlug Emile de Laveleye (Rev. d. dr. intern. XV. 254) die Neutralisirung des Kongo vor. Gustave Moynier hatte aber schon auf der Pariser Jahresversammlung des Institut de droit international (1878) die Aufmerksamkeit auf die internationale Schifffahrt und Ueberwachung des Kongo gelenkt. Der Münchener Jahresversammlung (1883) legte derselbe aber einen die Freiheit der Schifffahrt auf dem Kongo und dessen Nebenflüssen vereinbarenden Vertragsentwurf vor und schlug gleichzeitig eine aus Repräsentanten der Vertragskontrahenten gebildete internationale Kommission zum Abfassen eines Schifffahrtreglements und zur Ueberwachung der Beobachtung des Vertrages vor. Das Institut sprach jedoch nur den Wunsch aus, daß das Prinzip der Freiheit der Schifffahrt aller Nationen auf dem Kongo und seinen Nebenflüssen zur Anwendung komme und daß die Mächte sich über Maßregeln verständigen möchten, welche geeignet wären etwaigen Konflikten unter zivilisirten Nationen im Aequatorial-Afrika vorzubeugen. Dieser Wunsch sollte den Mächten mitgetheilt werden und zur Information derselben das von Moynier dem Institut vorgestellte Mémoire[1]). Die portugiesische Regierung hat dann in einer Zirkulardepesche an ihre Repräsentanten im Auslande vom 20. Oktober 1883 irrthümlich behauptet, daß das Institut zu Gunsten der Neutralität des Kongo votirt habe, gleichzeitig aber die Gelegenheit benutzt, von ihren unbestreitbaren Souveränetätsrechten über oben angegebenes Gebiet und von Portugals Rechten an dem Territorium, welches die erste schiffbare Partie „depuis son embouchûre sur l'Océan" durchströmt, zu sprechen. Dabei versichert die portugiesische Regierung, daß sie nie weder in Schriftstücken noch bei Verhandlungen die Prätension zu erkennen gegeben habe, die vollständige Freiheit der Schifffahrt des Kongo zu hemmen oder zu hindern (s. die portugies. Depesche im Arch. dipl. XII. und XIII. IV. 364 und die treffende und gemäßigte Antwort des Vizepräsidenten des Instituts: E. Arntz auf dieselbe in der Rev. d. dr. intern. XV. 537). In neuester Zeit hat denn Portugal mit einem seiner gefährlichsten Konkurrenten: Großbritannien einen Kongovertrag geschlossen, welcher bisher weder publizirt noch ratifizirt ist und dessen Inhalt angeblich die englische Regierung von anderen Staaten gutgeheißen zu sehen wünscht. Inzwischen hat der Senat der Vereinigten Staaten die Herrschaft und Flagge der internationalen Assoziation anerkannt.

Eine international wenig geregelte Frage ist die der Fischerei in gemeinschaftlichen Flüssen. Gewöhnlich beschränken sich die Verträge darauf festzusetzen, daß auf den Flüssen keine Anstalten errichtet oder Einrichtungen für Ausübung der Fischerei getroffen werden dürfen, welche die Schifffahrt behindern. Dagegen ist gegen die Behinderung der Fischerei und die Gefährdung der Fortpflanzung der Fische durch unterlassene Beschränkung der Ausübung der Fischerei auf bestimmte Zeiten des Jahres und andere Maßregeln nur in einigen Verträgen Vorkehrungen getroffen, wenngleich die Klagen, namentlich über die Raubfischerei im Rhein stetig zunehmen. Schon im Grenzvertrage Rußlands und Schwedens vom 8./20. November 1810 (Ch. de Martens, Rec. manuel II. 384) wurde die Lachsfischerei im Torneo den damaligen Besitzern zum gemeinschaftlichen Betrieb und zur Theilung des Gewinnes garantirt und sollte die Ausübung anderer Fischereien sich nur bis zu den beide Staaten scheidenden Grenzen erstrecken. Großbritannien und die Vereinigten Staaten von Nordamerika vereinbarten im Vertrage von Washington vom 5. Juni 1854 Bestimmungen über gemeisame Fischerei (Mart. N. R. G. XVI. 1. P. 498). Ein internationales Fischereireglement enthält die Additionalakte zum Vertrage Frankreichs und Spaniens vom 2. Dezember 1856, vom 31. März 1859 (Arch. dipl. IX. II. 700) und ein gleiches Reglement vereinbarten Rußland und Schweden am $\frac{25.\ \text{März}}{12.\ \text{April}}$ 1872 über die gemeinsame Fischerei im Torneo und dessen Nebenflüssen (Arch. dipl. XV. II. 205). Endlich ist noch zu erwähnen die zwischen Frankreich und der Schweiz zur Regelung der Fischerei in den Grenzgewässern am 8. Dezember 1870 abgeschlossene Konvention (Arch. dipl. XXIV. II. 27).

---

1) „La question du Congo devant l'Institut de droit international". S. auch die sehr bemerkenswerthe Studie von Sir Travers Twiß, „La libre navigation du Congo" in der Rev. d. dr. intern. XV. 437 ff. u. 547 ff. Er spricht sich gegen das Neutralisiren als Verbot der Befahrung des Kongos durch Kriegsschiffe und für das Internationalisiren des unteren Kongo nach dem Vorschlage von Gerhard Rohlfs aus, und in der Weise wie für das untere Donau, für die Errichtung internationaler Kommissionen zur Regelung der Schifffahrt und Handhabung der Flußpolizei. Für die anderen Theile des Kongo könnte, wenn die Seemächte einverstanden sind, die freie Schifffahrt des Kongo der Aegide einer internationalen Kommission anzuvertrauen, von den Staaten, welche die Schifffahrt auf dem unteren Kongo zu regeln vereinbarten, ein sogen. protocole de désintéressement unterzeichnet werden.

II. Das Privateigenthum.

§ 52. Wenn auch ein Staat in der Regel nur das Recht hat über das Eigenthum seiner Staatsangehörigen staatsrechtlich zu verfügen, wobei Gesetz= und Verfassungsbestimmungen auch diese Dispositionsbefugniß in bestimmter Weise beschränken und nur in bestimmter Beziehung für statthaft erklären wie z. B. bei Steuern und Expropriationen, so haben doch alle Staaten der internationalen Rechtsgemeinschaft international das Recht und die Pflicht, das private Eigenthum innerhalb und das ihrer Angehörigen erforderlichen Falles auch außerhalb ihrer Grenzen zu schützen und auch ihre Angehörigen in Geltendmachung ihrer rechtlichen Ansprüche im fremden Staat zu unterstützen. Wenn aber ein Staat seinen Angehörigen im fremden Staate bestimmte vermögensrechtliche Dispositionen wie z. B. die Erwerbung von Grundeigenthum verbietet, so haben seine Angehörigen, wenn sie entgegen diesem Verbot sie dennoch ausführen, kein Anrecht auf den Schutz derselben durch ihren Staat.

In Staaten einer internationalen Rechtsgemeinschaft ist der Schutz des Privateigenthums und privater vermögensrechtlicher Ansprüche zunächst durch die kompetenten Gerichte des Aufenthaltsstaates oder des Staates der gelegenen Sache zu üben. Nur wenn der Private sein Recht nicht oder nicht in ausreichender Weise vor den Gerichten des fremden Staates zu erlangen vermag, kann er den Schutz seines Staates beanspruchen und ist dieser in folgenden Fällen zu gewähren:

1. wenn er als Staatsangehöriger innerhalb der Grenzen eines anderen Staates auf Grund der Gesetze desselben oder der mit diesem von jenem Staat getroffenen Vereinbarungen und nicht zuwider den Verboten seines Staates unbewegliches Eigenthum besitzt;

2. wenn er als Staatsangehöriger sich mit beweglichem Vermögen in das Gebiet eines fremden Staates begeben hat;

3. wenn er als Staatsangehöriger nicht zuwider den rechtlichen Bestimmungen des fremden und seines Staates im fremden Staat über sein Vermögen Dispositionen getroffen hat, welche im fremden zur Geltung gelangen sollen und der fremde Staat deren Verwirklichung behindert;

4. wenn er als Staatsangehöriger rechtliche Ansprüche an einen fremden Staat oder dessen Angehörigen hat und diese gegenüber denselben nicht zur Geltung bringen kann;

5. wenn er als Staatsangehöriger im fremden Staat einen Eigenthumsverlust oder eine Eigenthumsbeschädigung erlitten und ihm die dafür von diesem oder seinen Angehörigen geforderte Entschädigung nicht gewährt wurde.

Solchen Schutz seiner Staatsangehörigen übt ein Staat durch seine Gesandten und Konsuln aus oder durch Betheiligung an der Organisation und Rechtsprechung einer besonderen internationalen Gerichtsbarkeit. Die Ausübung solchen Schutzes ist den Staaten der internationalen Rechtsgemeinschaft wiederholt in Verträgen mit anderen Staaten derselben und auch mit Staaten, welche dieser nicht angehören, zugestanden worden. Wenn aber die gütlichen Bemühungen eines Staates, solchen Schutz zu Gunsten seiner Angehörigen zu erlangen, den gewünschten und rechtlich zulässigen Erfolg nicht hatten, so kann er in Vertretung seiner Angehörigen gewaltsame Mittel des internationalen Verfahrens, zunächst die Retorsion oder Repressalien, sodann aber thatsächliche Gewalt anwenden. Der letzteren hat aber ein Kulturstaat, selbst gegenüber minder zivilisirten oder unzivilisirten Völkern, Gewaltandrohungen (Demonstrationen) vorhergehen zu lassen und erst, wenn diese die Erlangung der Verwirklichung des Rechtsanspruches oder einer begehrten Entschädigung nicht zur Folge hatten, militärische Gewaltmittel zur Anwendung zu bringen.

Ehe aber ein Staat gütlich oder gewaltsam zu Gunsten seiner Staatsangehörigen eintritt, hat er ihr vermeintliches Recht und ihre Rechtsansprüche vom Standpunkt des Rechts eindehend zu prüfen, da besonders ein Staat einer internationalen Rechtsgemein= schaft weder unbegründete noch zweifelhafte Rechtsansprüche seiner Angehörigen zu ver= treten für berechtigt erachtet werden kann und insbesondre Gewaltbrohungen oder =An= wendungen zur Durchsetzung solcher Rechtsansprüche nur als Mißbrauch der Gewalt zu qualifiziren sind.

Es würde hier auch die Frage zu erörtern sein: inwieweit ein Staat international berechtigt ist, Vermögensleistungen wie namentlich Steuern von den auf seinem Gebiet sich dauernd auf= haltenden Fremden, obgleich sie seinem Staatsverband nicht angehören und auch die politischen Staatsbürgerrechte desselben nicht genießen, zu fordern. Als Erwerbsteuern oder Aequivalent für publike oder kommunale Gegenleistungen des fremden Staates, für Einrichtungen, welche auch dem Fremden zu Gute kommen, scheinen entsprechende Steuern wohl berechtigt, wenn aber ein Staat das gesammte, auch in einem dritten Staat belegene Vermögen oder gar die Staatspension eines Fremden, welche dieser von seinem Staat bezieht, wie das Vermögen eines eigenen Staats= angehörigen besteuert nur auf die Thatsache hin, daß der Fremde sich im Staatsgebiet aufhält, so erscheint das als eine völlig ungerechtfertigte Ausbeutung des Fremden und ist ein jeder Staat berechtigt und verpflichtet auch gegen solche exorbitante Besteuerung seinen Angehörigen in Schutz zu nehmen.

Dritter Abschnitt.

Das Recht der Akte.

I. Die Verträge.

§ 53. **Die rechtliche Natur der Verträge.** Staatenverträge können nur dann einen rechtlichen Charakter haben, wenn solche Normen existiren, welche über den Verträgen stehen und von welchen diese ihre rechtliche Geltung empfangen[1]. Die Art dieser Normen ergibt sich theils aus der internationalen Rechtsgemeinschaft, theils aus der internationalen Art solcher sich verpflichtenden Willenserklärung und theils aus der Art der Willensbekräftigung. Nur wenn eine Einigung des sich ver= pflichtenden Willens verschiedener Staaten erfolgt ist[2], ist der materielle Inhalt eines Vertrages festgestellt. Ob diese Einigungen Verträge oder Konventionen genannt wer= den, ist für ihre bindende Verpflichtung irrelevant. Es umfassen die ersteren in der Regel verschiedene und wichtigere Verhältnisse, während die letzteren nur einem Gegen= stande und einem minder wichtigen gewidmet sind. Auch durch Auswechselung von Deklarationen können die Staaten sich gegenseitig verbindlich machen und diese Form der Willenseinigung ist in neuester Zeit wegen ihrer Einfachheit und Kürze immer mehr angewandt worden. Es müssen aber jeder Vertrag, jede Konvention sowie jede Deklaration rechtlich formulirt sein und eine rechtlich zu realisirende Verpflichtung ent= halten. Bloße einseitige Versprechungen (Pollizitationen) aber auch bloße gegenseitige Verabredungen (Traktaten) sind keine Verträge. Die letzteren haben nur den Charakter von Vorverhandlungen und sind nicht bindender Natur[3]. Politische Uebereinkünfte sind aber keine völkerrechtlichen Willensäußerungen, denn es fehlt ihnen der rechtliche Charakter. Eine besondere Art internationalen Willensausdrucks der Staaten sind die sog. Kapitulationen. Bei diplomatischen Unterhandlungen zwischen muselmännischen und christlichen Staaten fertigten die Bevollmächtigten zu ihren Sitzungen eine Reihe

---

[1] Jellinek, Die rechtliche Natur der Staaatsvertäge. Wien 1880. S. 4.
[2] Oder wie Heffter § 81 sich ausdrückt: „Ein Vertrag setzt nur durch die Einheit des Willens ein Recht".
[3] Heffter § 86. Phillimore, II. 71 sagt hierüber: Mere negotiations, preparatory communications, are in their nature not of a binding character.

von Artikeln (capitula), welche den Entwurf eines zwischen ihnen abzuschließenden Vertrages enthielten. Kam auf dieser Grundlage eine Vereinbarung zu Stande, so wurde der Vertrag selbst abgefaßt und erhielt dieser nach seiner Ratifikation den Namen Kapitulation [1]). Diese Kapitulationen enthielten sehr mannigfache Bestimmungen. An ihre Stelle traten heute auch für muselmännische Staaten Verträge wie die zwischen christlichen Staaten abgeschlossenen und beziehen sich Verträge, welche von christlichen mit muselmännischen Staaten in gleicher Weise wie mit christlichen abgeschlossen wurden, vielfach auf die alten Kapitulationen und anerkennen diese als zu Recht bestehend [2]) und kann sich der muselmännische Staat nicht unter dem Vorgeben, daß sie Privilegien seien, von ihnen lossagen. Daß die Türkei sich nicht für berechtigt dazu hält, geht aus der Erklärung ihres Bevollmächtigten am Pariser Kongresse von 1856 (Protokoll vom 25. März Nr. 14) hervor, wonach er von den durch die Kapitulationen erworbenen Privilegien spricht, nicht aber die letzteren mit den ersteren identifizirt.

§ 54. **Die verschiedenen Arten der Verträge.** Die völkerrechtlichen Verträge können in mannigfacher Weise eingetheilt werden, entweder in Bezug auf ihren Inhalt oder in Bezug auf die Subjekte, auf welche sie sich beziehen, d. h. entweder nur auf die kontrahirenden Staaten oder auch auf dritte, oder in Bezug auf die Dauer, auf welche sie abgeschlossen wurden [3]). Ferner werden unterschieden sog. Konstitutiv-Verträge [4]), durch welche ein einzelnes Recht begründet wird oder welche ein schon bestehendes Rechtsverhältniß bestätigen oder genauer bestimmen, deren einzelne Arten, mit Ausnahme der Grenzverträge, selten noch vorkommen, und regulatorische Verträge [5]), welche wesentlich den Verkehr betreffen, wie Handels= und Schifffahrtsverträge u. a., Bündnisse für zeitweilige Interessen und Vereinsverträge für dauernde Interessen [6]).

Für alle diese verschiedenen Arten der Verträge gelten dieselben allgemeinen materiellen und formellen Vertragsbestimmungen.

§ 55. **Die Subjekte der Verträge.** Die Subjekte der Staatenverträge sind die völkerrechtlichen Subjekte [7]): die Staaten, weder Souveräne noch Private [8]). Es können daher auch nicht zu den völkerrechtlichen Verträgen gerechnet werden solche, bei welchen nur der eine Kontrahent ein völkerrechtliches Subjekt ist, wie z. B. Verträge von Staaten mit Privatpersonen oder solche, welche ein Staatsoberhaupt in Bezug auf seine privaten oder seine Familienangelegenheiten abschließt [9]). Ebensowenig solche, welche der Souverän in seiner privaten Eigenschaft mit fremden Staaten abschließt [10]).

---

1) F. Martens, Konsularwesen im Orient, deutsch von Skerst. Berlin 1874.
2) Timmermanns, Réforme judiciaire. Gand 1875, 25.
3) Phillimore, II. 66.   4) Heffter § 90.   5) Heffter § 91.
6) Von denselben handelten wir bereits in den §§ 15 u. 25.   7) S. §§ 13 u. 14.
8) Daß Heffter die Souveräne für Subjekte des Völkerrechts hält, hat ihn auch dahin geführt (§ 82) die Verträge souveräner Machthaber unter einander über ihre gegenseitige Beziehung von Staat zu Staat für die eigentlichen Staatsverträge zu erklären, während die Machthaber doch nicht ihre Beziehungen, sondern die ihrer Staaten vertragsmäßig regeln und nach der Heffter'schen Definition Republiken, denen ja souveräne Machthaber fehlen, gar keine Staatsverträge abschließen könnten. Ebenso falsch konstruirt ist die zweite Kategorie bei Heffter: „Verträge souveräner Fürsten unter einander in Bezug auf diese ihre persönliche Stellung und fürstlichen Rechte oder wegen ihrer (?) etwaigen Besitzungen außerhalb jedes territorialen Staatsverbandes".
9) Phillimore II. 69. Heffter (§ 82) will auf den Souverän, welcher mit einem fremden Unterthan über einen Gegenstand kontrahirt, hinsichtlich dessen Ersterer keinem Staatsgesetz oder Gerichtstand seines Landes verfassungsmäßig unterworfen ist, eine einseitige, relative Anwendung der völkerrechtlichen Vertragsgrundsätze stattfinden lassen, während der fremde Unterthan wegen seiner Verbindlichkeiten nach dem ihn verpflichtenden Landesrecht zu beurtheilen wäre und meint, daß ein solcher Fall bei einer Staatsanleihe vorkommen könne. Staatsanleihen werden aber vom Staat oder in seinem Namen geschlossen und kömmt daher der Souverän als solcher gar nicht in Betracht.   10) Phillimore II. 71.

Nur die zum Vertragsabschluß nach dem Staatsrecht der kontrahirenden Staaten berechtigten Staatsorgane können einen für ihren Staat rechtsverbindlichen Vertrag abschließen. In konstitutionellen Monarchien und Republiken müssen außerdem die zur Mitwirkung bei der Gesetzgebung berechtigten Faktoren in allen Fällen ihre Zustimmung zu abzuschließenden Verträgen geben, für welche die Verfassung eines der kontrahirenden Staaten es fordert. Gewöhnlich bei Gebietsveränderungen, Handelsverträgen und Uebernahme von Leistungen oder Lasten durch den Staat oder Auferlegung von Verpflichtungen auf die einzelnen Staatsangehörigen. Am allgemeinsten ist diese Zustimmung normirt durch die deutsche Reichsverfassung (Art. 11), indem zu den Verträgen mit fremden Staaten, welche sich auf Gegenstände aus dem Bereich der Reichsgesetzgebung beziehen, die „Genehmigung" des Reichstages erforderlich ist. Halbsouveräne Staaten (§ 14) haben in der Regel das Recht des Vertragsabschlusses nicht, weil ihnen die äußere Souveränetät fehlt. Schutzstaaten sind in Bezug auf Vertragsabschluß frei, bei einigen von europäischen Staaten mit außereuropäischen souveränen Staaten abgeschlossenen sog. Freundschafts= eigentlich aber Schutzverträgen, sind aber die außereuropäischen Staaten es nicht.

Die zwischen Oesterreich, Großbritannien, Preußen, Rußland, Sardinien und der Türkei am 19. August 1858 zur definitiven Organisation der Donaufürstenthümer abgeschlossene Konvention (Mart. N. R. G. XVI. 2. 50) Art. 8 erklärt die durch den suzeränen Hof mit den fremden Mächten abzuschließenden internationalen Verträge für anwendbar auf die Donaufürstenthümer in allen ihre Immunitäten nicht beeinträchtigenden Beziehungen. Trotzdem hielten sich das Deutsche Reich, Oester= reich=Ungarn und Rußland, nach einer gleichlautenden Instruktion ihrer Botschafter in Konstantinopel an ihre ersten Dragomans (Aegidi, Staatsarchiv XXIX. Nr. 5482) für berechtigt, mit den vasal= lischen Fürstenthümern der Türkei direkte und spezielle Zolltarif= und Handelsarrangements, jedes politischen Charakters entkleidet, abzuschließen, welche jedoch nur durch die kompetenten Ministerien und Administrationen unterzeichnet und nicht mit der souveränen Sanktion versehen werden sollten. Solcher Weise glaubten sie kein Recht des Sultans zu schädigen, noch die durch die Verträge den Fürstenthümern gegenüber dem Sultan eingeräumte Stellung modifiziren zu können. Die Pforte antwortete zwar mittelst Schreibens vom 23. Oktober 1874, daß sie einen Appell an jede der Pariser Vertragsmächte vermeiden wolle und daß sie nur für möglich halte einen vorgängigen Rekurs der Donaufürstenthümer an den suzeränen Hof, wandte sich aber dennoch am 28. Oktober an Großbritannien und erklärte in einem besonderen Memorandum vom 16. November 1874 (Nr. 5490) einen jeden direkten kommerziellen Akt zwischen den Fürstenthümern und fremden Mächten für illegal. Dieser wohlbegründeten Anschauung ist denn auch bei der Regelung des Vertragsabschlusses für Bulgarien im Berliner Vertrage Rechnung getragen worden. Bulgarien (siehe § 14) ist darnach an die von der Türkei mit anderen Mächten abgeschlossenen Verträge gebunden, wenn auch ausnahmsweise und nur ad hoc, nach Art. 10 desselben Vertrages, der Abschluß bestimmter Eisenbahnverträge zwischen der Pforte, Oesterreich, Serbien und Bulgarien in Aussicht genommen ist. Das halbsouveräne Transvaal wird von seinem Suzerän Großbritannien (siehe § 14) in Bezug auf den Abschluß von Verträgen nur kontrollirt. In dem Vertrage Frankreichs mit Annam vom 15. März 1874 (Art. 3) verpflichtet sich aber letzteres aus Dankbarkeit für den Schutz (Protektion) Frankreichs, welches ihm verspricht, Hilfe und Beistand zur Aufrechterhaltung der Ordnung im Innern zu gewähren (Art. 2), nicht nur seine äußere Politik der Frankreichs anzu= passen, sondern auch seine Handelsverträge in Uebereinstimmung mit den von ihm mit Frankreich abgeschlossenen abzuschließen und vorher davon die französische Regierung zu benachrichtigen. In dem Vertrage Frankreichs mit Tunis vom 12. Mai 1881 Art. 6 verpflichtet sich aber der Bey von Tunis als Gegenleistung dafür, daß die diplomatischen und Konsularagenten Frankreichs mit der Protektion der tunesischen Interessen und derjenigen der Nationalen betraut werden, keinen internationalen Akt abzuschließen, ohne vorher die französische Regierung benachrichtigt und sich mit ihr darüber verständigt zu haben. Diese Annam und Tunis durch Frankreich auferlegten Beschränkungen gegenüber von ihm selbst in denselben Verträgen als souverän anerkannten Staaten sind völlig anormal und lediglich Ergebnisse politischer Interessenpolitik.

§ 56. **Die materielle Giltigkeit der Verträge.** Materiell giltig ist ein verein= barter Staatenvertrag: 1. wenn der Wille der zum Abschluß berechtigten Kontrahenten bestimmt und deutlich und daher auch schriftlich[1]) ausgedrückt und weder durch einen

---

1) Wenn Phillimore II. 74 das nicht für erforderlich hält, so ist es doch die einzige sichere Fixirung des Inhaltes oder sollten etwa, wenn die Kontrahenten über denselben verschiedener Ansicht sind, Zeugen vernommen werden, welche, wenn überhaupt vorhanden, kaum unparteiisch wären.

Irrthum, noch durch einen unrechtmäßigen Zwang, noch durch Täuschungen bestimmt wurde und die Willen der Kontrahenten übereinkamen, wobei die von einem Kontrahenten übernommene Verpflichtung von dem anderen acceptirt sein muß; 2. wenn die Kontrahenten über einen ihrer Verfügung unterworfenen Gegenstand, über welchen sie nicht bereits anderweitig verfügt hatten, disponirten; 3. wenn die übernommene Verpflichtung weder physisch noch sittlich unmöglich zu leisten ist. Ein Vertrag bindet nur die Kontrahirenden und nicht dritte unbetheiligte Staaten. Ein jenen drei Bestimmungen nicht entsprechender Vertrag kann von den Kontrahenten angefochten werden.

Die ersten Bedingungen der materiellen Giltigkeit eines Vertrages sind demnach die Willensfreiheit und die Willensvereinbarung. Es ist aber nicht bloß erforderlich die Willensfreiheit der zum Abschluß berechtigten Staatsorgane, sondern auch die der in ihrem Auftrage handelnden Personen. In rechtmäßiger Kriegsgefangenschaft befindliche Souveräne werden für ihren Staat rechtsverbindlich nur dann einen Vertrag abschließen können, wenn ihr Wille, troß der Kriegsgefangenschaft ein freier ist und wenn das statt seiner die Staatsgewalt faktisch ausübende Organ und die zur Mitwirkung berufenen Faktoren der Gesetzgebung den von ihnen ageschlossenen Vertrag genehmigen. Deßhalb lag es im Interesse des Deutschen Reichs, nachdem in Frankreich im September 1870 die Republik proklamirt war und Napoleon III. faktisch die Herrschaft über Frankreich nicht mehr ausübte, eine Repräsentation des französischen Volkes herbeizuführen zur Ermöglichung des Friedensschlusses mit einer rechtlich gebildeten Vertretung des Landes.

Der von einem besiegten Staat mit dem Sieger abgeschlossene Vertrag kann weder unter dem Vorwande, daß er in Folge kriegerischen Zwanges abgeschlossen werde, noch auf Grund dessen, daß er unvortheilhaft für den Besiegten war, für ungiltig erklärt werden. Auch der durch eine Drohung eines stärkeren gegen einen schwächeren Staat zu Stande gekommene Vertrag kann nicht für nichtig und ungiltig gehalten werden. Ebensowenig ist die Anwendung der Grundsätze der Läsio auf die völkerrechtlichen Verträge unstatthaft, falls diese nur dem einen Kontrahenten Vortheile oder dem einen wesentlichere als dem anderen gewährten, so daß ein Vertrag deßhalb weder für ungiltig noch für nichtig erklärt werden kann. Schon Vattel (Liv. II. Chap. XII. § 158) erklärte, daß eine Läsion einen Vertrag nicht invalidiren könne.

Sowie ein Vertrag nur durch eine übereinstimmende Willenserklärung abgeschlossen, so kann er auch nur durch eine gleiche abgeändert oder aufgehoben werden. Dieser selbstverständliche Satz wurde bekräftigt durch die Londoner Konferenz von 1871 und in das dem betreffenden Vertrage vorhergehende Protokoll in folgender Fassung aufgenommen: „Les Puissances reconnaissent que c'est un principe essentiel du droit des gens qu'aucune d'elles ne peut se délier des engagements d'un traité ni en modifier les stipulations qu'à la suite de l'assentiment des parties contractantes au moyen d'une entente amicale" (Mart. N. R. G. XVIII. 275). Wir können den Satz bei F. v. Martens (Völkerrecht I. 406), daß jeder die Grundrechte eines Staates beschränkende oder vernichtende Vertrag für ihn moralisch insoweit unverbindlich sei als er jederzeit Versuche zur Wiederaufhebung desselben machen dürfe, verständlich finden, indeß kömmt es im Völkerrecht nur auf die rechtliche Verbindlichkeit an und kommen solche Versuche nur faktisch, nicht rechtlich in Betracht.

Ihre Wirksamkeit verlieren die Verträge nicht durch Annahme einer neuen Staatsform seitens eines kontrahirenden Staates. Die Londoner Konferenz vom 19. Februar anerkannte als Hauptprinzip (grand principe) des öffentlichen Rechts, daß die Verträge nicht ihre Kraft verlieren, welches auch die Veränderungen seien, welche in der inneren Organisation der Völker eintreten (Mart. N. R. X. 197). — Der Satz pacta sunt servanda wird durch die vielfach unbedingt angenommene Klausel: rebus sic stantibus wesentlich eingeschränkt, wenn nicht in vielen Fällen inanifirt. Diese Klausel kann aber nur in dem Sinn Geltung beanspruchen, daß bei nachweisbar veränderten Umständen ein Vertragschließender gegenüber seinem oder seinen Mitkontrahenten eine Aufhebung oder eine Abänderung eines Vertrages beantragen könne, nicht aber die, daß Kontrahenten ipso iure durch den von ihnen angenommenen Eintritt veränderter Umstände einen Vertrag für aufgehoben oder abgeändert erachten. Es sei denn, daß einer der kontrahirenden Staaten rechtlich zu existiren aufgehört habe und seine Verpflichtung nicht auf seinen Rechtsnachfolger übergegangen, oder daß der Leistungsgegenstand untergegangen sei. Zu allgemein drückt sich Jellinek (42) aus wenn er sagt: „Nur ein vernünftiger Grund kann den Staat von der Heiligkeit des Vertrages befreien. Bricht der Staat ohne zwingenden Grund einen Vertrag, dann begeht er materielles und formelles Unrecht". Darüber ob ein Grund ein vernünftiger oder ein zwingender sei, ist aber Meinungsverschiedenheit zulässig und Vertragsbruch kann nie gestattet werden. So lange ein Vertrag physisch zu erfüllen möglich ist, muß er erfüllt werden. Durch den obenerwähnten Londoner Protokollsbeschluß von 1871 ist zugleich die Klausel rebus sic stantibus eingeschränkt, da wenn schon die Abänderung eines Vertrages nur durch eine übereinstimmende Willenserklärung gestattet wird, die Aufhebung bloß auf Grund der Klausel noch weniger zulässig ist.

Wenn ferner zur materiellen Giltigkeit eines Vertrages gefordert wurde, daß ein Staat über einen seiner Disposition unterworfenen Gegenstand verfügt, so können wir nicht der Ansicht Heffter's

(§ 84) beistimmen, daß sogar Rechte der Unterthanen der Disposition des Souveräns in Staaten=
verträgen unterliegen, wofern sie nicht durch die Verfassung und Sitte des besonderen Staates für
unverletzbar erklärt seien. Selbst im Falle der Eroberung muß nach bestehendem Recht das Privat=
eigenthum unangetastet bleiben und überhaupt kann ein Staat (nicht der Souverän) international
nur über das Staatsvermögen und seine Rechte verfügen (§ 55 und 64).

Was aber das Wesen der Vertragsbestimmungen betrifft, so kann ein Vertrag nicht Ver=
bindlichkeiten enthalten, welche mit denen von denselben Kontrahenten mit anderen Staaten ein=
gegangenen nicht zusammen bestehen können (Phillimore, II. 75). Wenn Heffter meint, daß
dritten Parteien ein Vertrag an sich keinen Nachtheil bringen könne (§ 94), so wird das wohl
schwer zu vermeiden sein, da nicht selten ein Vertrag die Benachtheiligung eines dritten Staates
enthält und man souveränen Staaten nicht wohl zumuthen kann, daß wenn sie einen Vertrag zu
ihrem Vortheil schließen, sie auch dafür Sorge tragen, daß derselbe einem dritten Staat keinen
Nachtheil verursache. Dagegen können zwei Staaten mit einander vereinbaren, daß die von ihnen
mit dritten Staaten zu schließenden Verträge keine Bedingung enthalten sollen, welche einem von
ihnen irgend einen Nachtheil zufüge, wie solches im Allianzvertrage Großbritanniens mit der
Türkei vom 6. Januar 1799 Art. 3 (Mart. R. 2. VI. 568) geschah[1]. Ferner sollen die Ver=
bindlichkeiten eines Vertrages nicht der Moral oder der Gerechtigkeit widersprechen (Phillimore,
II. 75). Vattel (§ 161) erklärt für null und nichtig die Verträge pour cause injuste ou déshonnête.
Heffter sagt, daß nur das physisch und sittlich mögliche Gegenstand eines Vertrages sein könne (83),
daß derselbe nie zu einem Unrecht gegen ewige Grundsätze des Rechts und der Sittlichkeit, worin auch
die religiösen Interessen eingeschlossen sind, verpflichten könne, (richtiger: „sollte"). Ohne Fest=
stellung dieses Unrechts wird freilich eine solche Forderung ziemlich unrealisirbar bleiben, wie über=
haupt die vorher erwähnten der Moral und Gerechtigkeit in dieser Allgemeinheit keine Wirkung
haben werden.

§ 57. **Die formelle Giltigkeit der Verträge.** Formell giltig wird ein materiell
giltig vereinbarter Staatenvertrag, wenn er von den kontrahirenden Staaten durch
Ratifikation[2] bekräftigt wird. Zwar finden Vertragsverhandlungen nur Statt, nach=
dem die dazu ermächtigten Personen sich von ihrer gegenseitigen Berechtigung zu den=
selben durch Austausch ihrer Vollmachten überzeugt haben und wird der durch sie ver=
einbarte Vertrag auch von ihnen unterzeichnet, indeß muß der Vollmachtgeber des
souveränen Staates, in dessen Auftrag der Bevollmächtigte handelte, ausdrücklich seine Zu=
stimmung zum Inhalt des abgeschlossenen Vertrages geben und diese Kundgebung geschieht
durch die Ratifikation.

Ratifikation ist aber die durch die höchste Staatsgewalt vollzogene Anerkennung,
daß von ihren Vertretern abgeschlossene Staatenverträge in Uebereinstimmung mit dem
ihnen ertheilten Auftrage abgeschlossen seien. Die Ratifikationsurkunde muß enthalten
den Vertrag und sodann dessen, durch die oberste Staatsgewalt der kontrahirenden
Staaten unterzeichnete und besiegelte Genehmigung des Vertrages und das Versprechen
der Erfüllung desselben. Die kontrahirenden Staaten wechseln in verabredeter Zeit die
Ratifikationsurkunden durch ihre Bevollmächtigten aus. Keiner Ratifikation unterliegen
die von Kriegsoberbefehlshabern abgeschlossenen Konventionen, soweit sie nicht die
Beendigung des Krieges oder Territorialveränderungen betreffen. Ein Staat sollte
aber einem von seinem Bevollmächtigten materiell und formell giltig abgeschlossenen
Vertrage die Genehmigung nicht versagen, wenn er auch völkerrechtlich nicht dazu
gezwungen werden kann. Die Folgen der Weigerung einer Ratifikation richten sich nach
dem Verhältniß der Kontrahirenden vor dem Anfange der Unterhandlungen. Im
Friedenszustande hat der eine Kontrahent gegen den anderen, welcher die Ratifikation

---

1) Der bezügliche Passus lautet: „Quoique les deux parties contractantes se réservent de
plein droit d'entrer en négociation avec d'autres puissances et de conclure avec elles tous les
traités que pouvent exiger leurs intérêts: cependant elles se promettent mutuellement, que ces
traités ne renfermeront aucune condition qui puisse jamais causer le moindre tort, préjudice
ou dommage à l'une des deux ou porter atteinte à l'intégrité de ces états. Elles s'engagent à
ménager et à conserver de leur mieux l'honneur, le sûreté et l'avantage reciproques.

2) Bulmerincq, s. v. Ratifikation in v. Holtzendorff's Rechtslexikon. Die Ratifikation
ist nachweislich seit Justiniam im Gebrauch. Siehe den Vertrag desselben mit dem Perserkönig
Kosrös vom Jahre 561 bei Barbeyrac. Hist. d. anc. troités, II. 195.

weigerte, nur eine Forderung, falls der erstere nachgewiesenermaßen in Folge seines Eingehens auf die Verhandlung eine Einbuße erlitten hat und zwar eine solche, welcher durch die Ratifikation des Vertrages vorgebeugt oder die dadurch ausgeglichen sein würde[1]. Hat ein Theil seine Ratifikation erklärt, so ist der andere dadurch nicht zur Ratifikation rechtlich gezwungen. Veröffentlicht werden die Verträge in der Regel erst nach der Auswechselung der Ratifikationen[2].

Sponsionen, d. h. ohne Auftrag und Vollmacht der dazu berechtigten Staats=gewalt von den Vertretern abgeschlossene Vereinbarungen braucht die höchste Staats=gewalt nicht zu ratifiziren.

Die Erfüllung eines Vertrages beginnt erst mit der Ratifikation[3].

In der Gegenwart wird eine Ratifikation nur ausdrücklich vollzogen, zu einer Forderung derselben aus konkludenten Handlungen (Hugo Grotius, II. XV. § 17, III. XXII. § 3, Vattel, II. 14, § 208) ist demnach keine Veranlassung. Daß aber die Ratifikation eine wesent=liche Form für die legale Wirksamkeit eines Vertrages sei, hat zuerst überzeugend ausgeführt Wildman, I. 172. Durch die Ratifikation erfüllt der Vollmachtgeber das Versprechen, die Hand=lung seines Bevollmächtigten zu genehmigen (Wurm 165). Dieses Versprechen ist entweder im Vertragsinstrument selbst (Ratifikationsklausel) oder in der Vollmacht zum Vertragsabschluß enthalten. Fehlt die Klausel, so wird trotzdem die Ratifikation als vorbehalten angesehen. (Wurm 169.)

Gegenüber den verschiedenen, in der Theorie vertretenen Ansichten (siehe dieselben bei Bul=merincq, Ratifikation S. 257) erachten wir, daß ein Staat einem von seinen Bevollmächtigten materiell und formell giltig abgeschlossenen Vertrage seine Genehmigung nicht versagen darf, wobei wir die Anwendung der Klausel: rebus sic stantibus nur in den engsten Grenzen gestatten. Dabei halten wir aber die geheimen Instruktionen für irrelevant, da sie nur für das Rechtsverhältniß zwischen Vollmachtgeber und Bevollmächtigten maßgebend sein können und dem anderen Kontra=henten als geheime nicht bekannt sein können.

§ 58. Die Auslegung der Verträge. Die Auslegung der Staatenverträge ist den Vertragsstaaten selbst überlassen[4], indeß ist in Bezug auf neuere Verträge für den Fall etwaiger Differenzen eine schiedsrichterliche Entscheidung vereinbart.

Die Verträge müssen gedeutet werden nach der Absicht aller dabei betheiligten Kontrahenten[5]. Die herkömmliche (usuelle) Interpretation ist im internationalen Recht die authentische, da die Staaten das Herkommen entwickeln und zugleich die Vertrags=kontrahenten sind. Die Interpretation nach dem Herkommen bestimmt die Bedeutung der gebrauchten Worte und Wendungen im internationalen Rechtsverkehr. Die doktrinäre Auslegung ist aber entweder eine grammatische oder logische. Bei der grammatischen ist dem gewöhnlichen Sprachgebrauch des Wortes zu folgen, auch muß die Ausdrucks=weise der gesammten Urkunde, nicht bloß die eines einzelnen Satzes in Betracht gezogen werden. Technische Ausdrücke sind im technischen Sinn zu verstehen. Bei der logischen Interpretation sind besonders zu vergleichen die früher von denselben Staaten über denselben Gegenstand geschlossenen Verträge. Bei einer zweideutigen Bestimmung eines Vertrages ist diejenige Deutung vorzuziehen, welche die Verwirklichung des Vertrages ermöglicht. Endlich ist anzunehmen, daß die Kontrahenten, welche sich vollständig und

---

1) Wurm, Die Ratifikation von Staatsverträgen in der deutschen Vierteljahrschrift, 1846. Heft I. S. 199).

2) De Callières, De la manière de négocier, Ryswick 1757. I. 125. Ch. de Martens Guide diplomatique (ed. 1851) II. 154 ff. Siehe daselbst auch verschiedene Ratifikationsurkunden).

3) Einen Ausnahmsfall, in welchem ein Vertrag sofort nach der Unterzeichnung erfüllt wer=den sollte, siehe bei Martens, N. R. G. 1. 163. Londoner Protokoll vom 15. Juli 1840. Indeß betraf die Erfüllung nur in einem Artikel (2) ausgesprochene Präliminarmaaßregeln und wurde die sofortige Erfüllung durch die große Entfernung der Residenzen der kontrahirenden Mächte von einander und die dadurch herbeigeführte Verspätung der Auswechselung der Ratifikationen), durch die Interessen der Humanität und wichtige Erwägungen der europäischen Politik motivirt.

4) Phillimore, II. 89 ff. Heffter, § 95.

5) Phillimore, II. 92.

klar haben ausdrücken können, auch die Folgen zu tragen haben und später weder eine Einschränkung noch eine Ausdehnung vorzunehmen berechtigt sind und daß was hinreichend klar erklärt ist, als die wahre Absicht der Parteien zu erkennen ist.

In Bezug auf schiedsrichterliche Entscheidung über die Auslegung von Staatenverträgen setzt ein auf den Handels= und Schifffahrtsvertrag Großbritanniens mit Italien vom 15. Juni 1883 bezügliches Protokoll fest, daß alle aus der Interpretation oder Exekution oder aus den Folgen einer Verletzung des Vertrages entstehenden Schwierigkeiten, nach Erschöpfung aller Mittel direkter Entscheidung durch gütliches Einverständniß, der Entscheidung schiedsrichterlicher Kommissionen unterzogen werden sollen und daß das Resultat eines solchen Schiedsspruches für beide Regierungen verbindlich ist. Die Mitglieder dieser Kommissionen sollen in gemeinschaftlichem Einverständniß durch die beiden Regierungen gewählt werden oder im Falle, daß ein solches nicht erreicht wurde, durch die beiden Parteien, indem jede ihren eigenen Schiedsrichter oder eine gleiche Zahl von Schiedsrichtern ernennt und die ernannten Schiedsrichter einen letzten. Das schiedsrichterliche Verfahren wird in jedem Fall durch die beiden kontrahirenden Parteien bestimmt und im Fall des Mißlingens durch die Versammlung der Schiedsrichter (Arch. dipl. XXII. und XXIII. IV. 263). — Nach dem Schlußprotokoll zum Handels= und Schifffahrtsvertrage des Deutschen Reichs und Italiens vom 4. Mai 1883 (Arch. dipl. ibid. 269) hat freilich der italienische Bevollmächtigte wiederholt im Verlauf der Unterhandlung gefordert, daß in den Vertrag eine Bestimmung aufgenommen werde, daß die Meinungsverschiedenheiten, welche unter den kontrahirenden Theilen über die Anwendung oder Interpretation der verschiedenen Festsetzungen entstehen könnten, durch ein Schiedsgericht entschieden würden, indeß sind, um den Abschluß des Vertrages nicht zu verzögern, die betreffenden Bevollmächtigten übereingekommen, die Prüfung dieser Frage späteren Verhandlungen vorzubehalten.

§ 59. **Der Hinzutritt dritter Staaten zu Verträgen.** Es können dritte Staaten zu den von anderen Staaten abgeschlossenen Verträgen hinzutreten entweder

1. als Hauptparteien mit gleichen Rechten und Pflichten — der sog. Beitritt (accession),

2. als Nebenparteien in beschränkter Weise — der sog. Anschluß (adhésion) [1].

Der Hinzutritt geschieht in beiden Fällen entweder in einem Haupt= oder Nebenvertrage. Im letzteren Fall erklärt der später hinzutretende Staat seinen Hinzutritt in einer Beitrittsurkunde und anerkennen die früher kontrahirenden Theile den Hinzutritt in einer Acceptationsurkunde, wodurch erst der Hinzutritt perfekt wird, da kein dritter Staat wider den Willen der Kontrahenten sich einem von diesen abgeschlossenen Vertrage anschließen kann. Zahlreiche Beitritte sind zu dem Weltpostvertrage erfolgt. In gleicher Weise kann zu einer von Staaten abgegebenen Deklaration z. B. der Pariser Seerechtsdeklaration ein Beitritt durch die von einem Staat abgegebene Deklaration, den Inhalt der Deklaration, welcher er beitritt, auch für sich verbindlich zu erachten, erfolgen.

Der bloß zeremonielle Hinzutritt eines Staates zu einem von anderen Staaten geschlossenen Vertrage hat keine völkerrechtliche Wirkung, da dadurch der Hinzutretende weder Verbindlichkeiten übernimmt noch Rechte erwirbt.

§ 60. **Die Mitwirkung dritter Staaten bei Verträgen.** Die Mitwirkung dritter Staaten kann sich hinsichtlich des Abschlusses eines Vertrages anderer Staaten entweder darauf erstrecken, die kontrahirenden Theile zum Abschluß eines Vertrages zu bewegen oder die durch sie abgebrochenen Verhandlungen zur Wiederaufnahme und zum Abschluß hinzuleiten; hinsichtlich eines abgeschlossenen Vertrages aber darauf, demselben die Beobachtung zu sichern.

In allen drei Fällen ist der mitwirkende Staat nicht Partei. In den beiden ersteren Fällen handelt der dritte Staat entweder aus eigenem Antriebe oder auf Ersuchen eines oder beider Theile oder in Folge einer dazu übernommenen Verpflichtung. Im letzteren Fall darf die Mitwirkung nicht versagt werden. Eine Mitwirkung in den

---

1) F. v. Martens, Völkerrecht I. 409.

beiden ersteren Fällen kann aber erst dann als angenommen gelten, wenn die vertrags=
schließenden Staaten über die Zulassung der Mitwirkung und deren Art sich geeinigt
haben. Die Mitwirkung kann sich bald als gütliche Verwendung (bons offices) bald
als Vermittelung (médiation) [1]) geltend machen.

Bei der Mitwirkung eines dritten Staates hinsichtlich des von anderen Staaten
abgeschlossenen Vertrages übernimmt dieser dessen Garantie entweder im Hauptvertrage
oder in einem sog. accessorischen Garantievertrage [2]). Diese Garantie hat den Zweck
über die Aufrechterhaltung des garantirten Vertrages unter den Kontrahenten zu wachen,
wobei der garantirende Staat zugleich seine materielle Hilfe für den Fall der Ver=
letzung des Vertrages durch den Mitkontrahenten oder Dritte zusagt [3]). Die Anwendung
der materiellen Hilfe oder Gewalt ist aber erst dann berechtigt, wenn gütliche Mittel
den Kontrahenten zur Vertragserfüllung zu bewegen, keinen Erfolg hatten. Ueberhaupt
aber kann der Garant nur auf Aufforderung der Kontrahenten des garantirten Ver=
trages seine Garantie zur Geltung bringen [4]), hat sie aber, sobald er dazu aufgefordert
ist und der Fall, für welchen sie zugesagt wurde, eintritt, zu verwirklichen mit den
dazu erforderlichen oder im Garantievertrage vereinbarten Mitteln. Die Garantie kann
eine auf einzelne oder alle Bestimmungen des Vertrages gerichtete sein, eine dauernde,
so lange der Vertrag dauert oder eine bloß vorübergehende. Der garantierende Staat
kann weder eine Abänderung des Vertrages, noch seine Entlassung durch die Vertrags=
kontrahenten hindern, dagegen erstreckt sich auch seine Garantie nicht auf spätere Zusätze
oder einen wesentlich abgeänderten Vertrag [5]). Auch hat der Garant seine Hilfe nur
dann zu gewähren, wenn der Garantirte sich nicht selbst helfen kann. Erhebt sich eine
Meinungsdifferenz unter den Vertragskontrahenten so hat der Garant dieselbe zu prüfen
und nur demjenigen zu gewähren, dessen Prätensionen er für wohl begründet erachtet [6]).
Auch hat der Garant für einen, das Recht eines dritten Staates verletzenden Vertrag
die Garantie nicht durchzuführen [7]). Die vorübergehende Garantie erlischt mit dem
Ablauf der für ihre Dauer festgesetzten Zeit, die dauernde durch die Entlassung des
Garants, dagegen ist der eigenwillige Zurücktritt des Garants nicht statthaft, da dadurch
die Garantieleistung illusorisch wird.

§ 61. **Garantieverträge.** Selbstständige Garantieverträge, welche
entweder von einem Staate (Einzelgarantie) oder von mehreren zu Gunsten eines
anderen (Kollektivgarantie), oder von mehreren für einander (gegenseitige Garantien)
abgeschlossen werden, können nicht bloß die Beobachtung eines abgeschlossenen Vertrages
sichern, sondern auch ein bestehendes Rechtsverhältniß wie das eines neutralisirten Staates
oder die Verfassung des garantirten Staates, oder den Territorialbestand eines Staates,
oder auch die Unabhängigkeit neugebildeter Staaten und die Bewahrung neugebildeter
Rechtsverhältnisse (§ 17), oder auch die Erfüllung einer bestimmten Leistung. In allen
diesen Fällen ist die Garantie eine von dem oder den garantirenden Staaten vertrags=
mäßig übernommene Verpflichtung, welche diese Staaten auch zu verwirklichen und nicht
nach eigenem Ermessen zu leisten oder zu unterlassen haben. Eine übernommene Garantie
darf daher auch von dem Garant nicht einseitig gekündigt und muß im ganzen Umfange
erfüllt werden, dagegen kann im Allgemeinen ein garantirter Staat den ihn garantirenden

---

1) Die gütliche Verwendung und die Vermittelung werden im formellen Völkerrecht behandelt.
2) Heffter, § 97.
3) La garantie est une espèce de traité, par lequel on promet assistance et secours à
quelqu'un, au cas qu'il en ait besoin pour contraindre un infidèle à remplir ses engagements.
(Vattel, II. § 235.)
4) Vattel, II. § 236.
5) Vattel, l. c.   6) Vattel, § 237.   7) Vattel, § 238.

Staaten das Garantieverhältniß kündigen und dadurch dieses auflösen. Nur einem neutra=
lisirten Staat (§ 17) steht es nicht zu, aus dem garantirten Neutralitätsverhältniß ohne
Einwilligung der seine Neutralisirung garantirt habenden Staaten herauszutreten, da
eine Neutralisation keineswegs stets bloß den Zweck des Schutzes der Neutralisirten hat,
sondern auch zugleich gegen etwaige Annexionsgelüste eines dritten Staates, bisweilen
sogar gegen die eines Mitgarants gerichtet ist. Deßhalb genügen auch die eine Neutra=
lisation garantirt habenden Staaten keineswegs ihrer Verpflichtung, wenn sie gegenüber
der Verletzung der Neutralisation bloß mit Protesten reagiren, sondern sie haben nicht
nur das Recht, sondern auch die Pflicht gegen den verletzenden Staat einzuschreiten bis
er seine Verletzung aufgibt, für die geschehene Verletzung von demselben Genugthuung,
eventuell Entschädigung zu Gunsten des Neutralisirten zu verlangen und bedürfen dazu
keineswegs einer Aufforderung des neutralisirten Staates sobald nur die Verletzung
unzweifelhaft konstatirt ist. Der eine Garantie implizirende Neutralisationsvertrag
gewährt dieses Recht und würde, falls er nicht zu solcher Aktion berechtigt und ver=
pflichtet, wirkungslos gegenüber Verletzungen sein.

Die Unabhängigkeit und territoriale Integrität der Türkei wurde nicht bloß durch die
Kollektivgarantie der übrigen Pariser Vertragsmächte garantirt (Art. VII.)[1]) und sollte jeder gegen
dieselbe gerichtete Angriff als eine Frage allgemeinen Interesses angesehen werden, und war außer=
dem im Eingange des Pariser Vertrages die Absicht der Kontrahenten ausgesprochen „durch wirk=
same und gegenseitige Garantie die Unabhängigkeit und Integrität des ottomanischen
Reichs zu sichern" und diese Garantie als Zweck des Vertrages hingestellt, sondern es garantirten
noch außerdem solidarisch in einem besonderen Vertrage vom 15. April 1856 Frankreich, Groß=
britannien und Oesterreich (Mart. N. R. G. XV. 790) die durch den Pariser Vertrag konsekrirte
Unabhängigkeit und Integrität des ottomanischen Reichs, so daß jede Verletzung (infraction) der
Stipulationen dieses Vertrages von den drei Mächten als casus belli betrachtet werden sollte.
Diese Mächte hatten sich mit der Pforte zu verständigen über etwa nothwendig werdende Maaß=
regeln und ohne Verzug unter einander die Verwendung ihrer militärischen und maritimen Streit=
kräfte zu bestimmen. Daß diese Garantie praktisch nicht verwirklicht wurde, haben der letzte russisch=
türkische Krieg, für welchen nur Großbritannien seine Flotte in letzter Stunde mobilisirte, um mit ihr
zu demonstriren und Rußlands weiteres Vorbringen in der Türkei zu hindern als dasselbe auch
zur Ermäßigung seiner Forderungen an die Türkei zu veranlassen, und die Festsetzungen des
Berliner Vertrages gelehrt, zu welchen die sog. Integritätsgaranten bei den wesentlichen Herr=
schafts= und Territorialverminderungen, das Maaß dieser nur ermäßigend, mitwirkten. Inwiefern
aber und auf wie lange Großbritannien der Türkei noch den Besitz Egyptens garantiren wird,
dessen Gebiet schon, ohne daß die Garanten durch die Türkei zum Einschreiten aufgefordert seien,
freilich auch ohne daß die Türkei dasselbe selbst zu vertheidigen unternommen hätte, in ziemlichem
Umfange der Gewalt des Mahdi unterworfen ist, wird die Zukunft lehren. Wenn Großbritannien
früher in Egypten intervenirte, so geschah das weder auf Aufforderung des Sultans, noch als
garantirender Staat, noch nach Verständigung mit seinen Mitgaranten, von welchen Frankreich
vielmehr entschieden dagegen war, sondern zur Herstellung der inneren Ordnung aus eigener Macht=
vollkommenheit und wurde die spontane Intervention erst ex post von dem Khedive quasi sanktio=
nirt. Wenige Tage vor dem Zusammentritt des Berliner Kongresses (13. Juni 1878) schloß aber
Großbritannien mit der Türkei am 4. Juni 1878 eine Defensivallianz mit einem Annex vom
1. Juli (Mart. N. R. G. II. Ser. III. 272), trotzdem es vorher, am 30. Mai 1878 mit Rußland
ein Memorandum (Mart. ibid. 269) vereinbart hatte, in welchem die Punkte enthalten waren,
hinsichtlich welcher zwischen beiden Staaten rücksichtlich der durch die Friedenspräliminarien von
San Stefano vom 3. März 1878 zwischen Rußland und der Türkei veranlaßten Fragen, eine
Verständigung erreicht war. Diese sog. Defensivallianz bestimmte (Art. 1), daß für den Fall, daß
Batum, Ardahan, Kars oder irgend einer dieser Plätze durch Rußland zurückgehalten werden würden
und irgend ein Versuch zu irgend welcher Zeit durch Rußland gemacht werden sollte, sich irgend
eines anderen Theiles der Territorien des Sultans in Asien, welche durch den definitiven Friedens=
vertrag festgestellt wären, zu bemächtigen, Großbritannien sich verpflichte sich mit dem Sultan zu
verbinden zur Vertheidigung der fraglichen Territorien durch Waffengewalt und daß, um England
in die Lage zu versetzen die nöthigen Mittel zur Ausführung seiner Verpflichtung zu sichern, der

---

1) Der Art. VII. des Pariser Vertr. v. 30. März 1856 lautet im 2. Alinea: „Leurs
Majestés (v. Frankreich, Oesterreich, Großbritannien, Preußen, Rußland und Sardinien) s'engagent,
chacune de son côté, à respecter l'indépendance et l'intégrité territoriale de l'Empire ottoman;
garantissent en commun la stricte observation de cet engagement, et considéreront, en
conséquence, tout acte de nature à y porter atteinte comme une question d'intérêt général.

Sultan dazu seine Zustimmung gibt, die Insel Cypern Großbritannien zu assigniren damit sie durch dasselbe okkupirt und administrirt werde. Für den Fall aber, daß Rußland der Türkei Kars und die anderen im letzten Kriege durch dasselbe in Armenien gemachten Eroberungen zurück= erstatte, soll die Insel Cypern durch England geräumt und die Konvention vom 4. Juni 1878 außer Kraft treten. Diese sog. Defensivallianz ist eine Territorialgarantie mit vereinbarter Gegenleistung zu Gunsten des Garants und eine durch die gestellte Bedingung, deren Erfüllung wahrscheinlich und jedenfalls in Bezug auf Kars nie eintreten wird, nur scheinbar vorübergehende. Nachdem nach Art. 58 des Berliner Vertrages die Pforte Rußland alle Territorien von Ardahan, Kars und Batum abgetreten mit dem letzteren Hafen und außerdem alle Territorien zwischen der alten russisch=türkischen Grenze und einem bestimmten Tracé konnte sich eine Defensivallianz auf diese Orte nicht weiter beziehen und England demnach dafür keine Garantie übernehmen, daß Rußland diese Plätze nicht zurückhalte, somit blieb nur der andere Fall bestehen, daß Rußland in Zukunft sich anderer Territorien der Türkei in Asien zu bemächtigen suche und zur Garantie gegen solche Zukunftspläne Rußlands hält England türkisches Gebiet okkupirt und in Administra= tion. Etwas verspätet unterzeichneten dann das Deutsche Reich, Oesterreich=Ungarn, Frankreich, Großbritannien, Italien und Rußland ein sog. Protokoll de désintéressement (Mart. N. R. G. II. Ser. V. 704), wonach die Mächte, um die vollständige Uninteressirtheit zu erweisen, mit welcher sie die Durchführung der Bestimmungen des Berliner Vertrages vollziehen, sich dazu verpflichten, in keinem als Konsequenz ihrer vereinbarten Aktion zur Ausführung des Vertrages sich ergebenden Arrangement, in Bezug auf die montenegrinische und eventuell die griechische Frage, irgend eine Territorialvermehrung, irgend einen ausschließlichen Einfluß, oder irgend einen Handels= vortheil zu Gunsten ihrer Unterthanen zu erstreben, welcher nicht in gleicher Weise durch die Unter= thanen jeder anderen Nation erlangt werden würde. Sicherlich kann dieses Protokoll als eine kollektive, insbesondere gegen jeden Garant gerichtete Garantieerklärung, wenn auch nur im Hinblick auf die montenegrinische und griechische Frage, zu Gunsten des türkischen Territoriums aufgefaßt werden, indeß wird von dieser Garantie wie von der durch den Pariser Haupt= und Nebenvertrag als auch vom Cypernvertrage der Ausspruch Friedrich des Großen gelten können, daß alle Garantien Filigranarbeiten gleichen, welche mehr geeignet sind eine Augenweide zu gewähren als von irgend einem Nutzen zu sein.

Neben den angeführten Beispielen einseitiger Garantie zu Gunsten eines dritten Staates führen wir als solches einer gegenseitigen und als ein weiteres einer vorübergehenden an die im Art. 1 des Vertrages zwischen Oesterreich und Preußen vom 20. April 1854 (Mart. N. R. G. XV. 574) enthaltene gegenseitige Garantie des Besitzes ihrer Länder für die Dauer des damaligen Krieges zwischen Rußland einerseits und der Türkei, England und Frankreich andererseits an, wonach jeder auf das Ländergebiet des einen gerichtete Angriff, woher er auch komme, auch von dem anderen als ein gegen das eigene Gebiet gerichtetes feindliches Unternehmen angesehen werden soll. In gleicher Weise hatten Großbritannien und die Türkei im Allianzvertrage vom 5. Januar 1799 (Mart. 2 R. VI. 568) Art. 2 sich gegenseitig ihre Besitzungen garantirt.

§ 62. Mittel zur Bekräftigung der Verträge. Außer den Garantien dienen noch [1] zur Bekräftigung der Verträge:

1. Die Bestellung eines Unterpfandes. Ein zur Bekräftigung eines Vertrages, insbesondere zur Sicherung der von einem Kontrahenten gegenüber einem anderen übernommenen Verbindlichkeit gegebenes Pfand gewährt demselben dessen Besitz, oder auch Verwaltung, welche in Gemäßheit der Verfassung und Gesetze des verpflichteten Staates geführt werden muß, oder auch Nutznießung bis zur Erfüllung der Verbindlich= keit, falls nicht schon vorher. Gegenstand der mit der Verpfändung erfolgenden Ueber= gabe können entweder Immobilien des verpflichteten Staates sein wie Staatsgüter oder es kann auch von dem Verpflichteten eine Stadt, besonders eine Festung oder eine Staats= gebietsstrecke, oder es können auch Renten oder Einkünfte des verpflichteten Staates ver= pfändet werden. Letzteres findet namentlich noch heute bei Kontrahirung von Staats= anleihen zur Sicherung der dem Gläubiger zu zahlenden Zinsen oder der ihm zu gewährenden Amortisationen Statt. Eine Hypothek, durch welche eine Forderung gesichert wird, gelangt zwar nicht in den Besitz des zu der Forderung berechtigten Staates, aber sie kann einem Staat, ohne Uebergabe, in einer Urkunde assignirt werden. Der Staat hat das ihm übergebene Pfandobjekt in gutem Zustande zu erhalten und im Fall, daß er es deteriorirt, Schadenersatz zu leisten. Ist die zur Erfüllung der Verbindlichkeit

---

1) Ueber früher übliche Mittel siehe Klüber § 155.

gesetzte Zeit, ohne daß sie vollzogen worden, verstrichen, so kann der forderungsberechtigte Staat, das Pfandobjekt sich aneignen. (Phillimore, II. 79.)

Nach dem Art. 3 der Versailler Friedenspräliminarien vom 26. Februar 1871 (Mart. N. R. G. XIX. 653) zwischen dem Deutschen Reich und Frankreich dienten die von der deutschen Kriegsmacht occupirten französischen Departements zur Sicherung der Milliarden-Kriegskontribution, indem sie nur nach Maaßgabe der Leistung dieser geräumt werden sollten; indeß erklärte sich der deutsche Kaiser bereit an die Stelle einer garantie territoriale eine finanzielle Garantie eintreten zu lassen. Aus früherer Zeit erwähnen wir, daß mittelst Konvention zur Waffenstillstandsverlängerung zwischen der französischen Rheinarmee und der Armee des deutschen Kaisers vom 20. September 1800 (Mart. Rec. 2 VII. 84) Philippsburg, Ulm mit seinen Forts und Ingolstadt der Armee übergeben wurden als Pfand (gage) für die Intentionen des Kaisers.

2. Die Uebergabe von Geisseln. Es werden hierbei einzelne Personen, welche entweder dem regierenden Fürstenhause angehören oder den höheren Klassen[1]) der Bevölkerung des durch einen Vertrag verpflichteten Staates, zur Sicherung der Erfüllung des Vertrages, besonders einer Kriegskonvention, dem aus diesen berechtigten Staat vom verpflichteten übergeben. Entweder erbieten sich die Personen selbst dazu als Geisseln zu dienen oder sie werden dazu von ihrem Staat bestimmt. Dieses Mittel wird in der Regel von Staaten nur gegenüber orientalischen und minder zivilisirten Staaten in Anwendung gebracht oder von den ersteren gegen Staaten der internationalen Rechtsgemeinschaft. Die Geisseln werden bis zur Erfüllung der durch die Beschränkung ihrer Freiheit[2]) sicher gestellten Verbindlichkeit zurückgehalten, müssen aber nach der Erfüllung freigelassen werden und dürfen nicht wegen anderer Verbindlichkeiten ihres Staates weiter festgehalten werden, wohl aber wegen eigener Verbindlichkeiten und wegen von ihnen während ihrer Zurückhaltung ausgeübter Verbrechen. Für den Unterhalt der Geisseln muß der verpflichtete Staat sorgen[3]). Geisseln sind persönlich unverletzlich, namentlich sind Gewaltthätigkeiten gegen sie unstatthaft[4]). An die Stelle der entflohenen und gestorbenen Geisseln muß der verpflichtete Staat andere stellen[5]), falls die sichergestellte Forderung noch nicht geleistet war. Wird aber eine durch eine Geissel sichergestellte Forderung nicht erfüllt, so wird die Geissel kriegsgefangen[6]).

§ 63. **Das Aufhören der Verbindlichkeit der Verträge.** Die Verbindlichkeit der Verträge hört entweder aus faktischen oder rechtlichen Gründen auf. Aus faktischen Gründen:

1. durch Aufhören des Staates, welcher den Vertrag abschloß;

2. durch Untergang des Objektes des Vertrages;

3. durch den Eintritt von Umständen, welche die Erfüllung des Vertrages faktisch unmöglich machen.

Aus rechtlichen Gründen:

---

1) Vattel, § 253.

2) Heffter § 96.

3) Daß freiwillige Geisseln ihren Unterhalt selbst bestreiten sollen (Heffter § 96. Hartmann § 54) erscheint, da die Geissel ihre Freiheit zu Gunsten einer Staatsverpflichtung opfert, eine unbillige Forderung.

4) Phillimore, II. 78.

5) Zwar haben in Uebereinstimmung mit Vattel § 255, Heffter l. c., Hartmann l. c. und Phillimore, II. 79 sich dafür ausgesprochen, daß der Verpflichtete beim Tode der Geissel, zum Ersatz nur in dem Fall, daß es verabredet worden, eine andere stellen müsse, da er an dem Tode nicht schuld sei, sondern ein Zufall eingetreten sei, den der andere Staat tragen müsse, indeß ist doch andererseits zu erwägen, daß dieser auch nicht daran schuld ist und daß es unbillig erscheint, daß er dennoch nur durch einen Zufall der Sicherstellung für seine Forderung verlustig gehen solle. Offenbar ist hier der zivilrechtliche Grundsatz casum sentit dominus nicht anwendbar, da der berechtigte Staat gar nicht dominus der Geisel wird, sondern diese nur zeitweilig ihrer Freiheit verlustig geht.

6) Vattel, 260.

1. durch eine neue, den alten Vertrag aufhebende oder abändernde Willenserklärung der kontrahirenden Staaten;

2. durch Eintritt eines im Vertrage vorausgesehenen dessen Auflösung bedingenden Ereignisses;

3. durch Ablauf einer für die Auflösung des Vertrages festgesetzten Zeit;

4. durch Vornahme der im Vertrage festgesetzten Aufkündigung seitens des oder der dazu berechtigten Kontrahenten;

5. durch Erfüllung aller im Vertrage eingegangenen Verbindlichkeiten;

6. durch Erlaß des zu leistenden;

7. im Fall der unwiderleglich festgestellten Nichterfüllung oder Verletzung einer im Vertrage übernommenen Rechtsverpflichtung durch einen der Kontrahenten; hat in diesem Fall der andere Kontrahent schon die Erfüllung vorbereitet oder begonnen, oder gar vollzogen, so ist er gegenüber dem nichterfüllenden oder vertragsverletzenden Kontrahenten zu einer Schadenersatzforderung von diesem berechtigt. Ein Vertrag hört, bei der Verletzung einer durch ihn begründeten Verbindlichkeit nur dann nicht auf, wenn in ihm festgesetzt wurde, daß die Verletzung einer einzelnen, bezeichneten Bestimmung diese Wirkung nicht haben soll[1]).

II. Verbindlichkeiten ohne Vertrag.

§ 64. Dafür daß auch im internationalen Rechtsverkehr Verbindlichkeiten nicht bloß aus einem Vertrage, sondern auch aus erlaubten Handlungen entstehen, fehlt es völlig an Beispielen und erscheint deshalb die Behandlung derselben von lediglich theoretischer Bedeutung, da sich dafür weder ein Herkommen noch ein Vertragsrecht ausgebildet hat[2]).

Daß aus unerlaubten Handlungen auch internationale Verbindlichkeiten entstehen können und zwar nicht sowohl aus solchen eines Staates gegen einen anderen, sondern auch aus solchen Einzelner eines Staates gegen einen anderen Staat oder auch Einzelner eines Staates gegen Einzelne eines anderen, unterliegt keinem Zweifel[3]). In den beiden ersteren Fällen werden zunächst nur Erklärungen unter den betreffenden Staaten ausgewechselt und kann auch damit zugleich eine Entschädigungsforderung verknüpft werden. In der Regel genügen solche Verhandlungen zur Erlangung der gewünschten Genugthuung[4]) und sind zu einer solchen diejenigen Staaten, deren Staatsoberhäupter oder deren Unterthanen einen fremden Staat verletzt hatten, gegenüber dem verletzten Staat verpflichtet. Die Genugthuung wird sowohl durch materielle Entschädigung gewährt als durch Erklärungen der beim verletzten Staat akkreditirten Gesandten des verletzt habenden. Haben die Verhandlungen nicht die Genugthuung zur Folge, so ist der verletzte Staat berechtigt zur Anwendung gewaltsamer Mittel gegen den verletzt habenden Staat oder denjenigen, welchem die einzelne verletzt habende Person angehört.

Gegen Einzelne eines Staates, welche sich unerlaubter Handlungen gegen Einzelne eines anderen Staates schuldig machten, und zwar sowohl bei Rechtsverletzungen durch

---

1) Die Bestimmungen über die Erneuerung von Verträgen werden beim Kriegsrecht erörtert.

2) Wir erachten die Heffter'sche Ueberführung der Verbindlichkeiten quasi ex contractu und delicto für eine privatrechtliche Nachbildung. In Bezug auf die ersteren gibt Heffter selbst zu (§ 100 Note 1), daß in der Völkerpraxis höchst selten solche Fälle vorkommen, die von ihm angeführten sind aber lediglich fingirte, nur theoretische Exemplifikationen.

3) Diese Fragen werden indeß zum Theil bei der Exterritorialität, zum Theil im internationalen Strafrecht behandelt, so daß eine besondere Behandlung derselben als Verbindlichkeiten ex delicto sehr wohl vermieden werden kann.

4) Das Verfahren bei durch einen Souverän oder Gesandten in einem fremden Staat verübten Rechtsverletzungen gehört in das formelle Völkerrecht.

von ihrem Staat nicht dazu autoriſirte Beamte als durch Private, wird wohl in der Regel nur gerichtliche Verfolgung gefordert werden können und nur wenn dieſe ver=weigert, verzögert oder nicht in genügendem Maaß gewährt wird, iſt ein weiteres Ver=fahren des Staates oder der Angehörigen des Staates, gegen welche die unerlaubten Handlungen gerichtet waren, berechtigt: Forderung einer Erklärung und Genugthuung. Daß ein Staat aber haftpflichtig für die unerlaubten Handlungen ſeiner Staatsan=gehörigen ſei, wird wohl rückſichtlich der Staaten der internationalen Rechtsgemeinſchaft, wenn ſie nicht dazu angeſtiftet, nicht angenommen werden können, es ſei denn, daß ſie von der Ausführung der beabſichtigten Handlung gewußt und ſie nicht gehindert, dagegen wird ein jeder Staat verpflichtet ſein, ſeine Staatsangehörigen anzuhalten, die aus ihren unerlaubten Handlungen entſtehenden Verbindlichkeiten zu erfüllen. Unziviliſirte Staaten werden aber in der Regel für die unerlaubten Handlungen ihrer Angehörigen ſofort verantwortlich gemacht, da es ihnen an einer den Bedürfniſſen einer guten Rechtspflege entſprechenden Rechtsverfolgung fehlt.

Zweiter Haupttheil.

Das formelle Völkerrecht.

Erſter Abſchnitt.

Die Organe.

§ 65. **Die oberſten Organe.** Die Vertretung der äußeren Souveränetät des Staates, deren Funktionen geregelt werden im Geſandtenrecht, Vertragsrecht und Kriegs=recht, ſteht den oberſten Organen eines Staates zu: in Monarchien dem Souverän, in Republiken, je nach der Verfaſſung, entweder dem Präſidenten oder einem Kollegium. In beiden Fällen iſt die oberſte Vertretung im Prinzip unveräußerlich, wenn auch die Funktionen anderen, mittleren und unterſten Organen zur Ausübung übertragen werden. Die Funktionen des oberſten Organes ſind folgende:

1. es leitet das geſammte die auswärtigen Beziehungen der Staaten betreffende Verfahren, in konſtitutionellen Staaten und Republiken unter Mitwirkung des Miniſters oder Staatsſekretärs des Auswärtigen;

2. es übt das Recht des Staates, Verträge mit anderen Staaten abzuſchließen, Krieg zu erklären, Frieden zu ſchließen, Geſandte zu ſenden (aktives Geſandtſchaftsrecht) und zu empfangen (paſſives Geſandtſchaftsrecht) und Konſuln anderer Staaten in ſeinem Staat die Ausübung der von ihrem Staat ihnen übertragenen Funktionen zu gewähren (das Exequatur)[1]. In konſtitutionellen Staaten hat der Miniſter oder Staatsſekretär für das Auswärtige mitzuwirken bei allen den Staat angehenden Verhandlungen mit einem fremden Staat, insbeſondere beim Abſchluß von Staatenverträgen, bei der Ernennung und Inſtruirung der diplomatiſchen Agenten; bei Kriegserklärungen und Friedens=abſchlüſſen nach der Praxis das geſammte Staatsminiſterium, zur Prüfung und Genehmigung der abzuſchließenden Verträge aber auch die Kammern, ſoweit ihre Mitwir=

1) Bulmerincq, „Das Exequatur" in v. Holtzendorff's Rechtslex.

kung verfassungsmäßig bedungen ist[1]).   In den größeren Republiken werden diese Rechte von verschiedenen Faktoren ausgeübt.

In der schweizerischen Eidgenossenschaft steht dem Bunde allein das Recht zu, Krieg zu erklären und Frieden zu schließen, Bündnisse und Staatsverträge, namentlich Zoll= und Handels=verträge mit dem Auslande einzugehen (Art. 8 d. Verf. von 1874) und fallen in den Geschäfts=kreis des National= und Ständerathes oder der Bundesversammlung Bündnisse und Verträge mit dem Auslande sowie die Gutheißung von Verträgen der Kantone unter sich oder mit dem Auslande, Maaßregeln für die äußere Sicherheit, für Behauptung der Unabhängigkeit und Neutralität der Schweiz, Kriegserklärungen und Friedensschlüsse (Art. 85 d. Verf.). Endlich prüft der Bundesrath die Verträge der Kantone mit dem Auslande und genehmigt dieselben, sofern sie zulässig sind, wahrt die Interessen der Eidgenossenschaft nach Außen, wie namentlich ihre völkerrechtlichen Beziehungen, besorgt die auswärtigen Angelegenheiten überhaupt, und wacht für die äußere Sicherheit, für die Behauptung der Unabhängigkeit und Neutralität der Schweiz (Art. 102). In den Ver=einigten Staaten von Nordamerika hat der Kongreß Krieg zu erklären (Verf. v. 1787 Art. I. Sect. 8), der Präsident das Recht, mit Rath und Einwilligung des Staates, Bündnisse zu schließen, sowie Gesandte, andere öffentliche Minister und Konsuln zu ernennen und zu bestallen. Auch empfängt er die Gesandten und andere öffentliche Minister der fremden Staaten. (Art. II. Sect. 2 u. 3). In der französischen Republik (Gesetz über die Beziehungen der öffentlichen Gewalten vom 16. Juli 1875) negoziirt und ratifizirt der Präsident die Verträge, erklärt den Krieg nach vorhergehender Zustimmung der beiden Kammern (Art. 8 u. 9), und ernennt die Gesandten. Die Gesandten der fremden Staaten werden bei ihm akkreditirt (Art. 7);

3. es verhandelt in einer Monarchie entweder **mündlich** mit einem oder mehreren obersten Organen auf Zusammenkünften oder sog. Fürstenkongressen und bei den Vertretern anderer Staaten gewährten Audienzen oder tritt **schriftlich** in Beziehung zu den obersten Organen anderer Staaten durch persönliche Handschreiben; alle diese Verhandlungen erhalten aber bei konstitutionellen Monarchien erst dann einen rechtsverbindlichen oder den Staat verpflichtenden Charakter, wenn dabei die Minister oder Staatssekretäre mitgewirkt haben. Bei einem Präsidenten der Republik beschränkt sich solcher persönlicher Verkehr in der Regel auf zeremonielle Zusammenkünfte mit den Staatsoberhäuptern fremder Staaten, falls diese sich zur Hauptstadt der bezüglichen Republik begeben und auf die Gesandten fremder Staaten gewährten Audienzen.

§ 66. Die völkerrechtliche Stellung des Souveräns. Dem Souverän gebührt bei seinem Aufenthalt im fremden Staat die Exterritorialität[2]). Auf Grund derselben ist der Souverän:

1. auch im fremden Staat unverletzlich; übt er

2. auch im fremden Staat seine Regierungsrechte in Bezug auf seinen Staat und seine Unterthanen, so lange er nicht mit anderen Staaten im Kriege ist, und der fremde Staat, in dessen Gebiet er sich befindet, ein neutraler ist; ist er

3. außer in Bezug auf seine dortigen Immobilien und die mit diesen im fremden Staat verknüpften Leistungen befreit von der örtlichen Zivilgerichtsbarkeit; für die Dauer des Aufenthaltes des Souveräns auf seinem Immobil ist aber auch dieses exterritorial; ist er

4. frei von persönlichen Abgaben; übt er

5. in geringfügigen Zivilsachen seiner Staatsangehörigen in bringenden Fällen die Gerichtsbarkeit, sog. Selbstgerichtsbarkeit.

Unter Exterritorialität ist zu verstehen ein völkerrechtliches Ausnahmeverhältniß bestimmter Personen und Sachen innerhalb eines fremden Staatsgebietes von der fremden Staatsgewalt. Die Fiktion, daß diese Personen und Sachen noch in ihrem Staatsgebiet seien, kann nur zur Er=klärung, nicht zur Begründung des Rechts dienen.

Dagegen ist der Souverän verpflichtet:

1. als Prozeßführender sich dem örtlichen Gesetz= und Prozeßrecht zu unterwerfen;

2. falls er in die Dienste eines fremden Staates tritt, sich dessen Dienstordnung zu fügen; und kann er

---

[1) Siehe § 55.   2) Bulmerincq: „Exterritorialität" in v. Holtzendorff's Rechtslex.

1. bei Betheiligung an Umtrieben gegen den fremden Staat zum Verlassen des Gebietes desselben aufgefordert werden; und

2. bei von ihm geübten öffentlichen Gewaltthätigkeiten und Verletzung der Rechtsordnung des fremden Staates verhaftet und im Handgemenge getödtet werden.

Die Exterritorialität des Fürsten erstreckt sich auf seine Begleiter und deren Sachen zum persönlichen Gebrauch.

Exterritorial sind ferner der Regent, nicht der Thronfolger, weil er nicht den Staat repräsentirt. Die Exterritorialität wird ohne besonderes Ansuchen der dieselbe genießenden Persönlichkeit wirksam. Sie hört faktisch auf mit dem Verlassen des fremden Staates, rechtlich mit der Abdikation und Depossedirung des Souveräns oder Regenten.

Den Präsidenten der Republik als Staatshäuptern werden die vier erstbezeichneten Rechte im fremden Staat eingeräumt und auf dieselben eventuell auch die an zweiter Stelle bezeichneten Bestimmungen, mit Ausnahme der für den nicht vorkommenden Fall des Eintritts in die Dienste eines fremden Staates, angewandt.

§ 67. **Das mittlere Organ für das gütliche Verfahren.** Das mittlere Organ für das gütliche Verfahren ist der Minister des Auswärtigen. In ihm konzentriren sich alle auf die auswärtigen gütlichen Staatenbeziehungen sich erstreckenden Akte. Indeß sind auch die in Bezug auf die Mittel des gewaltsamen Verfahrens von Staat zu Staat geübten Aktionen der Mitwirkung des Ministers des Auswärtigen unterworfen.

Der Minister des Auswärtigen wirkt mit:

1. durch seinen Rath bei der Besetzung von Gesandtschaftsstellen und bringt zu denselben taugliche Personen in Vorschlag, in gleicher Weise auch bei der Entscheidung darüber ob die zum Gesandten eines fremden Staates von diesem in Vorschlag gebrachte Persönlichkeit angenommen oder rekusirt werden, oder ein beglaubigter Gesandte rekreditirt werden soll;

2. bei den Verhandlungen mit den Gesandten fremder Staaten; er hat

3. in der Regel alle von seinem Staat ausgehenden, das Auswärtige betreffende wichtigeren Urkunden, Memoiren, Schreiben und Depeschen zu redigiren und alle diplomatischen Aktenstücke seines Staates zu unterzeichnen, insoweit nicht besondere ad hoc bevollmächtigte Persönlichkeiten mit Führung bezüglicher Verhandlungen betraut sind; von ihm oder doch unter seiner Leitung werden die Kreditive, Vollmachten und Instruktionen für die von seinem Staat bei anderen Staaten beglaubigten diplomatischen Persönlichkeiten entworfen und unterzeichnet.

§ 68. **Das mittlere Organ für das gewaltsame Verfahren.** Das mittlere Organ für das äußerste Mittel des gewaltsamen Verfahrens, den Krieg ist der Minister des Krieges oder der Staatssekretär für denselben. Dieses Organ leitet:

1. die gesammte auf das Kriegswesen bezügliche Verwaltung;

2. empfängt die direkten auf das Kriegswesen bezüglichen Vorschriften seiner Staatsregierung und bringt diese wie die auf das Kriegswesen bezüglichen Gesetze zur Ausführung; wirkt mit

3. bei allen zur Führung eines Krieges durch seinen Staat erforderlichen Maßregeln, besonders nach ergangener Kriegserklärung und ohne daß er in die Funktionen eines Kriegsoberbefehlshabers einzugreifen hat;

4. bei Ernennung, Beförderung und Entlassung der Militärpersonen;

5. bei Kriegserklärungen und Friedensschlüssen, nicht bloß in militärischer Beziehung, sondern in konstitutionellen Staaten auch als Mitglied des Staatsministeriums.

In direkte Beziehungen zu anderen Staaten tritt freilich der Kriegsminister nicht, wenn auch den Gesandtschaften Militärbevollmächtigte beigeordnet und diese selbstverständlich auch dem

Kriegsminister untergeben sind. Bei Verträgen während des Krieges hat direkt auch in der Regel der Generalstabschef in technischen, das Militärwesen betreffenden Fragen mitzuwirken, aber eine indirekte Mitwirkung des Kriegministers findet doch auch in dieser Beziehung Statt. Jedenfalls ist aber der Krieg eine auswärtige Staatsthätigkeit und deßhalb kann auch der Chef der Zentral=kriegsverwaltung als mittleres Organ in einem die auswärtigen Staatenbeziehungen betreffenden Recht nicht unberücksichtigt bleiben.

§ 69. **Die untersten Organe für das gütliche Verfahren.** Die untersten Organe für das gütliche Verfahren sind die Gesandten und überhaupt die mit einem diploma= tischen Charakter behafteten Staatsbeamten für das Auswärtige. Eine Rechtspflicht zur Absendung und Annahme von diplomatischen Persönlichkeiten besteht zwar nur dann, wenn sie vertragsmäßig zwischen den resp. Staaten begründet ist, indeß ergibt sie sich aus dem Recht der Staaten der internationalen Rechtsgemeinschaft auf Verkehr, indem dieser solcher Vermittler nothwendig bedarf, und wird daher eine Verpflichtung nur gegenüber solchen außereuropäischen Staaten vertragsmäßig vereinbart, welche nicht zu jener Gemeinschaft gehören[1]), oder früher gegenüber solchen europäischen, welche nicht zu ihr gehörten[2]).

Das Recht zum Empfange von diplomatischen Persönlichkeiten schließt auch das der Verweigerung der Annahme einer bestimmten Persönlichkeit in sich: das Recht der Rekusation. Indeß kann durch vorherige Anfrage bei dem beschickenden Staat: ob die ausersehene Persönlichkeit angenommen werden würde, die Rekusation vermieden werden. Die Rekusation kann aber nur aus gewichtigen Gründen erfolgen, wie z. B. wegen erwiesener feindlicher Gesinnung des zu sendenden Gesandten gegen den beschickten Staat oder gegen dessen höchstes Organ und wegen der Persönlichkeit des Abgesandten entgegen= stehender Landesgesetze, wonach namentlich ein eigener Staatsangehöriger als Gesandter eines anderen Staates unannehmbar ist. In manchen Staaten verbieten Gesetze oder Verordnungen ihre eigenen Staatsangehörigen als Gesandte eines dritten Staates anzu= nehmen und Angehörige eines fremden Staates diesem als Gesandte zu senden. In der Annahme einer bestimmten Person als diplomatischen Vertreters ist zugleich enthalten, daß sie in Gemäßheit der von ihrem Staat ihr angewiesenen Stellung im fremden Staate werden funktioniren dürfen und daß sie sich der einer diplomatischen Persönlichkeit in jenem Staat gewährten Rechte erfreuen werde.

Der Rang der diplomatischen Agenten ist auf dem Wiener Kongreß von Oesterreich, Spanien, Frankreich, Großbritannien, Portugal, Preußen, Rußland und Schweden durch das Reglement vom 19. März 1815[3]) und durch das Aachener Protokoll vom 21.

---

1) Der Art. 2 des Vertrages Frankreichs mit China vom 27. Juni 1858 (Mart. N. R. G. XVII. 1e P. S. 2) gewährt, daß die beim Kaiser von China akkreditirten diplomatischen Agenten sich für den Fall, daß wichtige Geschäfte sie dorthin rufen, sich in die Hauptstadt des Reiches begeben können und daß sobald eine mit China einen Vertrag abschließende Macht das Residirungs= recht für ihre diplomatischen Agenten als beständiges erlangt, Frankreich sofort desselben Rechts theilhaft werden soll. Nach Art. 2 des Vertrages der Staaten des deutschen Zollvereins mit China vom 2. September 1861 (Mart. N. R. G. XIX. 168) kann der König von Preußen, wenn es ihm gut dünkt, einen diplomatischen Agenten bei dem Hofe von Peking und der Kaiser von China in gleicher Weise einen solchen beim Berliner Hof akkreditiren. Im Vertrage Rußlands mit China vom 13. Juni 1858 (Mart. N. R. G. XVI. 2e P. S. 128) Art. 2 wird das Recht Rußlands Gesandte nach Peking zu senden, sobald die russische Regierung es für nothwendig hält, bestätigt. Nach dem Vertrage zwischen dem Norddeutschen Bund und Japan vom 20. Febr. 1869 (Nordd. B. G. Bl. 1870) Art. 2 soll der König von Preußen das Recht haben einen diplomatischen Agenten in Japan zu ernennen und der Tenno von Japan einen diplomatischen Agenten beim Hofe von Berlin. Die Vereinigten Staaten von Nordamerika und Madagaskar gestehen sich gegenseitig im Art. 5 des Vertrages vom 13. Mai 1881 das Recht zu diplomatische Agenten des anderen Theiles bei sich residiren zu lassen.

2) S. die Verträge der Türkei mit anderen europ. Staaten aus früherer Zeit.

3) Annexe XVII. zur Wiener Kongreßakte vom 9. Juni 1815 (Mart. N. R. II. 449 ff.)

November 1818 von Oesterreich, Frankreich, Großbritannien, Rußland und Preußen[1] festgestellt worden.

Nach dem Wiener Reglement werden die employés diplomatiques eingetheilt in drei Klassen:

1. die der Ambassadeure (früher und auch jetzt Botschafter genannt);

2. die der Envoyés, Minister oder anderer bei den Souveränen akkreditirter (früher und auch jetzt envoyés extraordinaires und ministres plénipotentiaires genannt;

3. die der Geschäftsträger (chargés d'affaires), akkreditirt bei den Ministern der auswärtigen Angelegenheiten.

Nach dem Herkommen werden noch den Gesandten erster Klasse zugerechnet von denen des Papstes der legatus a latere und de latere, d. h. aus den Kardinälen und der Nuntius, ordentliche und außerordentliche, in der Regel aus den zu Erzbischöfen und Bischöfen gewählten Prälaten; den Gesandten zweiter Klasse aber die päpstlichen Internuntien und der österreichische Internuntius (seit 1678) zu Konstantinopel.

Nur die erste Klasse hat den Repräsentativcharakter. Die employés diplomatiques in außerordentlicher Mission (en mission extraordinaire) haben durch diesen Titel keinen höheren Rang. Die employés diplomatiques sollen in jeder Klasse unter einander rangirt werden nach dem Datum der offiziellen Notifikation ihrer Ankunft und soll in jedem Staat ein gleichmäßiger Modus für den Empfang der employés diplomatiques jeder Klasse festgestellt werden. Die Bande der Verwandtschaft oder Familienverbindungen oder politische Allianzen der Höfe gewähren ihren diplomatischen employés keinen besonderen Rang. In den Akten und Verträgen mehrerer Mächte, welche das Alternat (§ 24) zulassen, entscheidet das Loos über die bei den Unterschriften der Minister einzuhaltende Ordnung (ordre).

Nach dem Aachener Protokoll sollen die Ministerresidenten eine Mittelklasse bilden zwischen den Gesandten zweiter Klasse und den Geschäftsträgern.

Die Gesandten sind entweder ständige, residirende, wenn sie für die Dauer in der Residenz des fremden Staates ihren Sitz haben und bei diesem für die Dauer beglaubigt sind, oder außerordentliche, vorübergehende, welche in besonderer Mission an einen fremden Staat gesandt werden[2]. Das Recht, Gesandte e r s t e r Klasse zu senden gebührt denjenigen Staaten, welche Königl. Ehren genießen (§ 25). In der Regel beobachten die Staaten in Bezug auf die Klasse der abzusendenden Gesandten Gegenseitigkeit, wenngleich mitunter Ausnahmen stattfinden. Zu Zeremonial= oder Ehrengesandtschaften wie zu Krönungen und beim Regierungswechsel von Souveränen werden unter größeren Staaten Gesandte erster Klasse geschickt. Nur zu Kongressen pflegt heute ein Staat mehrere Gesandte zu entsenden. Im Gegensatz hierzu wird auch von einem Staat ein und derselbe Gesandte bei mehreren Staaten zugleich akkreditirt oder es lassen sich verschiedene Staaten durch einen und denselben Gesandten bei einem dritten Staat repräsentiren.

Die Bezeichnung: „Diplomat", welche in Frankreich unter dem Ministerium de Vergennes aufgekommen sein soll, wird zwar auch dem Minister des Auswärtigen und dessen Räthen verliehen, in der Regel aber doch nur den Gesandten und den mit einem diplomatischen Charakter versehenen Konsuln. Der Ausdruck „Diplomatisches Korps" bezeichnet die Gesammtheit der diplomatischen Bevollmächtigten bei einem und demselben Staat.

---

1) Mart. N. R. IV. 648.

2) Besonders war in Friedensverträgen der Pforte mit europäischen Großstaaten aus dem vorigen Jahrhundert die Sendung außerordentlicher Gesandten ausbedungen. S. z. B. Art. 10 des Vertr. mit Rußland vom 9. Januar 1792 (Mart. R. 2. V. 291).

§ 70. Die Konsuln. Die Konsuln werden in der Regel von Staaten der internationalen Rechtsgemeinschaft für diese nur für Handelsinteressen bestellt und haben als solche keinen diplomatischen Charakter. Indeß üben sie im Auftrage des sie bestellenden Staates in einem fremden Staat und unter Zustimmung dieses ihre Wirksamkeit und gehören daher jedenfalls zu den internationalen Organen[1]. Die Konsuln sind entweder Berufskonsuln (consules missi), welche Angehörige des bestellenden Staates sind, mit größeren Rechten oder Wahlkonsuln (consules electi), welche Angehörige des Landes ihrer Residirung sind und in der Regel Handelsgeschäfte treiben, mit geringeren Rechten. Die ersteren werden von ihrem Staat in einen fremden gesandt, die letzteren werden aus den am Ort ihres Konsularamtes handeltreibenden oder anderen daselbst domizilirenden Personen von dem sie bestellenden Staat ernannt[2]. Es zerfallen die Konsuln überhaupt in General-Konsuln, Konsuln und Vizekonsuln. General-Konsuln werden für größere und auch gleichzeitig für mehrere Handels- und Seeplätze eines fremden Staates bestellt und sind ihnen die übrigen Klassen der Konsuln ihres Bezirks untergeordnet. Konsuln werden für einen einzelnen Platz bestellt und sind die Vizekonsuln ihnen entweder beigegeben oder vertreten sie oder funktioniren allein, wenn auch in der Regel einem Konsul untergeordnet an einem kleinerem Platz[3]. Den Generalkonsuln und Konsuln ist das Recht eingeräumt, mit Genehmigung ihrer Staatsgewalt und Zustimmung der Landesregierung in den Städten, Häfen und Plätzen ihres Bezirks Konsularagenten zu bestellen, welchen sie das Patent ertheilen[4].

In Oesterreich sind den Konsulaten Konsularagentien und Starostien untergeordnet, welchen indeß die konsularamtlichen Attributionen nur im beschränkten Maaße zukommen[5]. Als „konsularische Agenten wird auch der Inbegriff sämmtlicher Konsuln eines Staates bezeichnet“.

Eine besondere Art der General-Konsuln sind die Consuls généraux chargés d'affaires. Sie sind in Amerika und Afrika durch europäische Staaten, namentlich Frankreich, in gleicher Weise akkreditirt wie die Geschäftsträger und bilden eine Mittelstufe zwischen dem diplomatischen Korps und den Konsuln[6].

Eine bevorrechtete Stellung nehmen die Konsuln in der Levante und an der Nordküste Afrikas, in neuester Zeit auch in anderen nichtchristlichen Ländern ein. Diesen Konsuln ist vielfach ein diplomatischer oder eine Art repäsentativen Charakters und damit im beschränkten Maß Exterritorialität gewährt worden[7].

---

1) Pradier=Fodéré, Cours de droit diplomatique. Paris 1881. I. 247, zählt daher auch mit Recht die Konsuln zu den agents extérieurs.

2) Nach dem Vertrage Großbritanniens mit der Türkei vom 5. Januar 1809 Art. 9 sollen englische Konsuln nicht aus türkischen Unterthanen genommen werden. Nach dem Vertrage Sardiniens mit der Türkei vom 20. Januar 1825 (Mart. N. R. VI. 1. 365) Art. 4 sollen die Konsuln und Vizekonsuln Sardiniens in der Türkei Unterthanen Sardiniens sein.

3) Miruß, Das europäische Gesandtschaftsrecht 1847. I. § 378 ff.

4) König, Handbuch des deutschen Konsularwesens. Berlin 1878, 22. § 11 des norddb. Bundesgesetzes vom 8. November 1867 (Nordb. B. G. Bl. 137) gestattet den Konsuln mit Genehmigung des Bundeskanzlers in ihrem Amtsbezirk konsularische Privatbevollmächtigte (Konsularagenten) zu bestellen. Art. 7 des deutsch=russ. K. V. vom $\frac{8.\ Dezember}{26.\ November}$ 1874 (D. R. G. Bl. 1875, S. 145). Art. 8 des deutsch=span. K. V. Art. 6 des franz.=ital. K. V.

5) Piskur, Oesterreichs Konsularwesen. Wien 1862, 32.

6) Pradier=Fodéré, I. 295. S. auch J E. Reynaud, Études historiques sur les consuls français. Paris 1874, (Diss.) S. 169.

7) König, 3 u. 27. Verträge des vorigen Jahrhunderts wie Frankreichs mit Algier vom 21. März 1619 und mit Marokko vom 28. Mai 1767 Art. 11, Großbritanniens mit der Pforte vom September 1675 und mit Tunis vom 30. August 1716, und Schwedens mit Tripolis vom 15. April 1741 Art. 18 sprechen dem Konsul die Repräsentation des Monarchen zu. S. Jochmus, Handbuch für Konsuln 1852, S. 112 Note 1.

Zu den österreichischen Konsulaten in der Levante gehören resp. gehörten alle diejenigen österreichischen Konsulatämter, welche innerhalb des ottomanischen Reiches und seiner Vasallenstaaten, im Uebrigen zum türkischen Reich gehörigen Asien und in den Barbaresken Staaten errichtet sind[1]). Die französischen Konsuln sind in den muselmännischen Staaten untergeordnet dem Gesandten Frankreichs in Konstantinopel[2]).

§ 71. **Die Bestellung der diplomatischen Persönlichkeiten.** Ein Gesandter wird durch ein von dem ihm schickenden Staat ausgefertigtes Schreiben: das Beglaubigungs= schreiben (lettre de créance) bei dem beschickten Staat akkreditirt und zwar die Gesandten der zwei ersten Klassen beim höchsten Organ, die der dritten und vierten beim Minister des Auswärtigen[3]).

Die Legitimirung der Legaten und Nuntien des Papstes geschieht durch Bullen, welche ihnen gleichzeitig als Vollmacht dienen[4]). Wird ein Gesandter dauernd oder zu einem besonderen Zweck mit einem höheren oder niederen Range bekleidet, so muß er ein neues Beglaubigungsschreiben übergeben[5]). Die bloß ad interim ernannten Gesandten bedürfen keines Beglaubigungsschreibens, es genügt die offizielle Anzeige der Uebernahme. Erst nach Ueberreichung des Kreditivs an die bezeichneten Organe der fremden Staats= gewalt und Annahme desselben durch diese, ist der Gesandte als solcher von der fremden Staatsgewalt förmlich anerkannt. Außerdem muß der Gesandte von seinem Staat mit einem Paß versehen werden zur Reise in den fremden Staat, welchen er dem Minister des Auswärtigen desselben übergibt und welchen er bei seiner Entlassung zurückerhält oder welcher ihm als Ausdruck des Wunsches des fremden Staates, daß er seine Mission aufgebe, zurückgesandt wird.

Die Vollmacht des Gesandten (pouvoir, pleinpouvoir) bezeichnet den Umfang der ihm eingewiesenen Stellung, bildet gegenüber dem fremden Staat die Grundlage seiner Ermächtigung und gegenüber dem eigenen die seiner Verantwortlichkeit. Kongreßgesandte legitimiren sich gegenüber den übrigen nur durch ihre Vollmacht. Ein Kongreß beginnt mit der Vorlage oder dem Austausch derselben und ist durch deren wechselseitige Aner= kennung konstituirt. Die einem Gesandten von seinem Staat ertheilte Instruktion schreibt sein Verhalten für seine Stellung im fremden Staate vor und dient ihm zur Richtschnur für seine Handlungen, seinem Staat aber dazu, ihn zu einer bestimmten Handlungsweise zu verpflichten und ihn, wenn er nicht derselben gemäß gehandelt hat, zur Rechenschaft zu ziehen. Der Gesandte erhält unmittelbar nach seiner Ernennung eine generelle Instruktion für seine Verrichtungen und die Ausdehnung seiner Befugnisse in den zu pflegenden Verhandlungen und spezielle für die etwa vorkommenden besonderen Geschäftsleistungen[6]). Die Ertheilung zwiefacher Instruktionen in derselben Sache an einen Gesandten, die eine als öffentliche, um sie erforderlichen Falles dem beschickten Staat vorzuweisen, die andere als geheime, nicht vorzuweisende und mit jener nicht übereinstimmende, damit der Gesandte nach ihr handle, ist, da hierdurch die Täuschung des beschickten Staates bezweckt und Treue und Glauben in dem Staatenverkehr verletzt werden, völkerrechtlich unstatthaft.

---

1) Piskur, 33. Schon 1617 wurde Oesterreich durch türkischen Firman gestattet, in Kon= stantinopel einen Generalkonsul zu ernennen, von welchem alle übrigen Konsuln in der Türkei abhängen sollten.

2) Reynaud, 169.

3) Ob die Ministerresidenten beim Souverän oder Ministerium des Auswärtigen akkreditirt sind, übergehen sowohl das Aachener Protokoll als die Völkerrechtsverträge mit Stillschweigen, nur Ch. de Martens I. 63 spricht sich für letzteres aus, während Alt, Handbuch des europäischen Gesandtschaftsrechts, Berlin 1870, S. 119 sagt, daß die Gesandten dritter Klasse meist beim Minister, selten beim Souverän beglaubigt sind.

4) Alt, 53. 5) Alt, § 180.

6) Miruß, I. 290.

§ 72. Die Bestellung der Konsuln. Die Bestellung eines Konsuls geschieht seitens des ernennenden Staates durch den sog. Bestellungsbrief (lettres de provision, patente)[1]) und die Gewährung der Bestellung durch den bestellten Staat, durch dessen Exequatur[2]) (Plazet, in der Türkei Berat oder Ferman)[3]), einen von dem gewährenden Staatsoberhaupt unterzeichneten, vertragsmäßig kostenfreien Akt, durch welchem dem ernannten Konsul vom fremden Staat für einen oder mehrere bestimmte Orte seines Gebietes die Ausübung konsularischer Funktionen gestattet und der Konsul zugleich gegenüber den lokalen Autoritäten des Konsulatsortes legitimirt wird. Zur Herbeiführung der Ertheilung des Exequatur sendet der Minister des Auswärtigen des ernennenden Staates die Konsularprovisionen (provisions consulaires) an dessen Gesandten in demjenigen Staat, für welchen der Konsul bestellt werden soll und richtet dann dieser Gesandte ein bezügliches Gesuch zur Gewährung an den Minister des Auswärtigen des letzteren Staates.

Die Gewährung erfolgt, wenn sie nicht wegen Anrüchigkeit, oder betrügerischen Bankerots, oder feindseliger politischer Gesinnung des bezüglichen Konsuls, oder wegen seiner Betheilung an politischen Umtrieben gegen den um Gewährung ersuchten Staates unter Angabe der Gründe an die ersuchende Staatsgewalt verweigert wird, durch Verordnung oder bloße Benachrichtigung[4]).

Der Konsul wird zugelassen und anerkannt, nachdem er in Gemäßheit der im Residirungslande vorgeschriebenen Regeln und Förmlichkeiten seine Provisionen vorgewiesen hat. Nach Produzirung des Exequatur ergreift aber die höchste Autorität des Konsulatsortes unverzüglich die erforderlichen Maßregeln, damit der Konsul die Pflichten seines Amtes ausüben und zum Genuß der ihm zustehenden „Exemptionen, Prärogative, Immunitäten, Ehren und Privilegien zugelassen werden könne".

Die Staaten der internationalen Rechtsgemeinschaft haben in von ihnen abgeschlossenen Konsularverträgen oder auch Handels=[5]) und Schifffahrtsverträgen sich ausdrücklich die Befugniß in den Häfen und Handelsplätzen des anderen Theiles General=Konsuln, Konsuln, Vizekonsuln und Konsularagenten zu bestellen, eingeräumt. Dessenunerachtet ist für jeden einzelnen Konsul das Exequatur nachzusuchen. Ausnahmsweise haben sich Staaten verpflichtet, in ihren Häfen Konsuln im Interesse aller Nationen zuzulassen[6]), andererseits haben sich vertragschließende Staaten vorbehalten, die Oertlichkeiten zu bezeichnen, welche von der Konsulatsbestellung auszunehmen sie für angemessen halten, indeß soll solcher Vorbehalt nicht auf einen der kontrahirenden Theile angewandt werden können, ohne in gleicher Weise auf alle Mächte angewandt zu werden[7]).

---

1) Nach Art. 56 der deutsch. Reichsverf. stellt der deutsche Kaiser die Reichskonsuln nach Vernehmung des Ausschusses des Bundesrathes für Handel und Verkehr an. Nach § 2 der Verordnung v. 23. November 1874 (D. R. G. Bl. S. 135) erhalten die Konsuln eine Kaiserl. Bestallung.

2) Bulmerincq, Exequatur in v. Holtzend. Rechtslex.

3) Ein Berat wird auch Dragomans bei Gesandtschaften und Konsulaten in der Türkei gewährt, indeß sollen diese Dragomans nicht gewährt werden, welche diese Funktion nicht an ihrem Bestimmungsort ausüben, noch Künstlern und Banquiers, noch Buden= und Fabrikinhabern auf öffentlichen Märkten und den an solchen Geschäften sich betheiligenden, wie z. B. der Vertr. Großbritanniens mit der Türkei vom 5. Januar 1809 Art. 9 bestimmt (Mart. N. R. I. 160).

4) Im Deutschen Reich und auch in anderen Staaten erhält der Konsul nur den schriftlichen Bescheid, daß ihm das Exequatur ertheilt wird und daß die Behörden seines Amtssitzes die erforderlichen Anweisungen erhalten haben. König, S. 31.

5) H. V. d. Deutsch. Reichs m. Oesterreich v. 23. Mai 1881 (R. G. Bl. 123) Art. 21, „Die vertragschließenden Theile bewilligen sich gegenseitig das Recht Konsuln in allen denjenigen Häfen und Handelsplätzen des anderen Theiles zu ernennen, in benen Konsuln irgend eines dritten Staates zugelassen werden".

6) Art. XII. d. Pariser Vertr. v. 30. März 1856.

7) Art. 1 des Konsular=Vertr. zwischen d. Norbb. Bunde u. Italien v. 21. Dezemb. 1868 (B. G. Bl. 1869, 113), ausgedehnt am 7. Febr. 1872 auf das Deutsche Reich (R. G. Bl. 134), Art. 1 d. beutsch.=ruff. K. V., Art. 1 d. nord.=span. K. V. vom 22. Februar 1870, ausgeb. auf d. Deutsche

Diejenigen Konsuln, welche gleichzeitig diplomatische Agenten sind, erhalten noch ein Beglaubigungsschreiben für den Chef der Exekutivgewalt oder den Minister der auswärtigen Angelegenheiten im fremden Staat. Mit der Entgegennahme dieses Schreibens ist der Konsul in seiner diplomatischen Eigenschaft anerkannt.

§ 73. **Die Rechte der diplomatischen Persönlichkeiten.** Die Rechte der Gesandten erster Klasse werden zum Theil auf den Repräsentativcharakter, zum Theil wie die der übrigen diplomatischen Persönlichkeiten auf die Exterritorialität begründet.

Die Rechte der Persönlichkeiten mit diplomatischem Charakter sind[1]:

1. die Unverletzlichkeit, welche sich auch erstreckt auf das Gefolge, Hotel und Mobiliar;

2. die Exemtion von der Zivilgerichtsbarkeit des fremden Staates, nicht aber in Bezug auf die im Privateigenthum befindlichen Immobilien und auf die nicht zum gesandtschaftlichen Gebrauch bestimmten Mobilien; als Kläger muß die diplomatische Persönlichkeit sich auf Widerklage einlassen und der Appellationsinstanz unterwerfen;

3. die Exemtion von der Kriminalgerichtsbarkeit;

4. die Exemtion von der Polizei, nicht aber von den Wohlfahrtsanordnungen;

5. die Exemtion von Abgaben für die Person und für die ihr nothwendigen Sachen, insbesondere von allen direkten Abgaben und beschränkt von Zöllen;

6. die Gerichtsbarkeit über Angehörige der Gesandtschaft, in Kriminalsachen das Recht des ersten Angriffs, in Zivilsachen freiwillige Gerichtsbarkeit.

Das Recht eigener Religionsübung ist bedingtes Herkommen, das einer eigenen Buchdruckerei wird nur ausnahmsweise zugestanden, Asylrecht und Protektionsrecht werden nur noch Gesandtschaften in außereuropäischen Staaten gewährt.

Die Exterritorialität dauert formell von der Beglaubigung bis zur Verabschiedung, herkömmlich vom Eintritt in den beschickten Staat und für die zum Verlassen desselben seit der Verabschiedung erforderliche Zeit[2]. Nur beschränkt erstreckt sie sich auf Familie und Gefolge. Verzichtet werden kann auf die Exterritorialität nur mit Genehmigung des schickenden Staates, in der Regel aber nur auf die Exemtion von der Zivilgerichtsbarkeit und auf die sonstigen minder wichtigen Exemtionen. Durch Gesetze und Verträge sind entweder allgemeine Vorrechte oder nur besondere Exemtionen zugestanden.

Durch Beschluß des Deutschen Bundes über die Privilegien der fremden Gesandten vom 19. Februar 1824 (Mart. N. R. VI. 2 410) wurden den bei dem Bunde akkreditirten auswärtigen Gesandten dieselben Vorrechte eingeräumt, welche für die Bundestagsgesandten in ihren Verhältnissen zur freien Stadt Frankfurt als dem Sitz des Bundestages festgesetzt waren. Nach dem deutschen Gerichtsverfassungsgesetz (§ 18) sind die Chefs und Mitglieder der bei dem Deutschen Reich und bei einem Bundesstaat beglaubigten Missionen von der inländischen Gerichtsbarkeit eximirt und ebenso (§ 19) ihre Familienglieder, ihr Geschäftspersonal und ihre Bedienstete, welche nicht Deutsche sind. (Vgl. auch § 16 der Zivilprozeßordnung). Das österreichische bürgerliche Gesetzbuch § 39 gewährt den Gesandten, dem öffentlichen Geschäftsträger und den in ihrem Dienst stehenden Personen

---

Reich am 12. Jan. 1872 (R. G. Bl. 211), Art. 1 b. franz.=russ. Vertr. v. 1. April 1874 (Mart. N. R. G. II. Ser. 1. 618), Art. 1 b. ital.=russ. K. V. v. 28. April 1875 (ibid. 395), Art. 1 b. K. V. Oesterreichs=Ungarns m. d. Ver. Staaten v. Nordamerika v. 11. Juli 1870 (ibid. 44) Art. 1 b. K. V. Oesterreichs=Ungarns m. Italien v. 15. Mai 1874 (ibid. 352) Art. 1 des K. V. d. Deutsch. Reichs m. d. Ver. Staaten v. 11. Dezemb. 1871 (R. G. Bl. 1872, S. 95), K. V. Belgiens m. d. Ver. Staaten v. 9. März 1880 (Mart. N. R. G. II. Ser. VIII. 480) Art. 1. K. V. d. Deutsch. Reichs m. Brasilien v. 10. Jan. 1882 (R. G. Bl. 69) Art. 1.

1) Bulmerincq, Exterritorialität in v. Holtzend. Rechtslex.

2) Gottschalt, Die Exterritorialität der Gesandten, Berlin 1878 (Diff.) spricht sich dafür aus, daß strengrechtlich die Annahme eines Gesandten erst mit der Entgegennahme des Kreditivs Seitens des besendeten Souveräns eintrete und daß dieser Augenblick konsequenter auch für den Beginn der Exterritorialität maaßgebend sein müsse, daß aber thatsächlich der Gesandte als solcher gelte, sobald die besendete Regierung Kunde von seiner Ernennung erhalten und nicht die Zurückweisung erklärt.

die in dem Völkerrecht und in den öffentlichen Verträgen gegründeten Befreiungen. Eximirt sind die Gesandten von der Ziviljurisdiktion in Preußen nach dem Allg. Landrecht, Einl. § 36—39 und nach Deklaration von 1798 § XI. 4; in den Niederlanden durch Verordnung vom 9. September 1679, in Dänemark durch Verordnung von 1708, in Portugal durch Verordnung von 1643, in Spanien durch Edikt von 1737, in England durch Statut von 1709, in Frankreich durch Dekret von 1794, in den Vereinigten Staaten von Nordamerika durch die Kongreßakte von 1790. Für die Exemtion von der Strafgerichtsbarkeit des beschickten Staates gelten in England dasselbe Statut, in den Vereinigten Staaten dieselben Akte, in den Niederlanden, Portugal, Spanien und Dänemark dieselben Verordnungen wie für die Exemtion von der Zivilgerichtsbarkeit, in Oesterreich der § 221 des Strafgesetzbuchs, im Deutschen Reich Art. 11 der Strafprozeßordnung[1]). In sehr bescheidener Grenze hält sich der Firman des Schah von Persien vom März 1840 (Mart. N. R. G. XVI. ii. indem er sagt: „that all the servants and dependents of the English Mission, whether these be Persians or natives of other countries, are, as in times past, in safely and under protection, and that they should rejoice in the kindness and consideration of the Ministers of this haughty State; and should any of these (servants and dependents of the English Government) be guilty of any crime, they shall not be punished without the permission and knowledge of the English Minister". Dagegen werden im Vertrage Chinas mit Frankreich vom 27. Juni 1858 (Mart. N. R. G. XVII I. 2) Art. 2 und mit dem deutschen Zollverein vom 2. September 1861 Art. 3 den resp. Gesandten in China an dem Orte ihrer Residirung die Privilegien und Immunitäten zuerkannt, welche ihnen das Völkerrecht einräumt, „d. h. daß ihre Personen, ihre Familie, ihr Haus und ihre Korrespondenz unverletzlich sein sollen, daß sie in ihren Dienst nehmen können die ihnen erforderlichen Beamten, Kouriere, Dolmetscher, u. s. w." oder ohne Hervorhebung der einzelnen Rechte einfach wie im Vertrage der Vereinigten Staaten mit Madagaskar vom 13. Mai 1881 Art. 5 die durch das internationale Recht für residirende diplomatische Agenten begründeten Rechte und Privilegien; oder entweder auch nur den beiderseitigen Gesandten die Ehren, welche die der anderen Nationen an dem Hofe des Mitkontrahenten genießen oder welche den Gesandten des anderen Theiles vom Mitkontrahenten zugestanden sind, gewährt, wie im Vertrage Großbritanniens und der Türkei vom 5. Januar 1809 (Mart N. R. I. 160) Art. 7. In anderen Verträgen europäischer Staaten mit außereuropäischen wie z. B. in dem zwischen dem Deutschen Reich und Persien vom 11. Juni 1873 (D. R. G. Bl. 351) wird den beiderseitigen Botschaftern, bevollmächtigten Ministern und anderen diplomatischen Agenten der Genuß derselben Ehrenrechte, Vorrechte und Freiheiten wie denen der meistbegünstigten Nationen zugesichert. Die Befreiung von Zöllen ist eingeschränkt in den Niederlanden durch Verordnungen von 1726, 1730 und 1749, in Schweden 1671, 1765 und 1770, in Dänemark 1771, geregelt in Preußen durch Reglement von 1797, in Rußland durch Verordnung von 1814, in England durch Zirkularnote von 1821, im weitesten Maaß zugestanden durch Verordnung des K. Sachsen von 1830 (Gottschalk 73 ff.).

In den Staaten, bei welchen die diplomatischen Persönlichkeiten nicht beglaubigt sind, genießen sie nur die dort jedem Fremden zustehenden Rechte. Alles ihnen sonst an Vorzügen gewährte beruht nur auf Kourtoisie und kann vom Standpunkt des Rechts nicht gefordert werden. Den Exzellenztitel führen die Gesandten erster Klasse seit Ende des 16. Jahrhunderts[2]). In Kriegszeiten können aber die durch feindliches Gebiet reisenden diplomatischen Persönlichkeiten, welche verdächtig sind, in demselben zu Gunsten ihres Staates etwas zu anzurichten oder zu erkunden, gefangen genommen werden[3]).

§ 74. **Die Rechte der Konsuln in christlichen Staaten.** Die Rechte der Konsuln in christlichen Staaten sind durch Gesetze, Verträge oder Herkommen festgestellt.

Es werden diese Rechte entweder ganz allgemein zugestanden, indem dieselben Rechte den Konsuln der anderen Kontrahenten gewährt werden, welche den Konsuln eines dritten Staates zugestanden sind oder zugestanden werden[5]) oder nach dem Recht der meistbegünstigten Nation[4]), oder sie werden einzeln namhaft gemacht. Letzteres ist in Konsularverträgen die Regel. Dabei unterscheiden einige Verträge Berufs- und Wahl- konsuln, andere Konsuln aus den Angehörigen des ernennenden und aus Angehörigen

---

1) Siehe Gottschalk 40 ff. u. 63 ff.

2) Alt, § 101. Die Gesandten anderer Klassen erhalten den Excellenztitel an mittleren und kleineren Höfen.

3) Die Litteratur siehe bei Bulmerincq, Exterritorialität (Alt § 110 außerdem die § 76 Note 1 zitirten Werke.

4) Deutsch=österr. H. V. Art. 21.

5) Konsular=Konvention Rußlands und der Niederlande vom 2./14. April 1883 Art. 1 (Arch. dipl. 24. Jahrg. I. 73).

eines anderen Staates in ihrer Berechtigung. Darnach sind die Berufs-General-Konsuln und Konsuln

1. befreit von Militäreinquartierung und Militärsteuern, direkten Personal-, Mobiliar- oder Luxussteuern sowohl als Staats- wie als Kommunalsteuern, außer vom beweglichen Eigenthum und falls sie Handel oder Gewerbe treiben [1];

2. genießen sie die persönliche Immunität, außer bei strafbaren Handlungen, welche nach der Landesgesetzgebung als Verbrechen gelten [2].

Andere Verträge räumen diese Rechte allen Konsuln ein, wenn sie nur Angehörige des sie ernennenden Staates sind [3] und nicht minder auch, unter gleicher Voraussetzung, den Kanzlern und Sekretären des Konsulats. Auch schließen sie von der Befreiung von Verhaftung und gefänglicher Einziehung aus entweder Handlungen, welche nach der Gesetzgebung eines jeden der beiden Staaten vor das Geschwornengericht gehören oder als qualifizirte Verbrechen gelten, oder solche, welche mit mehr als einem Jahre Gefängnißstrafe bedroht sind oder mit einer afflittiven oder infamirenden Strafe [4], oder Strafen, welche keine Sicherheitsleistung zulassen. Gegen Wahlkonsuln und Konsuln aus dem Handelsstande darf der Personal-Arrest nur in Handelssachen, nicht in Zivilsachen verhängt werden [5].

Allen Konsuln, auch den Konsularagenten steht das Recht zu:

1. über den Eingang des Amtslokals das Nationalwappen mit der Bezeichnung des nationalen Konsulats anzubringen;

2. die Nationalflagge an Tagen öffentlicher Festlichkeiten sowie bei anderen üblichen Gelegenheiten, oder überhaupt beliebig von ihrem Hause wehen zu lassen, ausgenommen wenn die Konsulatsämter in der Hauptstadt, wo sich eine Botschaft oder Gesandtschaft desselben Staates befindet, ihren Sitz haben. Auch ist ihnen gestattet, ihre Nationalflagge auf dem Boot, dessen sie sich bei dienstlichen Fahrten im Hafen bedienen, zu führen [6].

Den Konsularbeamten und den bei den Konsulaten Angestellten werden alle

---

1) Deutsch-ital. K. V. Art. 3, deutsch-span. K. V. Art. 3.

2) Deutsch-ital. K. V. Art. 3. Deutsch-span. K. V. Art. 3. Nach § 21 des deutschen Gerichtsverfassungsgesetzes vom 27. Januar 1877 sind die Konsuln im Deutschen Reich nur vertragsmäßig von der inländischen Gerichtsbarkeit eximirt.

3) Der deutsch-brasilian. K. V. Art. 5 bestimmt, daß, wenn ein Konsul Angehöriger des Staates, für welchen er bestellt wird, ist, er fortdauernd als Bürger des Staates, dem er angehört, angesehen werden und den Gesetzen und Verordnungen unterworfen bleiben soll, welche für die Landesangehörigen an dem Ort seines Amtssitzes gelten, soweit damit der Ausübung seiner Amtsbefugnisse nichts in den Weg gelegt wird.

4) Franz.-ital. K. V. vom 26. Juli 1862 (Mart. N. R. G. II. Ser. I. 631) Art. 2. K. V. Oesterreichs u. d. Ver. St. Art. 2, welcher auch Befreiung vom Militär- und Nationalgardedienst einräumt, auch andere K. V. der nordamerik. St. enthalten dieselbe Bestimmung. Der deutsch-brasilian. Vertr. Art. 3 enthält dieselben Befreiungen wie die nordamerik. Vertr. und eximirt von der Steuerbefreiung Zölle, Verbrauchssteuern, örtliche Verzehrungsabgaben (Oktroi) sowie indirekte Steuern überhaupt. Deutsch-russ. K. V. Art 2, franz.-russ. K. V. Art. 2, ital.-russ. K. V. Art. 2, österr.-ital. K. V. Art. 3; der K. V. des Deutschen Reiches und Nordamerikas Art. 3 setzt außerdem fest, daß das Einkommen von ihrem Amt keiner Abgabe unterliegen soll; K. V. Belgiens und der Ver. Staaten.

5) Deutsch-ital. K. V. Art. 5, -russ. Art. 4, franz.-ital. Art. 2, -russ. Art. 2, österr.-nordamerik. Art. 2, deutsch-nordamerik. setzt nur fest, daß Konsularbeamte, welche kaufmännische Geschäfte treiben, sich nicht auf ihre Konsularvorrechte berufen dürfen, um sich ihren kaufmännischen Verbindlichkeiten zu entziehen.

6) Deutsch-ital. V. Art. 4, -span. Art. 5, österr.-nordamerik. Art. 4; belg.-nordamerik. K. V. Art. 5; deutsch-brasil. Art. 6; der deutsch-russ. V. Art. 2 u. 4, franz.-ital. u. -russ. Art. 4, ital.-russ. Art. 4 fügen hinzu, daß diese äußeren Abzeichen kein Asylrecht begründen sollen. Die deutsch- u. belg.-nordamerik. Verträge resp. Art. 5 u. 6 bestimmen, daß resp. die Amtsräume oder Wohnungen resp. die Konsulatskanzleien nicht als Asylorte benutzt werden dürfen.

Befreiungen, Vorrechte, Immunitäten und Privilegien zugestanden, welche den Beamten gleichen Grades der meistbegünstigten Nation zustehen [1]).

Die für den Fall einer Verhinderung oder Abwesenheit, oder des Todes eines General-Konsuls, Konsuls, Vizekonsuls und Konsularagenten deren Amtsbefugnisse interimistisch ausübenden Konsular-Eleven, Kanzler und Sekretäre, welche vorher in ihrer Eigenschaft der Regierung bekannt gegeben oder bei den örtlichen Autoritäten präsentirt sind, werden mit vollem Recht zur Vertretung zugelassen, um interimistisch die konsularischen Funktionen auszuüben und müssen ihnen die lokalen Autoritäten ihren Beistand und Schutz (protection) angedeihen lassen und ihnen für ihre interimistische Amtswirksamkeit den Genuß aller Befreiungen, Rechte, Immunitäten und Privilegien zusichern, welche den Konsularbeamten eingeräumt sind [2]).

Die Konsulatsarchive sind unverletzlich und die Landesbehörden können unter keinem Vorwande die zu den Archiven gehörigen Dienstpapiere einsehen oder mit Beschlag belegen, indeß müssen diese Papiere immer vollständig von den auf den Handel oder die Industrie, welche der Konsul ausübt, bezüglichen geschieden sein [3]).

Die Konsularbeamten sind nach einigen Verträgen verpflichtet vor Gericht zur Zeugnißablegung zu erscheinen und soll nur im Fall ihrer Behinderung durch Dienstgeschäfte oder Krankheit die Gerichtsbehörde und zwar nur in bürgerlichen Rechtsstreitigkeiten in deren Wohnung sich begeben, um sie mündlich zu vernehmen oder ihr schriftliches Zeugniß einfordern [4]). Nach anderen Verträgen sind die Konsularbeamten überhaupt nicht verpflichtet zur Zeugnißablegung vor Gericht zu erscheinen, sondern muß die lokale Autorität, wenn sie eine juridische Erklärung von ihnen erheben will, sich zur mündlichen Vernehmung in ihre Wohnung begeben oder dieselbe schriftlich fordern [5]).

Die Rechte eines Konsuls dauern von dem Amtsantritt auf Grund des Exequatur bis zur Entziehung desselben [6]) oder bis zur Entlassung seitens des ernennenden Staates und für die zum Verlassen des Landes seiner Residirung erforderliche Zeit. Der das Exequatur zurückziehende Staat muß dafür Gründe angeben, welche im Allgemeinen dieselben sind, welche für die Verweigerung des Exequatur gelten.

§ 75. **Die Rechte der Konsuln in nichtchristlichen Staaten.** 1. In türkischen Staatsgebieten. In diesen Gebieten stehen den Konsul-, Vize-Konsuln oder Konsularagenten folgende Rechte zu:

1. bestimmte Ehrenrechte;

---

1) Deutsch-ital. A. 19, -russ. Art. 15, -span. Art. 20, franz.-ital. Art. 17, franz.-russ. Art. 15, ital.-russ. Art. 15, österr.-nordamerik. Art. 15, deutsch-nordamerik. Art. 3, belg.-nordamerik. Art. 2; deutsch-brasil. K. B. Art. 47.

2) Art. 7 des deutsch-ital., -span., Art. 4 des franz.-ital., Art. 6 des franz.-russ. und ital.-russ. und des österr.-nordamerik., Art. 6 des deutsch-nordamerik., Art. 7 des belg.-nordamerik. K. B.

3) Art. 6 des deutsch-ital., Art. 5 des deutsch-russ., Art. 6 des deutsch-span. u. Art. 7 des deutsch-brasil., Art. 5 des franz.-ital. u. -russ., des ital.-russ. u. österr.-nordamerik. K. B.; der deutsch-nordamerik. Vertrag Art. 5 erklärt auch die Amtsräume und Wohnungen der Berufskonsuln für unverletzlich und sollen die Landesbehörden, außer zur Verfolgung von Verbrechen, dort nicht eindringen. Nach Art. 6 des belg.-nordamerik. Vertrages sollen die Konsulatskanzleien unverletzlich sein und die lokalen Autoritäten unter keinem Vorwande dort eindringen.

4) Art. 3 des deutsch-russ., des franz.-russ. und des ital.-russ. Vertr.; belg.-nordamerik. K. B. Art. 4.

5) Art. 3 des franz.-ital. Vertr., Art. 4 des deutsch-brasil. Nach Art. 3 des österr.-nordamerik. ist der Konsul verpflichtet zu erscheinen zur Zeugnißablegung behufs Vertheidigung einer eines Kriminalverbrechens angeschuldigten Person. Nach Art. 4 des belg.-nordamerik. Vertr. gilt dieselbe Bestimmung.

6) In den Verträgen zwischen dem Deutsch. Reich mit den V. St. v. N. A. und mit Brasilien wird im Art. 2 von der das Exequatur ertheilenden Regierung ausdrücklich das Recht vorbehalten, dasselbe zurückzunehmen und zwar unter Darlegung der Gründe.

2. das Recht der Audienz beim Landesherrn und des Zutrittes zur Person des Souveräns bei Hoffesten;

3. das Recht des Gebrauches der Flagge und des Wappens seines Staates;

4. die Exemtion von der Gerichtsbarkeit des bestellten Staates und die Befreiung vom persönlichen Erscheinen vor Gericht, wenn sie sich durch Dollmetscher vertreten lassen können;

5. das Recht der Unverantwortlichkeit für durch Landsleute der Konsuln angerichtete Schäden und für Schuldverbindlichkeiten derselben;

6. die Freiheit vom Arrest wegen Vergehen und Schulden;

7. die Unverletzlichkeit der Wohnung, namentlich der Schutz gegen Versiegelung und gegen das Eindringen gerichtlicher und polizeilicher Beamten in dieselbe und das Recht, örtliche Wachen (Janitscharen) zur Bewachung des Hauses zu beanspruchen;

8. das Recht der Unverletzlichkeit des Eigenthums;

9. die Freiheit von persönlichen Abgaben und von Zöllen, besonders für Mobilien und Gegenstände des häuslichen Bedarfs und Konsums;

10. das Recht eigener Weinbereitung;

11. das Recht sog. Konsulatsgelder zu erheben von Schiffen und Handelswaaren, welche ihre Negozianten in das Land der Residirung einführen und dort abladen;

12. das Recht der Ausübung des Hausgottesdienstes[1]).

Diese Rechte sind in früherer Zeit durch Kapitulationen (siehe § 53), in neuerer durch Verträge gewährt worden. Entweder sind die Rechte in diesen einzeln aufgezählt und zwar nur einige, mehrere oder alle in einer derselben Kapitulation oder einem und demselben Vertrage, oder es sind nur den Konsuln Rechte, Privilegien und Immunitäten allgemein oder die Rechte der meistbegünstigten Nationen zugestanden worden. Spätere Verträge bestätigen frühere Kapitulationen. Daß aber die Kapitulationen noch heute gelten, ergibt sich nicht bloß daraus, sondern auch aus den Erklärungen des türkischen Bevollmächtigten beim Pariser Kongreß von 1856 (Protokoll vom 25. März 1856, Nr. 14. Mart. N. R. G. XV. 735), wo derselbe zwar die Nachtheile der durch dieselben den Europäern erworbenen Privilegien in Hinsicht auf deren Sicherheit und die Entwickelung ihrer Transaktionen hervorhebt und die Jurisdiktion der fremden Agenten über ihre Nationalen als eine Vielfältigkeit von Gouvernements im Gouvernement und daher als ein unüberwindliches Hinderniß aller Verbesserungen bezeichnet, die Rechtsbeständigkeit dieser Rechte aber in keiner Weise anzweifelt. Andererseits erkannten zwar die Bevollmächtigten der Kongreßmächte die Nothwendigkeit an, die die Handelsbeziehungen der Pforte mit den anderen Mächten betreffenden Stipulationen sowie die Bestimmungen über die Verhältnisse der in der Türkei sich aufhaltenden Fremden zu revidiren und äußerten den Wunsch, daß nach dem Friedensschluß eine Berathung in Konstantinopel zwischen der Pforte und den Repräsentanten der anderen kontrahirenden Mächte stattfinden solle, um allen legitimen Interessen gerecht zu werden. Indeß hat bis jetzt eine solche Berathung nicht stattgefunden, wohl aber hat seitdem die Pforte in Verträgen mit Großmächten stipulirt, daß der mit ihr kontrahirende Staat sie nicht in Ausübung der Rechte der innern Verwaltung behindere, mit gleichzeitiger Wahrung indeß der Stipulationen der alten Verträge und der durch den betreffenden Vertrag den Unterthanen des Kontrahenten und ihrem Eigenthum zugestandenen Privilegien. Siehe die Verträge der Türkei mit Frankreich vom 29. April 1861 (Mart. N. R. G. XVII. 1e P. 322) Art. 16 und mit Rußland vom 3. Februar 1862 (Arch. dipl. III. 1. 364) Art. 18.

Als älteste Kapitulation eines muselmännischen Staates bezeichnet F. Martens (l. c. 110) die vom Jahre 1149 zwischen Pisa und dem muselmännischen Könige von Valenzia. Es folgen derselben die von Tunis 1236, 1250 und 1272 mit Genua, 1251 und 1271 mit Venedig und 1261 mit Pisa, während Timmermanns, La Réforme judiciaire en Égypte et les Capitulations (Gand 1875, 22 ff.) als erste von den Sultanen gewährte die im Februar 1535 von Suleymann I. in Veranlassung Franz I. von Frankreich unterzeichnete ansieht. Schon im 14. Jahrhundert wurde der venetianische Konsul in Alexandrien nicht als Handelsagent, sondern zu dem Zweck ernannt, sich seiner als Organ für die internationalen Beziehungen zu bedienen. (Martens, 131.)

In den Kapitulationen wurde festgesetzt, daß der Konsul für die den Bewohnern des Landes zugefügten Schäden nicht aufkomme und daß er sich direkt an die höchste Gewalt im Residirungs=

---

1) Miruß, Europäisches Gesandtschaftsrecht. Leipzig 1847. I. § 393. F. Martens, Das Konsularwesen und die Konsularjurisdiktion im Orient (russisch) deutsch von H. Skerst. Berlin 1874. 45 ff., 106 ff. Jochmus, Handbuch für Konsuln und Konsularbeamte. Dessau 1852. S. 111. Mikonios, Les consuls en Orient et les tribunaux mixtes. Genève 1881. (Diff.)

lande mit seinen Anliegen wenden könne, um namentlich Beseitigung der gegen ihn oder seine Pflegebefohlenen unternommenen Bedrückungen durch mohamedanische Beamte und Behörden zu verlangen. In der Regel konnte der Konsul ein oder zwei Mal im Monat Audienz beim Sultan oder Emir verlangen; befand der Konsul sich aber nicht in der Hauptstadt, so konnte er sich an den Statthalter, Gouverneur oder sonstigen Vertreter der Staatsgewalt wenden (Mart. 155). In der Kapitulation des Sultan Mahomet II. mit den Genuesen von 1453 wurde die Person des Konsuls für sakrosankt erklärt (Mart. 182). In der 1528 vom Sultan Solimann II. unter= zeichneten Kapitulation wurde der Konsul gleichfalls für unverletzlich erklärt und sollte weder für seine Handlungen noch für Uebertretungen seiner Landsleute verhaftet werden, auch unterlagen Forderungen an ihn der Beprüfung und Untersuchung der Pforte. Außerdem war ihm zollfreie Einfuhr der Gegenstände seines Bedarfs zugestanden. Der 1535 zwischen Frankreich und der Türkei abgeschlossene Vertrag ist der erste eigentliche Vertrag mit einer europäischen Macht (Mart. 185 ff.), indeß hören die Kapitulationen damit nicht auf. Die türkisch=französische von 1604 sicherte den Konsuln auch Unverletzlichkeit des Eigenthums und daß seine Wohnung nicht versiegelt werden dürfe (Mart. 200). Am ausführlichsten wurden die Rechte der französischen Konsuln im Orient im Vertrage mit der Türkei von 1740 festgesetzt (Wenck, Cod. jur. gent. Lipsiae 1781. I. 538). Nach Art. 44 desselben sollen den Konsuln die ihrem Titel entsprechenden Ehren erwiesen werden, nach Art. 49 dürfen sie Flaggen an ihren Wohnplätzen aufziehen „in Gemäßheit der Eti= quette", vor den Konsuln Spaniens und anderer Könige wird denen Frankreichs nach Art. 18, der Vorrang eingeräumt. Diejenigen Konsuln, welche Dragomans haben, können nicht gezwungen werden, persönlich vor Gericht zu erscheinen, sondern können sich durch jene vertreten lassen (Art. 48). Nach Art. 45 und 50 durften sich die Konsuln der ihnen beliebigen Dragomans und Janitscharen, letzterer zur Sicherheit ihrer Häuser, bedienen. Auch sollen Konsuln wegen eines Prozesses oder Banquerotts ihrer Landsleute nicht verhaftet, im ersteren Falle auch ihre Wohnung nicht versiegelt werden und sind ihre Sachen bei der Pforte zu führen (Art. 16 u. 53). Der Art. 14 gewährt den Konsuln das Recht Abgaben von Franzosen und Türken zu erheben, welche mit ihren Schiffen im feindlichen Lande handeln und der Ar. 61 das Recht droits de Consulat et Baillage von den auf französische Fahrzeuge verladenen Waaren zu erheben. Andererseits sollen die Vertreter der Konsuln frei sein von willkürlichen Auflagen (Art. 25). Auch ist den Konsuln und den ihnen untergeordneten Personen gestattet, Wein in ihren Wohnungen zu bereiten, ihn abgabenfrei zu beziehen und am Orte selbst zu transportiren (Art. 40 und 51). In den Verträgen Frankreichs mit Tunis aus dem 17. und 18. Jahrhundert wurde den französischen Unterthanen, welche eines Verbrechens an einem Landesunterthan angeklagt worden, gestattet, sich in das Konsulat zu flüchten (Mart. 220). Die den Franzosen durch die Türkei zugestandenen Rechte erhielten durch mit der Türkei abgeschlossene Verträge im 17. und 18. Jahrhundert auch die Konsuln Großbritanniens und im 17. die der Niederlande (Mart. 222 ff.). Die Rechte und Privilegien der österreichischen Konsuln im türkischen Reich basiren noch heute auf den Bestimmungen des Handelstraktates zu Passarowitz von 1718. Auch wurde der österreichischen Regierung gestattet, an Stelle der Konsuln Dragomans mit sämmt= lichen den Konsuln ertheilten Rechten und Privilegien zu ernennen, für Klagen eines bestimmten Werthbetrages war aber nur die Pforte zuständig.

Oesterreich gegenüber erhielt aber die Pforte das Recht Prokuratoren (Shah Bender) zu ernennen, wenn auch diesen ein Jurisdiktionsrecht nicht zugestanden wurde. Erst später wurden solche Shah=Bender auch von anderen Staaten der Pforte zugestanden. Von Spanien mittelst Vertrages vom 14. September 1782 (Mart. Rec. 2 III. 402) Art. 7 aber nur für Alikante „zur Sicherheit und Ruhe der Unterthanen und Kaufleute in den spanischen Staaten". Von Groß= britannien mittelst Vertrages vom 5. Januar 1809 (Mart. N. R. I. 160) Art. 8 für Malta und wo es sonst in den Staaten Britischer Majestät nöthig sein würde „pour gerer et inspecter les affaires et les interêts des negocians de la sublime Porte" mit dem bemerkenswerthen Zusatze, „daß die den Konsuln Englands in der Türkei gewährten „traitements" und „communités" auch genau gegenüber den Shah=Benders der Pforte beobachtet werden sollen. Nach dem Vertrage mit Sardinien vom 20. Januar 1825 (Mart. N. R. VI. 1. 365) Art. 4 sollen die von der Türkei in Sardinien zu bestellenden Shah=Bender „oder Konsuln und Vizekonsuln" nur auf gebührende Weise ausgezeichnet und ihnen die üblichen Privilegien zugestanden werden. Dagegen werden nach Art. 14 zunächst den sardinischen Konsuln alle diejenigen Privilegien, Rechte und Immunitäten gewährt, welche „die bestehende Freundschaft gebietet" und welche die der andern Mächte genießen und sodann „in Erwiderung dessen und nach demselben Grundsatz den Konsuln und Vizekonsuln der hohen Pforte in Sardinien dieselben Privilegien, Rechte und Immunitäten bewilligt. Die Vereinigten Staaten von Nord= Amerika (Art. 2 des Vertrages vom 7. Mai 1830 (Mart. N. R. XI. 77) und Belgien (Art. 6 des Vertrages vom 3. August 1839) Mart. N. R. XVI. 2e. P. 958 gestehen aber den Shah=Bender nur Beistand, Protektion und die ihrem Charakter gebührende Auszeichnung zu. Rußland aber verspricht in seinem Vertrage vom 10./21. Juni 1783 (Mart. Rec. 2 III. 615) Art. 80 ganz allgemein allen türkischen Unterthanen in den Häfen Rußlands jede Art von Hilfe in ihren Handels= sachen und ihnen vor Gericht Gerechtigkeit widerfahren zu lassen.

Die gleichen Rechte wie den Konsuln der übrigen europäischen Staaten garantirt die Pforte Preußen zuerst im Vertrage vom 22. März 1761 (Mart. Rec. I. p. 1, Art. 4 u. 5), Schweden im Vertrage vom 10. Januar 1737 (Wenck, I. 471) Art. 13, Dänemark im Vertrage vom

14. Oktober 1756 (Wend, III. 130) Art. 9, Spanien im erwähnten Vertrage von 1782 Art. 3, Rußland im Vertrage von Kutschuk=Kainardsche vom 10./21. Juli 1774 (Mart. Rec. 2 II. 286) Art. 11, Sardinien im genannten Vertrage von 1825 Art. 4. Insbesondere gewährt der Vertrag mit Dänemark (Art. 9) Exemtion von Harabytribut, sollen nach dem Vertrage mit Spanien außer dem Konsul auch dessen Dragomane und Bedienstete dieselben Privilegien genießen wie diejenigen der befreundeten Mächte und nach Art. 50 des Vertrages mit Rußland von 1783 und von 1825 (Art. 12) die russischen Konsuln von verschiedenen türkischen Abgaben eximirt sein. Der österreichische Vertrag von 1718 und der spanische von 1782 (Art. 5) behielten Klagen gegen Konsuln von einem bestimmten Werthbetrage der Jurisdiktion der Pforte vor. Auch in den Verträgen mit Rußland von 1774 (Art. 11) und von 1783 (Art. 51) wurden den Dragomans besondere Rechte eingeräumt.

Die Verträge der Türkei mit europäischen Staaten in diesem Jahrhundert bestätigen meist nur im allgemeinen die früheren und dehnen deren Bestimmungen, soweit es noch nicht geschehen, auf sämmtliche Besitzungen der Türkei, namentlich diejenigen in Afrika aus. Als solche Verträge sind zu nennen die mit Frankreich vom 25. Juni 1802 (Mart. Rec. 2 VII. 416) Art. 2, vom 25. November 1838 (Mart. N. R. XV. 761) und vom 29. April 1861 (Mart. N. R. G. XVII. 1e P. 322) Art. 1; mit Großbritannien der erwähnte von 1809 Art. 4), wonach die Kapitulationen eines früheren Vertrages beobachtet und aufrecht erhalten werden sollen und ein Dragoman=Berat keiner Person, welche ihre Funktion nicht an dem Orte, für welchen er ihr gewährt ist, ertheilt werden soll und keiner Person aus der Klasse der Künstler und Banquiers, noch dem Inhaber einer Bude oder Fabrik auf öffentlichem Markt, und der Vertrag mit Großbritannien vom 16. August 1838 (Mart. N. R. XV. 695) Art. 1. Es ist aber hierbei zu bemerken, daß in den eben genannten Verträgen der Türkei mit Frankreich sowie mit Rußland vom 30. April 1846 (Mart. N. R. G. IX. 131) und vom $\frac{22.\ Januar}{3.\ Februar}$ 1862 (Arch. dipl. III. I. 364) die Konsuln nicht ausdrücklich erwähnt werden, sondern nur die Rechte, Privilegien und Immunitäten der Unterthanen und Fahrzeuge (sujets es bâtiments). Hervorzuheben ist auch, daß die Pforte im Art. 1 der Verträge mit Frankreich und Großbritannien von 1838 und mit Rußland von 1862 den Unterthanen und Fahrzeugen alle Rechte, Privilegien und Immunitäten gewährt, welche sie anderen Staaten zusichert, während sie zur Zeit in den von ihr abzuschließenden Handelsverträgen die Klausel der meistbegünstigten Nation zuzugestehen sich weigert. Dagegen gewährt Rußland der Türkei im Vertrage von 1846 Art. 17 das Recht der meistbegünstigten fremden Mächte.

2. In Persien. In den mit Persien von den europäischen Staaten geschlossenen Verträgen sind die Rechte der Konsuln in der Regel nicht einzeln aufgezählt und überhaupt geringere. Die Vereinbarungen selbst tragen den Charakter der modernen Verträge und entsprechen mehr dem Prinzip der Reziprozität gleichberechtigter Staaten.

Die Konsuln können von beiden kontrahirenden Staaten entweder in unbeschränkter Zahl ernannt werden und kann die Ernennung dort erfolgen, wo das Interesse des Handels es erheischt[1]), oder es ist der eine Theil beschränkt, der andere Theil nicht[2]), oder beide Theile auf dieselbe Zahl, entweder drei[3]), oder zwei[4]), oder nach dem Recht der meistbegünstigten Nation[5]).

Nach dem Vertrage mit Oesterreich (Art. 7) und mit dem Deutschen Reich (Art. 3) sollen den Konsuln der beiden Vertragskontrahenten sowohl für ihre Person als zur Ausübung ihrer Funktionen, als wie für ihre Häuser, die Konsulatsangestellten und die im Dienste der Konsuln befindlichen Personen dieselben Ehren und Privilegien zugestanden werden, deren sich die Konsuln der meistbegünstigten Nationen erfreuen. Nach den Verträgen mit Frankreich (Art. 7), den Vereinigten Staaten (Art. 7) und

---

1) Vertr. m. Rußland v. 22. Febr. 1828 (Mart. N. R. VII. 564) Art. 10 mit ausdrücklicher Hervorhebung der Reziprozität.

2) Nach Art. 3 des Vertrages mit dem Deutsch. Reich v. 11. Juni 1873 (Mart. N. R. G. XIX. 506) sollen deutsche Konsuln nur aus drei Orten in Persien, persische aber an jedem Orte Deutschlands ernannt werden können, wo sich ein Konsul einer anderen Macht befindet.

3) Vertrag mit Frankreich v. 12. Juli 1855 (Ch. de Martens u. de Cussy VII. 576) und den Ver. Staaten v. 13. Dez. 1856 (Mart. N. R. G. XVII. 1e P. 198) Art. 7, m. Oesterreich v. 17. Mai 1857 (ibid. 213), m. d. Schweiz v. 23. Juli 1873 (Mart. Rec. II. Ser. II. 98.), m. Griechenland v. 16./28. Okt. 1861 (Arch. dipl. III. III. 314 Art. 8).

4) Vertrag m. Belgien v. 14. Juli 1841 (Ch. de Martens u. de Cussy Rec. VI. 11) Art. 5 u. Spanien v. 4. März 1842 (ibid. 14) Art. 4 u. zwar nur Handelsagenten.

5) Vertrag m. Großbritannien v. 4. März 1857 (Mart. N. R. G. XVI 2e P. 114).

mit der Schweiz (Art. 7) kommen den beiderseitigen Konsuln der Respekt, die Privilegien und Immunitäten der meistbegünstigten Nationen, nach dem Vertrage mit Griechenland (Art. 8) dieselben Ehren und Privilegien, nach dem Vertrage mit Rußland (Art. 10) die dem publiken Charakter des Konsuls, zugeeignete Protektion, Ehren und Privilegien zu. Nach dem Vertrage mit Großbritannien (Art. 9) sollen aber die Konsuln auf dem Fuß der meistbegünstigten Nationen behandelt werden. Außerdem wird im Vertrage mit Griechenland den Konsuln im Falle öffentlicher Wirren (désordres) auf ihr Begehren eine Sauvegarde gewährt zur Sicherung der Unverletzlichkeit des Konsulargebäudes und die freie Auswahl von Dragomans und Bediensteten, welche sie übrigens auf Verlangen der lokalen Autorität im Fall eines regellosen Betragens verabschieden müssen.

3. In China. China hat in bestimmten Häfen Konsuln anderer Staaten ver=tragsmäßig zugelassen[1]). Dagegen wurde China das Recht zugestanden vom Deutschen Reich[2]), an allen denjenigen Orten in Deutschland, an welchen Konsuln anderer Mächte sind, Konsuln zu ernennen, welche dieselben Rechte und Vortheile genießen sollen wie die Konsuln meistbegünstigter Nationen, und von Portugal in Makao einen Agenten zu ernennen, welcher die Handelssachen behandeln und die Beobachtung der Reglements überwachen soll, auch soll seine Machtvollkommenheit gleich sein der in Makao und Hongkong residirenden Konsuln anderer Nationen (Art. 9). Nach den Verträgen mit Frankreich (Art. 5) und dem deutschen Zollverein (Art. 4) sollen die Konsuln mit der Achtung und den Rücksichten behandelt werden, welche ihnen zukommen, oder werden ihnen auch die Privilegien und Prärogative zugestanden der Konsularagenten der meist=begünstigten Nation (Vertrag mit dem deutschen Zollverein Art. 4, mit Oesterreich Art. 6, mit Peru Art. 4), oder es sollen die Konsuln und die interimistischen Konsuln die Ehren des Tao=tai genießen und die Vizekonsuln, Konsularagenten und Interpreten=Uebersetzer die des Parfait und ihre Machtvollkommenheiten denen der Konsularagenten gleich sein. Der Vertrag Chinas mit Japan (Art. 16) erwähnt keine Rechte und Vorzüge der beiderseitigen Konsuln, verbietet ihnen aber Handel zu treiben, auch sollen nach dem Vertrage mit Peru (Art. 4) die Konsularagenten nicht aus den Handelstrei=benden des Ortes genommen werden, und für andere Staaten als Konsuln funktioniren. Wenn aber erwiesen wird, daß ein Konsul allgemeines Mißfallen erregt, so wird die Thatsache dem resp. residirenden Gesandten vorgestellt und sobald sie konstatirt ist, der Konsul zurückberufen (Vertrag mit Japan Art. 16).

4. In Japan. Japan hat in bestimmten Häfen und Städten vertragsmäßig einen Generalkonsul und Konsularagenten[3]) oder auch Konsuln und Vizekonsuln zuge=lassen[4]) oder nur Konsuln[5]). Gleiche Rechte sind von den Vertragskontrahenten an

---

1) Verträge m. b. Ver. Staaten v. Nordamerika v. 3. Juli 1844 (Mart. N. R. G. VII 134) Art. 4, m. Rußland v. 13. Juni 1858 (Mart. N. R. G. XVI. 2e P. 128) Art. 5, mi Frankreich v. 27. Juni 1858 (ibid. XVII. 1e P. 2) Art. 5, m. b. deutsch. Zollverein v. 2. Septb 1861 (ibid. XIX. 168) Art. 4, m. Portugal v. 13. Aug. 1862 (ibid. XVII. 2e P. 205) Art. 8 m. Oesterreich v. 2. Septb. 1869 (Mart. N. R. G. II. Ser. II. 392) Art. 6, m. Japan v. 30 Aug. 1871 (ibid. III. 502), m. Peru v. 26. Juni 1874 (ibid. III. 497) Art. 4.

2) Additional=Konvention vom 31. März 1880 (ibid. VIII. 280) Art. 2.

3) Art. 1 b. Vertr. m. b. Ver. Staaten v. Nordamerika v. 29. Juli 1858 (Mart. N. R. G. XVII. 1e P. 51), Art. 2 b. Vertr. m. Großbritannien v. 26. Aug. 1858 (Mart. N. R. G. XVI. 2e P. 426 u. b. Vertr. m. Frankreich v. 9. Oktb. 1858 (Mart. N. R. G. XVI. 2e P. 439).

4) Art. 2 b. Vertrages m. b. deutsch. Zollverein v. 20 Febr. 1869 (Mart. N. R. G. XIX. 435 u. b. Vertrages m. Oesterreich v. 18. Oktb. 1869 (Mart N. R. G. II. Ser. II. 418).

5) Art. 6 b. Vertrages m. Rußland v. 26. Jan. 1855 (N. R. G. XVI. 2e P. 452) besagt „die russ. Regierung wird, wenn sie es für nöthig erachten sollte, in einem der drei geöffneten Häfen einen Konsul ernennen“. Die Verträge Rußlands v. 1858 u. 1867 liegen uns nicht vor.

Japan, jedoch mit dem Unterschiede, zugestanden, daß es in der Ernennung von Kon=sularbeamten nicht auf bestimmte Orte beschränkt wird. Deutschland und Oesterreich gewähren Konsulate überall, wo sie dritten Staaten gewährt wird.

An Rechten gewähren den Konsuln die Verträge mit den Vereinigten Staaten (Art. 1), mit Großbritannien (Art. 2) und Frankreich (Art. 2), dem Generalkonsul nur das: in ganz Japan, resp. im Staat des anderen Vertragskontrahenten ungehindert zu reisen, während die Verträge mit dem deutschen Zollverein und Oesterreich (Art. 2) außerdem resp. den deutschen und österreichischen Konsularbeamten noch den Genuß der=selben Privilegien und Vorrechte gewähren, wie sie der meistbegünstigten Nation zustehen. Dagegen sollen die Konsularbeamten Japans, unter der Bedingung der Gegen=seitigkeit, im Gebiet der kontrahirenden deutschen Staaten resp. Oesterreichs dieselben Vorrechte, Befugnisse und Befreiungen genießen, welcher sich diejenigen irgend eines dritten Staates erfreuen oder erfreuen werden.

§ 76. **Die Funktionen oder Pflichten der diplomatischen Persönlichkeiten** [1]). Die Funktionen der Gesandten bestehen in der Ausübung ihrer Amtspflichten [2]), welche Uebung durch ihre Rechte (§ 73) unterstützt wird. Die Pflichten beziehen sich auf den schickenden und beschickten Staat und auf den Verkehr mit den Gesandten anderer Staaten am Residirungsorte des Gesandten.

In Bezug auf den schickenden Staat haben die Gesandten Pflichten gegen dessen Regierung und Angehörige. Der vom höchsten Organ seiner Staatsgewalt ernannte Gesandte hat, bevor er sich zu seiner Mission hinbegibt, sich demselben vorzustellen, um mündlich etwaige a l l g e m e i n e Weisungen in Bezug auf seine Stellung im beschickten Staat zu empfangen und auch zugleich Handschreiben an die höchsten Organe des beschickten Staates und Empfehlungsschreiben an Mitglieder der regiernden Familien oder an einflußreiche Persönlichkeiten [3]). Die bei der Pforte beglaubigten Gesandten erhalten noch Schreiben an den ersten Wessir und den Reis Effendi. Die besonderen Verhaltungsmaßregeln sind in der vom Minister des Auswärtigen gefertigten Instruktion enthalten. Im beschickten Staat hat der Gesandte, je nachdem er beim höchsten oder mittleren Organ beglaubigt ist, sein Beglaubigungsschreiben dem ersteren in einer Antrittsaudienz oder letzterem zu übergeben, im ersteren Fall aber seine Ankunft vorher dem Minister des Auswärtigen zu notifiziren. Bei einem Gesandten erster Klasse geschieht diese Notifikation durch den ersten Legationssekretär persönlich, wobei auch eine Abschrift des Beglaubigungsschreibens übergeben wird mit der Bitte um Festsetzung des Tages und der Stunde der zu gewährenden Audienz bei dem höchsten Organ. Der Minister des Auswärtigen des beschickten Staates prüft das Schreiben nach Inhalt und Form, um dem Gesandten eine seinem Charakter entsprechende Antrittsaudienz beim höchsten Organ zu verschaffen. Die dem Gesandten erster Klasse gewährte Audienz ist entweder eine feierliche (öffentliche) [4]) oder private je nach der Bestimmung der beiden Staaten oder je nach dem Herkommen. Den Gesandten zweiter Klasse wird gewöhnlich nur eine Privataudienz gewährt, in neuerer Zeit aber an Höfen, bei welchen Gesandte

---

1) Miruß, Das europäische Gesandtschaftsrecht 1847 I. §§ 240, 274. Alt, Handbuch des europäischen Gesandtschaftsrechts, Berlin 1870. Ch. de Martens. Le guide diplomatique, précis des droits et des fonctions des agents diplomatiques et consulaires. Paris 1851, 4. Aufl. I. § 52—58. Prabier=Fodéré, Cours de droit diplomatique, Paris 1881, Ch. X. 428, Raymond De sa Valle. Des agents diplomatiques. Genève 1875.
2) Ch. de Martens, I. 174.
3) Ch. de Martens, I. 69.
4) Ueber das dabei beobachtete Zeremoniell siehe Alt § 96, das in Berlin § 97, in Paris § 98, im Haag § 99, in Brüssel § 100.

erster oder zweiter Klasse selten oder nie beglaubigt sind, auch eine öffentliche[1]). Gesandte anderer Klassen überreichen ihr Kreditiv dem Minister des Auswärtigen, indeß werden auch die Minister-Residenten bisweilen in Privataudienz empfangen[2]).

Außerdem werden Audienzen während der Dauer der Mission gewährt, wenn ein Gesandter ein Handschreiben seines höchsten Organes zu überreichen hat oder wenn er beauftragt ist, dem höchsten Organ des beschickten Staates eine Angelegenheit der Familie seines Souveräns mitzutheilen oder eine Beglückwünschung darzubringen oder ein Beileid auszusprechen[3]).

Eine Hauptaufgabe des Gesandten besteht darin, sich eine genaue Kenntniß zu verschaffen der Beziehungen zwischen seiner und der fremden Regierung und des Standes der Geschäfte, deren Handhabung ihm obliegt[4]). Der Gesandte repräsentirt seinen Staat, handelt im Namen desselben, hat dessen Rechte zur Geltung zu bringen und dessen Interessen zu vertheidigen innerhalb der Grenzen seiner Instruktionen[5]).

Die Hauptfunktion des Gesandten gegenüber seinem Staat besteht darin, die gewöhnlichen Geschäfte seiner Legation wahrzunehmen, die von seiner Staatsgewalt ihm ertheilten Aufträge auszuführen und dem ihm übergeordneten Ministerium des Auswärtigen regelmäßig zu bestimmten Zeiten und über wichtige Ereignisse außerordentliche Berichte zu erstatten[6]). Zur Erledigung der laufenden Geschäfte unterhält der Gesandte fortgesetzte Beziehungen mit der Regierung, bei welcher er akkreditirt ist, ohne sich in deren Verwaltung einzumischen[7]). Die gewöhnlichen Geschäftsverrichtungen des Gesandten bestehen im Entwerfen oder in der Durchsicht von Schriftstücken aller Art, welche in seinen Geschäftskreis gehören, in der Unterzeichnung und Ueberwachung der Expedition der abzusendenden Geschäftspapiere, in der Ueberwachung der Führung des Tagejournals der Gesandtschaft, der Kanzlei und Archive und in der Vertheilung der Arbeiten unter sein Personal[8]). Die detaillirten Berichte (rapports) erstrecken sich auf die Hauptgegenstände der Mission oder auf Nebensachen, oder auf Verhandlungen und die dabei sich ergebenden Inzidenzpunkte und Schwierigkeiten. Die ersten Berichte des Gesandten beziehen sich auf sein Verhalten beim Antritt der Mission, weitere, später nach einiger Dauer seines Aufenthaltes, im fremden Staat zu erstattende Berichte auf die Zustände und Verhältnisse desselben, die sich dort ereignenden politischen Begebenheiten von Wichtigkeit und die Beziehungen und Verhandlungen der Gesandten dritter Staaten mit der Regierung des beschickten Staates. Es ist hierbei Pflicht des Gesandten, seine Staatsregierung darauf aufmerksam zu machen: über welche Gegenstände neue Verträge mit dem beschickten Staat abgeschlossen und in welcher Weise bestehende Verträge zum Vortheil des schickenden Staates abgeändert werden könnten, namentlich wenn vom beschickten Staat mit dritten Staaten vortheilhaftere Verträge als mit dem schickenden abgeschlossen worden waren.

Die Hauptfunktionen eines Gesandten gegenüber dem beschickten Staate bestehen darin, darüber zu wachen, daß von demselben die Bestimmungen der von ihm mit dem schickenden Staat abgeschlossen Verträge genau beobachtet werden, in der Verhandlung mit dem beschickten Staat und in der Fürsorge für die in diesem sich aufhaltenden

---

1) Ueber die Art der Privataudienz siehe Ch. de Martens, I. § 42, Alt, § 108.
2) Ch. de Martens, I. § 43, Alt, l. c.
3) Ch. de Martens, l. c.
4) Prabier-Fodéré, I. 428 ff.
5) Prabier-Fodéré, I. 433.
6) Miruß, I. § 248. Alt, § 157. Ch. de Martens, § 55. Prabier-Fodéré, Cap. X.
7) Prabier-Fodéré, 447.
8) Miruß, § I. 249, Prabier-Fodéré, I. 453.

Angehörigen des schickenden Staates. Neben bloßen Mittheilungen hat der Gesandte eigentliche Verhandlungen in der Regel nur mit dem Minister des Auswärtigen des beschickten Staates, nur ausnahmsweise mit dessen höchstem Organ zu führen. Der Gesandte verhandelt mündlich in Konferenzen. Zur Fixirung und Bewahrung des mündlich verhandelten wird dessen Inhalt in sog. notes verbales oder in aperçus de conversations [1]) aufgezeichnet. Diese Noten werden aber nicht unterzeichnet. Schriftlich verhandelt der Gesandte durch Ueberreichung von Schreiben, Noten und Memoiren an den Minister des Auswärtigen des beschickten Staates. Bei den Verhandlungen hat sich der Gesandte nach seinen Instruktionen zu richten, und wenn diese nicht ausreichen, sich von seinem Staat neue und bei einem außerordentlichen und wichtigen Fall spezielle und genaue Instruktionen zu erbitten[2]). Bei der Verhandlung des Gesandten mit dem Minister des Auswärtigen des beschickten Staates werden selten Protokolle oder procès verbaux aufgenommen, wohl aber kann der Gesandte, um sich darüber zu vergewissern, daß er seiner Regierung vollständig Rechenschaft abgelegt hat über den Stand der Unterhandlungen seine bezügliche Depesche dem Minister, mit welchem er verhandelt hat, vortragen, damit etwa erforderliche Berichtigungen vorgenommen werden können[3]).

Die Mittheilungen zwischen dem schickenden und zweien oder mehreren beschickten Staaten, ohne Verhandlungen, finden Statt vermittelst Depeschen, Noten oder Zirkulare, welche der Minister des Auswärtigen an die diplomatischen Agenten seines Landes bei dem, resp. den beschickten Staaten richtet, mit dem Auftrage, Kopie dem Minister des Auswärtigen des oder der letzteren zu lassen, in gleicher Weise als ob es sich um Mittheilung in Bezug auf eine schwebende Verhandlung handelt[4]). Der Minister des Auswärtigen des beschickten Staates antwortet in gleicher Weise mittelst Depesche an den ihm untergeordneten Gesandten beim schickenden Staat[5]). Bisweilen beschränkt sich der Gesandte nur auf Vorlesung der Depesche an den Minister des Auswärtigen des beschickten Staates, ohne Zurücklassung einer Kopie, indeß kann der Minister sich weigern, eine solche Mittheilung entgegenzunehmen[6]). Ueberhaupt werden aber mit dem Wort „Depeche" bezeichnet die öffentlichen Schreiben, welche ein Gesandter an seine Regierung richtet und diejenigen, welche sie von diesem erhält[7]).

Die Fürsorge des Gesandten für die im beschickten Staat sich aufhaltenden Angehörigen des von ihm vertretenen Staates beschränkt sich auf die Pflicht, darauf zu achten, daß ihnen die durch das Völkerrecht und Verträge mit dem beschickten Staat gewährten Rechte eingeräumt werden, und sie gegen offenbare Ungerechtigkeiten und Zurücksetzung gegen andere Nationale und gegen völkerrechtswidrige Anfechtungen zu schützen. Der einzelne Verletzte muß sich zunächst an die Autoritäten seines Aufenthaltsortes wenden und nur wenn ihm Gerechtigkeit geweigert oder nur zum Schein Recht gewährt wird, oder wenn er gegenüber seinen Verfolgern ungeschützt gelassen wird, soll der Gesandte seines Staates interveniren[8]). Dazu hat aber der Gesandte keinen Auftrag seiner Regierung abzuwarten, vielmehr liegt die Ermächtigung dazu schon in seiner allgemeinen Stellung[9]). Niemals aber darf der Gesandte direkt bei den Organen für die Rechts- und Wohlfahrtspflege interveniren, sowie ihm überhaupt jede Intervention in die inneren Angelegenheiten des beschickten Staates versagt ist, sondern er hat Ansprüche und Beschwerden im Interesse der Angehörigen des von ihm vertretenen Staates zur Herbeiführung der Abhilfe nur geltend zu machen bei dem Ministerium des Auswärtigen des fremden Staates oder bei dem ihm vorgesetzten Ministerium[10]).

---

1) Pradier-Fodéré, I. 467.   2) Pradier-Fodéré, I 449.
3) Pradier-Fodéré, I. 471.   4) ibid.   5) Pradier-Fodéré, I. 468.
6) l. c.   7) Pradier-Fodéré, I. 454.   8) Pradier-Fodéré, I. 477.
9) Pradier-Fodéré, I. 474.   10) Miruß, §§ 251—253. Alt, § 160.

Die Gerichtsbarkeit, welche dem Gesandten zu Gunsten der Angehörigen seines Staates, welche sich im beschickten Staat aufhalten, zusteht, ist in der Regel nur eine freiwillige, d. h. er kann bestimmte Urkunden im Interesse und auf Ersuchen derselben aufnehmen wie z. B. Vollmachten, Heirathskontrakte, Testamente und Zivil=standsakte über Geburten, Todesfälle und Heirathen, auch Pässe ausstellen und visiren, sowie anderweitig ausgestellte Urkunden beglaubigen. Andererseits hat aber der Gesandte auch das Recht, die Angehörigen seines Staates zu überwachen, sie davon abzuhalten durch ihr politisches Benehmen ihren Staat zu kompromittiren und sie vor Störungen der öffentlichen Ruhe zu warnen, welche zu strengen Maßregeln führen müßten, vor welchen sie zu schützen ihm unmöglich wäre.

Außer den Verhandlungen mit dem beschickten Staat haben die Gesandten auch Verhandlungen mit in demselben Staat beglaubigten Gesandten anderer Staaten zu führen, um sich beim beschickten Staat gegenseitig durch übereinstimmendes Handeln zu unterstützen, oder mit ihnen über ihre Staaten oder ihre Stellung gemeinsam interessirende Fragen zu verhandeln, oder von seinem Staat zu Verhandlungen mit dem Gesandten eines oder mehrerer Staaten beauftragt, in Konferenzen oder Kongressen[1]). In gleicher Weise kann auch ein Gesandter im Auftrage seines Staates gute Dienste oder Vermittelung üben, falls sein Staat von dritten Staaten dazu aufgefordert wurde oder an einer schiedsrichterlichen Verhandlung und Entscheidung über Differenzen dritter Staaten sich betheiligen, wenn er dazu von seinem Staat beauftragt oder ermächtigt wurde[2]).

§ 77. **Die Funktionen oder Pflichten der Konsuln in christlichen Staaten.** Die Funktionen der Konsuln sind von der Mehrzahl der Staaten in von ihnen unter ein=ander geschlossenen Verträgen vereinbart in folgenden, im Wesentlichen übereinstimmenden Bestimmungen[3]).

1. Die Konsuln sind ermächtigt in der Ausübung ihrer Amtsbefugnisse an die lokalen Autoritäten ihres Amtsbezirkes sich zu wenden, um wegen jeder Zuwiderhand=lung gegen die zwischen den resp. Staaten bestehenden Verträge und Konventionen und wegen irgend einer ihren im anderen Staat sich aufhaltenden Staatsangehörigen zur Beschwerde gereichenden Beeinträchtigung Einspruch zu erheben. Wenn diese Autoritäten auf ihre Reklamationen nicht eingehen, so können sie, in Ermangelung eines diplomatischen Vertreters ihres Staates in dem Lande ihrer Amtswirksamkeit, sich an die Zentral=regierung dieses Staates wenden[4]).

2. Die Konsuln oder ihre Kanzler haben das Recht in ihrer Kanzelei, in der Wohnung der Parteien und am Bord der Schiffe ihrer Nation die von ihren Kauf=fahrteischiffs=Kapitänen, =Mannschaft, =Passagieren und anderen Angehörigen ihres Landes abgegebenen Deklarationen entgegenzunehmen[5]). Auch sind sie ermächtigt als Notare die

---

1) Miruß, § 263. Alt, § 169.

2) Miruß, § 260, Ch. de Martens, § 57, Alt, § 168. — Siehe über die guten Dienste, die Vermittelung und die schiedsrichterliche Entscheidung § 87.

3) Eine vergleichende Zusammenstellung der Konsulargesetze der einzelnen Staaten haben wir uns versagen müssen.

4) Art. 7 d. franz.=ital. K. V. v. 1862; Art. 9 d. norddb. K. V. v. 1868 (ausgedehnt auf das Deutsche Reich 1872) m. Italien; Art. 9 d. deutsch=span. K. V. (1870 u. 1872); Art. 8 d. deutsch. K. V. m. d. Ver. Staaten v. Nordamerika v. 1871 und Art. 9 d. belg.=nordamerik. K. V. v. 1880 räumen den Konsuln auch die Befugniß ein, bei Verletzungen des Völkerrechts Auskunft von den lokalen Behörden zu verlangen und an dieselben Anträge zum Schutz der Rechte und Interessen ihrer Landsleute zu richten; Art. 8 des österr. N. U. K. V. v. 1870, des russisch=deutsch. K. V. v. 1874 und des russisch=franz. v. 1874; Art. 10 des österr.=ital. v. 1874; Art. 8 des russ.=ital. v. 1875; Art. 10 d. deutsch. K. V. m. Brasilien v. 1882.

5) In dem Vertrage des Deutsch. Reichs mit Brasilien ist ein im Art. 11 außer dieser Befugniß dem Konsul zugestanden, bei Rechtsstreitigkeiten der Angehörigen unter sich oder mit Angehörigen des anderen Theiles oder eines dritten Staates auf Antrag der Parteien nicht allein

testamentarischen Dispositionen ihrer Nationalen und alle anderen Notariatsakte für die=
selben aufzunehmen, desgleichen alle vertragsmäßigen Akte zwischen einem oder mehreren
ihrer Nationalen und anderen Personen des Landes ihres Amtssitzes und selbst Verträge
der letzteren unter einander, wenn sie sich beziehen auf Immobilien, welche belegen sind
und auf Sachen, welche geführt werden im Staate, von welchem der Konsul ernannt
ist. Die vom Konsul beglaubigten und mit Amtssiegel versehenen Abschriften dieser
Urkunden oder Auszüge haben in den Ländern der Vertragskontrahenten in gleicher
Weise wie die Originale Glauben und dieselbe Kraft und Giltigkeit, als wenn sie von
Notaren oder anderen öffentlichen Beamten des einen oder anderen Vertragsstaates auf=
genommen wären, vorausgesetzt, daß diese Urkunden in derjenigen Form aufgenommen
worden sind, welche die Gesetze des Staates, von welchem die Konsuln ernannt sind,
vorschreiben und vorausgesetzt, daß bezüglich des Stempels, der Registrirung und aller
anderen Formalitäten die betreffenden Bestimmungen des Landes, in welchem der Akt
zur Ausführung kommen soll, erfüllt sind[1]). Auch können die Konsuln alle Arten von
Urkunden, welche von den Autoritäten oder Beamten ihres Landes herrühren, übersetzen
und beglaubigen und haben diese Uebersetzungen in dem Lande der Amtswirksamkeit des
Konsuls dieselbe Kraft und Giltigkeit als ob sie durch beeidigte Dollmetscher des Landes
angefertigt wären[2]).

3. Die Konsuln haben im Fall des Todes eines Angehörigen ihres Staates im
Lande des anderen Vertragskontrahenten den lokalen Autoritäten davon Anzeige zu
machen, sowie diese letzteren dem Konsul, wenn sie von dem Todesfall früher Kenntniß
erlangten. Hinterließ der oder die Verstorbene kein Testament oder hatten sie keinen
Testamentsexekutor ernannt, oder befindet sich der Ernannte nicht am Ort der Erbschafts=
eröffnung, oder sind die Erben minderjährig, oder unfähig ihre Angelegenheit wahrzu=
nehmen, oder abwesend, so haben die Konsuln den Nachlaß zu versiegeln und zu inventarisiren,
die Effekten, einkassirte Nachlaßforderungen und erhobene Zinsen in Verwahrung zu
nehmen oder zu deponiren, etwa nöthig werdende Versteigerungen vorzunehmen, den
Todesfall bekannt zu machen, etwaige Gläubiger zu konvoziren, die Erbschaft zu verwalten,
liquidiren und in einem bestimmten Termin, welcher vertragsmäßig festgesetzt ist, den
Erben oder deren gesetzmäßigen Vertretern auszuliefern und eine etwa erforderliche Vor=
mundschaft oder Kuratel nach den Gesetzen ihres Landes einzusetzen[3]). Nach anderen
Verträgen hat die kompetente Landesbehörde, falls ein Angehöriger seines Staates sterben
sollte, ohne in dem Lande seines Todes bekannte Erben zu hinterlassen oder wenn von
ihm kein Testamentsexekutor ernannt wurde, dem nächsten Konsul der Nation, welcher
der Verstorbene angehörte, über den Tod Mittheilung zu machen, damit die erforderliche
Benachrichtigung den betheiligten Parteien übermittelt werde, und der Konsul das
Recht, bei allen Amtshandlungen für die abwesenden Erben oder Gläubiger und Minder=
jährige aufzutreten[4]).

---

den Abschluß von Vergleichen zu vermitteln, sondern auch das Schiedsrichteramt zu übernehmen.
Auch hat nach Art. 14 der Konsul das Recht, soweit er nach den Gesetzen seines Staates dazu befugt
ist, Eheschließungen von Angehörigen desselben vorzunehmen und die Geburten, Heirathen und
Sterbefälle solcher Angehörigen zu beurkunden.

1) Art. 10 d. deutsch=ital. u. d. deutsch=span. Vertr., Art. 9 d. deutsch=nordamerik. und
=russ. Vertr., d. russ.=franz. u. =ital. Vertr., Art. 10 d. belg.=nordamerik. u. Art. 12, 13 u. 15
des deutsch=brasil. Vertr.

2) Art 8 des franz.=ital., Art. 9 d. österr.=nordamerik., Art. 11 d. österr.=ital., Art. 12, 13,
15, 16 d. deutsch=brasil. K. V.

3) Art. 9 d. franz.=ital., Art. 11 d. deutsch=ital. u. span. K. V., Art. 12 d. österr.=ital.,
Art. 18, 21—29 u. 31—39 des deutsch=brasil., welcher die speziellsten Bestimmungen enthält.

4) Art. 10 d. deutsch=nordamerik., Art. 16 d. österr.=nordamerik., Art. 15 d. belg.=nordamerik.
Art. 17 d. deutsch=brasil. K. V. Nach Art. 14 d. österr.=ital. Vertr. sollen, wenn ein Angehöriger

Befindet sich am Sterbeorte kein Konsul der betreffenden Nation, so hat die lokale Autorität den Nachlaß zu inventarisiren und die Liquidation vorzunehmen, davon aber entweder der bezüglichen Gesandtschaft oder dem dem Orte der Erbschaftseröffnung nächsten resp. Konsul Mittheilung zu machen; sobald aber letzterer sich einstellt oder einen Delegirten hinsendet, übernehmen diese die den Konsuln eingeräumten Amtshand= lungen [1].

Der Konsul hat den Nachlaß von Seeleuten und Passagieren seiner Nation, welche auf dem Festlande oder am Bord der Schiffe ihres Landes oder während der Reise oder im Ankunftshafen gestorben sind, zu inventarisiren und die zur Erhaltung der hinter= lassenen Gegenstände erforderlichen Maßregeln zu treffen [2].

4. Die Konsuln können persönlich oder durch Delegirte am Bord der Schiffe ihrer Nation, sobald diese zum freien Verkehr zugelassen sind, den Kapitän und die Schiffs= mannschaft vernehmen, die Schiffspapiere einsehen, Aussagen über die Reise und deren Zwischenfälle sowie über die Destination entgegennehmen, die Ladungsverzeichnisse (Manifeste) abfassen, die Abfertigung der Schiffe fördern und das Schiffspersonal zu den Gerichts= und Verwaltungsbehörden begleiten, um ihnen als Dollmetscher und Agenten zu dienen in den von ihnen betriebenen Sachen und bei den von ihnen zu stellenden Anträgen. Auch dürfen die Gerichts= und Zollbeamten nur im Beisein des Konsuls am Bord der Handelsschiffe eine Visite oder Recherche vornehmen. Ebenso muß der Konsul zugezogen werden bei Erklärungen der Kapitäne und Schiffsmannschaft vor den Gerichten und Behörden [3].

Die Konsuln haben die innere Ordnung auf den Schiffen ihrer Nation aufrecht zu erhalten und etwaige Streitigkeiten zwischen den Kapitänen, den Schiffsoffizieren und Matrosen zu schlichten. Die Lokalbehörden dürfen nur dann einschreiten, wenn die am Bord der Schiffe vorkommenden Unordnungen der Art sind, daß die Ruhe oder öffentliche Ordnung am Lande oder im Hafen gestört wird, oder wenn ein Landesangehöriger oder eine nicht zur Schiffsmannschaft gehörige Person betheiligt ist [4]. Die von der Schiffs= mannschaft von Kriegs= und Kauffahrteischiffen des Landes des Konsuls auf das Gebiet des Staates seiner Amtswirksamkeit desertirten kann er durch die lokale Autorität, an welcher er sich in vertragsmäßig festgestellter Weise zu wenden hat, verhaften lassen und an Bord oder in ihre Heimath befördern [5]. Auch die von den Schiffen seines Landes, welche freiwillig oder gezwungen (relâche forcée) in einen Hafen seines Amtsbezirkes einlaufen, erlittenen Havarien unterliegen, wenn nicht zwischen Rhedern, Befrachtern und

eines der Vertragskontrahenten an der auf dem Gebiet des anderen Theiles eröffneten Erbschaft interessirt ist, die lokalen Autoritäten den nächsten Konsul von der Eröffnung der Erbschaft benachrichtigen.

1) Art. 10 d. fran.=ital. K. V., Art. 12 d. deutsch=ital. u. =span., Art. 13 d. österr.=ital. u. Art. 30 d. deutsch=brasil.

2) Art. 11 d. franz.=ital. K. V. u. d. deutsch=nordamerik., Art. 13 d. deutsch=ital. u. span., Art. 19 d. deutsch=brasil. Nach Art. 15 d. österr.=ital. sollen die den Seeleuten oder Passagieren des einen kontrahirenden Staates angehörigen Werthe und Effekten, welche am Bord des Schiffes des anderen Kontrahenten gestorben sind, im Ankunftshafen dem Konsul der resp. Nation übergeben werden, um der betreffenden Autorität des Landes des Verstorbenen übersandt zu werden.

3) Art. 12 d. franz.=ital. u. deutsch=nordamerik. K. V., Art. 14 d. deutsch=ital. u. span. Vertr. Art. 10 d. österr.=nordamerik., d. russ.=deutschen, =franz. u. =ital., Art. 16 d. österr.=ital. u. Art. 40 d. deutsch=brasil.

4) Art. 13 d. franz.=ital. K. V., Art. 15 d. deutsch=ital. u. span., Art. 13 d. deutsch=nord= amerik., Art. 11 d. österr.=nordamerik., Art. 11 d. russ.=deutsch u. franz., Art. 17 d. österr.=ital. Art. 11 d. russ.=ital. u. d. belg.=nordamerik., Art. 41 d. deutsch=brasil.

5) Art. 14 d. franz.=ital. K. V., Art. 16 d. deutsch=ital. u. =span., Art. 14 d. deutsch= nordamerik., Art. 12 d. österr.=nordamerik., d. russ.=deutsch; =franz. u. =ital., Art. 18 d. österr.= ital., Art. 12 d. belg.=nordamerik. u. Art. 42 d. deutsch=brasil.

Verficherern getroffene Verabredungen entgegenstehen, seiner Regulirung, d. h. des Konsuls der betreffenden Nation. Sollten aber Landesangehörige oder die eines dritten Staates bei der Sache betheiligt sein, so gebührt die Regulirung der Lokalautorität[1]).

Von allen Schiffbrüchen und Strandungen, welche sowohl Staats- als Privat- schiffe des Landes des Konsuls an den Küsten seines Residirungslandes betreffen, hat die lokale Autorität ihn zu benachrichtigen und hat derselbe die bezüglichen Rettungs- maßregeln nach Maßgabe der Landesgesetze zu leiten, die Maßregeln bei Ausbesserung, Neuproviantirung und beim Verkauf des gescheiterten oder gestrandeten Schiffes nur zu überwachen[2]).

Der Handelsvertrag zwischen dem deutschen Zollverein und Oesterreich vom 9. März 1868 (B. G. Bl. 239) Art. 20 und 21 und der zwischen dem Deutschen Reich und Oesterreich vom 23. Mai 1881 beschränken sich auf die Bestimmungen: 1. daß die Konsuln des einen der vertrags- schließenden Theile, unter der Bedingung der Gegenseitigkeit, in dem Gebiet des anderen Theiles dieselben Vorrechte, Befugnisse und Befreiungen genießen sollen, deren sich diejenigen irgend eines dritten Staates erfreuen oder erfreuen werden, und 2. daß jeder der vertragsschließen- den Theile seine Konsuln im Auslande verpflichten wird, den Angehörigen des anderen Theiles, sofern letzterer an dem betreffenden Platze durch einen Konsul nicht vertreten ist, Schutz und Beistand in derselben Art und gegen nicht höhere Gebühren wie den eigenen Angehörigen zu gewähren. Die Konsularkonvention zwischen Rußland und den Niederlanden vom 2./14. April 1883 (Arch. dipl. XXIV. I. 74) besagt nur (Art. 1), daß die Konsularbeamten Rußlands in den über- seeischen Häfen oder niederländischen Kolonien, wo Agenten derselben Kategorie einer anderen fremden Nation residiren oder residiren werden, zugelassen werden sollen auf dem Fuß der meist- begünstigten Nation.

Quellenwerke: Als besondere Sammlung von Konsularverträgen erschien 1877 heraus- gegeben von dem auswärtigen Amt des Deutschen Reichs eine unter dem Titel: „Deutsche Kon- sularverträge". Berlin, v. Decker'scher Verlag; und für die Gesetzgebung eine andere unter dem Titel: „Die Gesetzgebung des Deutschen Reichs über Konsularwesen und Seeschiff- fahrt" von Hänel und Lesse, Berlin 1875. Vgl. auch Handels- und Schiffahrtsverträge Deutschlands mit dem Auslande aus den Jahren 1851—1872. Berlin 1872, und für die Gesetz- gebung und Verträge früherer Zeit Deutschlands F. A. b. Mensch, Manuel Pratique du Consulat, Leipzig, Brockhaus 1846, für Oesterreich Malfatti, Handbuch des österreichisch-ungarischen Kon- sularwesens. Wien 1879, Braumüller.

§ 78. Die Funktionen oder Pflichten der Konsuln in nichtchriftlichen Staaten.

1. In türkischen Staatsgebieten. Die Konsuln haben:

1. den Angehörigen ihres Staates Beistand zu gewähren und alle unter ihnen bestehenden Differenzen zu hören und zu entscheiden;

2. die Gerichtsbarkeit in Zivil- und Kriminalsachen der resp. Staatsangehörigen nach den Gesetzen des eigenen Staates. In gemischten Prozessen, in welchen nur der eine Theil dem Staat des Konsuls angehört, entscheiden die türkischen Gerichte im Beisein des resp. Gesandten, Konsuls oder Dragomans. Alle Prozesse, welche den Werth von 4000 Aspren übersteigen, kompetiren dem Divan der Pforte. An türkischen Unterthanen begangene Verbrechen entscheiden die türkischen Gerichte, indeß muß der Konsul von jeder Anklage, welche gegen einen seiner Staatsangehörigen gerichtet ist, sofort unterrichtet werden und wird die Sache in Gegenwart des Konsuls oder eines dazu designirten Beamten behandelt; außerdem gilt, daß kein türkischer Beamte das Haus eines Franken betreten und dort Haussuchung halten darf ohne Antheilnahme des resp. Konsuls; dagegen dürfen die Konsuln zur Erfüllung ihrer Funktionen Dragomans,

---

1) Art. 15 d. franz.-ital. K. V., Art. 17 d. deutsch-ital. u. -span., Art. 15 d. deutsch- nordamerik., Art 13 d. österr.-nordamerik., b. russ.-deutsch. u. -franz., Art. 19 d. ital.-österr. u. Art. 13 d. -russ., Art. 13 d. belg.-nordamerik. u. Art. 43 d. deutsch-brasil.
2) Art. 16 d. franz.-ital. K. V., Art. 18 d. deutsch-ital. u. -span., Art. 16 d. deutsch- nordamerik., Art. 14 d. österr.-nordamerik., Art. 14 d. russ.-deutsch, -franz. u. -ital. u. b. belg.- nordamerik., Art. 20 d. ital.-russ., Art. 44 d. deutsch-brasil.

Sekretäre und andere Offizianten auch aus den türkischen Unterthanen annehmen und soll diese die Landesregierung nie in der Erfüllung ihrer Obliegenheiten behindern;

3. beim Tode eines dem Staate des Konsuls angehörigen Nationalen einstweilen das Vermögen in Besitz zu nehmen und es sodann seinen Erben zukommen zu lassen; befindet sich kein Konsul am Ort, so hat ein Ortsrichter das Inventar über den Nachlaß aufzunehmen in Gegenwart von Zeugen und dasselbe dem nächsten Konsul desselben Staates zu übersenden; hinterließ der Verstorbene ein Vermächtniß, so sind dessen Verfügungen zu erfüllen.

Schon die Kapitulation Pisas mit dem egyptischen Sultan vom Jahre 1154 gewährt den Pisanern das Recht eigener Gerichtsbarkeit. Nach den Kapitulationen des Sultans von Egypten aus den Jahren 1254 und 1302 mit Venedig mußte aber ein Christ oder Muselmann seine Klage gegen einen Venetianer bei dem venetianischen Konsul, gegen einen Muselmann aber beim egyptischen Gericht anstellen. Außerdem hatte ausschließlich der Konsul das Recht, alle nöthigen Maaßnahmen zu treffen, um das Vermögen eines verstorbenen venetianischen Unterthans zu bewahren. Nach der Kapitulation Egyptens mit der genuesischen Republik von 1290 erstreckte sich die richterliche Gewalt des Konsuls auf alle Kriminal- und Zivilsachen, und zwar nicht bloß der Genuesen unter einander, sondern auch zwischen diesen und anderen Nationen angehörenden Christen. Im Jahre 1422 erhielten die florentinischen Konsuln dieselben Rechte wie die von Pisa und Venedig. Auch nach der Kapitulation von Tunis mit Venedig von 1251 gehört eine Forderung gegen die Venetianer vor deren Konsul, in der Kapitulation mit Genua von 1433 wurden aber alle Genuesen in Zivil- und Kriminalsachen der Konsulargerichtsbarkeit unterstellt. Nicht minder hatte nach dem Vertrage Venedigs mit Tripolis von 1356 der Konsul alle Streitigkeiten und Klagen von Venetianern zu schlichten und zu entscheiden. (F. Martens, Konsularwesen im Orient 111 ff.)

Die Kapitulationen, auf welchen die Jurisdiktion der gegenwärtigen europäischen Konsuln in türkischen Staatsgebieten beruht, sind ihrem Wesen nach bloß Wiederholungen der bis zum 14. Jahrhundert geschlossenen Traktate, deren Bestimmungen vorstehend kurz referirt wurden. Mit der Erweiterung ihres Gebietes in Afrika trat die Türkei als Rechtsnachfolgerin in die Verbindlichkeitsverhältnisse ein, in welchen die von ihr dort erworbenen Gebiete zu den christlichen Staaten gestanden hatten. In den letzten Jahrhunderten schloß sie Verträge, welche die Bestimmungen der früheren Kapitulationen enthalten. Insbesondere wurden durch einen Vertrag des Sultans Soliman II. von 1528 den französischen und katalonischen Konsuln alle Rechte bestätigt, welche die früheren Herrscher dieses Landes ihnen zugestanden hatten. Es erstreckte sich darnach die Konsularjurisdiktion auch auf alle Kriminalsachen, an welchen nur Katalonier und Franzosen betheiligt waren, mit alleiniger Ausnahme der Tödtung, welche von Seiten der Landesgerichtsbarkeit verfolgt und gerichtet wurde. Auch wurde die Unantastbarkeit des Nachlasses und falls der Verstorbene eine letztwillige Verfügung getroffen, die genaue Erfüllung derselben vereinbart. Auf dem Vertrage Frankreichs mit der Türkei von 1535 gründen sich die späteren hierher gehörigen Beziehungen der Staaten. Darnach hat der Konsul alle Streitsachen zwischen französischen Unterthanen zu untersuchen und zu entscheiden. Verbrechen und Vergehen eines Franzosen gegen einen anderen kompetirten gleichfalls dem Konsul, ein Verbrechen eines Franzosen gegen einen Türken mußte aber der Pforte gemeldet werden und leitete diese die Untersuchung ein und fällte das Urtheil. Starb ein Franzose ohne Hinterlassung eines Testaments, so mußte sein Nachlaß von dem Konsul den gesetzlichen Erben oder den Betrauten des Verstorbenen übergeben werden, befand sich aber nicht am Ort der Hinterlassenschaft ein Konsul, so hatte der Kadi dieselbe in Gegenwart von Zeugen aufzunehmen. Die Kapitulationen vom Jahre 1569 und 1581 bestätigten die Jurisdiktion der Konsuln. In der Kapitulation von 1604 wurde aber die Jurisdiktion des französischen Konsuls auf alle türkischen Unterthanen und Muselmänner ausgedehnt, welche sich der Seeräuberei schuldig machten. Außerdem wurden türkische Unterthanen, welche auswärtigen Handel trieben, verpflichtet, sich unter den Schutz der französischen Konsuln zu stellen. In der Kapitulation von 1673 wurde für die gemischten Prozesse festgesetzt, daß wenn der Betrag der Forderung eines türkischen Unterthanes an einen Franzosen die Summe von 4000 Aspren überstieg, der Kaiserliche Divan sie zu prüfen habe. Nach der die früheren Kapitulationen bestätigenden Kapitulation von 1740 sollte eine endgiltig entschiedene Streitsache einer Revision und neuen Entscheidung nicht unterzogen werden, wurde aber dennoch ein Prozeß revidirt, so mußte der Gesandte davon unterrichtet, das Gutachten des Konsuls eingeholt und die Meinung des Beklagten darüber gehört werden. Erachteten alle diese die Revision für nothwendig, so konnte nur die Pforte sie vornehmen und sollten dabei die türkischen Unterthanen zur Bekräftigung ihrer Forderungen an Franzosen ausschließlich schriftliche Belege vorbringen. Ferner gewährte diese Kapitulation auch den französischen Gesandten und Konsuln das Recht, Dragomans und andere Offizianten aus den türkischen Unterthanen ohne jegliche Beschränkung anzunehmen und waren die Dragomans, auch türkischer Herkunft, für Dienstvergehen und Verbrechen ausschließlich dem Konsulargericht verantwortlich und konnten nur von diesem gerichtet werden. Auch sollte keine einzige türkische Behörde das Recht haben, das Haus eines Franzosen zu betreten oder bei demselben Haussuchung zu halten anders als unter Theilnahme des Konsuls oder eines Bevollmächtigten desselben. Durch Kapitulationen mit Algier und Tripolis aus dem 17. und 18. Jahrhundert wurden den französischen Konsuln in Bezug auf die Gerichtsbarkeit dieselben Rechte, welche sie überhaupt auf türkischem Boden besaßen, zugesichert. Die Streitigkeiten zwischen Franzosen und Türken oder Mauren sollten aber dem Divan oder dem Konseil des Paschas oder dem Kommandanten des Hafens kompetiren, in welchem sie ihren Anfang nehmen. Nach Kapitulationen mit Tunis kompetirten gleiche Streitigkeiten dem Bey selbst und konnten französische Unterthanen, welche eines Verbrechens an einem Landesunterthan angeklagt waren, sich in das Konsulat flüchten. Auch nach der Kapitulation Frankreichs mit Marokko von 1767 haben die Konsuln das Recht, den französischen Kaufleuten Beistand zu gewähren und ihre Streitigkeiten zu entscheiden, unterliegen aber gemischte Prozesse dem Kaiser von Marokko oder dessen Statthalter. (Martens, l. c. 185 ff.)

Die französischen Kapitulationen dienten den später von der Türkei mit anderen christlichen Staaten abgeschlossenen zum Vorbilde. In den Jahren 1606, 1619 und 1662 erhielten die Konsuln Großbritanniens Zivil- und Kriminaljurisdiktion und bestimmte die Kapitulation von 1675, daß der Konsul für Streitigkeiten von Konsuln untereinander kompetent sei. Gemischte Prozesse entschied die türkische Instanz in seinem Beisein und sollten auch nach diesem Vertrage Prozesse von über 4000 Aspren an Werth nur der Pforte unterliegen. Durch Verträge mit den Barbareskenstaaten im 17. und 18. Jahrhundert erhielten die Konsuln Großbritanniens die den Franzosen zugestandenen Befugnisse. Auch die Konsuln der Niederlande erhielten auf Grund von Kapitulationen aus dem 17. Jahrhundert mit der Türkei, Tunis und Tripolis dieselbe Konsulargerichtsbarkeit wie Frankreich. Ebenso erstreckte sich nach den Verträgen Oesterreichs mit der Türkei aus dem 17. und 18. Jahrhundert die Konsulargerichtsbarkeit der österreichischen Konsuln auf alle Zivil- und Kriminalprozesse, an welchen ausschließlich Oesterreicher betheiligt waren, während Verbrechen gegen türkische Unterthanen den türkischen Gerichten unterlagen. Indeß mußte der Konsul von der Anklage auch nach diesen Verträgen sofort unterrichtet werden, wurde aber auf Strafe erkannt, so war der Konsul oder sein Dragoman verpflichtet, sich an der Ausführung des Urtheils zu betheiligen. Klagen auf mehr als 3000 (?) Aspren kompetirten der Pforte (Mart. l. c. 223 ff).

Auch nach dem Vertrage der Türkei mit Schweden vom 10. Januar 1737 (Art. 6 u. 8), mit Dänemark vom 14. Oktober 1756 (Art. 10), mit Preußen vom 22. März 1761 (Art. 5), mit Spanien vom 14. September 1782 (Art. 5) werden Streitigkeiten zwischen Nationalen unter einander von ihrem resp. Gesandten oder Konsul und nach ihrem Gesetz entschieden, Prozesse aber zwischen Nationalen und Türken in den türkischen Gerichten im Beisein des resp. Gesandten, Konsuls oder Dragomans. Der Vertrag Rußlands vom 10./21. Juni 1783 enthält aber verschiedene eigenthümliche Bestimmungen. Der Art. 15 die, daß die russischen Konsuln und Kaufleute, welche sich im Streit mit den Konsuln und Kaufleuten einer anderen christlichen Nation befinden, wenn beide Theile einverstanden sind, Recht suchen können bei dem bei der Pforte akkreditirten russischen Gesandten. Nach Art. 63 muß bei Streitigkeiten mit einem russischen Kaufmann der russische Dragoman zugegen sein, bei solchen aber bloß zwischen russischen Unterthanen, können der Gesandte oder die Konsuln dieselben untersuchen und das Urtheil in Gemäßheit der russischen Gesetze und Gewohnheiten aussprechen. Für Prozesse im Werthbetrage von über 4000 Aspern (Art. 64), von Unterthanen der Pforte gegen solche Rußlands (Art. 68), Verbrechen von Russen gegen einander (Art. 72) und von Russen gegen andere (Art. 74) und für die Revision bereits entschiedener Sachen (Art. 68) gelten aber für die bezeichneten Prozesse und Verbrechen die oben erwähnten Festsetzungen der Verträge verschiedener Staaten und für die Revision eine der Kapitulation Frankreichs von 1740 analoge Bestimmung; indem nur bei Gestattung der Revision, falls diese nothwendig geworden, den Parteien nicht erlaubt wird, vor Gericht zu erscheinen oder sie nicht herbeigeholt werden sollen, ohne Benachrichtigung an den russischen Gesandten oder ohne von dem Konsul die Antwort mit einer klaren Auseinandersetzung der ganzen Sache abgewartet zu haben. Nach dem Vertrage Sardiniens mit der Türkei vom 20. Januar 1825 (Art. 7) nimmt der sardinische Konsul das Vermögen eines an seinem Wirkungsorte verstorbenen Sardiniers einstweilen in Besitz, um es seinen Erben zukommen zu lassen. Befindet sich aber nicht ein Konsul am Ort, so nimmt der Ortsrichter (Kadi) das Inventar über den Nachlaß auf und übersendet es dem nächstresidirenden Konsul des resp. Staates. Dasselbe Verfahren wird auch beobachtet hinsichtlich der in Sardinien verstorbenen türkischen Unterthanen. Für Streitigkeiten sardinischer Unterthanen unter einander und mit Türken (Art. 8) sowie für die Vergehen der Sardinier (Art. 9) gelten dieselben Bestimmungen wie hinsichtlich anderer Europäer. Nach Art. 4 des Vertrages der Vereinigten Staaten mit der Pforte vom 7. Mai 1830 sollen in gemischten Prozessen die Parteien nur gehört und ein Urtheil gesprochen werden in Gegenwart der Dragomans, Sachen im Werth von über 500 Piaster von der Pforte in Gemäßheit der Gesetze der Billigkeit und des Rechts entschieden werden. Bürger der Vereinigten Staaten, welche sich einer rechtswidrigen Handlung (Verbrechen oder Vergehen) schuldig gemacht haben, sollen durch die lokale Autorität weder verhaftet noch ins Gefängniß verbracht werden, sondern durch die Gesandten oder den Konsul in Untersuchung gezogen und gestraft werden; ausdrücklich wird aber nach Art. 5 diesen Autoritäten untersagt, öffentlich oder geheim die Rajahs der Pforte in Schutz zu nehmen. — Der Art. 8 des Vertrages der Pforte mit Belgien vom 3. August 1839 entspricht dem Art. 4 des Vertrages mit den Vereinigten Staaten.

Das Ergebniß vorstehender Bestimmungen, insoweit diese in Verträgen der Mehrzahl von Staaten übereinstimmen, wurde als „Funktionen der Konsuln in türkischen Staatsgebieten" an die Spitze gestellt.

2. In Persien. Die Konsuln haben:

1. zum Schutz der Unterthanen der kontrahirenden Staaten und ihres Handels und zur Erleichterung guter und der Billigkeit entsprechenden Beziehungen zwischen den Angehörigen ihres Staates zu dienen, dagegen dürfen sie gleich den diplomatischen Agenten weder insgeheim noch öffentlich einen Unterthanen des anderen Kontrahenten in Schutz nehmen, wenn derselbe nicht bei den resp. Missionen oder bei den Konsuln wirklich bedienstet ist[1]); oder es wird den Konsuln nur eingeräumt die Protektion der Bürger oder Unterthanen ihres Staates[2]) oder nur die Interessen der Unterthanen ihres Staates zu überwachen[3]);

2. die Streitigkeiten oder Zwiste und Prozesse unter den Angehörigen ihres Staates in Persien nach den Gesetzen ihrer Heimath zu untersuchen und zu entscheiden, die aber unter den Angehörigen ihres und eines fremden Staates zu vermitteln und bei denen des einen und anderen der kontrahirenden Staaten, welche von den persischen Gerichten nach den Gesetzen und Herkommen des Landes[4]) oder nach Billigkeit[5]) entschiedenen, zugegen zu sein. Oder es werden die beiden erstbezeichneten Kategorien der Streitigkeiten oder Zwiste und Prozesse entschieden nach dem Modus der meistbegünstigten Nationen[6]). Die im anderen kontrahirenden Staat sich aufhaltenden Perser werden aber in ihren Streitigkeiten unter einander oder mit den Angehörigen des anderen oder eines dritten Staates nach dem Modus der meistbegünstigten Nation abgeurtheilt[7]), oder sie genießen im Fall von Streitigkeiten den Schutz der Gesetze und Gerichte in gleicher Weise wie die Einheimischen und die Unterthanen anderer fremder Mächte, und sollen die persischen Vertreter, Konsuln und Agenten daselbst bezüglich einer Intervention von ihrer Seite zu Gunsten ihrer Landsleute, bei den Behörden dieser Staaten dieselbe Befugniß genießen, welche dort den diplomatischen Agenten und Konsuln der meistbegünstigten Nation eingeräumt ist[8]). Bei Kriminalsachen in einem der kontrahirenden Staaten, in welche Angehörige des anderen verwickelt sind, erfolgt die Aburtheilung in dem einen und anderen Lande nach den in diesen Ländern für meistbegünstigte Nationen angenommenen Regeln[9]). Ein durch Urtheil des kompetenten Richters beendeter Prozeß kann nicht wieder aufgenommen werden, wenn aber die Nothwendigkeit die Revision des Urtheiles erheischt, so kann sie nur geschehen mit dem Gutachten des resp. Repräsentanten oder Konsuls und vor einem der höchsten Kontroll= und Kassationshöfe[10]). Die persischen

---

1) Art. 3 des Vertr. m. d. Deutschen Reich v. 11. Juni 1873, Art. 7 des Vertr. m. d. Schweiz v. 23. Juli 1873, Art. 8 des Vertr. m. Griechenland v. 16./28. Okt. 1861. Großbritannien verzichtet im Art. 12 des Vertr. v. 4. März 1857 auf die Protektion eines nicht bei der engl. Gesandtschaft oder bei einem britischen Konsul angestellten persischen Unterthanes. Art. 7 d. Vertr. m. Oesterreich v. 17. Mai 1857.

2) Art. 7 des Vertr. m. d. Ver. Staaten v. 13. Dez. 1856.

3) Art. 5 des Vertr. m. Belgien v. 14. Juli 1841 u. Art. 4 des Oesterreichs m. Spanien v. 4. März 1842.

4) Art. 13 des Vertr. m. Deutsch. Reich, Art. 5 des Vertr. m. d. Schweiz, Art. 9 des österr. Vertr., u. Art. 6 des belg. u. Art. 5 des span. Vertr. bezieht sich diese Bestimmung nur auf Streitsachen und Prozesse in Geschäftsachen und geschieht die Aburtheilung in Gegenwart des Handelsagenten oder des Dolmetschers.

5) Art. 5 des Vertr. m. Frankreich v. 12. Juli 1855 u. des Vertr. m. d. Ver. Staateu.

6) Art. 9 des Vertr. m. Griechenland.

7) Art. 5 des Vertr. m. d. Schweiz, Frankreich u. d. Ver. Staaten.

8) Art. 13 des Vertr. m. d. Deutsch. Reich, Art. 9 des österr. Vertr.

9) Art. 5 b. Vertr. m. Frankreich, der Schweiz u. d. Ver. Staaten, Art. 9 des griech., Art. 12 des österr. u. Art. 16 b. deutsch. Vertr.

10) Art. 9 des österr. Vertr.

Offiziere, Beamten oder Unterthanen dürfen nicht in das Haus eines Angehörigen des anderen kontrahirenden Staates eindringen. Geschieht es im Nothfall, so muß der resp. diplomatische Agent oder Konsul davon benachrichtigt werden und darf keine Haussuchung anders als in Gegenwart des von dem genannten Konsul oder Agenten abgeordneten Beauftragten vorgenommen werden[1];

3. über den Nachlaß eines in Persien verstorbenen Angehörigen ihres Staates, den Gesetzen und dem Herkommen ihrer Heimath entsprechend zu verfügen, falls derselbe ihrer Obhut übergeben war; dieser Nachlaß ist aber zunächst unverkürzt der Familie oder den Gesellschaftern des Verstorbenen auszuantworten und nur falls solche nicht vorhanden sind, dem Konsul oder diplomatischen Agenten[2], indeß werden nach anderen Verträgen auch von Anfang an die Güter dem Konsul oder dem diplomatischen, oder Handelsagenten übergeben[3];

4. die Schuldverschreibungen, Wechsel= und Bürgschaftsurkunden sowie alle von Unterthanen der kontrahirenden Staaten geschlossenen Verträge über Handelsgeschäfte ebenso wie die lokalen Autoritäten zu zeichnen[4].

3. In China. Die Konsuln haben:

1. als Vermittler zu dienen zwischen den chinesischen Autoritäten und den Kaufleuten und Unterthanen ihres Staates[5] und zu wachen über die genaue Beobachtung der verabredeten Reglements[6], oder sie haben die Handelssachen zu behandeln und zu wachen über die Beobachtung des abgeschlossenen Vertrages[7] oder ihre Nationalen zu kontrolliren und alle Fragen des Gerichtsverfahrens, der Administration, des Eigenthums und „andere derselben Art" zu entscheiden[8]. Auch die Kauffahrteischiffe und die Schiffsmannschaften sind der Jurisdiktion der Konsuln unterworfen[9]. „Die Konsuln und die lokalen Autoritäten müssen sich gegenseitig höflich behandeln und mit einander korrespondiren in Ausdrücken vollständiger Gleichheit[10]. Wenn die Konsuln sich zu beklagen haben über das Verfahren der Lokalautoritäten, so haben sie sich direkt an die höhere Autorität der Provinz zu wenden und sofort den Gesandten davon zu benachrichtigen[11]. Nationale, welche keinen Konsul am Orte haben oder wenn derselbe abwesend ist, können sich an den Konsul einer befreundeten Macht wenden[12], oder es kann auch ein Konsul einer Macht ad interim[13] oder beständig[14] mit den Pflichten des Konsuls einer anderen Macht betraut werden; oder es wird den lokalen Autoritäten anheimgegeben zu wachen über die Interessen der resp. Angehörigen und im Fall diese rechtswidrige Handlungen begehen, können jene die Untersuchung veranstalten, verhaften und verhandeln, müssen den Delinquenten aber zur Aburtheilung dem nächsten Konsul zusenden[15]; einigen Staaten wurde das Recht eingeräumt, in die geöffneten Häfen Kriegs=

---

1) Art. 11 des Vertr. m. b. Deutsch. Reich u. Art. 4 des Vertr. m. Griechenland.
2) Art. 15 des Vertr. m. b. Deutsch. Reich, Art. 6 des Vertr. m. b. Schweiz, den Ver. Staaten u. Frankreich, Art. 9 des Vertr. m. Griechenland.
3) Art. 11 des österr. Vertr., Art. 6 des belg. u. Art. 5 des span. Vertr.
4) Art. 12 des Vertr. m. b. Deutsch. Reich.
5) Art. 24 des Vertr. m. b. Ver. Staaten v. Nordamerika v. 3. Juli 1844. Nach diesem Artikel gehen die Kommunikationen mit den Konsuln durch die Hände der lokalen Autoritäten, welche sie zu genehmigen haben.
6) Art. 5 des Vertr. m. Frankreich v. 27. Juni 1858.
7) Art. 8 des Vertr. m. Portugal v. 13. Aug. 1862.
8) Art. 8 des Vertr. m. Japan v. 30. Aug. 1871. Der Art. 4 des Vertr. m. b. Ver. Staaten v. Nordamerika beschäftigt sich mit der offiziellen Intervention und dem Verhalten der Konsuln und anderer Beamten im Fall einer Beschimpfung und von Beleidigungen.
9) Art. 26 des Vertr. der Ver. Staaten.   10) Art. 8 des portug. Vertr.
11) Art. 5 des franz. Vertr.   12) Art. 5 des franz. Vertr.
13) Art. 8 des portug. Vertr.
14) Art. 6 des österr. Vertr. v. 2. Septb. 1869.   15) Art. 9 des japan. Vertr.

schiffe zu senden zur Aufrechterhaltung der Ordnung unter ihren Staatsangehörigen und zur Erhaltung der Autorität ihrer Konsuln[1]);

2. wenn der Angehörige des anderen Vertragskontrahenten sich an die chinesische Autorität zu wenden hat, in welchem Fall ihnen (den Konsuln) die bezügliche Vorstellung zuerst unterlegt werden muß, haben die Konsuln ihr Folge zu geben, wenn sie ihnen vernünftig erscheint und wenn sie in gehöriger Weise redigirt ist, ist das nicht der Fall, so haben sie den Inhalt abändern zu lassen oder die Uebergabe zu verweigern[2]); gleiches Verfahren haben die Chinesen, wenn sie sich an die Konsuln zu wenden haben, bei der chinesischen Autorität zu beobachten, welche in gleicher Weise zu handeln hat;

3. in Sachen der Angehörigen einer und derselben fremden Nation untereinander die Jurisdiktion auszuüben[3]), insbesondere in Streitigkeiten, welche sich auf Rechte der Person oder das Eigenthum beziehen; in diese Sachen sowohl wie in die Angehöriger verschiedener fremder Nationen hat die chinesische Autorität sich in keiner Weise einzumischen[4]); auch unterliegen nationale Schiffe nur der nationalen Jurisdiktion;

4. zu prüfen die ihnen von einem ihrer Staatsangehörigen mitgetheilten Beschwerden, im Fall ein solcher einen Grund zur Klage oder Reklamation gegen einen Chinesen hat, und sich zu bemühen, dieselben gütlich beizulegen; hat aber ein Chinese sich über einen fremden Staatsangehörigen zu beschweren, so muß der Konsul seinen Reklamationen williges Gehör schenken und bemüht sein, ein gütliches Uebereinkommen herbeizuführen; ist Das aber in dem einen oder anderen Fall unmöglich, so requirirt der Konsul die Mitwirkung des kompetenten chinesischen Funktionärs und statuiren beide, nach gemeinschaftlicher Prüfung der Sache, nach Billigkeit[5]);

5. bei Schuldverbindlichkeiten von Chinesen gegenüber fremden Staatsangehörigen oder bei von ihnen durch Betrug oder in anderer Weise geursachten Verlusten und bei in betrügerischer Absicht unternommener Flucht, die lokale Autorität zu requiriren, den Schuldner zur Zahlung anzuhalten und den Flüchtling zu ermitteln und zu verhaften; in gleicher Weise wird aber auch der Konsul seine Nationalen, im Falle eines Betruges oder einer Nichtbezahlung, zur Leistung ihrer Schuldverbindlichkeiten wider die reklamirenden Chinesen anhalten und dazu, daß sie, wenn sie sich betrügerischer Weise entfernt, vor Gericht erscheinen[6]);

6. diejenigen Angehörigen ihres Staates, welche ein Verbrechen gegen einen chinesischen Unterthan begehen, zu verhaften und zu bestrafen nach den Landesgesetzen, wogegen die chinesischen Unterthanen, welche sich eines Verbrechens schuldig machen gegen einen Unterthanen eines fremden Staates, durch die chinesischen Autoritäten verhaftet und nach chinesischen Gesetzen bestraft werden[7]);

---

1) Art. 5 des Vertr. m. Rußland v. 13. Juni 1858, Art. 29 des Vertr. m. Frankreich.

2) Art. 4 des franz. u. Art. 7 des portug. Vertr.   3) Art. 39 des franz. Vertr.

4) Art. 39 des Vertr. des deutsch. Zollvereins v. 2. Sept. 1861, Art. 15 des portug., Art. 40 des österr., Art. 14 des Vertr. m. Peru v. 26. Juni 1874.

5) Art. 35 des franz. Vertr. u. des deutsch. Zollvereinsvertr., Art. 17 des Vertr. m. Portugal, Art. 38 des Vertr. m. Oesterreich u. Art. 12 des Vertr. m. Peru; Art. 8 des Vertr. m. Japan bestimmt: Ju den Fragen, in welchen Unterthanen beider Länder betheiligt sind, wird der Kläger ein Gesuch an den Konsul des Beklagten einreichen und dieser die Sache gütlich beizulegen bemüht sein, gelingt ihm das nicht, so wird er die lokalen Autoritäten unterrichten und mit ihnen gemeinschaftlich entscheiden.

6) Art. 37 des Vertr. m. Frankreich u. m. b. deutsch. Zollverein, Art. 22 des Vertr. mit Portugal u. Art. 42 des Vertr. m. Oesterreich.

7) Art. 38 des Vertr. m. b. deutsch. Zollverein, Art. 16 des Vertr. m. Portugal, Art. 39 des Vertr. m. Oesterreich u. Art. 13 des Vertr. m. Peru v. 26. Juni 1874. Nach Art. 8 des Vertr m. b. Deutsch. Reich v. 31. März 1880 (Mart. N. R. G. II. Ser. VIII. 280) soll die Erledigung der die Ausübung der Gerichtsbarkeit in gemischten Fällen betreffenden Fragen besonderen Verhandlungen vorbehalten bleiben.

7. ihren Staatsangehörigen Pässe auszustellen für die nicht geöffneten Häfen und das Innere des Landes, welche durch die chinesischen Autoritäten zu visiren sind[1]).

Auf die Schifffahrt beziehen sich folgende Bestimmungen: es hat sich der Kapitän eines Kauffahrers zum Konsul seiner Nationalität innerhalb 24 Stunden nach seiner Ankunft hinzubegeben und in dessen Hände die Schiffspapiere, Konnossemente und das Manifest niederzulegen, der Konsul aber hat in den nächsten 24 Stunden dem Chef des Zolles eine detaillirte Note zu übersenden mit der Angabe des Namens des Schiffes, der Mannschaft, des gesetzlichen Tonnengehaltes und der Art der Ladung[2]). Auch ist dem Konsul von einem Waaren ein- oder ausladenden Negozianten eine detaillirte Note zu übergeben. Im Fall aber, daß bei Verifizirung der Waaren Schwierigkeiten entstehen, kann die Intervention des resp. Konsuls reklamirt werden, welcher mit dem Zollchef eine gütliche Vereinigung zu versuchen hat[3]). Nach Uebergabe einer Quittung durch den Zollchef über die berichtigten Tonnen- und Zollabgaben, liefert der Konsul dem Kapitän die Schiffspapiere aus und gestattet ihm abzusegeln. Ein von einem Schiffbruch eines Schiffes seiner nationalen Flagge durch die chinesische Autorität unterrichteter Konsul hat mit der kompetenten Autorität die Schiffsmannschaft zu repatriiren und die Ueberreste des Schiffes und der Ladung zu bergen[4]). Auch hat der Konsul für an das Land gehende Matrosen ein besonderes Disziplinarreglement zu entwerfen und es der lokalen Autorität mitzutheilen[5]) und beim Desertiren von Matrosen oder anderen Individuen von seiner Nation angehörenden Kriegsschiffen oder Kauffahrteischiffen die chinesische Autorität zu requiriren, um die Desertirten oder Flüchtiggewordenen zurückzuliefern[6]). Flüchten aber chinesische Deserteure oder eines Verbrechens Angeschuldigte sich in die Häuser fremder Nationaler oder auf diesen angehörende Schiffe, so hat sich die lokale Autorität an den Konsul zu wenden, welcher nach Konstatirung der Schuld des Angeklagten die zur Auslieferung erforderlichen Maßregeln zu ergreifen hat[7]).

Einigermaßen abweichend vereinbart der Vertrag mit Frankreich (Art. 38) daß, wenn ein Streit oder Handel (rixe ou querelle) zwischen Franzosen und Chinesen entstehen würde oder wenn während solcher Händel ein oder mehrere Individuen getödtet oder verwundet würden, die Chinesen durch die chinesische Autorität zu verhaften seien, welche sich verpflichtet, die Betheiligten zu vernehmen und wenn dazu Anlaß ist, strafen zu lassen, in Gemäßheit der Gesetze des Landes, während die Franzosen vom Konsul zu verhaften sind und dieser alle erforderlichen Maaßregeln ergreift, damit die Angeschuldigten zum regelmäßigen Verfahren auf Grund der französischen Gesetze übergeben werden in Gemäßheit der später durch die französische Regierung festzusetzenden Form und Bestimmungen. Dasselbe soll in analogen Verhältnissen statthaben unter Wahrung des Grundsatzes, daß die Franzosen zur Repression der von ihnen in China begangenen Verbrechen und Vergehen immer den französischen Gesetzen unterliegen. Ferner bestimmt der Vertrag mit Rußland Art. 7: keine Sache zwischen russischen und chinesischen Unterthanen kann anders instruirt oder abgeurtheilt

---

1) Art 8 des Vertr. m. Frankreich u. d. deutsch. Zollverein, Art. 12 des Vertr. m. Portugal, Art. 11 des Vertr. m. Oesterreich u. Art. 5 des Vertr. m. Peru.

2) Art. 17 des Vertr. m. Frankreich, Art. 13 des Vertr. m. d. deutschen Zollverein, Art. 37 des Vertr. m. Portugal, Art. 16 des Vertr. m. Oesterreich.

3) Art. 19 des Vertr. m. Frankreich, Art. 18 des Vertr. m. d. Zollverein, Art. 43 des Vertr. m. Portugal.

4) Art. 30 des Vertr. m. Frankreich.

5) Art. 33 des Vertr. m. Frankreich.

6) Art. 32 des Vertr. m. Frankreich u. m. d. deutsch. Zollverein, Art. 36 des Vertr. mit Oesterreich, Art. 12 des Vertr. m. Japan handelt allgemein von der Flucht von Unterthanen des einen kontrahirenden Staates auf das Gebiet des anderen und fügt noch hinzu, daß die Rücklieferung an die eigene Autorität mit Güte und Schonung zu erfolgen habe.

7) Art. 32 des Vertr. m. Frankreich u. d. deutsch. Zollverein, Art. 21 des Vertr. m. Portugal handelt nur von Individuen, welche eines Verbrechens angeschuldigt sind, nicht von Deserteuren. Art. 29 des Vertr. m. d. Ver. Staaten statuirt: „Deserteure amerik. Schiffe werden durch die Chinesen verhaftet und den Konsul oder anderen Beamten ausgeliefert. Chinesische Verbrecher, welche an Bord von Schiffen oder in Häuser von Bürgern der Ver. Staaten flüchten, werden auf Aufforderung der chinesischen Autorität in der gebotenen Form übergeben.

werden als in Uebereinstimmung mit dem Konsul Rußlands. Die eines Verbrechens oder Vergehens angeschuldigten russischen Unterthanen werden nach den Gesetzen ihres Reiches abgeurtheilt. Russische Unterthanen, welche im Innern Chinas ein Verbrechen oder Vergehen begingen, müssen entweder zur Grenze befördert werden oder zu einem Hafen, in welchem sich ein russischer Konsul befindet, um nach russischen Gesetzen abgeurtheilt und bestraft zu werden. Endlich vereinbart der Vertrag mit Japan Art. 8: „Im Falle des Diebstahls oder der Desertion aus einem Dienst nehmen die lokalen Autoritäten jedes Landes die Verhaftungen vor" und Art. 13: „Die in den geöffneten Häfen des einen Theiles wohnenden Unterthanen des anderen, welche sich eines Verbrechens schuldig machen oder sich in das Innere des Landes begeben und dort Brandstiftungen, Mordthaten, Raub oder andere Verbrechen begehen, werden durch lokale Beamte verhaftet und wird ein Bericht darüber an den nächsten resp. Konsul gesandt. Widersetzt sich ein solcher Verbrecher mit Gewalt dem ihn verhaftenden Beamten, so kann er getödtet werden, wenn an Stelle und Ort gegen ihn gewaltthätig verfahren wird; indeß muß der Konsul von den näheren Umständen unterrichtet und in den Stand gesetzt werden, eine Untersuchung einzuleiten. Begiebt sich ein solcher Fall im Innern des Landes auch außerhalb des Kompetenzkreises des Konsuls, so wird ihm doch nichtsdestoweniger ein vollständiger Bericht übersandt. Das für ein solches Verbrechen verhaftete Individuum wird durch die lokalen Autoritäten und den Konsul gemeinschaftlich abgeurtheilt. Wird es im Innern des Landes verhaftet, so kann der Ortsrichter dasselbe aburtheilen und den Konsul von den Umständen benachrichtigen. Versammeln sich Unterthanen eines der beiden Länder tumultuarisch auf dem Gebiet des anderen in der Zahl von 10 oder mehr und überreden sie Eingeborene oder fordern sie auf, mit ihnen gemeinschaftliche Sache zu machen, um ein Attentat gegen die öffentliche Sicherheit zu begehen, so haben die lokalen Autoritäten dieselben sofort handfest zu machen. In solchem Fall wird der Konsul benachrichtigt und seine Mitwirkung leihen. Eine im Innern des Landes sich zutragende Sache haben die lokalen Autoritäten, nachdem sie dieselbe dem nächsten Konsul dargelegt, an Ort und Stelle abzuurtheilen.

4. In Japan. Die Konsuln haben:

1. die Beschaffenheit der Beschwerdesache eines ihrer Nationalen, welcher Grund zur Klage gegen einen Japanesen hat und diese Sache ihnen auseinandersetzt, zu untersuchen und ihr möglichstes zu thun, um dieselbe gütlich auszugleichen; hat aber ein Japanese Grund zu einer Klage gegen einen fremden Nationalen, so muß der resp. Konsul auch dieser Klage Gehör geben und bemüht sein, sie friedlich auszugleichen. Sind die Streitigkeiten der Art, daß der Konsul sie nicht in gütlicher Weise ausgleichen kann, so soll er die Beihilfe der japanischen Autorität requiriren, damit sie gemeinschaftlich die Beschaffenheit der Sache prüfen und diese nach Billigkeit entscheiden;

2. alle Streitigkeiten in Bezug auf Person und Eigenthum zwischen in Japan sich aufhaltenden Angehörigen ihrer Nation zu entscheiden; die japanischen Behörden haben sich auch in keine Streitigkeiten zu mischen, welche zwischen Angehörigen verschiedener fremder Nationen in Japan entstehen;

3. die Klage eines Japanesen gegen einen ihrer Nationalen zu entscheiden, wogegen die Klage oder Beschwerde eines fremden Nationalen gegen einen Japanesen durch die japanische Behörde entschieden wird[3]);

4. die Verbrechen ihrer Nationalen gegen Japanesen oder gegen andere fremde Nationale in Untersuchung zu ziehen und zu bestrafen nach ihren Gesetzen, wogegen Japanesen, welche sich eines Verbrechens schuldig machen gegen einen fremden Nationalen in Japan durch die japanischen Behörden verhaftet und nach den japanischen Gesetzen bestraft werden[4]);

5. alle Ansprüche auf Geldstrafen oder Konfiskationen für Zuwiderhandlungen gegen einen von ihrem Staat mit Japan geschlossenen Vertrag oder gegen das einem solchen

1) Art. 6 des Vertr. m. Großbritannien vom 26. Aug. 1858, Art. 7 des Vertr. m. Frankreich vom 9. Okt. 1858.

2) Art. 4 des Vertr. m. Großbritannien, Art. 5 des Vertr. m. Oesterreich v. 18. Okt. 1869 und des Vertr. m. d. deutschen Zollverein v. 20. Febr. 1869.

3) Art. 5 d. Vertr. m. d. deutschen Zollverein und Oesterreich.

4) Art. 5 d. Vertr. m. Großbritannien, Art. 6 d. Vertr. m. Frankreich, m. d. deutschen Zollverein und Oesterreich; der Art. 6 d. Vertr. m. d. Ver. St. vom 29. Juli 1858 bezieht sich nicht auf Verbrechen von fremden Nationalen gegen andere solche.

beigefügte Handelsregulativ zu entscheiden, wobei die verhängten Geldstrafen oder Konfiskationen der japanischen Regierung zufallen[1]);

Der Art. 8 des Vertrages Rußlands mit Japan vom 26. Januar 1855 statuirt nur allgemein, daß wenn ein Russe in Japan und ein Japanese in Rußland ein Verbrechen begehen, sie
dafür gefänglich eingezogen, aber nur nach den Gesetzen ihres Staates gerichtet werden können. Der
Vertrag der Niederlande mit Japan vom 30. Januar 1856 (Mart. N. R. G. XVI. 2. 392) mit
Additionalartikeln vom 16. Okt. 1857 (ibid. S. 404) bestimmt Art. 2, daß wenn ein niederländischer
Unterthan gegen ein japanisches Gesetz sich verfehlt hat, dem Chef der niederländischen Faktorei Nachricht
gegeben wird, damit der Delinquent vermittelst seiner Intervention gestraft werde nach niederländischen Gesetzen durch die niederländische Regierung, und Art. 3, daß wenn ein Japanese einen
Niederländer mißhandle, der niederländische Kommissär in Japan davon die japanische Autorität
zu benachrichtigen habe, welche die Sache zu instruiren und den Schuldigen nach den Gesetzen des
Reichs zu bestrafen hat. Nach dem Additionalartikel 36 sollen aber die unter Fremden sich ergebenden Anstände ohne die Intervention der japanischen Regierung ausgeglichen werden, nach Art. 37
aber die unter Niederländern und Japanesen entstehenden Reibungen, Gewaltthätigkeiten, Ver-
wundungen, Diebstähle oder Brandstiftungen geprüft werden durch niederländische und japanische
Beamte, welche bemüht sein werden, die Sache so viel als möglich gütlich auszugleichen. Nach
Art. 9 des Vertrages mit den Vereinigten Staaten sollen die japanischen Autoritäten alle Deserteure verhaften und die der Rechtsverfolgung entflohenen sowie alle vom Konsul gefangen gehaltenen
einkerkern und überhaupt dem Konsul Beistand gewähren, damit er die Beobachtung der Gesetze
durch die auf dem Festlande befindlichen Amerikaner erzwingen und die Ordnung aufrecht erhalten könne;

6. die Konsuln haben, falls ein Schiff eines ihrer Nationalen im Bereich ihrer
Gerichtsbarkeit Schiffbruch leidet, oder falls innerhalb derselben ein Angriff auf das
Leben oder Eigenthum eines bezüglichen Nationalen stattfindet, sich zur Aufnahme des
Thatbestandes an Ort und Stelle zu begeben, doch sollen sie in einem solchen Fall den
Japanischen Lokalbehörden eine schriftliche Mittheilung über den Zweck und das Ziel
ihrer Reise machen und dieselbe nur in Begleitung eines von den Japanischen Behörden
zu bezeichnenden höheren Beamten antreten. Die Konsuln Japans sollen aber unter
der Bedingung der Gegenseitigkeit im Gebiet des anderen Kontrahenten dieselben Befugnisse genießen, deren sich diejenigen irgend eines anderen dritten Staates erfreuen oder
erfreuen werden[2]).

§ 79. **Die Einschränkung der Konsulargerichtsbarkeit in Egypten und ihre Aufhebung in Tunis.** 1. In Egypten. Die Einschränkung der Konsulargerichtsbarkeit
wurde zuerst angeregt durch den Khedive, welcher im August 1867 den europäischen
Mächten einen vollständigen Plan judiziärer Organisation für die Gerichtsbarkeit über
die Fremden in Egypten vorlegte. 1869 ernannten Frankreich, England, Deutschland,
Oesterreich, Italien, Rußland und die Vereinigten Staaten Delegirte zur Prüfung des
Planes. Als erstes Projekt gerichtlicher Organisation für die gemischten Prozesse erschien
dann dasjenige vom April 1870, welches zwischen der Pforte und dem Khedive, nach
den Angaben der am 28. Oktober 1869 aus jenen Delegirten gebildeten Kommission,
vereinbart wurde[3]). Diesem Projekt folgte ein vom Khedive und der französischen
Regierung vereinbartes vom Mai 1870[4]). Der Khedive übermittelte hierauf in einer Note
vom 6. August 1872[5]) Vorschläge an die Mächte. Es hatten dann zwei Versamm-
lungen Statt, eine vorbereitende der Gesandtschaftschefs in Konstantinopel[6]) und eine definitiv das Projekt berathende, bestehend aus den Repräsentanten Deutschlands, Oesterreichs,
Belgiens, ·Egyptens, Spaniens, der Vereinigten Staaten von Nordamerika, Frankreichs,
Großbritanniens, Italiens, der Niederlande, Rußlands, Schwedens und Norwegens vom
11. Januar bis 15. Februar 1873, deren Berathungen in einem Schlußbericht resümirt

---

1) Art. 7 d. Vertr. m. d. deutschen Zollverein und Oesterreich.
2) Art. 2 d. Vertr. m. d. deutschen Zollverein und Oesterreich.
3) Mart. N. R. G. II. Ser. II. 587.
4) Ibid. 589.   5) Ibid. 592.   6) Ibid. 593.

wurden[1]), endlich erschienen ein Reglement gerichtlicher Organisation für die gemischten Prozesse in Egypten, publizirt am 16. September 1875[2]) und die Beitrittserklärungen der französischen Regierung vom 10. November 1874[3]), Italiens vom 23. Januar 1875[4]), Deutschlands vom 5. Mai 1875[5]), Oesterreichs vom 28. Mai 1875[6]), Großbritanniens vom 31. Juli 1875[7]), Rußlands vom 9. Oktober 1875[8]) und der Niederlande vom 22. Mai 1874[9]).

Nach dem Organisationsreglement sollen die Gerichte erster Instanz in Alexandrien, Kairo und Zagazig errichtet werden und wird jedes derselben aus sieben Richtern gebildet, vier Fremden und drei Eingeborenen. In Handelssachen zieht das Gericht zwei gewählte Negozianten zu und einen Eingeborenen mit einem votum consultativum. In Alexandrien besteht ein aus eilf Richtern gebildeter Appellhof, vier Eingeborenen und sieben Fremden. Ernennung und Auswahl der Richter stehen der egyptischen Regierung zu, indeß hat sich der Khedive hinsichtlich der Fremden an das Ministerium der Justiz des resp. Staates zu wenden und kann nur von ihrer Regierung verabschiedete und zur Annahme der Richterstelle ermächtigte Personen anstellen.

Diese Gerichte sind allein berechtigt in Zivil= und Handelssachen zwischen Eingebornen und Fremden und zwischen Fremden verschiedener Nationalität zu entscheiden, auch Immobiliarklagen, selbst unter Angehörigen derselben Nationalität und nicht minder Angriffe gegen ein durch einen Verwaltungsakt erworbenes Recht eines Fremden. Die Gerichte delegiren einen Richter als Friedensrichter mit dem Auftrage, die Parteien gütlich zu vereinbaren und die durch den code de procédure zu bestimmenden Sachen zu entscheiden. Das Gericht exekutirt auch die Urtheile und wird der bezügliche Konsul nur benachrichtigt, um bei der Exekution zugegen sein zu können. Die Richter des Appellhofes sind nur während der fünfjährigen Probezeit unabsetzbar, erst nach Ablauf dieser Zeit wird die Unabsetzbarkeit definitiv. Der Appellhof übt die Disziplinargerichtsbarkeit aus über die Richter, Justizbeamten und Advokaten. Auch muß jede durch einen Konsul gegen die Richter in Disziplinarsachen gerichtete Klage beim Appellhof angebracht werden, welcher die Sache zu instruiren hat.

Ueber Kontraventionen oder Uebertretungen von Fremden hat eines der fremden Gerichtsglieder zu richten. Die chambre du conseil sowohl für Vergehen als Verbrechen wird aus drei Richtern gebildet, von welchen einer ein Eingeborener und zwei Fremde, und vier Assessoren Fremde sinde Das Zuchtpolizeigericht wird in derselben Weise, der Assisenhof aus drei Räthen gebildet, von welchen einer ein Eingeborener und zwei Fremde, die zwölf Geschworenen Fremde sind. In diesen verschiedenen Fällen soll die Hälfte der Assessoren und Geschworenen der Nationalität des Angeschuldigten angehören wenn dieser es fordert. Bei verschiedenen Angeschuldigten hat jeder das Recht eine gleiche Zahl Assessoren oder Geschworene zu fordern. Der Gerichtsbarkeit der egyptischen Gerichte unterliegen sowohl Polizeivergehen als die Anklagen gegen Urheber und Theilnehmer an bestimmten Verbrechen und Vergehen. Vor dem Zusammentritt der chambre du conseil werden die instruirenden Akten dem Konsul mitgetheilt. Behauptet der Konsul, daß die Sache seiner Gerichtsbarkeit unterliege und es bestreitet das egyptische Gericht diese Kompetenz, so wird die Kompetenzfrage schiedsrichterlicher Entscheidung eines aus zweien, vom Gerichtshofspräsidenten bestimmten, Räthen oder Richtern und aus zweien durch den Konsul des Angeklagten designirten Konsuln gebildeten Gerichtes überwiesen. Instruiren der Instruktionsrichter und der Konsul eine Sache gleichzeitig, so entscheidet, falls keiner sich für inkompetent erklären will, das conseil des conflits. Indeß kann

1) Ibid. 659.　2) Ibid. 680.　3) Ibid. 690.　4) Ibid. 692.　5) Ibid. 693.
6) Ibid. 695.　7) Ibid. 697.　8) Ibid. 698.　9) Ibid. IV. 351.

der Instruktionsrichter nie den Konflikt erheben in Bezug auf ein gemeines Verbrechen oder ein Delikt. — Nach dem Ablauf der fünfjährigen Probezeit können die Mächte entweder zur alten Ordnung der Dinge zurückkehren oder andere Kombinationen in Uebereinstimmung mit der egyptischen Regierung anrathen.

Durch diese Organisation sollte die Konsulargerichtsbarkeit nicht vollständig beseitigt werden. Insbesondere sollen die Generalkonsuln, die Konsuln, Vizekonsuln, ihre Familien und alle in deren Dienst stehenden Personen nicht den neuen Gerichten unterliegen und soll auch die neue, für die Gerichte bestimmte Gesetzgebung weder auf ihre Personen, noch auf ihre Wohnungen anwendbar sein. Dagegen sind die Regierung, die Administrationen, die Dairos des Khedive und der Mitglieder seiner Familie in Prozessen mit Fremden ihnen unterworfen.

Nach Art. 15 des egyptischen Gerichtsorganisationsdekrets der einheimischen Gerichte vom 14. Juni 1883 (Arch. dipl. 1882—83 III. 365) ist die gemischte Gerichtsbarkeit, in Gemäßheit des Organisationsreglements für die gemischten Prozesse, ausdrücklich aufrecht erhalten. Die gemischten Gerichte hatten von ihrer Errichtung an über alle Verbrechen und Vergehen, welche gegen die Richter und Justizbeamten begangen waren oder welcher diese selbst in Ausübung ihrer Funktionen sich schuldig gemacht hatten, zu erkennen. Die egyptische Regierung beantragte nun mit Genehmigung Großbritanniens durch Zirkular ihres Ministers des Auswärtigen an die Agenten und Generalkonsuln vom 30. Juni 1883 (ibi. 169) diese Kompetenz weiter zu erstrecken auf alle Verbrechen und Delikte, bei welchen die gemischten Interessen in Frage kommen. Der bisherige Präsident des internationalen Gerichtshofes zu Kairo Franz Hagens (Von der egyptischen Justizreform, Köln 1883, Sonderabdruck aus der Köln. Zeitung) befürwortet diese Ausdehnung aus eigener Sachkenntniß, indeß proponirt er eine Ersetzung der nach französischem Muster organisirten Schwurgerichte durch das Schöffengericht und hält er zugleich die Vorschriften der Prozeßordnung über die Rechtsmittel und namentlich über die Untersuchung für ganz unzureichend. Er fordert ferner eine gründliche Reform und Besserung der der Aufsicht und Verwaltung der gemischten Gerichte zu unterstellenden gerichtlichen Polizei und der Gefängnisse. Die Feststellung aller dieser zur Einführung der angestrebten wichtigen Reform nöthigen Einzelheiten kann aber seiner Ansicht nach durch eine nicht zu zahlreiche Spezialkommission von landeskundigen Sachverständigen erfolgen, über deren Projekt die Mächte sich dann leicht würden schlüssig machen können. Das Zeugniß, welches Hagens der egyptischen Justizreform ausstellt, ist für den Bereich des Zivil- und Handelsrechts, für welche sie seit Februar 1876 mit wohlorganisirten Gerichten und kodifizirten Gesetzbüchern in Wirksamkeit ist, ein durchaus günstiges. Die Reform, sagt er, habe namhaftes geleistet und sich bei den Kolonien sowie bei der inländischen Bevölkerung Anerkennung und Vertrauen erworben. Die allgemeine Bedeutung der egyptischen Justizreform, erblickt er aber, in der Verwerthbarkeit ihrer Ergebnisse, soweit dieselben als heilsame zu erkennen, auf die anderen mohamedanischen Länder und die Reiche Ostasiens, wo ähnliche koloniale und politische Verhältnisse bestehen, und sich daher die europäischen Mächte ebenfalls für ihre Nationalen Polizei- und Gerichtshoheit vorbehalten haben. Endlich hebt Hagens als fernere Bedeutung der durch solchen Vorgang bewiesenen Möglichkeit der Schaffung gemeinsamer Rechtsnormen hervor die praktische Erhärtung der Erreichbarkeit der schrittweisen Kodifikation eines internationalen Privatrechts.

Ueber die Geschichte der Verhandlungen des egyptischen Reformprojektes siehe Asser: „Administration de la Justice en Egypte" in der Rev. d. dr. intern. II. 564 und über das Wesen der Reform überhaupt G. Timmermanns, La Réforme judiciaire en Egypte et les Capitulations. Gand 1875.

2. In Tunis. Als eine Wirkung des von Frankreich mit Tunis am 12. Mai 1881 geschlossenen Vertrages[1]), welcher eine wesentliche Ingerenz Frankreichs in die tunesischen Angelegenheiten, innere wie äußere, begründete, muß das französische Gesetz vom 27. März 1883 erscheinen, welches eine französische Jurisdiktion in Tunis organisirte[2]), womit Frankreich als Nichtstaatsregierung von sich aus eine französische Organisation für internationale Gerichtsbarkeit in's Leben rief, welche für Egypten formell von der eigenen Staatsregierung, materiell aber unter Mitwirkung einer großen Zahl fremder Staaten in's Leben getreten war durch eine international gemischte Organisation.

---

1) Arch. dipl. XXIV. I. 144.
2) Ibid. 219. Das Gesetz wurde im französischen und tunesischen offiziellen Regierungsorgan publizirt.

Nach diesem Gesetz wird ein französisches Tribunal und werden sechs Friedens=
richter in der Tunesischen Regentschaft eingesetzt. Es gehören diese Tribunale zum
Ressort des Gerichtshofes von Algier. Sie erkennen über alle Zivil= und Handelssachen
zwischen Franzosen und französischen Schutzgenossen. In gleicher Weise erkennen sie in
allen gegen Franzosen und französische Schutzgenossen gerichteten Untersuchungen wegen
Uebertretungen, Vergehen und Verbrechen. Ihre Kompetenz kann aber erstreckt werden
durch, unter Zustimmung der französischen Regierung, vom Bey erlassene Verordnungen
oder Dekrete auf andere Personen.

Das Tribunal von Tunis wird gebildet aus einem Präsidenten, drei Richtern,
zwei Richtersuppleanten, einem Prokureur der Republik, einem Substituten und einem
Gerichtsschreiber. Einer der Richter versieht die Funktion eines Instruktionsrichters.
Friedensgerichte werden gebildet aus einem Friedensrichter, einem oder mehreren Sup=
pleanten und einem Gerichtsschreiber. Die Notariatsfunktionen werden aber auch in
Zukunft ausgeübt durch die französischen Konsularagenten bis das Notariatswesen geregelt
ist durch ein Reglement der Staatsverwaltung. Ausdrücklich werden für
aufgehoben erklärt alle die Konsularjurisdiktion betreffenden
in der Regentschaft anwendbaren Bestimmungen, insoweit sie den Festsetzungen des
Reglements widersprechen.

Ein Dekret des Beys von Tunis vom 5. Mai 1883[1]) verkündete, daß derselbe
das französische Gesetz promulgirt und daß er vernommen habe, daß mehrere befreundete
Mächte, deren Konsuln auf Grund von Kapitulationen und Verträgen mit seinen Vor=
gängern mit gewissen gerichtlichen Gewalten ausgerüstet waren, geneigt seien auf dieses
Privileg zu verzichten, wenn ihre Nationalen der Gerichtsbarkeit der neu errichteten
französischen Gerichte unterworfen würden. Da nun der Artikel 2 des Gesetzes vom
27. März 1883 dem Bey gestattet, die Kompetenz dieser Gerichte, unter Zustimmung
der französischen Regierung, zu erstrecken, so dekretirte derselbe, nachdem er sich dieser
Zustimmung vergewissert, daß die Nationalen der befreundeten Mächte, deren Konsular=
gerichte aufgehoben würden, den französischen Gerichten unter denselben Bedingungen wie
die Franzosen selbst unterliegen sollten. In der That verzichtete auch die Königin von
Großbritannien durch Ordre in council auf die Konsularjurisdiktion in Tunis
damit die britischen Unterthanen den französischen Gerichten unterworfen würden und
sollten in allen der Jurisdiktion derselben unterliegenden Fällen und Sachen, die Ordre
in council, welche die Konsularjurisdiktion der Königin in Tunis regeln, aufhören
Gesetzeskraft zu haben und anwendbar zu sein in der Regentschaft vom 1. Januar 1884,
mit Ausnahme der zu diesem Zeitpunkt vor dem britischen Gerichtshof in Tunis anhän=
gigen Sachen[2]). — Ferner wurde durch deutsches Reichsgesetz vom 27. Juli
1883[3]) bestimmt, daß die dem Konsul des Deutschen Reichs in Tunis für die Regent=
schaft Tunis zustehende Gerichtsbarkeit, unter Zustimmung des Bundesrathes, durch
Kaiserl. Verordnung eingeschränkt oder außer Uebung gesetzt werden könne. Demgemäß
wurde am 21. Januar 1884[4]) durch Kaiserl. Verordnung die dem Konsul des Deutschen
Reichs in Tunis zustehende Gerichtsbarkeit vom 1. Februar 1884 mit der Maßgabe
außer Uebung gesetzt, daß die deutschen Reichsangehörigen und Schutzgenossen in der
Regentschaft Tunis von diesem Tage ab der Gerichtsbarkeit der von Frankreich in der
Regentschaft eingesetzten Gerichte unterworfen seien, während die am 1. Februar 1884

---

1) Ibid. 225.
2) Ibid. 225. Die Konsulargerichtsbarkeit Großbritanniens in Tunis war durch Königl.
Verordnung vom 12. Dezember 1873 und verschiedene Ordres in council, insbesondere durch ein
solches vom 18. Mai 1881, welches den Gerichtshof in Tunis errichtete, geregelt.
3) Deutsch. R. G. Bl. v. 1883, 263.　4) Deutsch. R. G. Bl. 1884, 9.

bei dem Konsulargericht anhängigen bürgerlichen Rechtsstreitigkeiten und Straffachen von diesem nach den bisherigen Vorschriften erledigt werden sollten. Dabei könnten die anhängigen bürgerlichen Rechtsstreitigkeiten auf den übereinstimmenden Antrag der Parteien an die von Frankreich eingesetzten Gerichte abgegeben werden.

§ 80. Die Beendigung der Wirksamkeit der diplomatischen Persönlichkeiten. Die Wirksamkeit eines ordentlichen und außerordentlichen Gesandten wird beendigt: 1. durch das Aufhören der Souveränetät des schickenden oder beschickten Staates; beim Tode des Souveräns des schickenden oder beschickten Staates, oder wenn der Souverän des schickenden oder beschickten Staates der Regierung entsagt, hat eine neue Beglaubigung zu erfolgen, wenn auch ohne diese faktisch der diplomatische Verkehr einstweilen fortgesetzt wird[1]);

2. durch die Rückberufung (rappel) des Gesandten; die Rück= berufung des Gesandten kann nur durch das höchste diplomatische Organ des schickenden Staates erfolgen und geschieht durch ein dieselbe ausdrückendes Abberufungsschreiben (lettre de rappel), welches in einer dazu erbetenen Audienz der höchsten diplomatischen Persönlichkeit übergeben wird oder durch Uebergabe an den Minister des Auswärtigen des beschickten Staates erfolgt, je nach dem der Rückzuberufende jener oder diesem beim Antritt seiner Mission sein Beglaubigungsschreiben zu überreichen hatte; der blos ad interim ernannte Gesandte bedarf keines Rückberufungsschreibens, es genügt die offizielle Anzeige der Beendigung der Mission. Auf das Abberufungsschreiben erfolgt seitens des beschickten Staates ein die Beglaubigung aufhebendes Schreiben: ein Rekreditiv (lettre de récréance), die Mission der die Gesandtschaft bisher vertretenden Persönlichkeit ist aber schon durch die Uebergabe des Abberufungsschreibens beendigt[2]). Die Rückberufung des Gesandten ist entweder eine Verabschiedung des Gesandten durch den eigenen Staat und kann diese erfolgen, weil der schickende Staat den Gesandten seiner Stellung entheben will, indem dieser derselben nicht genügt oder sich für dieselbe nicht geeignet erwiesen hat, oder weil er anderweitig verwandt werden soll, oder weil der Gesandte selbst um seine Verabschiedung gebeten hat; oder es erfolgt die Rückberufung, wegen einer dem Gesandten oder dem ihn schickenden Staat zugefügten Beleidigung; in diesen Fällen kann der Gesandte seine Pässe von dem beschickten Staat verlangen und verläßt er den beschickten Staat ohne Abberufungsschreiben, Rekreditiv und Abschied;

3. durch Verabschiedung des Gesandten seitens des beschickten Staates; sie erfolgt aus denjenigen Gründen, welche eine Rekusation des Gesandten vor dessen Annahme motiviren, namentlich auch weil der akkreditirte später dem beschickten Staat unliebsam geworden oder weil der Gesandte seine Entlassung bedingende Vergehen oder Verbrechen begangen hat oder als Retorsionsmaßregel. In diesen Fällen läßt der beschickte Staat dem Gesandten seine Pässe zustellen und erhält dieser dagegen einen Sicherheitspaß zum unbehinderten Verlassen des Gebietes des beschickten Staates. Nur in dringenden Fällen ist eine förmliche Ausweisung oder Ausschaffung des Gesandten statthaft und zwar erst, nachdem die Aufforderung an ihn ergangen, daß er in einer bestimmten Frist das Gebiet des beschickten Staates zu verlassen habe und für den Fall, daß er dieser Aufforderung nicht Folge leistete[3]);

---

1) Siehe Geffcken zu Heffter's Völkerrecht 7. Ausg. S. 452, Note 4. Miruß, das europ. Gesandtschaftsrecht I. § 366   Alt, Handbuch des europ. Gesandtschaftsrechts § 181.
2) Miruß, I. § 367. Alt, § 182.
3) Wenn früher dem Gesandten seitens des beschickten Staates mitgetheilt wurde, daß er seine Abschiedsaudienz haben könne und solche Mittheilung als ein Zeichen seiner bevorstehenden Wegweisung aufgefaßt wurde (Miruß, I. 368; Alt, § 185), so ist heutzutage die Gewährung

4. durch den Tod des Gesandten; in diesem Fall werden die Amts=
papiere und auch seine Effekten entweder durch den ersten Legationssekretär oder Bot=
schaftsrath versiegelt, falls nicht im Auftrage des schickenden Staates die Gesandtschafts=
vertretung ad interim einer dazu designirten Persönlichkeit übertragen wird, oder es
wird die Versiegelung von dem nächsten Gesandten desselben Staates oder von einem
dazu erbetenen oder vertragsmäßig dazu berechtigten Gesandten eines dritten Staates
am Orte der Residirung vorgenommen; nie aber ist dazu, ohne ausdrücklichen Auftrag
des schickenden Staates die lokale Obrigkeit des beschickten Staates oder dieser überhaupt
dazu ermächtigt[1]);

5. durch den Abbruch der diplomatischen Beziehungen zwischen dem schickenden
und beschickten Staat wegen eines zwischen beiden Staaten ausgebrochenen erheblichen
und nicht auszugleichenden Streites oder wegen eines zwischen ihnen ausgebrochenen
Krieges, welchem Ausbruch heute in der Regel der Abbruch der diplomatischen Beziehungen
vorherzugehen pflegt.

Bis zum Ablauf des für das Verlassen des beschickten Staates herkömmlichen oder
auch im einzelnen Fall angesetzten Termines bleibt der Gesandte im Genuß der ihm
völkerrechtlich zustehenden Rechte. Bleibt der Gesandte über diese Frist hinaus im
beschickten Staat, so erfreut er sich jener Rechte nicht mehr. Im Falle des Todes eines
Gesandten dauern die dem gesandtschaftlichen Gefolge zustehenden Rechte nur eine bestimmte
Zeit nach dem Tode des Gesandten fort.

Die Wirksamkeit eines außerordentlichen Gesandten hört
auch auf:

1. durch Widerruf oder Ausführung des dem Gesandten
ertheilten speziellen Auftrages, bei Kongressen durch
Schließung derselben;

2. falls die Verhandlungen zu keinem Resultat führen;

3. durch Ablauf einer für seine Wirksamkeit vorherbe=
stimmten Zeit für ordentliche Gesandte wurde früher auch ein Termin ihrer
Wirksamkeit bestimmt[2]), für einen Interimsgesandten hören die Funktionen auf, sobald
der ordentliche Gesandte eintrifft oder zurückkehrt[3]).

Die mit einer besonderen Mission betrauten außerordentlichen Gesandten ver=
abschieden sich bei demjenigen Organ, an welches sie von ihrem Staat gewiesen waren.

§ 81. **Die Beendigung der Wirksamkeit eines Konsuls.** Die Wirksamkeit eines
Konsuls wird beendigt

1. durch das Aufhören des Staates als souveränen, von welchem der Konsul er=
nannt war oder desjenigen, für welchen das Exequatur ertheilt wurde oder durch Entsagung
des Souveräns des einen oder anderen Staates;

2. durch Widerruf der Ernennung oder Entziehung des Exequatur. Die Voraus=
setzungen, welche die Verweigerung des Exequatur bedingen, rechtfertigen auch die Ent=

---

einer Abschiedsaudienz nur ein Zeichen guter Beziehungen und der Gunst und kann daher als Ein=
leitung einer Wegweisung kaum dienen.

1) Miruß, I. § 373. Alt, § 187 verlangen, daß falls die Behörden des beschickten Staates
im äußersten Fall die Versiegelung vornehmen, solches auf eine der Achtung gegen den fremden
Staat entsprechende Weise geschehe. Wir halten aber den beschickten Staat ohne Aufforderung durch
den schickenden weder für verpflichtet noch berechtigt es zu thun und nehmen an, daß der sendende
Staat selbst Fürsorge zu treffen habe, daß diese Versiegelung geschehe und daß, falls er das ver=
säumt, er auch die Folgen der Versäumniß zu tragen habe.

2) Miruß, § 367. Von Venedig drei, vom Papst sechs Jahre.

3) Miruß, § 366.

ziehung desselben, besonders wenn die für letztere angeführten Gründe erst nach der Ertheilung des Exequatur eingetreten sind;

3. durch den Tod des Konsuls; die Archive werden in diesem Fall, falls dem Konsul kein dazu berechtigter anderer Beamte zur Seite stand oder untergeordnet war, dem Konsul einer befreundeten Macht zur einstweiligen Bewahrung überwiesen;

4. durch Entstehung eines Krieges zwischen den resp. Staaten, in welchem Fall in der Regel die Vertretung der resp. Nationalen im gegnerischen Staat dem Konsul einer befreundeten Macht übertragen wird, welche Vertretung besonders in Verträgen europäischer mit außereuropäischen Staaten schon vertragsmäßig für solchen Fall vorgesehen ist so wie überhaupt.

§ 82. **Die Kouriere in Friedenszeiten.** Die Kouriere in Friedenszeiten sind Ueberbringer von Schriftstücken, insbesondere von Depeschen eines Staates an einen anderen oder an einen Gesandten des eigenen Staates oder des Gesandten an seinen Staat. Die Kouriere genießen, insoweit sie sich als solche in der Regel durch besondere Pässe legitimiren können, in Friedenszeiten Unverletzlichkeit ihrer Person und der von ihnen überbrachten Schriftstücke in allen Staaten durch deren Gebiet sie reisen, sowie ungehinderte Reise, ja sogar bevorzugte Beförderung und Befreiung von der Besichtigung des Gepäcks an der Landes- oder Zollgrenze, indeß darf der Kourier keine Briefe und Packete für andere Personen als ihre Souveräne, Minister und Gesandten mitnehmen, noch für diese zollpflichtige oder verbotene Gegenstände. — Man unterscheidet ordentliche und außerordentliche Kouriere. Die ersteren werden zu bestimmten Zeiten, die letzteren nach Bedürfniß abgesandt. Außerdem stehen besondere Kouriere im Dienst der Gesandtschaften. Staats- oder Kabinetskouriere heißen aber diejenigen, welche von den Souveränen oder mit dessen Vorwissen mit der Ueberbringung von Depeschen an auswärtige Höfe und Gesandtschaften beauftragt und zu diesem Behufe in Pflicht genommen werden. Die Kouriere der Türkei heißen Tataren. Aeußerlich werden die Kouriere abgezeichnet durch einen Schild, weßhalb sie denn auch Schildkouriere heißen oder durch eine Uniform, besonders wenn sie ein Korps bilden. Feldjäger heißen die Kouriere, wenn sie militärisch organisirt sind. Auch bedienen sich die Staaten in besonders wichtigen Fälle höherer Offiziere oder der Legationssekretäre als Kouriere [1]).

§ 83. **Die untersten Organe für das gewaltsame Verfahren.** Die Oberbefehlshaber im Kriege, die Befehlshaber abgetheilter Korps und die Kommandanten von Festungen sind, wenn sie persönlich über einen Waffenstillstand, die Auslieferung oder Auswechselung von Gefangenen, die Bestattung von auf dem Schlachtfelde gefallenen Todten, die Uebergabe von Abtheilungen des Heeres und von Festungen unterhandeln, während dieser Verhandlungszeit unverletzlich und involvirt eine ihnen dann zugefügte Verletzung einen Völkerrechtsbruch.

Nur auf Kourtoisie beruht es, wenn während der Bestattung eines im Kriege gefallenen Oberbefehlshabers oder auch hochstehenden Offiziers von Seiten des Gegners die Kriegsaktion sistirt wird und in Folge dessen für die Dauer jener Bestattung jedes gewaltsame Verfahren zessirt.

§ 84. **Die Parlamentäre.** Als Parlamentär gilt eine zum Heere eines der kriegführenden Theile gehörende Person, welche von letzterem autorisirt wurde zu mündlichen Verhandlungen mit dem anderen Theile. Der Parlamentär ist mit einer weißen Fahne versehen und wird auch begleitet von einem Trompeter, Zinkbläser oder Trommler oder auch von einem Fahnenträger. Sowohl der Parlamentär als seine genannten Begleiter

---

1) Miruß, I. §§ 204—218, Alt, §§ 124—128.

sind unverletzlich. Indeß ist der Befehlshaber, an welchen ein Parlamentär abgefertigt wird, nicht verpflichtet, denselben unter allen Umständen und unter allen Bedingungen zu empfangen und ist ihm gewährt, alle erforderlichen Maaßregeln zu ergreifen, um den Parlamentär zu verhindern, aus seinem Aufenthalt in dem Bereich der Stellungen des Gegners zum Nachtheil des letzteren Nutzen zu ziehen; wenn aber der Parlamentär eines derartigen Vertrauensmißbrauchs sich schuldig gemacht, so hat der Befehlshaber das Recht, ihn zeitweilig zurückzubehalten. Ueberhaupt sind der Parlamentär und seine Begleiter ver- pflichtet, sich gegen den sie empfangenden Gegner loyal zu benehmen. Ein Befehlshaber kann aber von vorneherein erklären, daß er für eine bestimmte Zeit Parlamentäre nicht empfangen werde. Die Parlamentäre einer Partei, welche trotz einer solchen an diese ergangenen Mittheilung sich dennoch dem gegnerischen Befehlshaber vorstellen, gehen des Rechts auf Unverletzlichkeit verlustig. Der gleiche Verlust trifft denjenigen Parlamentär, welcher dessen in positiver und unwiderleglicher Weise überführt ist, seine bevorzugte Stellung ausgenutzt zu haben, um einen Akt des Verrathes zu provoziren oder zu begehen.

Die vorstehenden Bestimmungen sind dem Projet d'une déclaration internationale concer- nant les lois et coutumes de la guerre (Texte modifié par la conférence de Bruxelles vom 27. Au- gust 1874 Art. 43—45 (Annuaire de l'Institut de droit international I. 291 ff.) und den „Lois de la guerre sur terre" „Manuel publié par l'institut de droit international" (Bruxelles et Leipsic 1880) Art. 27—31 entnommen, welche beiden wesentlich im Allgemeinen und auch in dieser Beziehung mit einander übereinstimmen, nur daß die letzteren kürzer gefaßt sind. Da die Brüsseler Konferenz eine solche von Staatendelegirten war, das Institut aber, welches die Gesetze für den Landkrieg beschloß, eine aus den hervorragendsten Theoretikern gebildete Gemeinschaft ist, so bürgt die erstere Quelle für den praktischen, die letztere für den wissenschaftlichen Werth der Bestimmungen und sind diese daher von allgemeiner Bedeutung sowohl im Vergleich mit den Emanationen eines einzelnen Staates als im Vergleich mit den Ansichten eines einzelnen Gelehrten. Die einen stellen die Praxis, die anderen die Theorie dar, beide zusammen sind aber als der gegenwärtig vollendetste Ausdruck praktischer und theoretischer Anschauungen in dieser Materie zu betrachten, weßhalb wir sie unserer gesammten Darstellung des Kriegsrechts zu Grunde zu legen uns nicht blos für berechtigt, sondern auch für verpflichtet gehalten, da Vollkommeneres und Viel- seitigeres zur Zeit von einem Einzelnen, sei dieser nun ein Staat, oder ein Vertreter der Theorie, nicht wird geleistet werden können. Außerdem wird dadurch diesen übereinstimmenden Fest- setzungen sowohl in die Praxis als Theorie weiterer Eingang verschafft.

§ 85. Die Kundschafter oder Spione im Kriege. Kriegsspione sind diejenigen, welche heimlich oder unter falschen Vorwänden in den durch den Feind okkupirten Oert- lichkeiten Informationen, mit der Absicht sie dem gegnerischen Theil mitzutheilen, ein- ziehen oder sie einzuziehen bemüht sind. Der in flagranti ergriffene Spion wird nach den bei der Armee, welche ihn ergriff, in Kraft seienden Gesetzen abgeurtheilt und behandelt. Der Spion, welcher wieder zu der Armee, welcher er angehört, gelangt, später aber durch den Gegner gefangen genommen wird, wird als Kriegsgefangener behandelt und keiner Verantwortung für seine früheren Handlungen unterzogen. Nicht verkleidete Militäre, welche in die Operationszone der gegnerischen Armee eingedrungen sind, um Informationen einzuziehen, werden nicht als Spione betrachtet und ebenso diejenigen Militäre, und die offen ihre Mission vollführenden Nichtmilitäre, welche beauf- tragt waren, Depeschen ihrer eigenen oder der gegnerischen Armee zu überbringen. Zu dieser Kategorie gehören in gleicher Weise diejenigen Personen, welche in Luftballons zur Ueberbringung von Depeschen verwandt, gefangen genommen wurden und überhaupt dazu dienen, um zwischen den verschiedenen Theilen einer Armee oder eines Territoriums Verbindungen zu unterhalten. Ueberhaupt aber soll an keinem der Spionage angeschul- digten Individuum eine Exekution vollzogen werden ohne vorgängigen Richterspruch, wenn dieser auch vom Kriegsgericht und nach Kriegsgesetzen gefällt wird[1].

---

1) Brüsseler Konferenzdeklaration Art. 19—23. Kriegsgesetze des Instituts d. dr. intern. 23—26.

§ 86. **Die Kouriere in Kriegszeiten.** Der Kouriere in Kriegszeiten bedient sich das höchste Kriegsorgan eines kriegführenden Staates zur Korrespondenz mit seinen Kriegsoberbefehlshabern und sind sie als der Kriegführung dienende Personen nicht unverletzlich und können daher gefangen genommen und ihre Briefschaften fortgenommen werden. Kouriere, welche die beiden kriegführenden Theile einander oder zum und von dem Friedenskongreß oder welche sie sich bei beginnenden Friedensverhandlungen oder während eines Waffenstillstandes senden, werden aber für unverletzlich gehalten und werden ihnen zu ihrer Sicherheit vom Gegner Pässe ausgestellt oder auch eine Eskorte mitgegeben, oder wird ihnen überhaupt sicheres Geleit versprochen[1]). Gesandte dritter neutraler Staaten, welche im Interesse einer kriegführenden Macht Kouriere absenden, verletzen die Neutralitätspflichten und können die von ihnen gesandten Kouriere in gleicher Weise wie die der Kriegführenden verhaftet und die von ihnen überbrachten Schriftstücke fortgenommen werden.

Zweiter Abschnitt.

Das Verfahren.

I. Das gütliche Verfahren.

§ 87. **Die Arten des gütlichen Verfahrens.** 1. Die Unterhandlung der streitenden Theile unter einander. Diese Unterhandlung findet Statt, indem die Staaten sich gegenseitig Rechtsausführungen in Schrift und Gegenschrift oder Memoiren über den Gegenstand des Streites senden. Es enthalten dieselben die Darlegung des Rechtsstreites, die rechtliche und thatsächliche Begründung der eigenen und die Würdigung der gegnerischen Ansprüche und Vorschläge zur Ausgleichung.

Zur Unterstützung der eigenen Ansprüche werden Urkunden beigefügt. Es können aber auch Gutachten von hervorragenden Rechtskundigen, insbesondere von Völkerrechtskundigen oder auch Rechtsfakultäten, welches letztere aber heutzutage selten mehr geschieht, hinzugefügt werden.

Bevor die Staaten vom gütlichen zum äußersten gewaltsamen Verfahren: dem Kriege übergehen, stellen sie sich ein Ultimatum oder gar ein Ultimatissimum, welches für die Erfüllung gestellter Forderungen einen bestimmten Termin festsetzt, von dessen Ablauf an, falls die Forderungen nicht bewilligt werden, die Eröffnung eines gewaltsamen Verfahrens in Aussicht gestellt wird.

2. Die gütliche Verwendung oder das Anerbieten guter Dienste (bons offices). Die gütliche Verwendung eines dritten Staates oder einer dritten Person kann zur Einleitung der Unterhandlung zwischen streitenden Staaten oder zur Wiederaufnahme abgebrochener Verhandlungen sowohl von dem dritten Staat angeboten, als von einem in Streit begriffenen erbeten oder in Folge eines gegebenen Versprechens geleistet werden. Es wird guter Rath gegeben, es werden Vergleichsvorschläge gemacht und bestimmte Handlungen empfohlen.

Im Protokoll vom 14. April 1856 (Mart. N. R. G. XV. 767) drücken zum Abschluß der Verhandlungen über eine dem gewaltsamen Verfahren vorgängige Mediation unter den Staaten, die Bevollmächtigten der Kontrahenten des Pariser Vertrages im Namen ihrer Regierungen den Wunsch aus, daß die Staaten, unter welchen ein ernster Zwiespalt ausbrechen sollte, bevor sie an die Waffen appelliren, soweit die Umstände es gestatten, ihre Zuflucht zu den bons offices einer befreundeten Macht nehmen. Dabei geben sich die Bevollmächtigten der Hoffnung hin, daß die nicht auf dem Kongreß repräsentirten Regierungen sich dem Gedanken anschließen werden, welcher den in diesem Protokoll ausgesprochenen Wunsch eingegeben hat.

---

1) Miruß, I. § 219. Alt, § 129.

In Verträgen der letzten Jahrzehnte mit außereuropäischen Staaten haben die europäischen Mächte für den Fall von Zerwürfnissen der ersteren mit dritten Staaten sich wiederholt bereit erklärt den ersteren ihre gute Dienste zu leihen. So erklärte sich die deutsche Reichsregierung im Handelsvertrage mit Persien vom 11. Juni 1873 (D. R. G. Bl. 1873 Nr. 28) Art. 18, bereit falls Persien in einen Streit mit einer anderen Macht verwickelt werden sollte, auf den Wunsch der Regierung des Shah diesem gute Dienste zur Beilegung des Staates zu leisten. Nach dem Vertrage der Ver. Staaten von Nordamerika vom 29. Juli 1858 (Mart. N. R. G. XVII. 1 51) mit Japan Art. 2 erklärt sich der Präsident der Ver. Staaten bereit, auf Aufforderung der japanischen Regierung als ein freundschaftlicher Mediator in Streitsachen zwischen dieser Regierung und irgend einer europäischen Macht sich zu geriren. Es sind hier trotz des Ausdrucks Mediator wohl bons offices gemeint.

    3. Die Vermittelung (mediatio, mediation) [1] ist die Bemühung eines Staates oder Souveräns entweder

    1. Streitigkeiten anderer Staaten vor dem Eintritt eines gewaltsamen Verfahrens gütlich auszugleichen, oder

    2. ein zwischen ihnen eingetretenes gewaltsames Verfahren aufhören zu machen; oder es bedeutet die Vermittelung

    3. die Mitwirkung eines dritten Staates zur Herbeiführung eines Vertrages oder Friedensschlusses zwischen zweien Staaten.

    In der Praxis steigern sich häufig die guten Dienste zu einer Vermittelung.

    Die Staatsschriften unterscheiden beide von einander, vermengen sie aber auch mit einander wie z. B. im Protokoll der Pariser Vertragskontrahenten vom 14. April 1856. Auch haben Staaten wiederholt gute Dienste angenommen, für denselben Fall aber die Vermittelung abgelehnt.

    Zur Vermittelung kann sich entweder ein dritter Staat selbst erbieten, oder den Streitenden nur eine Vermittelung anrathen oder es können die streitenden Theile einen dritten Staat darum ersuchen oder es kann die eintretende Vermittelung vertragsmäßig vorgesehen sein.

    Der Pariser Vertrag vom 30. März 1856 Art. VIII. bestimmt für den Fall, daß zwischen der Pforte und der einen oder anderen der kontrahirenden Mächte eine Mißhelligkeit (dissentiment) entstehen sollte, welche die Aufrechterhaltung ihrer Beziehung bedroht, daß die Pforte und jede dieser Mächte, bevor sie zur Gewaltanwendung ihre Zuflucht nehmen, die anderen kontrahirenden Theile in die Lage versetze, diesem Aeußersten durch ihre Vermittelungsaktion (action médiatrice) vorzubeugen.

    Die Vermittelung geschieht entweder durch das höchste Organ des vermittelnden Staates oder in der Regel durch dessen Gesandten oder durch besonders dazu bevollmächtigte Persönlichkeiten.

    Im 17., 18. und 19. Jahrhundert fanden vielfach unter Vermittelung weltlicher Fürsten, des Papstes oder von Gesandten dritter Staaten Kongresse Statt. In neuester Zeit vermittelte beispielsweise der englische Gesandte in Peking im Jahr 1874 den Streit zwischen China und Japan wegen der Insel Formosa.

    Ein Staat kann andere Staaten auffordern, mit ihm gemeinschaftlich zu vermitteln, auch können mehrere Staaten einen dritten zur Uebernahme der Vermittelung auffordern. Die Aufforderung zur Vermittelung und die angebotene Vermittelung können aber aus triftigen Gründen abgelehnt werden. Die durchzuführende Vermittelung muß nicht blos vom erbetenen Vermittler, sondern auch, falls sie blos von einem der streitenden Theile erbeten wurde, vom anderen Theile acceptirt sein. — Der Vermittler muß auf Grund rechtlicher Erwägungen die im Streit begriffenen Staaten zu vergleichen bemüht und bei seinen Ausgleichsvorschlägen völlig unparteiisch sein.

    Eine völkerrechtliche Vermittelung kann in der Regel nur zwischen Staaten stattfinden. Eine Vermittelung zwischen einem Staat und dessen Staatsbürgern ist eine solche in Staatenbünden oder Bundesstaaten nur in Gemäßheit des Bundesvertrages, sonst ist sie keine eigentliche Vermittelung, sondern nur eine erbetene oder nichterbetene

---

    1) Bulmerincq, Vermittelung in von Holtzend. Rechtslex. Berner, im Art. Staatenverträge in Bluntschli's Staatswörterbuch IX. 641 ff. Ch. de Martens, Guide diplomatique 1851 I. 191. Moser, Versuch des neuesten europ. Völkerr. VIII. 421 ff., woselbst auch zahlreiche Vermittelungsfälle.

Intervention in die inneren Angelegenheiten eines dritten Staates, denn die Staats=
bürger sind nicht Völkerrechtssubjekte.

Die Vermittelungsaktion geht entweder auf Kongressen oder Konferenzen vor sich,
bei welchen die streitenden Theile vertreten sind und bei denen der vertragsmäßig oder
durch den Willen der Parteien für den einzelnen Fall bestellte Vermittler zugegen zu
sein das Recht und die Pflicht hat. Es kann aber auch der Vermittler mit je einem
der streitenden Theile verhandeln. Der Vermittler macht seinerseits, nach Anhörung
der streitenden Staaten, diesen Vermittelungsvorschläge. Zur Annahme dieser kann er
sie aber nicht zwingen, wie ihm überhaupt gegenüber den Parteien kein Zwangsrecht
zusteht. Daher ist die sog. bewaffnete Vermittelung keine Vermittelung, sondern eine
gewaltsame Intervention.

Hat die Vermittelung den erstrebten Erfolg gehabt, so wird das Ergebniß in eine
Urkunde zusammengefaßt, mit Erwähnung der Vermittelung und kann diese Urkunde
auch anderen Staaten mitgetheilt werden. Das Amt des Vermittlers erlischt mit Been=
bigung oder Abbruch der Verhandlungen durch eine oder beide Parteien, welchen Falles
die letzteren eine ihrer früheren acceptirenden Erklärung entgegenstehende oder eine jene
zurückziehende abzugeben haben. Der Vermittler ist nicht eo ipso Garant eines unter
seiner Mitwirkung abgeschlossenen Vertrages, sondern es muß diese Garantie ausdrücklich
zwischen ihm und den Parteien vereinbart sein.

4. Die gütliche Entscheidung einer internationalen
Streitsache durch Schiedsspruch[1] (arbitrage, arbitration). Der interna=
tionale Schiedsspruch ist eine gütliche Entscheidung von Staatenstreitigkeiten durch
Persönlichkeiten, welche dazu von den im Streit begriffenen Staaten erwählt werden.

Die streitenden Theile schließen einen Vertrag: Kompromiß, ihren Streit einem
Schiedsspruch zu unterwerfen.

Im Kompromiß sind festzustellen:

1. der oder die zur Entscheiduug zu berufenden Schiedsrichter;

2. der zu entscheidende Streitgegenstand;

3. die Forderungen der streitenden Staaten;

4. die Art der Entscheidungsnormen, namentlich ob nach Recht oder Billigkeit
entschieden werden soll;

5. die Art der Verhandlungen und des Verfahrens zur Herbeiführung einer
Entscheidung;

6. der Ort, an welchem die Entscheidung stattfinden soll, namentlich falls mehrere
Schiedsrichter designirt sind;

7. ein Termin zur Entscheidung der Sache.

---

1) Bulmerincq, Schiedsspruch in von Holzend. Rechtslex. Welcker, in s. Staatslex.
Art. Schiedsgericht, 1865. Berner, in Bluntschli's Staatswörterb. 1861 VI. 102 ff. Pierantoni,
Gli arbitrati internazionali. Henry Bellaire, Rapport sur les arbitrages dans les conflits
internationaux in Congrès de l'alliance universelle de l'ordre et de la civilisation. Paris 1872
I. 51 ff. Ch. Lucas, De la substitution de l'arbitrage à la voie des armes pour le règlement
des conflits internationaux Paris 1873 in Séances et travaux d. l'acad. d. sc. mor. et polit.
XXX. 415 ff. und im Bullet. de la société des amis de la paix. Paris 1873. 2. Ser. Nr. 2 p.
38 ff. E. de Lavelaye, Des causes actuelles de guerre en Europe et de l'arbitrage. Bruxelles
1873. A. Garelli, La pace nell' Europa moderna. Torino 1870. F. Seebohm, On international reform. London 1871. Schriften über die Alabamafrage von Pierantoni Firenze 1870,
Pradier=Fodéré Paris 1872, Geffcken Stuttgart 1872, Rivier 1872 in der Bbl. univers.
et rev. Suisse Lausanne 1872 p. 577—605. Report of the agent of the united States before
the tribunal of Arbitration of Geneva, together with the protocols of the conferences, the awards
of the tribunal, Washington 1872.

Die Aufforderung zum Schiedsspruch und die Annahme des Schiedsspruches wird diplomatisch vermittelt.

Es kann der Schiedsspruch übertragen werden entweder einem Staat, Souverän, Präsidenten einer Republik, einem Gerichtshof, einer Rechtsfakultät oder angesehenen Staatsmännern, rechtsgelehrten Kommissären, Rechtslehrern, namentlich Völkerrechtslehrern. Die zum Schiedsspruch aufgeforderten Staaten und Souveräne sowie die Präsidenten einer Republik übertragen die Ausarbeitung des Schiedsspruches dazu geeigneten Persönlichkeiten, wenn dieser auch im Namen des Staates oder Souveräns abgegeben wird.

Wurden mehrere Persönlichkeiten zur Ausübung des Schiedsspruches aufgefordert, so entscheiden sie nach Stimmenmehrheit wie solches auch der Washingtoner Vertrag vom 8. Mai 1871[1]) bestimmt, bei Stimmengleichheit übertragen die streitenden Staaten die Entscheidung einer dritten Persönlichkeit als superarbiter oder es ist eine solche auch schon im Kompromiß vorgesehen und bezeichnet.

Die streitenden Staaten haben sich an dem im Kompromiß zur Verhandlung und Entscheidung der Sache vereinbarten Orte vertreten zu lassen.

Zur Entscheidung der Alabamafrage ernannten England und die Vereinigten Staaten nicht nur je einen Schiedsrichter, sondern auch je einen Agenten oder Vertreter, welche der Verhandlung beiwohnen sollten.

Die Vorlage der Beweismaterialien an die Schiedsrichter fällt gewöhnlich mit der Konstituirung des Schiedgerichts zusammen. Wurde ein Termin zur Entscheidung angesetzt, so sind die Parteien an eine nach Ablauf desselben getroffene Entscheidung nicht gebunden. Der rechtzeitig gefällte Schiedsspruch ist inappellabel und muß vollzogen werden, indeß kann demselben die Folgeleistung versagt werden:

1. wenn das Kompromiß ungiltig war;
2. wenn es verletzt wurde;
3. bei Rechtswidrigkeit des Schiedsspruches;
4. bei thatsächlicher Unrichtigkeit desselben;
5. wegen eines von den streitenden Staaten oder von den Schiedsrichtern verschuldeten Irrthums;
6. wenn die streitenden Staaten nicht oder nicht ausreichend gehört wurden;
7. wenn der Schiedsspruch parteiisch ist;
8. wenn einer der streitenden Staaten Bestechung gegen einen Schiedsrichter geübt;
9. wenn eine Partei gegen die andere arglistig gehandelt.

Ein Kompromiß hört auf:
1. wenn der Schiedsspruch gefällt ist;
2. wenn der für den Schiedsspruch festgesetze Termin abgelaufen ist;
3. falls ein Schiedsrichter starb;
4. falls ein Schiedsrichter unfähig wurde, eine Entscheidung zu fällen;
5. durch einen dem Kompromißvertrage entgegenstehenden Vertrag der streitenden Theile;
6. durch Vergleich unter den streitenden Theilen;
7. durch Erfüllung oder Erlaß der streitigen Forderungen.

Die Streitigkeiten der Staaten sind theils durch von den streitenden Staaten aus regierenden Fürsten, Präsidenten von Republiken oder höchsten Organen derselben oder aus Gesandten erwählte Schiedsrichter entschieden, theils durch von den Staaten ihrerseits aus ihren Angehörigen bestellte Kommissionen erledigt worden. Nur die Entscheidungen der ersteren können als eigentliche Schiedssprüche gelten und nur sie werden von Persönlichkeiten abgegeben, welche von den streitenden Theilen völlig

---

1) Mart. N. R. G. XX. 698.

unabhängig sind, weßhalb sie eher unparteiisch sein werden; die Entscheidungen der Kommissäre, welche durch ihre Regierung ernannt und instruirt sind, haben den Charakter eines Ausgleichs, nicht eines Richterspruchs, den letzteren nehmen sie nur an, wenn, im Falle die Kommissäre sich nicht einigten, eine dritte Persönlichkeit zur Entscheidung aufgefordert wurde. Wir beschränken uns auf die eigent=lichen Schiedssprüche.

1. (1814) Schiedsspruch des Präsidenten der französischen Republik Louis Napoleon am 30. Nov. 1852 in der Reklamation der Vereinigten Staaten von Nordamerika wider Portugal: Case of privateer General Armstrong (Kent, Comment. of the international law. Cambridge 1866 p. 179).

2. (1818) Schiedsspruch des Kaisers von Rußland vom $\frac{12.\ \text{Juli}}{30.\ \text{Juni}}$ 1822 zwischen England und den Vereinigten Staaten von Nordamerika (Mart. N. R. VI. 67 ff.).

3. (1827) Schiedsspruch des Königs von Holland zur Entscheidung einer Grenzstreitigkeit zwischen den Vereinigten Staaten von Nordamerika und England, welcher indeß von beiden Theilen zurückgewiesen wurde.

4. (1834 u. 35) Schiedsspruch des Königs von Preußen in den Portendic claims von England gegen Frankreich vom 30. November 1843 (British and Foreign States-Papers, 1852—53 p. 1377 ff.).

5. (1839) Schiedsspruch des Königs von Preußen über Reklamationen von Bürgern der Ver-einigten Staaten gegen Mexiko (Mart. N. R. G. XIV. 7 ff. Rev. d. dr. intern. VI. 123 Note 1).

6. (1839) Schiedsspruch der Königin von England vom 1. August 1844 über Schadenersatz=forderungen Mexikos und von Mexikanern an Frankreich (Mart. N. R. XVI. 607. Calvo, II. 792).

7. (1841) Schiedsspruch des Königs von Belgien vom 15. Mai 1863 über Reklamationen der Vereinigten Staaten von Nordamerika zu Gunsten ihrer Bürger gegen Chile rücksichtlich der Brigg Macedonian (Lawrence in der Rev. d. dr. intern. VI. 121. Calvo, I. 795).

8. (1852) Schiedsspruch des Königs der Niederlande vom 13. April 1852 zwischen Frankreich und Spanien über Schadenersatzansprüche wegen der Prisen: Veloz=Mariana, Viktoria und Vigie aus den Jahren 1823—24 (Calvo, I. 793).

9. (1862) Schiedsspruch des Königs der Belgier 1863 in der Differenz der Offiziere des englischen Schiffes: La Forte mit den brasilianischen Autoritäten (Calvo, I. 794).

10. (1864) Schiedsspruch des Hamburger Senats vom 12. April 1864 in der Differenz zwischen England und Peru wegen des englischen Unterthans Th. White (Calvo, I. 796.)

11. (1869) Schiedsspruch des Präsidenten der Vereinigten Staaten im Jahre 1870 in der Differenz zwischen England und Portugal rücksichtlich des Eigenthumsrechts an der Insel Bulana (Lawrence).

12. (1870) Schiedsspruch Englands in der Differenz zwischen Spanien und Aegypten (Lave=leye, Des causes actuelles de guerre en Europe et de l'arbitrage. Bruxelles 1873. S. 190).

13. (1871) Schiedsspruch durch fünf Schiedsrichter, von welchen je einer durch Italien, Brasilien, die Schweiz, England und die Vereinigten Staaten von Nordamerika ernannt wurde, vom 14. September 1872 über die Alabama claims (Aegidi's Staatsarchiv XXV. 145 ff. und Mart. N. R. G. XX. 775 ff.).

14. (1871) Schiedsspruch des Königs von Preußen vom 21. Oktober 1872 in der San=Juan=Differenz zwischen den Vereinigten Staaten von Nordamerika und England (Aegidi's Staatsarchiv XXV. 217 ff.).

15. (1873) Schiedsspruch des amerikanischen Gesandten in Rom Marsh als Obmann zu Mailand zur definitiven Feststellung der italienisch=schweizerischen Grenze bei Alpe de Cravairola vom 23. September 1874 (Mart. N. R. G. XX. 214. Mart. N. R. G. Ser. II. I. 378).

16. Schiedsspruch von Edward Thornton vom 16. April 1874 über Reklamation des Don Rafaël Aquirre wider die Vereinigten Staaten (Mart. N. R. G. II. Ser. I. 5 ff.)

17. Schiedsspruch des Kaisers von Rußland vom 17.—29. Mai 1875 in der Differenz der „Maria Luz" zwischen Japan und Peru (Annuaire de l'institut de droit international 1878. II. 353) Das Institut de droit international berieth in zwei Jahressitzungen in Genf 1874 und in Haag 1865 ein vom resp. Berichterstatter Prof. Dr. Goldschmidt ausgearbeitetes Reglement für das internationale schiedsrichterliche Verfahren (Annuaire de l'institut de droit international I. 126 ff.). Ueber die Agitation für den Schiedsspruch und die Anträge der Legislativen zu Gunsten desselben siehe Bulmerincq l. c., ebendaselbst auch die verschiedenen Pläne schiedsrichterlicher Organisation.

§ 88. **Kongresse und Konferenzen**[1]). Kongresse und Konferenzen sind Zusammen=künfte entweder von Souverainen oder Ministern oder Diplomaten zur Verhandlung über internationale Angelegenheiten. Kongresse müssen, um als solche gelten zu können, aus=

---

1) Berner s. v. Kongresse in Bluntschli's Staatswörterbuch und Zalesky, Die völker=rechtliche Bedeutung der Kongresse. Dorpat 1874.

drücklich als solche bezeichnet sein. Zu ihnen müssen, falls nicht die höchsten Organe sich persönlich an ihnen betheiligen, besondere ad hoc bevollmächtigte Persönlichkeiten entsandt werden. Auch muß auf ihnen eine gewisse Förmlichkeit der Verhandlung stattfinden. Kongresse können entweder aus Souverainen allein oder zugleich auch aus Bevollmächtigten der Staaten bestehen, wie z. B. der Wiener Kongreß.

Auch die sog. Fürstenkongresse wie der von Erfurt (1808) und der von Frankfurt a. M. (1863) bestanden nicht nur aus Fürsten. Auf dem in Erfurt waren Kronprinzen und in Frankfurt waren die vier freien Städte vertreten.

Die Initiative zu einem Kongreß kann jeder Staat ergreifen, auffordern muß er aber dazu alle an den Verhandlungsgegenständen interessirten Staaten. Bei Kongressen von Staatenbevollmächtigten werden nach dem Eintreffen derselben am Orte des Kongresses in der ersten Sitzung die Vollmachten ausgetauscht. Mit dem gegenseitigen und unbeanstandeten Austausch gilt der Kongreß als konstituirt. Das Präsidium kann entweder einem der Bevollmächtigten übertragen werden oder dem Minister des Auswärtigen des Kongreßortes oder falls die Verhandlungen unter Vermittelung eines neutralen, d. h. nicht zu den streitenden Theilen gehörenden Staates geführt werden, dem Vertreter des neutralen Staates. Statt eines einzelnen Vorsitzenden kann auch ein leitendes Konseil (conseil directeur) gewählt werden.

Auf die Vorlage der Vollmachten folgt die Vereinbarung einer Geschäftsordnung. Das in einer Sitzung verhandelte wird in ein Protokoll aufgenommen (procès verbal oder protocole), in welchem die Vota und Meinungen der Theilnehmer verzeichnet werden und welches von diesen unterzeichnet wird. Der Staat des Kongreßortes stellt, falls er sich an dem Kongreß betheiligt, gewöhnlich demselben einen oder mehrere Protokollführer zur Disposition.

Die Stimmenmehrheit entscheidet nur hinsichtlich des auf dem Kongreß einzuhaltenden Geschäftsverfahrens, nicht aber über die materiellen Fragen, welche Gegenstand desselben sind. Zu einer alle Theilnehmer des Kongresses verbindenden Entscheidung ist Stimmenmehrheit erforderlich, falls nicht die auf dem Kongreß vertretenen Staaten bei der Konstituirung des Kongresses sich verbindlich gemacht haben, der Entscheidung der Majorität sich zu fügen, wozu sich souveräne Staaten wohl in der Regel nur, wenn sie sich einem Schiedsspruch unterwerfen, verstehen.

Ein Kongreß wird gewöhnlich geschlossen mit der Unterzeichnung eines allendlichen Aktes, welcher seiner Form nach entweder ein Vertrag oder mehrere Verträge, wie z. B. beim Pariser Kongreß von 1856, sein können oder eine Erklärung (Deklaration) oder ein General-Rezeß (recès général) mit oder ohne Annexe, oder auch nur als Akte (acte) bezeichnet wird, z. B. Acte du congrès de Vienne. im Text auch transaction commune oder instrument général, welcher Akte dann Verträge, Konventionen, Deklarationen, Reglements und andere Spezialakte angefügt sind. Die gesammten Verhandlungen eines Kongresses werden Kongreßakten genannt, mitunter erfolgt noch später eine sog. Schluß-akte, z. B. Schlußakte des Wiener Kongresses vom 15. Mai 1820.

Gegen alle Beschlüsse eines Kongresses, mit welchen der Gesandte nicht einverstanden ist, muß er in den Sitzungen Protest erheben und seinen Protest verschreiben lassen, sein Stillschweigen wird als Billigung oder Zustimmung ausgelegt. Entscheidungen von Kongressen über Fragen, welche nach der Verfassung der Zustimmung ihrer resp. Kammern bedürfen, sind zur Rechtsgiltigkeit von jener Zustimmung abhängig. Die Bestimmungen der Kongresse erfordern außerdem in der Regel, besonders wenn sie in Vertragsform zum Abschluß gelangen, die Ratifikation durch das höchste Staatsorgan.

Staaten, welche nicht an einem Kongreß Theil nehmen, sind jedenfalls nicht eo ipso gehalten, die Beschlüsse desselben anzuerkennen, indeß können sie nachher ihre Zustimmung erklären und werden zu dieser auch in der Regel bei Beschlüssen, welche die Aufstellung allgemein verbindlicher Völkerrechtsätze bezwecken, aufgefordert. Die nicht an einem Kongreß Theil nehmenden Staaten können aber auch gegen deren Beschlüsse protestiren.

Konferenzen nennt man bald diplomatische Berathungen überhaupt, bald die Zusammenkünfte der bei einem und demselben Staat beglaubigten Gesandten im Ministerium des Auswärtigen, bald die ministeriellen Vorberathungen für einen Kongreß. Dem Pariser Kongreß von 1856 ging die Wiener Konferenz von 1855 voraus. Konferenzen werden in der Regel nicht von den obersten, sondern von den unteren diplomatischen Organen abgehalten, außerdem sind Konferenzen nicht selten nur eine andere Bezeichnung für Kongresse.

Namentlich gilt letzteres von mehreren in London abgehaltenen Konferenzen, insbesondere denen von 1830—39 zur Regelung der Lostrennung Belgiens von den Niederlanden, weil England, nachdem die Kongresse von Aachen, Troppau, Laybach und Verona das Prinzip der Intervention in die inneren Angelegenheiten der Staaten durchführten, an Kongressen sich nicht weiter betheiligen wollte oder sie wenigstens auf englischem Boden nicht zuließ. Auch die Brüsseler Konferenz von Bevollmächtigten fast aller Kulturstaaten über das Kriegsrecht im Jahre 1874 war ihrem Wesen nach ein Kongreß.

Nachträgliche Konferenzen haben zur Durchführung von Kongreßbeschlüssen stattgefunden, z. B. in Bezug auf den westphälischen Kongreß 1650 in Prag und Nürnberg, wobei das Ergebniß zusammengefaßt wurde im Nürnberger Exekutionsrezeß. In Bezug auf den Wiener Kongreß fand der Frankfurter Territorialrezeß vom 20. Juli 1819 statt, zur Ergänzung des Frankfurter Friedens vom 10. Mai 1871 zwischen Deutschland und Frankreich aber die Konferenzen in Frankfurt vom 6. Juli und 2. Dezember 1871, deren Ergebniß der Abschluß einer die Verhältnisse der abgetretenen Provinzen regelnde Additionalkonvention vom 11. Dezember 1871 war[1]).

Konferenzen blos zur Berathung oder Vorberathung fassen keine Beschlüsse, wenngleich unmotivirtes Zuwiderhandeln gegen in den Vorberathungen getroffene Vereinbarungen nicht statthaft erscheinen kann.

Die hauptsächlichsten Kongresse sind im § 12 angegeben, die übrigen siehe bei Berner und Zalesky l. c. Auch in Amerika sind Kongresse abgehalten worden:

1. Der Kongreß zu Panama. Derselbe trat am 22. Juni 1826 zusammen und dauerte bis zum 15. Juli 1826. Es nahmen an demselben Theil die Bevollmächtigten von Kolumbia, Zentral-Amerika, Peru und Mexiko. Es wurden daselbst vier Verträge vereinbart, welche einen engeren Bund zwischen den vier genannten Staaten bezweckten, indeß ratifizirte nur Kolumbia;

2. der Kongreß zu Lima im Jahre 1848, abgehalten von den Bevollmächtigten von Bolivia, Chili, Equador, Neu-Granada und Peru, welcher Bundes=, Handels=, Schifffahrts=, Post= und Konsularverträge vereinbarte, die indeß nicht ratifizirt wurden.

II. Das gewaltsame Verfahren.

§ 89. Die Arten des gewaltsamen Verfahrens. Die Arten des gewaltsamen Verfahrens sind:

1. die Retorsion;

2. die Repressalien;

3. der Krieg;

4. die Intervention.

§ 90. Die Retorsion[2]). Retorsion (von retorquere) bedeutet im Staatenverkehr die eine Unbilligkeit mit einer gleichen und ähnlichen erwidernde Handlungsweise.

---

1) Mart. N. R. G. XX. 847 ff.

2) Bulmerincq, Retorsion in v. Holtzend. Rechtslex. Wurm, Völkerrechtliche Selbsthilfe, in Rotteck's Staatslex. 1843. Berner, Retorsion in Bluntschli's Staatswörterb. Burchardi, in Rotteck's Staatslex. 1865. Retorsionsfälle bei Moser, Vers. IX. II. 520 ff. Wurm u. Calvo.

Diese Unbilligkeit kann sich kundthuen entweder:

1. in der Gesetzgebung oder
2. in dem Gewohnheitsrecht oder
3. in den Reglements eines Staates.

Eine Retorsion ist begründet, wenn Angehörige des die Retorsion ausübenden Staates hinter die Angehörigen des Staates, gegen welchen die Retorsion geübt wird oder hinter die Angehörigen dritter Staaten zurückgestellt werden.

Der Zweck der Retorsion ist Abstellung der verletzenden Unbilligkeit oder Herstellung einer Gleichheit. Ist dieser Zweck erreicht, so hat die Retorsion aufzuhören. Die erwidernde Unbilligkeit muß eine der zu erwidernden gleiche oder ähnliche oder möglichst ähnliche, immer aber gleich schwer sein. Daß sie aber den gegnerischen Staat nicht gleich empfindlich treffe, berechtigt nicht zur Steigerung des Maaßes oder der Art.

Der Anwendung der Retorsion muß eine gütliche Verhandlung, insbesondere ein Antrag an den Staat, gegen welchen sie gerichtet ist, vorausgehen, die Unbilligkeit abzustellen oder die versagte Billigkeit zu gewähren. Erst wenn trotzdem keine Billigkeit gewährt wird, oder die Gegenvorstellungen erschöpft sind, ist die Anwendung der Retorsion berechtigt.

Verfügen kann eine Retorsion nur die Staatsgewalt und kann sie auch nur gegen den sie veranlassenden Staat ausgeübt werden.

§ 91. **Repressalien**[1]). Repressalien (repressaliae von reprehendere und reprendere daher auch Reprehensalien und Repressalien, franz. représailles, engl. reprisal, ital. rappresaglia und represaglia) bedeuten jede die Rechtswidrigkeit eines Staates vergeltende eigenmächtige Handlungsweise des verletzten Staates. Vertragsmäßig wurden die Repressalien beschränkt auf die Justizverweigerung.

Es sind zu unterscheiden:

1. positive Repressalien, welche der verletzte Staat durch die Wegnahme von Sachen oder Verhaftung von Personen des verletzthabenden Staates ausübt und

2. negative, welche in der Vorenthaltung und Verweigerung von Rechten oder in Nichterfüllung vertragsmäßiger Verpflichtungen bestehen.

Repressalien können in jedem einzelnen Fall nur auf Anordnung der Staatsgewalt geübt werden, zur Ausübung selbst bedient sich der Staat entweder seiner Zivil- oder Militärmacht.

Die Anwendung von Repressalien ist gerechtfertigt, sowohl wenn die Staatsgewalt als wenn die Staatsangehörigen und domizilirte Ausländer in ihrem Recht verletzt sind und braucht das geübte Unrecht nicht von Gewaltthätigkeiten begleitet zu sein. Indeß kann ein von Behörden oder Staatsangehörigen verübtes Unrecht nur dann ihrer Staatsgewalt zugerechnet werden, wenn diese es gebilligt und sich geweigert hat, Gerechtigkeit zu üben oder die Schuldigen zur Genugthuung anzuhalten.

Die am meisten anerkannten Veranlassungen zu Repressalien sind die Justizverweigerung und -Verzögerung oder auch die Nichtbezahlung einer Schuld durch Fremde an Staatsangehörige oder die Ausübung von Gewaltthätigkeiten gegen diese im fremden Staatsgebiet. Eine Justizverweigerung wird für begründet erachtet, wenn gegen einen Verbrecher oder einen Schuldner kein Urtheil zu erlangen war, eine Justizverzögerung, wenn der Anfang oder die Fortsetzung der Verhandlungen unbegründeterweise verschoben

1) Bulmerincq, Repressalien in d. Holtzend. Rechtslex. Bartolus a Saxoferrato, Tractatus repressaliarum 1354. Wurm, Völkerrechtliche Selbsthilfe in Rotteck's Staatslex. 1843. Berner in Bluntschli's Staatswörterb. 1864 s. v. Repressalien. Burchardi, in Rotteck's Staatslex. s. e. v. Mas Latrie, Du droit de marque ou de représailles, Paris 1866. Repressalienfälle s. b. Moser, Versuch VIII. 503 ff. u. IX. II. 527. Phillimore u. Calvo.

wurde. Die Weigerung und Verzögerung müssen unzweifelhafte sein. Eine zu Repressalien Anlaß gebende Schuldforderung muß beträchtlich, klar und liquid sein.

Falls die Rechtsverletzung nicht sofort einer Reaktion bedarf, muß vor der Anwendung der Repressalien, schon nach Bestimmungen älterer Verträge, eine gütliche Erledigung versucht werden. Zu verlangen ist rechtliche Genugthuung mittelst diplomatischer Vorstellung. Unterliegt der Beschwerdegegenstand einer gerichtlichen Untersuchung, so muß zunächst der Weg des ordentlichen Prozesses beschritten werden und die nachgesuchte Justiz sowohl durch alle Instanzen als auch endlich durch die Staatsgewalt verweigert sein.

Die Vergeltung durch Repressalien kann nur geschehen durch eine gleiche oder ähnliche, aber nicht durch eine beträchtlichere als die veranlassende Handlung. Bei Ausübung von Repressalien kömmt am häufigsten in Anwendung die Beschlagnahme von Sachen und Forderungen des verletzthabenden Theiles, welche sich im Machtbereich des Verletzten finden, seltener die Verhaftung von Personen, am seltensten die Besitzergreifung eines Theiles des gegnerischen Staatsgebietes. Völlig unstatthaft in Friedenszeiten ist aber die Ausübung von Repressalien durch die Ertheilung von Kommissionen an Staatsschiffe oder Privatkreuzer zum Aufbringen von Schiffen auf hoher See. Von Gütern sind zu Repressalien zunächst die des Staates zu beanspruchen. Die Entschädigung der Privatpersonen, welche unverschuldeter Weise durch Repressalien gelitten, muß der Staat leisten, gegen welchen die Repressalien ausgeübt werden. Nach gewährter Genugthuung oder Entschädigung müssen die Repressalien vollständig zessiren.

Repressalien werden auch vertragsmäßig zugestanden. Im Vertrage Rußlands mit der Pforte vom 14. September 1829 (Mart. N. R. VIII. 143 Art. 7) erkennt die letztere ersterem für den Fall der Verletzung des Art. 7 dieses Vertrages das Recht zu, sich gegen dieselbe der Repressalien zu bedienen.

§ 92. **Der Krieg**[1]). 1. Begriff des Krieges. Der Krieg ist seinem rechtlichen Begriff nach ein gewaltsames Rechtsmittel zur Vertheidigung des Rechtszustandes zwischen den Staaten.

2. Das Recht zum Kriege. Zur Anwendung dieses Rechtsmittels ist jeder Staat berechtigt, welcher in seinen wesentlichen Rechten, besonders den allen Staaten völkerrechtlich zustehenden Rechten (§ 21 ff.) durch einen anderen Staat verletzt wurde und trotz vorhergehender Anwendung gütlicher oder geringerer gewaltthätiger Mittel, wie Retorsion und Repressalien, Genugthuung nicht erlangen konnte. Auf Seiten desjenigen kriegführenden Theiles, welcher durch den Krieg sein Recht vertheidigt, heißt der Krieg Vertheidigungs= oder Defensivkrieg, auf Seiten desjenigen, welcher das Recht des anderen Staates verletzte, Angriffs= oder Offensivkrieg. Nur der Vertheidigungskrieg ist völkerrechtlich gerechtfertigt. Von welchem Staat der faktische Angriff ausging, ist gleichgiltig. Die Dauer eines Krieges darf sich erstrecken bis zur Erlangung der Genugthuung und einer Entschädigung, falls die abgenöthigte Vertheidigung mit materiellen Opfern verknüpft war.

---

1) F. Leutner, Das Recht im Kriege, Wien 1880. Jules Guelle, La guerre continentale et les personnes. Paris 1881. Ernest Nys, La guerre maritime. Bruxelles 1881. Nicasio de Landa, El derecho de la guerra, Pamplona 1877. 3 ed. Kriegsrechtsentwürfe einzelner Staaten: 1. Vereinigte Staaten von Nordamerika. Kriegsartikel für die Armee, verfaßt vom Professor Lieber in New=York und publizirt vom Präsidenten Lincoln 1863. 2. Frankreich. Manuel français de Droit international à l'usage des officiers de l'armée de terre 1877. 3. Niederlande. Manuel à l'usage des officiers de l'armée néerlandaise par Den Beer-Portugael 1879. 4. Rußland. Reglement für die russische Armee im Kriege 1878. — Bulmerincq. Die Nothwendigkeit eines allgemeinen verbindlichen Kriegsrechts in v. Holtzend. Jahrbuch. Neue Folge 2. Jahrg. 1878.

3. **Die Parteien im Kriege.** Parteien im Kriege sind nur Staaten. Hauptparteien sind diejenigen Staaten, welche den Krieg einander verkündigen und zur gewaltsamen Durchführung eines unter ihnen ausgebrochenen Rechtsstreites denselben führen. Nebenparteien sind diejenigen, welche einem der Kriegführenden beistehen. Die Kriegshilfe kann ein Staat einem anderen freiwillig leisten oder in Gemäßheit vertragsmäßiger Verpflichtung, namentlich, falls er die Existenz, Unabhängigkeit oder Neutralität eines Staates garantirt hatte und dieser von einem anderen Staat angegriffen wird. Die Hauptpartei hat aber den Oberbefehl und ist allein zum Abschluß von Waffenstillständen und zum Abschluß des Friedens berechtigt.

4. **Die Neutralen** [1]. Nur derjenige Staat, welcher keinem der kriegführenden Theile Hilfe leistet oder denselben begünstigt, ist neutral. Aus Gründen der Humanität können aber Neutrale den Heeren und Flotten der Kriegführenden Zuflucht gewähren. Eine unvollständige Neutralität ist begriffswidrig. Kein Staat kann zur Neutralität gezwungen werden, wohl aber hat er das Recht und die Pflicht, seine Neutralität allein oder im Verein mit anderen Staaten mit Gewaltmitteln aufrecht zu erhalten. Auch können mehrere Staaten sich zu dem Zwecke verbinden wie in den bewaffneten Neutralitäten von 1780 und 1800 [2]. Die Erklärung der Neutralität eines Staates in Bezug auf einen von anderen Staaten geführten Krieg ist zwar nicht nothwendig, geschieht indeß in der Regel.

Die Pflichten der Neutralität haben zwar zunächst die Staaten zu üben, indeß müssen auch die Staatsangehörigen sich den von ihrem Staat übernommenen Verpflichtungen gemäß verhalten. Die Pflichtübung der Neutralen ist nicht bedingt durch die Gerechtigkeit oder Ungerechtigkeit eines Krieges.

Die Pflichten der neutralen Staaten sind:

a) den Kriegführenden die Kriegshilfe zu versagen;

b) den Kriegführenden das Gebiet der Neutralen zum Zweck der Kriegsführung zu verwehren; dem mit Bewilligung der Neutralen auf neutrales Gebiet übertretenden Truppenkorps eines kriegführenden Staates die Rückkehr zum Kriegsschauplatz zu verwehren; die auf neutrales Gebiet übertretenden Truppen zu entwaffnen und soweit als möglich vom Kriegstheater zu entfernen und zu interniren [3];

c) den Durchzug durch das neutrale Land- oder Wassergebiet nicht zu gestatten, mit Ausnahme der zu den kriegführenden Armeen gehörenden Verwundeten oder Kranken, jedoch unter dem Vorbehalt, daß die Eisenbahnzüge, welche sie herbeiführen, weder Kriegspersonal noch Kriegsmaterial mit sich führen mit Ausnahme des für die Ambulanzen unerläßlichen und daß der neutrale Staat die zu dem Zweck erforderlichen Sicherheits- und Kontrolmaßregeln ergreife [4];

---

1) Bulmerincq, Neutralitätsgesetze in v. Holtzend. Rechtslex. Hübner, De la saisie des batiments neutres A la Haye 1759. Galiani, Recht der Neutralität, Leipzig 1790 (deutsch von Cäsar). Lampredi, „Ueber den Handel neutraler Völker in Kriegszeiten (deutsch von Cäsar), Leipzig 1782. Azuni, Syst. univers. du droit maritime de l'Europe (trad. d. Digeon) An VI. Geßner, Le droit des neutres sur mer, Berlin 1876 2. Aufl. Deppisch, Das Recht des neutralen Seehandels, Dorpat 1855. Hall, Rights and duties of neutrals, London 1874. Hautefeuille, Des droits et devoirs des nations neutres en temps de guerre maritime, Paris 1868, 3 édit. Soetbeer, Sammlung offizieller Aktenstücke in Bezug auf Schifffahrt und Handel in Kriegszeiten 1855—62. Asher, Sammlung amtlicher Verordnungen und Erklärungen über das Verhalten der neutralen Schifffahrt und Handels während des Krimkrieges in Asher's Beitr. Hamburg 1854.

2) Bergbohm, Die bewaffnete Neutralität 1780—1783. Berlin 1884.

3) Siehe über die im neutralen Staat Internirten die sehr beachtenswerthen Bestimmungen der „Lois de la guerre sur terre" Art. 79—81.

4) Brüsseler Deklaration Art 55. Les lois de la guerre sur terre. Art. 83.

d) den Kriegführenden keine unmittelbaren Kriegsbedürfniſſe zuzuführen und während des Krieges zu liefern; verboten iſt den Neutralen die Zuführung von Schiffen an eine kriegführende Partei, inſoweit ſich dieſe Schiffe überhaupt zu Kriegszwecken eignen, der Transportdienſt für die Kriegführenden und der Transport von Truppen der Kriegführenden als Hauptaufgabe des bezüglichen Schiffes und von Depeſchen für die Kriegführenden [1]); dagegen iſt nicht verboten die Beförderung von Geſandten der kriegführenden Staaten von neutraler zu neutraler Station [2]), auch paſſirten in der Regel in den letzten Kriegen zwiſchen neutralen Stationen fahrende neutrale Poſtdampfer frei;

Der Waſhingtoner Vertrag vom 8. Mai 1871 (Mart. N. R. G. XX. 698) beſtimmte Art. 6 die Regeln für die Verpflichtungen einer neutralen Regierung, nach welchen die Schiedsrichter die Reklamationen der Vereinigten Staaten von Nordamerika gegen Großbritannien entſcheiden ſollten und ſpricht aus, daß die kontrahirenden Theile übereingekommen, dieſe Regeln in Zukunft unter einander zu beobachten, ſie zur Kenntniß der Seemächte zu bringen und ſie aufzufordern ihnen beizutreten. Dieſe Abſicht kam aber nicht zur Ausführung.

e) den Kriegführenden keine Gelddarlehen zu machen; aus der Pflicht der Unterthanen neutraler Staaten, der Neutralität ihres Staates ſich gemäß zu verhalten, kann auch die Pflicht, ſolche Anleihen den Kriegführenden nicht zu gewähren, gefolgert werden;

f) den Kriegführenden keine Ausübung von Souveränetätsrechten auf neutralem Gebiet zu geſtatten wie namentlich die Truppenanwerbung und die Priſengerichtsbarkeit;

g) die Verletzungen der Neutralität durch die Kriegführenden abzuwehren, entweder mit Gewaltmitteln oder durch einen Proteſt, und keine Konnivenz gegen Kriegführende an den Tag zu legen.

Die wegen Seegefahr in neutrale Häfen geflüchteten Schiffe können ihre Schäden ausbeſſern und wenn nöthig ſich mit Lebensmitteln verſehen, aber nicht mit Kriegsmaterial; Zulaß von dauernder oder wiederholter Stationirung von Kriegsſchiffen Kriegführender in neutralen Häfen iſt eine unſtatthafte Unterſtützung von Kriegführenden; in Gemäßheit von Verträgen oder Obſervanz müſſen Schiffe gegneriſcher Kriegführenden, welche in einem neutralen Hafen zuſammentreffen, in einer Zwiſchenzeit von 24 Stunden den neutralen Hafen verlaſſen oder ihre Kommandeure ſich zur Unterlaſſung von Feindſeligkeiten gegen einander verpflichten.

Die Verletzungen der Neutralität durch die Neutralen haben zur Folge die Nichtanerkennung der Neutralität durch die Kriegführenden und berechtigen dieſe zu Repreſſalien oder zu einer Kriegserklärung, wenn auch in der Regel nur Proteſte verlautbart, Verhandlungen darüber angeknüpft und Erklärungen ſowie Abſtellung des die Neutralität verletzenden Verfahrens verlangt werden.

Bei Zuführung an die Kriegführenden von Kriegskontrebande und von zur Kriegführung geeigneten Schiffen, bei Beförderung von Mannſchaften oder Depeſchen oder überhaupt beim Schiffstransportdienſt für die Kriegführenden durch die Neutralen treten Beſchlagnahme, Wegführung, Kondemnation der Kontrebande und eventuell des Schiffes und der übrigen Ladung ein, außerdem verliert der Schiffer ſeine Fracht. Indeß muß die Kontrebande im Augenblick der Beſchlagnahme des Schiffes am Bord ſein [3]) und verfällt das Schiff nur, wenn die Ladung deſſelben zum größten Theil oder vollſtändig aus Kriegskontrebande beſteht. Auch wird das Schiff freigegeben, wenn der Schiffer die Kontrebande abgibt. Wegen des Transports von Quaſikriegskontrebande werden die Schiffe je nach Umſtänden konfiszirt, bei Transport von Depeſchen für den Feind wird aber wohl kaum das Schiff verfallen können [4]).

---

1) Siehe die ſpäter folgenden Beſtimmungen über die Kriegskontrebande und Quaſikriegskontrebande.

2) Marquardſen, Der Trentfall. Erlangen 1862.

3) Affaire du Luxor. Lima 1879. 4) Bulmerincq, Neutralitätsgeſetze 879.

5. **Der rechtliche Anfang eines Krieges.** Von Seiten eines die Führung eines Krieges gegen einen anderen Staat beabsichtigenden Staates bedarf es einer Kriegserklärung, deren Uebergabe durch eine in besonderer Mission dazu abgeordnete Persönlichkeit, gewöhnlich militärischen Ranges, geschieht. Diese Erklärung erfolgt motivirt und wird, nachdem sie dem gegnerischen Staat mitgetheilt worden, noch ausführlicher motivirt den anderen Staaten zur Selbstrechtfertigung zugesandt. Ein vor der Kriegserklärung oder vor dem Ablauf einer in einem Ultimatium bezeichneten Frist begonnener Krieg ist formell nicht gerechtfertigt. Ein bloßer Abbruch der diplomatischen Beziehungen ist aber nicht dem Anfang eines Krieges gleichzuachten.

6. **Die Folgen der Kriegserklärung:**

a) Beginn der Geltung des Kriegsrechts zwischen den bezüglichen Staaten; von den Verträgen bleiben nur diejenigen nicht bestehen, welche auf den Gegenstand des Streites Bezug haben, auch können noch nicht ratifizirte oder nicht völlig erfüllte Verträge nur in der Ratifikation und Erfüllung aufgehalten werden;

b) die Rückberufung des Gesandten aus dem gegnerischen Staat, falls sie nicht schon vor der Kriegserklärung erfolgte;

c) die Eröffnung an die eigenen, im gegnerischen Staat befindlichen Staatsangehörigen, daß sie in diesem keinen Schutz mehr von ihrem Staat zu erwarten haben und die denselben verweigerte Erlaubniß, sich in das Gebiet des gegnerischen Staates zu begeben;

d) der Erlaß von Verkehrsverboten, namentlich Ausfuhrverboten von Kriegsmaterial, Pferden und Nahrungsmitteln, wogegen ein kontrollirter Postverkehr selbst unter kriegführenden Staaten fortdauern kann.

7. **Kombattanten und Nichtkombattanten**[1]). Zur Armee der kriegführenden Theile gehören Kombattanten und Nichtkombattanten. Jede kriegführende Macht hat sich den Kriegsgesetzen gemäß zu verhalten.

Zu den Kombattanten sind nur die bewaffneten Streitkräfte der kriegführenden Staaten zu rechnen. In den Ländern, in welchen nach deren Gesetzen die Milizen die Armee oder einen Theil derselben bilden, werden auch diese darunter begriffen. Die Gesetze, Rechte und Pflichten des Krieges gelten aber nicht blos für die Armee und die Milizen sondern auch für die Nationalgarden und den Landsturm, sowie für die Mannschaft der Kriegsfahrzeuge. Die freiwilligen Korps werden aber nur unter folgenden Bedingungen als Kombattanten anerkannt:

a) daß sie an ihrer Spitze eine Persönlichkeit haben, welche vor ihrer eigenen Regierung verantwortet für das Benehmen der ihr untergeordneten Personen;

b) daß sie ein unterscheidendes und aus der Entfernung erkennbares Abzeichen haben;

c) daß sie ihre Waffen offen führen und

d) in ihren Operationen den Gesetzen und Gebräuchen des Krieges gemäß sich verhalten.

Auch die Bevölkerung eines noch nicht okkupirten Territoriums, welche bei Annäherung des Feindes die Waffen aus eigenem Antriebe und offen ergreift, um Invasionstruppen zu bekämpfen, wird, selbst wenn sie nicht Zeit gefunden hat, sich in Gemäßheit der für die freiwilligen Korps geforderten Bedingungen zu organisiren, zur bewaffneten Macht eines Staates gerechnet[2]). — Zu den Nichtkombattanten gehören die

---

1) Grenauber, Sur les conditions necéssaires, selon le droit des gens, pour avoir en guerre le droit d'être considéré et traité comme soldat. Paris 1882.

2) Art. 9—11 der Brüsseler Deklaration; Art. 1—3 der Lois de la guerre sur terre.

Feld-Geistlichen, Aerzte, Militärbeamten, Lieferanten und Marketender. Nichtkombattanten haben sich kriegerischen Aktionen zu enthalten, betheiligen sie sich an solchen, so unterliegen sie willkürlicher Behandlung, da sie weder als Kombattanten noch als Freiwillige angesehen werden können.

Außerhalb des Kriegsrechts stehen auch:

a) diejenigen, welche, obgleich Krieger, dennoch das Kriegsrecht nicht beobachten;

b) die Ueberläufer, welche beim gegnerischen Heer gefunden werden;

c) die Marodeure, d. h. diejenigen einem Kriegsheer angehörenden Personen, welche zu Kriegszeiten ohne Ermächtigung eines Kriegsbefehlshabers im Feindeslande plündern oder rauben[1]).

8. Kriegsgefangenschaft[2]). Kombattanten und Nichtkombattanten, namentlich auch durch Identitätszertifikate legalisirte und mit einer Ermächtigung der kompetenten Gewalt versehene, bei den Armeen befindliche Korrespondenten, Journalreporters, Marketender und Lieferanten können in Kriegsgefangenschaft gerathen. Kriegsgefangene sind legale und, wenn sie Kombattanten, entwaffnete Feinde. Sie sind in der Gewalt der Regierung, nicht aber der Individuen oder Korps, welche sie zu Gefangenen machten und müssen mit Humanität behandelt werden. Sie sind unterworfen den Gesetzen und Reglements der Armee, welche sie zu Gefangenen machte. Jeder Akt ihrer Insubordination ermächtigt zu strengen Maßregeln gegen sie. Alles was ihnen persönlich gehört, mit Ausnahme der Waffen, bleibt ihr Eigenthum. Sie müssen darüber befragt ihren wirklichen Namen und Grad angeben, thuen sie es nicht, so können sie einzelner oder aller Vorzüge, welche den Gefangenen ihrer Kategorie gewährt werden, verlustig gehen.

Kriegsgefangene können der Internirung in einer Stadt, Festung, im Lager oder irgend einer Lokalität unterliegen, mit der Verpflichtung, sich aus einem bestimmten Bezirk nicht zu entfernen. In ein Gefängniß können sie nur verbracht werden, wenn es die Sicherheit unbedingt fordert. Besonders wird Offizieren auf Ehrenwort im Feindeslande innerhalb des ihnen angewiesenen Aufenthaltsortes freie Bewegung gestattet. Ein Kriegsgefangener kann aber nicht genöthigt werden, seine Freilassung auf Ehrenwort anzunehmen, ebenso ist die feindliche Staatsgewalt nicht verpflichtet, der Bitte eines Gefangenen um Stellung auf freien Fuß gegen sein Ehrenwort zu willfahren. Wenn Kriegsgefangene auf ihr Wort freigelassen werden, so sind sie verpflichtet, die von ihnen gegen den feindlichen Staat übernommenen Verbindlichkeiten zu erfüllen und darf ihr Staat von ihnen weder fordern noch annehmen einen ihrem gegebenen Wort widersprechenden Dienst. Jeder Kriegsgefangene, welcher auf Ehrenwort freigelassen wurde und mit den Waffen in der Hand gegen den Staat, dem er seine Ehre verpfändete, ergriffen wird, kann der Rechte eines Kriegsgefangenen verlustig erklärt und vor Gericht gestellt werden. Gegen wortbrüchige Offiziere tritt die ganze Strenge des Kriegsrechts in Anwendung.

Der Gebrauch der Kriegsgefangenen zu öffentlichen Arbeiten, welche keinen unmittelbaren Bezug zu den Operationen auf dem Kriegstheater haben und welche nicht entkräftend und für den resp. militärischen Grad erniedrigend sind, falls die Kriegsgefangenen der Armee angehören, oder für ihre amtliche oder gesellschaftliche Stellung, wenn sie derselben nicht angehören, ist gestattet. Betheiligen sich Kriegsgefangene an Arbeiten der Privatindustrie, so kann ihr Arbeitslohn von der sie gefangen haltenden Autorität erhoben werden, welche ihn zur Verbesserung ihrer Lage, nach Abzug der Unterhaltskosten, zu

---

[1]) Bulmerincq, s. v. Marodeure in v. Holtzend. Rechtslex.
[2]) Eichelmann, Ueber die Kriegsgefangenschaft, Dorpat 1878. Kasparek, Ueber die Kriegsgefangenschaft in der Zeitschr. für Privat- und öffentliches Recht der Gegenwart IX.

verwenden hat. Zu Kriegsaktionen dürfen aber Kriegsgefangene jedenfalls nicht verwandt werden, auch dürfen sie nicht gezwungen werden zu Mittheilungen über ihr Land und über ihre Armee.

Die Regierung, in deren Gewalt sich die Gefangenen befinden, ist verpflichtet zu ihrer Verpflegung und Bekleidung, welche der der eigenen Truppen gleich kommen müssen. Gegen einen entfliehenden Kriegsgefangenen darf, nach vorhergegangener Auf= forderung zur Umkehr, von den Waffen Gebrauch gemacht werden. Wird der entflohene Kriegsgefangene wieder ergriffen, ehe es ihm gelungen war, seine Armee zu erreichen oder aus dem okkupirten Gebiet herauszugelangen, so ist er mit Disziplinarstrafen zu belegen oder einer strengeren Beaufsichtigung zu unterziehen. Wenn er aber, nachdem es ihm gelungen war zu entkommen, von neuem gefangen genommen wird, so ist er wegen seiner früheren Flucht in keinerlei Weise zu bestrafen. Die Auswechselung der Kriegs= gefangenen wird durch eine Uebereinkunft der Kriegführenden geregelt.

Nach beendetem Kriege werden die Gefangenen in ihren Heimathsstaat entlassen, soweit Das nicht schon früher nach Heilung ihrer Wunden oder Krankheiten geschah, weil sie als dienstunfähig erkannt wurden, oder während des Krieges unter der Ver= pflichtung, daß sie für die Dauer des Krieges an keiner kriegerischen Aktion gegen den sie entlassenden Staat sich betheiligen dürfen. Eine Entlassung findet aber nicht Statt, falls die Kriegsgefangenen inzwischen Verbrechen und Vergehen begingen, für welche sie eine Strafe zu verbüßen haben. Aufhören kann die Gefangenschaft auch durch Unterwerfung des Gefangenen unter den feindlichen Staat als Unterthan und gegenüber unzivilisirten Völkern auch durch Selbstauslösung oder Selbstrancionirung [1]).

9. Rechtliche Art und Mittel der Kriegführung. Rechtsvertheidigung ist der Zweck des Krieges [2]). Die Art und Mittel der Kriegführung sind daher nur insoweit gerechtfertigt, als sie zur Uebung jener Vertheidigung unabweislich geboten sind. Die darauf bezüglichen Bestimmungen bilden die Kriegsregelung oder auch die gestattete Kriegsmanier. Ihnen gegenüber steht die Kriegsraison, welche bei Verletzung der Kriegsmanier zur Ueberschreitung jener Regeln in außerordentlichen Umständen berechtigt.

Nicht blos offene Gewalt, sondern auch versteckte ist in der Kriegführung gestattet, nicht aber der Gebrauch der militärischen Abzeichen, der Flagge und der Kriegsuniform des Feindes, noch der Mißbrauch einer Parlamentärflagge oder der von der Genfer Konvention gestatteten unterscheidenden Zeichen, um den Feind zur Annahme, daß ihm seine Truppen oder Schiffe gegenüberstehen oder beabsichtigter friedlicher Verhandlung oder Ergebung zu verleiten. Die Kriegslist berechtigt zur Täuschung, nicht zum Betruge.

Erlaubt sind:

a) verstellte Angriffe;

b) verdeckte Märsche;

c) die Legung eines Hinterhaltes;

d) die Anwendung der erforderlichen Mittel, um sich Nachrichten über den Feind und sein Terrain zu verschaffen.

Die Verwendung undisziplinirter barbarischer Kriegsvölker in den Kriegen zivili= sirter Staaten ist unzulässig wegen der durch sie geübten grausamen Behandlung von Verwundeten und Gefangenen und aus Rücksicht auf die Bevölkerung des feindlichen

---

1) Brüsseler Deklaration Art. 23—34. Les lois de la guerre sur terre Art. 61—78.

2) Nur militärisch wird der Zweck des Krieges aufgefaßt in der St. Petersburger Dekla= ration v. 11. Dez. 1868 (Mart. N. R. G. XVIII. 474) „Que le seul but légitime que les États doivent de proposer durant la guerre est l'affaiblissement des forces militaires de l'ennemi, qu'à cet effet il suffit de mettre hors de combat le plus grand nombre d'hommes possible".

Landes, da jene Völker Tödtungen, Schändungen und Plünderungen begehen und überhaupt in ihrer Nähe jede Sicherheit der Person und des Eigenthums aufhört[1]).

Alle Waffen, welche den Feind unschädlich machen, ohne ihm mit unnütziger Grausamkeit Schaden zuzufügen, sind erlaubt.

Untersagt sind:

a) die Anwendung von Waffen, Geschossen und Stoffen, welche schmerzhafte Qualen verursachen, insbesondere nach der St. Petersburger Deklaration sowohl für die Landtruppen als für die Flotte der Gebrauch von Geschossen aller Art von weniger als 400 Gramm, welche explodirende Kraft besitzen oder mit Spreng= oder Zündstoffen gefüllt sind, und von Gift oder vergifteten Waffen;

b) der Meuchelmord von Personen, welche der feindlichen Armee oder Nation angehören;

c) die Tödtung eines Feindes, welcher seine Waffen niedergelegt und ohne Vertheidigungsmittel sich auf Gnade und Ungnade ergeben hat;

d) die Erklärung, daß kein Pardon gegeben werde.

Die Todten auf den Schlachtfeldern dürfen nicht beraubt und verstümmelt und nicht früher bestattet werden, als bis man die bei ihnen gefundenen, ihre Persönlichkeit konstatirenden Anzeigen oder Zeugnisse eingesammelt, welche ihrer Armee oder Regierung mitzutheilen sind[2]).

Das feindliche Eigenthum kann nur insoweit zerstört oder fortgenommen werden, als es die Kriegsnothwendigkeit gebietet. Privateigenthum ist in der Regel unverletzlich.

Belagert werden dürfen nur befestigte Plätze. Offene Städte, Ortschaften oder Wohnungskomplexe oder offene Dörfer, welche nicht vertheidigt werden, dürfen weder angegriffen noch beschossen werden. Werden aber diese Stätten vertheidigt, so muß der Befehlshaber der angreifenden Truppen, ehe er zum Bombardement schreitet, die Autoritäten der Orte sowie die des befestigten Platzes davon thunlichst benachrichtigen[3]). Dabei müssen möglichst geschont werden die dem Gottesdienst, den Künsten, Wissenschaften und der Wohlthätigkeit gewidmeten Gebäude, die Hospitäler und die Sammelstätten für Kranke und Verwundete, jedoch unter der Voraussetzung, daß sie nicht gleichzeitig zu einem militärischen Zweck oder direkt oder indirekt zur Vertheidigung verwandt werden. Es ist Pflicht der Belagerten, diese Gebäude dem Belagernden durch sichtbare spezielle Abzeichen im Voraus zu bezeichnen. Eine mit Sturm genommene Stadt darf nicht der Plünderung der siegreichen Truppen preisgegeben werden[4]).

Die Bestimmungen der von allen europäischen und immer mehr außereuropäischen Staaten sanktionirten Genferkonvention[5]) vom 22. August 1864 (M. N. R. G. XVIII. 607) sind folgende: Art. 1. Die Ambulanzen und Militärhospitäler werden als neutralisirt anerkannt und als solche geschützt und respektirt durch die Kriegführenden so lange als sich in denselben Kranke und Verwundete befinden; die Neutralisirung hört auf, wenn diese Gebäude durch militärische Streitkräfte besetzt werden. Art. 2. Das Personal der Hospitäler und Ambulanzen, bestehend aus der Intendanz, dem Sanitätsdienst, dem Verwaltungsdienst und dem des Verwundetentransportes und den Almosenieren, hat Antheil an der Neutralisirung insoweit es in Funktion und so lange

---

1) R. v. Mohl, „Ueber völkerrechtswidrige Kriegsmittel" in seinen Abhandlungen über Staatsrecht, Völkerrecht und Politik 1860 I. 765 ff.
2) Art. 19, 20 der Lois de la guerre sur terre.
3) Die von der Brüsseler Konferenz Art. 16 hinzugefügte Ausnahme der Attaque de vive force (des Sturmangriffes) beseitigt praktisch die Regel.
4) Brüsseler Deklaration Art. 12—18, Les lois de la guerre sur terre Art. 8, 9, 32—34.
5) Die Genfer Konvention von C. Lueder, Erlangen 1876.

Verwundete aufzulesen sind und ihnen Hilfe zu leisten ist. Art. 3. Auch nach der Okkupation durch den Feind können diese Personen entweder fortfahren ihre Funktionen zu erfüllen im Hospital oder in der Ambulanz, in welchen sie bedienstet sind, oder sich zurückziehen um dem Korps, welchem sie angehören, sich anzuschließen. Geben sie ihre Funktionen auf, so werden sie durch die okkupirende Armee den Vorposten des Feindes übergeben[1]). Art. 4. Da das Material der Militärhospitäler den Kriegsgesetzen unterworfen bleibt, so können die dem Hospital zugetheilten Personen, wenn sie sich zurückziehen, nur ihr persönliches Eigenthum mitnehmen; während die Ambulanzen[2]), unter gleichen Umständen ihr Material behalten. Art. 5. Die Bewohner des Landes, welche den Verwundeten Hilfe leisten, werden respektirt und bleiben frei. Die Generäle der Kriegführenden haben die Bewohner in Kenntniß zu setzen von dem Appell an ihre Humanität und von der ihnen, falls sie demselben nachkommen, zu Theil werdenden Neutralität. Jeder in ein Haus aufgenommene und gepflegte Verwundete dient demselben als sauve-garde. Der Bewohner, welcher Verwundete bei sich aufgenommen, wird von der Truppeneinquartierung und von einem Theil der aufzuerlegenden Kriegskosten befreit[3]). Art. 6. Die verwundeten oder kranken Militäre werden, welcher Nation sie auch angehören, aufgenommen und gepflegt. Die Oberbefehlshaber können den feindlichen Vorposten die während des Kampfes verwundeten Militäre übergeben, wenn die Umstände es gestatten und beide Theile damit einverstanden sind. Zurückgesandt werden in ihr Land diejenigen, welche nach erfolgter Heilung, als dienstunfähig erkannt sind. Andere können in gleicher Weise zurückgesandt werden unter der Bedingung, daß sie während des Krieges nicht wieder zu den Waffen greifen[4]). Die Evakuationen mit dem sie leitenden Personal sind gedeckt durch absolute Neutralität. Art. 7. Für die Hospitäler, Ambulanzen und Evakuationen wird eine besonders gekennzeichnete und gleiche Fahne adoptirt und ihr jedenfalls die nationale angefügt. Das neutralisirte Personal wird durch die militärische Autorität mit einer Armschiene versehen (brassard), Fahne und Armschiene haben ein rothes Kreuz auf weißem Grunde[5]).

Die nicht bereits erwähnten ergänzenden Artikel der Genfer Konvention vom 20. Oktober 1868, welche von allen dieselbe unterzeichnet habenden Staaten genehmigt wurden, mit Ausnahme des Kirchenstaates (Mart. N. R. G. XVIII. 612), beziehen sich auf die Marine und sind folgende: Art. 6. Die Fahrzeuge, welche auf ihr Risiko und Gefahr, während und nach dem Kampf Schiffbrüchige oder Verwundete auflesen und an Bord eines neutralen oder Hospitalschiffes verbringen, werden, soweit es die Verhältnisse des Kampfes und die Aufstellung der im Treffen begriffenen Schiffe gestatten bis zur Beendigung ihrer Mission der Neutralisation theilhaftig; die in solcher Weise geretteten Schiffbrüchigen und aufgelesenen Verwundeten dürfen aber nicht während der Dauer des Krieges wieder Kriegsdienste nehmen. Art. 7. Das geistliche, ärztliche und Hospitalpersonal eines jeden genommenen Fahrzeuges wird für neutral erklärt.

---

1) Nach den Abditional=Artikeln von 1868 Art. 1 soll, wenn dieses Personal sich zurückziehen will, der Kommandirende der okkupirenden Truppen den Zeitpunkt dafür bestimmen und kann er denselben nur im Fall militärischer Nothwendigkeit für eine kurze Dauer verschieben.

2) Als Ambulanzen gelten die Feldhospitäler und andere temporaire Einrichtungen, welche den Truppen auf das Schlachtfeld folgen, um Kranke und Verwundete aufzunehmen (Art. addit. 3).

3) Bei der Repartition der Truppeneinquartierungslast und der Kriegskontributionen wird auf den durch die Bewohner kundgegebenen Eifer in Uebung der Milbthätigkeit Rücksicht genommen (Art. add. 4).

4) Nicht dienstunfähig gewordene Offiziere sind von der Zurücksendung ausgenommen (Art. add. 5).

5) Vgl. Les lois de la guerre sur terre Art. 10—18, 35—40.

Verläßt es das Schiff, so nimmt es die Gegenstände und chirurgischen Instrumente, welche sein spezielles Eigenthum sind, mit. Art. 8. Das im vorhergehenden Artikel bezeichnete Personal muß auf dem genommenen Schiff weiter funktioniren, theilnehmen an den durch den Sieger bewerkstelligten Evakuationen der Verwundeten, hierauf aber die Freiheit haben, in sein Land zurückzukehren. Art. 9. Die militärischen Hospital= schiffe bleiben hinsichtlich ihres Materials den Kriegsgesetzen unterworfen, sie werden Eigenthum des Nehmers, indeß muß dieser sie in ihrer Bestimmung für die Dauer des Krieges erhalten. Art. 10. Jedes Handelsschiff, welcher Nation es auch angehört, das ausschließlich Verwundete und Kranke, deren Evakuation es besorgt, transportirt, ist durch die Neutralität gedeckt; ist es aber durch einen feindlichen Kreuzer visitirt und diese Visite im Schiffsjournal verzeichnet worden, so ist dem Verwundeten und Kranken dadurch die Möglichkeit benommen, noch für die Dauer des Krieges Kriegsdienste zu leisten. Der Kreuzer hat sogar das Recht, einen Kommissär am Bord zu installiren um den Konvoi zu begleiten und dadurch die Operation zu verifiziren. Sollte das Handelsschiff außerdem noch eine Ladung enthalten, so würde auch diese neutralisirt sein, vorausgesetzt, daß sie nicht ihrer Natur nach der Konfiskation durch den Krieg= führenden unterliegt. Dabei bewahren aber die Kriegführenden das Recht, den neutrali= sirten Fahrzeugen jede Kommunikation und jede Direktion zu verbieten, welche sie als der Geheimhaltung ihrer Operationen Eintrag thuend ansehen würden. In dringenden Fällen können besondere Konventionen durch die Oberbefehlshaber vereinbart werden, um vorübergehend in besonderer Weise die zur Evakuation von Verwundeten und Kranken bestimmten Fahrzeuge zu neutralisiren. Art. 11. Die eingeschifften Seeleute und Militäre, Verwundete oder Kranke, welcher Nation sie auch angehören, werden geschützt und gepflegt durch die Nehmer. Ihre Repatriirung geht auf Grund des Art. 6 der Konvention und des Art. 5 addit. vor sich. Art. 12. Die der nationalen Flagge hinzuzufügende ist die weiße mit rothem Kreuz. Die Kriegführenden können in dieser Beziehung jede ihnen nothwendig dünkende Verifizirung vornehmen. Die militärischen Hospitalschiffe sind ausgezeichnet durch weißen Anstrich mit grüner Batterie. Art. 13. Die Hospitalschiffe, welche auf Kosten der durch die Unterzeichner der Genfer Konvention anerkannten Hilfsleistungsgesellschaften ausgerüstet sind, und mit einer Kommission des Souveräns, welcher ihre Ausrüstung autorisirt sowie mit einem Dokument der kompe= tenten maritimen Autorität versehen sind, daß sie ihrer Kontrolle während ihrer Aus= rüstung und zur Zeit ihrer Abfahrt unterlagen und daß sie damals lediglich dem Zweck ihrer Aufgabe gemäß eingerichtet waren, werden ebenso wie ihr gesammtes Personal als neutral angesehen. Sie geben sich zu erkennen, indem sie mit ihrer nationalen Flagge zugleich die weiße mit rothem Kreuz aufhissen. Ihr Personal hat bei Ausübung seiner Funktionen eine Armschiene mit denselben Farben; ihr Anstrich ist weiß mit rother Batterie. Diese Schiffe leisten Hilfe und Beistand den Schiffbrüchigen der Kriegführenden, ohne Unterschied der Nationalität und haben in keiner Weise die Operationen der Kriegführenden zu hindern, während und nach dem Kampf aber auf ihr Risiko und ihre Gefahr zu handeln. Die Kriegführenden haben das Recht, sie zu kontroliren und visitiren, können ihre Beihilfe ablehnen, ihnen aufgeben sich zu entfernen und sie zurückhalten, wenn die Schwierigkeit der Umstände es erfordern würde. Die durch diese Fahrzeuge aufgenommenen Verwundeten und Schiffbrüchigen können durch keinen der kriegführenden Theile reklamirt werden und sind sie verpflichtet während der Dauer des Krieges nicht zu dienen. Art. 14. In den Seekriegen gestattet jede starke Präsumtion, daß einer der kriegführenden Theile aus dem Benefiz der Neutralität in einem anderen Interesse als dem der Verwundeten und Kranken Nutzen ziehe, dem anderen Kriegführenden, bis zum Beweise des Gegentheils, rücksichtlich seiner die Genfer Konvention zu suspendiren. Wird diese Präsumtion zur Gewißheit, so kann dem ersteren die Konvention für die ganze Dauer des Krieges gekündigt werden.

10. **Wirkung des Krieges auf das feindliche Land und dessen Bewohner.** Ein Gebiet ist als besetzt (okkupirt) zu betrachten, wenn es sich de facto unter der Autorität der feindlichen Armee befindet. Die Okkupation erstreckt sich auf die Landestheile, wo diese Autorität eingesetzt ist und ausgeübt werden kann. Wenn die Autorität der legalen Staatsmacht suspendirt und de facto in die Hände des Okkupirenden übergegangen ist, so hat dieser alle von ihm abhängigen Maaßregeln zu ergreifen um, soweit es möglich ist, die Ordnung und die öffentlichen Zustände wieder herzustellen und zu sichern. Zu diesem Behuf wird er die in Friedenszeiten im Lande giltig gewesenen Gesetze in Wirksamkeit erhalten und dieselben nur im Fall der Nothwendigkeit ändern, suspendiren oder durch andere ersetzen. Die Beamten und Angestellten, welche ihre Funktionen fortzuführen bereit sind, genießen seinen Schutz.

Die Wegnahme unbeweglicher Güter durch den Feind während des Krieges wird zwar Eroberung genannt, indeß muß sie durch den Friedensschluß legalisirt werden, falls der gegnerische Staat noch selbstständig verblieb. Ein besetztes Gebiet gilt erst nach rechtlicher Beendigung des Krieges als erobert, bis dahin übt der Okkupirende nur eine faktische Macht aus[1]. Die Eroberung erstreckt sich aber nur auf das Staatsgebiet und das Staatseigenthum. Durch die Okkupation eines Territoriums kömmt dasselbe zeitweilig unter die Souveränetät des okkupirenden Staates und eignet sich dieser hierdurch vorübergehend nicht nur die Ausübung der Souveränetätsrechte an, sondern auch durch Beschlagnahme alle Staatsanstalten, Staatseinkünfte und besonders alle dem Kriege dienenden Gegenstände. Es hat der okkupirende Staat sich nur als Verwalter und Nutznießer des Staatseigenthums zu betrachten. Die Okkupationsarmee hat nur die bereits bestehenden Staatseinkünfte zu erheben und sie in der bisher üblichen Weise zur Bestreitung der Verwaltungskosten zu verwenden; auch hat sie nur Staatseigenthum, vom Privateigenthum aber nur dasjenige, welches zu Kriegszwecken verwandt werden kann, in Beschlag zu nehmen. Die Güter der dem Gottesdienst, der Wohlthätigkeit, dem Unterricht, den Künsten und Wissenschaften gewidmeten Institutionen sind durch die Okkupationsarmee zu respektiren, selbst wenn sie Staatseigenthum sind. Jede Beschlagnahme, Zerstörung oder absichtliche Herabsetzung derartiger Anstalten, geschichtlicher Denkmäler, sowie von Werken der Kunst und Wissenschaft ist von der zuständigen Autorität zu ahnden[2].

Es verbleibt dem Landesfürsten und den Staatsangehörigen ihr Eigenthum und hat der Feind das ihm im okkupierten Lande auf seine Requisition gelieferte zu bezahlen und darüber eine Empfangsbescheinigung auszustellen. Nicht zu ersetzende Kriegskontributionen sind nur aus Kriegsnothwendigkeit gestattet.

Die wehrlose Bevölkerung[3] eines besetzten Gebietes darf nicht mißhandelt und kann nicht gezwungen werden, an militärischen Operationen gegen ihr eigenes Land Theil zu nehmen und der feindlichen Macht den Treueid zu leisten. Die Ehre und die Familienrechte, das Leben und das Eigenthum der Staatsangehörigen eines besetzten

---

1) Die „lois de la guerre" Art. 6 erachten ein Gebiet mit der Beendigung des Krieges als erobert, wir erachten dazu die formell-rechtliche Beendigung durch den Friedensschluß für erforderlich.
2) Brüsseler Deklaration Art. 1—8. Les lois de la guerre sur terre Art. 7, 43—46. Vgl. Art. 50—60.
3) De Wazel, L'armée d'invasion et la population. Leurs rapports pendant la guerre. Leipzig 1874.

Landes, ihre religiösen Ueberzeugungen und die Ausübung ihres Gottesdienstes müssen respektirt werden [1]).

11. **Wirkung des Krieges auf die feindlichen Güter.** Die Fortnahme beweglicher Güter im Kriege durch den Feind wird Beute genannt. Gegenstände derselben dürften nur solche des Staates, überhaupt aber nur die zur Kriegsführung unmittelbar oder mittelbar dienenden sein. Auch darf, da nur Staaten kriegführende Subjekte sind und nicht auch Private, die Beute nur von den Truppen eines Staates oder den Kombattanten seiner Armee gemacht und auch nur dem feindlichen Staat erworben werden.

Die herkömmlichen Grundsätze über die Beute beziehen sich aber wesentlich auf erbeutetes Privateigenthum. Darnach werden erbeutete Gegenstände als erworben betrachtet, falls sie 24 Stunden sich in der Gewalt des Beuterers befanden und werden die dem Feinde wieder abgenommenen erbeuteten beweglichen Güter in der Regel nur dann ihrem ersten Eigenthümer restituirt, falls die Beute nicht 24 Stunden in des Feindes Händen war [2]).

Zur Bestätigung einer erworbenen Seebeute ist das Urtheil eines Prisengerichtes erforderlich. Dasjenige Kriegsschiff eines kriegführenden Staates, welches ein Kauffahrtei= schiff, sei es das eines neutralen oder des gegnerischen [3]) Staates genommen, ist ver= pflichtet, dieses in einen, in der Regel den zunächst belegenen, Hafen seines Staates, besonders falls in diesem ein Prisengericht funktionirt oder in das eines Alliirten, falls ein eigener Hafen zu weit entfernt ist, mit Ausschluß neutraler Häfen [4]) zu führen, damit die Wegnahme untersucht und im Fall der Rechtmäßigkeit die Beschlagnahme (saisie) gericht= lich bestätigt oder die Prise legalisirt werde. Erst nach gerichtlicher Erklärung des Schiffes oder der Ladung, neutraler wie feindlicher, für eine gute Prise, gilt das eine oder die andere oder beide als rechtlich erworbene Seebeute, bis dahin nur als ein mit Beschlag belegtes Gut. Die Verurtheilung eines Schiffes oder einer Ladung kann aber nur für im Prisenreglement verbotene Handlungen erfolgen; weder Schiff noch Ladung, selbst feindliche, dürfen ipso iure verfallen oder auf allgemeine Grundsätze der Praxis des Nehmestaates hin, welche vielfach einseitig und willkürlich ist.

Der Regel nach sind nur die Kriegsschiffe der kriegführenden Theile berechtigt, eine Prise aufzubringen, nachdem von der großen Mehrzahl der Seestaaten, mit Aus= nahme von Spanien, der Vereinigten Staaten von Nordamerika und Mexiko's die Kaperei, wodurch auch Privatschiffe im Seekriege zur Fortnahme von Schiffen durch ihre Staaten kommissionirt wurden, für aufgehoben erklärt wurde [5]). Dagegen ist nur Privateigen=

---

1) Brüsseler Deklaration Art. 36—38. Vgl. Les lois de la guerre sur terre Art. 47—49 Axel Benedix, De praeda ab antiquitate ad usque nostram aetatem bello terrestri legitime parta. Vratislaviae 1874. Bluntschli, Das Beuterecht im Kriege. Nördlingen 1878.

2) F. Stoerk. Das Postliminium im Völkerrecht, in den „Juristisch. Blättern", Wien 1881 Nr. 40.

3) Daß auch ein feindliches Privatschiff gerichtlich für eine Prise erklärt werden muß und nicht ipso iure als verfallen gilt, erscheint als eine Forderung der Gerechtigkeit trotz abweichender Praxis.

4) In einen Hafen eines neutralen Staates kann ein genommenes Schiff nur wegen See= noth und wenn das begleitende Kriegsschiff von einer feindlichen Uebermacht verfolgt ist, verbracht werden (vgl. niederländ. Plakat vom 6. Jan. 1711; dän. Prisenregl. vom 16. Febr. 1864 § 15; österr. V. O. vom 3. März 1864 § 10, vom 21. März 1864 § 5, vom 9. Juli 1866 § 13; preuß. Regl. vom 20. Juni 1864 §§ 14 u. 15; franz. Instr. vom 25. Juli 1870 § 18; russ. Prisenregeln von 1869 §§ 9, 104—106; Prisenkonventionen von Großbritannien und Frankreich vom 10. Mai 1854 (Mart. N. R. G. XV. 580) und von Oesterreich und Preußen vom 6. Juni 1864 (Mart. N. R. G. XX. 254) Art. 3 u. 5.

5) Der erste Satz der Pariser Seerechtsdeklaration vom 16. April 1856 (Mart. N. R. G. XV. 791) lautet: „La course est et demeure abolie". Spanien versagte seinen Beitritt zur Pariser Seerechtsdeklaration wegen der Abschaffung der Kaperei, die Vereinigten Staaten mittelst Noten vom 14. und 18 Juli 1856, aus demselben Grunde, indem sie die Abschaffung abhängig erachteten von der „vollen Sicherheit des Privateigenthums von Unterthanen oder Bürgern eines kriegführenden Staates, mit Ausnahme von Kriegskontrebande, gegen Wegnahme auf hoher See durch Kriegsschiffe des anderen kriegführenden Theiles".

thum Gegenstand der Prise[1]), Staatseigenthum Gegenstand der Kriegsbeute. Das Privateigenthum ist nur durch die beiden Sätze geschützt: die neutrale Flagge deckt die feindliche Waare und die neutrale Waare ist unter feindlicher unangreifbar, in beiden Fällen mit Ausnahme der Kriegskontrebande[2]).

Indeß ist die allgemeine Freiheit des Privateigenthums zur See in Kriegszeiten bereits anerkannt worden in dem freilich antiquirten Vertrage Preußens u. d. V. St. v. N.=A. v. 10. Sept. 1785 (Mart. Rec. 2. IV. 37) Art. 23, im Vertrage zwischen Costa=Rika und Neu=Granada v. 11. Juni 1856 Art. 9, im Kriege Frankreichs und Großbritanniens gegen China (franz. Note an die Hansestädte vom 30. Juni 1859, engl. Note an dieselben vom 4. Juli 1859), nach dem Prinzip der Gegenseitigkeit im italienischen Kodex für die Handelsmarine vom 25. Juni 1865, durch österreichische Verordnung vom 13. Mai 1866, preußische Erlasse vom 19. Mai 1866 und durch den norddeutschen Bund am 18. Juli 1870, aber ohne Aussprechen des Prinzips der Gegenseitigkeit; die letztbezeichnete Verordnung enthielt, daß französische Handelsschiffe der Aufbringung und Wegnahme durch die Fahrzeuge der Bundeskriegsmarine nicht unterliegen sollten, mit Ausnahme derjenigen Schiffe, welche der Aufbringung und Wegnahme auch dann unterliegen würden, wenn sie neutrale Schiffe wären. Das Deutsche Reich setzte aber mittels Verordnung vom 19. Januar 1871 jene Verordnung außer Kraft (s. B. G. Bl. des norbb. Bundes von 1870, S. 485 und R. G. Bl. von 1871, S. 8). Schon in Veranlassung einer Note des holländischen Ministers des Auswärtigen vom 11. Janur 1860 hatten sich von anderen Staaten, außer Holland, für die Unverletzlichkeit des Privateigenthums erklärt: Dänemark, Hannover, Bremen und Lübeck (Nr. XXXIII.—XXXVIII. in Beilage zu Aegidi's Staatsarchiv: „Frei=Schiff unter Feindes=Flagge"). Das Institut de droit international hat sowohl in seiner Jahressitzung von 1875 in Haag als auch in der von 1877 in Zürich, als endlich auch in dem in der Jahressitzung von Turin 1882 beschlossenen internationalen Prisenreglement für die Unverletzlichkeit des Privateigenthums, auch des feindlichen unter feindlicher Flagge, sich aus= gesprochen[3]).

Ein Fischerfahrzeug kann nur, wenn es zu einer im Prisenreglement verbotenen Handlung benutzt wird, Gegenstand der Prise sein[4]). Jedes durch Sturm verschlagene oder von seiner Mannschaft aus diesen oder anderen Gründen verlassene Schiff oder dessen Ladung wird nur unter gleicher Voraussetzung Gegenstand der Prise, oder verfällt nur dann, falls, trotz stattgehabter Publikation, der berechtigte Eigenthümer sich nicht melbete[5]).

Bei Represen oder bei dem Prisennehmer wieder abgenommenen Schiffen oder Gütern erfolgt bald die unbedingte Rückgabe an den Eigenthümer oder nur falls die Prise noch nicht in einen feindlichen Hafen geführt und noch nicht 24 Stunden im Besitz des Feindes war. Represen an Schiffen der Alliirten werden entweder bedin= gungslos, oder falls die Prise noch nicht 24 Stunden im Besitz des Feindes war oder im Fall der Reziprozität dem früheren Eigenthümer zurückerstattet. Eine Prime für die zurückerstattete Prise wird nach mehreren Rechten, nach einigen selbst für nationale Schiffe gezahlt.

Großbritannien restituirt alliirte und neutrale Schiffe unter Bedingung der Rezi= prozität[6]). Die Vereinigten Staaten von Nordamerika restituiren nur die noch nicht kondemnirten Prisen und diese auch nur dann, falls sie entweder den Vereinsstaaten

1) Fälschlich bezeichnet die österr. V. O. vom 9. Juli 1866 § 5 a Schiffe, welche feindliches Staatseigenthum sind, nebst ihrer Ladung, als gute Prise. Staatseigenthum unterliegt auch keinem Prisenverfahren.

2) Der zweite und dritte Satz der Pariser Seerechtsdeklaration lauten: 2. Le pavillon neutre couvre la marchandise ennemie, à l'exception de la contrebande de guerre; 3. La mar- chandise neutre, à l'exception de la contrebande de guerre, n'est pas saisissable sous pavillon ennemi.

3) Die Hauptschrift ist jetzt: Charles de Boeck, De la propriété privée ennemie sous pavillon ennemi. Paris 1882.

4) Art. III. der ital. Priseninstruktion v. 1866; Art. II. der franz. v. 1870.

5) Königl. niederländ. Dekret v. 13. Dez. 1818 Art. 6; schwed. Prisenordonanz v. 12. April 1808 Art. 4 § 5; franz. Arrêté v. 6. germin. VIII. Art. 2, 8 u. 19; franz. Dekret v. 18. Juli 1854 Art. 2; franz. Instr. compl. v. 1870 Art. 19; ital. Seerechtskodex Art. 221.

6) Hall in der R. d. dr. intern. X. S. 193.

gehören oder in ihnen oder unter ihrem Schutz lebenden Personen, unter der Bedingung der Reziprozität aber den beständig auf dem Territorium und unter dem Schutz eines befreundeten Staates lebenden Personen[1]). Nur das dänische Prisenreglement vom 16. Februar 1864 (II. 11) betrachtet Represen an nationalen Schiffen als gute Prise; das preuß. Reglement vom 20. Juni 1864 (§ 10), die österr. Verordnung vom 9. Juli 1866 (§ 8) und der italien. Kodex (Art. 219) verordnen Rückgabe an den Eigenthümer, die russischen Prisenregeln von 1869, falls die Prise weniger als 24 Stunden in Händen des Feindes war.

Die Ausübung des Prisenrechts darf mit der Kriegserklärung beginnen und schließt ab mit dem Friedensschluß. Indeß wird in der Regel das Prisenrecht auf Grund von Publikationen der Kriegführenden erst einige Zeit (drei bis sechs Wochen) nach der Kriegserklärung in Bezug auf in einen blokirten Hafen einlaufende oder aus demselben auslaufende Schiffe ausgeübt. Es zessirt die Ausübung des Prisenrechts während eines zur Kenntniß der Kriegführenden gekommenen Waffenstillstandes. Das Prisenrecht darf von den Kriegführenden nur in ihren Gewässern und auf offener See, nicht aber in neutralen Gewässern geübt werden.

Die Gesetzgebung, internationalen Deklarationen, Verträge und Litteratur über das Prisen= recht siehe bei Bulmerincq in der Rev. d. dr. intern. Band X. u. ff.: „Le droit des prises maritimes", „Théorie du droit des prises". „Les droits nationaux et un projet de règlement international des prises maritimes" und von demselben in v. Holtzendorff's Rechtslexikon s. v. Prisenrecht.

12. Exekutionen während des Krieges. a) Das Embargo (span. embargar, anhalten) ist ein von der höchsten Gewalt eines Staates angeordneter Arrest auf in Häfen oder Küstenmeeren desselben befindliche fremde Schiffe, nach Ausbruch eines Krieges mit dem Staat, zu welchem diese Schiffe gehören. Indeß kann auch bei drohendem Kriegseintritt und als Repressalie ein Arrest angelegt werden. Gegenstand des Embargo darf, bei Anerkennung der Unverletzlichkeit des Privateigenthums, nur Staatseigenthum sein. Soll aber letzteres nur Gegenstand der Kriegsbeute sein und sollen Gegenstände des Embargo nur solche sein, welche für den Kriegsfall einer Wegnahme unterliegen[2]), so wird das Embargo, welches ja stets nur auf Privatschiffe gelegt worden ist, wohl vollkommen aufhören müssen, da ja auch die Seebeute am Privateigenthum nur für den Fall legalisirt werden sollte, daß das betreffende Schiff sich einer im Prisenregle= ment verbotenen Handlung schuldig gemacht hat. Solche oder andere zu sühnende Handlungen sind aber den mit Embargo belegten Schiffen nie nachzuweisen und auch nicht Vorbedingung der Verhängung desselben. Demnach scheint das Embargo auf Privateigenthum nur noch als Repressalie statthaft d. h. gegen einen Staat, welcher seinerseits auf Privateigenthum der Angehörigen des Staates, gegen welchen durch eine Repressalie reagirt werden soll, Embargo gelegt hat.

b) Die Blokade[3]) ist in der Regel die von einem Staat während eines von demselben geführten Krieges unternommene Absperrung einer Küste oder auch nur eines oder mehrerer Häfen des gegnerischen Staates gegen allen Verkehr von Außen, nament= lich gegen das Anlaufen von Schiffen an seine Küsten oder das Einlaufen von Schiffen in seine Häfen. Eine Blokade kann zwar auch auf dem Festlande ausgeübt werden, namentlich durch Absperrung von Festungen durch einen geschlossenen Truppenkordon

---

1) Prisenakte v. 1864 Art. 29.
2) Nach v. Holtzendorff s. v. Embargo in dessen Rechtslexikon.
3) Du Blocus maritime, étude par Paul Fauchille, Paris 1882. — Dän. Reglement v. 16. Febr. 1864 I.; schwed. Prisenreglement v. 12. April 1808 § 8; preuß. Prisenreglement §§ 20 bis 26; russ. Prisenregeln § 17, §§ 95—102; franz. Instr. v. 25. Juli 1870 Art. 7, Instr. com= plément von demselben Datum Art. 11 u. 12; ital. Dekret v. 20. Juni 1866 Art. 6 u. 7.

gegen allen Verkehr nach Außen[1]), aber nie die Seeblokade vom Lande aus zur Absperrung von Küsten und Häfen durch Landbatterien. Denn für die Seeblokade wird die Absperrung durch Schiffe gefordert und bei der Beherrschung der See durch Landbatterien wird diese Abwehr oder Vertheidigungsweise nie deklarirt noch notifizirt, während doch beide Momente für den Begriff einer Seeblokade wesentliche sind.

Das Recht der Blokade steht den kriegführenden Staaten gegen einander zu. Die Blokade während des Friedens ist gleich dem Embargo nur statthaft als Repressalie[2]). Als gewaltsame Maaßregeln während des Friedens sind nur solche anzuerkennen, welche entweder als Retorsion oder Repressalie begründet sind und dann auch den für sie geltenden Rechtsbestimmungen unterliegen. Für die Friedensblokade an sich gilt weder ein anerkannter Rechtsgrund noch eine anerkannte Rechtsübung, sie erscheint daher nur als Mittel politischer Willkür, gegen welche das Völkerrecht gerichtet ist und welche es daher nicht anerkennen kann. Daß die Friedensblokade praktisch ausgeübt worden[3]), beweist nichts für ihre Berechtigung, sondern nur für die mißbräuchliche Anwendung derselben.

Die Verhängung einer Seeblokade während eines Krieges steht in der Regel nur dem höchsten Organ eines kriegführenden Staates zu, nur ausnahmsweise einem an einer entfernten Seestation sich befindenden Befehlshaber desselben.

Eine Blokade muß effektiv sein d. h. das von einem Staat blokirte Gebiet muß durch eine hinreichende Anzahl von Kriegsschiffen dergestalt eingeschlossen sein, daß innerhalb des blokirten Bezirkes ein Schiff ohne Gefahr weder ein- noch auslaufen kann[4]).

Der Anfang der Blokade ist der vollzogene Einschluß einer Seeküste und ihre Dauer ist von der Fortdauer der Einschließung abhängig.

Verläßt ein Blokadeschiff oder Geschwader wegen Unwetters seinen Stationspunkt, so muß es zu diesem sofort nach Aufhören des Unwetters zurückkehren, widrigenfalls die Blokade als aufgehoben gilt und von Neuem notifizirt werden muß. Dasselbe gilt wenn die Blokadeschiffe sich aus einem anderen Grunde als dem des konstatirten Unwetters von ihrer Station entfernen[5]). Fehlt es aber überhaupt an einer zur Wirksamkeit der Blokade hinreichenden Macht, so braucht die Blokade nicht geachtet zu werden.

Die Blokade muß deklarirt werden und muß diese Deklaration den Blokadebezirk der Breite und Länge nach bestimmen sowie den Anfang der Blokade und den etwa gewährten Aufschub für die Schiffe zur Abladung, Einladung und zum Auslaufen aus dem Hafen[6]). Außerdem muß der Befehlshaber des Blokadegeschwaders die Blokade-

---

1) Z. B. von Kars durch die Russen im Krimkriege und von Paris durch die Deutschen im deutsch-französischen Kriege.

2) Anderer Ansicht Heffter § 112, welcher sie auch einräumt, um eine bevorstehende Rechtsverletzung zu hindern. Die Ansichten gegen den sog. blocus pacifique siehe bei Heffter Note 4. (7. Ausg. v. Geffcken).

3) Siehe die Beispiele bei Heffter l. c.

4) Die Deklaration der Kaiserin Katharina II. v. 28. Febr. 1780 lautete im bezüglichen Punkt: „Que pour déterminer ce qui caractérise un port bloqué, on n'accorde cette denomination qu'à celui, où il y a, par la disposition de la Puissance qui l'attaque avec des vaisseaux arrêtés et suffisamment proches, un danger évident d'entrer (Mart. 2 III. 159). Die Pariser Seerechtsdeklaration sagt: „Les blocus pour être obligatoires, doivent être effectifs, c'est à dire, maintenus par une force suffisante pour interdire rèellement l'accès du litoral de l'ennemi". Das in Turin 1882 durch das Institut de droit international beschlossene Reglement § 35 drückt sich am präzisesten folgendermaßen aus: „Le blocus déclaré et notifié est effectif, lorsqu'il existe un danger imminent pour l'entrée ou la sortie du port bloqué, à cause d'un nombre suffisant de navires de guerre stationnés ou ne s'écartant que momentanément de leur station.

5) Turiner Règlement international des prises maritimes vom 11.--16. Sept. 1882 § 38.

6) Turiner Reglement § 36.

deklaration notifiziren an die Autoritäten und Konsuln des blokirten Ortes[1]). Die=
selben Formalitäten sind zu erfüllen bei der Wiederherstellung der Blokade, welche auf=
gehört hatte effektiv zu sein und wenn die Blokade auf neue Punkte ausgedehnt wird[2]).
Zwar unterscheidet man deklarirte oder auch notifizirte und thatsächliche Blokaden,
indeß darf den ersteren die thatsächliche Absperrung und den letzteren die Deklaration
nicht fehlen. Eine blos deklarirte Blokade ist ebenso unwirksam als eine blos
thatsächliche.

Handelsschiffen ist verboten, in blokirte Plätze ein= oder aus ihnen auszulaufen[3]).

Das Turiner Reglement (§ 40) hat den Handelsschiffen gestattet, wegen schlechten Wetters
in einen blokirten Hafen einzulaufen, aber nur in dem Fall, daß der Kommandant des Blokaden=
geschwaders die Fortdauer der vis major konstatirt.

Ein Handelsschiff, welches, trotz der Blokade und ohne die erwähnte Ermächtigung
des Chefs des Blokadegeschwaders, in gewaltsamer oder listiger Weise die Blokadelinie
zu durchbrechen versucht hat oder nachdem es zum ersten Mal zurück gesandt worden,
von neuem versucht hat, in den blokirten Hafen einzudringen, macht sich des Blokade=
bruchs schuldig[4]). Wenn es aber evident ist, daß ein einem blokirten Hafen sich nähern=
des Schiff keine Kenntniß von der Blokade hatte, so hat der Blokadechef dasselbe davon
zu benachrichtigen, die geschehene Mittheilung in dessen Schiffspapiere einzutragen und
das Schiff aufzufordern, sich zu entfernen[5]). Die mangelnde Kenntniß der Blokade
ist aber anzunehmen, wenn die seit der Deklaration der Blokade verflossene Zeit zu
kurz war als daß das auf der Reise befindliche Schiff davon unterrichtet sein konnte[6]).
Nach Verträgen der Vereinigten Staaten von Nordamerika mit Schwe=
den vom 4. September 1816 (Mart. N. R. IV. 251) Art. 13 und vom 4. Juli 1827
(Mart. N. R. VII. 271) Art. 18, mit Preußen vom 1. Mai 1828 (Mart. N. R.
VII. 615) Art. 13 und Griechenland vom 22. Dezember 1837 (Mart. N. R. XV.
300) Art. 16, von Preußen mit Griechenland vom 12. August 1839 (Mart. N. R. G.
I. 580) Art. 20 und Griechenlands mit den Hansestädten vom 15. Dezember
1846 (Mart. N. R. G. V. 480) Art. 17 kann eine Beschlagnahme (saisie) wegen
Blokadebruchs nicht blos erst dann stattfinden, nachdem das angehaltene Schiff schon
einmal vom Blokadeschiff zurückgewiesen worden, sondern auch schon dann, wenn das
angehaltene Schiff, wenngleich von der Blokade unterrichtet, dennoch den Blokadebruch
versuchte. Die genannten Verträge erachten auch für den ersten Versuch die Beschlag=
nahme oder Verurtheilung für zulässig, falls bewiesen werden kann, daß das Fahrzeug
auf seiner Reise hat erfahren können und müssen, daß die Blokade des fraglichen
Platzes noch fortdauert. Nach schwedischer Ordonnanz von 1808 (Art. I. § 8) und
Verträgen der Vereinigten Staaten von Nordamerika mit den amerikanischen Südstaaten
von 1824, 1825, 1831, 1832 und 1836, führt aber erst der zweite Versuch zur
Beschlagnahme, wobei der Vertrag der Vereinigten Staaten mit Italien vom 26. Februar
1871 (Mart. N. R. G. II. Ser. I. 57) Art. 14 ausführlicher bestimmt, daß wenn ein
Schiff in einen feindlichen Hafen einläuft ohne Kenntniß davon, daß er blokirt ist, es,
nach Confiscation seiner Kontrebande, wegzusenden und nur dann anzuhalten und auch
die übrige Ladung zu confisciren sei, wenn, nachdem es von der Blokade Kenntniß erlangt
und diese auf seine Schiffspapiere indossirt worden durch den Befehlshaber des Blokade=
schiffes, es noch ein Mal versucht, in den blokirten Hafen einzulaufen.

Das wegen Blokadebruchs in Beschlag genommene Schiff wird, nach Aufnahme
des Inventars von Schiff und Ladung und eines Protokolles über die Beschlagnahme,
in den nächsten Hafen des blokirenden Kriegsfahrzeuges verbracht, nur bei Seegefahr

---

1) Ibid. § 37.   2) Ibid. § 37.   3) Ibid. § 39.
4) Ibid. § 43.   5) Ibid. § 41.   6) Ibid. § 42.

ober falls es verfolgt wurde vom gegnerischen Kriegführenden auch in einen neutralen
Hafen. Nach Aufhören der Seegefahr muß das Kaptorschiff mit der Prise sofort wie=
der auslaufen. Ein Blokadebruch kann die Verurtheilung des Schiffes und der Ladung
nur zur Folge haben bei dem Vorhandensein der für eine effektive Blokade geforderten
Bedingungen. Das des Blokadebruchs vor dem Prisengericht überführte Schiff wird
kondemnirt, von der Ladung aber die Kriegskontrebande, die übrige aber nur dann, falls
die Kriegskontrebande den größeren Theil der Ladung ausmachte. Die bloße Thatsache
aber, daß ein Handelsschiff nach einem blokirten Hafen dirigirt ist, die Verfrachtung
dorthin, oder die bloße Destination eines Schiffes für einen solchen Hafen rechtfertigen
nicht die Beschlagnahme für Blokadebruch und in keinem Fall kann die Voraussetzung
der Kontinuität der Reisen (voyage continué) eines Schiffes, wonach mehrere Reisen zu
verschiedenen Häfen für eine einzige angesehen werden[1]), die Verurtheilung für Blokade=
bruch rechtfertigen[2]).

Die Verbringung von Prisen in neutrale Häfen und ihre Versteigerung in den=
selben wird von der Mehrzahl der Seestaaten nicht gewährt oder nur ein Aufenthalt
von vierundzwanzig Stunden, außer im Fall erzwungenen Stillliegens, gestattet[3]).

c) Das Anhalterecht, Visitations= und Durchsuchungsrecht[4]). (Droit
d'arrêt, de visite und recherche) bezeichnet die Befugniß von Kriegsschiffen kriegführen=
der Staaten, fremde Privatschiffe anzuhalten, zu besuchen und zu untersuchen. Alle drei
Rechte werden auch zusammengefaßt als Durchsuchungsrecht. Indeß sind Visitations=
und Durchsuchungsrecht zu unterscheiden, und entsprechen dieselben dem droit de visite
und recherche und dem right of visite und search. Das Visitationsrecht bezeichnet
dann die völkerrechtliche Befugniß dazu autorisirter Schiffe, Privatschiffe zu visitiren,
das Durchsuchungsrecht das Recht sie zu durchsuchen. In Verträgen und in den den
Befehlshabern von Kriegsschiffen für ihr Verhalten im Kriege gegenüber Kauffahrern
ertheilten Instruktionen ist nur vom Visitationsrecht die Rede, nach Prisenreglements
findet aber das Durchsuchungsrecht nur je nach dem Ergebniß der Visitation Statt.

Das Kriegsschiff eines kriegführenden Staates ist ermächtigt, jedes Handelsschiff,
welches demselben in den Gewässern seines Staates oder auf hoher See oder anderswo
als in neutralen Gewässern oder als in solchen, welche kriegerischen Aktionen entzogen
sind, begegnet, anzuhalten. Es fordert das Handelsschiff durch einen blinden Schuß
(coup de canon de semonce à boulet perdu ou à poudre) auf, zu halten[5]), hißt aber

---

1) Diese Theorie war wider die Mißbräuche der Neutralen, den Kriegführenden Kolonial=
produkte ihres Gegners zuzuführen, gerichtet, um solchen mißbräuchlichen Handel durch Kondemnirungen
unschädlich zu machen. Siehe Travers Twiß, La théorie de la continuité du voyage appliquée
à la contrebande de guerre et aux blocus. Paris 1877. Der Hauptzweck dieser Schrift ist die
Verurtheilung der Entscheidungen des amerikanischen Prisenhofes im Springbokfall.
2) Turiner Reglement § 44.
3) Siehe die niederl. minister. Verord. v. 14. u. 15. April 1854; franz. Neutralitätserklärung
v. 9. Juni 1861 u. 6. Mai 1877; ital. Neutralitätserklärung v. 6. April 1864; österr. Verord.
v. 7. Aug. 1803 Art. 17 u. v. 25. Mai 1854 Art. 7 u. 2, Zirkulärverord. u. Instr. v. 16. Novbr.
1866 u. Neutralitätsdekret v. 11. Mai 1877 Art. 2; Neutralitätserklärung der Ver. Staaten von
Nordamerika v. 22. Aug. 1870, Verträge von Preußen u. d. Ver. Staaten v. 10. Septb. 1875
(Mart. Rec. 2 IV. 37) Art. 19, v. 11. Juli 1799 (Mart. Rec. 2 VI. 668) Art. 19 u. v. 1. Mai
1828 (Mart N. R. VII. 615) Art. 12.
4) Bulmerincq, Durchsuchungsrecht in v. Holtzend. Rechtslex. Diplomatische Korres=
pondenz über das droit de visite zwischen Großbritannien u. d. Ver. Staaten v. Nordamerika im
Jahre 1841 u. zwischen Großbritannien und Frankreich 1844—1845 und Instruktionen für die
Befehlshaber engl. Kreuzer zur Ausübung des droit de visite und recherche v. 12. Juni 1844
bei Mart. N. R. II. 189 ff., VII. 581 u. 77 ff. Ueber das Anhalterecht insbesondere siehe preuß.
Prisenreglement v. 20. Juni 1864. Erster Abschn. §§ 1—6. Russ. Prisenregeln §§ 64—66.
5) Gegen die Bestimmung, daß das Kriegsschiff sich dem anzuhaltenden Schiff auf Kanonen=
schußweite nähere, hat sich, da diese eine relative Entfernung ist, mit Recht ausgesprochen Attl=

vorher oder gleichzeitig seine Flagge auf, über welcher sich zur Nachtzeit eine Laterne befindet. Auf das vom Kriegsschiff durch den Schuß gegebene Signal muß das anzuhaltende Schiff seine Flagge aufziehen, aufbrassen oder beidrehen, um die Visitation zu erwarten. Es sendet hierauf das Kriegsschiff zu dem angehaltenen Schiff eine Schaluppe mit einem Offizier und hinreichender Mannschaft, von welcher indeß nur zwei oder drei mit dem Offizier sich an Bord des angehaltenen Schiffes begeben. Das angehaltene Schiff kann aber niemals aufgefordert werden, an Bord des Kriegsschiffes seinen Kapitän zu senden[1]) oder irgend eine andere Person, um seine Schiffspapiere vorzuweisen oder aus irgend einem anderen Grunde[2]). Das Handelsschiff ist aber verpflichtet zu halten, setzt es seine Fahrt fort, so hat das Kriegsschiff das Recht es zu verfolgen und zum Halten zu zwingen[3]).

Das Visitationsrecht[4]) wird entweder ausgeübt, um die Nationalität des angehaltenen Schiffes zu verifizieren oder um einen verbotenen Transport zu konstatiren oder einen Blokadebruch[5]). Es wird weder ausgeübt an Kriegsschiffen eines neutralen Staates, noch an ostensiblen Staatsschiffen desselben, noch an neutralen Handelsschiffen, welche durch ein Kriegsschiff ihres Staates konvohirt werden[6]), indeß muß das Konvohschiff legitimirt und vor dem Absegeln inspizirt sein und von Anfang an und dauernd mitsegeln. Namentlich unterbleibt im letzten Fall die Visitation, wenn der Kommandant des Konvohs dem anhaltenden Schiff eine Liste der konvohirten Schiffe übergiebt und eine von ihm unterzeichnete Deklaration, daß sich am Bord derselben keine Kriegskontrebande befindet und darüber welcher Nationalität sie angehören und welche die Destination der konvohirten Schiffe ist. Ein Paquetboot würde nicht zu visitiren sein, wenn der sich am Bord befindende Kommissär der Regierung, deren Flagge es führt, schriftlich erklärt, daß dasselbe weder Depeschen noch Truppen für den Feind transportire, noch Kriegskontrebande für feindliche Rechnung oder Destination[7]). Die Visite, welcher sich jedes, nach den vorhergehenden Bestimmungen von derselben nicht ausgenommene, Schiff zu unterwerfen hat, beginnt mit einer Prüfung der Schiffspapiere des angehaltenen Schiffes. Sind diese Papiere in Ordnung oder geben sie keinen Anlaß zum Verdacht, so kann das Schiff seine Fahrt fortsetzen. Neutrale Schiffe aber, welche zu wissenschaftlichen Expeditionen bestimmt sind, können unter der Voraussetzung, daß sie die Neutralitätsgesetze beobachteten, ihre Reise ungehindert fortsetzen[8]).

Wenn die Schiffspapiere nicht in Ordnung sind oder wenn die stattgehabte Visitation einen begründeten Verdacht hat entstehen lassen, so ist der Offizier, welcher

mayr, Elemente des intern. Seerechts. Wien 1872 I. 85. In Bezug auf die im Text gegebene Bestimmung vgl. Art. 3 u. 4 der franz. Instr. complément v. 25. Juli 1870, Art. 10 der ital. Instr. v. 20. Juni 1866 und § 63 der ruß. Prisenregeln v. 1869.

1) Das preuß. Prisenreglement § 11 läßt freilich den Schiffer mit Schiffspapieren an Bord des anhaltenden Schiffes kommen.

2) Art. 18 d. Vertr. Italiens m. d. Ver. Staaten v. 26. Febr. 1871, Art. 25 d. Vertr. Rußlands m. Portugal v. 1787 u. Art. 16 d. Vertr. Spaniens m. d. Türkei v. 1782.

3) Turiner Reglement § 10—13. — Die Fälle, in welchen Schiffe als verdächtig anzuhalten sind siehe im preuß. Prisenregl. §§ 2, 4, 5, 6 u. in d. österr. Verord. v. 3. März 1864 § 5.

4) Ruß. Prisenregeln § 73. Franz. Instr. Art. 13 Instr. compl. Art. 1—10. Ital. Dekret 10 u. 11.

5) Mehreren Prisenordnungen wie dem dänisch. Reglement und Art. 10 der ital. und franz. Instr. ist allerdings Hauptzweck die Fortnahme des angehaltenen Schiffes. Sobald alle Schiffe nicht mehr ihrer Nationalität wegen genommen werden, ist die Untersuchung auch nicht mehr darauf zu richten, sondern wird sich auf die anderen oben angegebenen Zwecke beschränken.

6) § 14 des dänisch. Regl., § 9 d. österr. Verord. u. § 12 des preuß. Prisenregl., ruß. Prisenregeln § 103.

7) Vgl. Art. 10 der franz. Instr. complém.

8) Turiner Reglement §§ 14—18.

die Visitation vorgenommen, autorifirt zur Durchsuchung (recherche) zu schreiten. Das Schiff darf sich derselben nicht widersetzen, widersetzt es sich aber, so kann die Durch=suchung zwangsweise durchgeführt werden. Es ist aber ein begründeter Verdacht vorhanden:

aa) wenn das angehaltene Schiff auf Aufforderung des Kriegsschiffes nicht auf=gebraßt hat;

bb) wenn das angehaltene Schiff sich der Visite der Behälter widersetzt hat, in Bezug auf welche Verdacht besteht, daß sie Schiffspapiere oder Kriegskontrebande ver=borgen halten;

cc) wenn doppelte oder falsche oder gefälschte, oder geheime, oder unzureichende oder gar keine Papiere vorhanden sind;

dd) wenn die Papiere ins Wasser geworfen oder in einer anderen Art vernichtet sind, besonders wenn diese Handlungen vorgenommen wurden als das Schiff des Heran=nahens des Kriegsschiffes ansichtig werden konnte [1]);

ee) wenn das angehaltene Schiff unter einer falschen Flagge fährt.

Den Personen, welchen die Durchsuchung übertragen ist, ist es nicht gestattet Behälter (armoires, réduits, caisses, cassettes, tonnes futailles, ou autres cachettes) zu öffnen oder aufzubrechen, welche einen Theil der Ladung enthalten könnten, noch nach willkürlichem Ermessen zu durchsuchen Theile der Ladung, welche lose im Schiff umherliegen. Vielmehr muß in den genannten Verdachtsfällen der durchsuchende Offizier die Behälter durch den Kapitän öffnen lassen und auch die lose im Schiff liegende Ladung unter Mitwirkung des Kapitäns durchsuchen [2]).

d) Die Beschlagnahme (saisie). Die Beschlagnahme eines Schiffes oder einer Ladung hat Statt zu finden:

aa) in allen vorhererwähnten Verdachtsfällen;

bb) wenn es sich aus der Visitation oder Durchsuchung ergibt, daß das angehaltene Schiff verbotene Transporte für Rechnung und Destination an den Feind besorgt;

cc) wenn das Schiff bei Verletzung einer Blokade genommen wurde;

dd) wenn das Schiff an Feindseligkeiten Theil genommen oder dazu bestimmt ist [3]).

Es unterliegen der Beschlagnahme während des Krieges diejenigen Gegenstände, welche unmittelbar für den Krieg verwandt werden können und welche durch Handels=schiffe transportirt wurden für Rechnung oder Destination des Feindes (Kriegskontre=bande) [4]). Bei jedem Kriege müßten die Kriegführenden von Anfang desselben an die=jenigen Gegenstände bezeichnen, welche sie für Kriegskontrebande halten. Für Kriegs=kontrebande werden nicht gehalten die zur Vertheidigung der Mannschaft und des Schiffes nöthigen Gegenstände [5]), vorausgesetzt, daß das Schiff davon nicht Gebrauch gemacht hat, um sich der Anhaltung, der Visitation [6]), der Durchsuchung oder der Beschlagnahme zu widersetzen [7]).

---

1) § 83—87 der russ. Prisenregeln.
2) Turiner Regl. § 19—22. Vgl. österr. Verordb. v. 1874 § 5, § 11 b. preuß. Regl., dänisch Regl. II. 13.
3) Turiner Regl. § 23.
4) Heinrich Lehmann, Die Zufuhr von Kriegskontrebandewaaren nach kriegführenden Ländern seitens Neutraler (Kiel 1877) gibt eine gute historische Entwickelung der Verträge, Ver=ordnungen, Deklarationen und Praxis.
5) Dänisch. Regl. v. 16. Feb. 1864 Art. 12, österr. M. V. v. 3. März 1864 § 7 u. K. V. v. 9. Juli 1866 § 4.
6) Franz. Instr. compl. 9.
7) Turiner Reglement § 30—33.

Zu der früher üblichen bloßen Aufzählung der Kriegskontrebandegegenstände ist immer mehr eine generelle Qualifizirung derselben hinzugetreten. Die französische Instruktion § 8 besagt, daß die Kontrebande aus bestimmten spezifizirten Gegenständen bestehe und aus allen zum Gebrauch im Kriege angefertigten Werkzeugen (instruments). Das dänische Reglement vom 16. Februar 1864 zählt Art. 12 einzelne Gegenstände auf und fügt dann alle unmittelbar zum Kriege verwendbaren hinzu. Auf demselben Standpunkt steht die dänische Verordnung vom 25. Juli 1870 § 4. Auch die österreichische ministerielle Verordnung vom 3. März 1864 im § 7 und die Kaiserl. Verordnung vom 9. Juli 1866 im § 4 machen die Gegenstände der Kriegskontrebande einzeln namhaft und rechnen dann dahin „überhaupt alle Gegenstände, welche unmittelbar zum Kriegsgebrauch angewendet werden können". Ebenso zählt das preußische Reglement vom 20. Juni 1864 § 8 einzelne Gegenstände auf und fügt dann hinzu „alle Gegenstände, welche sich unmittelbar für den Krieg verwenden lassen". In gleicher Weise schließt die italienische Instruktion vom 20. Juni 1866 Art. 8 den aufgezählten Kontrebandegegenständen alles an, was ohne Umarbeitung zur unmittelbaren Ausrüstung zur See oder auf dem Lande dienen kann. Zur Quasi=Kriegskontrebande (assimilès à la contrebande de guerre) werden gerechnet nach der italienischen Instruktion (l. c.) die Depeschen und offizielle Korrespondenz, nach der französischen Instr. complém. (§ 9) der Transport von Truppen und offiziellen Depeschen an den Feind, nach dem russischen Ukas vom 24. Mai 1877 (Art. 7) der Transport feindlicher Truppen, der Depeschen und Korrespondenz des Feindes, der Bedarf (la fourniture) für die Kriegsschiffe des Feindes, und endlich nach dem Turiner Reglement (§ 34) der Transport von Truppen zu militärischen Operationen des Feindes zu Lande und zu Wasser sowie der Transport seiner offiziellen Korrespondenz durch Handelsschiffe.

Das von den Kriegsschiffen geübte, in Friedenszeiten zur Feststellung der Nationalität des Schiffes als droit d'enquête du pavillon oder als right of approach oder beim Verdacht der Seeräuberei als Intervisitation geübte Verfahren ist nicht anerkannt. Es konzediren die Staaten nur zur Unterdrückung des Sklavenhandels (vgl. § 41) in Friedenszeiten eine Durchsuchung ihrer Privatschiffe durch speziell autorisirte Kriegsschiffe. Die Vereinigten Staaten von Nordamerika gewährten die Durchsuchung amerikanischer Privatschiffe durch fremde Kriegsschiffe auch zu diesem Zweck nicht.

Das Völkerrecht richtete sich zunächst auf dem Wiener Kongreß (5. Febr. 1815) gegen den Import von afrikanischen Negern. Es entstanden zwei Systeme: das nordamerikanische und das englische[1]). Das nordamerikanische, welchem sich Frankreich anschloß, steht auf dem Standpunkt der unbeschränkten Staatssouveränetät. Jeder Staat überwacht durch seine Kreuzer oder andere Kriegsschiffe die unter seiner Flagge segelnden Kauffahrteischiffe, durchsucht und saisirt sie. Das englische System, welchem sich Rußland, Oesterreich, Preußen und die Hansestädte anschlossen, räumt besonders hierzu bestimmten Kreuzern der kontrahirenden Staaten das Recht ein, alle unter der Flagge eines der vertragsschließenden Staaten überhaupt segelnden Kauffahrer im Verdachtsfall zu untersuchen und gegebenen Falles zu saisiren und an bestimmte Plätze zum weiteren Verfahren abzuliefern. Von besonderer Bedeutung sind die Verträge Englands mit Frankreich vom 30. November 1831 (Mart. N. R. IX. 544, 547), vom 22. März 1833 (Mart., N. R. IX. 549) und 29. Mai 1845 (Mart., N. R. G. VIII. 284), der Vertrag zwischen Preußen, Oesterreich, Frankreich, Großbritannien und Rußland wegen Unterdrückung des Handels mit afrikanischen Negern vom 20. Dezbr. 1841 (Mart., N. R. G. II. 392, 508) und das Uebereinkommen zwischen Deutschland und Großbritannien wegen Unterdrückung des Handels mit afrikanischen Negern vom 29. März 1879 (R. G. Bl. 1880, S. 100), wonach der eben genannte von Preußen mit den gedachten Staaten am 20. Dezember 1841 abgeschlossene und von allen diesen Staaten, mit Ausnahme Frankreichs, ratifizirte Vertrag auf das Deutsche Reich ausgedehnt wird, mit der Modifikation, daß alle deutschen Schiffe, welche auf den Stationen von Amerika oder Afrika durch die Kreuzer der andern vertragschließenden Theile in Beschlag genommen werden sollten, nach Kuxhaven zu führen und durch die dortigen Behörden der Jurisdiktion desjenigen deutschen Staates zu überliefern seien, welchem der Heimathshafen des

---

1) Gareis, Das heutige Völkerrecht und der Menschenhandel. Berlin 1879.

Schiffes angehört. Würden aber an Bord eines solchen deutschen Schiffes im Augenblick seiner Beschlagnahme Sklaven vorgefunden, so ist das Schiff zuvörderst, um die Sklaven abzusetzen, in denjenigen Hafen zu führen, wohin es, wenn es unter englischer Flagge gefahren wäre, geführt worden sein würde, um vor Gericht gestellt zu werden, demnächst aber nach Kuxhaven und der zuständigen deutschen Jurisdiktion zu überliefern.

13. Verträge während des Krieges [1]). Die während eines Krieges geschlossenen Verträge beziehen sich entweder auf ein während des ganzen Krieges auf bestimmte Verhältnisse anzuwendendes Verfahren oder nur auf einzelne Fälle.

Zu den ersteren gehören:

1) die Kartelle über den Postverkehr zwischen den Staaten, über die Bezeichnung und Behandlung der Parlamentäre und über die Behandlung der Kriegsgefangenen;

2. die Neutralisirungsverträge, wodurch bestimmte Gebiete und Plätze eines Territoriums sowie Gebäude und Personen neutralisirt werden, soweit das nicht schon durch die Genfer Konvention geschah.

Zu den Verträgen für einzelne Fälle gehören:

1. die Kapitulationen zur Uebergabe von Gebietstheilen, Waffenplätzen und Truppentheilen an den gegnerischen Theil. Sie können bedingungslos oder bedingt sein. Die Bedingungen der Kapitulationen werden unter den kontrahirenden Theilen verhandelt und dürfen nicht der militärischen Ehre zuwider sein. Werden sie durch einen Vertrag festgesetzt, so sind sie gewissenhaft zu beobachten [2]). Die Absicht zu kapituliren, wird dem Feinde durch das Aufziehen einer weißen Fahne kundgegeben und es beginnen dann die Verhandlungen durch Parlamentäre. Die Waffen, Munitionen und Vertheidigungswerke müssen in dem Zustande übergeben werden, in welchem sie sich zur Zeit der Unterzeichnung der Kapitulation befinden. Die Kapitulation kann auch ohne vorhergehende Verhandlung und mündlich erfolgen. Die Kapitulation besteht von dem Moment beiderseitigen Uebereinkommens und enthält folgende Bestimmungen: 1. die besiegte Armee wird kriegsgefangen, mit Ausnahme der Offiziere und Funktionäre, welche sich auf Ehrenwort und schriftlich verpflichten, nichts gegen die Interessen des Feindes zu thun; 2. Uebergabe des gesammten Kriegsmaterials und 3. des Platzes. 4. Verbleiben der Aerzte zur Pflege der Verwundeten [3]).

2. Die von den kriegführenden Theilen mit einander abgeschlossenen Waffenstillstandsverträge, zur einstweiligen Unterbrechung der kriegerischen Aktionen und als Einleitung zu Friedensverhandlungen. Die kriegerischen Verhältnisse verbleiben während der Dauer des Waffenstillstandes in statu quo. Wurde die Dauer des Waffenstillstandes nicht festgesetzt, so können die Kriegführenden zu jeder Zeit die Operationen wieder aufnehmen, vorausgesetzt, daß der Feind in der verabredeten Zeit davon benachrichtigt wird, in Gemäßheit der Bedingungen des Waffenstillstandes. Der Waffenstillstand kann allgemein oder nur lokal sein. Der erstere hebt überall die Kriegsoperationen der Kriegführenden auf, der letztere nur in einem bestimmten Rayon und für bestimmte Abtheilungen der kriegführenden Armeen. Der Waffenstillstand muß offiziell und ohne Verzögerung den Truppen und kompetenten Autoritäten mitgetheilt werden. Die Feindseligkeiten werden unmittelbar nach der Notifikation suspendirt. Von den Parteien hängt es ab, im Waffenstillstande die Beziehungen unter den Bevölkerungen festzustellen. Die Verletzung der Festsetzungen des Waffenstillstandes durch eine der Parteien gibt der anderen das Recht den Waffenstillstand zu kündigen, die Verletzung durch Private,

1) Heffter, Völkerrecht §§ 141, 142.
2) Brüsseler Deklaration Art. 46.
3) Guelle, 182.

welche auf eigenen Antrieb handeln, gibt nur das Recht die Bestrafung der Schuldigen zu fordern und erforderlichenfalls eine Entschädigung für erlittene Verluste[1]).

Militärische Waffensuspensionen (suspensions d'armes) werden für sehr kurze Zeit abgeschlossen durch Befehlshaber von Korps und Detachements und dienen zur Regelung dringender aber beschränkter Interessen, wie z. B. zur Auflesung der Verwundeten, Bestattung der Todten und Zelebration einer Leichenfeier. Diese Waffensuspensionen werden vermittelt durch Parlamentäre. Der Waffenstillstand dagegen ist eine allgemeinere Konvention von längerer Dauer, gleichzeitig rechtlichen und militärischen Charakters und wird negoziirt und abgeschlossen entweder durch die Armeebefehlshaber oder durch von ihrer resp. Regierung entsandte diplomatische Repräsentanten[2]).

14. Gerichte während des Krieges sind die Prisengerichte zur Untersuchung und Entscheidung über die in Seekriegen saisirten Schiffe und Ladungen. Diese Gerichte sind entweder die gewöhnlichen oder besonders dazu von den Kriegführenden eingesetzte. Sie sind in der Regel erster und zweiter Instanz, zu welchen noch in einigen Staaten eine Untersuchungs= oder Instruktionsinstanz kommt. Die Gerichte sind mehr oder weniger administrativ organisirt, ersteres in Frankreich, Italien und Spanien. Schweden und Norwegen haben in letzter Instanz ein permanentes Gericht, in erster Instanz überwiegt aber das administrative Element und zwar in Schweden mehr als in Norwegen. Die Untersuchungsinstanz ist judiziär in Dänemark, in Oesterreich waltet in derselben das administrative Element, in den beiden Entscheidungsinstanzen aber das judiziäre vor. In Preußen stehen in der ersten Entscheidungsinstanz beide Elemente gleich, während in der zweiten die Majorität dem judiziären Element zugeeignet ist. Zu einer rein judiziären Organisation sind bisher nur gelangt Großbritannien, die Niederlande und die Vereinigten Staaten von Nordamerika. Weil es sich aber in Prisensachen um Entscheidung von Rechtsfragen handelt, ist die judiziäre Organisation die einzig angemessene. Allmälig hat eine Scheidung der Untersuchungsinstanz von der Entscheidungsinstanz stattgefunden, immer allgemeiner ist aber die Errichtung einer unteren und einer oberen oder Appellationsinstanz geworden[3]). Das Wesentliche für eine Reform ist, daß die beiden Entscheidungsinstanzen nicht mehr wie bisher national, d. h. blos von ihren Staaten, sondern international d. h. unter Zusammenwirkung der Kriegführenden und Neutralen durch je zwei Richter von jedem der ersteren und einen von den letzteren gebildet werden, da sie internationale Sachen nach den Grundsätzen des internationalen Rechts zu behandeln und entscheiden haben. Dabei würden die Untersuchungsinstanzen nach wie vor von den Kriegführenden gebildet werden, demnach national bleiben. Daß eine internationale Organisation von denjenigen Staaten, welche im Kriegsseerecht nur eigenes Gericht in eigener Sache gelten lassen, und von Männern, welche keine freien Rechtsansichten im Prisenrecht vertreten, sondern sich in den Dienst des Staats= interesses stellen, bekämpft wird, ist selbstverständlich. Indeß ist zu hoffen, daß sowie eine große Majorität des Institut de droit international ein wesentlich reformirtes materielles Prisenrecht in Turin beschloß und eine andere das Priseninstruktionsverfahren in München (1883), so auch in Brüssel 1885, nach zehnjährigen Verhandlungen über das Prisenrecht, durch das Institut das ganze internationale Werk durch zwei internationale Entscheidungsinstanzen gekrönt werden werde, nachdem durch Jahrhunderte die Staaten in Prisensachen Nehmer und Richter zugleich gewesen. Um für die Fortdauer dieser Willkür= herrschaft noch im 19. Jahrhundert eintreten zu können, muß man entschlossen sein, weder den Forderungen des Rechts noch denen der Humanität nachzugeben. Das Streben der ferneren Beibehaltung der eigenen Prisengerichte der Staaten, wäre der Ausdruck ent-

---

1) Brüsseler Deklaration Art. 47—52.
2) Guelle, 191.
3) Bulmerincq, Les droits nationaux et un projet de règlement international des prises maritimes 437 ff.

weder einer egoistischen Staatspolitik oder eines gefügigen Servilismus der Regierungs=
Partisane. Nur angeblich entscheiden die bisherigen Prisengerichte nach Völkerrecht, die
Hauptgrundlage bilden die Prisenreglements des Einzelstaates und eine willkürliche Praxis.

15. **Die Beendigung des Krieges.** Bleiben kriegführende Staaten nach
der Beendigung eines zwischen ihnen geführten Krieges selbstständig bestehen, so wird
zwischen ihnen ein Friede abgeschlossen. Wird aber der eine Staat dem andern voll=
ständig unterworfen und hört sein selbstständiges Bestehen dadurch auf, so ist selbst
der Unterwerfungsvertrag undenkbar, da keine gleichberechtigten Faktoren zum Abschluß
eines Vertrages vorhanden sind. Gegen die Einverleibung des von ihm seither beherrschten
Staatsgebietes in das Gebiet des dieses erwerbenden Staates kann der frühere Souverän
protestiren. Jedenfalls muß ihm aber sein Privatvermögen verbleiben und kann er
außerdem, wenn er auf seine Herrscherrechte verzichtet, von dem erwerbenden Staat in
Geldsummen oder Renten entschädigt werden (§ 47. 3. cc.) Eine Beschlagnahme des
Privatvermögens des depossedirten Souveräns bis zu Anerkennung der neuen Herrschafts=
verhältnisse durch ihn ist völkerrechtlich unstatthaft, da die Kriegsbeute, außer beim
Prisenrecht, auf Privateigenthum sich nicht erstrecken darf.

Ein Friedensvertrag wird nur im Namen der Staatsgewalt von ihren Vertretern
giltig abgeschlossen und muß durch die betreffenden Staatsgewalten ratifizirt werden.
Protestiren dritte Staaten gegen einen Friedensvertrag, so erfolgt in der Regel eine
Gegenerklärung.

Mit dem Friedensschluß hört alles gewaltsame Verfahren zwischen den resp.
Staaten auf und werden auch alle Rechtsansprüche und Forderungen der kriegführenden
Theile, welche vorher unter ihnen bestanden, als erfüllt angesehen. Eine ausdrückliche
Erneuerung der vor dem Kriege zwischen den resp. Staaten bestandenen Verträge ist
nicht erforderlich, da nur die auf die Veranlassung des Krieges bezüglichen aufgehört
haben, dennoch hat sie wiederholt stattgefunden.

Frankreich und Deutschland erklärten in der Additionalkonvention zum Frankfurter Frieden
vom 11. Dezember 1871 Art. 18, daß, abgesehen von den internat:onalen Vereinbarungen, welche
der Friedensvertrag vom 10. Mai 1871 erwähnt, die verschiedenen Verträge und Konventionen
wieder in Kraft gesetzt werden sollen, welche vor dem Kriege zwischen den deutschen Staaten und
Frankreich bestanden haben, Alles unter Vorbehalt der Zustimmungserklärung der betreffenden
Regierungen, welche bei Gelegenheit der Auswechselung der Ratifikationen dieser Uebereinkunft bei=
gebracht werden. Eine förmliche Liste dieser Vereinbarungen wurde der Konvention angefügt (Mart.
N. R. G. XX. 868).

Nach geschlossenem Frieden müssen alle in demselben verabredeten Leistungen
erfüllt werden. Nicht genau genug bestimmte oder übergangene Verhältnisse können bei
Uebereinstimmung beider Theile nachträglich durch Zusatzartikel und durch von beiden
Theilen abgeordnete Kommissarien geregelt werden.

Mangelhafte Erfüllung des Friedensvertrages berechtigt zunächst weder zur sofor=
tigen Wiederaufnahme des Krieges noch zur Nichtbeobachtung des Friedensvertrages in
anderen Beziehungen, sondern zunächst nur dazu, den schuldigen Staat zur vollständigen
Erfüllung aufzufordern. Zur Sicherung der Erfüllung werden Truppen des siegenden
Theiles in dem gegnerischen Lande zurückgelassen und dieselben nach theilweiser Erfüllung
zum Theil, nach vollständiger Erfüllung vollständig zurückgezogen.

In welcher Weise Leistungen im Friedensvertrage abgetretener Gebiete auf den
erwerbenden Staat übergehen und der abtretende davon befreit wird, wurde früher
(§ 16) dargestellt, hier ist noch zu erwähnen die Option[1]), nach welcher in Friedens=
verträgen der Bevölkerung eines abgetretenen Ländergebietes freigestellt wird, innerhalb

---

[1) Option und Plebiszit bei Eroberungen und Gebietszessionen von Dr. Felix Störk.
Leipzig 1879.

einer Zeitfrist bei der kompetenten Autorität entweder für die Staatsangehörigkeit des früheren Staates oder des neu erwerbenden sich zu erklären.

Solche Optionen wurden beispielsweise vereinbart im Art. 19 des Friedensvertrages zwischen Oesterreich, Preußen und Dänemark vom 30. Oktober 1864 und im Art. 2 des zwischen dem Deutschen Reich und Frankreich abgeschlossenen Friedens vom 10. Mai 1871.

Auch bei Gebietszessionen oder Verkäufen werden solche Optionen zugestanden.

Siehe Art. 3 des Zessionsvertrags zwischen den Vereinigten Staaten von Nordamerika und Rußland vom 30. März 1867.

Sogenannte Annexionen von Staatsgebieten auf Grund eines Plebiscits[1]) der Bevölkerung derselben an einen anderen Staat haben nur dann einen rechtlichen Charakter, wenn das Plebiscit durch die bisherige oberste Staatsgewalt veranlaßt und veranstaltet wurde und diese im Voraus, dem Ergebniß der Abstimmung sich fügen zu wollen, sich bereit erklärt hatte. Ohne diese Bedingungen bleibt das Plebiscit nur ein politisches Mittel, welches den Zweck der Erwerbung eines fremden Staatsgebiets heiligen soll und in jedem Fall sichert es, wegen der auf dasselbe leicht einwirkenden politischen Agitationen keine zuverlässige oder freie Entscheidung der abstimmenden Bevölkerung, sondern wird in der Regel nur die Quasilegitimation einer vorher unabwendbar beschlossenen Gebietserwerbung. Die Voraussetzung eines jeden Plebiscits ist aber außerdem allgemeine politische Bildung und welche Nation kann sich derselben rühmen?

§ 93. **Die Intervention**[2]). Kein souveräner, sich selbst regierender Staat hat, soweit er nicht selbst dazu aufgefordert hat oder vertragsmäßig dazu verpflichtet ist, eine Einmischung eines anderen Staates in seine Angelegenheiten zu dulden. Dennoch haben vielfach Interventionen und zwar selbst gewaltthätige stattgefunden, auch auf Beschluß mehrerer Staaten auf Kongressen (siehe § 12). Ein Staat ist nur dann berechtigt zu einer gewaltthätigen Intervention gegen einen anderen Staat, wenn dieser ihm als intervenirenden das Recht dazu ertheilt hat oder er vertragsmäßig dazu als garantirende Bundes= oder schutzherrliche Macht autorisirt ist.

Unbezweifelt ist jeder Staat berechtigt eine jede andere Intervention als eine unbefugte Einmischung in seine Angelegenheiten zurückzuweisen (§ 23. 2).

Anhang.

Die Lehre und das Studium des Völkerrechts[3]).

Die Lehre des Völkerrechts als einer Rechtsdisziplin (§ 3) gehört in die Juristen=Fakultät. Dem Völkerrecht gebührt in ihr eine besondere Professur oder mindestens eine mit dem Staatsrecht verbundene. Das Studium des Völkerrechts gehört zu einem vollständigen juristischen und staatswissenschaftlichen Kursus, die Prüfung in demselben zu einem vollständigen juristischen und staatswissenschaftlichen Examen. Die

---

1) Wsewolod Danewski hat (1882) in einer den Systemen des politischen Gleichgewichts und der Legitimität, sowie dem Nationalitätsprinzip gewidmeten russischen Schrift für Gebietsent= äußerungen auch im Friedensstande wie in Folge eines Krieges, das Plebiscit gefordert, indem der Wille des Siegers und Besiegten zur juridischen Verbindlichkeit der Gebietszession nicht genüge. Ein in dieser Allgemeinheit ganz unannehmbarer Vorschlag.

2) Stapleton, Intervention and Non-Intervention. London 1866.

3) Bulmerincq, Praxis ꝛc. 123.

Prüfung als Vorbedingung für den Eintritt in den Dienst des Ministeriums des Aus=
wärtigen, welche in mehreren Staaten bereits eingeführt ist, hat sich zu erstrecken auf

I. rechtliche, II. politische und III. historische Disziplinen:

   I. 1. das Staatsrecht, das allgemeine und besondere,

        2. das Völkerrecht;

  II. 1. die innere Politik,

        2. die äußere Politik,

        3. die politische Oekonomie;

 III. 1. die Weltgeschichte,

        2. die Geschichte des Völkerrechts,

        3. die Geschichte der äußeren Politik,

        4. die vergleichende Statistik der Kulturstaaten.

Außerdem ist eine Prüfung in der Geographie und den neueren, hauptsächlich
verbreiteten Sprachen, besonders aber in der französischen als der vorwiegend im diplo=
matischen Verkehr wie zur Abfassung internationaler Schriftstücke und Urkunden gebrauchten,
zu fordern. Zwar haben einige Staaten wie England und die Vereinigten Staaten von
Nordamerika sich mit Vorliebe ihrer eigenen Sprache für den diplomatischen Verkehr,
besonders für die internationalen Urkunden, bedient, und hat auch das neue Deutsche
Reich mehrfach gleiches angestrebt, indeß ist im internationalen Geschäftsverkehr und für
internationale Urkunden die Einheit der Sprache zur Vermeidung verschiedenartiger
Interpretationen und Mißverständnisse bei von den Staaten in ihrem Verkehr aus=
getauschten Korrespondenzen und bei den von ihnen miteinander abgeschlossenen Akten,
falls jeder Kontrahent sich seiner eigenen und damit einer anderen Sprache bediente, unbedingt
nothwendig. Zu einer von allen Staaten zu benutzenden Sprache eignet sich aber erfahrungs=
mäßig die französische Sprache wegen ihrer Versatilität und ihres leichteren und kürzeren
Periodenbaues, sowie wegen ihrer traditionellen termini technici am besten. Durch solchen
Gebrauch der französischen Sprache wird aber weder dem französischen Volk ein Vorrang
eingeräumt, noch das eigene Nationalitätsbewußtsein verleugnet und geschädigt. Daß die
englische oder deutsche Sprache, welche die angeführten Vorzüge der französischen nicht
besitzen, ein Mal die französische im diplomatischen Verkehr ersetzen könnte, läßt sich
aber schwerlich annehmen. Es ist leichter, die bisher vorwiegend als diplomatische
gebrauchte französische Sprache als solche beizubehalten, als sie durch eine neue zu ersetzen.

Die früher übliche Verbindung des Natur= und Völkerrechts an Hochschulen zu
einer Professur wie sie 1661 an der in Heidelberg inaugurirt und an anderen Hoch=
schulen wie in Leipzig und Wien nachgeahmt wurde, behinderte die Entwickelung der
Positivität des Völkerrechts. Der erste Vertreter einer derartigen Professur in Heidel=
berg: Samuel v. Pufendorf, leugnete geradezu diese Positivität. Auch konnte bei
jener Verbindung die Wissenschaft des Völkerrechts sich nicht nur nicht zur Positivität,
sondern auch nicht zur Selbstständigkeit erheben. Ist doch noch heute in den meisten
Darstellungen des Völkerrechts das Naturrecht mit dem positiven Recht oder philosophisches
und positives Völkerrecht miteinander verbunden (§ 7, S. 182), und lehren doch noch
heute Völkerrechtslehrer in ihren Vorlesungen wenig das positive oder geben ihre in
keiner Weise positiv begründeten Lehrsätze für solche des positiven Völkerrechts aus. Bei
so mangelhafter Lehre konnte Anerkennung und Befolgung der Kathedersätze durch die
Praxis nicht erreicht werden. Ebensowenig konnte, so lange das Völkerrecht nicht als
selbstständige Wissenschaft, sondern wie früher nur als ein Abschnitt und zwar in der

Regel als letzter und kürzester des Naturrechts gelehrt wurde, dem Völkerrecht von den Hochschulen aus in Theorie und Praxis eine Förderung zu Theil werden.

Die zunächst zu erfüllende Vorbedingung nicht blos der Entwickelung der Wissenschaft des Völkerrechts, sondern auch einer Entwickelung der Lehre und des Studiums und einer Ermöglichung besserer Verwerthung des Völkerrechts in der Praxis, ist die Errichtung besonderer Professuren für das Völkerrecht oder wenigstens solcher in Verbindung mit dem Staatsrecht. Auch die Lehre des Staatsrechts befand sich ja bisher vielfach in ganz ungeeigneter Verbindung mit derjenigen des Privatrechts, indem namentlich an deutschen Hochschulen dieselbe Lehrkraft deutsches Staatsrecht und deutsches Privatrecht vortrug, woraus sich zum Theil auch die privatrechtliche Inficirung der deutschen Staatsrechtswissenschaft erklärt, welche Wissenschaft erst in neuerer Zeit, besonders durch Heinrich Albert Zachariae, von Gerber, Hermann Schulze und Laband allgemeiner zu publizistischen Konstruktionen und Lehrbegriffen gelangt ist.

Besondere Professuren für das Völkerrecht wurden in unserem Jahrhundert zwar in der Mehrzahl der größeren Staaten wie in England, Frankreich, Italien, Rußland und den Vereinigten Staaten von Nordamerika errichtet[1], nicht aber in Deutschland[2], indem, abgesehen von den Professuren alter Stiftung für Natur= und Völkerrecht, in Heidelberg vor Dezennien eine mit dem Staatsrecht und der Politik und in München seit wenigen Jahren eine mit dem Kriminalrecht verbundene Professur für das Völkerrecht gestiftet wurde. Ausschließlich dem Völkerrecht gewidmete Professuren kommen somit in Deutschland, trotz seiner zahlreichen Juristen=Fakultäten, nicht vor, nicht ein Mal an den größten und sonst reich ausgestatteten, wie denn überhaupt die Fürsorge für die Lehre der publizistischen Fächer an den Hochschulen Deutschlands, soweit sie nicht staatswirth-schaftliche oder staatswissenschaftliche Fakultäten erhielten, auch in Rücksicht auf das praktische Bedürfniß, eine durchaus ungenügende ist, trotz der in den letzten Jahrzehnten in den deutschen Staaten vollzogenen wichtigen Reformen im öffentlichen Recht, wie der Einführung der konstitutionellen Monarchie und der neuen Verwaltungsrechtsorganisation und trotz der für alle deutsche Staaten hochwichtigen Begründung des neuen Deutschen Reichs. Staats= und Selbstverwaltung, sowie immerfort gesteigerte internationale Beziehungen erfordern aber eine große Zahl publizistisch tüchtig vorgebildeter Männer. Diese Vorbildung ist nicht blos durch routinenmäßige, vielfach noch in den alten An-schauungen stagnirende Praxis zu erwerben, sondern es müssen die Grundlagen derselben auf der Hochschule gewonnen werden, welche die neuen Institutionen und Verhältnisse in ihrem eigenartigen Wesen darzustellen und die neuen Begriffe, welche sich aus ihnen ergeben, zu lehren hat, damit die neuen Institutionen auch im neuen Geist für sie wirkende Kräfte erlangen.

Diese Anforderungen der Vorbildung gelten keineswegs blos für das Staats-recht, sondern auch für das Völkerrecht, dessen Bestimmungen sich auf immer mehr Ver-hältnisse erstrecken, welche ihnen bisher gänzlich entzogen waren und nur der Politik anheimfielen. Die Grundlagen der Lehren eines Hugo Grotius und Vattel reichen heute für eine völkerrechtliche Vorbildung nicht mehr aus. Die Völkerrechtslehre, welche heute Geltung in der Praxis beanspruchen will, muß auf positiver Grundlage ruhen und aus den seitdem abgeschlossenen und auf immer mehr internationale Verhältnisse sich erstreckenden Verträgen, Konventionen und Deklarationen abgeleitet werden.

---

[1] A. Rivier. Aperçu de l'état actuel de l'enseignement du droit international im Annuaire de l'institut de droit international. II. 344 ff.

[2] Bulmerincq. Die Lehre und das Studium des Völkerrechts an den Hochschulen Deutschlands in v. Holtzendorff's Jahrb. f. d. Deutsche Reich. N. F. I. 457 ff.

Auch können die Gewinnung, Darstellung und Lehre eines so positiv begründeten Völkerrechts nicht weiter blos eine Nebenbeschäftigung hauptsächlich durch andere Disziplinen beanspruchter Kräfte sein. Sie beanspruchen voll und ganz die Kraft und Zeit eines Autors oder akademischen Lehrers und es ist daher völlig ungenügend, wenn das Völkerrecht an Hochschulen von Lehrkräften vorgetragen wird, welche ihre Hauptkraft und Zeit anderen Lehrfächern und dem Völkerrecht einige wenige Stunden nebenher widmen. Diese, das Völkerrecht in seiner Bedeutung für Theorie und Praxis verkennende Nichtachtung hat einerseits dahin führen müssen, daß die Betheiligung der Deutschen an der Völkerrechtslitteratur eine im Vergleich zur Betheiligung aus anderen Nationen relativ geringe ist und andererseits dahin, daß das Wissen der auf den Hochschulen Deutschlands für das Völkerrecht Vorgebildeten meist in diesem Fach ein minimes oder ein völliges Nichtwissen ist, wie Solches juristische Doktor= und Staatsprüfungen zur Genüge erweisen.

Der Mangelhaftigkeit der Völkerrechtslehre konnte aber durch eine besondere Prüfung für den diplomatischen Dienst schwerlich abgeholfen werden und zwar um so weniger, wenn die, meist der Praxis entnommenen, Examinatoren selbst die erforderliche Vorbildung nicht erlangt hatten, indem diese durch Selbststudien oder blos durch die Praxis nicht erworben werden kann.

Die Reform mußte mit der Reform der Lehre, insbesondere des Völkerrechts, auf den Hochschulen beginnen. Solche Reform ist aber von den deutschen Staatsregierungen meist bisher versäumt worden und ebensowenig hat sich derselben das Bestreben der konstitu= tionellen Kammern Deutschlands bisher zugewandt, wenngleich zu Verhandlungen über internationale Fragen ein gewisses Maaß völkerrechtlicher Kenntnisse unabweislich ist und ein solches Wissen immer mehr zu fordern ist in einer Zeit, in welcher Handelsverträge sowie Konventionen zum Schutz der geistigen und materiellen Arbeit immer zahlreicher unter Mitwirkung der Kammern abzuschließen sind und diese Kammern auch für Kolonialfragen, welchen sich das Interesse des deutschen Volkes immer mehr zuwendet, durch Berathung bezüglicher internationaler rechtlicher Akte werden mitwirken müssen. Sachverständig sind in den durch die Kammern verhandelten internationalen Fragen bisher außer den Vertretern der bezüglichen Regierungsvorlagen, in der Regel nur die Referenten und Korreferenten und Völkerrechtslehrer oder frühere Diplomaten, soweit die beiden letzteren in die Kammern Zutritt erlangten [1]).

Die Reform muß sich aber sodann auch auf die Vorbildung für den diplomatischen Dienst erstrecken. Während in früheren Jahrhunderten zu diplomatischen Missionen nicht selten hochgebildete Priester ausersehen wurden, oder in der italienischen Diplomatie, wie sie Alfred von Reumont [2]) geschildert hat, hervorragende Schriftsteller und Dichter, demnach eine höhere Bildung der maaßgebende Bestimmungsgrund bei Auswahl von Persönlichkeiten für den diplomatischen Dienst war, hat in späteren Jahrhunderten der durch die Monarchien erstrebte Glanz zur Wahl der diplomatischen Vertreter aus der hohen Aristokratie und dem Militär geführt. Ja diese beiden Elemente sind noch heute vielfach in der Verwendung für die diplomatische Karrière bevorzugt. Wenn nun auch die größere Gewandheit dieser beiden Kategorien in den äußeren Formen nicht in Abrede genommen werden soll und der Militärdienst auch an Disziplin gewöhnt und eine gewisse Schneidigkeit erzeugt, von welchen die erstere bei der Unterordnung

---

1) Der große nordamerikanische Kanzler Kent (Kommentar. 45) ruft den Kammermitgliedern zu: „It would be exceedingly to the discredit of any person who should be called to take a share in the councils of the nation, if he should be found to be deficient in the great leading principles of the law of nations".

2) Alfred v. Reumont. Italienische Diplomatie und diplomatische Verhältnisse von 1260–1550 in Raumer's historischem Taschenbuch. N. F. II. 1841.

unter den leitenden Minister und die letztere bei Missionen, welche eine gewisse Ent-schiedenheit im Auftreten bedingen, wohl zu Statten kommen können, so ist doch ein bestimmter Inbegriff von Kenntnissen zu erfolgreicher diplomatischer Laufbahn ganz unentbehrlich.

Es sind die Beziehungen der Staaten, welche in erster Reihe im internatio-nalen Verkehr in Betracht kommen und muß daher von den Diplomaten das Wesen des Staates im Allgemeinen und das der einzelnen Kulturstaaten erkannt und gewußt werden. Es ist für einen in einem anderen Staat seine Mission vollziehenden Diplo-maten nicht genügend, daß er das Staatsrecht seines Staates kennt, er muß auch das der anderen Staaten kennen, in welchen er seine Mission zu vollführen und mit welchen sein Staat diplomatischen Verkehr unterhält und das sind: alle Kulturstaaten. Die Kenntniß des allgemeinen und vergleichenden Staatsrechts ist daher zur diplomatischen Vorbildung unerläßlich. Neben dem Staatsrecht wirkt aber in jedem Staate die Politik und auch diese muß der Diplomat kennen, denn nicht blos durch das Recht wird das innere Staatsleben beherrscht, sondern auch durch die Politik. Diese beiden Grundgesetze jedes geordneten Staatslebens beziehen sich aber auf Zustände und Verhältnisse, welche in der Zustandswissenschaft oder Statistik veranschaulicht werden und in gleicher Weise vom Diplomaten gewußt werden müssen.

Damit ist nun aber nur das Leben des einzelnen Staates in seinen Hauptgesetzen und Verhältnissen erfaßt. Da indeß die Diplomatie die internationalen Beziehungen oder die Beziehungen der Staaten zu einander zu regeln hat, so hat sie auch das diese beherrschende Recht: das Völkerrecht und die diese bestimmende Politik, die äußere zu kennen. Ein Wirken für die Praxis der Staaten erfordert aber auch ein Wissen und Erkennen der geschichtlichen Entwickelung und des Lebens der Vergangenheit der Staaten, wie sie im Allgemeinen die Weltgeschichte,, im Besonderen die Geschichte des einzelnen Staates lehrt, und die geschichtliche Entwickelung der die Beziehungen der Staaten beherrschenden Gesetze und zwar sowohl der rechtlichen, welche die Völkerrechtsgeschichte, als der politischen, welche die Geschichte der äußeren Politik darbietet.

Genügen nun die Hochschulen den Anforderungen solcher mannigfaltigen Vorbildung? Werden namentlich alle die genannten Lehrfächer in ausreichender Weise, ja werden sie überhaupt gelehrt?

Von den genannten Disziplinen ist es nur die Lehre des Staatsrechts, aber mehr die des besonderen als des allgemeinen und vergleichenden, und die der Weltgeschichte, welche den zu stellenden Anforderungen entspricht, dagegen muß die Lehre des Völkerrechts mehr als bisher Rücksicht auf die Praxis nehmen, nicht blos in den theoretischen Vorträgen, sondern auch durch dem Völkerrecht gewidmete Praktika. Die Hauptaufgabe der letzteren muß sein, die Theilnehmer zur Interpretation und Bearbeitung von Verträgen anzuleiten, da diese die Hauptgrundlage des Völkerrechts sind und bleiben müssen nicht blos in der Praxis, sondern auch in der Lehre. Das erkannte schon der Göttinger Professor Friedrich Georg v. Martens, indem er seine in die gesammte Kulturwelt ver-breitete Sammlung von Verträgen, welche schon im Jahre 1790 zuerst erschien, „für diejenigen bestimmte, welche völkerrechtliche Vorlesungen hören und daher einen besonderen Grund haben, sich mit den Verträgen zu beschäftigen".

Von den andern geforderten Disziplinen beruht aber die Politik, innere wie äußere, auf geschichtlicher Grundlage und kann sie nur von solchen Kräften gelehrt werden, welche zugleich gründliche Kenner des Staats- und Völkerrechts sind, da das erstere im inneren, das letztere im äußeren Staatsleben neben der Politik dasselbe Gebiet resp. die gleichen Beziehungen beherrscht.

Von der Lehre der anderen geforderten Prüfungsfächer für Diplomaten: der Geographie, der vergleichenden Statistik, der Geschichte des Völkerrechts und der äußeren Politik muß aber in Bezug auf die beiden ersteren leider gesagt werden, daß sie auf der Mehrzahl der Universitäten und in Bezug auf die beiden letzteren, daß sie fast auf allen vermißt wird.

Das Völkerrecht ist aber keineswegs blos von Bedeutung als vorbereitende Disziplin für die Diplomaten, sondern für jeden Juristen und kann daher die Vernachlässigung des Studiums desselben durch diese im Interesse einer vielseitigen juridischen Ausbildung nur beklagt werden. Schon vor vierundzwanzig Jahren forderte Hälschner[1]), daß das Studium des Juristen sich über das ganze System der Wissenschaft, namentlich auch über das Völkerrecht erstrecke. Auch Göppert[2]) führte aus, daß die heutigen Juristen so gut wie ausschließlich Privatrechtsjuristen seien. Nicht minder erklärte Aegibi[3]) aus eigener Erfahrung den Bildungsgang des Juristen für durchaus einseitig — wesentlich privatrechtlich und verlangte Reform des akademischen Rechtsstudiums in der Richtung auf Hebung der privatrechtlichen Einseitigkeit desselben und auf eine harmonische Ausbildung der juristischen Jugend. Dagegen, daß man privatrechtliche Kenntnisse als die wichtigsten Bestandtheile der wissenschaftlichen Vorbildung, selbst der Verwaltungsbeamten betrachte, hatte schon früher Robert v. Mohl sich eingehend erklärt[4]). Alle diese Ausstellungen und Mahnungen hervorragender Rechtslehrer sind indeß ziemlich unbeachtet geblieben., wohl aber haben einige deutsche Staatsregierungen das Völkerrecht aus der Reihe der Fächer der Staatsprüfungen der Juristen gestrichen.

Das Studium des Völkerrechts hat aber auch für andere Studien, wie z. B. das historische, wesentliche Bedeutung. Namentlich hält Woolsey[5]) dasselbe als das eines index of civilisation nicht blos für den Juristen, sondern auch für den Historiker von Wichtigkeit, welche allerdings leider vom Völkerrecht oft wenig wissen und doch viel von ihm sprechen. Nach Woolsey muß jeder gebildete Mensch das Völkerrecht kennen, weil er ein verantwortliches Mitglied der politischen Gesellschaft ist. Pierantoni[6]) weist aber darauf hin, daß der Unterricht im Völkerrecht Vorzüge in sich berge, die sich sofort über die Grenzen des Landes hinaus fühlbar und geltend machen. Ein Kosmopolitismus ist aber wahrlich kaum denkbar ohne Kenntniß des Rechts der Völker und eine Nation, welche sich selbst als eine kosmopolitische bezeichnet, sollte doch vor Allem das Weltrecht zu kennen sich für verpflichtet halten.

---

1) Hälschner, Das juristische Studium in Preußen. Bonn 1859. S. 21. Hälschner hält es für eine wichtige Frage, ob das was Preußen bisher für die Ausbildung seiner Diplomaten gethan, irgend genüge und ob die preußischen Universitäten füglich länger zurückbleiben können. Sollte diese Frage nicht noch heute aufgeworfen werden können?

2) Göppert, Bemerkungen zu dem Entwurf eines Gesetzes über die juristischen Prüfungen. Berlin 1869, S. 10 ff.

3) Aegibi in d. Zeitschr. f. deutsches Staatsrecht und deutsche Verfassungsgeschichte. Berlin 1867. Bd. I. S. 104.

4) R. v. Mohl in der Zeitschr. f. d. ges. Staatsw. II. 147—153.

5) Woolsey, Introduction to the study of international law, London 1879. § 231.

6) Pierantoni, Geschichte d. italienischen Völkerrechtslitteratur (Deutsche Ausgabe) S. 188 ff.

Nachträge

enthaltend

Verträge, Conventionen, Deklarationen, Conferenzen und Gesetze internationaler Bedeutung

aus den Jahren 1884—88

zu dem im Jahre 1884 erschienenen

„Völkerrecht oder internationalen Recht des Geheimeraths und Professors
Dr. A. v. Bulmerincq"

(Handbuch des öffentlichen Rechts der Gegenwart in Monographien, herausgegeben von
Dr. Heinrich Marquardsen, I. Bd.)

Erklärung der Quellencitate:

M. N. R. G. II. Sér. = Martens Nouveau Recueil Général de Traités. Deuxième Série.
Arch. dipl. II. Sér. = Archives Diplomatiques. Deuxième Série. D. Rgsbbl. = Deutsches
Reichsgesetzblatt.

Zur Seite 191. Pariser Seerechtsdeclaration.

Beitritt Japan's am 30. Oktober 1886 (Arch. dipl. II. Sér. T. XXI, 129).

Zur Seite 193 (auch S. 301). Halbsouveraine, autonome Staaten.

1) Convention vom 27. Februar 1884 zwischen Großbritannien und dem
Transvaal zur Abänderung der die politischen Beziehungen des Transvaal regelnden
Convention vom 3. August 1881 (M. N. R. G. II. Sér. T. X, 180).

2) Gemischte Gerichtsbarkeit in Egypten (s. auch S. 343 des Völker=
rechts). Egyptisches Decret vom 19. Januar 1884 (Arch. dipl. II. Sér. T. XIII, I, 89).

3) Protocoll der Londoner Conferenz vom $\frac{28. \text{Juni}}{2. \text{August}}$ 1884: des Deut=
schen Reichs, Oesterreich=Ungarns, Egyptens, Frankreichs, Großbritanniens, Italiens, Ruß=
lands und der Türkei über die Finanzlage Egyptens (M. N. R. G. II. Sér. T. IX, 618).

Erklärung der Großmächte und der Türkei über die Finanzlage Egyptens vom 17.
März 1885 (ibid. T. XI, 88).

Convention derselben Staaten vom 18. März 1885 (ibid. 94) und Declaration
derselben über die Finanzen Egyptens vom 25. Juli 1885 (ibid. 97), Decrete des Khe=
dive vom 27. und 28. Juli 1885 (ibid. 98).

4) Vertrag Frankreichs mit Madagaskar vom 17. Dezember 1885 (Arch.
dipl. II. Sér. T. XVIII, II, 7).

Dekret Frankreichs vom 7. März 1886 über die Attribute des Repräsentan=
ten Frankreichs in Madagaskar (ibid. 95).

5) Selbstbeschränkung der Türkei in der Verwaltung Egyp=
tens (s. auch S. 204 des Völkerrechts) durch Convention mit Großbritannien
vom 24. October 1885 (ibid. T. XVII, 370).

6) Einsetzung eines Verwaltungshofes in Egypten durch den
Khedive am 19. Februar 1887 (ibid. T. XXIII, 283).

Zur Seite 198. Protection.

1) Vertrag Frankreichs mit Annam vom 6. Juni 1884 (Arch. dipl. II. Sér.
T. XIX, 12), ratificirt am 23. Februar 1886 (M. N. R. G. II. Sér. T. XII, 634. De=
crete Frankreichs vom 27. Januar und 26. März 1886 zur Organisation des Protecto=
rats (ibid. 652).

Vertrag Frankreichs mit Cambodga vom 17. Juni 1884 (Arch. dipl. II. Sér. T. XX, 12).

Decret Frankreichs vom 23. Juni 1885 zur Organisation des Protectorats über Tunis (ibid. T. XIII, III, 313).

2) Verträge des Deutschen Reiches vom 15. Juli 1884 mit Togo (M. N. R. G. II. Sér. T. XI, 461); mit Manasse, souveränem Haupt der rothen Nation vom 2. September 1885 (ibid. XI, 479); mit dem Kapitain Hermanns von Wyk, souverainem Haupt der Batarden vom 15. September 1885 (ibid. 480); mit Maharero Katyamuaha, Oberhaupt der Hereros vom $\frac{21.\ \text{Ottober}}{3.\ \text{November}}$ 1885 (ibid. 482).

3) Uebereinkunft zwischen dem Deutschen Reich und Großbritannien vom $\frac{29.\ \text{April}}{7.\ \text{Mai}}$ 1885 zur Abgrenzung ihrer beiderseitigen Protectorate auf der Westküste Afrikas und zur gegenseitigen Gewährung einer vollständigen Handels- und Verkehrsfreiheit in diesen Gebieten (ibid. 471). (Seite 282 des Völkerrechts.)

4) Uebereinkunft derselben Staaten vom $\frac{27.\ \text{July}}{2.\ \text{August}}$ 1886 wegen weiterer Abgrenzung ihrer westafrikanischen Protectorate und wegen gleicher Gewährungen (ibid. 503).

5) Denkschrift des Reichskanzlers über die unter das Protectorat des Deutschen Reichs gestellten Territorien vom 2. Dezember 1885 (ibid. 485).

6) Schutzbrief des Deutschen Kaisers vom 27. Februar 1885 für die Gesellschaft für Deutsche Colonisation (ibid. 468), für die Neu-Guinea-Compagnie vom 17. Mai 1885 (ibid. 476).

7) Deutsches Reichsgesetz betreffend die Rechtsverhältnisse der Deutschen Schutzgebiete vom 17. März 1886 (D. Rgsbl. 1886, 75). Gesetz vom 7. Juli 1887, das vorgenannte Gesetz abändernd (D. Rgsbl. 1887, 307).

Zur Seite 198. Neutralisation.

1) Neutralisation des Congo-Gebietes durch die Congo-General-Acte der Berliner Conferenz vom 26. Februar 1885, Art. 11 (M. N. R. G. II. Sér. T. X, 414.) Neutralitätserklärung des Congo-Staates vom 1. August 1885 (Arch. dipl. II. Sér. T. XXVI, 348).

2) Verhandlungen der internationalen Conferenz in Paris zur Neutralisation des Suezkanals mit einem Vertrage vom $\frac{30.\ \text{März}}{12.\ \text{Juny}}$ 1885 (Arch. dipl. II. Sér. T. XIII, 122, T. XVII, 19—341, T. XVIII, 33—47, T. XXV, 263—283).

Denkschrift Großbritanniens vom 22. Ottober 1886 (ibid. T. XXVI, 19—63, Convention zwischen Frankreich und Großbritannien vom 28. October 1887 (ibid. T. XXIV, 327).

Zur Seite 207. Repatriirung.

Zwischen Oesterreich-Ungarn und Rußland ausgetauschte Declaration vom 1/13. Dezember 1886, die Rücksendung der beiderseitigen Unterthanen betreffend (Arch. dipl. II. Sér. T. XXI, 258).

Verordnung des Oesterreichischen Ministerium vom 11. Januar 1887 (M. R. R. G. II. Sér. T. XII, 524).

Zur Seite 208. Fremdenrecht.

Belgisches Fremdengesetz vom 6. Februar 1885 (M. N. R. G. II. Sér. T. XI, 650).

Verordnung des Elsaß-Lothringischen Ministerium vom 22. Mai 1888 über Pässe für Fremde aus Frankreich (Arch. dipl. II. Sér. T. XXVI, 344).

Decret Frankreichs vom 20. October 1888, die in Frankreich sich aufhaltenden Fremden betreffend (ibid. T. XXVIII, 199).

Zur Seite 215. Eherecht.

Circulair des Schweizerischen Bundesrates vom 2. August 1884, be=

treffend den Abschluß von Ehen von Schweizern in Frankreich (Arch. dipl. II. Sér. T. XIII, I, 90).

Convention zwischen dem Deutschen Reich und der Schweiz vom 4. Juni 1886 zur Erleichterung des Abschlusses von Ehen zwischen den beiderseitigen Unterthanen (ibid. T. XIX, 167);

Circulair des Schweizerischen Bundesrates vom 27. August 1886 (ibid. 344).

Zur Seite 230, Note 7. Armenrecht.

Convention zwischen Italien und den Niederlanden vom 9. Januar 1884 (M. N. R. G. II. Sér. T. XIII, 701); zwischen Oesterreich-Ungarn und der Schweiz vom 8. Februar 1884 (ibid. T. X, 535), Declaration zwischen denselben Staaten vom 10. April 1885 (ibid. T. XI, 611); Convention zwischen Frankreich und Spanien vom 14. Mai 1884 (ibid. T. XII, 623); zwischen Italien und Luxemburg vom 10. Juni 1884 (ibid. T. XIII, 616); zwischen dem Deutschen Reich und Oesterreich-Ungarn vom 9. Mai 1886 (ibid. T. XII, 280); zwischen Frankreich und Uruguay vom 23. März 1885 (Arch. dipl. T. XXVII, 153).

Zur Seite 232, Note 2. Rechtshilfe in Bezug auf den Civilproceß.

Convention zwischen Oesterreich-Ungarn und Rußland vom $\frac{2.\ \text{April}}{21.\ \text{März}}$ 1884 zur Regelung directer Corresponenz zwischen den Gerichten der Gerichtsbezirke von Lemberg und Krakau einerseits und Warschau andererseits (M. N. R. G. II. Sér. T. X, 544).

Zur Seite 233. Vollstreckung der Zivilurteile anderer Staaten.

Declaration zwischen Oesterreich-Ungarn und der Schweiz vom 16. Februar und 7. März 1885 (Arch. dipl. II. Sér. T. XX, 9).

Zur Seite 237. Gehaltszahlung an Seeleute und deren Nachlaß.

Declarationen zwischen Dänemark und Frankreich vom 1. April 1886 (M. N. R. G. II. Sér. T. XII, 693), zwischen Frankreich und Schweden-Norwegen vom 19. Mai 1886 (ibid. 695), zwischen Belgien und Frankreich vom 31. Mai 1887 (ibid. 537).

Zur Seite 238. Beistand in Bezug auf die Präventivjustiz.

S. oben zur Seite 208 das Belgische Fremdengesetz vom 6. Februar 1885, welches auch die Ausweisung von Fremden betrifft.

Zur Seite 241. Beistand in Bezug auf die Criminaljustiz zur Bestrafung der im Auslande begangenen Verbrechen und Vergehen.

Vertrag zwischen dem Deutschen Reich und Belgien vom 29. April 1885 zur Sicherung der Bestrafung der von den Angehörigen des einen Theiles im Gebiet des anderen begangenen Forst-, Feld-, Fischerei- und Jagdfrevel (M. N. R. G. II. Sér. T. XI, 560); zwischen Belgien und Frankreich vom 7. August 1885 zur Bestrafung der Jagdfrevel (ibid. 665); zwischen den Niederlanden und Italien vom 26. Juli 1886 betreffend die provisorische Verhaftung von Verbrechern (ibid. XIII, 704).

Zur Seite 243. Auslieferung wegen strafbarer Handlungen.

Convention zwischen Belgien und Venezuela vom 13. März 1884 (M. N. R. G. II. Sér. T. XI, 628);

zwischen Großbritannien und Uruguay vom 26. März 1884 ibid. T. XII, 744);

zwischen Preußen und Rußland vom 13./1. Januar 1885 ibid. T. X, 521);

zwischen dem Deutschen Reich und Rußland vom 8./20. März 1885 (ibid. T. XII, 275);

zwischen Großbritannien und Guatemala vom 24. Juli 1885 (ibid. T. XIII, 492);

zwischen Bayern und Rußland vom $\frac{19.\ \text{September}}{1.\ \text{Oktober}}$ 1885 (ibid. T. XI, 594);

zwischen Monaco und der Schweiz vom 10. Dezember 1885 (Arch. dipl. II. Sér. T. XIX, 5);

zwischen Oesterreich und Monako vom 22. Februar 1886 (M. N. R. G. II. Sér. T. XII, 509);

zwischen Japan und den Vereinigten Staaten von Nordamerika vom 29. April 1886 (ibid. T. XIII, 591);

zwischen dem Oranje=Freistaat und der Republik von Südafrika vom 27. September 1885 und 17. August 1886 (ibid. T. XIII, 698);

zwischen Großbritannien und Rußland vom 24. November 1886 (ibid. T. XIII, 525); zwischen Portugal und Rußland vom 10. Mai 1887 (Arch. dipl. II. Sér. T. XXV, 257); zwischen Serbien und der Schweiz vom 28. November 1887 (ibid. T. XXVIII, 241).

Zur Seite 249. Auslieferungsgesetz.

Der Argentinischen Republik vom 25. August 1885 (M. N. R. G. II. Sér. T. XII, 502).

Zur Seite 253. Naturalisation.

Mexikanisches Fremden= und Naturalisationsgesetz vom 28. Mai 1886 (Arch. dipl. II. Sér. T. XXVI, 207).

Decrete Frankreichs vom 29. Juli 1887 betreffend die Naturalisation in Tunis, Annam und Tonkin (ibid. T. XXIV, 212 u. 213).

Belgisches Gesetz vom Mai 1888 zur Modification des Art. 9 des Code Civil und des Art. 4 des Gesetzes vom 6. August 1884 über die Naturalisation (ibid. T. XXVI, 346).

Zur Seite 254. Niederlassungsverträge.

Zwischen Belgien und der Schweiz vom 4. Juni 1887 (Arch. dipl. T. XXVII, 129).

Zur Seite 257. Internationale Medicinalpolizei.

Convention zwischen dem Deutschen Reich und der Schweiz vom 29. Dezember 1883, zur gegenseitigen Zulassung der in der Nähe der Grenzen wohnhaften Medizinalpersonen zur Ausübung der Praxis (D. Rgsbl. von 1884, 45).

Convention zwischen dem Deutschen Reich und der Schweiz vom 29. Februar 1884 zur gegenseitigen Zulassung von Aerzten, Chirurgen, Veterinairen und Hebammen in den Grenzgemeinden beider Staaten (M. N. R. G. II. Sér. T. IX, 413).

Declaration Belgiens und der Niederlande vom 5. März 1884 zur gegenseitigen Zulassung in ihren Grenzgebieten etablierter Veterinaire (ibid. T. X, 187);

Convention zwischen dem Deutschen Reich und Luxemburg vom 4. Juni 1883 (publiziert im D. Rgsbl. von 1884, S. 19 am 31. März 1884), zur gegenseitigen Zulassung der in den Grenzgemeinden wohnhaften Medizinalpersonen zur Ausübung der Praxis;

Convention vom 29. Oktober 1885 zwischen Oesterreich=Ungarn und der Schweiz zur Ausübung des ärztlichen Berufes der in den resp. Grenzgemeinden etablierten Aerzte im Grenzgebiete des anderen Staates (Arch. dipl. II. Sér. T. XX, 10).

Gleiche Convention zwischen Italien und der Schweiz vom 28. Juni 1888 (Arch. dipl. II. Sér. T. XXVIII, 249).

Quarantaineanstalten und gesundheitspolizeiliche Maßregeln (s. Generalacte der Berliner Conferenz vom 26. Februar 1885, Art. 24 (M. N. R. G. II. Sér. T. X, 414).

Zur Seite 257. Reblausconvention.

Beitritt der Niederlande am 2. Januar 1884 (vgl. D. Rgsbl. 1884, 7), Serbiens (vgl. ibid. 215), Italiens (vgl. D. Rgsbl. 1888, 8).

Zur Seite 258. Fürsorge für Seeleute.

Declaration Dänemarks und Italiens vom 21. Mai 1885 (M. N. R. G. II. Sér. T. XIII, 654).

Zur Seite 259. Internationale Regelung kirchlicher Verhältnisse.

Convention zwischen dem heiligen Stuhl und der Schweiz vom 1. September 1884, betreffend die Regelung der Kirchspiele von Tessin und die Verwaltung der Basler Diöcese.

Zur Seite 260.   Schutz des litterarischen und artistischen Eigenthums.

Uebereinkunft zwischen dem Deutschen Reich und Belgien vom 12. Dezember 1883 (D. Rgsbbl. 1884, 173);

zwischen Frankreich und Schweden-Norwegen vom 15. Februar 1884 (M. N. R. G. II. Sér. T. XII, 599);

zwischen dem Deutschen Reich und Italien vom 20. Juni 1884 (ibid. X, 455);

zwischen Frankreich und Italien vom 9. Juli 1884 (ibid. T. XIII, 645);

zwischen dem Deutschen Reich und England vom 2. Juni 1886 (ibid. XI, 594);

Convention vom 9. September 1886 zur Begründung einer Union (ibid. XII, 173);

Noten Belgiens und Großbritanniens vom 17. Januar 1887 (ibid. XII, 536).

Gesetz des Deutschen Reichs vom 4. April 1888 zur Ausführung der Convention wegen Bildung eines internationalen Verbandes zum Schutz von Werken der Litteratur und Kunst (D. Rgsbbl. von 1888, 139).

Zur Seite 260.   Wissenschaft.

Convention zwischen Frankreich und der Schweiz vom 14. Dezember 1887, betreffend die Primärschulen (Arch. dipl. T. XXVII, 132).

Zur Seite 262.   Urheberrechtsgesetzgebung.

Schweizerisches Bundesgesetz vom 23. April 1884 (Arch. dipl. II. Sér. T. XI, 187). Ungarisches Gesetz vom 26. April 1884 (ibid. XX, 12). Belgisches Gesetz vom 22. März 1886 (M. N. R. G. II. Sér. T. XII, 192). Englisches Gesetz vom 25. Juni 1886 (ibid. 197).

Zur Seite 265.   Handelsverträge.

Zwischen dem Deutschen Reich und dem Königreich Korea vom 26. November 1882 (publicirt im D. Rgsbbl. 1884, S. 221);

zwischen dem Deutschen Reich und Madagaskar vom 15. Mai 1883 publicirt im D. Rgsbbl. 1885, 166);

zwischen Oesterreich-Ungarn und Frankreich vom 18. Februar 1884 (M. N. R. G. II. Sér. T. IX, 198);

zwischen Belgien und Venezuela vom 1. März 1884 (ibid. T. XI, 613);

zwischen Griechenland und Egypten vom 3. März 1884 (ibid. T. IX, 726);

zwischen Großbritannien und Egypten vom 3. März 1884 (Arch. dipl. II. Sér. T. XII, 254);

zwischen Frankreich und den Niederlanden vom 19. April 1884 (M. N. R. G. II. Sér. T. XII, 603);

zwischen Italien und Spanien vom 2. Juni 1884 (ibid. T. XIII, 606);

zwischen Italien und Korea vom 26. Juni 1884 (ibid. T. XIII, 619);

zwischen dem Deutschen Reich und Griechenland vom 9. Juli 1884 (ibid. T. X, 462);

zwischen Großbritannien und Paraguay vom 16. Oktober 1884 (ibid. T. XII, 782);

zwischen Belgien und Serbien vom 7./15. Januar 1885 (ibid. T. XI, 640);

zwischen dem Deutschen Reich und der Südafrikanischen Republik vom 22. Januar 1885 (ibid. T. XI, 514);

zwischen dem Deutschen Reich und der Dominikanischen Republik vom 30. Januar 1885 (ibid. T. XI, 531);

zwischen dem Deutschen Reich und Birman vom 4. April 1885 (ibid. T. XII, 278);

zwischen dem Deutschen Reich und der Republik Liberia vom 1. Mai 1885 (ibid. T. XI, 653);

zwischen Italien und Zanzibar vom 28. Mai 1885 (ibid. T. XIII, 655);

zwischen Frankreich und China vom 9. Juni 1885 (ibid. T. XII, 645);

zwischen Frankreich und der Südafrikanischen Republik vom 10. Juli 1885 (Arch. dipl. II. Sér. T. XXVI, 11);

zwischen Schweden-Norwegen und der Argentinischen Republik vom 17. Juli 1885 (M. N. R. G. II. Sér. T. XII, 497);

zwischen Schweden-Norwegen und Mexiko vom 29. Juli 1885 (Arch. dipl. T. XXVIII, 259);

zwischen Frankreich und Korea vom 4. Juni 1886 (ibid. T. XXIII, 5);

zwischen Großbritannien und Griechenland vom 10. November 1886 (ibid. T. XXVI, 5);

zwischen Frankreich und Mexiko vom 27. November 1886 (ibid. T. 257);

zwischen dem Deutschen Reich und Ecuador vom 28. März 1887 (D. Rgsbl. 1888, 136);

zwischen dem Deutschen Reich und Paraguay vom 21. Juli 1887 (ibid. 178);

zwischen dem Deutschen Reich und Guatemala vom 26. September 1887 (ibid. 238);

zwischen dem Deutschen Reich und Honduras vom 12. Dezember 1887 (ibid. 262);

zwischen dem Deutschen Reich und Oesterreich-Ungarn vom 8. Dezember 1887, betreffend die Verlängerung des Handelsvertrages vom 23. Mai 1881 (ibid. 1887, 535);

zwischen dem Deutschen Reich und der Schweiz vom 11. November 1888, Zusatzvertrag zum Handelsvertrage vom 23. Mai 1881 (ibid. 303);

zwischen Rumänien und der Türkei vom 10./22. November 1887 (Arch. dipl. II. Sér. T. XXV, 8).

Zur Seite 265.   Handel.

Internationale Konferenz vom 10.—25. Juni 1886 zur Beseitigung der Mißbräuche des Handels mit Spirituosen in der Nordsee (Arch. dipl. II. Sér. T. XXIV, 291, T. XXV, 66—92, 147—166).

Zur Seite 266.   Schutz der Handels- und Fabrikzeichen.

Convention zwischen Belgien und den Vereinigten Staaten von Nordamerika vom 7. April 1884 (M. N. R. G. II. Sér. T. XI. 281);

Declaration Frankreichs und der Niederlande vom 19. April 1884 (ibid. T. XII, 614);

Convention zwischen dem Deutschen Reich und Serbien vom 7. Juli 1886 (ibid. T. XI, 594);

Declaration der Niederlande und Oesterreichs vom 3. September 1886 (ibid. T. XIII, 706).

Zur Seite 267.   Schiffahrtsverträge.

Zwischen Oesterreich-Ungarn und Frankreich vom 9. April 1884 (ibid. T. XI, 605).

Zur Seite 267.   Freihäfen.

Aufhebung des Freihafens von Batum durch Ukas vom 23. Juni 1886 und Memorandum der Russischen Regierung an die Berliner Vertragsmächte (Arch. dipl. II. Sér. XIX, 324—327).

Zur Seite 267.   Nationalität der Schiffe.

Deutsches Reichsgesetz vom 23. Dezember 1888, betreff. Abänderungen des Gesetzes über die Nationalität der Kauffahrteischiffe vom 25. Oct. 1867 (D. Rgsbl. 1888, 300).

Zur Seite 268.   Schiffahrt und Küstenfrachtfahrt.

1) Verordnung des Deutschen Reichs vom 1. Juni 1886, betreffend die Berechtigung der Niederländischen Flagge zur Ausübung der deutschen Küstenfrachtfahrt (D. Rgsbl. von 1886, 179).

2) Verordnung Frankreichs vom 19. August 1888 über die Schiffahrt fremder Fischerböte (Arch. dipl. II. Sér. T. XXVIII, 197).

Zur Seite 269.   Gegenseitige Anerkennung von Schiffsmeßbriefen.

Declaration Belgiens und Schweden-Norwegens vom 8. Februar 1884 (M. N. R. G .II. Sér. T. XI, 613);

Italiens und Rußlands vom 29. März 1884 (ibid. T. XIII, 605);

Italiens und Belgiens vom 29. Juli 1884 (ibid. T. XIII, 651);

Italiens und Dänemarks vom 10. März 1885 (ibid. T. XIII, 653);

Belgiens und der Niederlande vom 27. März 1885 (ibid. T. XI, 651).

Convention zwischen Dänemark und Argentinien vom 13. Oktober 1885 (ibid. T. XII, 501);

zwischen Dänemark und den Vereinigten Staaten von Nordamerika vom 26. Februar 1886 (ibid. 592).

Zur Seite 270. Fischerei auf dem Meer und Küstenfischerei.

Belgisches Gesetz über die Fischerei in der Nord=See vom 8. Januar 1884 (Arch. dipl. II. Sér. T. XVII, 71).

Französisches Gesetz vom 15. Januar 1884 zur Bestrafung der Verletzungen der internationalen Convention vom 6. Mai 1882, betreffend die Fischerei in der Nordsee (ibid. XI, 183);

Deutsches Reichsgesetz vom 30. März 1884, betreffend die zur Ausführung derselben Convention erforderliche polizeiliche Regelung der Fischerei in der Nordsee, außerhalb der Küstengewässer (D. Rgsßbl. 1884, 48).

Convention zwischen Großbritannien und Frankreich zur Regelung der Fischerei auf den Küsten von Terre=Neuve vom 26. April 1884 (M. N. R. G. II. Sér. T. XII, 756) und vom 14. November 1885 (ibid. 764).

Verordnung Frankreichs vom 1. März 1888 über Fischerei in territorialen Gewässern (Arch. dipl. II. Sér. T. XXVI, 79).

Zur Seite 271. Schutz des industriellen Eigentums.

Am 6. Juni 1884 wurden in Paris die Ratificationen der internationalen Convention zum Schutz des industriellen Eigentums ausgewechselt zwischen Belgien, Brasilien, Frankreich, Guatemala, Italien, den Niederlanden, Portugal, Salvador, Serbien, der Schweiz und Spanien. — Es traten der Convention ferner bei Ecuador, Großbritannien, Schweden=Norwegen und Tunis.

Belgische Verordnung vom 31. Juli 1884 (Arch. dipl. II. Sér. T. XI, 342).

Conferenz der internationalen Union in Rom vom 30. April — 11. Mai 1886 (ibid. XXII, 13—77).

Declaration Frankreichs und der Südafrikanischen Republik vom 10. Juli 1885 (ibid. T. XXVI, 17).

Zur Seite 272. Musterschutz.

Convention zwischen dem Deutschen Reich und Belgien vom 12. Dezember 1883 (publ. im Deutschen Reichsgesetzblatt am 19. August 1884);

Convention zwischen dem Deutschen Reich und Serbien vom 3. Juli 1886 (Regßbl. 1887, 51).

Zur Seite 274. Post.

Convention vom 14. März 1884 zwischen Frankreich und Luxemburg, zum Austausch der Postmandate auf telegraphischem Wege (Arch. dipl. II. Sér. T. XI, 268);

zwischen Frankreich und Persien vom 9. April 1884 zum Austausch der Postmandate (Arch. dipl. II. Sér. T. XIII, II, 264);

zwischen Frankreich und Canada vom 20. Juni 1884 (ibid. T. XIII, I, 7) zu gleichem Zweck;

Postvertrag zwischen Bulgarien und Rumänien vom 13. März 1885 (ibid. T. XXI, 136).

Im Frühjahr 1885 wurde ein Postcongreß in Lissabon bis zum 21. März abgehalten. Die Conventionen desselben vom 21. März 1885 sind:

1) Additionalakte zur Convention vom 1. Juni 1878 (M. N. R. G. II. Sér. T. XI, 1);

2) Desgl. zur Convention betreffend den Austausch von Briefen mit Werthangabe vom 1. Juni 1878 (ibid. 14);

3) Desgl. zur Convention betreffend den Austausch von Postmandaten vom 4. Juni 1878 (ibid. 17);

4) Desgl. zur Convention vom 5. November 1880 betreffend den Austausch von Postcollis ohne Werthangabe (ibid. 20);

5) Convention betreffend den Postauftragsdienst (service des recouvrements) (ibid. 29);

6) Convention, betreffend die Einführung von livrets d'identité in den internationalen Postverkehr (ibid. 36);

7) Additionalacte zum Detail- und Ordnungsreglement zur Ausführung der Convention vom 1. Juni 1878 (ibid. 44), zur Ausführung des Austausches von Briefen mit declariertem Werth (ibid. 55), der Uebereinkunft betreffend den Austausch von Postmandaten (ibid. 56), der Convention vom 3. November 1880, betreffend den Austausch von Postcollis ohne Werthangabe (ibid. 58), und der Uebereinkunft betreffend den Postauftragsdienst (ibid. 61).

Convention zum Austausch von Postmandaten zwischen Frankreich und der Insel Malta vom 16. September 1885 (Arch. dipl. II. Sér. T. XXII, 275);

zum Austausch von Postkollis zwischen Frankreich und Großbritannien vom 18. Juni 1886 (ibid. T. XXVI, 278) und zwischen Belgien und dem Congostaat vom 28. Februar 1887 (ibid. T. XXI, 135);

Beitritt der Marschallsinseln und von Togo zur Postunion am 1. October 1888 (ibid. T. XXVI, 341);

Zur Seite 275. Telegraphie.

Vertrag Frankreichs mit Spanien vom 2. Mai 1884 (Arch. dipl. II. Sér. T. XI, 141);

Reglement für den internationalen Dienst vom 17. September 1885 (M. N. R. G. II. Sér. T. XII, 205); Revision dieses Reglements (Arch. dipl. II. Sér. T. XX, 252);

Vertrag zwischen Belgien und Frankreich vom 22. Juni 1886 (ibid. T. XXI, 139);

zwischen Frankreich und der Schweiz vom 11. Mai 1887 (ibid. T. XXV, 5).

Submarine Telegraphenkabel.

Pariser Convention zum Schutz derselben vom 14. März 1884 (M. N. R. G. II. Sér. T. XI, 281), ratifiziert am 6. April 1885 (Arch. dipl. II. Sér. T. XIII, III, 10). Beitritt Britischer Kolonien und Besitzungen zu dieser Convention (vgl. D. Rgsbbl. 1888, 292).

Gesetze zum Schutz derselben:

Norwegens vom 14. Juni 1884 (M. N. R. G. II. Sér. T. XI, 306); Frankreichs vom 20. Dezember 1884 (ibid. 290); Großbritanniens vom 6. August 1885 (ibid. 294); Griechenlands vom 9. Dezember 1885 (ibid. 298); Italiens vom 1. Januar 1886 (ibid. 301), modificirt am 18. April 1886 (ibid. 305); Uruguays vom 11. Dezember 1885 (Arch. dipl. II. Sér. T. XX, 10); Spaniens vom 12. Januar 1887 (ibid. T. XXIII, 287); des Deutschen Reichs vom 21. November 1887 (D. Rgsbbl. 1888, 169).

Telephonie.

Convention zwischen Belgien und Frankreich vom 1. Dezember 1886 (Arch. dipl. II. Sér. T. XXII, 19), zwischen denselben Staaten vom 4. April 1887 (ibid. 140).

Zur Seite 277. Eisenbahnen.

Vertrag zwischen dem Deutschen Reich und Oesterreich-Ungarn vom 14. März 1885 wegen Anschlusses von Grenzbahnen (M. N. R. G. II. Sér. XI, 550). Entwürfe und Verhandlungen der internationalen Eisenbahnwarentransportconferenz in den Jahren 1878, 1881 und 1886 (ibid. XIII, 3).

Zur Seite 278. Münzwesen.

Münzconvention der Schweiz, Frankreichs, Griechenlands und Italiens vom 6. November 1885 (ibid. T. IX, 65), Additionalacte vom 12. Dezember 1885 (ibid. 83).

Zur Seite 279. Maß und Gewicht.

Der Pariser Convention vom 20. Mai 1875 traten bei Serbien am 21. September 1879, Rumänien am 28. Dezember 1882, Großbritannien am 17. September 1884 und Japan 1885 (vgl. D. Rgsbbl. 1885, 287).

Zur Seite 280, 281. Ein von mehreren Staaten eingeschlossener See.

Convention zwischen Frankreich und der Schweiz vom 9. Juli 1887, betreffend die Schiffahrt auf dem Genfer See (Arch. dipl. T. XXVIII, 9).

Zur Seite 282. Außerhalb des geschlossenen Staatsterritoriums belegenes Staatsgebiet.

Convention zwischen dem Deutschen Reich und Großbritannien zur Abgrenzung der beiderseitigen Besitzungen in Neu=Guinea (M. N. R. G. II. Sér. T. XI, 469), Convention zwischen denselben vom $\frac{29.\ April}{7.\ Mai}$ 1885 zur Abgrenzung ihrer beiderseitigen Protektorate auf der Westküste Afrikas und zur gegenseitigen Gewährung einer vollständigen Handels= und Verkehrsfreiheit in diesen Gebieten (ibid. 471). Declaration derselben vom 9. April 1886, betreffend die Abgrenzung der Sphären des Einflusses jeder der Mächte in dem westlichen Theil des stillen Ozeans (ibid. 505). Declaration derselben vom 10. April 1886, betreffend die Berechtigung zum Handel der Angehörigen der beiden Staaten in den deutschen und englischen Besitzungen oder Protectoraten in dem westlichen Theil des stillen Ozeans (ibid. 509).

Belgien und der Congostaat. Auf die Union zwischen denselben bezügliche Entscheidungen vom 28.—30. April 1885 (ibid. 653).

Convention zwischen dem Deutschen Reich und Frankreich vom 24. Dezember 1885, betreffend die Stellung und Rechte des Königs Menfa (ibid. 496). Protocoll derselben Staaten vom gleichen Tage, betreffend die deutschen und französischen Besitzungen auf der Ostküste Afrika's und in Oceanien (ibid. 497);

Protocoll des Deutschen Reichs, Spaniens und Großbritanniens vom 7. März 1885, betreffend den Sulu=Archipel (Arch. dipl. II. Sér. T. XVII, 257).

Zur Seite 284. Abgrenzung.

Protocoll Großbritanniens und Rußlands vom 10. September 1885 zur Abgrenzung von Afghanistan (Arch. dipl. II. Sér. T. XXV, 206). Correspondenz, betreffend Centralasien und die Abgrenzung des nordwestlichen Afghanistans (M. N. R. G. II. Sér. T. XIII, 564).

Convention zwischen Oesterreich=Ungarn und Rumänien vom $\frac{25.\ November}{7.\ Dezember}$ 1887 (Arch. dipl. T. XXVII, 5).

Zur Seite 285. Annexionen.

Großbritannien. Proclamation des Gouverneurs des Cap der guten Hoffnung vom 7. August 1884, betreffend die Annexion der Wallfischbai und von Territorien an der Ostküste Afrikas (M. N. R. G. II. Sér. T. XI, 462).

Zur Seite 296. Internationale Flüsse.

Congo Generalakte der Berliner Conferenz vom 26. Februar 1885 (M. N. R. G. II. Sér. T. X, 414).

Beitritt der internationalen Congoassociation zur Generalacte am gleichen Tage (ibid. 412).

Zur Seite 297. Congoschiffahrtsacte in der Generalacte Art. 13, Nigerschiffahrtsacte ebendaselbst Art. 26.

Zur Seite 297. Fischerei in internationalen Flüssen.

Am 1. April 1885 trat die Nachtragsconvention in Kraft, welche am 21. September 1884 zwischen Baden, Elsaß=Lothringen und der Schweiz abgeschlossen wurde (M. N. R. G. II. Sér. T. X, 523), die als Ergänzung zu der zwischen den genannten Staaten am 25. März 1875 und am 14. Juli 1877 getroffenen Vereinbarung über Anwendung gleichartiger Bestimmungen auf die Fischerei im Rhein, in seinen Zuflüssen und im Bodensee anzusehen ist.

Vertrag des Deutschen Reichs, der Niederlande und der Schweiz vom 30. Juni 1885 zur Regelung der Lachsfischerei im Stromgebiet des Rheins und Schlußprotocoll (M. N. R. G. II. Sér. T. XI, 561).

Conventionen Frankreichs und Spaniens, betreffend die Ausübung der Fischerei in der Bidassoa vom 18. Februar 1886 (ibid. T. XII, 687) und 19. Januar 1888 (Arch. dipl. II. Sér. T. XXVIII, 5).

Zur Seite 319, Note 7. Consularverträge.

Zwischen den Vereinigten Staaten von Nordamerika und Rußland vom $\frac{25.\ Mai}{6.\ Juni}$ 1884 (M. N. R. G. II. Sér. T. XI, 801); zwischen Belgien und Serbien vom 7./15. Januar 1885 (ibid. 646).

Zur Seite 319. Rechte der diplomatischen Persönlichkeit.

Vergl. Art. 18 der Kongo-Generalakte über die Unverletzlichkeit der Mitglieder der internationalen Kommission, ihrer Amtsräume, Bureaus und Archive.

Zur Seite 323. Consularverträge der Türkei.

Provisorische Consularconvention der Türkei mit Serbien vom $\frac{23.\ August}{4.\ September}$ 1886 (Arch. dipl. II. Sér. T. XXI, 257).

Zur Seite 330. Functionen oder Pflichten der diplomatischen Persönlichkeiten und Consuln.

Verordnungen und Instructionen zur Aufnahme von Civil- und Naturalisationsakten durch die diplomatischen Agenten und Belgischen Consuln vom 21. April 1886 (M. N. R. G. T. XI, 670).

Zur Seite 330, Note 3. Consulargesetze.

Vergl. Frankreichs Rapport de la Commission chargée d'étudier l'organisation des consulats (Arch. dipl. II. Sér. T. XIII, I, 91).

Zur Seite 344. Aufhebung der Consulargerichtsbarkeit in Tunis.

Protocoll Frankreichs und Italiens vom 25. Januar 1884 zur Regelung der gegenseitigen Beziehungen zwischen beiden Ländern in Bezug auf die Ausübung der Jurisdiction in Tunis (M. N. R. G. II. Sér. T. X, 600).

Decret Italiens vom 21. Juli 1884 über die Consularjurisdiction in Tunis ibid. 603).

Zur Seite 349. Anerbietung guter Dienste.

Generalakte der Berliner Congo-Conferenz vom 26. Februar 1885, Art. 1, 8, 11.

Zur Seite 350. Vermittelung.

Correspondenz zwischen dem Deutschen Reich und Spanien, betreffend die Karolinen im Jahre 1885 (M. N. R. G. II. Sér. T. XII, 283). Vermittelungsprotokoll vom 17. Dezember 1885 (ibid. 292).

Correspondenz zwischen Großbritannien und Spanien vom 4.—7. Januar 1886, betreffend die Karolinen (ibid. XIII, 500). Protocoll derselben Staaten vom 8. Januar 1886 (ibid. 502).

Zur Seite 351. Schiedsspruch.

Congo-General-Acte Art. 12.

Vereinigte Staaten von Nordamerika und Frankreich. Schlußsentenz der zur Regelung von Reclamationen Angehöriger beider Staaten gegen den anderen Staat errichteten schiedsrichterlichen Kommission vom 31. März 1884 (Arch. dipl. II. Sér. 1884, T. XI, I, 5). Botschaft des Präsidenten der Vereinigten Staaten vom 18. April 1884 über die Erfüllung des Urtheils (ibid. 8).

Vereinigte Staaten von Nordamerika und Haiti. Protocoll der Convention vom 24. Mai 1884 zur Ueberweisung der Reclamationen Pelletier und Lazare wider Haiti an einen Schiedsrichter (M. N. R. G. II. Sér. T. XI, 798).

Belgien und Chile. Schiedsspruch=Vertrag vom 30. August 1884 (ibid. 638), ratificirt am 23. Dezember 1885.

Oesterreich und Chile. Vertrag vom 11. Juli 1885 zur schiedsrichterlichen Entscheidung der Reclamationen österreichischer und ungarischer Unterthanen gegen die Chilenische Regierung in Veranlassung des chilenischen Krieges gegen Peru und Bolivia (ibid. XII, 507).

Zur Seite 358. Neutrale.

Correspondenz über die Rechte der Neutralen in Veranlassung von Feindseligkeiten zwischen Frankreich, China und Großbritannien vom 22. Oktober 1884 bis 4. April 1885 (M. N. R. G. II. Sér. T. XII, 661).

Zur Seite 377. Prisengerichte.

Deutsches Reichsgesetz vom 3. Mai 1884, betreffend die Prisengerichtsbarkeit (D. Rgsbl. 1884, 49).

Auf Grund desselben am 15. Februar 1889 erlassene Verordnung, betreffend die Ausübung der Prisengerichtsbarkeit aus Anlaß der ostafrikanischen Blokade (D. Rgsbl. 1889, 5).

Zur Seite 378. Präliminarvertrag.

Zwischen Frankreich und China vom 11. Mai 1884 zu einem Freundschafts= und Nachbarschaftsvertrage (Tonkingaffaire). (Arch. dipl. II. Sér. T. XIII, I, 163.)

Reprint Publishing

FÜR MENSCHEN, DIE AUF ORIGINALE STEHEN.

Bei diesem Buch handelt es sich um einen Faksimile-Nachdruck der Originalausgabe. Unter einem Faksimile versteht man die mit einem Original in Größe und Ausführung genau übereinstimmende Nachbildung als fotografische oder gescannte Reproduktion.

Faksimile-Ausgaben eröffnen uns die Möglichkeit, in die Bibliothek der geschichtlichen, kulturellen und wissenschaftlichen Vergangenheit der Menschheit einzutreten und neu zu entdecken.

Die Bücher der Faksimile-Edition können Gebrauchsspuren, Anmerkungen, Marginalien und andere Randbemerkungen aufweisen sowie fehlerhafte Seiten, die im Originalband enthalten sind. Diese Spuren der Vergangenheit verweisen auf die historische Reise, die das Buch zurückgelegt hat.

ISBN 978-3-95940-100-5

Faksimile-Nachdruck der Originalausgabe
Copyright © 2015 Reprint Publishing
Alle Rechte vorbehalten.

Made in
Germany

www.reprintpublishing.com

www.ingramcontent.com/pod-product-compliance
Lightning Source LLC
Chambersburg PA
CBHW081326090426
42737CB00017B/3045